KB030535

[개정판]

# 정서발달과 정서지능

정옥분 · 정순화 · 임정하 공저

학지사

# 개정판 머리말

Goleman의 『감성지능(Emotional intelligence)』이 국내에서 번역되고 소개되면서 정서에 대한 대중적인 관심이 높아진 것은 주지의 사실이다. 이러한 시대적 분위기에 발맞추어 2006년 출간된『정서발달과 정서지능』초판은 정서에 대한 연구와 학술서적이 많지 않은 당시 상황에서 정서발달에 관심을 가진 대학원생이나 관련 종사자들에게 정서에 대한 체계적인 지침서로서의 역할을 다하였다고 생각한다. 그러나 10여 년의 세월이 흐르면서 정서와 관련된 연구도 상당부분 축적되었고 이와 관련된 내용을 보완할 필요성을 느껴 개정판을 준비하게 되었다.

정신병리로 인한 범죄가 날로 증가하고 있는 현대사회에서 개인의 인지능력을 향상시키는 것만을 강조하는 인지지상주의 교육은 그 한계를 드러내었고, 이에 따라 정부차원에서도 학생들의 다양한 능력 간의 균형을 지향하는 인성교육의 중요성과 필요성을 인식하게 되었으며, 인성교육을 학교차원에서 강조하고 실시하기에 이르렀다. 인성교육의 궁극적 목표는 개인의 인지능력뿐 아니라 사회정서적 능력을 함양함으로써 균형 잡힌 발달을 도모하는 데 있으며, 인성교육의 핵심적인 요소는 바로 자신의 정서를 인식하고 이를 적절하게 표현하며, 타인의 정서를 이해하는 것과 같은 정서와 관련된 문제이다. 따라서 현대사회에서 정서에 대한 체계적인 연구와 이를 위한 지침서는 그 어느 때보다도 절실히 필요하게 되었다.

이 책은 정서에 대한 일부 내용을 담고 있는 것이 아니라 총 13장에 걸쳐 정서의 본질, 정서 이론, 정서와 신경생리, 신체, 인지, 사회성과의 관계, 정서지능의 개념이나 측정방법 등 정서 전반에 걸친 광범위한 내용을 담고 있다. 다소 이론적이지만 정서에 대한 전반적인 이해를 돕는 지침서로서의 기능을 우선적으로 고려하였다. 따라서 개정판에서도 이러한 취지를 살려 초판과 마찬가지로 총 13장의 장 구성은 그대로 유지하면서 보다 최신의 연구결과나 변경 내용을 수정 · 보완하는 방식을 취하였다.

이 책이 앞으로도 학부나 대학원에서 정서발달의 교재로 혹은 연구의 참고문헌으로 널리 활용되기를 기대한다. 나아가 정서발달에 관심을 가진 일반인이나 정서교육 관련 종사자에게도 널리 활용되어 정서에 대한 이해의 폭을 넓히고 질 높은 인성교육 프로그램 개발에 많은 참고가 될 수 있기를 바란다. 마지막으로 이 책이 나오기까지 많은 도움을 아끼지 않으신 학지사 김진환 사장님과 편집부 백소현 차장님의 노고에 감사의 마음을 전한다.

2018년 6월

지은이 씀

# 초판 머리말

아침에 눈을 뜨면서부터 우리는 어떠한 형태로든 정서를 경험하게 되며, 이러한 정서상태는 우리의 일상생활에 지대한 영향을 미치게 된다. 정서가 이처럼 우리의 생활에서 차지하는 비중이 높음에도 불구하고, 인간의 발달에 영향을 미치는 다른 영역에 비해 정서에 관한 연구가 상대적으로 덜 이루어졌으며 이에 대한 일반인들의 관심도 별로 높지 않다고 볼 수 있다.

역사적으로 정서는 이성과 상반되는 개념으로 인식되어 왔으며, 그 결과 정서에 관한 연구는 이성에 관한 연구에 비해 경시되었고, 일반인들의 관심도 낮을 수밖에 없었다. 그러나 과도한 인지중심적인 사회풍조로 말미암아 사람들은 끝없는 스트레스에 노출되어 있으며, 최근 들어 많은 사람들은 마음의 평화나 정서적인 안정감을 찾는 데 보다 많은 관심을 보이고 있다. 실제로 일상생활에서 직면하는 여러 상황에서 우리는 논리적 판단 이전에 정서가 우선적으로 영향을 미치고 있음을 경험하게 된다. 특정공포증이나 사회공포증과 같은 정서장애의 문제들은 논리적으로는 두려움을 경험해야 할 아무런 이유가 없음에도 불구하고, 비합리적이고 지속적으로 불안을 느끼게 되는 것이다. 또한 인지적으로 아무리 뛰어난 성취를 이루었다 하더라도 이러한 성취를 통해 개인이 행복감을 느낄 수 없다면, 이는 뛰어난 성취는 이루지 못하였다 하더라도 자신이 성취한 것에 대해 행복감을 느낄 수 있는 사람보다 행복한 삶을 영위한다고 볼 수가 없다. 나아가 최근에 문제시되고 있는 학교 내의 집단따돌림 현상도 아동의 정서지능을 향상시킴으로써 해결할 수 있다는 주장이 대두됨으로써 인간발달에서 정서가 미치는 영향은 더욱더 강조되고 있는 실정이다.

이러한 사회적 분위기와 아울러 1995년 Goleman의 『정서지능』이라는 저서가 출간되면서 국내에서도 정서와 관련된 연구가 봇물 터지듯 일종의 유행을 이루게 되었으며, 인간의 정서상태를 이해하기 위한 많은 시도가 이루어졌다. 이러한 노력의 일환으로 우리는 수년간 고려대학교 아동학 박사과정 모임에서 정서와 관련된 저서나 논문들을 함께 읽고 토론의 과정을 거치면서, 정서가 다른 발달의 영역과 상호관련성을 가지고 인간의 발달에 지대한 영향을 미친다는 확신을 가질 수 있었다. 또한 정서가 인간의 발달에서 이처럼 중요한 영역임에도 불구하고, 정서는 그 난해함으로 인하여 일반인들의 관심을 끌지 못하고 있을 뿐만 아니라 정서에 대한 여러 다양한 연구결과와 관점들 간에 통합을 위한 노력도 부족하다는 사실을 확인할 수 있었다.

그러므로 이 책은 지금까지 정서와 관련된 다양한 관점의 저서와 논문들을 통합하고 정서가 무엇인가에 대해 관심을 가진 많은 사람들이 이해하기 쉽도록 정서문제에 접근하였다. 따라서 정서문제에 관심을 가진 대학원생뿐만 아니라 대학생이나 일반인들에게도 정서에 대한 전반적인 이해의 폭을 넓히고자 하는 시도로 이 책을 집필하였다.

이러한 취지에서 이 책은 총 13장으로 구성되어 있다. 제1장에서 제3장까지는 정서의 본질, 정서의 이론, 정서발달과 관련된 개괄적인 내용을 다루고 있고, 제4장에서 제7장까지는 정서와 신경생리, 정서와 신체, 정서와 인지, 정서와 사회성 등과 같은 정서와 각각의 발달영역과의 관계를 다루고 있으며, 제8장과 제9장은 정서지능의 개념, 본질 및 관련구인을, 제10장은 정서의 측정방법을, 제11장과 제12장은 정서장애와 정서교육에 관한 내용을 다루고 있으며, 마지막의 제13장에서는 지금까지의 정서연구에 대한 쟁점과 앞으로의 연구방향을 제시해보았다.

우리는 이 책이 학부나 대학원에서 정서발달의 교재로 사용될 수 있을 뿐만 아니라 정서에 관심이 있는 일반인들에게도 많은 참고가 되기를 기대한다. 나아가 정서에 대한 연구결과를 인간의 발달에 접목하기 위해 교육방법이나 교육프로그램을 개발하고자 하는 분들에게도 많은 참고가 되기를 기대한다.

끝으로, 이 책이 나오기까지 많은 도움을 주신 학지사 김진환 사장님과 편집부 여러분들의 노고에 감사드린다. 그리고 귀중한 사진자료를 수집하고 정리하는 데 많은 도움을 준 고려대학교 박사과정 장수연 조교에게도 감사의 마음을 전하고 싶다.

2006년 초겨울에 지은이 씀

# 차례

# 제1장
# 정서의 본질

일상생활을 통해 우리는 자연스럽게 다양한 정서를 자주 경험하게 된다. 정서는 이처럼 일상생활에서 자연스럽게 접하는 현상이기 때문에, 대부분의 사람들은 특별한 훈련이 없이도 자신과 타인의 정서상태나 그러한 정서가 무엇을 의미하는지에 대해 상당히 많은 지식을 가지고 있다고 생각한다. 실제로 대부분의 경우 우리는 자신이 느끼는 행복이나 슬픔, 좌절감, 분노가 무엇을 의미하며, 이를 유발하는 요인이 무엇인지를 알기 위해 특별한 노력을 기울일 필요를 느끼지 않는다. 그러나 막상 정서가 무엇인가를 물어보면 명확한 답변을 한다는 것이 쉽지 않다.

정서의 본질에 대한 명확한 답변이 어려운 이유에는 여러 가지가 있다. 가장 근본적인 이유는 정서에 대한 깊이 있는 연구의 역사가 그다지 길지 않다는 사실 때문이다. 이성과 정서의 관계는 전통적으로 주종관계로 인식되어 왔기 때문에, 정서를 이성과 동등한 위치에서 논의해온 역사는 그다지 길지 않다. 또한 정서는 다차원적 속성을 가지고 있으며 각각의 차원은 상이한 측면을 강조하고 있다는 점도 정서의 본질에 대한 이해를 어렵게 하는 요인이 된다. 더구나 정서라는 개념은 그 근원이 과학적 용어로 출발한 것이 아니라 일상적인 생활용어로 출발하였기 때문에 이를 명확하게 개념화하는 것이 쉬운 일이 아니다.

그러나 정서의 본질을 명확하게 개념화하는 것은 일상적으로 사람들이 정서라고 믿고 있는 바를 보다 분명하게 해줄 뿐만 아니라 보다 심층적으로 정서를 이해하기 위한 첫걸음이 될 것이다. 그러므로 본 장에서는 지금까지의 연구결과를 바탕으로 정서를 개념화하고 나아가 정서에 대한 역사적 관점, 정서의 속성, 정서의 구조 및 정서의 기능에 대해 살펴봄으로써 정서의 본질에 대한 이해를 돕고자 한다.

## 1. 정서의 개념

Bernard Rimé

정서에 대한 많은 연구에도 불구하고 최근까지도 정서에 대한 개념화는 상당히 모호한 상태에 있다. 이처럼 명확한 개념화가 어려운 이유 가운데 하나는 정서가 주관적, 생물학적, 기능적, 표현적 차원 등 다차원적인 요인으로 구성되어 있기 때문이다. 이들 각각의 차원은 정서의 상이한 측면을 강조하고 있으므로 정서에 대해 일치된 견해를 보이지 못하는 것은 지극히 당연한 일이라 할 수 있다. 정서연구의 이러한 특성을 Rimé(1997)은 장님이 코끼리를 설명하는 것에 비유하였다. 그러므로 이에 대한 대안으로 몇몇 학자들은 원형적 접근방법을 통해 정서를 개념화하고자 하였다. 여기서는 정서에 대한 다차원적 접근방법(multi-dimensional approach)과 원형적 접근방법(prototype approach)에 대해 살펴보고 이를 근거로 정서를 개념화하고자 한다.

### 1) 다차원적 접근

많은 연구에도 불구하고 최근까지도 정서에 대한 명확한 개념화가 어려운 이유 가운데 하나는 정서가 하나의 차원이 아닌 주관적, 생물학적, 기능적, 표현적인 다차원적 구성요인을 가진다는 사실에 기인한다.

정서는 어떤 사건에 대해 개인마다 특정한 방식으로 느끼게끔 하는 주관적인 속성을 가지고 있으며, 신체기관을 활성화시킴으로써 한 개인으로 하여금 상황에 효율적으로 대처하도록 준비시키는 생물학적(생리적) 속성을 가지고 있다. 그리고 정서는 개인의 신체적, 사회적 생존가능성을 높여주는 기능적(목적지향적) 속성도 가지고 있다. 다시 말하면, 분노라는 정서는 우리로 하여금 적과 싸우게 만들고 두려움은 위험으로부터 우리를 벗어나게 하는 것처럼, 정서는 상황에 효율적으로 대처할 수 있게끔 동기를 유발한다는 점에서 기능적이다. 또한 정서는 사회적 의사소통의 수단으로서 타인에게 자신의 정서상태를 얼굴표정이나 신체적 신호로 전달하고, 역으로 이러한 신호로부터 타인의 정서상태를 추론할 수 있는 표현적(사회적) 속성을 가지고 있다.

주관적 차원에서 본다면 정서는 주관적 느낌으로 볼 수 있는 것이며, 이는 자기보고방식으로 표출된다. 생물학적 차원에서 본다면 정서는 신체적 각성이나 준비 및 운동반응으로 볼 수 있는 것이며, 이는 뇌 회로나 자율신경계, 내분비계의 활성화로 표출된다. 기능적 차원에서 본다면 정서는 개인의 동기나 목표지향적인 욕구와 관련되어 있고, 이는 상황에 따라 적절한 대응방식을 선택하게 하는 것으로 표출된다. 표현적 차원에서 본다면 정서는 의사소통과 관련되어 있으며, 이는 얼굴표정이나 몸짓, 음성으로 표출된다(〈표 1-1〉 참조).

〈표 1-1〉 정서의 다차원적 측면

| 차원 | 정서의 기여 측면 | 표출 |
|---|---|---|
| 주관적(인지적) | 느낌, 현상론적 지각 | 자기보고 |
| 생물학적(생리적) | 각성, 신체적 준비, 운동반응 | 뇌 회로, 자율신경계, 호르몬계의 활성화 |
| 기능적(목적지향적) | 동기, 목표지향적 욕구 | 상황에 적절한 대응방식의 선택 |
| 표현적(사회적) | 의사소통 | 얼굴표정, 몸짓, 음성 |

출처: Reeve, J. (2001). *Understanding motivation and emotion* (2nd ed.). Harcourt Brace College Publishers.

Jonathan Reeve

정서를 이처럼 다차원적 구성요인으로 본다면 하나의 차원에서 나타나는 정서반응이나 느낌 등을 정서로 간주할 수 없게 된다. 웃고 있다고 해서 반드시 기쁨의 정서를 경험하고 있는 것은 아니며 느낌이나 얼굴표정이 곧 정서와 동의어가 될 수는 없다는 것이다(Russell, 1995). 각각의 차원은 각기 상이한 정서의 특성을 강조하고 있는 것이며, 정서는 이러한 네 가지 정서적 경험을 통합하는 하나의 심리적 구성요인이라고 할 수 있다(Reeve, 2001). 바꾸어 말하면, 정서 그 자체는 실제로 존재하지 않는 것이며, 어떠한 상황이 한 개인으로 하여금 느끼고 지향하는 바와 일치하는 방식으로 표현을 하고 행동을 하게 만드는 것이다. 즉, 실제로 존재하는 것은 다차원적 정서체계가 동시발생적으로 존재할 뿐이다(LeDoux, 1989).

이러한 다차원적 정서체계에서 각각의 차원들은 정서의 상이한 영향력이나 표현방식을 강조하고 있으므로, 정서를 이해하기 위해서는 이러한 네 가지 경험적 측면들을 어떻게 통합하느냐가 그 핵심이 될 것이다.

### 2) 원형적 접근

정서가 하나의 차원이 아닌 다차원적 구성개념이라는 사실 때문에 정서의 개념설정이 어렵다는 점에서 Fehr와 Russell(1984)은 정서의 개념이나 정의라는 표현보다는 원형(prototype)이라는 용어가 보다 적절한 표현이라고 하였다. 이들은 정서는 전통적인 방식으로 정의되고 있다기보다는 원형적 특성에 의해 모호하게 개념화되어 있다고 하였다. 정서의 개념이 모호하다는 것은 이것을 원형적 접근방법으로 분석할 때 더 많은 것을 얻을 수 있음을 말해주는 것이다. 또한 정서라는 범주에 속하는 심리적 상태를 결정하기 위한 필요충분조건은 존재하지 않는다고 하였다. 우리가 일상생활에서 경험하는 행복이나 분노, 슬픔을 명확하게 개념화한다는 것은 쉽지 않을 뿐 아니라, 이것이 정서에 포함되

Eleanor Rosch

는지의 문제도 그에 관한 명확한 기준이 없기 때문에, 정서라는 포괄적이고 모호한 용어보다는 여러 가지 정서의 원형을 통해 정서의 본질을 이해하는 쪽이 보다 용이하다는 것이다.

원형분석의 창시자인 Rosch(1978)는 정서의 원형을 탐색하기 위하여 정서의 위계적 구조를 수평적, 수직적 차원에서 범주화하였다. 우선 수직적 차원에서는 하위수준(예: 부엌의자), 중간수준(예: 의자), 상위수준(예: 가구)의 세 단계의 수준으로 분류하고 그 가운데 중간수준을 기본수준이라고 하였다. 위계적 분석방법에서 원형분석에 가장 자주 사용되는 범주화 수준은 중간단계인 기본수준이다. 이와는 달리 수평적 차원은 보다 동등한 수준에서 범주화가 이루어지지만 그 경계는 다소 불분명하다. 수평적 차원에서 이들 각각의 범주는 명확한 기준에 의해 구분되기보다는 그러한 범주들의 가장 특징적이고 대표적인, 구체적인 이미지인 원형에 의해 가장 잘 묘사될 수 있다고 하였다. 각각의 대상은 원형적 속성의 정도에서 차이가 있으며, 실제로 사람들은 원형적인 속성을 가진 대상을 그렇지 아니한 대상보다 신속하게 하나의 범주로 분류하며(Rosch, Simpson, & Miller, 1976), 대상에 대한 정보가 부족할 경우에 사람들은 원형과 일치하는 속성에 대한 정보로 부족한 부분을 보충하는 것으로 나타났다(Schank & Abelson, 1977).

원형이론에서 가장 보편적 범주가 기본수준의 범주이며, 이는 일반적으로 정서라고 했을 때 일차적으로 머릿속에 떠오르는 것이 어떤 것인가를 기초로 삼았다. 예를 들어, 새에 대한 분류를 제비, 종달새, 펭귄 등과 같이 분류했을 때, 모든 새의 종류는 동등한 지위를 갖는다고 말할 수 있다. 그러나 일반적인 분류범주에서 본다면 펭귄보다는 종달새가 보다 기본적인 속성, 원형의 의미에 근접한다고 볼 수 있다. 이러한 관점에서 볼 때, 어떤 정서는 다른 정서보다 더 기본적인 것이라고 볼 수 있다. 분노(anger)는 원통함(chagrin)보다, 두려움(fear)은 불안(anxiety)보다 원형적인 속성을 가지고 있다고 볼 수 있다(Averill, 1994; 〈그림 1-1〉 참조).

어떤 단어는 대부분의 사람들이 확실하게 정서라고 간주하지만, 어떤 단어는 정서가 아니라고 생각하며, 또 그 경계에 속하는 것들도 있다. 그래서 많은 사람들이 일관성 있게 정서라고 생각하는 것은 정서를 대표하는 것으로 볼 수 있으며, 일반

제비

종달새

펭귄

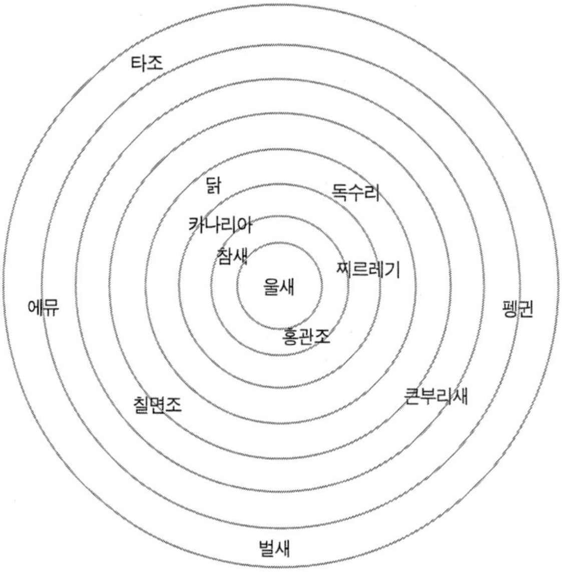


〈그림 1-1〉 원형적 접근 모형

적으로 행복, 분노, 슬픔은 존경, 지루함, 고요함보다 정서를 보다 잘 표현해준다고 한다(Averill, 1982).

이러한 방식은 다른 문화의 정서적 범주를 비교하는 데 상당히 유용한 것으로 미국과 중국, 이탈리아를 비교한 자료를 통해서도 그 차이점과 유사성을 발견할 수 있었다(Shaver et al., 1987). Kagan(1984)도 정서를 유발하는 자극이나 신체적 변화

또는 평가가 변화함에 따라 일련의 정서상태의 군이 나타난다고 하였다. 각각의 정서상태의 군은 원형의 중심핵을 가지고 있으며 이들 원형에는 우리가 두려움, 분노, 기쁨 등으로 부르는 정서가 포함되어 있다고 하였다. 각각의 정서는 하나의 독립된 상태로 존재하는 것이 아니라 관련된 정서상태의 군을 이루고 있으며, 비록 그 경계는 모호하지만 하나의 정서군과 다른 정서군과는 공유하는 속성에서 차이가 있다고 하였다. 하나의 정서군은 그들 정서만의 고유한 속성을 지니고 있으며 이는 진화의 산물이라고 볼 수 있다(Ekman, 1994).

Jerome Kagan

그러나 원형적 접근의 문제는 원형의 본질 여하나 얼마만큼의 원형이 존재하는지 그 수에 대해 논쟁의 여지가 있다는 점이다(Kagan, 1984). 기본적인 인간의 정서를 설명하기 위해 얼마나 많은 원형이 필요한지는 알 수가 없다. 또한 구체적인 현상이 아닌 정서와 같이 일상생활 환경에서 경험하는 모호한 현상은 그것을 전통적인 방식으로 정의하기 어렵기 때문에 원형분석 방법을 통해 이를 이해하는 데에는 한계가 있다. 예를 들어, 신체적 각성이 정서의 필수적인 특성이라면 정서반응은 신체적 반응에 수반되어야 하지만 그렇지 않은 경우도 있다. 원형정서가 신체적 각성을 수반하는 것이라고 해서 신체적 각성을 보이는 다른 반응들을 정서라고 볼 수는 없다. 그러므로 정서를 필요충분조건을 갖춘 개념으로 정의하기가 어렵다. 원형적 접근의 또 다른 문제는 모든 연구자들이 부차적이고 파생적인 정서보다는 기본적이고 원형적인 정서에 대해서만 관심을 가지려 한다는 사실이다. 원형이 범주를 규명하기 위한 근거가 된다면 이는 기본적인 것으로 볼 수 있다. 그러나 이것은 그러한 범주를 구성하는 다른 정서보다 기본적이라는 것을 의미하는 것은 아니다. 그러므로 원형적, 기본적 정서에 관심이 집중됨으로써 궁극적으로 비원형적 정서에 관심을 두지 않게 되며, 이는 정서이해에 한계를 초래하게 된다.

### 3) 정서란 무엇인가

“정서란 무엇인가?”라는 물음에 대답하는 것은 그리 간단한 일이 아니다. 분노, 두려움, 기쁨 등의 정서는 언제 어디서나 쉽게 정서로 간주되지만 어떤 것들은 이것이 과연 정서인지 아닌지에 대해서 오랫동안 철학적 논쟁의 주제가 되어 왔다. 예를 들어, 존중(respect)은 정서인가, 아닌가? 사랑(love)은 또 어떠한가? 칸트와 같은 철학자들은 도덕률에 대한 존중은 정서와는 상당히 다른 그 무엇이라고 본다. 사랑도 마찬가지로 논쟁거리가 된다. 예를 들어, 청년기의 낭만적 사랑은 이 시기의 질풍노도적 혼란과 열정으로 인해 정서로 볼 수 있지만 오래된 결혼생활에서의 사랑은 대부분 열정이 없는데 여전히 정서로 볼 수 있겠는가?(사진 참조). 그리고 국가에 대한 사랑(애국심)이나 정의를 사랑하는 마음은 또 어떠한가? 이처럼 장기간에 걸쳐 지속되며 비교적 온화한 감정도 정서로 볼 수 있는가? 아니면 순간적이고 폭발적인 격한 감정만이 정서로 간주되는 것인가? 이 점에 대해 철학자 흄은 격한 감정뿐만 아니라 온화한 감정도 정서로 보아야 한다고 주장하면서 온화한 감정이 격한 감정보다 오히려 인간의 본질을 이해하는 데 더 중요한 역할을 한다고 강조하였다.

사진 설명: 낭만적 사랑을 그린 영화, ‘로미오와 줄리엣’

사진 설명: 부부간의 동반자적 사랑을 그린 영화, ‘황금 연못(Golden Pond)’

온화한 정서와 격한 정서 간의 구분이나 오래 지속되는 정서와 순간적인 정서 간의 구분은 "정서란 무엇인가?"라는 질문을 함에 있어서 신중을 기해야 한다는 것을 보여준다. 왜냐하면 이러한 물음은 정서란 마치 모두 동질적 현상인 것처럼 간주하기 때문이다. 어떤 정서는 보다 신체적이고 생리적인 것이지만 또 다른 정서는 전적으로 개인의 신념과 결부되는 것이다. 그런가 하면 어떤 정서는 지금 바로 이 상황에만 관련되지만 또 어떤 정서는 거의 모든 상황과 연관된다. 어떤 정서는 개인의 기쁨이나 고통과 직결되지만 과학적 호기심이나 애국심 같은 정서는 개인의 기쁨이나 고통과는 전혀 관련이 없는 것이다. 어떤 정서는 이성적인 토론을 통해 쉽게 바뀔 수 있는 것이지만 어떤 정서는 전혀 그렇지 않은 것도 있다. 어떤 정서는 자기 마음먹은 대로 통제가 가능하지만 또 어떤 정서는 개인의 통제권 밖에 있는 것도 있다. 이처럼 정서는 하나의 동질적 현상인 것이 아니라 다양한 속성을 가지고 있는 것이다(Calhoun & Solomon, 1984).

정서를 정의함에 있어서 원형적 접근법은 두려움, 분노, 기쁨과 같은 보다 구체적인 정서원형에 초점을 맞춤으로써 정서의 본질에 접근하고자 한 반면, 정서를 실제로 존재하는 실체가 아닌 다차원적 구성요인으로 접근할 경우에는 어떤 구성요인을 강조하는가에 따라 정서에 대한 정의는 달라질 수밖에 없다. 어떤 학자들은 주관적(인지적), 생물학적(생리적), 기능적(목표지향적), 표현적(사회적) 차원 가운데 하나의 차원을 강조하거나 둘 이상의 차원을 강조하여 정서를 정의하려고 하였다.

먼저 생물학적(생리적) 차원을 강조하여 정서를 정의한 대표적인 학자로는 James와 Cannon 등을 들 수 있다. James(1884)는 "자극적인 사건을 지각하자마자 신체변화가 나타나며, 이러한 신체변화에 대한 느낌이 바로 정서"(p. 204)라고 하였다. 이는 신체변화가 선행되고 이어 이에 대한 느낌을 경험하게 된다는 측면에서 정서의 주관적, 생물학적 측면을 동시에 강조하고 있으며, 그 가운데 신체변화가 선행된다고 하는 점에서 생물학적 측면을 보다 강조하는 것으로 볼 수 있다. 또한 Cannon(1929)은 "정서는 신체적 기제, 특히 내장과 내분비계의 변화를 수반하는 유전적으로 정형화된 반응이다"(p. 22)라고 정의하였다. Cannon의 관점은 James와는 다소 상이하지만, 그와 마찬가지로 정서의 생리적 차원을 강조하는 것으로 볼 수 있으며, 특히 정서유발에서 뇌의 역할에 많은 관심을 가지게 해주었다.

주관적 차원을 강조하는 방식으로 정서를 정의한 대표적인 학자로는 Lazarus 등을 들 수 있다. Lazarus(1991)는 "정서는 전반적 평가, 행동경향성, 심리적 반응양상이나 주관적인 경험 등을 포함하며, 이들 모두는 평가 이후에 연쇄적으로 일어나는 대처과정으로 간주할 수 있다"(p. 210)라고 정의함으로써, 평가라는 인지적 과정을 정서에서 강조하였다.

Phillip R. Shaver

기능적 측면을 강조하여 정서를 정의한 대표적인 학자로는 Plutchik과 Shaver 등을 들 수 있다. Plutchik(1980)은 정서는 "인간이 환경에 잘 순응할 수 있도록 행동을 준비시키는 내적 동기인"(p. 133)이라고 정의하였다. Plutchik의 정의는 정서가 모든 동물의 기본적인 생존기제로서 작용하고 있음을 반영해주고 있다. 이와 유사하게 Shaver(1992)도 정서를 "환경평가에서 추론된 준비도인 행동경향(action tendencies)"이라고 정의하였다. 정서를 행동 준비도의 형태로 규명하려는 시도는 표출되는 행동에 대한 기능적(목적지향적)인 차원을 강조하는 것이다. 즉, 두려움이라는 정서는 위험을 사전에 피하거나 자기보호적 행동을 준비시키는 기능적인 것으로 간주할 수 있다는 것이다.

사회적 측면을 강조하는 방식으로 정서를 정의한 대표적인 학자로는 Frijda를 들 수 있다. Frijda(1986)는 "정서는 환경과 관계를 설정, 유지, 해체하려는 경향성이다"(p. 71)라고 정의하였다. 물론 Frijda의 정의는 환경에 대한 적응을 강조하고 있다는 점에서 기능적인 측면도 중요시하고 있으나, 동시에 이는 주변 환경이나 사람들과의 상호작용을 보다 강조하고 있는 것이다.

최근에는 정서의 다차원적인 차원을 고려하는 쪽으로 정서를 정의하고자 하는 시도들이 이루어지고 있다. 사전적 의미로 볼 때, 정서를 지칭하는 'emotion'이라는 단어는 "움직이다(to move)"와 "휘젓다(to stir up)"를 의미하는 라틴어에서 유래한 것이다. Webster 사전에는 "정서란 주관적으로 강한 감정으로

Paul R. Kleinginna

경험되는 항상성으로부터의 생리적 이탈을 의미하며, 외현적(外現的) 행위로 표현되거나 때로는 표현되지 않을 수도 있지만, 이에 앞서 신경근육, 호흡기, 심장혈관, 호르몬 또는 다른 신체적 변화로 표현된다"(p. 742)라고 하였다. 또한 Parrott(2001)도 "정서는 인지적, 신체적, 행동적 증상으로 뚜렷하게 표현되는 지속적인 마음의 상태"(p. 3)라고 정의하였다. 이러한 정의는 정서의 인지적, 생리적, 표현적 차원을 통합하려는 시도라고 볼 수 있다. 또한 Kleinginna와 Kleinginna(1981)는 이러한 정서의 정의에 기능적 차원을 통합하여 "정서는 신경/호르몬계에 의해 중재되는 주관적·객관적 요인들의 복잡한 상호작용이라고 정의하고, 이는 ① 각성이나 쾌/불쾌의 감정과 같은 감정적 경험을 유발하고, ② 정서와 관련된 지각, 평가, 명명과정과 같은 인지적 과정을 유발하며, ③ 각성상황에 대한 광범위한 생리적 적응을 활성화하고, ④ 표현적, 목표지향적, 적응적인 행동을 유도할 수 있다"(p. 371)라고 하였다.

이러한 다차원적 관점에서 본다면 단순히 말로만 사랑한다고 표현하는 것은 사랑의 정서를 경험하는 것으로 보기는 어렵다. 사랑한다는 정서는 자신이 누군가를 사랑한다는 사실을 인지적으로 지각하고, 신체적으로 사랑의 감정에 의해 자극을 받으며, 사랑하는 방식으로 행동하는 것을 의미한다.

또한 실제의 정서경험은 특정한 정서적인 성향과는 구분된다. 즉, 한 개인의 정서적 성향은 실제의 정서상태와는 차이가 있다. 예를 들어, 쉽게 화를 내는 사람은 화를 잘 내는 성향은 가지고 있으나 화가 난 상태는 아니다. 일반적으로 심리학자들이 말하는 정서는 화를 잘 내는 성향이 아니라 화가 난 상태를 의미하는 것이다.

### 4) 정서와 기분, 감정

정서라는 용어는 기분(mood)이나 감정(affect) 등과 같은 용어와 혼동해서 사용되고 있으나, 이들 용어는 개념상 다소 차이가 있다. 정서와 기분은 여러 측면에서 구분될 수 있다. 정서는 기분보다 상황에 대한 인지적 평가에 보다 많은 영향을 받으

사진 설명: 시험에 대한 불안감

며, 동시에 정서가 유발되는 최초의 상태인 기분에 좌우된다고 볼 수 있다. 시간적으로 여유가 있을 때보다 출근 시간에 쫓기는 상황에서 고속도로가 차단될 경우 더욱 화가 나는 것처럼 정서의 유발은 상황에 따라 달라진다. 또한 기분은 특정한 정서를 유발하는 자극의 역치[1]를 변화시키는 중요한 기능을 가지고 있다. 즉, 정서는 상황이 어떠한가에 대한 인지적 평가와 당시의 기분에 따라 영향을 받는다는 것이다.

정서와 기분을 구분하는 또 다른 기준은 대상지향성에 근거한다. 정서는 대상지향적인 반응이므로 무엇에 대해서 혹은 그 무엇으로 인하여 유발되는 것이다. 룸메이트가 방을 치우지 않아서 화가 나고, 시험기간이 다가와서 불안하고(사진 참조), 기대하지 않았던 선물을 받게 되어서 행복하고, 애완견이 죽어서 슬픈 것과 같은 대상지향적인 반응 등은 정서로 간주할 수 있다. 반면 기분은 이러한 대상지향적인 성격이 희박하다. 짜증나는 기분이지만 그렇다고 해서 반드시 어떤 대상으로 인해 화가 나거나 어떤 대상에 대해 화가 나는 것은 아니다. 기분은 대상이 없거나 대상이 있더라도 전반적인 일상생활상의 상황이나 포괄적인 대상에 대한 것이다.

또한 지속성의 차원에서도 정서와 기분은 차이가 있다. 기분은 보다 오래 지속되는 속성을 가지고 있으나 정서는 비교적 쉽게 변하는 속성을 가지고 있다. 유동성(fluctuation)은 정서의 본질을 이해하는 데 있어서 중요하다. 정서는 정지된 현상이 아니라 시간이 경과함에 따라 변화하는 현상(Parkinson, Totterdell, Briner, & Reynolds, 1996)으로, 최초의 원인이 된 정서에 이어 일련의 정서적 반응이 일어난다. 간단한 하나의 정서반응에서 정서를 경험하게 되는 일화적 사건(emotional episode)이 존재하기도 한다. 그러나 이러한 차이에도 불구하고 실생활에서 기분과 정서는 서로 대안적이기도 하고, 동시에 일어나는 경우도 많다.

반면 감정(affect)은 정서와 그 의미에서 보다 구분이 모호할 뿐 아니라 호환적

1) 생물체가 자극에 대한 반응을 일으키는 데 필요한 최소 한도의 자극의 강도를 표시하는 수치.

으로 사용되고 있다. 일반적으로 학문적 영역에서는 정서라는 용어를 보다 보편적으로 사용하지만, 임상 영역에서는 감정이라는 용어를 보다 많이 사용하고 있다. 정서와 감정의 차이를 Langs(1992)는 감정이 분명하고 표현적으로 드러나는 의사소통의 유형이라면 정서는 정서장애의 맥락에서 주로 논의되고 있다고 하였다. Greenberg와 Paivio(1997)는 감정은 자극에 대한 무의식적, 생물학적 반응을 의미하며, 이는 자동적으로 처리된다고 하였다. 즉, 감정은 반영적 평가를 포함하지 않으며 자동적으로 유발되는 반면, 정서는 이러한 무의식적, 감정적 과정의 의식적 산물이라고 하였다.

깨어 있는 동안 우리는 항상 기쁨, 분노, 두려움 등과 같은 특정한 원형적인 정서를 경험한다고는 할 수 없다. 그러나 사람들은 일련의 느낌을 경험하며 이를 감정이라고 한다. 감정은 어느 정도는 긍정적이고 어느 정도는 부정적인 측면을 공유한다. 일상적으로 긍정적인 감정의 수준은 아침에는 낮은 수준이다가 오전 중에 점차 증가하여 저녁 6시경을 중심으로 최고조에 달하며, 반면 분노와 같은 부정적인 감

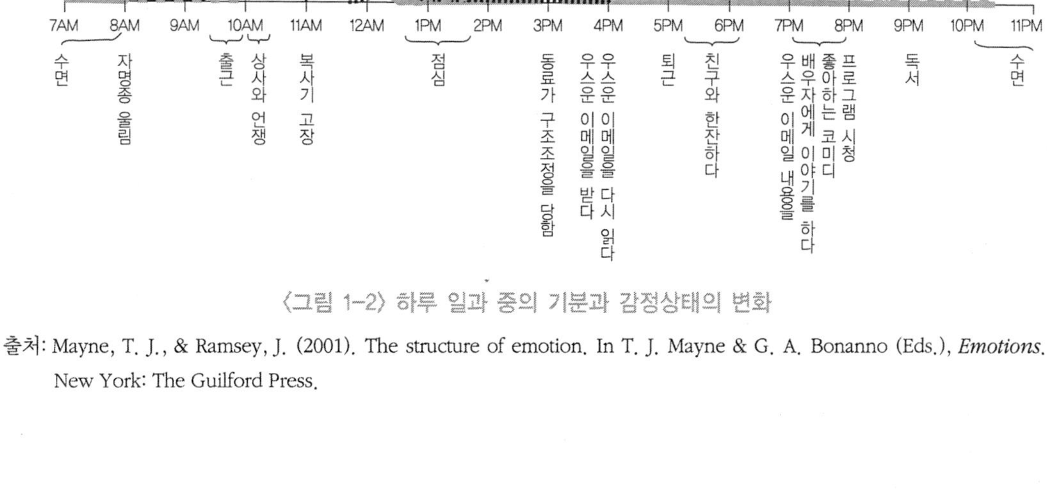


〈그림 1-2〉 하루 일과 중의 기분과 감정상태의 변화

출처: Mayne, T. J., & Ramsey, J. (2001). The structure of emotion. In T. J. Mayne & G. A. Bonanno (Eds.), *Emotions*. New York: The Guilford Press.

정은 깨어나서부터 아침시간대에, 고통은 일과시간대에 최고조에 달하며 이후에는 점차 감소하는 규칙적인 형태를 보이고 있다(Clark, Watson, & Leeka, 1989). 〈그림 1-2〉는 하루 일과 중의 기분과 감정상태의 변화에 관한 것이다.

## 2. 정서에 대한 역사적 관점

정서의 본질에 대해서는 고대 그리스 시대부터 상당히 많은 관심을 보여왔다. 초기에는 정서가 이성과 상반되는 개념이자 이성에 종속적인 것으로 인식되었으나 점차 이성과 동등한 입장에서 논의되고 있다. 동시에 정서를 유발하는 요인에 대해서도 다양한 관점에서 접근이 이루어지고 있다.

### 1) 이성과 정서의 관계

서구 사상에서 정서와 이성 간의 대립의 역사는 오랜 기간 지속되어 왔으며, 그 근원은 고대 그리스 시대로 거슬러 올라간다. 그리스 시대의 스토아 학파는 질적인 삶을 추구하는 데 있어 정서가 담당하는 역할에 관심을 가졌다. 이들은 현자(賢者)란 정서와 감정이 없는 사람들이라고 주장하였고, 이는 이후 유태교나 기독교 사상에 영향을 미쳤으며, 그 결과 서구 사상에서는 강한 반정서적 분위기가 형성되었다. Payne(1986)에 의하면, 이성이 우세하던 서구역사 전반에 걸쳐, 감성이 지나친 사람들은 정신질환자로 취급을 받았으며, 따라서 인간의 정서적 특성을 적절하게 억누르기 위한 여러 가지 방안이 시도되었다고 한다.

이처럼 정서에 대한 초기의 관점은 이성과 상반되는 개념으로 인식되었으며, 정서에 대한 연구는 이성에 대한 연구의 부산물로 간주되었다. 그러므로 이성과 정서에 대한 가장 지속적이고도 대표적인 비유는 주종관계라고 볼 수 있다. 즉, 이성이라는 지혜로운 힘의 통제 하에 정서라는 위험한 충동이 안전하게 억압되고 양자 간에 조화를 이루는 것으로 간주되었다. 그러므로 정서란 무엇인가에 대해 대답을

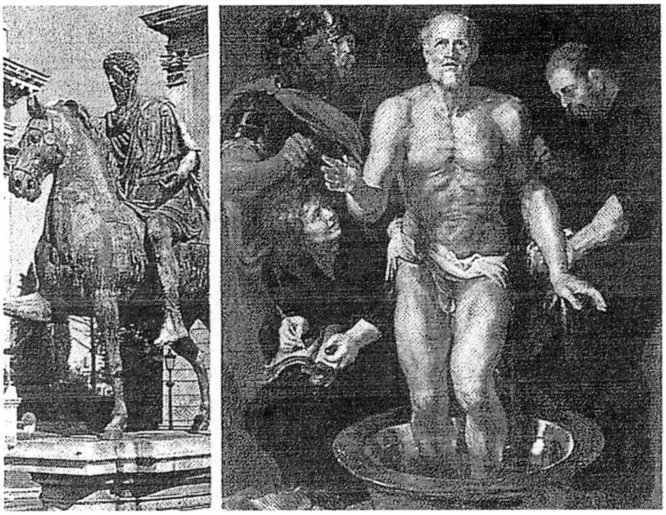

사진 설명: 스토아 학파의 대표적 인물
[左] 로마의 철인 황제 〈마르쿠스 아우렐리우스〉의 청동상
[右] 로마 황제 네로의 스승이었던 〈세네카〉의 죽음(루벤스 그림)

구한다는 것은 정서를 이성에 종속되는 것이 아니라 이와 동등한 위치에서 논의해야 한다는 점에서 어려움이 있을 수밖에 없었다. 이러한 생각은 오늘날 정서에 대한 관점을 결정하는 데 있어 두 가지 양상을 보여주고 있다. 첫째, 정서의 열등한 속성, 즉 보다 원시적이고, 덜 지적이며, 통제하기 어렵고, 위험하고, 이성의 통제를 받아야 한다고 하는 정서의 열등한 속성을 강조하는 점이다. 둘째, 이성과 정서는 명확하게 상이하고 상반되는 속성을 가지는 것으로 구분된다는 점이다. 그러나 양자 간에 구분을 시도했던 학자들조차도 정서와 이성을 전혀 상이한 속성을 가진 개념으로 구분함과 동시에 정서를 이성보다 하위의 개념으로 간주하였다(Solomon, 2004).

이러한 시각에 대한 반작용으로 정서를 오히려 진정한 지혜의 덕목이며 이성의 주인이자 이 세상을 제대로 인식하는 기초로 보아야 한다는 생각이 대두되었다. 데카르트는 모든 사람은 자기 내부에서 정서를 경험하고 있으며, 이러한 정서는 고차원적인 지적 과정의 한 유형으로 내적 정신상태에 대한 정보를 제공해준다고 주장

Abraham Maslow

Carl Rogers

함으로써 논쟁에 종지부를 찍었다(Solomon, 2004). 18세기에 들어와 흄(1739/1948)도 오히려 이성이 감성(passion)의 노예가 되어야 한다고 주장하였다. 흄은 감성을 도덕적 행위를 가능케 하는 정신적 기능으로 보았으며, 이는 이성과 상반되는 개념이 아니라 이기심을 자제토록 하고 도덕성을 확립하는 데 반드시 필요한 정신적 기능이라고 하였다.

또한 18세기에 들어와 유럽의 낭만주의 운동은 감정이입이나 직관적 사고와 같은 논리로는 설명할 수 없는 통찰력을 강조하기 시작하였다. 즉, 엄격하고 이성적인 규칙에 대항하여 자유롭게 정서를 표현하기 시작하였다. 1960년대에 들어와 히피운동이나 여성운동, 반전운동 등의 움직임은 이성주의 세력에 대항하는 정서적 변혁의 시기로 표현된다. Maslow(1969), Rogers(1951) 등과 같은 인본주의 심리학자들에 따르면, 사람들은 자기결정권을 행사할 수 있는 능력을 가지고 있을 뿐더러, 자신에 대해 좋게 느끼고, 직접적으로 자신의 정서를 경험하고 있으며, 정서적으로 성장하는 것은 인간의 기본적인 욕구라고 하였다. 또한 화난 감정의 표현은 불평등에 대한 필요한 신호라고 하였다.

## 2) 정서 유발요인

이성과 정서 간의 대립의 역사만큼이나 정서를 유발하는 요인에 대한 생물학적 관점과 인지적 관점 간의 대립도 오랜 역사를 가지고 있다. 정서의 생물학적, 신체적, 신경조직적 측면을 강조하는 전통은 데카르트를 원조로 보고 있으나 이는 실은 플라톤으로 거슬러 올라간다(Averill, 1974). 동시에 스피노자를 중심으로 하는 인지적, 사회적 측면을 강조하는 전통도 존재하는데, 이는 스토아 학파나 아리스토텔레스로 거슬러 올라간다(Nussenbaum, 1994).

### (1) 생물학적 관점

플라톤은『국가』에서 인간의 정신세계를 신성, 정신, 욕망의 세 가지 범주로 구분하고 이에 정서는 포함시키지 않았는데, 우리가 정서라고 부르는 것은 정신과 욕망 사이에 위치한다고 볼 수 있다. 그러나『심포지엄』에서 에로스에 대해 언급하면서, 정서에 신성적인 요소도 포함되는 것으로 보았다. 이후 데카르트는 인간의 정서를 의구심과 사랑, 증오, 욕망, 기쁨, 슬픔의 여섯 가지 생래적인 기본정서로 가정하였으며, 다른 모든 정서는 이들 여섯 가지 정서의 혼합물이거나 이들로부터 파생된 것이라고 주장하였다.

19세기에 들어와 Darwin(1872)은 진화론적 관점에서, 정서는 인간이라는 종이 자연환경에 적응해오는 진화과정에서 계통발생적으로 얻어진 유산이며, 이는 자연선택의 관점에서 이해할 수 있다고 하였다. 이는 이후 Plutchik(1980)의 진화심리이론으로 계승된다. 또한 James(1884)나 Lange(1885/1992) 같은 학자들은 심리생리학적 관점에서 신체적, 생리적 반응이 정서과정의 필요충분조건이라고 하였으며, 이러한 관점은 이후 Tomkins(1962, 1963), Ekman(1973a), Izard(1989, 1992) 등의 정서연구로 계승된다. 또한 Cannon(1929)은 정서와 뇌의 구조 및 기능과의 관련성에 초점을 맞추었으며, 이러한 신경생리학적 전통은 이후 MacLean(1963, 1984, 1986), Heath(1992), Panksepp(1982, 1994) 등의 정서연구로 계승된다.

### (2) 인지적 관점

정서에 대한 생물학적 관점과는 대조적으로 아리스토텔레스는『수사학』에서 정서를 즐거움이나 괴로움의 판단에 영향을 미치는 인지적 속성으로 묘사하고 있다. 정서에는 분노, 두려움, 동정심 그리고 이와 상반되는 정서가 있다고 하였으며, 특히 분노에 대해 특별한 관심을 보였다. 그는 분노의 정서를 “자신과 친한 사람으로부터 부당하게 멸시를 받은 데 대해 확실하게 보복하고자 하는 고통스러운 욕구”라고 정의하였다. 아리스토텔레스는 분노는 특정인에게 향하는 것이며, 이에는 신체적 고통이 수반된다고 하였다. 무례함에 대해 분노하지 않는 것은 미덕이라기보다 악덕이라고 보고, 오직 바보들만이 분노하지 않는다고 하였다. 이는 분노를 유발하는 자극평가에서 인지적 요인을 강조한 최초의 정서이론이라고 볼 수 있다. 무시함이나 얕잡아 보는 것이 분노를 유발하는 주요 원인이며, 신체적 · 심리적 불안감도 분노를 유발한다고 하였다. 분노에 대한 그의 생각에는 뚜렷한 인지적 요소, 특정의 사회적 상황, 행동경향, 신체적 각성에 대한 인식이 포함되어 있다(Solomon, 2004).

이후 Arnold(1960)와 Lazarus(1968, 1991)는 동일한 상황이라 해서 사람들이 동일한 정서반응을 보이는 것은 아니며, 개인의 정서반응은 사람에 따라 상황이나 사건에 대한 인지적 평가에서 비롯된다는 평가이론을, Weiner(1986a)는 사건 이전의 평가뿐만 아니라 이후의 평가를 강조하는 귀인이론을, Averill(1982, 1985)은 정서를 사회적 구성과정의 결과로 보는 사회구성주의이론을 주장하였다. 그러나 최근에는 이러한 생물학적 관점과 인지적 관점을 모두 통합하려는 시도가 활발하게 이루어지고 있다.

### 3) 정서발달에서의 유전과 환경

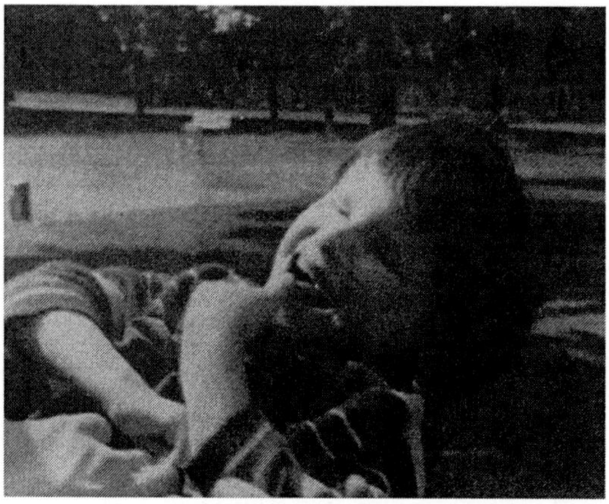

개인의 정서반응은 선천적으로 타고나는 것인지 혹은 후천적으로 형성되는 것인지의 문제는 아직도 논란의 여지가 있다. 이 점에 관해서는 극단적인 유전적, 생물학적 결정론에서부터 사회문화적 결정론에 이르기까지 다양한 관점이 존재하며, 전자의 대표적인 관점은 진화론적 관점이며, 후자의 대표적인 관점은 사회구성주의이다.

먼저 생물학적 결정론의 관점에서 Darwin은 정서반응이 선천적이라는 사실에 대해 여러 가지 증거를 제시하였다. 첫째, 많은 동물에게도 인간과 유사한 정서표현이 나타나고, 둘째, 그다지 학습의 기회가 많지 않은 어린 유아에게서도 성인과 유사한 정서표현이 나타나며, 어떤 정서는 범

문화적으로 나타나고, 시각장애나 기타 장애아들에게서도 동일한 정서표현이 나타난다는 것이다. 이러한 사실은 정서가 환경에 의해 학습된 것이라기보다는 선천적으로 타고난 능력임을 지지해주는 것이다. 또한 탈리도마이드라는 약물복용으로 인한 장애아를 대상으로 한 Eibl-Eibesfeldt(1973)의 연구에서도 이들 아동이 시각능력이나 인지능력이 크게 손상되어 있었음에도 불구하고 정서반응은 정상적이라는 사실을 발견하였다(사진 참조). 이러한 결과는 정서는 학습된 것이 아니라 선천적으로 타고난 유전적인 요인이 지배적이라는 사실을 뒷받침해주는 것이다.

Izard(1984)도 이와 유사한 관점에서 인지적 능력이 부족한 영아들도 어떤 사건에 대해 정서적으로 반응할 수 있다고 하였다. 3주경의 영아도 고음의 목소리에 미소로 반응하며(Wolff, 1969), 2개월경의 영아도 고통에 대한 반응으로 분노의 정서를 표현한다고 한다(Izard et al., 1983). 이러한 연구결과를 바탕으로 Izard(1989)는 외적 사건에 대한 정서처리 과정의 많은 부분들은 인지과정이 개입되기보다는 피질하부 구조에서 자동적, 무의식적으로 처리된다고 하였다. 동물연구에서도 이러한 주장은 지지를 받고 있다. 모든 동물은 정서를 유발하는 독특한 감각 수용체를 소유하고 있다. 이는 뇌연구를 통해서도 충분히 지지를 받고 있다. 예를 들어, 쥐에게 고양이 냄새를 맡게 하면 두려움의 반응을 보인다는 것은 특정한 정서의 유발에는 별도의 경험을 필요로 하지 않는다는 사실을 말해주는 것이다(Crepeau & Panksepp, 1988). 정서적 행동을 표현할 학습의 기회를 충분히 가지지 못한 어린 동물에게서도 특정한 뇌의 부위를 자극함으로써 정서적 반응이 유발되었음을 볼 수 있다(Moran, Schwartz, & Blass, 1983; Panksepp, 1994).

그러나 이와는 달리 사회구성주의적 관점에서는 개인이 속한 사회문화적 맥락을 고려하지 않고서는 정서를 이해하기 어렵다고 하였다. 문화는 사회화과정을 통해 부모세대로부터 자녀세대로 어떤 정서를 어떤 방식으로, 어떤 상황에서 표현하고 조절해야 하는지를 전수하게 되며, 이에 따라 개인의 정서반응은 차이를 보이게 된다고 한다.

그러나 생물학적 성향이 강한 이론가들조차도 문화가 정서적 표현의 정도를 결정하는 데 큰 영향을 미친다고 주장한다. 즉, 정서는 모든 문화나 생활방식의 사람들에게 존재하는 기본적인 인간 본성의 일부이지만 상황이나 문화적 가치가 변하면 정서 표현방식은 달라질 수밖에 없다는 것이다.

마찬가지로 문화적인 상대주의 이론가들도 유전과 생물학적 요인의 결정적 역할은 인정하고 있다. 인간이 다양한 역할과 반응을 학습할 수 있는 뇌구조를 발달시키지 않았다면 여러 문화권에 존재하는 다양한 정서를 배울 수 없었을 것이라고 한다. 이러한 생물학적 가소성이 없다면 인간의 정서는 다른 종과 유사하게 본능적인 것에 국한되었을 것으로 본다. 이러한 측면에서 사회구성주의 이론가들도 정서발달에서 생물학적 요인이 결정적 역할을 한다고 가정한다.

최근 유전적 기제에 대한 포괄적인 이해가 이루어짐에 따라 많은 유전적 특성이 특정의 환경에서만 발현되는 것으로 알려지고 있으며 이는 유전과 환경의 영향을 구분짓는 것을 더욱 어렵게 만든다. 즉, 유전자는 단순히 선대가 가진 지식의 수동적인 저장고가 아니라 동적, 반응적인 정보 저장고이다. 많은 발달적 변화들은 환경적 영향을 받지만 상당 부분은 DNA에 저장된 유전적 성향의 결과라고 볼 수 있다. 인간은 하등동물과 마찬가지로 정서적 본능을 부여받았으나 대뇌피질의 확장으로 이러한 본능을 그대로 드러내지는 않고 더 많은 선택이 가능하다고 할 수 있다.

## 3. 정서의 구조

다양한 정서들은 그 유사성이나 일정한 규칙에 따라 조직화하고 구조화함으로써 정서의 본질을 보다 명확하게 이해할 수 있다. 정서의 구조를 설명하는 대표적인 모델로는 차원구조(dimensional structure)와 위계구조(hierarchical structure) 모델이 제시되고 있다. 또한 정서를 하나의 고정된 평면상의 위치보다는 기본정서 모델로 이해하고자 하는 시도도 이루어졌다. 각각의 모델은 나름대로의 강점을 지니고 있으며, 최근 정서와 관련된 중요한 쟁점 가운데 하나도 정서가 차원구조로 묘사될 수 있는지와 같은 정서의 구조와 관련된 문제이다.

## 1) 차원구조

정서를 구조화하는 방법 가운데 하나는 정서들 간의 중요한 유사점이나 차이점을 파악할 수 있는 소수의 차원을 탐색해보는 것이다. 연구결과, 두 개의 요인 혹은 차원이 정서들 간의 차이를 설명하기에 적절한 것으로 나타났다.

### (1) 이차원 구조

여러 학자들(Ekman, 1992a; Ortony & Turner, 1990; Russell & Feldman-Barrett, 1999)은 정서들 간의 차이를 설명하기에 두 개의 차원이 적절한 것으로 평가하였다. 그 가운데 한 가지 차원은 유쾌함-불쾌함의 차원이고, 하나는 정서의 활성화나 각성, 강도와 관련된 차원이다. 이들은 이러한 두 가지 차원을 각각 X축, Y축으로 놓고 다양한 정서를 그 상응하는 위치에 두어 정서의 구조를 파악하고자 하였다.

이차원 모델에서 행복이나 황홀감과 같은 강한 긍정적 정서는 유쾌함과 강도가 모두 높은 I 사분면(1~2시 방향)에, 만족감이나 편안함과 같은 긍정적 정서는 유쾌함은 높지만 강도는 낮은 II사분면(4~5시 방향)에, 두려움나 분노와 같은 강한 부정적 정서는 불쾌함과 강도가 모두 높은 IV사분면(10~11시 방향)에, 슬픔이나 지루함과 같은 약한 부정적 정서는 불쾌감은 높지만 강도는 낮은 III사분면(7~8시 방향)에 위치하는 것으로 나타났다. 일상생활상에서 나타나는 정서의 위치는 이러한 2차원 구조에서 타원의 형태를 이루고 있으므로 이를 원형 모델(circumplex model)이라고도 한다(〈그림 1-3〉 참조).

그러나 정서의 차원구조를 주장하는 학자들 가운데 몇몇은 모든 정서가 반드시 이러한 원상에 위치하지는 않으며, 타원형보다는 괄호와 같은 형태로 배열된다고

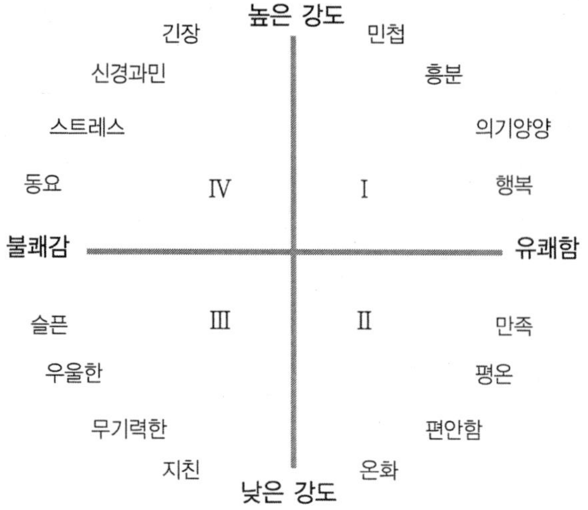


〈그림 1-3〉 정서의 이차원 구조 원형 모델

출처: Mayne, T. J., & Ramsey, J. (2001). The structure of emotion. In T. J. Mayne & G. A. Bonanno (Eds.), Emotions. New York: The Guilford Press.

하였다. Watson과 Tellegen(1985)은 유쾌함-불쾌함, 강도의 강함-약함의 차원 대신 독립적인 두 개의 정서형태인 긍정적 정서와 부정적 정서 모델을 제안하였다. 그들의 구조에서 보면 긍정적인 정서는 극단적으로 고양된 황홀감(1시 30분 방향)에서 최소한의 나태한 상태(4시 30분 방향)까지, 부정적인 정서는 극단적인 신경질적 적대감(10시 30분 방향)에서 최소한의 이완된 상태(늘어짐)(7시 30분 방향)까지에 걸쳐 존재한다는 것이다.

### (2) 다차원 구조

또 다른 학자들은 다양한 정서들 간의 관계를 설명하기 위해 이차원 구조의 원형 모델에서 한 걸음 더 나아가 삼차원 구조로 설명하고자 하였다. Plutchik(2000)은 기본정서를 중심으로 정서들 간의 관계를 설명하기 위해 〈그림 1-3〉과 같은 원형 모델을 제시하였을 뿐 아니라 나아가 정서의 강도, 유사성, 양극성의 세 가지 특징을 조합하고 여기에 8개의 기본정서에 대한 관점을 추가하여 팽이모양의 입체모

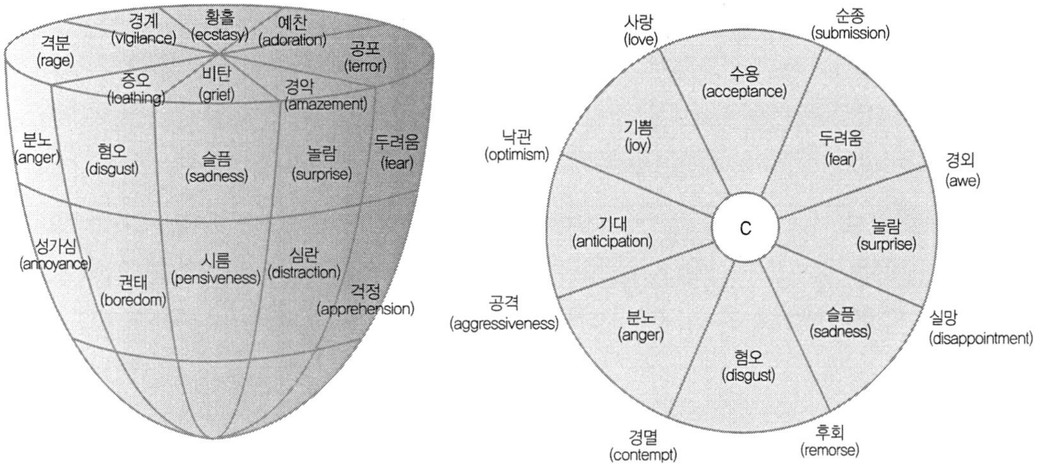


〈그림 1-4〉 정서의 삼차원 구조

출처: Plutchik, R. (2000). *Emotions in the practice of psychotherapy: Clinical implications of affect theories*. Washington, DC: American Psychological Association.

형을 만들어 정서를 삼차원 구조로 설명하였다(〈그림 1-4〉 참조). 강도의 차원에서 격분(rage)은 분노(anger)보다, 비탄(grief)은 슬픔(sadness)보다 더 강한 의미를 가지고 있다. 또한 유사성의 차원에서도 여러 정서들 간에는 차이가 있다. 분노는 기쁨보다는 혐오의 차원과 더 가깝다고 볼 수 있다. 또한 우리는 많은 정서들을 상반되는 정서로 생각한다. 예를 들어, 행복은 슬픔과 사랑은 증오와 상반되는 정서로 생각한다. 기본정서의 개념은 인간이 환경에 적응해 오는 과정에서 가장 높은 생존가치를 지니고 있는 필수적인 정서라는 점에서 진화론적 관점을 잘 반영한다고 볼 수 있다.

#### (3) 차원구조의 평가

차원구조는 전반적인 정서의 속성을 이해하거나 정서척도를 개발하는 데 유용한 것으로 보인다. 차원 모델의 장점은 논리적이고, 질서정연하며, 심미적인 매력이 있고, 성격의 5요인 모델과도 관련이 있다(Plutchik & Conte, 1997). 긍정적 정서는 성격요인 가운데 외향성과, 부정적 정서는 신경증과 관련이 있으며(Meyer & Shack, 1989), 정서모델과 성격모델이 상관이 있다면 지금까지 성격연구를 통해 축적된 방대한 연구결과를 정서연구에 이용할 수 있다는 장점을 가지고 있다고 볼 수 있다. 또한 신경심리학적 증거도 이를 뒷받침하고 있다. 즉, 긍정적 정서와 부정적 정서를 관장하는 독립된 뇌의 구조가 존재한다는 것이다(Ochsner & Feldman-Barrett, 2001). 이러한 차원구조는 여러 연구결과에서 반복적으로 확인된 바 있으며, 이러한 사실은 이론의 타당성을 지지해주는 것으로 볼 수 있다(Feldman-Barrett & Russell, 1999).

그러나 이 이론이 가장 크게 비판을 받는 점은 정서 자체가 아니라 자기보고식 정서구조를 반영하고 있을 뿐이라는 것이다(Izard, 1994). 즉, 이러한 차원이 정서경험을 보고하는 개인차의 문제일 수도 있다는 것이다. 어떤 사람들은 자신의 정서를 차원론적 형태로 경험하고 서술하는 반면, 또 다른 사람들은 정서를 불연속적인 것으로 경험할 수도 있다(Feldman, 1995). 그러므로 정서적 경험에 대한 자기보고방식에 근거하여 정서 구조를 파악해서는 안 된다는 것이다.

또한 차원구조는 상황과는 무관하게 정서를 이차원 혹은 삼차원 공간의 정해진 위치에 고정시키려 한다는 점에서도 문제가 있다. 차원 모델은 정서가 가진 다양한 상태를 간과하고 있다. 분노와 두려움은 강한 부정성과 높은 강도를 갖는다는 점에서 위치가 서로 인접해 있으나 다른 측면에서 본다면 이는 매우 상이한 정서라고 볼 수 있다. 긍정적 정서와 부정적 정서 간의 구분도 모호한 경우가 많다. 일반적으로 경멸은 부정적인 정서로 간주되지만, 한편으로 경멸은 자존심을 강화시켜주고 사회질서 유지에 도움이 된다는 점에서 삶에 긍정적으로 기여하는데, 이러한 의미에서 본다면 모든 정서는 본질적으로 긍정적인 기능을 가지고 있다고 볼 수도 있다(Jones, 1995). 또한 차원 모델에서는 긍정적 정서와 부정적 정서가 상호간에 상관관계가 없다고 가정하지만, 실제로는 정서의 강도나 측정시기 등에 따라 이들 간의 상관관계는 달라진다는 것이다(Parkinson et al., 1996).

## 2) 위계구조

정서의 차원구조에 대한 대안적 방법으로 여러 학자들은 위계구조라는 것을 제시하였다. 예컨대, 원형분석을 최초로 시도했던 학자인 Rosch(1973, 1978)는 정서의 범주화는 수평적 차원뿐만 아니라 수직적 차원에서도 이루어질 수 있다고 하였다. 수직축은 상위수준(예: 가구), 기본수준(예: 의자), 하위수준(예: 부엌의자)의 세 수준으로 분석될 수 있으며, 이들 세 수준 가운데 Rosch는 중간단계를 기본수준으로 보았다. Mervis와 Rosch(1981)는 이들 위계의 수준을 4단계로 구분하고 이 가운데 수준 2를 기본수준을 가장 잘 반영하는 것으로 제시하였다(〈표 1-2〉 참조).

〈표 1-2〉 위계수준과 그 예

| 수준 | 예 |
|---|---|
| 4. 포괄적 형태 | 집안의 가재도구 |
| 3. 속(屬)에 근거한 분류 | 가구, 설비기구 |
| 2. 특정 형태 | 의자, 스토브 |
| 1. 하위 형태 | 부엌의자, 가스레인지 |

출처: Averill, J. R. (1994). In the eyes of the beholder. In P. Ekman & R. J. Davidson (Eds.), *The nature of emotion*. Oxford University Press.

이후 Fehr와 Russell(1984)도 Rosch의 생각을 기초로 하여 정서를 구조화하였는데, Conway와 Bekerian(1985), Tiller와 Harris(1984)도 이와 유사한 접근방법을 사용하였다. Shaver와 동료들(1987)도 여러 정서들 간의 관계를 어떻게 하면 가장 잘 구조화할 수 있는가에 대해 유사한 관점을 제시해주고 있다. 이들은 각각의 정서가 다른 정서와 얼마나 다른가에 대해 연구대상에게 질문하고 이 자료를 요약한 결과, 가장 특징적인 135개의 정서를 추출할 수 있었다. 추출된 135개의 정서를 군집분석 프로그램의 평균거리 측정방법으로 도식화한 결과 100개가 넘는 정서의 원형이 있었으며, 이는 애정, 기쁨, 슬픔, 분노, 두려움의 5개 중간수준(기본수준)의 정서군집으로 분류되었다(〈그림 1-5〉 참조).

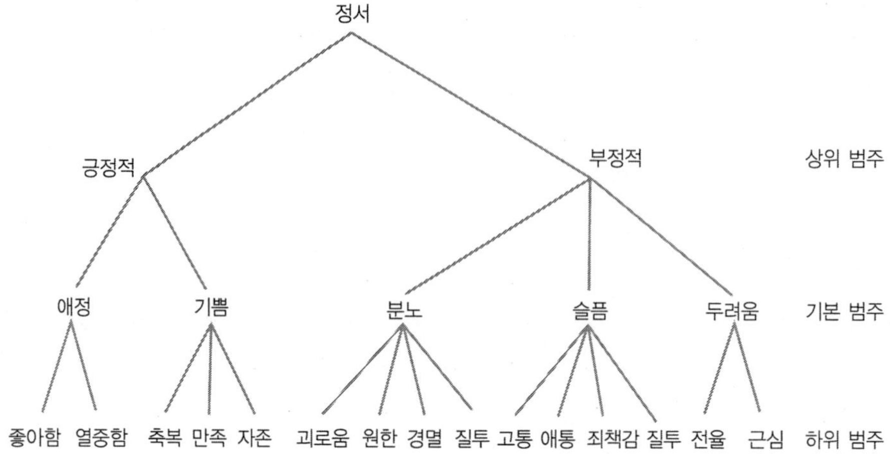


〈그림 1-5〉 정서의 위계적 군집분석결과

출처: Shaver, P., Schwartz, J., Kirson, D., & O'Connor, G. (2001). Emotion knowledge: Further exploration of a prototype approach. In W. G. Parrott (Ed.), *Emotions in social psychology*. New York: Taylor & Francis.

그러나 한국인이 정서표현에 자주 사용하는 단어를 기본으로 정서의 기본범주를 확인한 결과는 이와는 다소 차이를 보인다. 한국인이 사용하는 정서단어를 분류하여 정서의 구성차원과 위계적 범주를 살펴본 연구에서 기본범주로 나타난 정서는 긍정적 정서로는 기쁨, 긍지, 사랑의 정서가, 부정적인 정서로는 두려움, 분노, 연민, 수치, 좌절, 슬픔의 정서로 구분되었다(이준웅, 송현주, 나은경, 김현석, 2008).

### 3) 기본정서

많은 학자들은 정서를 차원 모델이나 위계 모델과 같이 평면상의 특정한 위치로 구조화하기보다 소수의 일차적인 기본정서 모델로서 이해하고자 하였다. 기본정서 이외의 모든 정서는 이차정서이고 이는 일차정서가 혼합된 것임을 전제로 한다. 특히 정서의 생물학적 측면을 강조하는 학자들은 보편적인 기본정서라는 것이 존재한다고 주장하며, 이차적으로 파생된 정서에 비해 일차적 기본정서를 보다 강조하고 있다. 이러한 관점의 대표적인 학자로는 Tomkins(1962), Ekman(1992a),

Izard(1991), Oatley(1992) 등을 들 수 있다.

### (1) 기본정서의 분류

일찍이 데카르트는 인간의 정서는 의구심, 사랑, 증오, 욕망, 기쁨, 슬픔의 여섯 가지뿐이며, 다른 모든 정서는 이들 여섯 가지 정서의 혼합물이거나 이들로부터 파생된 것이라고 주장하였다.

Inge Bretherton

이후 Rosch(1978)는 우리 주변의 대상을 수평적 또는 수직적 차원에서 분류할 수 있다고 하였으며, 수직적 차원에서 대상을 분류했을 때 중간수준이 바로 기본수준이며, 정서의 경우 바로 기본정서라고 하였다. 중간수준을 기본수준으로 보는 이유는 중간수준에 속하는 정서는 상위수준보다 상세한 정보를 전달해주며 동시에 범주들 간의 차이를 규명하는 데 있어서는 하위수준의 개념보다 우월하다는 것이다. 또한 중간수준은 정보제공에 가장 효율적인 것이라는 측면에서 사람들은 일상적인 대화나 생각에서 중간수준을 자연스럽게 선호하게 된다고 한다. 일반적으로 기본정서는 아동이 성장과정에서 가장 먼저 습득하게 되는 정서이고(Bretherton & Beeghly, 1982), 사랑, 기쁨, 노여움, 슬픔, 두려움, 놀람 등과 같이 짧은 하나의 단어로 표현되고, 정서라고 했을 때 가장 먼저 머릿속에 떠오르며(Fehr & Russell, 1984), 표현된 정서에 가장 쉽게 이름을 붙일 수 있고(Ekman, Friesen, & Ellsworth, 1982), 하나의 시각적 이미지로 표상화되므로 일상적인 정서구분에 유용한 개념이라고 볼 수 있다.

위계수준의 비교에서 Fehr와 Russell(1984)도 정서적 지식은 위계적으로 표현될 수 있고, 우리가 중간수준이라고 부르는 것이 기본수준인 것이며, Mervis와 Rosch(1981)도 의자나 스토브같이 특정한 형태를 지칭하는 중간수준의 범주화가 가장 기본을 이룬다고 하였다. 이 수준은 군집의 속성에 대해 가장 가치 있는 정보를 줄 수 있는 것이며, 범주 간보다는 동일한 범주 내에서 유사성이 가장 큰 수준이라는 것이다. Shaver 등(1987)도 위계수준 가운데 그 범주에 대한 가치로운 정보를 최대한으로 줄 수 있는 분노, 두려움, 슬픔, 기쁨, 애정의 다섯 가지 정서를 기본정서로 선정하였다. 반면, Oatley와 Johnson-Laird(1987)는 기본정서를 더 이상 본질적인 특성으로 구분될 수 없는 가장 기초적인 수준이라고 정의하였다. 그러나 모든 정서이론가들이 이러한 범주를 기본수준으로 보는 것은 아니다. 위계구조의 가장 포괄적인 상위수준을 기본정서로 간주하는 학자가 있는가 하면, 하위수준을 기본정서로 보는 학자도 있다. 하나의 범주에 대한 이름이 존재하지 아니하는 경우에는 일반적으로 위계구조의 하위수준에서 하나를 가져와 사용하게 된다. 예를 들어, 어떤 문화에서 새라는 단어가 없으면 종달새가 특정한 종류의 새뿐만 아니라 전반적인 새의 종류를 지칭하는 것이 된다.

Richard J. Davidson

기본정서는 생래적으로 타고난 것이며, 연령이나 문화권과 상관없이 동일한 상황에서 모든 사람에게 일어나며, 얼굴표정을 통해 변별이 가능하며, 변별가능한 생리적 반응을 유발한다는 특성을 지니고 있다고 한다(Ekman & Davidson, 1994). 또한 기본정서는 뇌구조, 생리적 활동, 얼굴표정, 평가양식이나 행동준비도로 규명되고 있으며, 비기본정서는 이러한 기본정서가 변형, 정교화, 혼합된 것으로 볼 수 있다. 연구결과, 기본정서를 표현하는 서구의 얼굴표정을 다른 비서구 국가에서도 일치하게 인식하고 있는 것으로 나타났다(Ekman, 1972; Ekman et al., 1987; Izard, 1971; Matsumoto & Ekman, 1989). 여러 다양한 문화권의 사람들도 특정한 상황이나 상황에 따른 반응에서 유사한 얼굴표정을 만들어 낸다는 것이다.

보편적 기본정서가 존재한다는 주장은 진화론의 관점과 가장 잘 부합되는 것이다. 기본정서의 수나 특정한 정서가 기본정서인지 아닌지에 대해서는 학자들 간에 이견을 보이고 있으나, 기본적이라는 용어는 정서의 독특한 특성이나 기능면에서 진화의 역할을 강조하는 것이다. 정서는 일상적인 과제를 처리하는 데 있어서 적응적 가치를 가지고 진화해왔다고 볼 수 있다. 이는 인간뿐 아니라 영장류에게도 기본적으로 존재하며 유전된다고 한다. 이러한 관점에서 Averill(1994)도 기본정서란 주요한 기능을 수행하는 것을 중심으로 범주화할 수 있다고 하였다. 자르는 도구라는 기능이 칼의 가장 원형적인 속성이듯이 인간의 생존에 결정적인 것이 정서의 원형이자 기본정서로 간주할 수 있다는 것이다.

### (2) 기본정서에 대한 지지

기본정서가 존재한다는 주장은 다음과 같은 사실로 뒷받침된다. 첫째, 여러 정서이론가들이 말하는 기본적, 일차적 정서목록들은 대략 일치한다는 것이다. Tomkins(1970)는 신경발화율(density of neural firing)을 중심으로 두려움, 분노, 놀람, 홍미, 혐오, 기쁨, 수치심, 경멸, 고통의 9가지 정서를, Izard(1977, 1991)는 동기화 시스템에 근거하여 분노, 두려움, 고통, 즐거움, 혐오, 놀람, 수치심, 경멸, 홍미, 죄책감의 10가지 정서를, Plutchik(1980)은 진화적 기능에 근거하여 분노, 혐오, 슬픔, 놀람, 두려움, 수용, 기쁨, 기대의 8가지 정서를, Panksepp(1982)은 피질

〈표 1-3〉 일차적 정서

| 학자 | 정서 |
|---|---|
| Plutchik(1980) | 두려움(fear), 분노(anger), 슬픔(sadness), 기쁨(joy), 혐오(disgust), 수용(acceptance), 기대(anticipation), 놀람(surprise) |
| Tomkins(1962, 1963) | 두려움(fear), 분노(anger), 즐거움(enjoyment), 홍미(interest), 혐오(disgust), 놀람(surprise), 수치심(shame), 경멸(contempt), 고통(distress) |
| Izard(1972, 1977) | 두려움(fear), 분노(anger), 기쁨(joy), 홍미(interest), 혐오(disgust), 놀람(surprise), 수치심(shame/shyness), 경멸(contempt), 고통(distress), 죄책감(guilt) |
| Panksepp(1982) | 두려움(fear), 격분(rage), 공황(panic), 기대(expectancy) |
| Ekman(1973) | 두려움(fear), 분노(anger), 슬픔(sadness), 행복(happiness), 혐오(disgust), 놀람(surprise) |
| Fehr & Russell(1985) | 두려움(fear), 분노(anger), 슬픔(sadness), 행복(happiness), 사랑(love) |
| Sroufe(1979) | 두려움(fear), 분노(anger), 유쾌함(pleasure) |

출처: Kemper, T. D. (1987). How many emotions are there? Wedding the social and the autonomic components. *American Journal of Sociology, 93*, 263-289.

하부의 신경전달물질 회로에 근거하여 두려움, 분노, 공황, 기대의 4가지 정서를, Ekman(1992b)은 보편적인 얼굴표정을 중심으로 두려움, 분노, 행복, 혐오, 슬픔, 놀람의 6가지 정서를 기본정서로 들고 있다. 학자들마다 기본정서에 대한 관점에서 다소 차이는 보이고 있으나 두려움, 분노, 혐오, 슬픔, 기쁨, 놀람과 같은 정서는 대부분의 학자들이 공통적으로 기본정서로 지적하고 있는 것들이다(〈표 1-3〉 참조).

둘째, 이러한 기본수준의 개념은 200명의 연구대상으로부터 바로 쉽게 머릿속에 떠오르는 정서를 1분 이내에 가능한 한 많이 열거해보라는 방식을 사용해 찾아낸 것이며, 그 결과 40% 이상 열거된 정서는 행복, 분노, 슬픔, 사랑, 두려움, 증오, 기쁨이었다. 이는 여러 학자들이 말하는 기본적 정서목록과도 대략적으로 일치하는 것이다.

셋째, 기본정서는 유아가 말을 하게 되면서 처음으로 이름을 붙이는 정서와 거의 일치한다는 것이다. Bretherton과 Beeghly(1982)는 28개월 된 아이들이 가장 자주 사용하는 정서의 명칭은 사랑, 좋아함, 놀람, 행복, 슬픔과 같은 것이라고 하였다.

### (3) 기본정서에 대한 비판

이와는 달리 기본정서가 존재한다는 생각은 여러 가지 관점에서 비판을 받을 수 있다(Ortony & Turner, 1990). 첫째, 실제로 기본정서보다 많은 수의 정서가 존재하며, 정서마다 특징적인 생리적 반응이 존재하는 것이 아니라 동일한 생리적 반응을 보이면서도 여러 다양한 정서가 나타날 수 있다는 것이다.

둘째, 여러 가지 이유로 학문적 연구에서 기본정서로 간주되는 목록은 일상생활상의 언어에서 가장 원형적이라고 간주되는 정서의 목록과는 차이가 있다. 일반적으로 원형적 속성에서 높은 점수를 받은 것은 사랑, 증오, 연민, 감정이입, 갈망과 같은 정서이며, 이들은 기본정서의 목록에 포함되지도 않으며, 학문적으로도 잘 연구되고 있지 않다. 학자들은 오히려 기본정서에서 제외되고 학문적으로 경시되고 있는 정서가 일상생활에서 중요한 역할을 하고 있으며 보다 인정을 받고 연구될 만한 가치가 있다고 주장한다. Baumeister와 Leary(1995)는 바로 소속감이 그러한 정서 가운데 하나라고 주장하고 있다.

셋째, 많은 학자들이 기본정서를 위계수준의 중간단계로 간주하고 있다. 위계적 순서는 유목포함이나 부분-전체 관계에 근거를 두고 있으나, 그렇지 아니한 경우도 많다. 손과 팔은 모두 신체의 한 부분이지만 손이 팔의 하위요소라고 볼 수는 없다. 화학에서는 원자수준이 전통적으로 기본정서로 간주되지만 원자와 하위원자 간의 관계는 부분-전체관계로는 볼 수 있으나 모든 정서를 유목포함이나 부분-전체관계로 설명할 수는 없다는 점이다. 기본정서는 범주화 수준이나 조직화 방식에 따라 다양한 방식으로 존재할 수 있다.

소수의 기본정서가 존재하는지 혹은 기본정서가 부수적인 정서보다 중요한 의미를 가지는지에 대해서는 논란의 여지가 있다. 중도적인 관점에서는 각각의 일차적 정서는 단일한 하나의 정서라기보다는 오히려 관련된 정서들의 집합이라고 주장한다(Ekman, 1994). 분노는 하나의 기본정서이지만 이는 적대감, 격분, 질투 등을 포함하는 정서의 집합체라는 것이다. 이들 정서집합은 진화과정을 통해 얻은 원형에 가까운 것과 학습을 통해 얻은 수많은 변이를 가지고 있다는 것이다. 정서연구의 목표가 기본정서의 존재여부나 범주화 자체에 있다면, 이러한 문제는 기본적 범주에 대한 일련의 범주를 설정하고 이를 일관성 있게 적용시킴으로써 해결이 가능할 것이다. 그러나 정서연구의 목표가 보다 포괄적으로 정서현상을 이해하고 체계적인 정서이론을 만드는 데 있다면 오히려 이러한 범주에 지나치게 집착하는 것으로부터 초월해야 할 것이다.

## 4. 정서의 기능

정서의 기능은 지난 20년간 정서연구의 중요한 주제로 논의되어 왔다(Oatley & Jenkins, 1992). 정서는 위험으로부터의 도피나 자손의 보호 · 번식을 도와주는 기능을 가지고 있다. 또한 인간으로 하여금 환경에 적응하는 것을 도와주며, 특히 진화생물학적 관점에서는 환경에 대한 적응적 기능을 강조하고 있다(Plutchik, 1980). 사회적 관점에서는 사회적 상호작용이나 사회적 가치 및 규범의 전수기능(Armon-

Jones, 1986; Hochschild, 1979; Shott, 1979)을 강조하고 있다.

### 1) 번식의 기능

John Bowlby

Bowlby(1969)는 정서의 주된 기능은 종의 생존 및 번식 가능성을 증가시키는 것이라고 하였다. 진화론적 정서이론과 애착이론은 여러 다양한 정서가 어떻게 자손을 출산하고 양육하는가의 문제에 대해 설명하고 있다. 영아의 정서적 행동은 여러 가지 기능을 가지고 있으며 그 가운데 자신을 돌봐주는 사람과 친밀감이나 근접성, 접촉을 추구하려는 영아의 애착체계는 개인적으로는 영아 자신의 생존 가능성을 높여준다고 한다. 배우자를 발견하고 관계를 유지하는 것은 사랑이나 구애의 정서에서 시작되며, 이러한 정서는 그러한 관계를 촉진시킨다. 또한 배우자를 상실한 경우에 나타나는 슬픔의 정서는 타인의 동정심을 자극하여 새로운 관계형성을 도와주게 된다.

### 2) 적응의 기능

Darwin(1872)은 정서는 유기체가 환경에 적응해나가는 것을 도와주는 기능을 가지고 있다고 하였다. 원시시대부터 인간은 생존을 위해 환경을 탐색하고, 위험에 즉각적으로 대처해 나가고, 상호관계를 형성해 가면서 환경에 적응해 나가는 능력을 키워 왔으며, 이러한 과정에서 정서는 인간과 동물에게 도전과 위험상황에 대처하기 위한 적응적 방식을 마련해준다는 것이다. 이러한 정서의 기능으로 말미암아 우리는 진화과정의 역사를 통해 환경에 적응해왔던 것처럼 일상생활에서 직면하는 과제를 특별한 노력을 하지 않고도 손쉽게 처리할 수 있게 된다(Ekman, 1994).

Plutchik(2000)은 정서의 기능은 유기체로 하여금 환경에 적응하도록 도와주는 것이 궁극적인 목표라고 하였다(〈표 1-4〉 참조). 위험에 직면한 동물은 자신을 보호하고 방어하기 위해 달아나는데 이를 유발하는 정서가 두려움라는 것이다. 또한 상한 음식에 대한 거부반응으로 토하는 행동이 나타나는데 이를 유발하는 정서가 혐오라는 것이다. 그러므로 기능적인 측면에서 볼 때 부정적인 정서는 없다고 볼 수 있다. 모든 정서는 유기체가 적응적으로 행동하는 것을 도와주는 기능적인 측면을 가지고 있다고 볼 수 있다. 그러므로 정서경험이 없는 사람들은 실제로 생존에서 불이익을 경험하게 된다. 부모자녀 간의 관계도 유사한 관점에서 설명할 수 있다.

〈표 1-4〉 정서 반응의 주요 요소

| 자극 사건 | 인지 | 정서 | 행동 | 효과 |
|---|---|---|---|---|
| 위협 | 위험 | 두려움 | 도피 | 안전 |
| 장애물 | 적 | 분노 | 공격 | 장애물 파괴 |
| 가치 있는 대상 획득 | 소유 | 기쁨 | 보유 | 자원 획득 |
| 가치 있는 대상 상실 | 포기 | 슬픔 | 울음 | 재결합 |
| 집단구성원 | 친구 | 수용 | 치장 | 상호 지지 |
| 불쾌한 음식 | 독 | 혐오 | 구토 | 독 제거 |
| 새로운 영역 | 검토 | 기대 | 매핑(mapping) | 영역 지식 |
| 예기치 못한 사건 | 무엇이지? | 놀람 | 멈춤 | 시간 획득 |

출처: Plutchik, R. (2000). *Emotions in the practice of psychotherapy: Clinical implications of affect theories*. Washington, DC: American Psychological Association.

### 3) 사회적 기능

정서는 하나의 사회적 현상이며, 사회적 현상은 정서적인 성격을 지니고 있기 때문에 정서와 사회성은 밀접한 관련을 가지고 있다. 대부분의 정서는 사회적 상호작용을 하는 동안 발생하는데, 이는 정서의 사회적 기능을 말해주는 것이다. 정서의 사회적 기능은 개인, 상호관계, 집단, 문화의 네 가지 수준에서 분석해볼 수 있다 (Keltner & Haidt, 2001).

### (1) 개인적 수준

각 개인은 정서반응을 해석하고 수용하는 주체다. 그러므로 많은 연구자들은 정서와 관련된 개인의 내분비선, 자율신경계나 중추신경계의 변화와 평가, 행동준비도, 기억, 지각, 판단 등에 대해 탐색을 해보았다. 개인적 수준에서 정서반응은 두 가지 중요한 기능을 수행한다. 첫째, 평가과정을 통해 정서는 개인에게 사회적 사건이나 상황에 대한 정보를 제공해준다. 둘째, 정서와 관련된 생리적, 인지적 과정은 각 개인으로 하여금 사회적 상호작용에서 일어날 수 있는 문제에 적절히 대처하도록 준비시키는 기능을 가지고 있다.

### (2) 상호관계적 수준

상호관계적 수준에서는 얼굴표정이나 음성, 몸짓을 통해 정서가 어떻게 의미 있는 상호관계를 형성하는 데 기여하는가를 탐구하는 데 초점을 맞춘다. 상호관계적 수준에서 정서는 다음과 같은 기능을 수행한다. 첫째, 정서표현은 상대방의 정서상태나 신념 또는 의도를 알려줌으로써 신속하게 이를 상호작용에 통합시키도록 해준다.

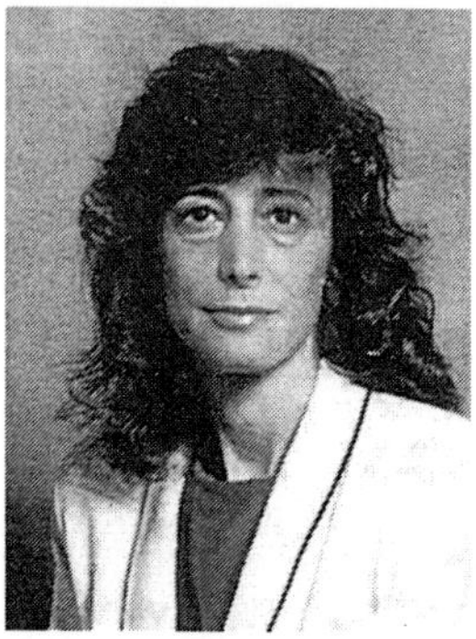

Nancy Eisenberg

둘째, 정서적 의사소통을 통해 타인으로부터 원하는 정서를 유발할 수 있다. 분노의 정서는 상대방에게 두려움의 반응을 유발하고 고통의 정서는 동정심을 유발한다(Eisenberg et al., 1989). 정서표현은 자신의 느낌을 타인에게 전달하는 강력한 비언어적 의사소통 수단이다. 말을 못하는 유아도 얼굴표정(Fridlund, 1992)이나 소리(Scherer, 1986), 몸짓(Huebner & Izard, 1988)을 통해서 자신의 느낌을 타인에게 전달할 수 있으며, 이를 통해 양육자로 하여금 자신을 돌보게 하는 반응을 유도할 수 있다. "우는 아이 떡 하나 더 준다"는 속담처럼 인형이 하나밖에 없는 상황에서 자신의 정서를 표현하지 않는 아이보다는 분노나 슬픔의 정서를 표현하는 아이가 이를 가질 수 있는 가능성이 더 높아지게 된다(Camras, 1977). 이러한 정서표현은 상대방에게 자신의 정서상태에 대해 알게 해주고 이에 대해 미리 대비하고 적절한 행동을 하도록 방향제시를 해주는 기능을 한다(Ekman, 1993; Schwarz & Clore, 1983). 이러한 방식으로 정서는 타인으로 하여금 상호작용을 보다 적절하게 조절하도록 도와준다.

셋째, 정서는 상호관계에서 일종의 유인자극으로 작용하게 된다. 사람들은 자신이 기쁘지 않은 상황에서도 가끔 웃는다. 이는 상호작용을 유발할 뿐 아니라 촉진시키는 기능을 한다. 어린 유아들도 낯선 사람과의 만남에서 가끔 미소를 지으며, 미소를 짓는 낯선 사람에게 더 잘 접근한다(Connolly & Smith, 1972). 또한 타인으로부터의 적대적 행동을 피하기 위해 자발적으로 미소를 지으며(van Hooff, 1962, 1972), 실수를 저질렀을 경우에 이를 무마하기 위한 노력으로 미소를 짓기도 한다(Kraut & Johnston, 1979).

### (3) 집단적 수준

Emile Durkeim

정서는 집단 구성원들이 공동의 목표를 달성하기 위해 공동의 정체감이나 목표를 공유하게 하는 기능을 가진다. 가족이나 직장과 같은 집단은 정서가 공유되는 기본적인 집단이며 다른 집단과는 차별적인 정서가 나타난다. 집단차원에서 정서는 다음과 같은 기능을 갖는다. 첫째, 정서는 개인으로 하여금 집단의 경계나 집단정체감을 형성하도록 도와주는 기능을 가지고 있다(Durkeim, 1915/1965). 집단황홀감(ecstasy)은 그 한 예라고 볼 수 있다. 둘째, 정서는 개인으로 하여금 집단과 관련된 역할이나 지위를 규정하고 이와 타협하는 기능을 갖는다. 당황함의 정서는 낮은 지위를 반영하는 것이며 동정심은 양육적인 역할을 규정한다고 볼 수 있다. 셋째, 정서는 집단구성원들로 하여금 집단과 관련된 문제에 대하여 양보하고 타협하게끔 도와주는 기능을 가지고 있다.

### (4) 문화적 수준

정서는 역사적 · 문화적 요인에 의해 영향을 받으며, 이러한 관점에서 본다면 정서는 다음과 같은 기능을 한다. 첫째, 정서는 한 개인으로 하여금 문화적으로 적절하다고 생각되는 정서반응을 유발하게 함으로써 문화적 정체감을 형성하게 하는 데 결정적 역할을 한다. 둘째, 정서는 아동으로 하여금 그들 문화의 규범이나 가치를 학습하는 것을 도와준다. 셋째, 이러한 과정을 통해 정서는 문화적 이데올로기나 권력구조를 영속화시키는 역할을 하게 된다.

Donald Olding Hebb

한편으로 몇몇 학자들은 이러한 기능적인 관점과 상반되는 시각에서 정서에는 오히려 이성을 흐리게 하는 것과 같은 역기능적인 측면이 있다는 주장을 하기도 한다(Hebb, 1946; Mandler, 1984). 이들은 정서가 원시시대에는 중요한 진화적 기능을 하였으나 현대사회에서는 그다지 기능적이지 못하다고 한다. 특히 과도한 정서상태나 통제부족은 부정적인 의미를 내포하고 있다. 특히 심장질환이나 뇌일혈의 가능성이 높은 상태에서 강한 정서적 반응을 보이는 것은 분명히 역기능적이라고 볼 수 있다.

이처럼 상반되는 주장이 제기되고 있으나, 인간소외 현상이 가속화되고 감성이 메말라가고 있는 현대사회에서 이러한 정서의 기능은 특히 중요한 의미를 갖는다. 이에 따라 정치나 광고 또는 특정한 시류(時流)를 형성하는 데 있어 감성을 강조하는 아이콘들이 널리 사용되고 있다.

# 제2장
# 정서의 이론

역사적으로 볼 때 많은 학자들이 정서를 유발하는 원인이나 그 과정에 대해 다양한 관점에서 각기 이론화를 시도하였으므로, 다양한 이론만큼이나 그 분류방법도 다양하다. 가장 단순하게 정서이론을 분류하는 방법은 크게 생물학적 접근방법과 인지적 접근방법의 두 가지 범주로 구분하는 것이다. 그리고 다양한 여러 이론을 이 두 가지 관점 중 하나로 범주화하는 것이다. 이러한 이분법적 관점에서 볼 때, 생물학적 관점의 대표적인 이론으로는 진화론, 심리생리학 이론, 신경생리학 이론을 들 수 있으며, 최근에는 이러한 관점들이 통합적인 이론으로 발전하고 있다. 그리고 인지적 관점의 대표적인 이론으로는 평가이론, 귀인이론, 사회구성주의이론을 들 수 있다.

먼저 정서의 생물학적 차원을 강조한 대표적인 이론은 진화론이며, 그 대표적인 학자로는 Darwin을 들 수 있다. 다음으로 심리생리학적 차원을 강조한 대표적인 정서이론가로는 James를 들 수 있다. James는 자율신경계의 활성화가 정서경험에 미치는 영향을 강조함으로써 심리생리학 이론의 토대를 마련하였다. 또한 Cannon은 정서표현과 관련된 뇌의 기능을 강조함으로써 신경생리학 이론의 토대를 마련하였다. 이들 생물학적 관점은 이후 진화심리이론이나 차별적 정서이론, 얼굴표정이론, 사회생물학이론, 신경발화율이론 등으로 계승되고 있다.

다음으로 정서의 인지적 측면을 강조하는 대표적인 학자로는 Arnold나 Lazarus 그리고 Weiner를 들 수 있다. 이 가운데 Arnold와 Lazarus는 평가를 강조하는 평가이론을, Weiner는 사건 이후의 평가를 강조하는 귀인이론을 체계화하였다. 마지막으로 정서의 사회문화적 측면을 강조하는 대표적인 이론으로는 사회구성주의이론이 있으며, 그 대표적인 학자로는 Averill을 들 수 있다. 최근 인지적 관점도 여러 구성요소로 통합되는 구성요소이론 등으로 발전하고 있다.

이들 각각의 이론들은 나름대로의 강점을 가지고 있기 때문에 정서에 대한 이해를 위해서는 모든 이론들이 나름대로의 기여를 하고 있다고 볼 수 있다. 그러나 각각의 정서이론은 앞서 정서의 개념화에서 논의된 바와 같이 명확하게 구분되지 않으며, 몇 가지 관점이 통합된 경우도 있으므로 가장 주된 관점을 근거로 정서이론을 설명하고자 한다.

Cheshire Calhoun

Robert Solomon

## 1. 초기 이론

인간의 정서에 대한 관심은 고대 철학으로부터 출발한다. 물론 그 시대의 정서에 대한 관심은 윤리학이나 인간의 본성에 대한 관심에 비해 부차적인 것이었다. 플라톤과 아리스토텔레스는 정서의 본질과 수사학의 효력에 관한 토론에서 정서의 표현문제에 대한 논쟁을 벌렸다. 특히 아리스토텔레스는 『윤리학(Ethics)』에서 특정 정서(예컨대, 자부심)에 대해 장황할 정도로 설명을 하였다. 그로부터 2000년 후에 프랑스의 철학자 데카르트는 『정신과 육체』라는 자신의 저서에서 정서가 정신과 육체의 중간쯤에 위치한다는 이론을 발전시켰다. 데카르트와 동시대인인 네델란드의 철학자 스피노자는 그의 윤리학 이론의 일부로서 정서이론을 전개하였고, 그 후 영국의 철학자 흄은 인간의 본성에 관한 이론에서 특히 정서에 관해 깊이 있는 설명을 하였다. 여기서 아리스토텔레스, 데카르트, 스피노자 그리고 흄 등의 정서에 관한 견해들을 간단히 살펴보기로 한다(Calhoun & Solomon, 1984).

### 1) 아리스토텔레스

Aristoteles(B.C. 384~322)

서구의 가장 위대한 철학자 중의 한 사람으로 추앙받는 아리스토텔레스는 거의 모든 철학적 논제—논리학, 형이상학, 윤리학, 미학, 정치학, 심지어 자연과학에서조차도—에서 존경의 대상이 되어 왔다. 그러므로 그의 통찰력 있는 정서이론이 지금까지 간과되어 온 것은 매우 뜻밖이라 할 것이다. 심지어 정서이론의 역사적 발전에 관해 설명해온 철학자들조차도 아리스토텔레스를 언급하는 일은 거의 없었다. 그러나 철학자인 동시에 심리학자였던 아리스토텔레스에게 있어서 정서는 매우 중요한 연구주제였다. 아리스토텔레스는 『수사학(Rhetoric)』『아니마(de Anima)』『니코마코스 윤리학(Nicomachean Ethics)』 등에서 정서에 관해 다음과 같이 논의하고 있다.

『수사학』에서 아리스토텔레스는 메시지의 수신자인 대중의 감성(passion)을 고려한 논증방법을 강조하였다. 또한 수사술을 일종의 '아첨술'로 부정적으로 평가한 플라톤과는 달리 아리스토텔레스는 쾌락의 중요성과 관련하여 특히 '칭찬'에 주목하고, 단순히 논리적 설득 이상으로 칭찬이 타인을 설득하는 데 있어서 효과적인 방법임을 언급함으로써 정서의 중요성을 강조하였다. 『수사학』에서 그는 수많은 정서를 특징지우는 것은 우리 인간이 어떻게 행동해야 하는가에 대한 강한 도덕적 신념이라고 보았다. 이 점은 분노에 대한 분석에서 가장 잘 드러나고 있다. 분노에 대한 그의 설명은 정서의 복잡성에 대한 그의 견해를 예증하고 있다. 분노를 유발하는 데 필수적인 요소 중에는 경멸, 무례, 악의 등의 부당성에 대한 도덕적 신념과 복수에 대한 욕망, 복수를 계획하면서 느끼는 은밀한 기쁨 그리고 특수한 상황(예

사진 설명: 플라톤(左)과 아리스토텔레스(右)

컨대, 우리가 대수롭지 않게 생각하는 사람들의 면전에서보다는 우리의 경쟁자나 찬미자의 면전에서 모욕을 당하는 것이 더 큰 분노를 유발한다) 등이 있다고 한다.

또한 아리스토텔레스는 스승인 플라톤과 마찬가지로 인간의 영혼을 이성적 부분과 비이성적 부분으로 나누었지만, 플라톤과는 달리 육체와 영혼의 분리에는 반대하였다. 그에 따르면, 육체와 영혼은 그 구조와 기능 면에서 서로 관련이 있다고 한다. 특히 신체적 감각뿐만 아니라 신념이나 기대와 같은 인지적 요소를 포함하는 정서의 경우에는 더욱 그러하다고 하였다. 그는 『아니마』에서 신념, 신체적 활동, 생리적 변화 등은 정서의 본질적 요소라고 주장함으로써 영혼과 육체의 이원론에 반대했다. 따라서 그는 정서의 이성적(인지적) 측면과 비이성적(신체적) 측면을 구분하지 않았다. 마찬가지로 정서를 어떤 상황에 대한 비이성적이고 통제할 수 없는 반응이라고도 보지 않았다. 우리의 정서는 때로는 정당하고 때로는 부당하다는 것이다.

아리스토텔레스는 『니코마코스 윤리학』에서 특히 이 점을 강조하고 있는데, 여기서 그는 용기나 아량과 같은 덕행은 옳은 일을 하고자 하는 감정의 문제라고 주장하였다. 따라서 용기 있는 사람은 두려움이 없으며 위험한 상황에 처했을 때에도 두려움 때문에 위축되지 않는다고 한다. 아리스토텔레스는 심지어 우리 인간은 교육이나 습관을 통해 정서를 조성해 낼 수도 있다고 주장하였다.

## 2) 데카르트

데카르트는 근세 사상의 기본적인 틀을 처음으로 명백히 체계화한 근세 철학의 시조로 일컬어진다. 데카르트 철학의 기초는 절대적 확실성을 목표로 하는 연역법이며, 그의 형이상학적 사색은 이른바 방법론적 의문에서 출발한다. 즉, 학문에서 확실한 기초를 다지려면 적어도 조금이나마 불확실한 것이 있다면 모두 의심해보아야 한다는 것이다. 그리하여 『방법서설(De La Methode)』에서 "나는 생각한다. 고로 나는 존재한다"라는 근본 명제를 확립하였으며, 이러한 의심들에서 세상에 관한 모든 인식이 출발한다고 보았다.

René Descartes(1596~1650)

데카르트의 정서에 대한 관점의 상당 부분은 '성찰(Meditations on First Philosophy) (1641)'에 포함되어 있는데, 제6성찰(the Sixth Meditation)에서 그는 인간이 정서경험을 통해 외부세계에 반응하는 방식을 언급하였다. 그는 다분히 혼란스러운 신체반응에 근거한 정서라는 개념이 이론적인 오류의 원천이 되어 정서라는 속성을 제대로 이해하지 못하는 결과를 초래하였다고 하였다. 그는 정서를 이성을 거스르는 과도한 충동으로 규정한 스토아학파의 주장과는 달리 정서는 진정한 지혜의 덕목이며 고차원적인 지적 과정의 한 유형으로 간주하였다.

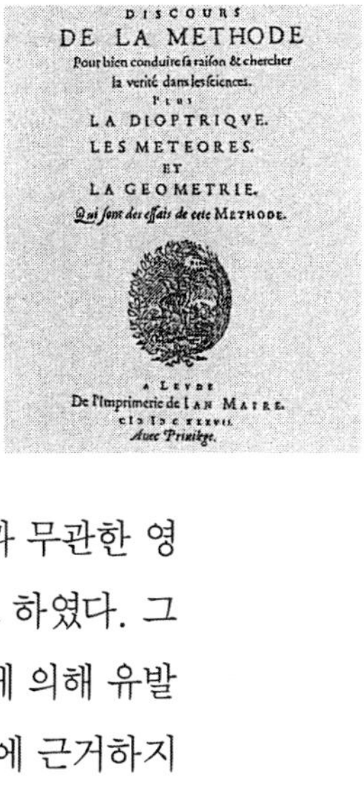

DISCOURS
DE LA METHODE
Pour bien conduire sa raison, & chercher
la verité dans les sciences.
PLUS
LA DIOPTRIQVE.
LES METEORES.
ET
LA GEOMETRIE.
Qui sont des essais de cete METHODE.
A LEYDE
De l'Imprimerie de IAN MAIRE.
CIↃ IↃ C XXXVII.
Avec Privilege.

데카르트는 정서(passions)에 대한 기존의 저술이 상당 부분 잘못되었다는 사실에 유감을 표하고 정서적으로 영향을 받지 않는 것이 현명한 것이라는 Thomas Aquinas의 관점을 거부하였다. 정서에 대한 대표적 저서인 '정념론(Passions of the Soul)(1649)'에서 그는 정서적 경험이 신체의 어떤 부분에서 비롯되는 것이 아닌 영혼(soul)의 작용으로 언급함으로써 정서를 외부세계에 대한 감각지각과 같은 신체에 근거한 인식과 구분하였다. 정서의 정의에서 그는 정서는 행동과 무관한 영혼의 기능, 즉 인식의 기능이며, 이러한 인식은 신체로부터 야기된다고 하였다. 그리고 이러한 영혼에 의해 유발되는 인식이나 감각, 정서는 정신(spirits)에 의해 유발되고 유지되며 강화되기도 한다고 하였는데, 이는 상상력과 같은 신체에 근거하지 않은 인식과 정서를 구분하는 데 중요하다. 여기서 말하는 정신은 자극이 뇌를 통해 신경계로 전달되어 신체적 움직임을 만들어내게 한다는 점에서 정서의 원인, 효과, 기능과 조절의 중요한 요소이다.

데카르트는 모든 정서의 으뜸이 되는 의구심(wonder)을 위시하여 사랑(love), 증오(hatred), 욕망(desire), 기쁨(joy), 슬픔(sadness) 등 6가지 뚜렷하게 구분되는 원초

사진 설명: 암스테르담 시절의 데카르트의 주거(住居)

사진 설명: 스웨덴의 크리스티나 여왕의 초청을 받은 데카르트

적인 정서를 언급하였다. 그리고 이들 6가지 정서가 결합된 무수히 많은 정서가 존재할 수 있으며, 그중에는 희망이나 두려움과 같은 상반되는 정서의 결합도 존재할 수 있다고 하였다. 흔히 정서는 일련의 정서군을 형성하게 되는데 욕망은 사랑을 낳고, 사랑으로 인해 기쁨의 정서가 파생되기도 하고, 이와는 상반되는 방향으로 후회의 감정을 유발하게도 한다고 하였다.

데카르트는 정서를 신체적 동요나 흥분의 감정으로 생각한다. 예를 들면, 우리가 두려움을 느끼게 되면 심장에서 피가 솟구치고 동물영혼이 뇌로부터 사지로 전달되어 우리로 하여금 도망치도록 만든다. 데카르트가 정서를 감각으로 생각하기 때문에, 그의 정서이론은 정서를 동요나 흥분의 감각으로 생각하는 흄이나 제임스의 정서이론을 비롯한 많은 정서이론들의 토대가 되었다.

그러나 데카르트는 정서를 생리학적으로 분석하는 것에 그치지 않고 정서의 인지적 측면을 강조하며, 지적 몰입을 필요로 하는 내적 정서(internal emotions)를 특히 강조하였다. 예를 들면, 의구심(wonder)이라는 정서는 어떤 것의 이상스러움에 대한 우리의 지각과 그것에 대해 생각해볼 만한 가치가 있다는 우리의 신념과 관련이 있다. 한편, 증오(hatred)는 어떤 것이 해로울 것이라는 지각으로부터 발생하고 그것을 피하고자 하는 욕구로 표현된다. 데카르트는 정서이론에서 인지적 측면을 강조하였는데 오늘날 수많은 정서이론에서도 이 점이 반영되고 있다.

### 3) 스피노자

Baruch Spinoza (1632~1677)

네덜란드의 철학자 스피노자는 암스테르담에서 포르투갈계 유태인 상인의 아들로 태어났다. 그는 데카르트 철학으로부터 많은 영향을 받았으며, 이 학설에 의거하여 유태교 성전과 조상들의 학문을 대담하게 비판하였을 뿐만 아니라 그의 범신론적 철학 때문에 유태인 사회로부터 파문을 당했다.

스피노자는 이성과 관념을 중시한 합리주의 철학자로 알려져 있다. 그러나 스피노자는 정서 문제를 다른 어떤 철학자보다 깊이 있게 분석하였다. 어떻게 하면 인간이 행복한 삶을 살 수 있는지의 문제를 다루고 있는 그의 저서 『윤리학(Ethica)』에서 스피노자는 인간의 정서에 대한 심층적인 논의를 통해 이성이 행복의 충분조건이라는 기존의 이론과는 다른 새로운 윤리학적 관점을 제시하였다.

초기에 정서를 분류하는 기준은 정서의 본질 자체보다 인간 존재에 대한 지식에 근거한 경우가 많았다. 에티카 3부에서 그는 정서의 기원과 본성에 대해 논한 다음, '정서들의 정의'라는 부록을 덧붙여 총 48개에 달하는 정서들에 대한 정의를 열거하였다. 이들 정서들 가운데 서두에 나오는 것이 '욕망(cupiditas)'인데 스피노자는 욕망을 가장 원초적인 정서이며 이를 인간의 본질 그 자체로 간주하였다. 또한 48개의 정서는 크게 모(母)정서와 파생정서로 구분할 수 있고, 그 가운데 욕망, 기쁨, 슬픔이 모정서에 해당하고, 파생정서는 다시 외적 원인에 따라 파생되는 외적 정서와 내적 원인에 의해 파생되는 내적 정서로 구분할 수 있다(김원철, 2009). 이처럼 다양한 정서의 열거와 심층적인 논의는 정서의 구조에 대한 현대 정서이론의 토대를 제공해 주었다고 볼 수 있다.

또한 스피노자는 도덕적 인간으로 성장하는 데 있어서 정서의 역할을 강조하였다. 도덕성의 발달에는 도덕적 사고만이 충분조건이 아니며, 도덕적 사고가 행동으로 이어지기 위해서는 개인의 의지가 필요하고, 의지가 행동으로 이어지기 위해서 정서가 뒷받침되어야 한다는 것이다. 즉, 도덕적 행위로 인해 마음속에 생기는 만족감이나 기쁨과 같은 감정들이 이러한 도덕적 행동을 지속시키는 중요한 동인이 된다는 것이다. 도덕적 인간으로 성장하는 데 있어서 정서의 역할을 강조한 스피노자의 관점은 정서의 기능을 강조하는 현대 정서이론의 토대가 되었다고 볼 수 있다.

### 4) 흄

David Hume(1711～1776)

영국의 철학자 흄은 당대에는 철학자로서보다 역사학자로서 더 많은 존경을 받았다. 그는 20대에 이미 『인성론(A Treatise of Human Nature)』을 집필하였는데, 이는 제1권 「오성편(of the Understanding)」, 제2권 「감성편(of the Passions)」, 제3권 「도덕편(of Morals)」으로 구성되어 있다. 『인성론』은 인식론과 윤리학에서 모두 그 길잡이가 되었다는 평가를 받는다. "이성은 감성의 노예"라는 유명한 구절이 대표하듯이 여기서 흄은 감성은 오성이나 지성으로부터 독립되어 있다는 주장을 하였다. 『인성론』에서 흄은 인간의 지식에 대한 매우 회의적인 시각을 고수하고 있는데, 예를 들면, 일반적 인과법칙이나 신의 존재는 경험에 의해 진실로 밝혀질 수 없기 때문에 이들은 참지식으로 간주할 수 없다는 것이다. 이러한 신념은 단순히 습관이나 관습의 문제이다. 인간의 지식에 관한 이러한 회의론적 시각은 일찍이 칸트로 하여금 『순수이성비판』을 집필하게 만들었다. 『인성론』에서 흄 또한 도덕적 지식을 이성에 기초한 것이라고 믿는 도덕적 철학자와 도덕적 지식을 감성에 기초한 것이라고 믿는 도덕적 철학자들 간의 논쟁에 뛰어들었다. 여기서 흄은 도덕적으로 무엇이 옳고 그른가라는 판단은 그가 도덕적 감성(moral sentiments)이라고 부르는 특정 감정에 따른 것이라는 주장을 하였다. 만약 도덕적 지식에서 감정이 중요한 역할을 하지 않는다면 우리는 옳은 일을 하려고 하거나 그른 일을 피하고자 하는 동기가 없을 것이라고 주장한다.

흄은 『인성론』의 「감성편(of the Passions)」에서 정서를 생성하는 데 있어서 사고나 신념의 역할에 주의를 기울였다. 데카르트와 마찬가지로 흄도 정서를 신체적 또는 정신적 동요라고 정의하였다. 흄은 거의 동요가 없는 도덕적 감정과 같은 '온화한' 정서와 분노나 사랑과 같은 '격렬한' 정서가 있음을 시인하고, 이러한 감정들은 단순하고 분석이 불가능하므로, 정서이론은 정서의 구성요소에 관한 이론이 아니라 정서를 야기하는 원인과 정서와 관련된 상황에 관한 이론이어야 한다고 흄은 주장하였다. 따라서 흄은 정서를 '직접적' 정서와 '간접적' 정서로 분류하였으며, 직접적 정서와 간접적 정서는 모두가 분명한 원인이 있다고 하였다. 기쁨, 슬픔, 희망 등의 직접적 정서는 이를 매개하는 신념이나 관계를 필요로 하지 않고, 단순히 기쁨이나 고통의 감정 그 자체에 의해 야기된다. 예를 들면, 예기치 않은 선물을 받는 것은 우리에게 즐거움을 주고, 이것은 기쁨의 원인이 된다. 반면, 사랑, 증오, 자부심 같은 간접적 정서는 기쁨이나 고통의 감정뿐만 아니라 여기에 특정 신념이나 특정인과의 관계가 더해진다. 흄이 정서이론에 크게 기여한 점은 바로 이 간접정서에 대한 분석작업이다. 예를 들면, 새로 구입한 집에 자부심을 느끼는 것은 내가 새로 집을 샀다는 사실이 그 원인이지만, 자부심은 언제나 '자기(self)'라는 사고를 동반한다. 즉, 비록 새로 산 집에 대해 얘기하지만 그것은 우리 자신을 반영하는 것(예컨대, 사회적 지위)으로 나 자신에 대해 자랑스러움을 느낀다는 것이다.

흄의 정서이론은 데카르트 학파의 많은 이론들과 마찬가지로 지나치게 단순하다는 비판을 받아 왔다. 정서는 정말 행동이나 기타 다른 것들을 포함하지 않는 단순한 동요의 감정뿐인가? 흄의 정서이론은 이러한 물음에 대해 "그렇다"라고 대답한다. 흄의 정서이론을 비판하는 사람들도 많지만 그의 정서이론, 특히 그의 간접적 정서에 대한 설명은 오늘날에도 여전히 관심의 대상이 되고 있다.

## 2. 진화 이론

Charles Darwin(1809~1882)

진화론적 관점에서 정서는 환경의 위협에 효율적으로 대처하기 위한 인간 진화과정의 흔적으로 본다. Darwin(1859)은 자신의 저서 『종의 기원(On the Origin of Species)』에서 각각의 정서는 독특한 신체적 각성 패턴이나 행동 표현방식 등을 가지고 있으며, 이는 인간이 처해 있는 환경의 위험에 대처하기 위해서 지속적으로 진화해 왔다고 하였다. 자신의 경쟁자와 싸우고, 먹이를 좇고, 가족을 보호하는 것에 도움이 되는 적응적인 특성을 가지고 있는 집단은 생존에서 유리한 지점을 점유하게 되므로 살아남게 되지만 그렇지 못한 집단은 도태된다는 것이다.

Darwin은 자연선택의 원리는 여러 종의 해부학적 구조에만 적용되는 것이 아니라 인간의 정서에도 적용된다고 믿었으며, 이를 근거로 Darwin(1872/1999)은 『인간과 동물의 정서표현(The Expression of the Emotions in Man and Animals)』이라는 저서를 출간하였다. 대부분의 학자들은 Darwin의 저서와 Duchenne de Boulogne(1862/1990)의 『얼굴표정의 기제(The Mechanism of Human Facial Expression)』라는 저서가 출간되면서 정서에 대한 과학적 이해가 이루어지기 시작되었다고 보고 있다. 정서에 대한 초기의 이론화는 얼굴표정에 근거한 것이 지배적이었다. 이들은 『인간과 동물의 정서표현』에서 얼굴표정이 하는 결정적 역할을 강조하였으며, 동시에 정서는 우리의 선조시대부터 적응적 기능을 가진 타고난 행동으로 가장 잘 이해될 수 있다는 관점을 주장하였다. 이러한 관점은 정서연구에 대한 당시의 관점에 상당한 영향을 미쳤을 뿐만 아니라 아직까지도 널리 받아들여지고 있다.

Darwin은 정서가 적응적인 기능을 가지고 진화해 왔다는 사실을 증명하기 위해 영장류나 어린 유아, 문맹인들을 대상으로 연구를 하

Jane Goodall

였으며, 주관적 느낌보다는 얼굴표정이나 자세, 몸짓과 같은 표현행동에 초점을 맞추었다. 그는 영장류의 연구를 통해 인간과 영장류의 얼굴표정이나 자세, 몸짓에서 나타나는 정서를 비교함으로써 얼굴표정의 보편성 가설 및 인간의 정서행동이 계통발생적이라는 사실을 증명하였다. 영장류를 대상으로 이루어진 얼굴표정의 보편성 가설은 이후 침팬지를 연구한 Goodall(1990)의 연구를 통해서도 입증되었다. 또한 어린 유아를 대상으로 한 연구에서도 이들이 일차적 기본정서의 표현에 필요한 얼굴표정을 만들어 낼 수 있으며, 이러한 얼굴표정은 정서정보를 전달하는 데 충분한 것으로 나타났다. 이후의 연구에서도 영아는 기본정서에 필요한 얼굴표정을 만들어 낼 수 있으며, 타인의 얼굴표정을 인식하고 모방할 수 있는 능력이 있음이 입증되었다(Meltzoff, 1985). 이러한 연구결과는 어린 유아는 주변인물로부터 정서적 상호작용의 영향을 비교적 덜 받았다는 점에서 인간의 정서반응이 학습된 것이 아니라 선천적으로 타고난 진화의 산물임을 증명해준다고 볼 수 있다. 또한 Darwin은 원시부족들에 대한 연구를 통해서도 얼굴표정의 보편성 가설을 증명하였다. 전 세계적으로 문화적인 차이에도 불구하고 특정한 정서를 표현하는 얼굴표정이 유사하다는 사실은 정서의 진화론적 특성을 뒷받침해주는 것으로 볼 수 있다.

Andrew N. Meltzoff

얼굴표정의 보편성 가설을 증명하기 위해 Darwin은 Duchenne de Boulogne의 방법을 사용하였다. Boulogne는 전극을 이용하여 정서표현이 나타나는 얼굴근육을 촬영한 사진을 이용하여 정서 인식을 측정하였다. Darwin은 Boulogne가 얼굴근육에 낮은 전기자극을 가하여 형성되는 여러 표정을 찍은 사진들 가운데 하나를 23명의 성인에게 보여준 결과, 대부분의 사람들은 두려움로 인한

사진 설명: Darwin이 23명의 성인들에게 이 사진을 보여준 결과, 대부분의 사람들이 공포나 전율, 고통의 표정이라고 대답한 반면, 일부는 분노의 표정이라고 대답하였다.

전율이나 심한 고통을 나타낸다고 보고하였으며, 일부는 화가 난 표정을 지은 것으로 보고하였다(사진 참조).

이러한 연구결과를 근거로 Darwin은 인간의 정서가 가지는 기능적 가치를 강조하였다. 얼굴표정에서 나타나는 정서표현은 일종의 행동 준비태세나 정보전달 수단으로서 유기체의 생존 가능성을 높여주는 기능적인 측면이 있기 때문에 유지되는 경향이 있다고 하였다. 이처럼 유기체가 환경에 적응해나가는 과정에서 적응적인 가치를 지니고 있는 종의 특성은 유지되고 그렇지 못한 특성은 도태된다는 자연선택의 법칙은 신체구조뿐만 아니라 의사소통과 같은 사회적 측면이나 인지, 정서에도 적용된다. 그러나 진화론적 관점은 부정적 정서의 설명에는 적합하지만 긍정적 정서를 설명하지는 못한다는 비판을 받고 있다.

## 3. 심리생리학 이론

William James
(1842~1910)

심리생리학 이론에서는 자율신경계, 내분비계, 내장기관과 같은 신체기관의 생리적 변화를 중심으로 정서반응을 설명하고자 한다. 심리생리학적 관점의 대표적인 학자는 William James이며, James(1890/1981)의 정서이론은 이후 유사한 견해를 가진 덴마크의 Carl Lange의 관점과 통합되어 James-Lange 이론으로 발전되어 정서에 관한 중요한 이론이 되었다. 이들의 관점은 정서라는 심리상태와 생리적 변화와의 연관성을 강조하였다는 점에서 심리생리학 이론이라고 한다.

환경에 효율적으로 대처해 나가는 정서의 적응적 기능을 강조하는 진화론적 관점에서는 정서경험이 먼저 나타나고 이에 따라 신체변화가 나타난다고 주장하였다. 즉, 특정한 자극에 대한 지각을 기초로 이에 상응하는 정서를 경험하게 되며 이에 따라 신체반응이 나타난다는 것이다.

그러나 James(1890/1981)는 자신의 저서 『심리학의 원리(Principles of Psychology)』에서 이러한 기존의 관점은 상당히 잘못된 것이라고 주장하였다. 그는 "어떤 사실에 대한 지적 지각이 어떠한 신체적 활동이나 얼굴표정을 유발하며, 이러한 신체적 변화에 대한 느낌이 곧 정서다"(p. 1065)라고 주장하였다. 즉, 정서를 경험하고 나서 신체반응이 나타난다는 기존의 관점과는 달리 교감신경계(sympathetic nervous system)의 각성과 같은 생리적 변화에 의해 정서반응이 생성된다는 것이다. 일례로 우리가 숲 속에서 곰과 마주쳤을 때 발생하는 상황을 상상해보자. 즉, 숲 속에서 곰과 마주쳤을 때 우리는 먼저 떨면서 도망을 가게 되고, 이러한 행동의 결과로 인해 우리는 두려움라는 정서를 경험하게 된다는 것이다(사진 참조). 자신이 어떤 정서상태인지 미처 깨닫기도 전에 떨거나 도망가는 생리적 반응이 나타나며, 이러한 생리적 변화가 나타나지 않으면 정서는 경험되지 않는다고 한다. James 이론의 핵심은 생리적 변화가 선행되지 않는 정서적 경험은 존재할 수 없다는 것이다. 또한 James 이론은 모든 정서에 적용되는 이론은 아니며, 분노, 두려움, 혐오, 슬픔의 정서에서만 독특한 자율신경계의 패턴이 나타난다는 것이다.

Carl Lange(1834~1900)

James의 이론은 이와 유사한 관점을 가진 Lange의 관점과 통합되어 James-Lange 이론으로 널리 알려지게 되었다. James-Lange 이론은 신체의 변화가 정서의 유일한, 일차적인 근원은 아니라고 하더라도 정서적 경험에 영향을 미친다는 사실을 밝혀내었으며(Laird & Bresler, 1992; Stepper & Strack, 1993), 이로 인해 정서와 관련된 생리적 변화에 대한 연구를 활성화하였다는 점에서 널리 인정을 받고 있다. 20세기에 이르러 James-Lange 이론은 신체적 반응의 역할과 관련된 정서이론을 형성

하게 되었으며, 범죄수사에서 사용되는 거짓말 탐지기(사진 참조)도 바로 이와 같은 정서와 생리적 변화와의 관련성에 근거한 것이라고 볼 수 있다.

그러나 James-Lange 이론은 그 출발점에서부터 여러 가지 면에서 비판을 받게 되었다. 첫째, 정서와 생리적 변화와의 관련성 문제이다. 이들은 신체변화가 선행되지 않는 정서경험이란 존재하지 않는다고 하였다. 그러나 이후의 연구에서는 정서에 따라 교감신경계의 활성화가 나타나지 않는 정서도 다수 존재하며, 정서와 신체변화는 반드시 일치하지 않는다는 점에서 이들의 이론은 더 이상 설득력을 지닐 수 없게 되었다. 신체변화는 특정한 정서와 일관성 있게 관련이 있는 것도 아니며, 신체변화가 없이도 정서경험이 가능하다는 것이다. 또한 신체기관이 손상된 아동도 정서적 느낌이 손상되는 것은 아니며 동일한 정서반응을 보인다고 한다(Ginsburg & Harrington, 1996). 둘째, 정서가 먼저인지 생리적 변화가 먼저인지는 순서의 문제이지만, 이는 이 이론의 핵심적인 문제이다. 이러한 문제는 닭이 먼저냐 달걀이 먼저냐의 문제와 동일하다는 점에서 James-Lange 이론은 이론으로 간주하기 어렵다는 비판이 있다. 또한 이들의 주장처럼 신체변화에 따라 정서를 경험하는 것이 아니라 정서적 경험 이후에 신체적 변화가 나타난다는 것이며, 신체적 변화가 정서에 미치는 영향은 미미하다는 것이다. 셋째, 지적 지각이 신체변화를 유발한다고 주장하지만 이러한 과정에 대한 구체적인 설명이 없다는 점이다.

비록 James-Lange 이론은 많은 비판을 받았으나 현재까지도 계속 영향을 미치고 있다. 이 이론의 근본적인 문제는 생리적 각성으로 인해 정서가 유발되는지 혹은 정서경험으로 인해 생리적 각성이 일어나는지의 문제이다. 생리적 각성이 정서를 유발하는 주요 요인이라면 정서를 이해하기 위해서는 생리적 각성에 관한 연구는 상당히 중요한 의미를 갖게 되며, 정서경험이 먼저 일어나고 생리적 각성이 일어난다면 정서이해에서 생리적 각성의 설명력은 감소하게 된다. 어떠한 과정이 선행하든 정서와 생리적 반응은 밀접한 관련이 있다고 볼 수 있으며, 심리생리학적 측면에 초점을 맞춘 정서연구는 James-Lange 이론이 그 시초라고 볼 수 있다.

# 4. 신경생리학 이론

Walter Cannon
(1871~1945)

신경생리학 이론은 신체기관의 생리적 변화보다는 뇌와 정서반응 간의 관련성에 초점을 맞추고 있는 이론이다. 신경생리학 이론의 대표적인 학자인 Cannon(1929)은 정서반응이 상이함에도 불구하고 교감신경계의 활성화에서 차이를 보이지 않는다는 사실을 근거로 James의 이론을 비판하였으며, 이에 대한 대안으로 Cannon은 정서를 뇌의 특정 영역에서의 활성화의 결과로 이해하고자 하였다. 즉, 분노, 두려움, 즐거움, 갈등과 같은 정서에는 각기 상이한 특정한 뇌 신경회로가 관여한다는 것이다(〈그림 2-1〉 참조). Cannon의 연구는

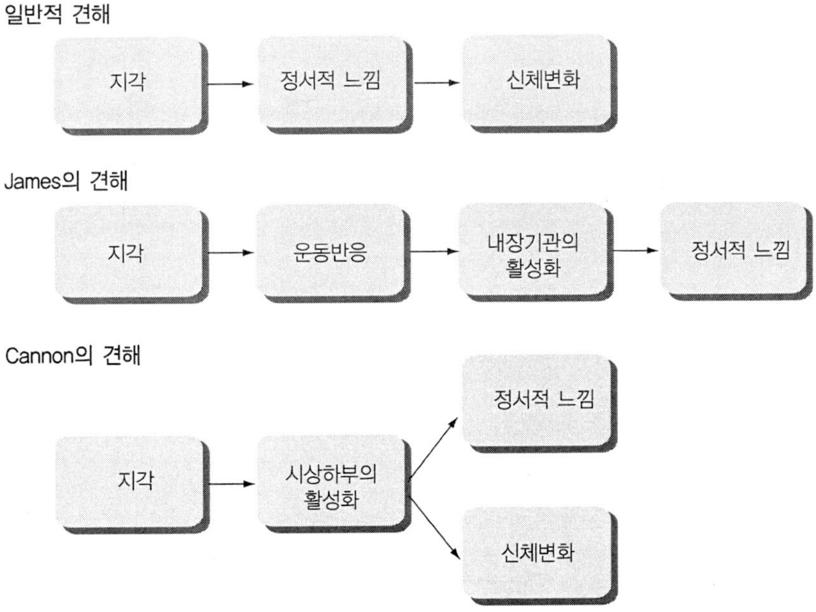


〈그림 2-1〉 정서표현과 관련된 순서상의 문제(James와 Cannon의 견해)

출처: Plutchik, R. (2003). *Emotions and life: Perspectives from psychology, biology, and evolution.* Washington, DC: American Psychological Association.

오늘날까지 계속되는 뇌 연구의 전통을 마련하는 계기가 되었으며, 많은 정서적 행동은 편도체(amygdala)와 같은 뇌 피질하부에서 일어나는 정보처리와 근육통제에 좌우되는 것으로 보고 있다(LeDoux, 1996).

Cannon(1929)은 자신의 저서 『고통, 굶주림, 두려움, 격분 상태에서의 신체적 변화(Bodily Changes in Pain, Hunger, Fear and Rage)』에서 James-Lange 이론을 다음과 같이 비판하였다.

첫째, 신체기관의 변화가 정서를 유발한다는 James-Lange의 주장과는 달리 신체기관의 변화는 정서표현에 영향을 미치지 못한다는 것이다. Cannon은 고양이를 대상으로 한 실험에서 자율신경계의 교감신경을 제거해버린 상황에서도 고양이는 분노, 두려움, 즐거움 등의 정서반응을 보인다고 하였다(사진 참조). 이러한 사실은 신체변화와는 무관하게 정서반응을 경험할 수 있음을 의미하는 것이다. 둘째, 자극에 대한 신체반응은 상당히 동질적이며 그 자체로는 다양한 정서적 경험을 만들어 낼 수 없다는 것이다. 두려움이나 분노는 상이한 정서임에도 불구하고 나타나는 신체변화(심장박동이나 혈당, 아드레날린의 분비, 동공의 크기 증가)는 유사하다는 것이다. 그러므로 이러한 신체변화가 정서반응을 유발한다고 보기는 어렵다는 것이다. 셋째, 내장기관의 둔감성이나 느린 반응속도를 지적하고 있다. 내장기관은 실제로 둔감하기 때문에 어떤 변화가 있었다 하더라도 정서로 표현되기는 어렵다는 것이다. 또한 실제 정서반응의 속도에 비추어 볼 때 이처럼 느린 반응속도로는 이러한 변화를 뇌에 전달하여 정서반응을 유발할 가능성이 희박하다는 것이다. 실제로 강렬한 정서와 관련된 내장기관의 변화를 인위적으로 유발시킨 경우에도 그러한 정서반응은 일어나지 않았다고 하였다. 이러한 연구결과를 토대로 Cannon은 정서에 대한 새로운 이론을 제시하였다.

Cannon과 그 동료들은 마취 초기단계의 환자나 고양이 연구를 통해 뇌의 특정 부위가 정서와 중요한 관련성이 있음을 주장하였다. 이들은 고양이의 뇌에서 대뇌반구를 제거했을 경우 몹시 화가 난 상태의 동물에게서 볼 수 있는 허위 분노가 2~3시간 정도 지속되었다고 보고하였다. 이러한 결과를 바탕으로 분노와 관련된 뇌의 부위는 시상하부(hypothalamus)에 위치한다고 하였다(〈그림 2-2〉 참조). Cannon은 시상하부는 정서를 통합하는 중추이며, 시상하부에서 피질로 전달되는 신경반응이 정서적 경험의 근원이 되고, 시상하부로부터 운동중추로 전달되는 신경반응이 정서적 표현의 근원이 된다고 하였다.

그러나 이후 Ekman 등(Ekman, Levenson, & Friesen, 1983)은 자극에 대한 자동적인 신체반응은 Cannon이 생각한 것처럼 동질적인 것은 아니며, 실제로 최근에는 분노, 두려움, 슬픔, 당황함과 같은 특정 정서에 수반되는 특징적인 신체반응이 존재한다는 증거를 제시하고 있다. 이들은 특정 정서에 수반되는 독특한 신체반응이 존재하는지를 알아보기 위해 배우들에게 다섯 가지 유형의 정서(분노, 두려움, 슬픔, 즐거움, 불쾌함)를 표현하도록 지시하고 이에 따른 생리적 반응을 조사해보았다. 그 결과, 각각의 정서에 따라 심장박동과 피부온도에서 뚜렷한 차이가 있는 것으로 나타났다. 즉, 특정 정서는 고유한 생리적 반응을 유발한다는 것이다. 그러나 이러한 생리적 반응이 모든 정서에서 나타나는 것은 아니며, 이는 소수의 정서에 국한된

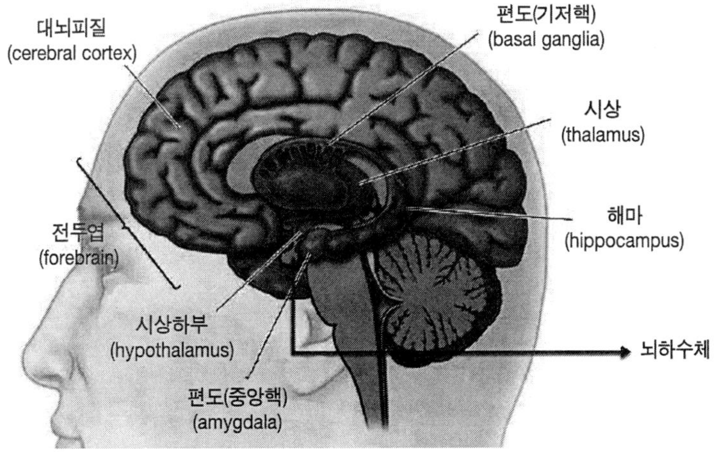


〈그림 2-2〉 뇌의 구조

현상으로 볼 수 있다고 하였다(Ekman & Davidson, 1993). 소수의 정서에서 이러한 자율신경계의 변화가 나타나는 원인은 그러한 생리적 변화가 유기체의 적응을 도와주기 때문이며, 특정 행동이 생존에 도움이 되지 않는다면, 이러한 변화는 나타날 필요가 없다는 것이다(Ekman, 1992a, 1994).

## 5. 생물학 이론

정서에 대한 Darwin의 연구에 힘입어 이후 정서는 인간 정신활동의 중요한 한 부분으로 인식되어 활발하게 연구되기 시작하였다. 생물학적 관점의 정서이론은 전통적인 진화론적 관점이나 심리생리학적 관점, 신경생리학적 관점 가운데 특정한 관점을 표방하기도 하지만 다양한 관점이 혼합되고 통합되는 방식으로 이루어져 왔다(〈그림 2-3〉 참조). 여기서는 그 가운데 대표적인 Plutchik, Izard, Ekman, Tomkins, Panksepp, Gray의 정서이론에 대해 살펴보고자 한다.

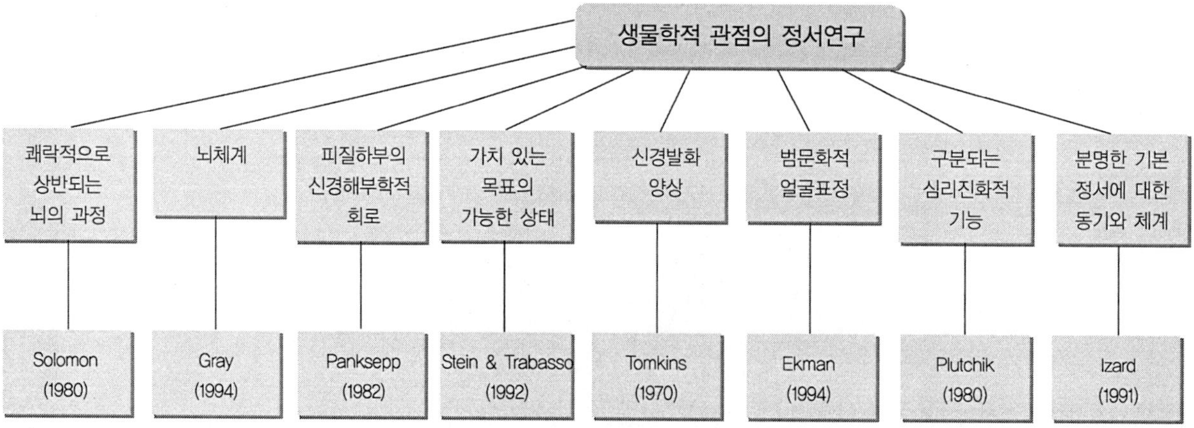


〈그림 2-3〉 생물학적 정서연구에서의 8가지 연구 관점

출처: Reeve, J. (2001). *Understanding motivation and emotion* (2nd ed.). Harcourt Brace College Publishers.

## 1) Plutchik의 심리진화 이론

Plutchik(1980)은 유기체가 환경에 적응해 나가기 위해서는 환경이 자신에게 득이 되는지 실이 되는지에 대한 평가가 전제가 되어야 하며, 환경을 평가하기 위한 인지적 능력도 뇌 구조의 진화와 함께 진화해왔다는 심리진화이론(psychoevolutionary theory)을 주장하였다. Plutchik(2003a)은 정서를 환경에 적응해 나가는 데 도움이 되는 적응적 반응으로 간주하고, 계통발생적 수준에서 나타나는 기본적 적응반응을 보호, 파괴, 생산이라는 세 가지 유형으로 구분하였다. 이는 제1장의 정서의 기능에서 살펴본 바와 같이 여덟 가지 목적으로 작용한다고 하였다. 이러한 자신의 관점을 Plutchik은 상호관련된 세 가지 모형으로 설명하고 있다.

### (1) 구조모형

정서를 표현하는 언어들은 강도나 유사성에서 차이가 있으며, 상반되는 특성을 가진 것으로 분류할 수 있다. 먼저 강도의 차원에서 격분(rage)은 분노(anger)보다, 비탄(grief)은 슬픔(sadness)보다 더 강한 의미를 가지고 있다. 또한 유사성의 차원에서도 여러 정서들 간에는 차이가 있다. 분노는 기쁨보다는 혐오의 차원과 더 가깝다. 또한 우리는 많은 정서들을 상반되는 정서로 생각한다. 예를 들어, 행복은 슬픔과 사랑은 증오와 상반되는 정서로 생각한다.

정서의 강도, 유사성, 양극성의 세 가지 특징을 조합하여 팽이모양의 하나의 입체모형을 만들 수 있는데, Plutchik은 여기에 여덟 개의 기본정서에 대한 관점을 추가하여 삼차원 구조로 정서를 설명하고 있다(제1장 참조).

### (2) 서열모형

심리생리학적 관점에서 James는 정서반응에 선행하여 생리적 변화가 나타난다고 주장하였지만, 이는 이후 정서가 먼저이고 후에 생리적 변화가 나타나는지 혹은 생리적 변화가 먼저이고 후에 정서가 나타나는지에 대한 논쟁을 불러일으켰다. 이러한 순서에 관한 논쟁에서 Plutchik은 정서반응을 순환적 과정으로 설명하였으

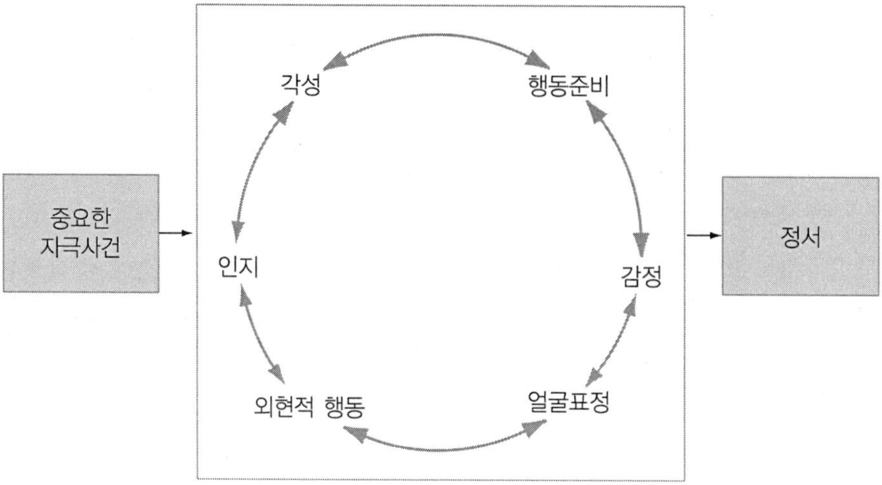


〈그림 2-4〉 정서의 순환적 연쇄모형

출처: Plutchik, R. (2003a). *Emotions and life: Perspectives from psychology, biology, and evolution*. Washington, DC: American Psychological Association.

며, 순환의 방향이나 목적은 유기체를 균형상태로 회복시키려는 생물학적 항상성(homeostasis)의 개념과 결부시켜 설명하였다(〈그림 2-4〉 참조).

이러한 순환이 이루어지는 근본적인 이유는 바로 진화론적 관점에서 설명할 수 있다. 진화론적 관점은 적응적 기제로서 정서의 기능적 가치를 중요시한다. 예를 들어, 슬픔의 정서상태를 반영하는 울음은 상대방으로부터 동정심과 도와주려는 욕구를 불러일으키며, 두려움으로 인한 도피행위는 위험으로부터 미연에 우리를 보호해주는 기능적인 측면이 있다는 것이다. 따라서 정서의 순환적 과정은 단순히 순환하는 것 그 자체가 목적이 아닌, 적응적인 목적으로 이루어지는 순환적 과정으로 볼 수 있다.

#### (3) 파생모형

Plutchik은 정서를 수많은 개념들이 체계적으로 관련되어 있는 파생모형으로 설명하고자 하였다. 진화론적 관점에서 성격특성은 보다 근본적인 정서상태에서 파생된 것으로 간주한다. 그래서 일반적으로 한 개인이 특정한 정서상태를 반복적으로 경험할 경우에 우리는 이를 그 사람의 성격특성으로 간주하게 된다. 예를 들어, 어떤 사람이 두려움의 정서를 자주 경험한다면 우리는 그 사람을 소심한 사람으로, 즉 소심한 성격특성으로 묘사하게 된다. 반복적으로 분노나 짜증을 표현하면 다투기 좋아하는 성격특성으로 묘사하게 된다. 또한, 이러한 성격특성이 극단적인 형태를 띠게 되면 성격장애라는 용어를 사용하며, 만약 어떤 사람이 걸핏하면 다투려하는 극단적인 성향을 가지고 있다면 반사회적 성격장애로, 극단적으로 수줍어하는 성향을 가지고 있다면 의존적 성격으로 진단할 수 있을 것이다. 자아방어 언어와 대처양식 언어는 특정한 정서를 다루는 방식과 관련된 것으로, 자아방어 언어는 대부분 정서를 유발하는 문제를 해결하기 위해 사용하는 무의식적인 방법인 반면, 대처양식 언어는 의식적인 방법이다(〈표 2-1〉 참조).

〈표 2-1〉 정서와 그 파생개념들

| 주관적 언어 | 기능적 언어 | 특성적 언어 | 진단적 언어 | 자아방어 언어 | 대처양식 언어 |
|---|---|---|---|---|---|
| 두려움 | 보호 | 수줍은 | 의존적, 회피적 | 억압 | 억제 |
| 분노 | 파괴 | 다투기 좋아하는 | 반사회적 | 전위(치환) | 대체 |
| 기쁨 | 생산 | 사교적인 | 경조증의 | 반동형성 | 반전 |
| 슬픔 | 재건 | 우울한 | 기분저하 | 보상 | 교체 |
| 수용 | 결합 | 신뢰하는 | 연극적인 | 부정 | 최소화 |
| 혐오 | 거부 | 적대적인 | 피해망상적 | 투사 | 흠잡기 |
| 기대 | 탐색 | 지배적인 | 강박신경증적 | 지성화 | 매핑(mapping) |
| 놀람 | 지향 | 우유부단한 | 경계선상의 | 퇴행 | 도움요청 |

출처: Plutchik, R. (2000). *Emotions in the practice of psychotherapy: Clinical implications of affect theories.* Washington, DC: American Psychological Association.

### 2) Izard의 이론

Izard(1991)는 기쁨, 흥미, 분노, 두려움, 혐오와 같이 뚜렷하게 구분되는 몇몇 정서는 생의 초기에서부터 나타난다고 하였다. 이들 정서는 행동을 동기화하고 조직

Carroll Izard(1923~)

하는 데 있어 나름대로의 독특한 적응적 기능을 가지고 있으며, 성격발달이나 환경에 반응하는 데 있어 개인차를 만드는 중요한 요인이 된다고 하였다. 또한 이들 각각의 상이한 정서들은 연속적인 것으로 존재하는 것이 아니라 개별적인 각성 패턴을 지닌다는 것이다(Ekman, Levenson, & Friesen, 1983). 이러한 생각을 토대로 Izard는 몇 가지 기본정서가 인간행동에 독특하면서 차별적인 동기유발 체계를 구성하며, 이들 정서는 각각 상이한 목적을 위해 유발된다는 차별적 정서이론(differential emotional theory)을 주장하였다.

차별적 정서이론은 다음과 같은 가정을 그 전제로 하고 있다(Izard, 1991, 1992, 1993). 첫째, 열 개의 기본정서는 인간의 기본적인 동기체계를 구성하고 있다. 둘째, 각각의 정서는 독특한 주관적, 현상학적 속성을 가지고 있다. 셋째, 각각의 정서는 독특한 얼굴표정 패턴을 가지고 있다. 넷째, 각각의 정서는 정서마다 특정한 신경발화율을 가지고 있다. 다섯째, 각각의 정서는 서로 상이한 행동결과를 유발하며, 적응적 기능을 담당하고 있다.

이후 차별적 정서이론에서는 차별적인 기본정서에 대해 다음과 같은 사실을 부연하여 설명하였다(Izard & Ackerman, 2004). 첫째, 기본정서체계는 인간 행동의 일차적인 동기체계를 구성하고 있다(Izard, 1971; Tomkins, 1970). 정서는 지각이나 사고, 행동을 동기화하는 중요한 요소임을 전제로 하고 있다(Frijda, 1986; Lazarus, 1991). 둘째, 각각의 기본정서는 지각이나 인지, 행동을 구조화하는 방식에서 뚜렷한 기능을 가지고 있다(Ackerman, Abe, & Izard, 1998; Izard, 1977). 셋째, 개인에게 의미 있는 상황에서는 일관성 있게 이에 적절한 기본정서가 활성화된다. 넷째, 기본정서와 행동 간의 관계는 출생 초기에 형성되며 시간이 경과함에 따라 안정적이 된다(Izard, 1977; Plutchik, 1980). 다섯째, 특정한 행동을 동기화하고 조직하고 유지하려는 기본정서의 속성은 성격발달에도 영향을 미치게 된다. 즉, 기쁨이나 긍정적인 정서가 지속적으로 높은 수준을 유지하게 되면, 사회적 상호작용이 촉진되고 외향적인 성격특성을 나타내게 된다(Abe & Izard, 1991). 여섯째, 정서활성화의 역치나 정서가 경험 또는 표현되는 빈도나 강도에서의 개인차는 특정한 개인의 성격 특성의 중요한 결정요소가 된다. 일곱째, 비록 각각의 정서는 타고난 적응적 기능을 가지고 있지만 정서나 인지, 행동패턴 간의 문제로 인해 위협이나 도전에 대한 반응에서 비적응적 행동을 유발할 수도 있다.

차별적 정서이론은 열 개의 기본정서를 가정하고 있으며 이들 정서는 개인으로 하여금 환경에 적응할 수 있도록 준비하게 하는 일차적인 동기 시스템에 해당한다. 각각의 기본정서는 독특한 대처기능이나 적응적 기능을 가지고 있다는 점에서 일상생활상의 문제에 효과적으로 대처하기 위해 유기체에게 주어진 진화의 산물이라고 볼 수 있다. Izard(1991)는 소수의 기본정서는 인간이 가지고 태어난 것이며 전세계적으로 공통된 것이라고 주장한다. 이들 기본정서는 특정 상황에서 유발되며 특징적 표현, 신체생리적 반응과 행동을 가지고 있으며, 적응적 기능을 가지고 있고, 문화적 관습이나 규칙에 의해 수정이 이루어질 뿐이라고 했다.

### 3) 얼굴표정 이론

얼굴표정에 대한 Darwin의 연구는 20세기에 들어와 이에 대한 체계적인 연구를 하는 촉매제가 되었다. 최근 30년간 정서에서 얼굴표정을 강조한 Darwin과 Duchenne de Boulogne의 업적에 대한 새로운 평가가 이루어졌으며, 이는 크게 얼굴표정의 말초이론과 중추이론으로 구분할 수 있다.

Guillaume-Benjamin
Duchenne de Boulogne
(1806~1875)

#### (1) 얼굴표정의 말초이론

20세기 중반까지는 얼굴에서 나타나는 정서표현은 정서를 유발하는 복잡한 기제의 단순한 부산물로 등한시되었으나 Tomkins(1962/1963)의 『감성, 심상, 의식(Affect, Imagery, Consciousness)』이라는 2권의 저서가 출간되면서 관점의 전환이 이루어졌다. Tomkins는 의사결정이나 행동을 동기화하고 조직화하는 데 있어서 정서의 일차적 역할을 강조하였으며, 얼굴표정을 정서의 가장 중요한 구성요소로 보왔다. Tomkins는 소수의 분명한 정서와 관련해서 나타나는 얼굴표정에 대해 최초로 체계적인 연구를 시작하였으며, 이는 Ekman과 Izard와 같은 이후의 정서연구가들에게 많은 영향을 미쳤다.

Tomkins(1962)는 안면근육의 움직임이 얼굴 온도의 변화, 얼굴 피부의 분비선 변화를 유발하고 이로 인해 정서를 경험하게 된다는 안면 피드백 가설(facial feedback hypothesis)을 주장하였다. 즉, 정서는 안면 행동으로부터의 감각적 피드백에 대한 인식이라고 볼 수 있다는 것이다. 즉, 내적 혹은 외적 사건이 신경발화율을 변화시키면 이러한 변화를 뇌의 변연계가 감지하게 된다. 이러한 충격은 변연계로부터 기저핵으로 전달되며, 기저핵에서는 신경 메시지를 얼굴표정으로 조직하고 충격을 운동피질로 보내게 된다. 운동피질로부터의 충격은 안면신경을 통하여 특징적인 얼굴표정을 만들어내게 된다. 뇌신경을 통해 감각피질에서 얼굴근육이나 온도, 분비선의 변화와 같은 안면활동정보를 수용하게 되며, 마지막으로 피질에서 안면 피드백 정보가 통합되면서 정서경험을 하게 된다(〈그림 2-5〉 참조).

안면 피드백의 역할에 대한 이러한 Tomkins의 영향을 받아 Izard(1991)도 기존의 정서이론에서 정서의 결정요인으로 지나치게 자율신경계의 변화에 비중을 두었음을 비판하고, 이에 대한 대안으로 얼굴표정의 역할을 강조하였다. Izard는 인간에게는 열 개의 기본정서가 있고 이들 기본정서에는 생래적으로 타고난 정서적 특성 프로그램이 내재되어 있으며, 이 프로그램이 활성화되면 독특한 얼굴표정이 나타나게 되고 말초신경계와 내분비계에 변화가 일어나게 되며, 그 결과 특정의 정서를 경험하게 된다고 하였다. 그래서 이를 얼굴표정의 말초이론이라고 한다.

Zajonc, Murphy와 Inglehart(1989)도 안면 피드백은 정서를 유발하는 일련의 요소들을 활성화하여 부정적인 정서와 관련된 얼굴 움직임은 호흡을 늦추고 뇌의 온도를 높여주어 부정적인 정서를 유발한다고 한다. 반면, 긍정적인 정서와 관련된 얼굴 움직임은 호흡을 빠르게 하고 뇌의 온도를 낮추어 긍정적인 정서를 유발한다고 한다. 얼굴근육의 움직임이 정서를 유발한다는 말초이론의 관점은 정서와 신체변화의 순서에서 신체적인 변화가 정서에 선행한다는 James의 관점을 반영한 것으로 볼 수 있다.

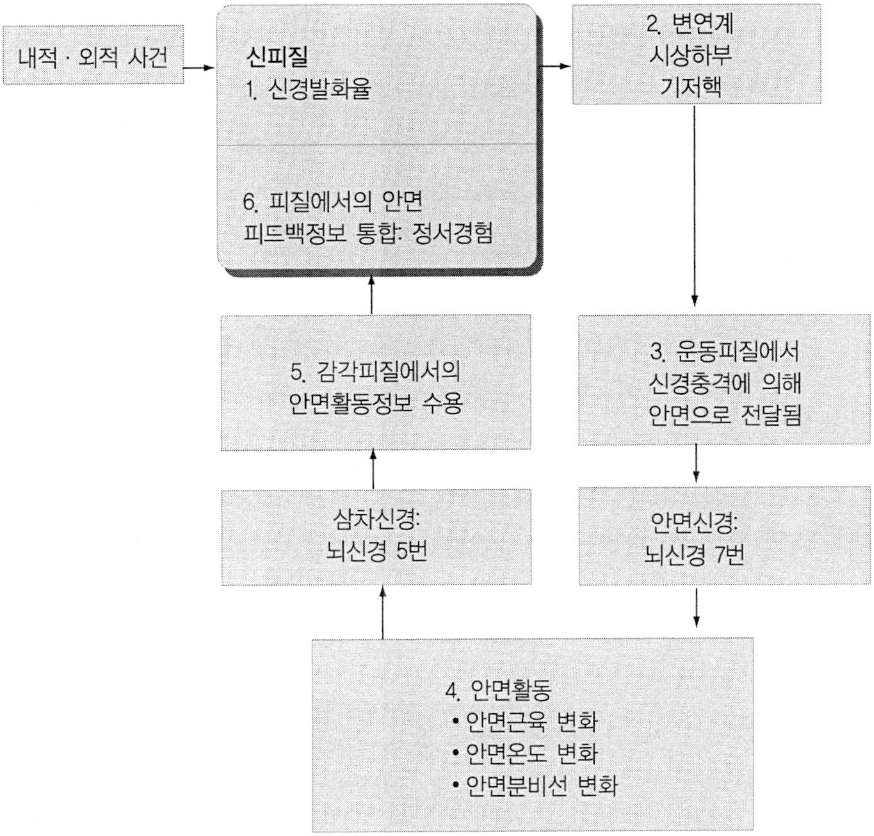


〈그림 2-5〉 안면 피드백 가설에서의 신경학적 사건의 흐름

출처: Izard, C. E. (1991). *The psychology of emotions*. New York: Plenum.

이후의 연구에서 안면 피드백 가설은 강한 안면 피드백 가설과 약한 안면 피드백 가설을 사용하여 검증되었다. 강한 안면 피드백 가설은 사람의 얼굴 표정을 특정 유형의 정서에서 표출되는 얼굴표정으로 변화시키면 이에 상응하는 정서를 경험하는 것을 의미한다. 그리고 약한 안면 피드백 가설은 안면 피드백이 정서의 강도만 변화시킨다는 것이다. 몇몇 연구에서는 두 가지 안면 피드백 가설이 모두 지지되었으나(Laird, 1974, 1984; Larson, Kasimatis, & Frey, 1992; Rutledge & Hupka, 1985; Strack, Martin, & Stepper, 1988), 어떤 연구에서는 강한 안면 피드백 가설은 받아들여지지 않았고(McCaul, Holmes, & Solomon, 1982; Tourangeau & Ellsworth, 1979), 약한 안면 피드백 가설은 일관성 있게 지지를 받고 있다.

자기공명장치를 사용한 우리나라의 연구에서도 얼굴 근육의 움직임이 정서를 유발하고 그에 상응하는 뇌 영역의 변화를 수반하는 것으로 나타났다. 또한 표정의 변화 입을 크게 벌리는 것(mouth stretching)은 행복을, 미간을 찌푸리는 것(forehead narrowing)은 분노의 감정을 유발하는 것으로 나타났으며, 이러한 얼굴 움직임은 모두 안와전두피질(orbitofrontal gyrus: OFG)영역을 활성화시켰으며, 행복을 유발한 입을 크게 벌리는 행동은 추가적으로 전방대상피질(subgenual anterior cingulate cortex)영역을 활성화시키는 것으로 나타났다(은슬기, 2015).

### (2) 얼굴표정의 중추이론

얼굴표정에 따라 정서가 형성된다는 말초이론의 주장과는 달리 Ekman(1972)은 얼굴표정은 내부의 정서상태를 반영하는 것으로 볼 수 있다고 하였다. 사람의 얼굴에는 80개의 안면근육이 있으며, 이 가운데 36개의 근육이 얼굴표정과 관련이 있는데, 8개의 안면근육만으로도 기본정서들의 차이를 충분히 설명할 수 있다고 한다(〈그림 2-6〉 참조). 이러한 사실을 근거로 Ekman과 Friesen(1975, 1976)은 얼굴근

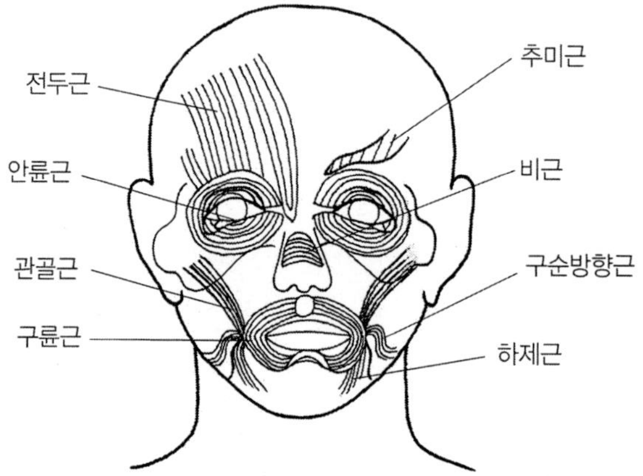


〈그림 2-6〉 8가지 주요 안면근육

출처: Ekman, P., & Friesen, W, V. (1975). *Unmasking the face*. Englewood Cliffs, NJ: Prentice-Hall.

육의 움직임과 이로 인한 얼굴표정에 대한 연구를 통해 특정의 정서를 표현하는 기본적인 얼굴표정을 부호화하고 그 목록을 만드는 데 큰 기여를 하였다. Ekman과 Friesen(1976)은 다양한 연령의 흑인과 백인을 포함하는 110장의 얼굴 표정 흑백 영상을 개발하여 표준화하였고, 이후 Matsumoto와 Ekman(1988)은 동양인을 추가하여 일본인과 코카시안으로 구성된 얼굴 표정 영상을 개발하였다(사진 참조).

얼굴표정에 대한 인식은 모든 문화권에서 완전히 일치하지는 않으며, 문화적인 학습과정에 의해 차이가 나타날 수도 있다. Biehl 등(1997)의 연구결과에서 정서인식에서의 문화적 일치도는 행복의 정서는 95%, 두려움의 정서는 60% 정도로 나타

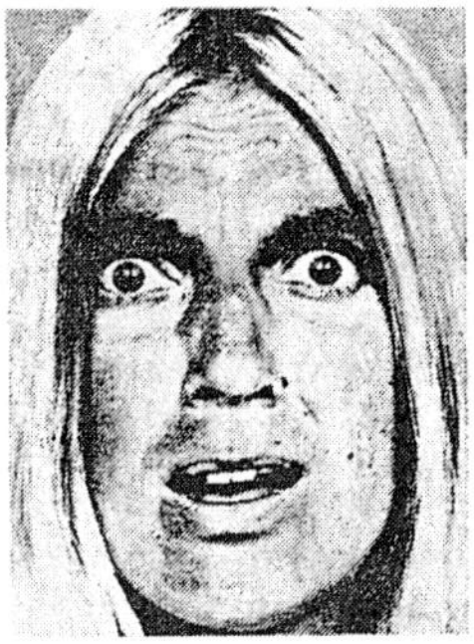
공포

분노

혐오

기쁨

고뇌

사진 설명: 8가지 주요 안면근육의 움직임에 따라 얼굴표정이 달라진다. 예를 들어, 공포의 정서는 추미근이 눈썹의 안쪽 끝부분을 치켜올리고, 전두근이 수축하여 이마에 수평의 주름살을 형성한다. 안륜근은 위쪽 눈꺼풀을 끌어올리고 아래쪽 눈꺼풀을 잡아당기며, 구순방향근이 입술을 얼굴 뒤쪽으로 끌어당긴다.

났으며, Ekman과 동료들(Ekman, Sorenson, & Friesen, 1969)의 연구나 Izard(1971)의 연구에서도 정서에 따라 차이는 있지만 60~90% 정도의 일치도를 보였다. 이처럼 문화권에 따라 다소의 차이는 있지만 상당 부분 일치한다는 연구결과를 토대로 Ekman과 Friesen(1971)은 얼굴표정과 정서가 상호관련이 있음을 주장하고 이를 부호화하였다.

그러나 얼굴움직임의 부호화 체계(facial action coding system)를 사용하여 측정한 혐오에 대한 얼굴표정은 혐오정서와만 관련이 있는 것이 아니라 다른 여러 정서들과도 관련이 있는 것으로 나타났다(Ekman, Friesen, & Ancoli, 1980). 얼굴표정의 중추이론에 대한 가장 큰 비판은 이처럼 얼굴표정이 정서와 일치하지만은 않는다는 사실이다. 특정의 정서를 경험하고 있으면서도 그와 일치하는 얼굴표정을 짓지 않는 사람들이 많다는 것이다. 예를 들어, 우리 사회에서는 성역할 사회화 과정을 통해 남아와 여아에게 상이한 정서반응을 요구한다. 남아에게는 슬픔이나 두려움의 감정을 표현하는 것에 대해 금기시하는 사회적인 분위기를 가지고 있다. 그 결과 남아들은 슬픔의 정서를 표현해야 하는 상황에서도 이를 잘 드러내지 않게 된다는 것이다. 사회화 과정에서의 차이가 바로 정서에서의 차이를 만든다는 것이다. 이처럼 얼굴표정과 정서반응의 전반적인 관련성은 인정하면서 그 불일치의 문제를 문화적 차이로 해석하고 있다는 측면에서 Ekman의 이론을 신경문화이론(neurocultural theory)이라고 한다. 그 외에도 기본정서 이외의 여러 혼합정서에서 나타나는 얼굴표정이 아직 규명되지 않고 있다는 점에서 이 이론은 비판을 받고 있다.

### 4) 사회생물학 이론

Edward Wilson(1929~)

인간의 정서를 진화의 산물로 간주하는 Darwin의 생각은 이후 여러 연구자들에 의해 사회생물학 이론(Wilson, 1975)으로 발전된다.

사회생물학은 Darwin의 관점을 근거로 하여 Wilson(1975)에 의해 체계화된 이론이다. 사회생물학은 동물의 사회적 행동을 체계적으로 연구함으로써 인간의 본성을 이해하는 데 중요한 기여를 하였다.

사회생물학에서는 한 개체의 적응이나 생존보다도 유전자의 계승을 보다 중요한 문제로 간주하며, 유전인자는 신체적 특성뿐만 아니라 사회적 행동이나 정서반응까지도 결정한다고 한다. Wilson은 유전인자는 매우 이기적인 구조를 가지고 있으며, 유전인자의 유일한 관심은 대대로 자신의 생존을 보장받는 것이라고 하였다.

Owren과 Bachorowski(2001)는 이기적인 유전자 틀(selfish-gene framework)에 초점을 맞추어, 개인이 아닌 유전자에 근거한 진화론을 강조하는 것은 진화이론에 몇 가지 중요한 함축성을 지니고 있다고 하였다. 그 가운데 하나는 타인과의 의사소통에 대한 전통적인 진화론적 관점은 송신자와 수신자 모두에게 이익이 되는 과정을 설명하지 못한다는 것이다. 이는 긍정적 정서에서 특히 중요한 의미가 있다. 이기적인 유전자의 경쟁적인 관계에서 보면 송신자가 자신의 긍정적인 정서상태를 솔직하게 표현하는 것은 수신자에게 자신의 내적 상태에 대한 생생한 정보를 제공해주는 것이 되며, 결과적으로 송신자는 확실하게 불이익에 처하게 된다. 즉, 이기적인 유전자의 관점에서 보면 송신자에게는 솔직한 정서표현은 솔직하지 않거나 기만적인 의사소통보다 덜 적응적이라고 볼 수 있다.

이러한 생각이 인간의 상호작용과정에서 실제로 어떻게 영향을 미치고 있는가는 이제 비로소 관심을 끌기 시작한 단계다. 예를 들어, 순수하게 웃는 사람이 의도적이거나 교양 있게 웃는 사람보다 관찰자에게서 다양한 반응을 유발하는 것으로 나타났다(Keltner & Bonanno, 1997a). 앞으로 상황에 따라 여러 다양한 정서를 표현함으로써 초래되는 득실의 문제에 대한 연구가 보다 심층적으로 이루어져야 할 것이다.

이에 대해 Keltner와 Haidt(2001)는 부가적인 설명을 하였다. 그들은 정서에 대한 문화적인 영향을 강조하는 사회구성주의자들의 이론을 통합함으로써 진화심리학의 관점을 확장시키고자 하였다. 이들은 송신자와 수신자 간의 의사소통에 관한 Owren과

Dacher Keltner

Jonathan Haidt

Bachorowski(2001)의 의견에는 동의하였지만, 정서와 사회적 관계에 문화가 영향을 미칠 수 있다는 사실도 지적하였다. 예를 들어, 문화는 정서표현과 사회적 관계에 대한 대안적 해결책을 제시할 수도 있으며 정서의 새로운 용도를 제시할 수도 있다는 것이다. Keltner와 Haidt는 실제로 많은 정서연구는 통제된 정서자극에 대한 참가자의 반응을 검토함으로써 이루어져 왔지만, 사회적 · 문화적 상호작용의 맥락에서 정서의 역할에 대한 탐색이 필요하다는 것이다. 이러한 관점은 정서연구의 단위가 개인에서 보다 큰 사회집단으로, 정서의 결과로부터 결과를 중재하는 매개변수로서의 정서로, 통제된 상황에서의 정서연구로부터 사회적 상호작용과 문화적 관습의 맥락에서의 정서연구로 옮겨가야 한다는 것을 의미한다.

### 5) MacLean의 이론

MacLean(1963)은 원숭이를 대상으로 정서에서 변연계(limbric system)의 기능을 규명하기 위한 체계적인 연구를 수행하였다(사진 참조). 이를 통해 그는 진화과정에서 세 가지 유형의 뇌가 동시에 기능한다고 주장하였다. 가장 오래된 뇌는 파충류에서 볼 수 있는 것으로 후각뇌(파충류의 뇌)이며 이는 원시동물에서 비교적 많이 발달되어 있다. 두 번째 뇌(초기 포유동물의 뇌)는 하등 포유동물, 세 번째 뇌(후기 포유동물의 뇌)는 영장류에서 고도로 발달된 형태로 발견된다고 하였다. 파충류의 뇌는 뇌간과 소뇌로 구성되어 있으나, 하등 포유동물의 뇌에는 변연계가, 고등 포유동물인 영장류의 뇌에는 신피질이 발달하게 된다. 이들 세 가지 유형의 뇌 가운데 MacLean은 인간의 정서발달에서 특히 변연계의 기능을 중시하였다. 두려움, 분노, 애정 등과 같은 여러 정서는 변연계의 영향을 받게 되며, 고등동물에서 나타나는 신피질도 인간의 정서와 관련된 고도의 기능적인 역할을 담당한다고 하였다.

사진 설명: Paul MacLean(左)이 Jeff Peyton(右)과 함께

MacLean(1986)은 정신운동성 간질환자를 대상으로 한 연구에서 간질은 변연계 속 특정 기관의 비정상적 발화로부터 야기된다고 하였다. 간질환자는 발작 초기에 정서적 느낌을 경험하는데, 일부는 발작 직전 두려움의 느낌을, 일부는 분노의 느낌이나 혐오, 우울함과 같은 느낌을 경험하며, 이러한 정서 상태에는 변연계가 관여한다고 하였다.

또 다른 연구에서 MacLean(1984, 1986)은 각기 상이한 뇌의 부위에 전기자극을 가했을 때 상이한 행동이 나타났다고 하였다. 거칠고 위험한 동물에게서 양측 측두엽(〈그림 2-7〉 참조)이 손상되면 수동적이고 유순해지며 강한 성욕을 보인다고 하였다. 편도를 자극했을 때에는 먹기, 탐색하기, 싸우기와 관련된 행동이, 해마를 자극했을 때에는 성기가 발기되고 몸을 치장하는 행동이 나타났다고 하였다. 또한 전극의 위치를 조금만 바꾸어도 정서행동에는 아주 뚜렷한 변화가 나타났다는 사실을 지적하였다. 이러한 사실은 대뇌변연계가 정서와 밀접한 관련이 있음을 보여주

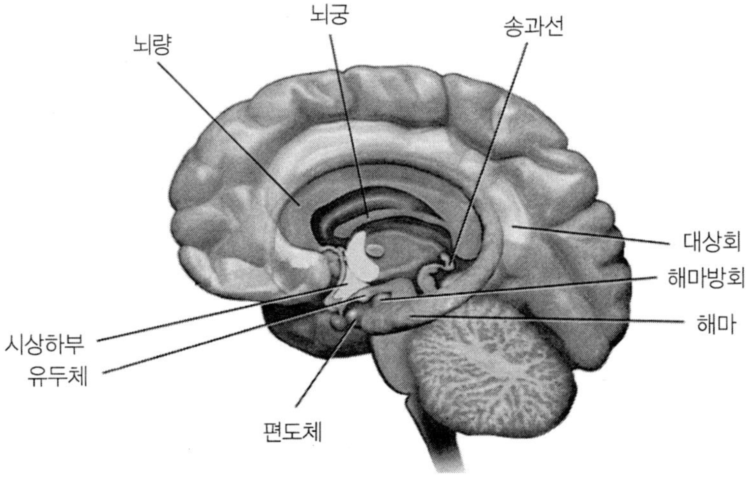


〈그림 2-7〉 대뇌변연계의 구조

는 것이다.

### 6) Heath의 이론

Robert Heath(1915~1999)

Heath에 의하면 신피질의 여러 곳에 전기자극을 가해도 정서에 아무런 영향을 미치지 않았으나 피질하부위를 절제하면 정서뿐만 아니라 기억에서도 심각한 손상을 보이는 것으로 나타났다고 한다. 대뇌 피질하부는 포유류와 파충류의 뇌와 유사하며, 인간의 언어나 사고를 관장하는 신피질과는 구분된다(Averill, 1974).

대뇌 피질하부체계의 기능을 밝히기 위한 실험연구에서 Heath(1992)는 피험자가 쾌감을 경험한 것으로 보고할 때에는 뇌의 중격영역에서 신경변화가 기록된다는 사실을 발견하였으며, 불쾌함을 느낀 것으로 보고할 때에는 해마나 내측 편도에서 변화가 나타난다는 사실을 규명하였다. 이러한 결과를 토대로 Heath는 뇌의 중격에 전기자극을 가하면 통증을 크게 완화시킬 수 있으며 간질발작을 감소시킬 수 있다고 하였다. 그리고 뇌의 중격영역을 자극하면 해마의 비정상적 변화도 감소하였다는 사실에 비추어 중격영역에서 관장하는 쾌락체계와 해마영역에서 관장하는 혐오체계는 역의 관계가 있다고 주장하였다. 또한 뇌의 중격이나 해마, 편도 외에도 뇌의 여러 영역이 정서표현과 관련되어 있음을 주장하였다. 이러한 연구결과를 통해 Heath는 변연계를 정서의 중추로 보는 것은 너무 제한적이라고 주장함으로써 기존의 신경학적 관점을 보다 확장하였다.

Silvan Tomkins(1911~1991)

### 7) 신경발화율 이론

뇌의 특정 부위가 정서반응과 관련이 있다는 Cannon의 주장은 이후 Tomkins에게 영향을 미친다. Tomkins(1970)는 정서에 따라 신경발화율(rate of neural firing)도 차이가 있다고 주장하였다. 신경발화

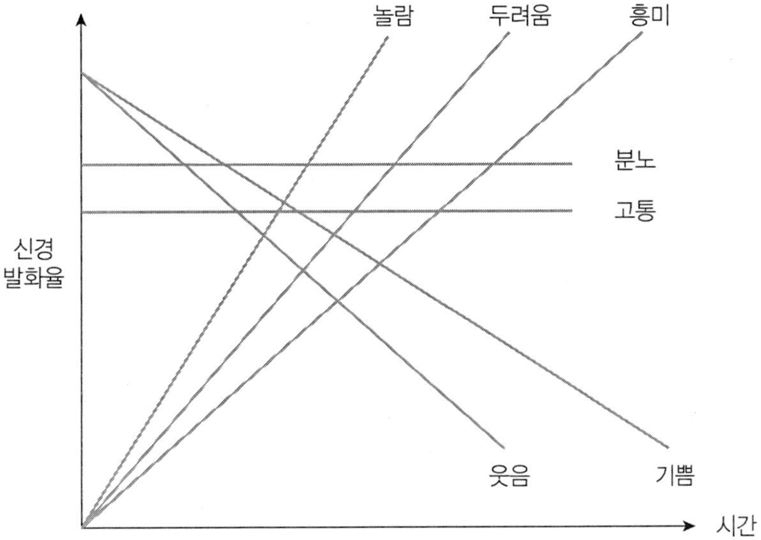


〈그림 2-8〉 신경발화율과 정서반응

출처: Tomkins, S. S. (1962). *Affect, imagery, consciousness* (Vol. 1). *The positive affects*. New York: Springer.

는 일정 시간 내에 일어나는 전기적 피질활동의 패턴을 의미한다. 신경발화에는 증가, 감소, 유지라는 세 가지 기본 패턴이 존재하며, 사람들은 이러한 패턴의 신경활동을 통하여 모든 상황에 대처해 나가게 된다고 하였다. 신경발화율이 높아지면 이와 관련된 놀람, 두려움, 흥미와 같은 정서를 경험하게 되며, 이 가운데 어떤 정서를 경험하는가는 신경발화율에 좌우된다고 하였다. 즉, 신경발화율이 점진적으로 증가하면 흥미의 정서를, 중간 정도에서는 두려움의 정서를, 급격하게 증가하면 놀람의 정서를 경험하게 되며, 신경발화율이 증가하여 높은 발화율 상태에 머물러 있게 되면 고통이나 분노의 정서를 경험하게 된다. 반대로 그것이 감소하면 긴장을 푼 상태에서 미소짓는 것처럼 기쁨의 정서를 경험하게 된다고 하였다(〈그림 2-8〉 참조).

### 8) Panksepp의 이론

Jaak Panksepp(1943~)

Panksepp(1982, 1994, 2000)도 정서는 뇌의 활동을 통합하는 유전적인 신경회로에 의해 유발되며, 유전자와 뇌회로가 정서경험에 필수적이라고 하였다. Panksepp의 연구는 뇌의 정서명령회로(emotional command circuits)를 규명하는 데 집중되었다. 정서명령회로는 감각기관이나 대뇌피질, 기억저장고로부터 변연계나 신경계와 같은 여러 다른 부위로 정보를 전송하는 회로를 의미하며, 연구결과 다음과 같은 일곱 개의 정서회로를 발견하였다.

① 탐색체계(seeking system): 개체가 환경과 상호작용하는 측면을 통제하는 체계로서 동물은 이 체계와 관련된 뇌 영역을 스스로 자극한다. 유기체는 자신이 속해 있는 환경을 탐구하고 이를 통해 얻을 수 있는 보상을 예측할 수 있으며, 이는 주로 외측 시상하부 등에서 관장한다.

② 격분체계(rage system): 분노의 유발을 통제하는 체계로서 일반적으로 편도의 내측 핵과 시상하부의 내측 핵이 격분과 관련된 것으로 보고 있다.

③ 두려움체계(fear system): 두려움을 통제하는 체계로서 내측 시상하부 등이 이와 관련된 것으로 보고 있다.

④ 성욕체계(lust system): 성적 욕구를 관장하는 체계로서 성 호르몬의 영향을 받는다. 주로 피질내측 편도나 복내측 시상하부 등이 이를 관장한다.

⑤ 양육체계(care system): 수용과 양육을 관장하는 체계로서 포유류의 양육과 수용은 특정 뇌 회로의 영향을 받는다. 암컷이 수컷보다 일반적으로 양육이나 수용행동이 더 강한 것은 바로 이러한 뇌 회로의 차이 때문이며, 주로 복측 피개 영역 등이 이를 관장한다.

⑥ 공황체계(panic system): 분리나 고통/공황을 관장하는 체계로서 오랜 기간 보살핌을 필요로 하는 유기체의 생존과 관련되어 있으며, 주로 복내측 시상 등이

이를 관장한다.

⑦ 놀이체계(play system): 아동기의 놀이와 사회적인 지배성을 관장하는 체계로서 주로 복내측 간뇌 등이 이를 관장한다.

정서명령회로에 대한 연구결과는 모두 일치하는 것은 아니지만 각각의 정서에는 일정한 핵심구조가 있고, 이에는 여러 신경전달물질이나 조절물질이 개입되어 있다고 한다.

이외에도 Gray(1994)는 포유동물을 대상으로 한 신경해부학적 연구에서 행동접근 시스템, 싸움 또는 도주 시스템, 행동억제 시스템이라는 세 가지 형태의 신경회로가 뇌에 존재하며, 이들은 각각 상이한 정서에 작용한다고 하였다. 행동접근 시스템은 환경을 탐색하고 환경과 상호작용할 수 있도록 준비시켜주며, 싸움 또는 도주 시스템은 위험한 상황에서 유기체로 하여금 도피하게 하거나 공격적으로 방어할 수 있도록 준비시켜 주며, 행동억제 시스템은 위험한 상황에서 꼼짝할 수 없게 하는 기능을 가지고 있다고 하였다.

앞으로의 정서연구는 다른 연구영역에서처럼 신경심리학의 발달이 많은 기여를 할 것으로 보인다. 신경학적 관점에서 많은 연구가 이루어지면 우리가 현재 이해하고 있는 부정적 정서뿐만 아니라 긍정적 정서에 대한 이해의 폭도 넓어질 것이다. 또한 긍정적 정서의 촉진과 부정적 정서의 억제라는 정서조절 전략이나 정서가 건강한 범주를 벗어나는 병리현상에 대한 이해도 확장될 것이며, 나아가 정서가 유전적 혹은 문화적으로 결정될 수 있는 범위를 설정하는 데에도 상당한 기여를 할 수 있을 것이다.

## 6. 인지 이론

1960년대까지 정서에 관한 연구는 대부분 진화론적, 심리생리학적, 신경생리학적 관점에서 이루어졌다. 그러나 1960년대에 와서 인지에 대한 관심이 고조되고 이와 관련된 연구가 광범위하게 이루어지면서 정서는 인지에 의해 결정된다는 관점이 대두되었다. 정서의 인지적 요인을 강조하는 학자들은 어떤 사건의 의미와 중요성에 대한 평가과정이 없이는 정서반응은 나타날 수 없다고 보고 있다. 또한 이들은 정서연구의 궁극적인 목적은 단지 정서를 기술하거나 설명하는 것이 아니며, 정서를 예측하고 통제하기 위해서는 인지활동의 심층구조와 결부시켜 이해해야 한다고 주장하였다. 인지이론에는 평가의 중요성을 강조하는 평가이론과 귀인이론 등이 포함되며, 대표적인 학자로는 Arnold, Lazarus, Scherer, Weiner 등을 들 수 있다. 또한 Leventhal과 Scherer(1987)는 인지발달은 정서의 도식화를 가능케 함으로써 정서에 대한 신념이나 기대, 반응을 발전시켜 나가게 되므로 우리가 어떤 인지적 전환점에 도달하기 전에는 새로운 정서가 나타날 수 없다고 하였다.

### 1) 평가이론

정서를 인지적 측면에서 접근할 경우 핵심적인 개념은 평가이다. 평가는 자신의 관심이나 목표, 안녕과 관련된 상황이나 대상에 대한 판단으로, 이는 상황의 특성이나 대상에 대한 기대, 과거의 기억 등에 근거해서 이루어진다. 이러한 평가에 의해 대상이나 상황이 자신에게 어떤 영향을 줄 수 있을지를 판단하게 되고, 그에 따라 정서적 경험과 신체변화가 나타나게 된다. 즉, 평가이론에서는 상황 자체가 아니라 상황에 대한 개인의 평가에 따라 정서적 경험이 결정된다고 하였다.

Arnold(1960)는 평가는 인지의 한 형태이지만 자신의 관심과도 관련이 있으며, 직접적, 지각적 속성을 갖는다는 면에서 신념이나 지식과 같은 다른 인지적 측면과는 구분된다고 하였다. 인지가 교감신경계의 각성이 없는 비정서적인 것이라면 이와는 달리 평가는 본질적으로 상황에 대한 정서적 지각이나 인식과 관련이 있다. 평가이론가들은 인지적 활동이 정서에 필수적인 요인이며, 일차적으로 사건의 의미와 중요성을 자신의 안녕과 결부시켜 인지적으로 평가하지 못하면 정서적으로 반응할 수 없다고 한다.

평가이론(appraisal theory)은 Magda Arnold(1960)가 처음으로 개념화하였고 이후

Richard Lazarus(1966)는 스트레스와 대처방법에 대한 연구에서 하나의 사건에 대한 생각을 변화시킴으로써 개인의 정서반응을 변화시킬 수 있음을 증명하였다.

### (1) Arnold의 정서이론

Arnold(1960)는 자신의 저서 『정서(The Emotions: Facts, Theories, and a New Model)』에서, 어떤 상황이나 자극이 자신에게 득이 되는지 혹은 실이 되는지에 대한 평가가 이루어진 이후에 정서가 나타나므로 평가를 정서의 가장 핵심적인 요소로 보았다. Arnold는 이러한 평가를 통해 어떤 자극이나 상황이 자신에게 득이 된다고 평가한 경우에는 탐색하거나 접근하는 행동 및 이에 상응하는 정서를 보일 것이며, 자신에게 해가 된다고 평가한 경우에는 회피하거나 도움을 청하는 행동 또는 이에 상응하는 정서가 나타날 것이라고 하였다(〈그림 2-9〉 참조).

Magda Arnold(1903~2002)

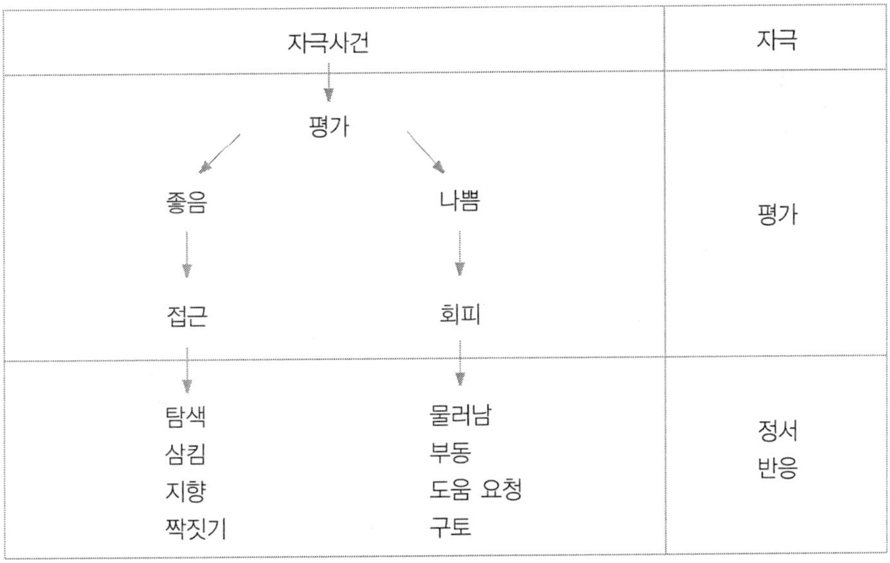


〈그림 2-9〉 정서반응 유발의 가상적 순서

출처: Plutchik, R. (2003a). *Emotions and life: Perspectives from psychology, biology, and evolution.* Washington, DC: American Psychological Association.

Arnold는 평가가 어떻게 정서에 영향을 미치는가를 다음과 같이 설명하였다. 첫째, 특정의 자극이 제시되면 이에 대한 평가가 뇌의 변연계에서 자동적으로 이루어진다고 한다. 그러나 대부분의 자극은 추가적인 정보처리나 귀인 등에 의해 대뇌피질에서 처리되므로 완전한 평가는 변연계와 대뇌피질에서 이루어진다고 볼 수 있다. 둘째, 어떤 자극에 대한 평가가 이루어지면 정서는 자동적으로 유발된다. 셋째, 이러한 정서는 정서를 유발하는 대상을 향해 접근하거나 회피하는 행동을 하도록 하는 동기를 유발하게 된다는 것이다.

### (2) Lazarus의 정서이론

Richard Lazarus(1922~2002)

Lazarus(1966, 1991)도 Arnold와 마찬가지로 모든 유기체는 자신이 속해 있는 환경을 평가하며, 정서는 이러한 평가에 영향을 받는다고 하였다. 그러나 평가과정을 더욱 복합적으로 개념화함으로써 Arnold의 평가개념을 보완하였다. Lazarus(1991)는 자신의 저서 『정서와 적응(Emotion and Adaptation)』에서 스트레스와 대처(coping), 정서 간의 관계와 그 핵심개념인 평가를 일차적 평가와 이차적 평가로 구분하여 설명하였다. 특정한 상황에서 사람들은 일차적으로 자신이 처한 상황이나 사건이 자신의 행복과 관련이 있는지, 그 득실은 무엇인지와 같은 평가를 하게 된다. 이러한 평가 결과 자율신경계가 활성화되어 자극에 적응할 수 있는 준비를 하게 되며, 이는 이차평가를 유발한다. 즉, 이차적으로 이러한 상황에서 어떻게 대처해 나갈 것인지 대처방안을 평가하게 되고, 이러한 평가가 정서를 유발하게 된다는 것이다. 그 결과 대처반응이 성공적이면 자율신경계의 활성화는 사라지지만 성공적이지 못한 경우에는 자율신경계의 활성화 수준이 지속적으로 높게 유지된다고 한다(〈그림 2-10〉 참조).

일차적 평가가 한 개인의 관심과 관련이 있는 상황적 의미와 관련된 것이라면, 이차적 평가는 이러한 상황에 대처하는 개인의 선택과 관련된 것으로 볼 수 있다. 이차적 평가의 핵심요소는 대처인데, 대처에는 문제중심 대처와 정서중심 대처가 있다. 문제중심 대처(problem-focused coping)전략이 부정적 정서를 야기한 문

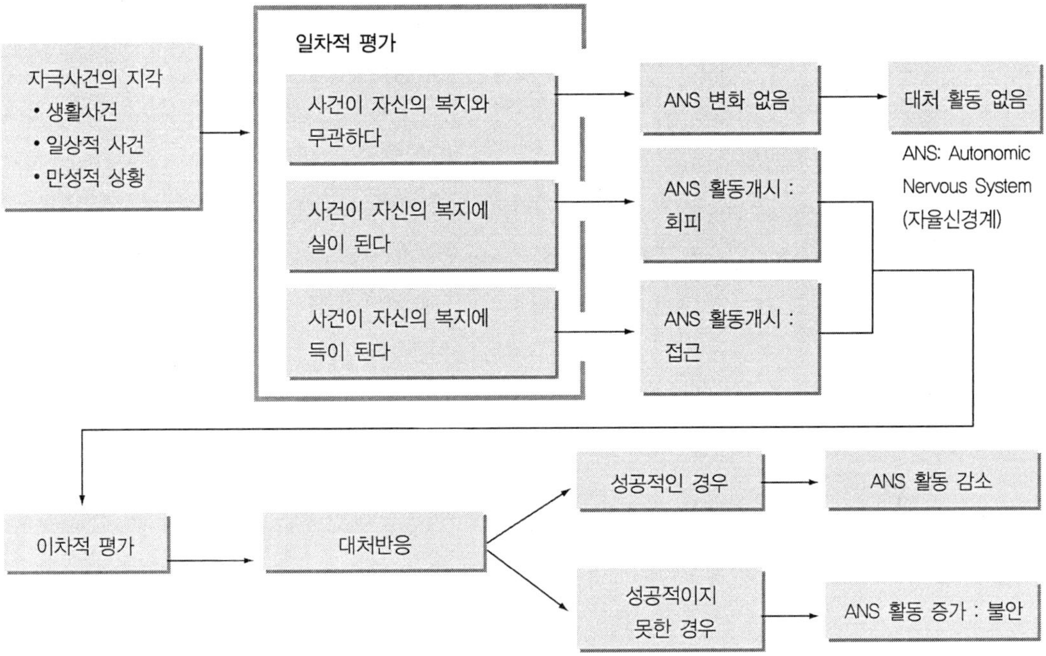


〈그림 2-10〉 Lazarus의 정서의 개념화

출처: Lazarus, R. S. (1991). Progress on a cognitive-motivational-relational theory of emotion. *American Psychologist, 46*, 819-834.

제 자체를 직접적으로 다루거나 이를 변화시키려 하는 것이라면, 정서중심 대처(emotion-focused coping)전략은 문제 자체보다도 문제로 인해 발생한 부정적인 정서를 직접적으로 다루는 것이다. 궁극적으로 Lazarus는 사건의 의미에 대한 개인의 인지적 평가가 정서적 경험의 출발점이며 정서에는 반드시 인지가 내재되어 있다고 주장하였다. 그러므로 사건에 대한 생각을 바꿈으로써 정서반응을 바꿀 수 있다고 하였다. 또한 모든 사건이 정서반응을 유발하는 것이 아니라 어떤 사건이 자신과 관련이 없다고 생각하는 한 정서반응은 나타나지 않는다고 하였다.

중요한 목표를 성취했다고 생각하면 행복감을 느끼며, 중요한 것을 상실했다고 생각하면 슬픔을 경험하는 것처럼 인지와 정서 간에는 밀접한 관련이 있다. 인지적 평가에 의해 정서가 결정된다는 평가이론의 관점은 임상적으로도 널리 적용되어 Ellis(1962)와 Beck(1983)은 이것을 인지치료이론으로 발전시켰다. 즉, 인지적 평가에 따라 정서가 결정되므로 불쾌한 정서를 유발하는 것으로 인지되는 사건을 인지적으로 재해석함으로써 내담자를 도와줄 수 있다는 것이다.

Robert Zajonc

그러나 인지적 평가가 이후의 정서반응에 영향을 미친다는 평가이론의 주장에 대해 Zajonc(1980, 1984)는 인지와 정서는 두 개의 독립된 체계이며, 이들은 동시에 작용하기도 하고 정서반응은 인지적 평가가 없이도 일어날 수 있다고 하였다. 그는 제시된 자극이 무엇인지 정확하게 평가하기 전에도 이를 좋아하거나 싫어하는 반응이 가능하다고 하였다. Zajonc(1980)는 이러한 자신의 관점을 다음 세 가지 중요한 연구결과를 통해 뒷받침하고 있다.

첫째, 정서상태는 언어화하기 어렵기 때문에 언어에 근거하지 않는 비인지적 측면을 가질 수 있다는 것이다. 둘째, 정서적 경험은 뇌에 전기자극을 주거나 안면근육을 변형시키는 것과 같은 비인지적 과정에 의해 유도될 수 있다는 것이다. 셋째, 정서는 인지발달 수준이 낮은 유아뿐만 아니라 동물에서도 나타난다는 점이다. 이러한 사실을 근거로 Zajonc는 사람들이 자신의 행위의 정당성에 대한 인지적 분석을 근거로 해서만이 정서반응을 보이는 것은 아니라고 하였다.

이러한 Zajonc의 비판에 대해 Lazarus는 우리가 어떤 자극이 자신에게 득이 되는지 혹은 실이 되는지를 평가하기 위해 반드시 상세한 정보를 필요로 하는 것은 아니며, 이에 대해 상세하게 알지 못한다 하더라도 그것이 자신에게 득이 되는지 실이 되는지를 순간적으로 알 수 있다고 하였다. 또한 그는 이러한 문제를 해결하기 위한 방안으로 여러 다른 형태의 인지와 평가를 구분하였다. 평가는 다른 인지과정과는 달리 자동적, 무의식적으로 이루어지며, 이를 의식적으로 인식하지 못하는 경우라 할지라도 그 결과에 대한 인식은 가능하다고 하였다.

## 2) 귀인이론

Bernard Weiner

평가이론가들은 어떤 사건이 자신에게 득이 되는지 혹은 실이 되는지와 같은 단순한 평가차원에 초점을 맞추고 있지만, 사람들은 자신이 경험하고 있는 사건이 자신에게 득실의 어느 쪽이 되는지를 평가할 수 있을 뿐 아니라, 왜 그것이 이익이 되고 손해가 되는지에 대해서도 평가할 수 있다. 이처럼 결과 이후에 이루어지는 평가를 귀인이라고 하며, 정서에 대한 귀인이론(attribution theory)은 사건과 상호작용하기 이전이나 상호작용이 진행되는 과정뿐만 아니라 결과가 나타난 이후의 평가를 강조하고 있다.

귀인이론에서는 평가를 통한 정서유발과정을 상황-결과-귀인-정서의 도식으로 설명한다(Weiner, 1986a). 동일한 상황에서도 자신의 승리를 자신의 재능에 귀인시키는 사람은 자긍심을 느끼게 될 것이며, 타인의 도움으로 돌리는 사람은 고마움을 느끼게 될 것이다. 어떻게 귀인시키는지에 따라 상이한 정서를 경험할 수 있다는 것이다.

인지적 측면을 강조하는 이론가들은 정서가 개인의 판단에 어떻게 정보를 제공해주는가를 강조한다. 정서의 인지적 기능은 우선순위에 따라 지적 자원을 재할당하고, 주의집중, 기억과 같은 인지과정을 변화시키고 정서를 유발하는 상황에서 유익한 방식으로 인지적 과정을 적용시켜 나가는 것을 포함한다. 그러나 귀인이론에서는 자극에 대한 인식이 각 개인의 귀인성향에 좌우된다고 주장한다.

이러한 논쟁의 성과로 인지적 접근을 지지하는 이론가들은 인지의 형태에 대해 보다 분명하게 다차원적으로 자신들의 이론을 정교화시켜 나가게 되었다. 또한 이후에는 평가조차도 정서의 많은 요인 가운데 하나라는 주장이 대두되었다. 그 결과, 기존의 관점에서는 평가를 정서를 유발하는 요인으로 보았으나, 현재에는 이를 정서의 한 부분으로 간주하기도 한다.

## 7. 사회문화 이론

많은 학자들은 정서를 생물학적, 인지적 현상만으로 설명하는 것은 한계가 있으며, 정서의 많은 부분이 사회적 상호작용의 영향을 받는다고 설명한다. Averill (1982, 1985)은 정서는 사회적, 문화적 맥락에서 가장 잘 이해될 수 있다고 하였다. 사람은 자신이 속한 사회의 문화적 기준을 내면화하게 되면 이에 근거해서 자신이 느끼는 정서를 평가하며, 사회적 상황이 바뀌면 정서도 변화한다는 것이다. 이들은 정서들 간의 구분은 사회적 구성주의의 산물이며, 정서 자체의 고유한 속성은 아니라고 한다. 사회문화적 측면에 초점을 맞춘 이론가들은 정서는 사회적 상호작용에 영향을 미치기도 하지만 정서가 사회적 관습에 의해 조절되기도 한다고 주장하였다(Hochschild, 1990).

정서의 범문화적 유사성을 주장하는 정서이론과는 대조적으로 사회문화적 요인의 영향을 강조하는 문화이론(cultural theories)은 사회구성주의적 관점에 근거한 것으로, 정서는 그 출발점에서부터 각 개인이 소속된 문화적 틀을 고려하지 않고는 이해할 수 없다고 한다.

Lev Vygotsky

구성주의는 원래 1920년대에 러시아의 Bladimir Tatlin 등이 예술은 사회적으로 구성되는 것이라고 주장한 '사실주의 선언'에서 유래하였다. 러시아의 Vygotsky도 학생들의 인지발달이 교사와 또래 학생들과의 사회적인 상호작용으로부터 구성된다는 주장을 제시하기도 하였다. 이러한 구성주의적 관점은 정서연구에도 적용되고 있다. 사회구성주의(social constructivism)는 정서가 문화에 의해 탄생한다는 접근방법에 바탕을 두고 있다(Averill, 1980; Harré, 1986). 이러한 관점에서 본다면, 정서는 사회화의 산물이라고 볼 수 있다. 즉, 동일한 정서도 한 개인이 속한 문화나 사회에 따라 의미하는 바가 달라지며, 그러한 의미는 사회구성원의 주관적 판단에 의해 결정되므로 보편적인 정서에 대한 서술은 의미를 잃게 된다. 한 개인이 소속된 문화는 사회적 상호작용이나 사회화과정을 통해 개인의 정서반응에 영향을 미치게 된다.

### (1) 사회적 상호작용

사람들은 혼자 있을 때보다 다른 사람과 함께 있거나 상호작용을 할 때 더 자주 정서를 경험하게 된다는 사실은 정서의 상호작용적 속성을 잘 반영해주는 것이다. 사회적 상호작용과정에서 모방, 피드백, 정서적 감염을 통해 정서는 유발된다. 타인의 존재 자체만으로도 정서의 직접적 원인이 되지만, 정서적 감염(emotional contagion)을 통해 간접적인 영향을 주기도 한다. 정서적 감염이란 타인의 얼굴표정, 말투, 몸짓이나 동작을 자연스럽게 모방하고 일치시킴으로써 타인과 일치를 이루려는 경향성을 의미한다. 타인의 정서반응에 대한 이러한 모방이나 피드백, 정서적 감염 현상을 통해 한 문화권에서 생활하는 사람들은 동일한 사건에 대해 유사한 정서반응을 보이게 되므로, 사회문화적인 요인은 개인의 정서반응에 상당히 큰 영향을 미친다고 볼 수 있다.

### (2) 정서의 사회화

문화는 사회화 과정을 통해 부모로부터 자녀세대로 전수된다. 정서를 사회화시키는 데 있어 문화의 영향은 다음과 같이 세 가지 방식으로 이루어진다. 첫째, 문화는 어떤 정서를 표현해야 할지, 어떤 행동이 정서표현으로 수용될 것인지를 결정한다. 둘째, 문화는 어떤 상황이 특정한 정서를 유발시키는지에 영향을 미친다. 셋째, 문화는 복잡한 정서를 조절한다.

#### ① 정서표현 방식

문화의 가장 피상적인 영향은 상황에 따라 어떤 정서를 표현하는 것이 적절하며 이를 표현하는 적절한 방식은 어떠해야 하는지에 영향을 미친다는 것이다. 즉, 문화는 어떤 정서를 언제, 어디서, 어떻게 표현해야 할 것인지의 지침을 제시해준다. 정서표현 방식은 개인의 사회적 지위, 직업, 성별, 또래집단이나 자신이 소속된 사회의 도덕적, 종교적 이념을 반영하는 것으로서 아동의 사회화 과정에서부터 영향을 미치게 된다.

② 인지적 평가

보다 심층적인 문화의 영향은 특정 정서를 유발하는 인지적 평가와 관련이 있다. 한 개인이 특정한 방식으로 사회화되면 그들의 반응을 통제하기가 어렵다. 특정 음식에 대한 혐오도 문화적으로 결정되는 정서적 반응의 특징적인 예라고 볼 수 있다. 메스꺼움은 독이 있을지도 모르는 음식에 대한 뚜렷한 진화론적 적응방식이지만, 이를 유발하는 많은 생각들은 문화에 의해 유발된다. 힌두교에서는 소고기를 먹지 않으며, 유대교와 이슬람교에서 돼지고기를 먹지 않는 것과 같이 한 문화에서 거부감 없이 먹는 음식이 다른 문화에서는 혐오감을 유발한다.

정서를 유발하는 인지가 문화에 의해 형성되는 것처럼 정서적인 태도를 전달하는 전통적인 몸짓이나 언어도 다수 존재한다. 북아메리카에서 상대방에게 손등이 보이게 하여 가운데 손가락을 치켜세우는 것은 무례한 몸짓이다. 영국에서 이와 비슷한 몸짓은 손등을 다른 사람에게 보이게 하여 검지와 가운데 손가락을 치켜세우는 것이다. 처칠도 이러한 오해를 피하기 위하여 손바닥을 청중을 향하게 하여 승리의 표시를 했다고 한다(사진 참조).

③ 복잡한 정서의 조절

복잡한 정서는 자동적·무의식적으로 처리되는 것이 아니라 의식적인 평가에 좌우된다. 그러한 관점에서 본다면, 정서는 사회적 규범의 영향을 받는 사회구성주의의 산물이라고 볼 수 있다. 이러한 이유로 어떤 복잡한 정서는 특정한 문화권에서만 특징적으로 나타난다. 예를 들어, 사랑이라는 정서는 복합적인 정서의 대표적인 것으로, 이는 문화적 차이를 상당히 반영하는 것으로 볼 수 있다. 일반적으로 서구문화에서 사랑이라는 정서는 낭만적인 사랑(love)을 의미한다. 그러나 일본인들에게 있어 사랑이라는 정서는 수동적이고, 의존적이며, 돌봄을 받는 사랑(amae)을 의미하는 것이다.

## 8. 통합 이론

이상에서 살펴본 정서에 대한 관점은 모두 나름대로의 타당성이 있음을 보여주고 있다. 어떤 학자들은 생물학적 측면에, 또 어떤 학자들은 인지적 측면에, 또 다른 학자들은 사회문화적 측면에 초점을 맞추고 있으며, 이러한 관점들은 상호연관되어 있고 정서에 대한 완전한 이해를 위해서는 모든 분석 수준에서의 지식이 필요하다. 그러한 이유로 최근의 정서이론은 정서가 상호연관된 여러 복잡한 구성요소를 포함하고 있으며, 이들 요소들은 상호연관되어 있고 상호간에 영향을 주기 때문에 여러 상이한 관점을 통합하고자 하는 시도가 이루어지고 있다.

### 1) 2 요인 이론

현대의 정서이론에 가장 큰 기여를 한 것 가운데 하나는 Schachter와 Singer(1962)의 논문이다. 이들은 교감신경계의 활성화수준이 대부분의 정서에 동일하다는 Cannon의 주장을 인정하면서 동시에 교감신경계의 활성화가 정서의 유발에 크게 기여를 한다는 James의 직관도 받아들였다. 그 결과 이들은 교감신경계의 활성화가 정서경험에 필요하지만 충분한 조건은 아니라고 가정하였다. 교감신경계의 활성화로 인해 정서의 느낌과 강도를 알게 되지만 이것이 정서 자체를 지칭하는 것으로는 볼 수 없다고 하였다. 그러므로 Schachter와 Singer(1962)는 정서를 경험하기 위해서는 교감신경계의 각성과 아울러 이를 정서적인 것으로 명명하는 인지적 과정이 있어야만 한다고 하였으며, 이를 중심으로 정서의 2 요인이론(two factor theory)을 주장하였다.

Stanley Schachter

Jerome E. Singer

이들은 인지적 과정에 대해 이론적으로 충분히 설명하지는 않았으나 정서에 인지적 요소뿐만 아니라 사회적 요소를 추가하였다는 점에서 인정을 받고 있다. 이들은 인지적 과정은 개인의 지식뿐만 아니라 사회적 상황의 영향을 받는다는 점에서 정서를 인지보다 사회인지의 영역으로 간주하였다. 그러므로 2 요인이론은 문화적 상대주의 이론가나 사회구성주의 이론가들에게서도 환영을 받는다. 왜냐하면 인지를 강조하는 것이 사회나 문화가 정서형성에 기여한다는 측면을 인정하는 것이기 때문이다(Greenwood, 1994). 철학자들도 이 이론이 인지적인 측면을 강조함으로써 지금까지의 인지연구에서 경시되어 온 느낌에 대한 통찰력을 부여한다고 생각하였다(Lyons, 1980).

Ross Buck

Buck(1984)도 인간은 정서를 생성하고 조절하는 동시적인 생리적 시스템과 인지적 시스템을 가지고 있으며, 그 가운데 생리적 정서 시스템은 인류의 진화과정에서 발생한 반면, 인지적 정서 시스템은 인간이 점차 대뇌의 통제를 받고 문명생활을 함으로써 발생한 것이라고 한다. 이중 체계의 관점에서는 개인에게 의미 있는 자극을 유발하는 사건은 개인의 사회적, 문화적 학습사와 인간이라는 종의 진화적, 계통발생적 역사의 두 과정으로 처리된다고 한다(〈그림 2-11〉 참조). 전자는 대뇌피질 구조와 경로를 통해서 의식적인 평가가 이루어지고, 후자는 피질하부 구조와 경로를 통해 자동적, 무의식적으

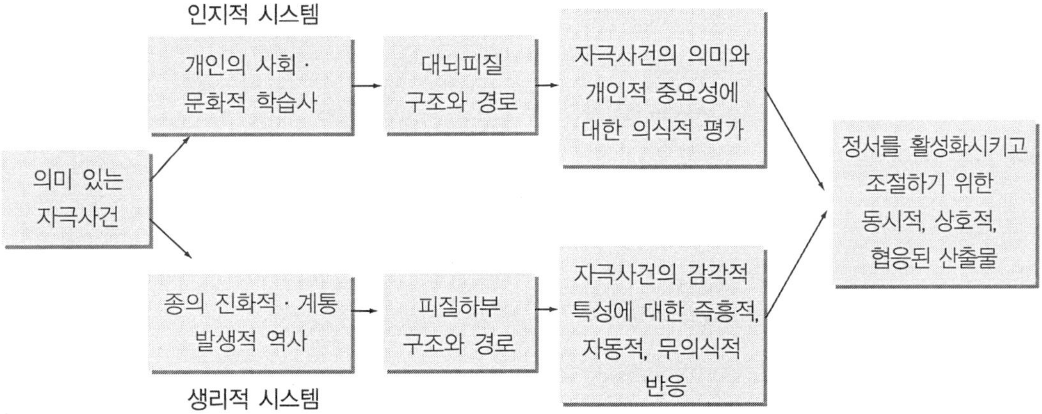


〈그림 2-11〉 2 요인 정서이론

출처: Buck, R. (1984). *The communication of emotion*. New York: Guilford Press.

로 반응이 이루어진다. 그러나 이들 두 체계는 정서를 활성화하고 조절하기 위해 상호작용을 하게 된다.

Levenson(1994)은 Buck의 주장처럼 두 체계가 병행하여 작동하는 것은 아니지만 서로 상호작용하고 영향을 미치는 이중 체계를 주장한다. Panksepp(1994)도 어떤 정서는 생물학적 체계에서 또 어떤 정서는 귀인 체계에서 발생한다고 하였다.

Robert W. Levenson

두 개의 체계가 상호작용한다는 2 요인 이론은 여러 연구를 통해 지지를 받고 있다. 그러나 이와 동시에 여러 측면에서 문제점도 지적되고 있으며, 이를 이론적으로 증명하기 위한 연구들도 일관성 있는 결과를 보이지 않는다는 점에서 비판을 받고 있다(Mezzacappa, Katkin, & Palmer, 1999).

## 2) 구성요소이론

학자들에 따라서는 정서가 다차원적 구성요소로 조직된 현상이라는 주장도 하고 있다(Frijda, 1986; Lang, 1977; Levenson, 1994; Mesquita, 2001; Ortony & Turner, 1990; Scherer, 1984). 정서의 다차원적 본질(선행사건, 평가과정, 행동준비도, 표현행동, 조절과정 등)을 강조하는 관점을 구성요소이론(componential theories)이라고 한다. Frijda(1986)와 Scherer(1984)는 단순히 한 가지 요소가 아닌 다음과 같은 다양한 구성요소가 정서와 관련이 있는 것으로 생각한다.

- 선행사건에 대한 평가
- 행동준비도
- 표현되는 몸짓, 음성, 얼굴표정
- 생리적 변화
- 의식적 경험

이들 요소들은 상호간에 영향을 미치기도 하지만 다소는 독립적인 요인으로 볼 수도 있다. 즉, 정서반응은 선행된 사건에 대한 평가의 결과로 볼 수도 있고(Ellsworth, 1994; Scherer, 1997), 평가와 행위준비도가 결합된 결과로도 볼 수 있다(Frijda, Kuipers, & ter Schure, 1989). 또한 피질이나 피질하부 과정에서의 생리적 변화가 포함될 수도 있다(LeDoux, 1997). 이들 구성요소들은 상호간에 영향을 미칠 수도 있으나, Tomkins(1962) 등의 학자들이 예측한 것처럼 하나의 단일화된 정서체계로 뭉쳐 있는 것은 아니다. 각각의 요소는 정서와 무관한 요인의 영향을 받을 수도 있고 한 구성요소에서는 정서적인 특성이 존재하지만 다른 구성요소에서는 그렇지 않을 수도 있다(Cacioppo et al., 1993). 정서의 다양한 구성요소를 동시에 비교한 가장 널리 알려진 것은 Scherer와 Wallbott(1994)의 연구이다. 이들은 37개국 대학생들의 정서를 여러 구성요소의 측면에서 연구한 결과, 문화적 다양성과 일치성이 동시에 발견되었다고 하였다.

그러므로 이러한 관점에서 본다면, 정서에 대한 논의는 여러 가지 분석 차원에서 이루어질 수 있다. 어떤 연구자들은 생물학적, 인지적, 사회문화적 특성에 초점을 맞추고 있지만, 이들 접근방법은 상호관련이 있고 정서에 대한 보다 심층적인 이해를 위해서는 모든 분석 수준에 대한 지식을 필요로 한다는 것이다.

### 3) 사회인지적 신경학 이론

사회인지적 신경학적 관점(social cognitive neuroscience approach)도 다차원적 접근방법 중의 대표적인 이론으로 볼 수 있다. 사회인지적 신경과학에서는 정서에 대한 인지적, 현상학적 관점뿐만 아니라 뇌의 구조와 기능에 대한 정보를 특히 중시하고 있다(Ochsner & Feldman-Barrett, 2001). 또한 하나의 신경학적 구조가 하나 이상의 정서반응과 관련이 있다면, 특정한 뇌 부위를 하나의 정서와 결부시키는 것은 적절하지 못하다고 할 수 있으며 이와 관련된 사회적, 인지적 과정에 대한 분석도 병행해서 이루어져야 할 것이다.

편도와 기저핵은 자동처리 과정과 관련된 핵심적인 구조로서 자극의 특성을 분석한다. 그 결과 자극이 위협적인 것으로 판단되면 편도는 자극의 지각적 특성에 적절한 반응을 연합시키며, 자극이 득이 될 것으로 판단되는 경우에는 기저핵은 자극이 득이 되도록 사고와 행동을 구조화하게 된다. 이러한 반응은 지속적으로 이루어지며 이것이 개인의 핵심적 정서상황을 구성한다(Russell & Feldman-Barrett, 1999). 핵심적 정서는 그 강도에서 개인차가 있으며 이러한 차이는 정서적 사건의 자동적 평가에 영향을 미치게 된다. 그러나 주어진 자극이 불일치하거나 불확실하거나 기대에서 벗어난다는 신호를 보내면 전방 복측의 대뇌(cingulate)에서 통제적 정서처리 과정이 시작된다. 이러한 신호는 정서지식이 의식적으로 핵심정서를 특정한 정서로 변형시키거나 정서반응의 궤도가 조절되거나 변경될 수 있음을 의미한다. 정서지식은 정서반응을 재지시하고 명명하는 데 도움을 주고 정서조절 전략의 선택을 용이하게 하며, 추론과 해석을 통해 조절기능을 한다. Philippot와 Schaefer(2001)가 정서처리 과정이 2~5 수준에서 이루어진다고 지적한 것처럼 정서에 대한 최근의 관점은 정서의 신경과학 구조와 인지적 기능이 통합된 이론에 접근해가고 있다는 것이 지배적인 경향이다.

또한, 최근의 정서 신경과학(affective neurosciences)분야에서도 정서 연구를 위한

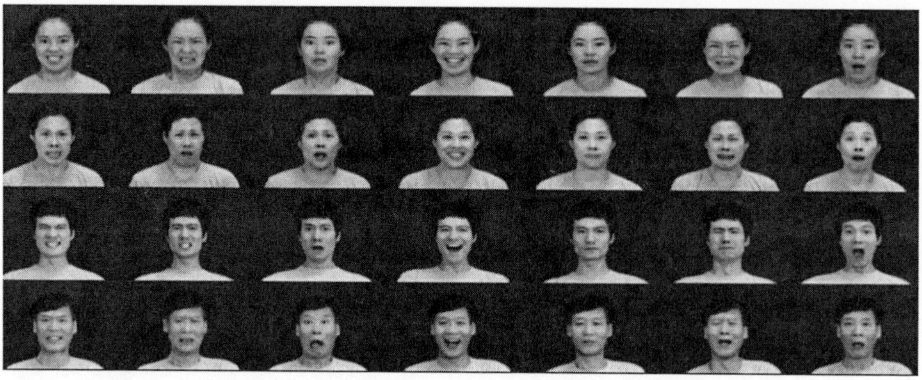

사진 설명: ChaeLee 한국인 얼굴 표정 영상(Korean Facial Expressions of Emotions)의 예

출처: 이경욱, 김지은, 연보라, 김승환, 채정호(2013). Development and standardization of Extended ChaeLee Korean Facial Expressions of Emotions. *Psychiatry Investigation, 10*(2), 55-163.

수단으로 얼굴 표정에 대한 관심이 증가하고 있고, 이들은 표정을 통해 정서인식과 정서조절을 담당하는 뇌 신경회로를 탐색하고자 한다. Ekman과 Friesen(1976), Matsumoto와 Ekman(1988)의 얼굴 표정 영상 개발은 정서 신경과학 연구의 폭발적 증가와 정서 관련 뇌 구조에 대한 정보 축적에 크게 기여하였다. 뿐만 아니라 표정의 문화적 차이를 주장하는 학자들(Gosselin & Larocque, 2000; Elfenbein & Ambady, 2003)은 인종에 따라 그에 적절한 얼굴 표정 영상이 필요하다고 주장하였으며, 이에 따라 정서 신경과학 분야의 연구가 활발하게 이루어지게 되었다.

최근까지 국내 정서 신경과학 연구가 미미한 실정인 것도 정서 신경과학 연구를 위한 도구로서 한국인의 감정이 표현된 얼굴 표정 영상이 없는 것과 관련이 있다고 볼 수 있다. 이에 따라 우리나라에서도 정서 신경과학 발달을 위한 수단으로 표준화된 한국인의 얼굴 표정 영상이 개발되었다(이경욱, 김지은, 연보라, 김승환, 채정호, 2013; 이원희, 채정호, 박원명, 이경욱, 2004). 특히 얼굴 표정 영상을 통한 정서 연구는 정상인뿐 아니라 다양한 정신장애를 가진 사람들의 정서처리기제를 탐색하기 위한 도구로도 활용될 수 있다는 점에서 정서 신경과학 연구 분야는 더욱더 확장되어나갈 것으로 예측된다.

# 제3장 정서의 발달

신생아도 기쁨이나 슬픔 같은 기본정서를 가지고 태어나지만, 그것은 제대로 분화되지 아니한 상태에 있다. 그러나 연령이 증가함에 따라 영아는 점차 분화된 정서를 나타내고, 다른 사람의 정서를 이해할 수 있는 능력도 가지게 된다. 정서를 표현함에 있어서도 자신의 정서를 적절하게 규제할 수 있게 된다. 연령이 증가하면서 점차 아동은 부모, 형제자매, 또래들과의 상호작용을 통해 정서를 표현하고 이해하며 통제하는 법을 배워 나간다.

10개월만 되어도 영아는 모호한 상황에서 타인의 얼굴표정을 단서로 이용하여 그 상황을 해석하고자 하는데, 이러한 현상을 사회적 참조라고 한다. 정서규제 능력 또한 매우 일찍부터 발달하기 시작한다. 첫돌 이전에도 영아는 초보 수준이기는 하지만 정서규제 능력을 나타내기 시작하며, 유아기 동안 그 능력은 보다 정교해진다. 그리고 아동기가 되면 언제 부정적 정서를 감추어야 할지에 대한 지식과 더불어 정서를 통제하고자 하는 동기와 함께 정서규제 능력은 배가 된다.

잠재능력의 다양성으로 인해 자신과 다른 사람의 정서를 능숙하게 해석할 뿐만 아니라, 자신의 삶을 계획하고 성취하기 위해서 그런 정서를 잘 활용하는 사람이 있는가 하면, 정서를 해석하는 능력이 부족하여 세상살이를 성공적으로 하지 못하는 사람도 있다. 정서지능은 최근 개인의 행 · 불행이나 성공 또는 실패를 예측하는 중요한 자질로 부각되고 있다. 일반적인 통념과는 달리, 한 개인의 이후의 성취를 예측하는 데 있어서 정서는 지능지수나 표준화된 성취검사에 의해 측정되는 지적 능력보다 더 중요한 요인으로 작용한다는 것이다. 그러므로 기쁨, 흥미, 행복, 명랑함 등의 긍정적인 정서의 발달을 촉진시켜 풍부한 인간성을 함양하는 것은 개인의 삶에서 중요한 의미를 갖는다.

이 장에서는 정서발달의 접근법, 정서표현의 발달, 정서이해 능력과 정서규제 능력의 발달, 정서발달의 개인차, 정서발달과 사회적 환경 등에 관해 살펴보기로 한다.

## 1. 정서발달의 접근법

정서발달에 대한 학자들의 견해는 다소 차이가 있으나, 대부분의 학자들은 기쁨이나 슬픔과 같은 정서는 출생 시부터 존재하지만, 그것은 덜 분화된 상태에 있는 것이며, 연령이 증가함에 따라 점차 분화된다고 믿는다. 그렇다면 정서의 분화는 어떻게 이루어지는가? 정서의 분화과정을 설명하는 접근법으로 생물학적 성숙, 사회적 경험(학습), 인지발달을 강조하는 접근법이 있다.

Carroll E. Izard

### 1) 생물학적 접근법

Izard(1971)는 정서발달에서 생물학적 요인을 강조하였는데, 그는 정서와 관련된 영아의 얼굴표정을 측정하기 위하여 MAX(Maximally Discriminative Facial Movement Coding System)라는 도구를 개발하였다. Izard는 MAX를 사용해서 여러 가지 자극에 대한 영아의 얼굴표정을 비디오테이프로 녹화해서 관찰하였다. 자극 상황은 영아의 손에 얼음조각 쥐어주기, 영아의 손등에 테이프 붙이기, 영아가 좋아하는 장난감을 주었다가 뺏기, 어머니가 영아를 잠시 떠났다가 다시 돌아오기, 낯선 사람이 영아에게 접근하기, 영아의 귀에 똑딱거리는 시계소리 들려주기, 영아의 면전에서 풍선 터뜨리기, 영아의 코에 방충제 갖다대기, 레몬껍질이나 오렌지 주스를 영아의 입에 대기 등이었다.

이 연구에서 Izard는 흥미나 혐오 등의 정서는 출생 시부터 존재하고, 분노, 놀람, 슬픔은 3~4개월, 두려움은 5~7개월, 수줍음은 6~8개월에 나타나지만 모욕과 죄책감은 2세경에야 나타난다는 것을 발견하였다. 이러한 연구결과에 따라 Izard는 출생 초기부터 나타나는 이러한 정서는 생물학적으로 프로그램된 것이라고 주장하였다. 다시 말해서, 우리로 하여금 행복할 때 미소를 짓게 하고, 불편할 때 얼굴을 찡그리게 하는 것은 우리의 유전인자 속에 들어 있다는 것이다.

## 2) 인지발달적 접근법

Alan Sroufe

Sroufe(1979)는 정서의 분화가 생물학적 성숙보다는 오히려 영아가 성장하면서 보이는 인지발달의 결과라고 믿는다. 8개월경이면 영아는 대상영속성 개념을 이해하고, 다른 사람의 행동을 예측할 수 있으며, 의도성을 이해하게 되면서 좀더 분화된 정서를 경험하게 된다는 것이다. 4~8개월된 영아를 대상으로 한 연구에서 가면을 쓴 사람이 영아에게 다가오는 실험을 하였다. 낯선 사람이 가면을 쓰고 다가왔을 때에 영아는 울었지만, 어머니가 가면을 쓰고 다가왔을 때에는 웃었다(Sroufe & Wunsch, 1972). 이 연구결과는 이 무렵의 영아가 어떤 상황에서 어떤 정서를 표현해야 되는가를 인지적으로 평가할 수 있다는 것을 보여준다. 8~12개월된 영아는 계획하고 기억하는 능력이 있기 때문에, 예기치 않은 일이 발생했을 때 놀라는 반응을 보인다. 영아의 낯가림과 분리불안 현상은 정서발달에서 생물학적 성숙과 인지적 성장의 역할을 보여주는 예들이다.

### 3) 사회학습적 접근법

Carol Z. Malatesta

Malatesta(1985)는 정서발달에서 사회화의 역할을 강조한다. 정서의 사회화는 모방과정을 통해서 이루어진다. 대부분의 어머니들은 영아에게 주로 긍정적인 정서인 행복이나 기쁨과 같은 얼굴표정을 보인다. 영아는 어머니의 이런 표정을 모방해서 자신도 이런 표정을 보이게 된다(Haviland & Lelwica, 1987). 반면, 우울증에 걸린 어머니는 주로 슬픈 표정을 하고 있기 때문에, 영아도 슬픈 표정을 모방하게 된다(Pickens & Field, 1993). 정서의 사회화는 강화과정을 통해서도 이루어진다. 어머니들은 영아가 자신의 표정과 비슷한 표정을 지으면 미소로써 이를 강화해준다. 특히 영아가 기쁜 표정을 보일 때 긍정적인 반응을 보인다(Keller & Scholmerich, 1987). 모방과정과 더불어 강화과정은 영아의 부정적 정서반응을 감소시키고, 긍정적 정서반응을 증가시키는 역할을 한다(Malatesta et al., 1989).

## 2. 정서표현의 발달

인간은 기쁨, 두려움, 분노, 슬픔, 놀람, 혐오 등의 정서를 표현하는 능력을 타고난다고 한다(Izard, 1971; Izard et al., 1995). 유아가 비록, 행복, 슬픔, 분노의 정서를 자발적으로 표출하는 것처럼 보이지만(Malatesta et al., 1989), 그들이 느낀 정서를 얼굴표정으로 표현할 수 있는 시기가 언제인가는 명확하지 않다. Field, Woodson, Greenberg 그리고 Cohen(1982)은 유아가 출생 후 며칠 이내에 벌써 성인의 얼굴표정을 흉내낼 수 있다고 주장하였다(사진 참조). 이 연구에서 평정자들은 유아들이 흉내낸 표정들을 관찰한 후 놀람(76% 정확도), 기쁨(58% 정확도), 슬픔(59% 정확도) 등의 정서를 비교적 정확하게 알아맞혔다.

영아기의 정서발달에 관한 고전적 연구로 불리는 Bridges(1930)의 연구에서

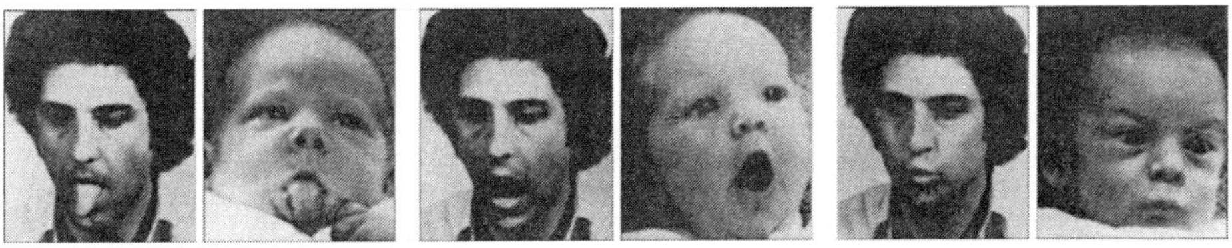

Bridges는 정서는 아동의 연령이 증가하면서 발달하게 되는데, 출생 시 신생아는 흥분상태(diffuse excitement)라는 하나의 정서만 나타나지만 3개월경에는 불쾌(distress)와 유쾌(delight)의 정서로 분화된다. 6개월경에는 불쾌의 정서로부터 두려움(fear), 혐오(disgust)와 분노(anger)의 정서로 분화되고, 12개월경에는 유쾌의 정서로부터 의기양양함(elation)과 애정(affection)의 정서로 분화된다. 18개월경에는 불쾌의 정서로부터 질투심(jealousy)이, 24개월경에는 유쾌의 정서로부터 기쁨(joy)

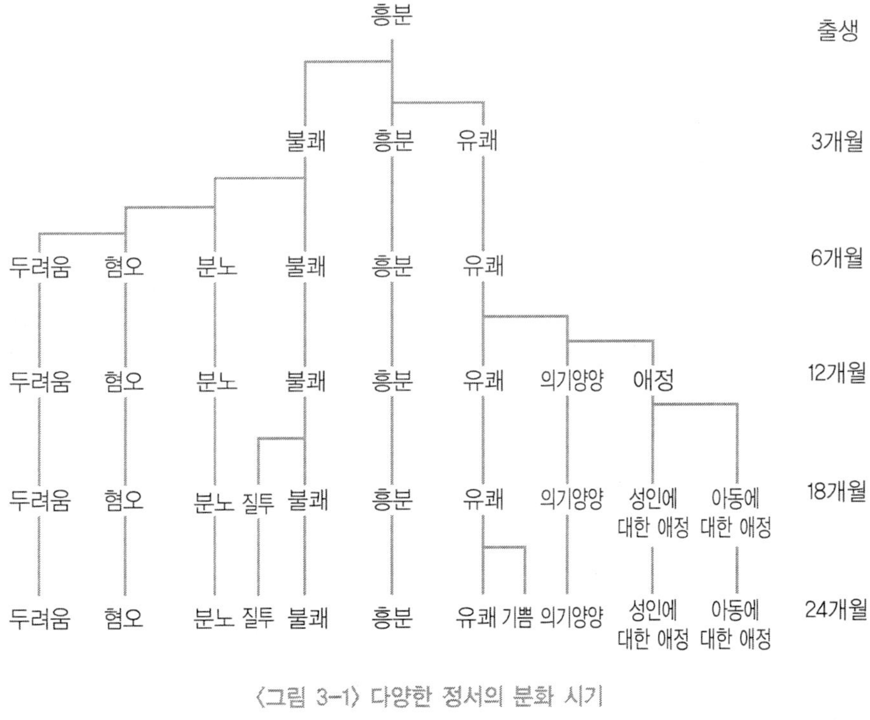


〈그림 3-1〉 다양한 정서의 분화 시기

출처: Bridges, K. M. B. (1932). Emotional Development in infancy. *Child Development, 3*(4), p. 340.

의 정서가 분화된다고 하였다(〈그림 3-1〉 참조).

Izard는 영아는 출생 후 수개월 이내에 확연하게 차별화되는 독립적인(기능을 갖는) 몇 가지 정서상태를 나타내며, 연령이 증가하면서 이를 표현하는 방법을 배우게 된다고 하였다. 선천적으로 생의 초기에 나타나는 이러한 정서는 얼굴표정만 보고서도 정서상태를 쉽게 알 수 있으며, 세계 모든 문화권의 영아에게서 볼 수 있기 때문에, 일차정서 또는 기본정서라고 부른다(Izard, 1991, 1994). 분노, 놀람, 두려움, 혐오, 슬픔, 기쁨, 흥미 등은 일차정서의 예이다. 그 가운데 흥미, 기쁨, 분노, 슬픔이 전체 정서의 99%까지를 차지한다고 하였다. 흥미는 2.5개월에 49.9%를 9개월에는 47.2%를 차지했으며, 기쁨은 각각 16.1%와 20.0%, 분노와 슬픔은 4.7%와 1.9%를 차지하는 것으로 나타났다(Ackerman, Abe, & Izard, 1998). 일차정서는 영아기의 초기에 나타나지만, 수치심, 부러움, 죄책감, 자부심 같은 정서는 첫돌이 지나서야 나타나는데, 이것들을 이차정서 또는 복합정서라고 부른다(Izard & Malatesta, 1987).

## 1) 일차정서

일차정서 중에서 대표적인 예가 기쁨, 분노, 두려움, 호기심 등이다(사진 참조).

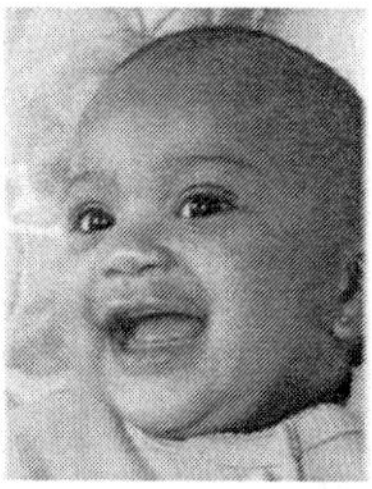

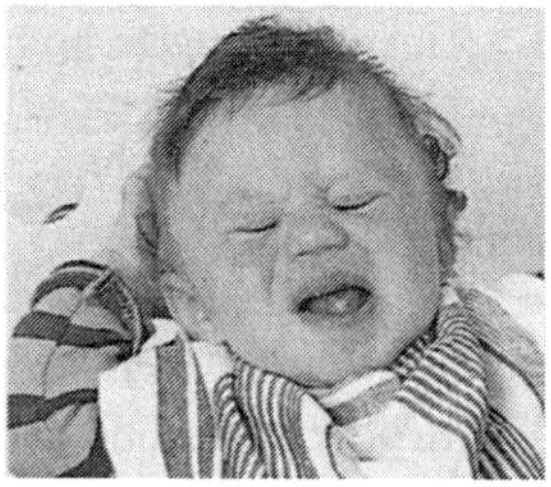

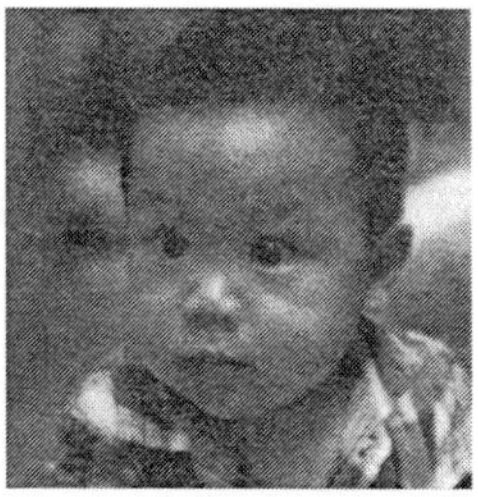

### (1) 기쁨

기쁨은 미소나 웃음 등으로 표현되며, 건강한 영아일수록 기쁨의 표현이 명확하고 빈번하게 나타난다. 출생 직후에 나타나는 배냇 미소는 선천적 · 반사적인 것으로, 이는 깊은 수면이나 부드러운 감촉 등과 같은 내적 상태에서 비롯된 반응이다.

4주경 영아는 갑자기 움직이는 물체들과 같은 외부의 자극에 대해 미소를 보인다. 기쁨, 분노, 중성적인 표정을 가진 사람의 얼굴을 보여주면, 이 중에서 기쁜 표정을 하고 있는 얼굴을 더 오래 주시한다. 6~10주경에는 사람의 얼굴에 대해 사회적 미소(social smile)를 보이고, 3개월경에는 친숙한 사람과 그렇지 않은 사람에 대해 다르게 미소를 지으며, 사회적 상호작용이 이루어질 때 가장 빈번하게 미소를 보인다. 이러한 반응은 친숙한 사람과의 친밀감을 강화시켜 주는 역할을 한다(Ellsworth, Muir, & Hains, 1993). 9~12개월경에는 친숙한 사람이 사라졌다가 갑자기 나타나는 '까꿍놀이' 등에 미소를 보내며, 1년 이후에는 자신이 원인을 제공한 사건에 대해 미소를 보낸다.

웃음은 미소와 마찬가지로 기쁨의 표현이다. 웃음은 3~4개월경 강한 자극 후에 나타나며, 웃음을 유발하기 위해서는 미소를 유발하기 위한 자극보다 더 강한 자극이 필요하다.

### (2) 분노

우리의 주변 환경에는 분노를 일으키는 자극이 많으며, 분노의 표현은 자신이 원하는 바를 쉽게 만족시키는 방법이 되기도 하므로 가장 보편적으로 나타나는 정서이다. 출생 초기에 영아는 배고픔이나 고통 등의 자극으로 인해 불쾌한 경험을 많이 하게 되며, 이를 울음으로 표현하게 된다. 이후에는 자신이 가지고 있는 것을 빼앗기거나 자신이 하고 싶은 것을 제지받을 때 생기는 욕구의 좌절 때문에 분노가 일어난다. 이는 특히 어머니가 이러한 상황을 방치했을 때 더욱 강하게 나타나며, 배가 고프거나 아플 때 더욱 빈번하게 나타난다.

영아가 성장함에 따라 분노를 표현하는 형태가 달라진다. 처음에 영아는 자신이 느끼는 좌절감을 고통스런 울음으로 표현하지만, 4~6개월경에는 성난 목소리로 소리를 지른다. 분노는 2세경에 최고조에 달하며 사랑과 수용으로 대치되지 않으면 공격성으로 발전하게 된다. 이후 이러한 분노의 감정을 감추거나 통제하고, 육체적 공격보다는 말로 표현하도록 가르침을 받으며, 사회적으로 수용되는 방식으로 분노를 표현하게 된다. 또한 영아기 말에는 자신의 감정을 숨기는 것이 필요하다는 사실도 알게 된다.

유아가 하고자 하는 일을 못하게 하거나, 어떤 일을 강요하거나, 부모가 관심을 가져주지 않는 것 등이 분노를 유발하는 요인이 된다. 분노는 떼쓰기, 고집부리기, 말 안 듣기, 폭발행동 등으로 표출된다. 유아기 분노의 감정은 또래나 형제와의 관계에서 자주 나타난다. 생활의 중심이 놀이집단으로 옮겨감에 따라 또래들과 충돌이 일어나기도 하며, 동생을 보게 되면서 부모가 동생에게 보이는 사랑에 대해 질투심을 보이게 된다(사진 참조). 이러한 질투심은 퇴행행동이나 공격성을 유발하기도 한다.

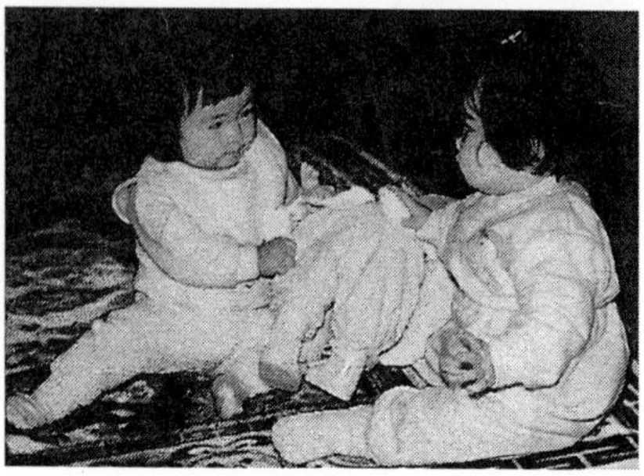

사진 설명: 수단적 공격성은 자신이 원하는 대상이나 목표를 달성하기 위해 취하는 행동이다.

사진 설명: 적대적 공격성은 타인에게 위해를 가하기 위한 목적에서 취하는 행동이다.

공격성은 여러 가지 형태로 나타날 수 있다. 수단적 공격성(instrumental aggression)은 장난감이나 자신이 원하는 대상이나 목표를 달성하기 위해 취하는 행동이고(사진 참조), 적대적 공격성(hostile aggression)은 신체적 · 언어적으로 타인에게 위해를 가하기 위한 목적에서 취하는 행동이다(사진 참조). 유아기에는 장난감이나 다른 원하는 어떤 물건을 얻기 위한 수단적 공격성이 많이 나타나지만, 점차 연령이 증가할수록 적대적 공격성이 많이 나타나게 된다. 대부분의 아동은 학교나 집에서 또래나 형제와의 관계에서 공격성을 보이지만, 일부는 특정한 상황에서만 공격성을 나타낸다.

공격성의 원인에 대해 정신분석이론은 이를 인간의 본능이라고 주장한 반면, 좌절-공격성 가설은 자신의 활동을 억제당하거나 방해받는 좌절상황이 아동의 공격성을 유발한다고 한다. 또한 사회학습이론의 관점에서는, 이것을 사회적 경험에서 모방이나 강화를 통해 학습된 행동이라고 설명하며, 체벌 위주의 교육은 아동에게 공격적인 행동을 모방하게 하는 모델이 될 수 있다고 한다. 그 외에도 소외나 방임되었다는 느낌이 공격성을 유발하는 요인으로 작용한다는 주장도 있다.

### (3) 두려움

두려움은 신체적 · 심리적 위험에 대한 반응으로 나타난다. 출생 초기에는 대부분 부모로부터 보호를 받고 있으므로, 두려움의 감정을 유발하는 자극물이 주변에 별로 없다. 심한 고통이나 큰 소리, 새로운 사람이나 장소, 높은 장소나 어둠(사진 참조), 다른 사람과의 위협적인 상호작용은 두려움을 유발하는 선천적인 요인이다.

6개월경에 영아는 인지발달로 인해 새로운 두려움을 가지기 시작하며, 친숙하지 않은 대상에 대해 경계심을 갖게 된다. 그 가운데서도 애착이 형성된 사람과의 분리나 낯선 사람과의 만남은 두려움을 유발하는 중요한 원인이 되는 것으로 밝혀지고 있다.

불안의 정서는 두려움과 밀접한 관련이 있다. 영아기의 불안은 애착행동이나 낯가림과 관련이 있는데, 어머니와의 분리가 주된 원인이다. 낯선 사람이나 사물 또는 상황에 대해 민감하게 반응하는 영아는 두려움 상황을 극복하는 데 있어 어려움을 겪게 되는데, 이는 이후에 불안장애로 발전할 가능성이 높다고 한다. 영아기의 이러한 특성이 이후의 불안장애를 확실하게 설명할 수는 없지만, 양자 간에는 상관이 있다고 한다(Kagan, 1999).

영아기에 겪게 되는 낯가림이나 분리불안 외에도 유아는 수많은 것에 대해 두려움 반응을 느끼게 된다. 즉, 어둠이나 큰 소리, 새로운 상황에 대해 두려움을 보이게 된다. 밤에 부모가 옆에 없거나 집 이외의 장소에서 잠을 깼을 때 부모가 없으면 두려움을 보이게 되며, 천둥소리에도 심한 두려움을 보이게 된다. 두려움은 과거의 경험과 직결된 것이 많아, 차에 다친 경험이 있는 유아는 달리는 차에 대해 두려움을 보이게 된다. 또한 유아기에는 상상력이 발달하여 자신이 직접 경험하지 아니한 사건에 대해서도 두려움을 보이게 된다.

일반적으로 불안은 부모와 떨어지거나 낯선 장소에서 느낄 수 있으나, 영아기와는 달리 유아기에는 자신의 상상을 통해서도 불안을 느낄 수 있다. 손아래 동생을 보는 것도 어머니의 사랑을 빼앗길 수 있다고 생각하여 불안을 느끼게 되는 요인이 된다.

사진 설명: 유아기에는 성적 관심이 크게 증가한다.

#### (4) 호기심

호기심의 정서는 특히 유아기에 강하게 나타난다. 이 시기는 주위 인물이나 사물에 대한 호기심이 가장 왕성하게 나타나며, 눈에 띄는 것마다 "왜"라는 질문을 끊임없이 하는 질문의 시기이다. 이는 자신의 신체나 성과 관련된 것들을 통해 나타나기도 한다. 이 시기는 성에 대한 호기심이 특히 커서(사진 참조) 인형놀이를 통해 이를 자주 극화시키며, 자신의 생식기를 가지고 장난을 치기도 한다. 아동이 자신의 성이나 다른 성과 관련된 것에 대해 관심을 갖는 것은 정상적인 과정이다. 그러나 지나치게 심한 경우에는 놀이에 몰두하게 도와줌으로써 이로부터 벗어나게 해주는 것이 바람직하다.

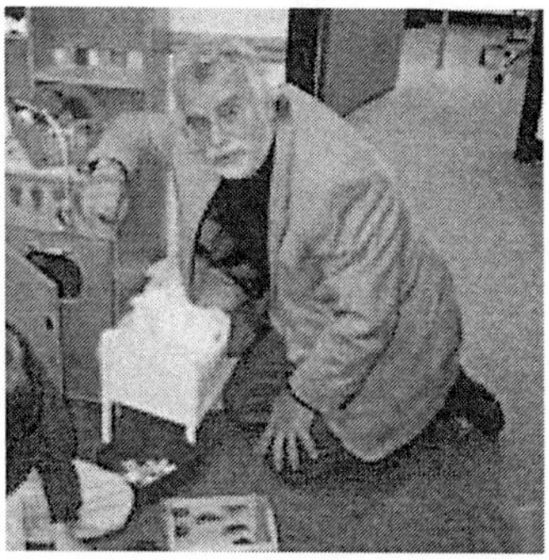

Michael Lewis

### 2) 이차정서

이차정서는 일차정서보다 늦게 나타나고, 좀더 복잡한 인지능력을 필요로 한다(Lewis, Alessandri, & Sullivan, 1992). Lewis와 그의 동료들(1989)에 의하면, 자아의 인식이 이차정서에 있어 필수적이라고 한다. 즉, 당황, 수치심, 죄책감, 질투, 자긍심 등을 포함하는 이차정서는 영아가 거울이나 사진으로 자신을 알아보기 전에는 출현하지 않는 것으로 보인다. 자아의 인식은 영아기에 점차로 발달하는 것인데, 1개월경의 영아는 자신의 신체가 아직 자기 것이라고 깨닫지 못한다. 심지어 8개월경에도 자신의 신체와 다른 사람의 신체를 정확히 구분하지 못하는 경우가 있다. 예를 들어, 다른 영아가 가지고 노는 장난감을 움켜 잡았을 때 장난감이 쉽게 자기 손에 들어오지 않으면 놀라는 반응을 보인다. 그러나 1세가 되면 대부분의 영아는 자신과 타인을 분명하게 구분할 줄 알고, 자신이 원하는 장난감을 빼앗기 위해 다른 아이를 때리기도 한다.

영아가 자기인식을 하는지를 알아보는 한 연구(Lewis & Brooks, 1978)에서, 영아의 코에 입술연지를 찍고서 거울 앞에 세워놓고 영아가 어떤 반응을 보이는지를 관찰하였다(사진 참조). 만약 영아가 거울을 보고 입술연지가 묻은 자신의 코를 만진다면, 이것은 거울 속에 비친 상이 자신이라는 것을 인식한다는 것을 의미한다. 9~24개월 된 영아 96명을 대상으로 실험을 한 결과, 1세 미만의 영아는 한 명도 자기 코를 만지는 반응을 보이지 않았지만, 첫돌이 지난 영아는 대부분 자기 코를 만지는 반응을 보였다.

우리나라의 영아 20명을 대상으로 한 같은 실험(윤경희, 1998)에서, 10~12개월의 영아들은 거울 자체에 오히려 더 많은 흥미를 보였으며, 이 중 3/5의 영아들은 자기 코를 만지는 반응을 보였다. 16~18개월의 영아들은 전부가 자기 코를 만지는 반응을 보였으며, 거울에 비친 자신의 모습에 대해 인식하기 시작하고 자기 이름을 부르는 행동을 하였다. 그리고 22~24개월의 영아들은 40% 정도가 입술연지를 찍는 것을 거부하는 행동을 보였다. 입술연지를 찍은 영아들도 모두 '코'라는 언어적 표현을 하면서 자기 코를 가리켰다. 영아기의 자기인식 능력에 관한 또 다른 연구(김양은, 조복희, 2002)에서, 영아의 코에 입술연지를 묻힌 후 17개월 미만의 영아 30%, 18~23개월 영아 84%, 24개월 이상 영아 93.8%가 자기지향 행동을 나타내었고 그 빈도수 또한 월령에 따라 유의하게 증가하는 것으로 나타났다. 따라서 영아의 자기인식 능력은 자신의 신체를 가리키거나 이를 언어로 표현하는 자기지향 행동이 그 규준이 되는 것으로 보인다.

이러한 상황에서 영아는 무안함의 정서를 표현하게 된다.

이차정서는 또한 자신에 대한 인식뿐만 아니라 자신의 행동을 평가하는 능력까지도 필요로 한다(Lewis et al., 1992). 즉, 해서는 안 된다고 생각하는 짓을 했을 때에는 죄책감을 느낄 것이고, 어려운 일을 해냈을 때에는 매우 자랑스러워할 것이다. 예를 들어, 주스를 마룻바닥에 엎지른 유아는 당황해하면서 고개를 숙일 것이고(사진 참조), 어려운 퍼즐 맞추기 문제를 해결한 또 다른 유아는 자랑스러움에 함박웃음을 지을 것이다. 이차정서는 대부분 얼굴표정 외에도 손톱을 깨물거나 고개를 숙이는 등의 신체동작을 수반한다.

유아기 말이 되면 대부분의 기본 정서는 모두 표현할 수 있지만, 아동기에도 정서발달은 여전히 계속된다. 자긍심이나 죄책감 같은 정서는 이제 성인의 피드백이 없어도 자연스럽게 표출된다. 즉, 부모나 교사가 칭찬하거나 야단치지 않아도 어려운 일을 해내고 나서는 스스로 자긍심을 느낄 것이고, 도덕적으로 옳지 못한 일을 하고서는 고통스런 죄책감을 느낄 것이다(Harter, Wright, & Bresnick, 1987). 특히 아동기에는 자신이 해야 할 일을 하지 않았거나, 커닝을 했거나(사진 참조), 거짓말을 했을 경우 죄책감을 느끼게 되는데, 이러한 변화는 아동기의 보다 성숙한 도덕성을 반영하는 것이다.

성인기가 되면 보다 다양한 정서를 경험하게 되며, 그 표현방법도 문화권에 따라 다양하게 나타난다. 당황스럽거나 무안한 상황에서 성인들은 사진에서 보는 바와 같이 고개를 약간 옆으로 돌리고, 눈을 아래로 내리깔고, 계면쩍은 웃음을 짓는 표정을 짓게 된다. Keltner(1995)에 의하면, 무안함과 같은 몇 가지 주요 정서는 모든 문화권에서 표현된다고 한다. 그러나 언제 어떻게 이러한 정서를 표현하는가는 문화에 따라 다르다(Ekman & Friesen, 1969). 예를 들면, 미국 문화는 남성들이 슬픔이

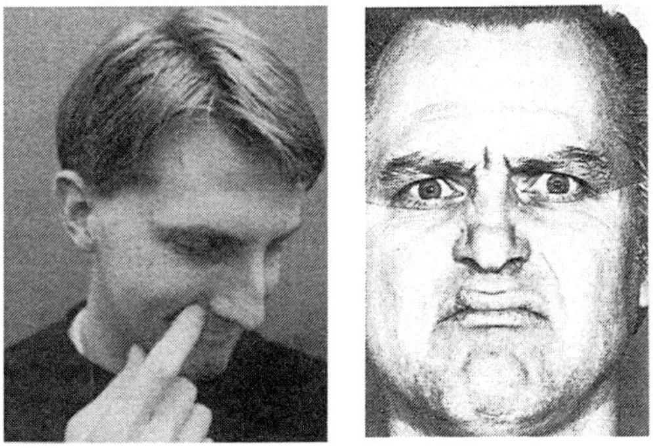

나 울음과 같은 정서를 표출하는 것을 별로 좋지 않게 생각한다. 일본의 전통문화에서는 여성들이 큰 소리로 웃는 것을 용납하지 않기 때문에 여성들이 웃을 때에는 손으로 입을 가리고 웃는다.

성인의 정서표현에서 재미있는 현상은 동시에 한 가지 이상의 정서를 표현할 수 있다는 점이다(Ekman & Friesen, 1975). 예를 들면, 얼굴의 한쪽(눈과 눈썹 부위)에서는 분노를 표현하고 또 다른 한쪽(코와 입 부위)에서는 혐오감을 나타내는 것이다(사진 참조).

## 3. 정서이해 능력의 발달

정서이해 능력은 영아기에 이미 나타나기 시작하지만 유아기에 와서 급속도로 발달한다. 아동기에는 동시에 한 가지 이상의 정서를 경험할 수 있다는 사실을 이해하게 되고, 성인기에도 정서이해 능력은 계속해서 발달한다.

### 1) 영아기의 정서이해 능력

영아는 언제 다른 사람들의 정서를 인식할 수 있는가? 타인의 정서를 이해할 수 있는 능력은 정서지능의 초석이 되는 것으로, 생후 수일 이내에 영아는 행복이나 슬픔, 분노의 얼굴표정을 구분할 수 있다고 한다(Field, Woodson, Greenberg, & Cohen, 1982). 또한 6개월경에 영아는 자신의 어머니뿐만 아니라 다른 성인의 정서와 관련된 얼굴표정을 분간하기 시작한다. 예를 들어, 6개월 된 영아는 행복해서 미소짓는 얼굴과 불편해서 찡그린 얼굴을 구분할 줄 안다(Ludemann, 1991, Ludemann & Nelson, 1988). 6개월이 지나면서 영아는 정서를 구분할 수 있을 뿐만

Marc Bornstein

아니라, 다른 사람의 정서에 의해서 영향을 받는다. 이것은 영아가 정서의 의미를 깨닫는다는 것을 말해준다(Bornstein, 1995).

그렇다면 영아는 다른 사람의 정서표현으로부터 어떻게 영향을 받는가? 성인과 마찬가지로 영아도 다른 사람의 정서를 자신의 행동의 길잡이로 삼는다(Mumme, Fernald, & Herrera, 1996; Repacholi, 1998). 익숙지 못하거나 모호한 상황에서 영아는 마치 그 상황을 해석하는 데 도움을 얻으려는 듯이 어머니나 아버지를 바라보는데, 이러한 현상을 사회적 참조(social referencing)라고 한다. 사회적 참조 현상은 대부분 모호한 상황에서 발생한다(Rosen et al., 1992; Walden & Ogan, 1988). 영아는 익숙지 않은 사람이나 물체에 접했을 때와 같이 어떻게 해야 할지 잘 모르는 상황에서는 어머니나 아버지를 바라보는데, 이때 부모의 얼굴표정은 영아가 그 상황에서 어떻게 반응해야 하는가를 보여주는 길잡이 역할을 하게 된다(Feinman et al., 1992; Rosen et al., 1992).

Eleanor Gibson

Richard D. Walk

사회적 참조과정을 보여주는 한 연구에서, 1세 된 영아와 그 어머니를 대상으로 Gibson과 Walk(1960)가 고안한 시각벼랑(visual cliff) 실험을 하였다(〈그림 3-2〉 참조). 영아는 얕은 쪽에 놓여지고 어머니는 재미있는 장난감과 함께 반대편(깊은 쪽)에 서 있었다. 이런 상황에서 영아는 어찌할 바를 몰라 어머니를 바라보게 된다. 이때 어머니는 두려움, 기쁨, 분노, 호기심, 슬픔과 같은 몇 가지 얼굴표정을 짓도록 지시를 받았다. 연구자들의 관심은 어머니의 얼굴표정이 시각벼랑 실험에서 영아의 행동을 통제할 수 있는가 하는 것이었다. 어머니가 기쁨이나 호기심을 표현했을 때 대부분의 영아들은 어머니 쪽으로 기어갔다. 반면, 어머니가 분노나 두려움을 표현했을 때에는 대부분의 영아가 어머니 쪽으로 건너가지 않았다. 연구결과, 1세 된 영아는 환경을 이해하고, 환경에 적응하는 데 얼굴표정을 단서로 이용하는 능력이 있음을 보여주었다(Sorce et al., 1985; Walden

〈그림 3-2〉 시각벼랑 실험

& Ogan, 1988).

또 다른 실험상황에서 이상하게 생긴 장난감(방을 돌아다니는 초록색 봉제 공룡)을 보고, 어머니가 미소를 짓고 있으면 영아는 그 장난감에 접근했지만, 어머니가 두려워하는 표정을 짓고 있으면 영아는 장난감에 가까이 다가가지 않았다(Klinnert, 1984). 일상생활에서도 영아는 낯선 사람을 보면, 어머니를 쳐다보고서 어머니의 표정이 낯선 사람을 반기는지 아니면 두려워하는지에 따라 다른 행동을 하였다(Haviland & Lelwica, 1987; Termine & Izard, 1988).

Betty Repacholi

Repacholi(1998)는 각기 다른 정서적 메시지가 영아의 탐색행동에 상이한 영향을 미치는지를 알아보기 위해 사회적 참조 패러다임을 확장시켜 연구하였다. 이 연구에서 14개월과 18개월 된 영아들에게 2개의 상자를 보여주었는데, 한 조건에서는 실험자가 두 상자 속에 숨겨진 장난감을 보고서 기쁨 또는 혐오정서를 표현하였고, 다른 조건에서는 실험자가 감춰진 장난감을 만져보고서 기쁨 또는 혐오정서를 표현하였다. 상당수의 영아들은 감추어진 장난감을 찾으면서 실험자가 기쁨을 표현한 상자를 먼저 열었고, 손을 집어넣을 때에도 혐오상자보다 기쁨상자 속으로 손을 더 먼저 집어넣었다. Repacholi는 14개월 된 영아들도 실험자의 정서표현을 정확히 이해하는 것으로 결론지었다.

우리나라의 영아를 대상으로 사회적 참조행동을 알아본 연구(위영희, 1994)에서, 영아의 참조적 바라보기 행동은 자극상황과 관계없이 어머니의 얼굴표정에 따라 차이가 나타났다. 즉, 어머니가 두려운 표정을 보이고 있을 때에는 더 빈번하게 참조적 바라보기 행동을 한 것으로 나타났다. 자극상황별로 보면 영아는 두려운 장난감보다 즐거운 장난감에 더 가까이 접근하는 것으로 나타났다. 그러나 어머니의 얼굴표정에 따른 차이와 상호작용 효과는 없었다.

### 2) 유아기의 정서이해 능력

유아기가 되면 유아는 정서표현에 대해 많은 것을 이해하게 된다(Saarni, Mumme, & Campos, 1998). 즉, 정서를 표현하는 단어를 사용하거나 이해하는 능력이 급속도로 증가한다. 그러나 슬픔과 같은 부정적 정서보다는 행복과 같은 긍정적 정서를 더 쉽게 이해한다. 예를 들면, 3~4세 유아들의 절반 이상이 "좋다"라는 단어를 사용하지만, 소수만이 "슬프다"라는 단어를 사용할 수 있는 것으로 보인다. 6세의 유아는 '시샘하는' '뽐내는' '난처한' '가련한'과 같은 좀더 복잡한 정서개념도 이해할 수 있다. 유아는 다른 사람의 긍정적 정서를 이해하는 데는 성인과 거의 동일한 수준이지만, 부정적 정서를 이해하는 데는 아직 서툴다(Fabes et al., 1994).

3~4세경이 되면 유아는 기쁨, 슬픔, 분노, 놀람 등의 비교적 단순한 정서와 이들 정서를 야기하는 원인에 대해서도 이해를 많이 하게 된다. 꾸중을 들었을 때, 게임에 졌을 때, 자신이 원하던 것과 다른 선물을 받았을 때와 같은 상황에서 '이야기

속의 주인공'이 어떠한 정서적 경험을 할 것인가를 예측할 수 있게 된다(Stein & Trabasso, 1989; 〈그림 3-3〉 참조).

〈그림 3-3〉 유아들에게 이야기 속의 주인공이 어떠한 정서적 (행복한, 슬픈, 두려운, 화난) 경험을 할 것인가를 질문한다.

유아기의 정서이해 능력과 또래관계에 관한 연구(Denham, 1986)에서, 유아는 또래가 표현하는 각기 다른 정서에 다른 반응을 보이는 것으로 나타났다. 즉, 행복한 표정을 짓고 있는 또래에게는 자기도 행복한 표정을 지어보였고, 아픈 표정을 짓고 있는 또래에게는 동정적인 반응을 보였으며, 슬프거나 화난 표정을 짓고 있는 또래에게는 못 본 척하거나 그 자리를 떠나는 반응을 보였다.

Susanne Denham

정서이해 능력이 또래관계에 미치는 영향을 알아본 Denham 등의 또 다른 연구(Denham, McKinley, Couchoud, & Holt, 1990)에서, 개인차가 있기는 했지만 2세만 되어도 이미 다른 사람의 정서를 정확하게 인식할 수 있었는데, 정서이해 능력은 또래에 대한 호감도와 상관이 있는 것으로 나타났다. 선행연구와 마찬가지로 기쁨과 분노의 정서는 슬픔의 정서보다 더 쉽게 이해된다는 가설 또한 지지를 받게 되었다. 흥미롭게도 기쁨을 슬픔이나 분노로 잘못 인식한 경우 또래 호감도와 부적 상관을 나타내었다.

Thomas Davis

유아는 또한 사람들이 '진짜로' 느끼는 정서와 그들이 허위로 '표현하는' 정서를 잘 구별하지 못한다. 왜냐하면 유아는 아직 사물의 실제 모습과 겉으로 보여지는 모습의 차이를 이해하지 못하기 때문이다. 따라서 행복한 얼굴표정과 슬픈 얼굴표정을 구별할 수는 있지만, 슬픔을 느끼는 사람이 행복한 표정을 짓고 있거나, 기쁜 상황에서 기쁜 표정을 짓지 않으면 유아는 혼란을 느낀다(Friend & Davis, 1993).

### 3) 아동기의 정서이해 능력

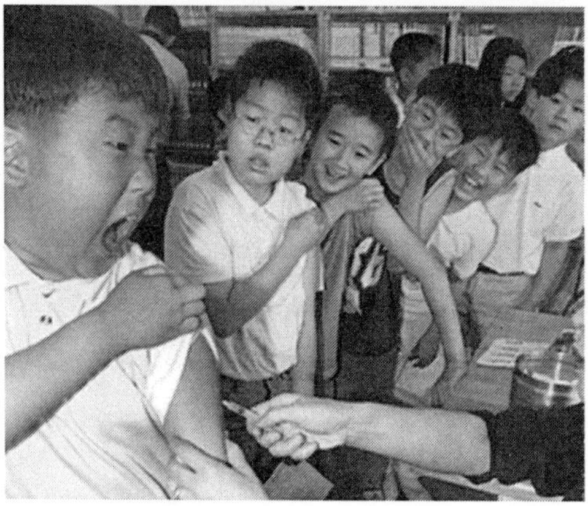

아동기가 되면 얼굴표정이 그 사람의 진짜 정서를 표현하는 것이 아닐 수도 있다는 사실을 이해하기 시작한다. 관련연구(Gnepp, 1983; Reichenbach & Masters, 1983)에서, 아동들에게 자신의 생일파티에서 슬픈 표정을 짓고 있는 아동과 예방주사를 맞으면서 웃고 있는 아동의 사진을 보여주었다. 유아기의 아동들은 "친한 친구가 자신의 생일파티에 오지 않았기 때문에 슬픈 표정을 짓고 있으며" "예방주사가 아프지 않았기 때문에 웃고 있다"라고 설명하였다. 한편, 초등학교 고학년 아동들은 얼굴표정이 항상 자신의 진짜 감정을 드러내는 것은 아니라는 사실을 이해하기 시작하는 것으로 나타났다. 예를 들면, "예방주사를 맞는 것이 무척 겁나지만 행복한 척 함으로써 두려움을 감소시킬 수 있다" "예방주사를 맞는 것이 무척 두렵지만 자신이 떨고 있다는 것을 다른 사람이 아는 것을 원치 않는다"와 같은 반응을 보였다(사진 참조).

아동기에는 또한 한 가지 이상의 정서를 경험할 수 있다는 사실을 이해하는데, 그 정서는 동시에 긍정적일 수도 있고 부정적일 수도 있으며, 강도가 다를 수도 있다(Harter, Buddin, 1987; Wintre & Vallance, 1994). 예를 들면, 생일날 선물을 받는 것은 기쁜 일이지만, 자신이 원하는 선물을 받지 못하는 것은 슬픈 일이다. 반면, 유아는 같은 상황에 대해 동시에 두 가지 다른 정서를 느낄 수 있다는 사실을 이해하지 못한다. 뿐만 아니라 동일한 상황이 각기 다른 사람들로부터 서로 다른 정서를 유발할 수 있다는 사실도 이해하지 못한다. 이와 같은 정서이해에 대한 변화는 아동기에 와서 발달하게 된다.

Susan Harter

### 4) 성인기의 정서이해 능력

정서이해 능력은 성인기에도 계속해서 발달한다. 한 연구(Labouvie-Vief, DeVoe, & Bulka, 1989)에서는, 사춘기 이전부터 중년기에 이르기까지 정서이해 능력은 계속 증진된다는 것을 발견하였는데, 이것은 개인의 자아발달 수준과 연관이 있는 것으로 밝혀졌다. 즉, 언어능력이 뛰어나고 자아발달 수준이 높은 사람들은 보다 성숙된 방식으로 자신의 정서적 경험을 서술하는 것으로 나타났다. 또한 Carstensen, Isaacowitz 그리고 Charles(1999)에 의하면 정서적 · 사회적 목표는 성인기 동안 더 두드러지므로, 성인들의 정서이해 능력이 더욱 발달하게 된다고 한다.

Gisela Labouvie-Vief

## 4. 정서규제 능력의 발달

어떤 사회에서든지 정서를 표현할 경우 어떤 특정 상황에서 어떤 정서는 표현해도 괜찮지만 어떤 정서는 표현해서는 안 된다는 규칙이 있다. 예를 들면, 마음에 들지 않는 선물을 받았을 때, 실망감을 보이는 대신 기뻐하며 고맙다는 인사를 해야 한다는 것이 그것이다(Gross & Ballif, 1991; Harris, 1989). 어떤 면에서 이 규칙은 언어의 어용론적 발달과 유사하다. 즉, 이러한 규칙을 습득하고 활용하는 것은 사회적 적응에 도움이 된다.

그렇다면 이러한 규칙은 언제 습득되는가? 불쾌한 자극을 피하거나 관심을 다른 곳으로 돌려 부정적 정서유발을 감소시키는 일은 어린 영아에게는 매우 어려운 일이지만(Mangelsdorf, Shapiro, & Marzolf, 1995), 우리가 생각하는 것보다 훨씬 일찍부터 영아는 이러한 규칙을 습득한다. 첫돌 무렵에 영아는 벌써 자기 몸을 앞뒤로 흔들거나, 입술을 깨물거나, 불쾌한 사건이나 사람들을 피함으로써 부정적 정서

Sarah C. Mangelsdorf

〈그림 3-4〉 '금지된 장난감' 실험

유발을 감소시키는 책략을 발달시킨다(Kopp, 1989; Mangelsdorf et al., 1995). 18개월이 되면 영아는 부정적 정서를 숨길 줄 알게 된다. 20개월이 된 영아는 넘어졌을 때에 어머니가 함께 있을 때에만 울음을 터뜨린다. 3세가 되면 자기 감정을 더 잘 숨길 수 있다. 한 연구(Lewis, Stanger, & Sullivan, 1989)에서는, 실험자가 유아에게 금지된 장난감을 만지지 말도록 지시하고 방을 나간 후에 일방경을 통해 관찰하였다(〈그림 3-4〉 참조). 대부분의 유아(32명 중 29명)가 장난감을 만졌지만, 대다수가 만지지 않았다고 거짓말을 했다. 그러나 실험자는 누가 거짓말을 하고 있는지 그들의 얼굴 표정과 몸짓만 보고서는 알 수가 없었다. 이것으로 보아 3세 유아는 자기 감정을 숨기고 그에 대해 거짓말을 한다는 것을 알 수 있다. 이 결과는 우리가 알고 있는 어린이의 '천진난만함'과는 상당히 거리가 있음을 말해준다. 그러나 경우에 따라서는(예컨대, 마음에 안 드는 선물을 받는 경우) 자신의 진짜 감정을 숨기고 선의의 거짓말을 하는 것이 유아에게도 필요한 것으로 보인다.

### 1) 정서규제 능력과 관련 요인

정서규제 능력은 정서표현(특히 부정적 정서표현)을 통제하는 능력을 말하는데, 이러한 능력은 유아기에 크게 증가한다. Saarni(1984)는 정서규제 능력의 발달에 필요한 세 가지 요소를 제시했는데, 정서를 통제할 수 있는 능력, 언제 부정적 정서를

Carolyn Saarni

감추어야 할지에 대한 지식, 정서를 통제하고자 하는 동기가 그것이다.

다른 사람 앞에서 부정적 정서표현을 자제하는 능력은 3세경에 나타난다(Cole, 1986). 그러나 유아보다는 아동이 실망스런 선물을 받은 후에 부정적 정서표현을 덜 하며, 자신의 진짜 감정을 숨기는 것이 왜 바람직한지 그 이유도 설명할 수 있다. 그리고 남아보다 여아가 자신의 정서를 더 잘 숨기는 것으로 보인다(〈그림 3-5〉 참조). 즉, 기대에 못 미치는 선물을 받았을 때, 여아가 남아보다 과장된 미소를 더 많이 지었다(Gnepp & Hess, 1986; Saarni, 1984; Zeman & Garber, 1996).

Davis(1995)는 여아가 남아보다 정서를 통제하고자 하는 동기가 더 크다는 가설을 검증하기 위한 연구를 실시하였다. 이 연구에서 그는 아동에게 2개의 관련된 실험과제를 도와주는 대가로 아동이 좋아하는 상과 좋아하지 않는 상을 주었다. 선행연구와 일관되게 남아에 비해 여아가 일반적으로 2개의 상을 받은 후에 낮은 수준의 부정적 정서를 표현하였고, 좋아하지 않는 상을 받은 후에도 높은 수준의 긍정적 정서를 표현하였다. 다음으로 동기부여가 정서를 가장하는 능력과 관계가 있는지 알아보기 위해서 좋아하는 상을 받기 위해서는 좋아하지 않는 상을 받고 싶어하지 않는다는 속마음을 감추어야만 하는 게임을 하도록 하였다. 연구결과 여아와 남아 모두 싫어하는 상에 대한 실망감을 감추기 위해 동기유발이 되는 것처럼 보였다. 그러나 이런 상황에서 부정적 정서를 가장하는 능력은 여아가 탁월한 것으로 나타났다.

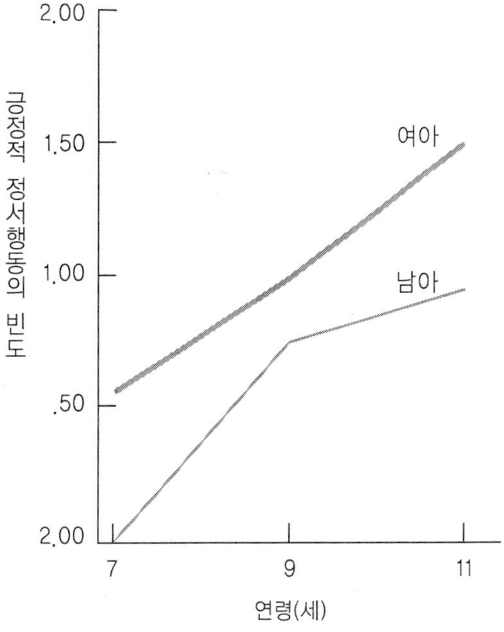


〈그림 3-5〉 연령과 성별에 따른 정서규제 능력

출처: Saarni, C. (1984). An observational study of children's attempts to monitor their expressive behavior. *Child Development, 55*, 1504-1513.

Judy Garber

Zeman과 Garber(1996)는 주위 사람들이 아동의 부정적 정서표현의 통제에 영향을 미치는지를 알아보기 위해 7, 9, 11세 아동들에게 또래, 어머니, 아버지 그리고 혼자 있는 상황에서 슬픔, 분노, 고통에 대한 반응을 통하여 정서규제 능력을 탐색해보았다. 실망스러운 선물을 받았을 때 아동의 반응을 관찰한 이전 연구와는 달리 이들의 실험은 12개의 가상적인 이야기 중 하나에 대한 아동 자신의 정서규제 반응에 대한 보고를 통해 이루어졌다. 아동의 연령(7, 9, 11세)과 누가 주위에 함께 있는지(또래, 부모, 혼자)에 상관없이 아동들은 자신이 부정적 정서를 표현하면 부정적인 대인관계를 초래할 것이라고 보고하였다. 예상대로 어린 아동들은 나이든 아동들보다 더 자주 슬픔과 분노를 표현할 것이라고 보고했으며, 여아가 남아보다 슬픔과 고통을 더 자주 표현할 것이라고 보고하였다. 누가 주위에 함께 있는지도 매우 중요한 것으로 나타났다. 연령이나 성과 무관하게 아동들은 혼자 또는 아버지나 어머니와 함께 있을 때보다 또래와 함께 있을 때 부정적 정서표현을 더 자제할 것이라고 보고하였다. 뿐만 아니라 부모 모두 고통의 정서표현을 잘 수용할 것이지만, 슬픔의 정서표현은 어머니가 더 잘 수용할 것이고, 나이든 아동은 어린 아동보다 아버지가 정서표현을 덜 수용할 것이라고 지각하였다.

### 2) 만족지연

L. Bridges

정서규제의 한 가지 중요한 측면은 좌절에 대한 참을성(tolerance for frustration)이다. 이 능력은 2세경에 나타나기 시작해서 유아기에 극적으로 증가한다(Bridges & Grolnick, 1995; Eisenberg, Fabes, Nyman, Bernzweig, & Pinuelas, 1994). 원하는 장난감을 가질 수 없거나 하고 싶지 않은 일을 해야 할 때와 같은 좌절상황에 직면했을 때, 나이든 유아는 어린 유아보다 더 잘 견딘다. 좌절에 대한 참을성은 부모와의 관계에도 영향을 미친다. 부모에게 떼를 쓰거나 반항하는 것이 2

~5세 사이에 급격히 감소한다(Kuczynski & Kochanska, 1990). 부모가 자신이 하기 싫은 일을 시켰을 때 참고서 그 일을 하고, 그러한 갈등을 해결하기 위한 해결책(예를 들면, 협상)을 찾아내기 시작한다.

좌절에 대한 참을성은 만족지연(delay of gratification)에서도 나타난다. 만족지연이라 함은 지금 바로 보상을 받는 것보다 만족을 지연시켜 나중에 더 큰 보상을 받게 되는 것을 말한다. Mischel과 그 동료들은 아동의 만족지연 능력에 관한 일련의 연구를 시도한 바 있다. 한 연구(Mischel & Ebbesen, 1970)에서, 아동들에게 연구자가 잠시 방을 떠나 다시 돌아올 때까지 기다리면 마시멜로(marshmallow)를 두 개 먹을 수 있지만, 만약 기다리지 못하면 한 개밖에 먹을 수 없다고 일러주었다. 이때 보상물(마시멜로)을 눈에 보이지 않는 곳으로 치우거나, 마시멜로가 실물이 아니라 그림일 뿐이라고 생각하거나, 기다리는 동안 재미있는 상상을 하는 등의 책략을 사용하는 아동들의 경우 만족지연을 더 잘하는 것으로 나타났다. 추후 연구(Shoda, Mischel, & Peake, 1990)에서는 더 오랜 시간 동안 만족지연을 할 수 있었던 아동들이 그렇지 못했던 아동들에 비해 청소년이 되었을 때에 자기통제력, 집중력, 동기수준이 더 높았으며, 수학능력 시험점수도 더 높은 것으로 나타났다.

Wendy S. Grolnick

Walter Mischel

아동기에는 만족지연 능력도 증가하는데, 여기에는 자신의 정서를 통제하는 능력이 작용하는 것으로 보인다. 그리고 좌절에 수반되는 긴장을 감소시키는 책략을 사용하는 법을 배우게 된다. 재미있는 장난감들을 유리 진열장에 넣고서 손대지 못하게 한 실험에서, 많은 아동들은 그 장난감들을 보지 않으려고 고개를 돌리고 다른 활동에 전념하였다. 가질 수 없는 장난감은 더 이상 자신의 관심의 대상이 아니라는 이 책략은 긴장을 감소시킴으로써 그 상황을 좀더 견디기 쉽게 만들어 주는 것으로 보인다(Wolf, 1990).

Yuichi Shoda

우리나라 4~8세 아동 120명을 대상으로 한 연구(허수경, 이경님,

1996)에서, 아동의 만족지연시간은 연령이 증가할수록 길어졌고, 사려성-충동성의 인지양식에 따라서도 사려적인 아동이 충동적인 아동보다 더 길게 나타났다. 또한 유아의 기질이 만족지연에 미치는 영향을 살펴본 연구에서도 유아 기질의 하위요인 가운데 활동성 수준이 높을수록 유아는 낮은 만족지연능력을 보이는 것으로 나타났다(선우현정, 도현심, 2009).

## 5. 정서발달의 개인차

Tiffany Field

Elaine Scharfe

정서발달의 개인차에 대한 연구에서 Field와 동료들(1982)은 습관화가 형성되기 전 생후 3일째 된 신생아들이 기쁨, 슬픔, 놀람의 정서를 구별할 수 있는지를 알아본 연구에서 신생아들 간에 개인차가 크다는 사실을 발견하였다. 또한 전통적인 습관화-탈습관화[1) ]과제에서 영아기의 수행이 아동기의 지능과 관련이 있는 것으로 나타났다(Colombo, 1995; McCall & Carriger, 1993; Rose & Feldman, 1995; Slater, 1995).

개인차뿐만 아니라 성별 또한 유아의 정서표현 및 양육자의 정서표현과 관계가 있다는 연구결과도 보고되고 있다. 3~6개월 된 영아의 정서표현에 대한 연구(Malatesta & Haviland, 1982)에서, 여아가 남아보다 호기심에 대한 정서표현을 더 잘한다는 것을 제외하고는 거의 모든 얼굴표정에서 남아와 여아가 유사한 것으로 나타났다. 더욱이 출생초기 어머니는 딸에게 더 자주 미소를 짓는 경향이 있었지만, 3~6개월 동안에는 아들의 미소에 미소로 반응하는 비율은 증가하였으나 딸의 미소에 반응하는 비율은 감소하였다. 종단연구에서 Malatesta와 그녀의 동료들(Malatesta et al., 1989; Malatesta-Magai et

1) 습관화(habituation)는 어떤 자극이 여러 번 반복하여 제시되면, 그 자극에 대해 반응하는 강도가 감소하는 것을 말한다. 탈습관화(dishabituation)는 새로운 자극이 제시되면 다시 관심을 보이는 것을 말한다.

al., 1994)은 유아에 대한 어머니의 반응양식에서 성차를 발견하였다. 즉, 어머니들은 아들보다 딸에게 정서표현을 더 많이 해주었고, 3세아의 경우 남아에게는 부정적인 음성으로, 딸에게는 긍정적이고 애정적인 음성으로 말하는 것이 발견되었다. 그러나 전반적으로는 정서표현에서 성차가 없는 것으로 나타났다. 놀이를 하는 동안 분노의 수준은 여아와 남아 모두 유사했지만 낯선 상황의 두 번째 재회장면에서는 여아가 더 높은 분노의 수준을 나타내었다.

정서표현은 또한 그 후의 성격발달과도 관련이 있다는 증거도 많이 제시되고 있다. 예를 들면, Malatesta와 동료들은 표현적이고 외향적인 유아는 안정적이고 사회적 능력이 있는 아동으로 성장하는 경향이 있다고 보고하였다. 그러나 정서표현은 정서발달의 다른 영역에도 영향을 줄지 모른다. 예컨대, 정서표현을 잘하는 유아들은 자신의 감정을 잘 전달할 뿐만 아니라 다른 사람들의 정서표현을 이해하는 능력도 뛰어난 것으로 보인다. Denham과 동료들(1990)의 연구 또한 이와 같은 연구결과를 지지해준다. 그럼에도 불구하고 유아의 정서표현이 후기 정서발달에 영향을 준다는 사실을 확인하기 위해서는 유아의 정서표현이 시간과 장소를 초월하여 안정적인 것임을 밝혀야 한다. 여러 학자들은 이미 정서표현의 안정성을 보고한 바 있다. Fox(1989)도 5개월과 14개월 사이 유아의 정서표현의 안정성을 보고하였으며, Malatesta 등(1989)도 1개월 반과 24개월 사이에 상당한 일관성이 있음을 보고하였다. 4~5세 유아의 정서표현 연구에서, LaFreniere와 Sroufe(1985)도 시간과 장소를 초월한 안정성을 보고하였다. 특히 그들은 학동기 동안 정서표현 행동은 대집단과 소집단 상호작용에서 일관성이 있음을 보고하였다. 결론적으로 말해서 정서표현에는 개인차가 있으며 이러한 개인차는 시간과 장소를 초월해서 안정적인 경향이 있으므로 사회성과 성격발달의 다른 측면에 영향을 미칠 수 있다.

Nathan A. Fox

Peter Salovey

Mayer와 Salovey(1993, 1997) 그리고 Saarni(1990)에 의하면, 높은 정서지능을 지닌 사람들의 특성 중 하나는 정서를 정확하게 이해하여 정서표현을 잘하는 것이라고 한다. 신생아도 생후 며칠 이내에 이미 얼굴표정을 흉내내고 구분하는 능력이 있기는 하지만(Field et al., 1982), 얼굴표정을 인식하고 구분하는 것과 같은 본능에 가까운 이러한 능력은 정서표현의 초보적인 수준이라고 볼 수 있다. 유아의 정서발달을 탐색한 초기 연구(Izard, 1971)에서 기쁨과 슬픔의 정서를 이해한 뒤에 분노와 놀람의 정서를 이해하는 것처럼 얼굴표정에 대한 이해는 순서대로 발달하는 것으로 나타났다.

## 6. 정서발달과 사회적 환경

애착의 관점에서 정서발달을 연구하는 발달심리학자들은 정서표현 능력, 정서이해 능력, 정서규제 능력이 모두 사회적 맥락 안에서 발달하는 것으로 보았다(Bowlby, 1988; Campos et al., 1989). 이들 연구자들은 가족 구성원 간의 정서표현 정도가 정서를 인식하는 능력에 영향을 미친다고 가정한다. 다시 말해서, 긍정적 정서와 부정적 정서를 자유롭게 표현하는 가정환경에서 아동은 정서를 보다 정확히 인식한다는 것이다. 가정에서의 긍정적 · 부정적 정서의 표현 정도와 이후의 아동의 사회정서발달을 연구한 학자들도 있다. Malatesta와 Haviland(1982)의 경우 어머니-유아 간의 정서표현의 일치 정도가 3~6개월부터 증가했다는 사실을 발견하였다. Dunn과 동료들(Dunn, Brown, & Maguire, 1995)은 어머니와 형제자매들의 정서와 관련된 경험이 다른 사람들의 감정을 이해하는 능력과 관련이 있다고 결론지었다. 양육자의 정서표현 정도(예를 들면, 민감성)와 아동의 애착 간의 강한 관련성을 고려해볼 때, 여러 학자들이 가정에서의 정서표현 정도와 정서에 관한 연구로부터 아동의 정서이해 능력과 안정애착 간의 관련 연구로 연구영역을 확장시켰다는 것은 놀라운 일이 아니다.

가족의 정서표현 정도를 연구하는 학자들은 아동의 애착과 정서발달 간에 관련성이 있는 것을 발견하였다. Malatesta와 동료들(1989)은 22개월경에 어머니와 안정애착을 이룬 영아들은 2개월 반에서 7개월까지의 연구기간 동안 잘 웃는 경

Michael Lamb

향이 있었으며, 불안정애착을 이룬 영아들은 얼굴을 마주 보고 하는 놀이에서 잘 웃지 않는 경향이 있음을 발견하였다. Dickstein, Thompson, Estes, Malkin 그리고 Lamb(1984) 등의 연구에서는 저항애착을 이룬 아동들의 경우 '낯선 상황' 실험 초기에는 매우 고집스럽게 그리고 자주 사회적 참조를 한다는 사실이 관찰되었다. 안정애착 아동들도 '낯선 상황'에서 사회적 참조를 하지만 저항애착 아동들의 경우보다 훨씬 더 효율적인 것으로 나타났다. 성인을 대상으로 한 연구에서 Bell(1998)은 가족의 정서표현 정도가 성인애착 유형과 관계가 있다고 보고했는데, 특히 정서표현 수준이 낮은 성인들은 회피애착 유형이며 부정적 정서표현 수준이 높은 성인들은 불안정애착 유형임을 보고하였다. 다시 말해서, 자녀에게 긍정적이고 민감한 정서반응을 보인 부모들은 그 자녀들이 안정애착을 이루었을 뿐만 아니라 자신과 타인의 정서를 이해하는 능력이 뛰어난 것으로 보인다.

Jude Cassidy

가족뿐만 아니라 또래집단도 정서발달에 영향을 미친다. 정서이해 능력이 또래관계에 어떤 영향을 미치는가를 알아본 Denham과 동료들(1990)의 연구에 의하면, 3세 반까지 또래들에게 친사회적 반응을 보이지 않은 아동이나 기쁨과 슬픔의 기본정서를 구별하지 못한 아동들은 또래관계에서 어려움에 처할 위험이 큰 것으로 보인다. 연구자들은 인기 있는 아동들은 정서적 상황을 더 능숙하게 이해하고 친사회적 반응을 더 많이 보인다는 결론을 내렸다. 흥미롭게도, Cassidy, Parke, Butkovsky 그리고 Braungart(1992)의 연구에서는 5세와 6세 유아의 경우 정서이해 능력은 가족의 정서표현 정도와는 관련이 없었지만, 또래 수용성과는 관련이 있는 것으로 나타났다. 비록 가족의 정서표현과 정서이해 간에 직접적인 관련성을 발견하지는 못했지만 정서이해 능력이 가족의 정서표현 정도에 간접적인 영향을 미칠지도 모르는 것으로 보인다(Scharfe, 2000).

Ross Parke

# 제4장 정서와 신경생리

인간의 중추신경계와 말초신경계는 무수히 많은 신경세포, 즉 뉴런으로 이루어져 있다. 중추신경계만 하더라도 약 10억 개에 가까운 뉴런들이 인간의 사고나 정서를 만들어내는 데 작용하고 있다. 이들 뉴런은 인체 내의 신경계 전역에 정보를 전달한다. 신경계는 크게 뇌, 뇌간, 척수로 구성된 중추신경계와 그 외 나머지 모든 뉴런으로 이루어진 말초신경계로 나누어진다. 신체 말단에서 받아들인 정보는 말초신경계를 통해 중추신경계로 전달되고 다시 중추신경계에서 말초신경계를 통해 신체 각 부분으로 전해지게 된다.

본 장에서는 먼저 중추신경계의 핵심부분인 뇌를 중심으로 정서와 관련된 기능을 설명할 것이다. 뇌의 진화단계를 파충류의 뇌, 초기 포유동물의 뇌, 후기 포유동물의 뇌로 나누어 설명한 MacLean의 모형을 소개하고 각 진화단계에서 발달된 정서관련 기능이 무엇인지를 중점적으로 알아볼 것이다. 인간의 뇌와 관련해 좌우반구의 기능분화가 정서에서는 어떻게 나타나는지도 살펴볼 것이다. 또한 정서와 밀접한 관련이 있는 뇌의 각 구조를 설명할 것이다. 파페즈 회로를 시작으로 초기에 제안된 구조에서 대뇌변연계의 특정 부분에 이르기까지 발전해 온 여러 주장들과 연구를 살펴볼 것이다. 다음으로 말초신경계를 교감신경과 부교감신경으로 나누어 이들의 활동과 정서와의 관련성에 대해 알아볼 것이다. 끝으로 정서에 따라 신경내분비계의 반응이 어떻게 달라지는지를 살펴볼 것이다. 이 경우 두려움이나 우울, 평온과 같은 각 정서상태에서 나타나는 신경내분비계의 반응을 예를 들어 소개할 것이다.

## 1. 뇌의 진화 및 좌우반구의 기능분화

MacLean은 인간의 뇌가 오랜 진화적 역사의 산물이라고 주장하였다. 여기서는 그가 주장한 모형을 바탕으로 인간 뇌의 진화과정을 살펴볼 것이다. 이와 함께 각 진화단계의 뇌마다 새롭게 등장하는 정서 관련 기능을 조명해볼 것이다. 또한 대뇌 좌우반구의 기능적 차이가 정서에서도 나타나는지, 정서인식이나 정서표현에 특정한 기능을 하는지에 관한 연구들을 살펴보고 대뇌반구의 기능분화 가설 세 가지를 소개하고자 한다.

### 1) 뇌의 진화와 정서

MacLean(1970, 1993)에 따르면 인간의 뇌는 크게 세 가지 주요한 발달단계를 거쳐 진화되었다고 한다. 그는 이들 단계가 파충류, 초기 포유동물, 후기 포유동물들에서 나타나는 계통발생적 단계들과 일치한다고 주장하였다. 진화적으로 볼 때, 각 단계의 동물들이 나타나는 데까지는 오랜 시간차가 있었다. 뇌의 화학적 구조와 그 기능이 다름에도 불구하고 이들 세 가지 뇌 형태에서 나타나는 연관성은 주목할 만하다. MacLean은 진화의 결과로 인간의 뇌구조에 나타난 기능을 설명하고자 '삼중뇌구조(triune structure)'를 제안하였다. 〈그림 4-1〉에는 삼중뇌구조가 제시되어 있다. 가장 오래된 형태인 '파충류의 뇌'는 뇌간과 소뇌로 구성되어 있다. 이들은 호흡과 심장의 기능을 조절하고 반사작용을 총괄하는 등 생존과 사고를 위해 기본적이

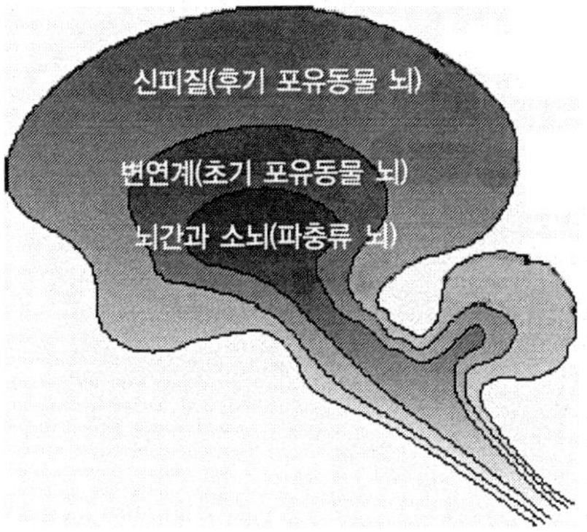


〈그림 4-1〉 MacLean이 주장한 삼중뇌구조

고 본능적인 수준의 역할을 한다. 다음으로 '초기 포유동물의 뇌'에는 대뇌변연계가 나타난다. 이 부분은 편도체, 해마 등으로 구성되어 있는데, 이는 정서와 기억 등과 같은 개인적 특성의 원천이 된다. 끝으로 '후기 포유동물의 뇌'에는 대뇌신피질이 나타난다. 이 부분은 추론이나 언어 등 고등 사고능력과 관련이 있다.

MacLean은 종 특유의 전형적인 행동패턴에 대해 정리한 에소그램(ethogram)[1)]을 이용하여, 이들 각 진화단계에 해당하는 동물의 행동을 비교하였다. 다음은 각 해당 단계에서 나타나는 뇌의 기능을 정리한 것이다.

### (1) 파충류의 뇌

파충류인 도마뱀을 예로 들어보자. 이들의 에소그램은 보금자리 형성, 식량탐색, 영역표시 행동, 다른 도마뱀을 만났을 때 보이는 행동, 이동, 환영, 교미행동과 같은 기본적인 행동으로 구성되어 있다. 기본적 행동 외에 사회적 의사소통 시에 나타나는 것은 개체 표시 행동, 지배 또는 도전, 순종 또는 양보, 구애 행동 등이다. 파충류 뇌의 근본적 구조는 먹이와 교미할 짝을 찾는 데 필요한 방법(예: 탐색, 성난 공격, 자기방어, 성적 행동 등)을 이끌어내도록 고안되어 있다. MacLean은 이러한 파충류 단계의 뇌가 기능면에서 볼 때, 보다 상위의 동물에게도 남아 있는지 알아보

1) 동물행동생태기록

기 위해 남아메리카 원숭이들을 관찰하였다. 원숭이들은 처음 보는 다른 원숭이를 만나면 자신을 나타내기 위한 행동, 지배적 행동, 교미행동 등을 보였다. 이는 기능적인 면에서 볼 때 뇌간과 소뇌가 있는 도마뱀류에서 나타나는 행동들이다. 그는 또한 원숭이를 대상으로 한 실험에서 뇌간과 소뇌가 손상되거나 제거된 경우에는 이러한 행동들이 사라진다는 것을 알아냈다.

인간의 경우에도 '헌팅턴 무도병(Huntington's Chorea)' 환자들을 관찰한 결과에서 MacLean의 가설과 일치하는 결과가 나타났다. 이 병은 유전적 질환으로 뇌간의 선상체부분이 손상되어 나타난다. 헌팅턴 무도병 환자들은 나이가 들면서 단순한 일상생활에 필요한 조직능력이나 계획능력을 점차 잃어간다. 외부에서 방향이 제시되지 않는다면 생기가 없고 무감각하게 되어 간다. 이러한 수동적 행동은 유전적 질환으로 일상생활을 조직화하고 개인을 동기화하는 일을 하는 뇌간의 선상체가 손상됨으로써 나타나는 것으로 보인다.

### (2) 초기 포유동물의 뇌

초기 포유동물의 뇌에서 나타나는 변연계의 기능을 살펴보기 위해 파충류의 에소그램에서는 나타나지 않고 포유동물에게서 나타나는 행동을 살펴보았다. 그 결과, 소리를 내는 신호, 애착, 발달초기의 놀이가 포유동물에게는 일반적으로 나타나지만 파충류에서는 전혀 찾아볼 수 없었다. 포유동물의 뇌에서 진화를 통해 나타나는 새로운 행동패턴은 기본적으로 어미와 새끼 간의 관계를 촉진하기 위해 고안된 것들이다. 이들 세 가지 행동으로 사회적 생활이 진일보하였다. 또한 사회적 상호작용 조절 시 정서가 주요한 역할을 하게 되었다.

포유동물의 경우, 보통 어미가 양육행동을 하고 자손을 보살피고 보호하는 데 많은 시간과 노력을 들인다. 이는 새끼가 어미의 곁에서 일찍 떨어지게 되면 살아남기 힘들기 때문이다. 따라서 어미와 그 자손이 서로 근접성을 유지하도록 진화하였다. MacLean은 포유동물의 진화에서 아주 초기의 발성 형태는 어미와의 분리불안으로 인한 새끼의 울음이고, 이는 어미와의 접촉을 복구하기 위한 신호였을 것이라고 추측하였다. 이와 반대로 도마뱀이나 바다거북같은 파충류들은 소리를 내지 못한다. 포유동물들이 새끼를 양육하기 위해 많은 노력을 기울이는 반면 파충류들은 그저 알을 낳기만 할 뿐이다. 파충류의 알은 스스로 부화하여 자라게 된다. 도마뱀은 새끼를 돌보거나 보호하는 행동을 보이지 않는다. 그뿐 아니라 새끼들은 어미나 다른 성인 도마뱀에게 잡아먹히지 않기 위해서 숨어 있어야 한다. 따라서 소리를 내지 않는 것이 이들에게는 더 이롭다고 할 수 있다.

MacLean은 모성적 보살핌, 유아의 애착, 발성신호, 놀이와 관련된 행동프로그램의 진화를 조절하는 뇌구조가 변연계라고 보았다. 또한 이러한 새로운 행동체계의 출현과 함께 변연계가 포유동물의 뇌에서 주요한 정서적·동기적 체계로 진화하였다고 주장한다. 즉, 욕구, 두려움, 분노, 낙담, 우울, 기쁨, 애정 등의 정서는 모두 대뇌변연계의 활동으로 나타나게 된다는 것이다. 그러나 계통발생적으로 보다 오래된 구조인 뇌간 및 소뇌부분과 변연계에는 인간의 뇌에서 나타나는 언어를 관장하는 영역은 존재하지 않으며, 따라서 언어적 의사소통 능력이 결여되어 있다.

### (3) 후기 포유동물의 뇌

MacLean이 주장한 인간 뇌의 진화적 모형 중 세 번째는 후기 포유동물의 뇌이다. 〈그림 4-2〉에서 뇌의 가장 바깥 부분 층이 가장 최근에 진화된 것으로 보이는 대뇌신피질(neocortex)이다. 이 부분은 고등동물로 갈수록 더 현저히 나타난다. 특히 영장류에서는 두드러지게 나타난다. 또한 영장류 내에서도 인간은 침팬지에 비해 대뇌신피질 부분이 상당히 크다. 계통발생학적으로 볼 때, 인간의 뇌는 앞쪽 대뇌피질 부분이 현저히 크고 전두엽 부분이 큰 것이

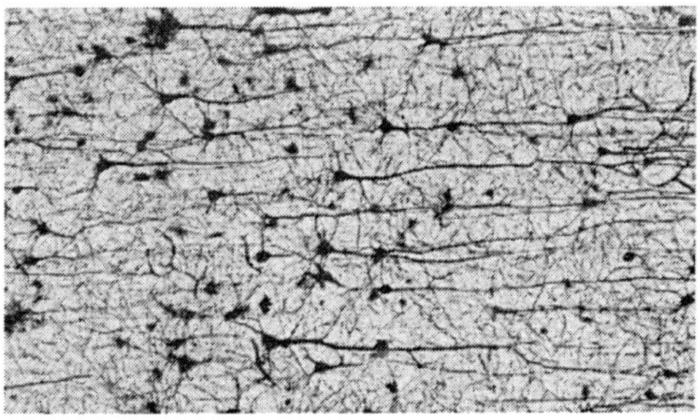

사진 설명: 피질 내의 뉴런망

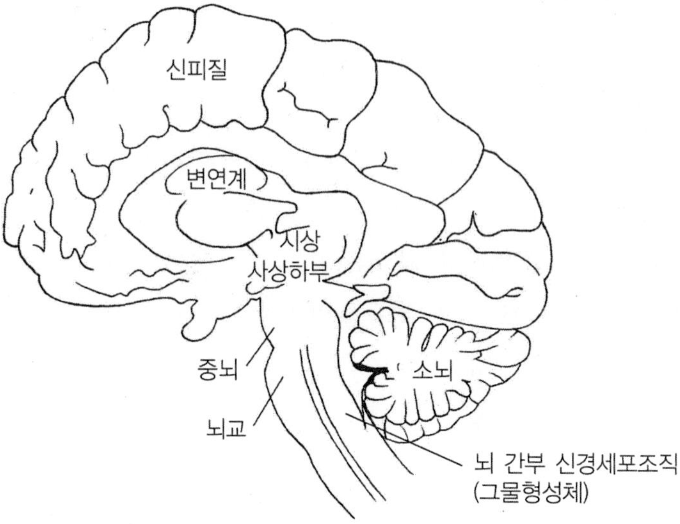


〈그림 4-2〉 뇌의 구조: 대뇌신피질

출처: Webb, W. B. (1968). *Sleep: An experimental approach*. NY: Macmillan.

특징이다. 이 부분은 추론, 언어, 상위인지 능력과 같은 인간 특유의 행동에 있어 중요한 역할을 한다. 이 부분은 특히 정서행동과 경험에 매우 중요한 역할을 하는 것으로 알려져 있다. 또한 이 부분에서는 인지적 기능과 정서적 기능이 상호작용하는 것으로 보인다. 이로 인해 인간은 보다 복잡한 정서상태를 경험하게 되는지도 모른다.

### 2) 좌뇌와 우뇌

뇌의 기능에 관한 연구들은 아직 초기 단계라고 할 수 있다. 한동안 좌뇌는 언어와 논리적 사고에 관한 이성적 역할을, 우뇌는 직관과 정서에 관한 정서적 역할을 담당한다고 생각해왔다. 하지만 뇌의 양측 반구가 담당하는 역할은 이전에 생각했던 것보다 훨씬 더 복잡하다. 양측 반구는 뉴런을 통해 서로 정보를 주고받는다. 따라서 정서지각에 있어서도 양측의 대뇌 반구가 모두 관련되어 있다.

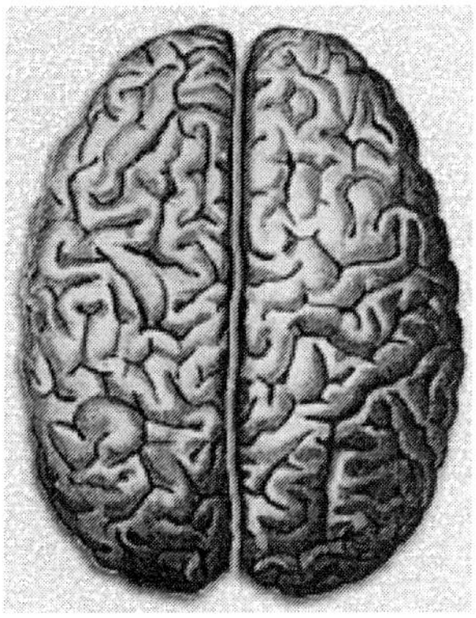

사진 설명: 뇌의 좌반구와 우반구

Springer와 Deutsch(1981)에 따르면, 좌뇌는 언어와 관련된 과제를 전문으로 다루고, 우뇌는 표정인식, 정서지각 및 경험, 표현 등과 관련된 시각-공간적 과제를 전문으로 다룬다. 그 밖에 좌뇌는 기쁨과 같은 긍정적인 정서를 처리하는 경향이 더 높고, 우뇌는 두려움이나 분노와 같이 부정적인 정서를 처리하는 경향이 좀 더 높다고 한다. 이와 관련된 연구로 Dimond와 Farrington(1977)은 피험자들에게 특별히 고안된 콘택트렌즈를 사용하여 피험자의 좌측 시각영역이나 우측 시각영역 중 한 군데로만 영화를 볼 수 있도록 하고, 영화내용에 대한 반응을 심장박동률로 측정하였다. 그 결과, 긍정적 정서를 유발하는 영화는 우측 시각영역(즉, 좌뇌)에 제시될 때 그 효과가 더 크고, 부정적 정서를 유발하는 영화는 좌측 시각영역(즉, 우뇌)에 제시될 때 그 영향이 더 큰 것으로 나타났다. 따라서 좌뇌는 긍정적 정서 정보를 처리하는 데, 우뇌는 부정적 정서 정보를 처리하는 데 보다 전문화되어 있다고 결론지었다.

좌뇌나 우뇌에 손상을 입은 환자들을 관찰한 결과에서도 이러한 견해를 지지하는 증거를 찾아볼 수 있다. 우뇌에 손상을 입은 환자들은 자신들의 처지를 이성적으로 이해하지만 정서적으로 적절히 반응하지는 못한다. 반면 좌뇌에 손상을 입은 환자들은 불안해하고 두려워하며 우울해하고 미래에 대해 비관적이다(Goldstein, 1948). 이에 대해 신경심리학자인 Kinsbourne(1981)은 인간 뇌의 좌반구와 우반구는 각각 다른 정서를 전문적으로 다룬다고 보았다. 즉, 좌반구는 기쁨이나 사랑 등의 긍정적 느낌이나 표현과 관련되어 있고, 우반구는 슬픔이나 분노, 두려움 등의 부정적 느낌이나 표현과 관련되어 있다. 따라서 상해나 외과적 수술, 간질 등으로 좌반구가 손상되면 환자들은 곧 삶에 비관적이 되는 경향이 있고, 우반구가 손상되면 자신들의 비정상적인 상태에 무심하고 오히려 의기양양하게 변하는 경향이 있다.

Marcel Kinsbourne

이러한 연구결과들을 바탕으로 Carlson과 Hatfield(1992)는 다음과 같이 결론을 내렸다. 첫째, 좌뇌와 우뇌 모두 정서지각이나 경험 및 표현과 관련이 있다. 둘째, 좌뇌와 우뇌는 그 기능에서는 서로 차이를 보인다. 좌뇌는 정서 언어를 포함한 언어를 보다 전문적으로 다루고, 우뇌는 표정인식, 정서지각, 경험 및 표현을 보다 전문적으로 다룬다. 셋째, 좌뇌는 긍정적인 정서의 처리과정과, 우뇌는 부정적인 정서의 처리과정과 보다 밀접하게 관련되는 것으로 보인다.

### 3) 정서와 관련된 대뇌반구의 기능분화 가설

최근 인간의 정서와 관련된 신경과학의 연구는 대부분 대뇌 앞부분 피질 기능의 불균형에 관한 것이다. 이 부분이 다양한 정서행동과 표현의 바탕이 된다고 보기 때문이다(Davidson, 1993). 정서에 관한 대뇌반구의 역할과 관련된 가설로는 대뇌 우반구 가설, 정서가(情緖價) 가설(valence hypotheses), 접근-철회 가설(approach-withdrawal hypotheses)을 들 수 있다. 먼저 '대뇌우반구 가설'은 모든 정서처리 과정에서 대뇌우반구가 전반적인 역할을 한다는 것이다. 이를 뒷받침하는 증거는 좌뇌와 우뇌가 분리된 환자를 관찰한 연구에서 찾아볼 수 있다. 표정을 인식하는 데는 뇌의 특정 부분이 관련된다. 연구결과 우측 후반구 부분이 정서적 상태를 인식하는 기능과 관련되는 것으로 나타났다. 따라서 사고로 뇌의 특정 부분이 손상을 입은 경우 그 부분에 해당되는 특정 기능을 상실하는 것으로 보인다. 우측 뇌의 후반구 부분이 손상된 환자들은 표정이 아닌 다른 익숙한 시각적 자극은 인식할 수 있고 친숙한 사람들의 목소리도 인식할 수 있으나 주변 사람들의 표정은 인식하지 못했다(Damasio, Damasio, & Tranel, 1990). 보다 최근의 신경생물학 연구에 의하면(Hauser, 1996), 표정에 관계없이 개인의 얼굴에 반응하는 뉴런들이 있고 누구의 표정인지에 관계없이 특정 표정에 대해서만 반응하는 뉴런들이 있다고 한다. 이들 얼굴에 민감한 세포들은 편도체에서 나타나는 세포들과 함께 면대면 의사소통에 중요한 역할을 한다.

반면, 정서표현에 대한 또 다른 연구들은 정서가(情緖價) 가설과 접근-철회 가설 쪽을 지지한다(Camras, Holland, & Patterson, 1993). '정서가 가설'에서는 표현된 정서에 따라 뇌의 어느 쪽 반구가 기능하는지가 달라진다고 본다. 즉, 긍정적 정서는 좌반구에서, 부정적 정서는 우반구에서 중재된다고 본다(Dimond, Farrington, & Johnson, 1976). 예를 들면, 한쪽 피질이 상해를 입은 환자들을 살펴본 결과 어느 쪽 대뇌피질이 상해를 입었는지에 따라 각기 다른 증상을 보였다. 좌반구에 상해를 입은 환자들은 우반구에 상해를 입은 환자들에 비해 우울증과 관련되는 경우가 많았고(Hughlings-Jackson, 1959), 상해가 좌측 전두엽에 가까울수록 우울증상이 더 심하게 나타났다(Robinson, Kubos, Starr, Rao, & Price, 1984).

Harold A. Sackeim

반면 우반구에 상해를 입은 환자들에게서는 조증이 보다 많이 보고되었다. 122개의 임상케이스를 고찰한 Sackeim과 그의 동료들(1982)에 의하면, 우반구의 손상은 병리적인 웃음과 관련되는 경우가 많고, 좌반구의 손상은 병리적인 울음과 관련되는 경우가 많았다.

한편, '접근-철회 가설'에서는 좌반구와 우반구의 앞쪽 영역이 접근과 철회를 매개한다고 본다(Davidson, 1993). 접근과 철회는 행동의 진화에서 나타나는 기본적인 행동 동기체계이다. 긍정적 정서는 관심과 접근을 유발하고, 부정적 정서는 종종 회피와 철회를 유발한다고 본다. 즉, 좌반구의 앞쪽 영역은 선호하는 자극에 대한 접근유도반응을 촉진하고, 우반구의 앞쪽 영역은 혐오적인 자극에 대한 철회유도반응을 조장한다.

두뇌 앞쪽 영역의 뇌파기록은 좌반구와 우반구의 활성화 정도를 반영한다. 따라서 두뇌 앞쪽 영역의 뇌파 불균형 패턴은 새롭거나 스트레스가 되는 상황에 접근하거나 철회하는 경향과 관련되는 것으로 볼 수 있다(Fox, 1991, 1994). 뇌파기록장치(EEG)를 이용해 뇌 앞쪽 영역의 전기적 활동 패턴을 살펴본 연구들에 따르면, 실험실 상황에서 행동억제와 위축행동을 많이 보이는 아동들에게서는 우반구 앞쪽 영역이 활성화되어 뇌파가 불균형을 보이는 것으로 관찰되었다(Fox, Calkins, & Bell, 1994; Fox et al.,

사진 설명: 뇌파기록을 위한 장치

2001). 반면 낯선 또래와의 상호작용에서 사교성이 높은 유아들의 경우 좌반구 앞쪽 영역이 활성화되어 뇌파가 불균형하게 나타났다(Fox et al., 1995).

## 2. 정서와 중추신경계

중추신경계의 핵심부분인 뇌의 정서관련기능에 대한 연구는 지난 100여 년간 급격히 발전해왔다. 19세기 말에 William James(1884)는 정서가 대뇌신피질의 감각 및 운동 영역의 기능으로 인해 나타나는 것이며 대뇌에 정서 기능을 위한 체계가 따로 있는 것은 아니라고 보았다. 그는 정서라고 하는 것은 자율신경계를 각성시키는 사건에 대한 신체의 생리적 반응을 사람들이 감지한 결과라고 주장하였다. 예를 들어, 사람이 사납게 짖어대는 개를 보면 먼저 교감신경계가 작동하여 심장이 뛰고 등에 땀이 배기 때문에 무서움을 느낀다는 것이다. 따라서 교감신경계의 각성이 일어나지 않으면 어떠한 정서도 느끼지 않는다는 것이다. 하지만 그 이후에 정서반응이 시상하부와 관련이 있다는 연구들(Bard, 1929; Cannon, 1929)이 나타남에 따라 James의 주장은 더 이상 받아들여지지 않게 되었다. 또한 일련의 연구들을 바탕으로 Papez(1937)는 시상하부, 시상앞쪽(anterior thalamus), 대상이랑(cingulate gyrus), 해마(hippocampus)와 관련된 정서회로가 있다고 주장하였다. 그 후 MacLean(1949)은 이 구조를 파페즈 회로(Papez Circuit)라고 칭하고 여기에 대뇌변연계의 몇 부분을 추가하였다. 대뇌변연계의 구조와 기능 및 그 경로에 대해서는 학자들마다 조금씩 다른 의견을 제시하고 있다. 하지만 변연계 구조 중 편도체(amygdala)의 경우, 여러 상황에서 정서처리 과정과 관련이 있는 것으로 나타난다(Mishkin & Aggleton, 1981; LeDoux, 1987; Rolls, 1986, 1992). 이후 알려진 바에 의하면, 뇌의 시상하부, 편도체, 해마를 포함하는 대뇌변연계와 측두엽, 대상이랑, 대뇌신피질 등이 정서와 밀접한 연관이 있는 것으로 보인다(Plutchik & Kellerman, 1986).

### 1) 파페즈 회로

James W. Papez

1937년 Papez는 「정서의 가설적 기제(A Proposed Mechanism of Emotion)」라는 논문을 발표하였다. 이전까지의 연구논문들이 하나의 특정한 뇌 구조를 찾아내서 정서를 설명하고자 한 것에 비해 Papez는 정서가 여러 가지 뇌 구조에 의해 매개된다고 주장하였다. 이로 인해 정서의 신경생리 연구분야가 개념적으로 진일보하게 되었다. 이 시기를 기점으로 다양한 두뇌 구조들이 정서에 관여한다는 견해가 모든 신경생리학적 정서이론에 나타나게 되었다.

Papez의 '정서회로이론'에 따르면 시상하부, 전시상, 대상이랑, 해마 등과 같은 몇몇 특정 뇌 구조들이 하나의 체계로서 순차적으로 연결되어 함께 작동한다고 하였으며, 이후 이를 파페즈 회로라고 부르게 되었다. Papez는 기존의 뇌 구조와 뇌 피질을 연결하는 이 회로가 바로 감정이 일어나는 경로라고 주장하였다. 〈그림 4-3〉에는 파페즈 회로가 나타나 있다. 환경으로부터 입

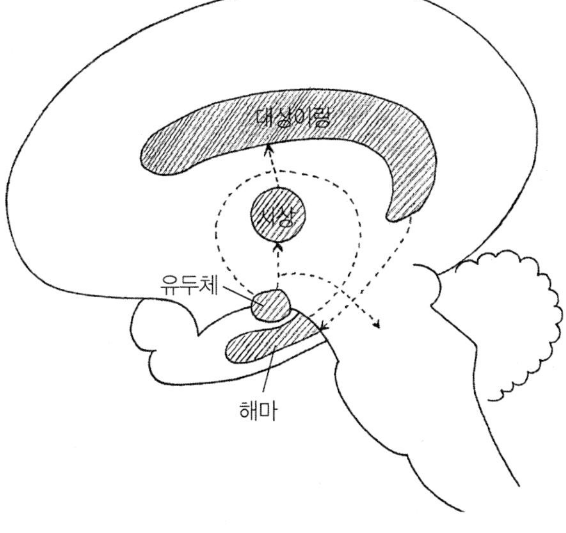

〈그림 4-3〉 파페즈 회로

력된 정보가 시상을 통해 시상하부에 이르고, 정서자극은 시상하부에서 양측 통로, 즉, 말초신경계와 대뇌피질로 전달된다고 보았다. 이들 정보가 이동하는 예는 〈그림 4-4〉에 제시되어 있다. 이러한 주장에 따르면 감정의 흐름이 때로는 시상하부에서 뇌간 및 척수, 그 다음 말초신경계로 전달된다. 이때는 정서자극이 정서행동을 직접 일으키게 된다. 하지만 감정의 흐름이 때로는 시상하부에서 대뇌피질로 전달되기도 한다. 이 경우 정서정보는 대상피질에서 수용되므로 정서자극이 지각, 생각, 태도 등의 인지적 과정을 유발하게 될 수도 있다. 결국 정서정보는 대뇌피질에서 해마로, 그래서 시상하부로 다시 전달될 수 있다. 또한 이러한 파페즈 회로로 불리는 경로를 통해 대뇌피질이 신체말단의 반응을 일으키게 된다. 하지만 이 회로가 정서가 일어나는 경로인지에 대해서는 많은 논란이 있어 왔으며 현재는 이 회로가

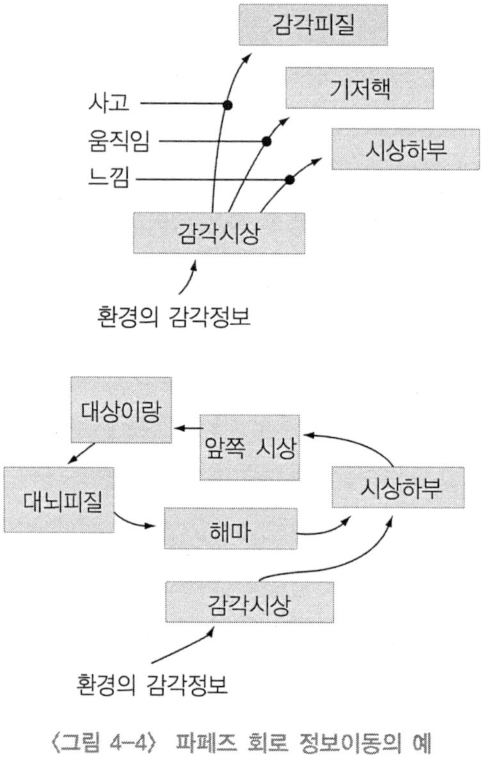


〈그림 4-4〉 파페즈 회로 정보이동의 예

출처: LeDoux, J. E. (1986). The neurobiology of emotion. In J. E. LeDoux & W. Hirst (Eds.), *Mind and brain: Dialogues in cognitive neuroscience*. Cambridge, England: Cambridge University Press.

감정을 일으키는 직접적인 기전이라고 보고 있지는 않다.

### 2) 대뇌변연계

1949년 Paul McLean은 Papez 회로에 편도체, 중격부, 안와전두피질, 기저핵 등을 추가하여 '변연계(limbic system)'라는 새로운 이름을 붙였다. 그는 이들 하위피질 구조들이 변연계라는 기능적 체계를 구성한다고 주장하였다. 또한 이 체계를 '내장뇌(visceral brain)'라고도 칭하였는데, 이 부분이 여러 정서 상황에서 내장의 활동을 조절하는 데 중요한 역할을 하기 때문이다. 〈그림 4-5〉에 나타나 있듯이 변연계에는 대상이랑 및 해마이랑과 같은 대뇌피질 부분과 편도체, 시상하부, 시상전방부와 같은 하위피질 부분이 포함된다.

LeDoux(1986)는 변연계에서 감각정보를 수용한다는 견해를 지지하였다. 변연계에는 감각수용기와 변연계 내 구조들을 연결하는 여러 연결회로들이 미로와 같이 얽혀져 있다. 예를 들면, 감각시상에는 시각과 청각 정보를 수용하는 부분이 있어

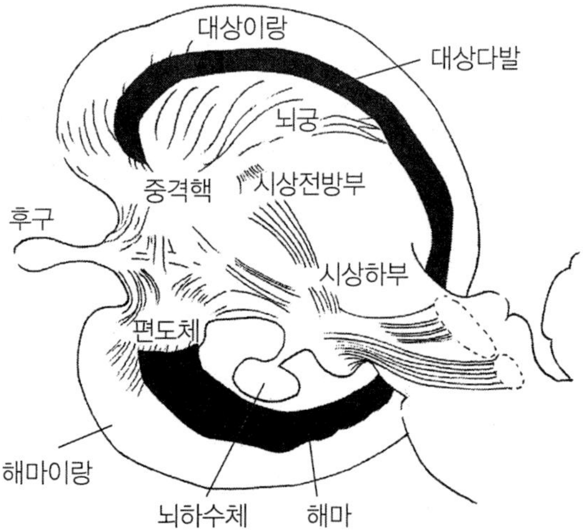


〈그림 4-5〉 대뇌변연계

출처: Plutchik, R. (1980). *Emotion: A psychoevolutionary synthesis*. New York: Harper & Row.

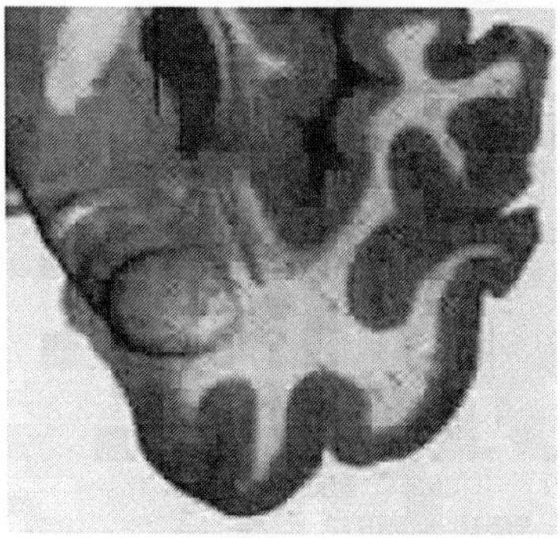
사진 설명: 편도체

이러한 정보를 시상하부와 편도체로 전달한다. 또한 눈에서 시상하부와 해마까지 직접 연결시키는 신경이 있어 시각적 정서자극을 직접 수용할 수도 있다. 그리고 시상하부와 편도체에서 내장정보를 직접 수용하여 이를 바로 뇌간과 척수에 전달한다는 증거가 나타나고 있다. 변연계는 뇌와 몸 전체에서 정서사건을 일으키거나 조절하도록 하는 정보를 정확하게 수용하고 전달하도록 만들어져 있다. 그러나 이러한 주장들에도 불구하고 정서사건에 있어 해마의 역할이 분명하지 않고 뇌의 다른 구조가 더 중요한 역할을 할 가능성도 배제할 수는 없다.

편도체(amygdala)는 측두엽피질에 위치하는 부분이다. 이는 여러 핵들로 구성되어 있어 편도핵복합체라고도 불린다. 이 부분은 변연계의 여러 구조와 연결되어 있으며 기능적으로 정서와 가장 밀접히 관련되는 것으로 보인다. 편도체는 새로운 자극에 대한 두려움을 조건화시키는 연구(Blanchard & Blanchard, 1972; Kapp, Frysinger, Gallagher, & Haselton, 1979; Davis, Histchcock, & Rosen, 1987)와 전형적인 정서반응을 일으키도록 뇌를 자극한 연구(Hilton & Zbrozyna, 1963; Kapp, Pascoe, & Bixler, 1984; Iwata, Chida, & LeDoux, 1987)에서 정서와 관련된 핵심 구조인 것으로 나타났다. 예를 들어, 편도체 부위가 파괴되면 감정표현이 거의 없어지는 것으로 나타난다. 따라서 여러 학자들은 감각자극이 정서적으로 얼마나 중요한가를 결정하는 데 있어서 편도체가 중요한 역할을 한다고 결론지었다(Geschwind, 1965; Jones & Mishkin, 1972; LeDoux, 1984; Rolls, 1992; Halgren, 1992).

정서를 관장하는 변연계와 관련된 뇌의 구조를 정리하면 다음과 같다(Strongman, 1987). 첫째는 측두엽이다. 이 부분은 해마, 편도체, 이상엽, 전두엽피질과 관련된 부분이다. 원숭이를 대상으로 한 실험(Bard & Mountcastle, 1948)에서 포악하고 공격적이었던 원숭이들이 측두엽이 손상된 후 유순하고 활동적이며 지나치게 성적으로 몰두하는 변화를 보였다. 또 다른 실험(Bard, 1950)에서는 변연계는 그대로 놓아둔 채 측두엽만을 제거하자 유순하고 얌전하며 정서적으로 반응이 없는 동물이 되었다. 따라서 측두엽은 정서와 관련된 억제 기능을 하는 것으로 보인다. 둘째는 편도복합체이다. 이 부분이 손상되면 정서적 활동이 증가하는지 아닌지에 관련해서 연구결과들(Bard & Mountcastle, 1948, Schreiner & Kling, 1953 등)이 일치하지 않고 있다. 하지만 편도복합체에 관한 연구들은 적어도 이 부분이 정서반응에 민감하다는 데에는 동의하고 있다. 이 부분이 손상된 동물들의 경우 강화조건에서 변화에 상대적으로 무감각했다. 세 번째는 편도체-해마부분이다. 동물실험연구(Smith, 1950; Walker et al., 1953)에서 편도체와 해마 부분이 손상될 경우 동물들이 유순하고 얌전하게 변화하였다. 즉, 일시적이지만 동물들의 정서 반응성이 감소하였다. 네 번째는 해마이다. 해마에 전기적 자극과 화학적 자극을 가하자 일반 정서 상황에서 나타나는 것과 비슷한 자율신경계 반응이 촉진되었다(MacLean, 1954). 대략적으로 볼 때 이들 일련의 연구결과들은 측두엽이나 변연계가 손상되면 정서적 반응성이 감소된다는 점을 시사한다.

### 3) LeDoux의 신경과학적 정서 모형

Joseph E. LeDoux

Joseph LeDoux(1986)는 정서에 대한 신경과학적 모형이 정서의 다양한 측면을 포함해야 한다고 보았다. 따라서 그의 모형은 크게 인지적 측면인 정서자극 평가, 행동적 측면인 정서표현, 감정적 측면인 정서경험 등으로 나누어 설명하고 있다.

#### (1) 정서자극 평가

정서자극 평가는 받아들인 감각정보를 이미 저장되어 있는 정보나 지식과 비교하는 과정을 말한다. 이때의 지식은 타고난 것일 수도 있고 경험을 통해서 습득한 것일 수도 있다. 고등동물인 인간의 경우 완전히 본능적인 정서평가(예: 크고 시끄러운 소리가 부정적 정서반응을 일으키는 경우)는 적은 편이고 대부분은 경험을 통해 습득한 것이다. LeDoux에 따르면, 정서자극을 평가하는 두뇌 처리과정의 일부는 편도체 부분에서 일어난다. 편도체가 손상된 실험실 원숭이에 대한 연구(Jones &

Mishkin, 1972)는 이러한 주장을 뒷받침한다. 즉, 원숭이들은 편도체가 손상되기 전과 같이 시각적으로 완전히 볼 수 있었지만, 본 것에 대해 정서적으로 적절히 반응하지는 못하였다. 따라서 편도체는 대뇌피질에서 처리되는 시각정보에 의미를 부여하고 이를 시상하부와 뇌의 다른 부분으로 연결시켜서 행동을 이끌어내게 된다.

하지만 정서자극을 평가하는 데는 대뇌피질과 변연계의 다른 구조도 관련되는 것으로 보인다. 예를 들어, 대뇌피질은 해마와 순차적으로 연결되어 감각정보가 해마에서 시상하부까지 도달하도록 만드는 것으로 보인다. 보다 복잡한 정보는 대뇌신피질을 통해 변연계로 보내질 수도 있다. 뇌의 구조 중 대뇌신피질은 가장 복잡한 정보를 처리하는 능력이 있기 때문이다. 반면 단순한 정보를 평가할 때에는 관련정보가 시상하부에서 변연계로 바로 전달될 수도 있을 것이다.

### (2) 정서표현

Edmund Rolls(1976)는 변연계, 특히 편도체의 기능 중 하나는 환경적 사건을 보상이나 처벌과 연관시키는 것이라고 주장하였다. 편도체는 시상하부에서 보상 또는 처벌과 관련된 정보를 받은 후 어떤 감각적 사건이 보상과 관련되는지에 대한 정보를 다시 시상하부로 보낸다. 인간은 이러한 정보를 특정 행동을 이끌어내는 데 사용하게 된다는 것이다. 예를 들어, 출출한 오후 시간에 빵집 앞을 지날 때 맡게 되는 빵굽는 냄새는 일종의 정서자극이 된다. 우리의 감각기관이 빵집 창에 비친 빵을 보고 빵 굽는 냄새를 맡아서 이를 뇌에 전달한다. 변연계의 편도체와 같은 두뇌의 앞쪽 부분에서 이 자극을 "좋은 냄새"로 평가한다. 편도체는 이 정보를 다시 시상하부를 통해 뇌간에 전달한다. 뇌간에서는 이를 자율신경계에 보내고, 입 안에서는 자동적으로 군침이 돌게 되며 결국 빵을 사러 들어가게 만든다.

### (3) 정서경험

LeDoux(1986)는 인간이 정서경험을 지각할 때 두 가지 다른 정보체계를 이용하는데 이 두 체계 모두 언어와 관련된다고 보았다. 첫 번째는 뇌의 변연계에서 직접 입력된 정보를 언어적으로 처리하면서 정서경험을 지각하는 것이다. 이 경우 사람들은 자신의 신체에 대해 즉각적이고 직접적인 피드백을 받아서 스스로의 정서경험에 대해 보다 정확하게 평가하게 된다. 두 번째는 변연계로부터의 정보가 없고 내장기관과 근육으로부터의 정보만 있는 경우이다. 따라서 사람들이 자신의 감정을 해석함에 있어서 추론과정에 의지해야 하므로 정확한 평가가 힘들어진다. 예를 들어, 자신이 내고 있는 고함소리를 듣기 전까지 자신이 화가 났다는 사실을 인식하지 못하는 경우나 자신이 감정적으로 행동한다는 것을 다른 사람들이 지적할 때까지 모르는 경우가 이에 해당한다.

## 3. 정서와 말초신경계

신체 말초로부터의 감각정보를 중추신경계로 전달하는 신경을 구심성 신경(afferent nerve)이라 하고, 그 반대로 중추신경계의 정보를 신체 말초에 전하는 신경을 원심성 신경(efferent nerve)이라 한다. 눈이나 귀 등에 있는 감각 수용기는 외부환경에 대한 정보를 제공해주고, 골격근이나 관절의 감각기관은 신체의 위치, 자세, 움직임 등에 대한 정보를 제공해준다. 유연한 근육과 내장 상의 감각기관들은 배고픔이나 목마름같이 신체 내부에서 일어나는 현상에 대한 정보를 제공해준다. 이러한 모든 정보는 구심성 경로를 통해 중추신경계에 전달된다. 따라서 뇌에서 정서판단을 할 때에 이들 신체정보와 내장기관의 정보를 이용하게 된다. 얼굴이나 팔다리와 같은 골격근과 관절에 있는 감각기관에서 자극을 보내면 이 자극은 신체의 구심성 신경을 통해 뇌에 전달된다. 이를 통해 뇌는 얼굴 근육의 움직임이나 신체 내부의 활동, 내부의 스트레스, 손발의 위치 등에 대한 정보를 얻게 된다. 〈그림 4-6〉은 말초신경계의 구성을 간략히 소개한 것이다.

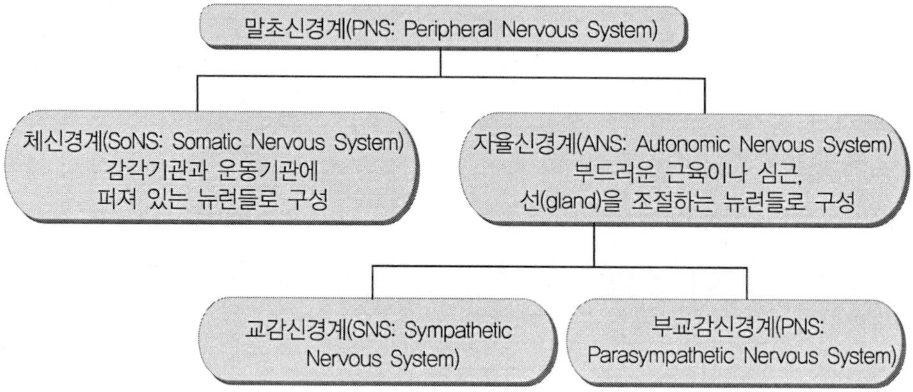


〈그림 4-6〉 말초신경계의 구성

### 1) 교감신경과 부교감신경의 일반적 기능

자율신경계는 심혈관계, 호흡계, 소화계, 내분비계를 자극하여 활동시킬 뿐만 아니라 정서표현에 있어서도 중요한 역할을 한다. 자율신경계는 크게 교감신경과 부교감신경으로 구성되어 있다. 교감신경계(sympathetic nervous system)는 척수로부터 심장, 타액선, 폐, 간 등의 다양한 체내 기관을 연결하는 신경들을 말한다. 부교감신경계(parasympathetic nervous system)는 뇌간이나 척수의 천골부분에서 심장, 폐, 위, 방광 등과 같은 체내 기관을 연결하는 신경들을 말한다. 〈그림 4-7〉에는 교감신경 및 부교감신경의 주요경로와 신경이 다다르는 체내의 기관이 나타나 있다. 교감신경과 부교감신경은 신경절(ganglia)과 그 신경전달물질(neurotransmitters)에서 차이를 보인다. 척수로부터의 신경조직은 먼저 신경절로 이어지고 신경절에서 다시 각 해당 기관으로 연결된다. 부교감신경계에서 신경절은 보통 각 말단기관에 위치하고 있으므로 신경절 끝의 뉴런이 매우 짧다. 교감신경의 경우 신경절은 척수와 기관 사이에 위치한다. 아세틸콜린(acetylcholine: ACh)은 교감신경과 부교감신경 모두에서 신경전달을 촉진한다. 노르에피네프린은 교감신경에서만 신경전달을 촉진하는데, 이는 정서각성과 관련되는 신경전달물질로 알려져 있다.

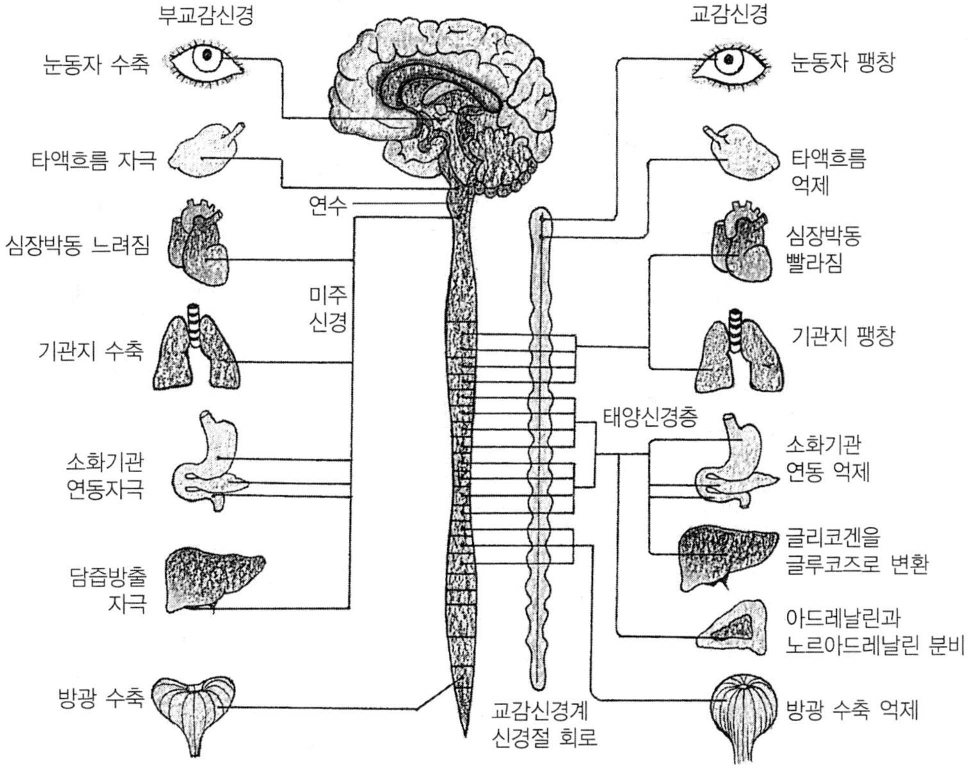


〈그림 4-7〉 교감신경계 및 부교감신경계

출처: Hilgard, E. R., Atkinson, R. L., & Atkinson, R. C. (1979). *Introduction to psychology.* Harcourt Brace Jovanovich, Inc.

또 다른 차이를 살펴보면, 교감신경계는 좌우 신장 위 끝에 있는 부신(adrenal)이라는 내분비기관에 신경말단이 연결되어 있다. 부신의 골수 부분이 활성화되면 노르에피네프린과 에피네프린이 분비되기 시작한다. 이러한 신경전달물질은 혈류에 들어가고(교감계 신경전달의 활성을 지속시키는 것을 포함하여), 신경 자체에서 발생되는 신경전달물질의 효과보다 더 지속적인 효과를 만들어낸다. 이처럼 부신이 아드레날린을 지속적으로 방출하기 때문에 교감신경이 일단 활성화되면 한동안 자체적으로 그러한 활성화가 지속된다.

그 밖에 교감신경계에서는 상대적으로 적은 교감신경절이 여러 말단기관을 한꺼번에 활성화한다. 다시 말해서, 교감신경의 활성화로 여러 기관들이 동시에 동일한 목적을 달성하기 위해 변화하게 된다. 예를 들어, 정서적 사건으로 심장이 마구 뛰게 되면, 눈동자가 커지는 동시에 호흡량이 증가하며 소화기능이 억제된다. 반면 부교감신경계의 작용으로 변화가 나타나는 경우에는 각 기관마다 변화속도가 달라지게 된다. 심장박동이 느려지기 시작한 이후에도 눈동자는 여전히 커진 채로, 가슴은 답답한 채로 남아 있을 수 있다. 이는 진화론적 입장에서도 설명이 가능하다. 정서상황이나 응급상황에서는 교감신경의 활성화가 신체를 빨리 변화시키는 것이 필요하다. 생존을 위해 신체 내에서 혈액과 산소의 흐름이 빨라져야 한다. 하지만 일단 정서상황이나 응급상황이 종결되고 나서 신체가 다시 평상시로 돌아올 때에는 서두를 필요가 없다. 따라서 부교감신경계가 신체 각 기관의 활동을 한꺼번에 정상 수준으로 돌릴 필요는 없을 것이다.

### 2) 교감신경과 부교감신경의 정서적 기능

강한 정서는 보통 자율신경계의 반응과 관련된다. 여러 가지 정서상태에는 교감신경의 각성이 수반된다. 예를 들어, 강력한 혐오적인 정서는 교감신경의 활성화와 관련되어 위험상황에서 재빨리 도망칠 수 있게 신체 각 기관으로 하여금 준비를 하게 만든다. 신체적 움직임이 요구되는 상황(예: 도망치기)뿐만 아니라 심리적 스트레스를 받는 상황에서도 교감신경이 각성된다. 한 연구(Brod, Fencl, Hejl, & Jirka, 1959)에서는 피험자들에게 매우 짧은 시간 안에 어려운 수리적 문제를 풀게 하였다. 이는 피험자들에게 정신적 스트레스가 되었다. 이때 피험자들에게 내부 신체기관으로 가는 혈액의 흐름이 감소하고 골격근육으로 가는 혈액의 흐름이 증가하는 반응이 나타났다. 이는 심리적 스트레스원도 자율신경계의 반응에 영향을 미치며 정신적으로 일어나는 정서반응(예: 지각된 스트레스)이 자율신경계의 각성과 관련된다는 것을 보여준다.

이처럼 정서가 전반적으로 자율신경계를 활성화시킨다는 주장과 달리, 보다 최근에는 각각의 정서가 특정한 생리학적 반응패턴과 관련된다고 보는 견해도 있다.

Ekman과 그의 동료들(1983)은 피험자들에게 여섯 가지 기본 정서인 놀람, 혐오, 슬픔, 분노, 두려움, 기쁨을 얼굴에서 표현하도록 하였다. 이때 이들의 심장박동률과 체온을 측정하였다. 그 결과, 피험자들이 분노나 두려움, 슬픔을 표현할 때에는 자율신경계에서 심장박동률이 증가하였고, 분노를 표현할 때에는 체온이 급격히 상승하였다. 〈그림 4-8〉에는 여섯 가지 정서에 따라 피험자들이 나타낸 자율신경계의 각성정도가 나타나 있다. 이를 바탕으로 해서 보면, 긍정적 정서와 부정적 정서는 각기 다른 자율신경계의 활동과 관련되는 것임을 알 수 있다. 예를 들어, 분노와 두려움에서는 심장박동률이 기쁨의 경우보다 증가하였다. 또한 체온은 기쁨보다는 분노에서 더 증가하였다. 따라서 다양한 정서는 각기 자율신경계의 특정 반응과 관

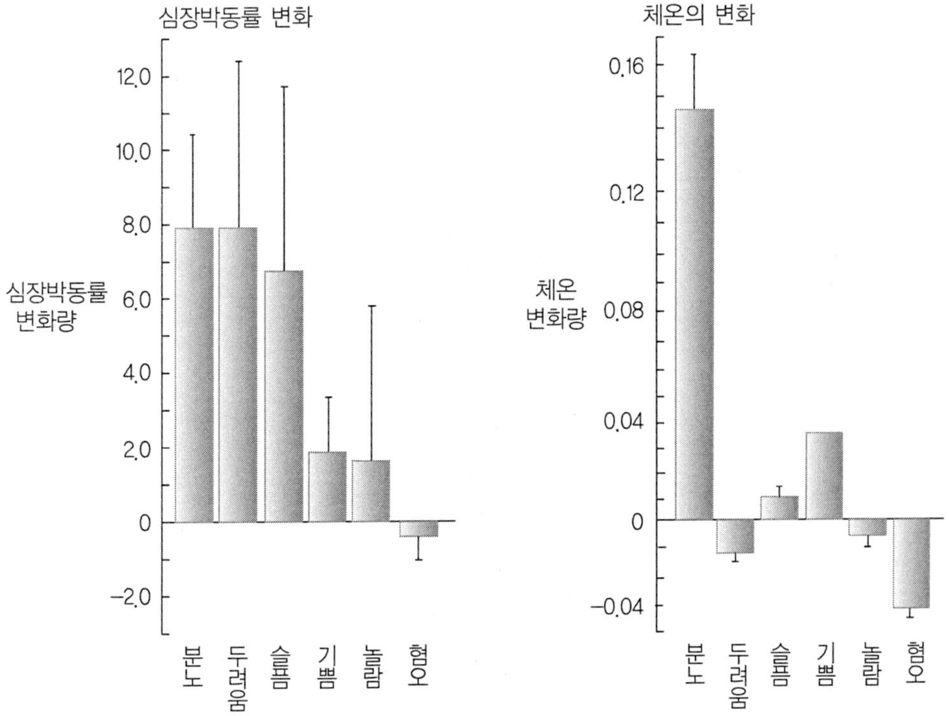


〈그림 4-8〉 주관적 정서경험과 자율신경계의 활동 간의 관계

출처: Ekman, P., Levenson, R. W., & Friesen, W. V. (1983). Autonomic nervous system activity distinguishes among emotions. *Science, 221*, 1208-1210.

련되는 것으로 보인다. 또한 정서가 강할수록 자율신경계의 반응이 더 많이 활성화되는 것으로 보인다.

## 4. 정서와 신경내분비계

Henry(1986)는 두려움이나 분노, 우울이나 평온 등의 정서가 특정 신경내분비계의 반응이나 행동과 관련된다고 주장하였다. 예를 들면, 인간은 화가 나면 노르에피네프린과 테스토스테론의 수준이 급격히 증가하고 싸우고 싶은 충동을 느끼게 된다. 두려움을 느끼면 에피네프린의 수준이 높아지고 도망가고 싶어진다. 한편, 우울한 상태에서는 ACTH(부신피질자극호르몬)와 코르티솔 수준이 급격히 높아진다. 우울한 사람들은 순종적인 행동을 하는 경향이 있고 별로 움직이고 싶어 하지 않게 된다. 반면, 사람들이 평온함을 느낄 때에는 에피네프린, 노르에피네프린과 같은 카테콜아민(catecholamine) 수준이 낮아지고, 의기양양할 때에는 테스토스테론 수준이 높아진다. 여기서는 크게 부정적 정서와 긍정적 정서로 나누어 신경내분비계의 반응패턴을 살펴보고자 한다. 이를 위해 먼저 환경적 사건이 질병에 이르기까지의 과정을 정서와 신경내분비계 변화로 설명한 Henry의 모형에 대해서도 간단히 소개할 것이다.

### 1) Henry의 생리학적 과정 모형

James Henry는 정서에 있어서 대뇌피질, 변연계와 신경내분비계 및 뇌간의 기능에 관심을 갖고 '일반적 생리학적 과정 모형'을 제안하였다(Carlson & Hatfield, 1992). 〈그림 4-9〉에 이 모형이 제시되어 있다. 먼저, 심리사회적 환경적 자극이 일어나면(A), 이는 개인의 심리생리적 프로그램에 영향을 미치게 된다(B). 이러한 심리생리적 프로그램은 유전과 초기경험에 의해 만들어진다. 유전은 인간이 정서자극에 반응하는 해부학적, 생물학적, 생리학적 구조를 결정하고, 경험은 개개인이 정서자

극에 어떻게 반응하는가를 결정하게 된다. 이러한 심리생리적 과정을 거친 결과는 대뇌신피질과 변연계의 처리과정을 통해(C) 말초신경계로 전달되어 특정 신경내분비 및 행동반응을 유발한다(D). 이러한 정서마다 독특한 신경내분비 및 호르몬 반응의 전형적 패턴이 신체의 구조적·기능적 변화를 초래하게 되어 특정 질병이 생길 수 있다(E, F). 음주단속 교통경찰관의 예를 들어보자. (A)교통경찰관은 상당히 스트레스가 많은 직업이다. 낮에는 매연에 시달리며 교통체증에 짜증난 운전자를 상대하고, 밤에는 음주단속에서 술에 취해 횡설수설하는 운전자를 상대해야 한다. 늦은 밤이나 새벽시간까지도 일을 하는 경우가 허다하다. (B)이러한 스트레스에 대응하는 방법은 타고난 성품이나 후천적으로 습득한 개인적 특성에 따라 달라질 것이다. 예를 들어, 낙천적인 성격에 친구가 많은 경찰관은 틈틈이 친구를 만나 어울리면서 업무에서 받은 스트레스를 일부 해소할 수도 있다. 신앙심이 신실한 경찰관은 종교생활을 하면서 스트레스를 완화시킬 수도 있을 것이다. 이처럼 조금씩 스트레스를 해소하는 경찰관들은 업무에서 받은 스트레스를 계속 속에 쌓아가는 경찰관들보다 평소 스트레스 수준이 더 낮을 것이다. 스트레스를 받는 상황이 되면, 뇌에서 어떤 호르몬(예: 코르티솔)은 상당히 많이 방출되고, 어떤 호르몬(예: 테스토스테론)은 적게 방출된다(C와 D). 이와 같은 호르몬 분비 수준의 변화가 단기적으로는 교통경찰관이 스트레스에 버티도록 도와준다(E). 하지만 스트레스가 지

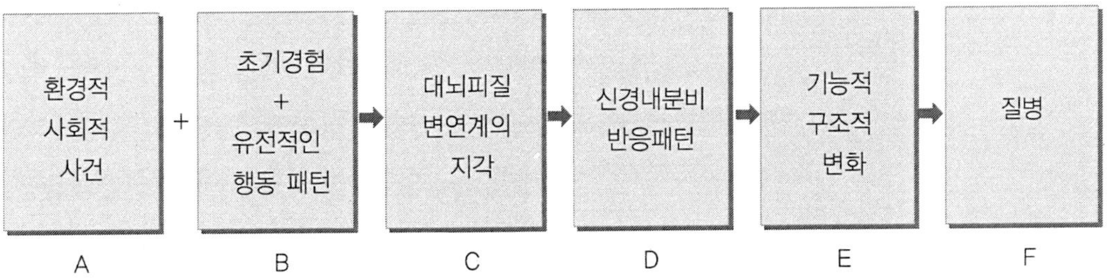


〈그림 4-9〉 Henry의 일반적 생리학적 과정 모형

나치게 지속되고 신체가 이를 더 이상 버티지 못하게 되면 결국에는 질병이 생기게 된다(F).

### 2) 정서와 신경내분비계의 반응

분노나 두려움 상황에서 인간은 신체로 하여금 많은 에너지를 방출할 수 있게끔 생리적으로 준비시킨다. 하지만 구체적인 생리적 반응은 개개의 정서마다 다르게 나타난다(Henry, 1986). 〈그림 4-10〉은 부정적 정서에 따른 신경내분비계의 반응을 도식화하여 나타낸 것이다. 이를 바탕으로 살펴보면, 분노했을 때에는 편도체의 중앙 부분이, 두려움을 느낄 때에는 편도체의 주변 부분이, 우울할 때는 해마중격 부분이 보다 활성화된다. 또한 분노를 느낄 때에는 노르에피네프린이 많이 분비되고 테스토스테론 수준이 높아지지만, 두려움이 지속될 때에는 에피네프린이 많이 분비되고 코르티솔 등의 호르몬이 이러한 활성화를 유지하도록 돕는다. 반면 우울한 상황에서는 코르티솔과 엔도르핀의 분비가 증가한다.

보통 사람들은 위협을 느끼거나 도전을 받을 때 직면한 위협에 맞설 수 있다고 생각하면 분노를 느낀다(Henry, 1986). 신체에서는 강한 생리적 반응이 일어날 것이고 개인은 당면한 위협에 대항하거나 버티고자 할 것이다. 생리적 반응에 초점을 맞추어 살펴보자. 위협이라는 메시지는 전두부의 대뇌피질로 전달된다. 곧이어 변연계 내의 중앙 편도체와 시상하부가 활성화되면서 자율신경계에 노르에피네프린을 방출하도록 신호를 보낸다. 또한 부신수질의 교감신경을 자극하여 추가로 노르에피네프린을 합성하는 효소를 증가시킨다. 이때 심장은 마구 뛰기 시작하고 호흡 또한 빨라지며 혈압이 상승하게 된다. 따라서 화를 잘 내거나 공격적인 사람들은 노르에피네프린 수준이 상대적으로 더 높은 경향이 있다는 주장도 있다. 한 연구(Kadish, 1983)에서는 소변검사를 실시해 노르에피테프린과 에피네프린 수준을 측정해보았다. 그 결과, 화를 잘 내거나 쉽게 흥분하는 성격을 가진 사람들은 에피네프린에 비해 노르에피네프린의 수준이 높게 나타났다. 용서를 못하고 분노에 찬 그룹은 혈압이 오르고 심장박동수가 증가하고 근육이 긴장한 반면 용서하기로 마음

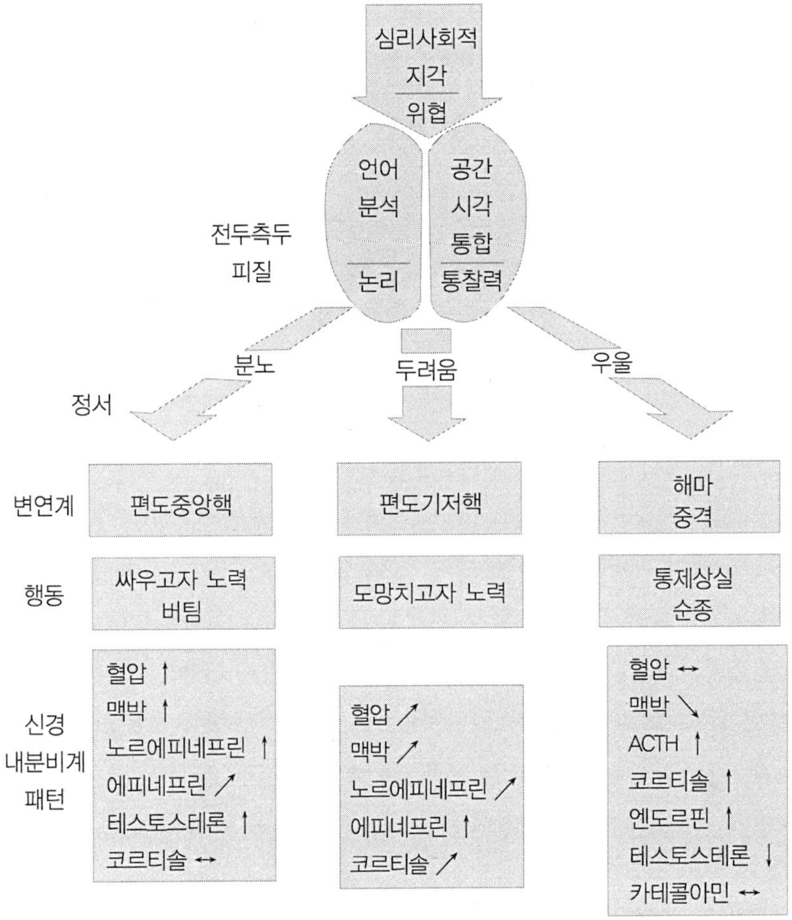


〈그림 4-10〉 부정적 정서(분노, 두려움, 우울)에 따른 신경내분비계의 반응

출처: Henry, J. P. (1986). Neuroendocrine patterns of emotional response. In R. Plutchik & H. Kellerman (Eds.), *Emotion: Theory, research, and experience* (Vol. 3). New York: Academic Press.

먹은 그룹은 평정심을 되찾고 긍정적인 신체반응이 나타났다. 2014년 방한한 프란치스코 교황이 마지막 미사에서 남긴 메시지도 화해와 용서였다(사진 참조).

또한 화가 날 때에는 뇌하수체에서 분비되는 생식호르몬이 급격히 유출되어 테스토스테론 수준이 높아진다. 테스토스테론은 성적 행동에 있어서도 중요한 역할을 하지만, 인간이 분노를 느낄 때에도 그 수준이 높아지는 것으로 알려져 있다. 종

사진 설명: 교황 마지막 미사. "일흔 일곱 번이라도 용서하라"(온라인 중앙일보)

종 운동선수들이 다량의 단백질동화스테로이드제(anabolic steroid)를 복용하여 문제가 되는 것을 볼 수 있다. 이 합성스테로이드제는 테스토스테론과 관련되는 것이다. 이를 다량 복용한 운동선수는 체중이 늘고 팔다리와 근육이 일시적으로 팽창하며 보다 맹렬히 경기에 임할 수 있다. 하지만 이후 불안증과 두통, 고혈압, 청각과 시각에 문제가 생기고 결국에는 운동을 그만두게 될 수도 있다.

사람들이 위협을 받으나 이를 감당할 수 없다고 느낀다면 불안이나 두려움을 느낀다. 두려움을 느낄 때에는 에피네프린이 많이 방출된다. 이는 두려움 상황에서 뛰어 도망갈 때 정신적 · 신체적 에너지가 많이 필요하기 때문이다. 부신에서 분비되는 에피네프린은 상황적 요구에 따라 신체 내부의 적응을 활성화시킨다. 동물의 경우, 위협적인 상황이나 스트레스 상황에 직면하면 전두부의 피질에서 싸울 것인지 도망갈 것인지를 판단한다. 도망가기로 결정하면 이러한 정보를 편도체에 전달하고 곧바로 행동을 취하게 된다. 먼저 부신수질이 활성화되고 자율신경계가 각성된다. 각성된 상태는 두려움을 느낀 동물이 도망갈 때 필요한 정신적 · 신체적 활동을 준비하게 만든다. 만약, 위협이 반복되거나 만성화되면 동물들은 이차적 단계의 반응을 보이기 시작한다. 즉, 시상하부는 뇌하수체를 활성화시키고, 뇌하수체는 다시 부신피질 부분을 활성화시킨다. 부신피질은 코르티솔(cortisol)을 포함해 코르티손(cortisone)과 관련된 호르몬을 방출한다. 겁먹은 동물이 오랫동안 도망가야 한다면, 코르티손 관련 호르몬들은 지속적으로 에피네프린을 생산하게 된다. 이들 호르몬은 관절이 부어오르는 것과 같은 특정 면역반응을 억제하기도 한다.

한편, 불안해하거나 매우 놀란 사람이 자신이 처한 상황을 바꿀 수 없다는 무력감을 느낄 수도 있다. 이때는 스트레스 호르몬인 ACTH(adrenocorticopropin)가 증가하기 시작한다. 동물들 역시 위협을 받아 그러한 위협을 통제할 수 없다고 느낄 때에는 싸우지도 도망가지도 못한다. 이때는 두려움으로 인한 무력감을 경험하게 된다. 또한 결국에는 절망적이고 슬프며 아무런 행동을 취할 수 없는 우울한 상태에 빠지기도 한다. 스트레스호르몬인 ACTH는 부신피질 조직이 활성화되도록 자극하고, 이는 다시 코르티솔 수준과 관련 호르몬 수준을 높이게 된다. 하지만, 두려움이 우울로 변하면서 상반된 생리적 · 행동적 결과를 가져오기도 한다. 일반적으로 두려움은 동물의 반응속도를 높이는 반면, 우울은 반응속도를 느리게 만들기 때문이다.

예를 들어, 큰 태풍이 몰아쳐 여러분이 이룩해놓은 생활 터전을 한순간에 무너뜨렸다고 가정해보자. 이제까지 당연하게 생각하던 집이며 전기며 수도 등이 갑자기 사용할 수 없게 되고 당장 끼니를 때울 일을 걱정해야 한다고 가정해보라. 이런 일을 당한다면 처음에는 화가 나거나 두려움을 느낄 것이다. 하지만 결국 우울해지게 된다. 뇌의 해마에서는 지금까지 통하던 생활방식이 이제 더 이상 소용이 없을 것이라고 경고한다. 여러분은 무언가 새로운 것을 시도해야 할 것이다. 하지만 무엇을 어떻게 시도할 것인가? 여러분이 이러한 상황을 극복하는 데 실패한다면, 뇌하수체에서 ACTH를 방출하기 시작하고 이 ACTH는 여러분의 신체와 행동에 영향을 미치게 된다.

〈그림 4-11〉에는 긍정적 정서에 따른 신경내분비계의 반응이 제시되어 있다. 평온한 상태는 부신수질의 활성화가 감소되는 것과 관련이 있다. 구체적으로 카테콜아민 수준과 심장혈관 활동(예: 맥박 수)이 모두 감소한다. Benson(1975)에 따르면, 평온한 상태에서는 생리적으로는 호흡이 느려지고, 산소소비가 감소되고, 혈압이 떨어지고 근육의 긴장이 완화된다. 이는 평온한 상태에서 일반적으로 부교감신

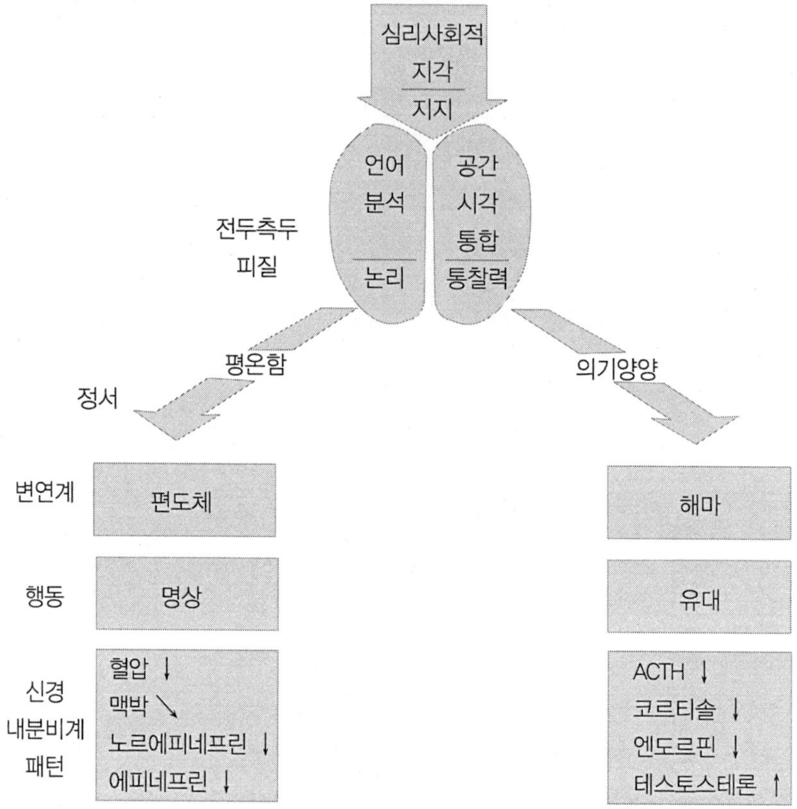


〈그림 4-11〉 긍정적 정서(평온과 의기양양)에 따른 신경내분비계의 반응

출처: Henry, J. P. (1986). Neuroendocrine patterns of emotional response. In R. Plutchik & H. Kellerman (Eds.), *Emotion: Theory, research, and experience* (Vol. 3). New York: Academic Press.

경이 교감신경보다 우세하게 되고 카테콜아민 수준이 감소하는 것과 관련이 있다는 것을 나타낸다.

의기양양한 상태는 우울의 반대편 극단이라고 할 수 있을 것이다. Henry(1982)는 우울이 위협에 직면해 통제를 상실한 결과인 반면, 의기양양함은 환경적 지지로 통제감을 지각한 결과라고 보았다. 의기양양할 때 사람들은 자신들이 사용하는 전략이 늘 잘 들어맞는다고 스스로에게 장담한다. 이론적으로 볼 때, 이는 뇌하수체-부신피질 반응이 억제된 상태이다. 즉, 이때 ACTH, 코르티솔, 엔도르핀 수준은 감소하는 반면 테스토스테론 수준은 증가하게 된다.

# 제5장 정서와 신체

개인이 느끼는 정서는 신체 외부로 표현되는가? 신체 내부의 변화로 나타나는가? 정서로 인한 신체 내부나 외부의 반응들은 어떤 기능을 하는가? 여러 학자들은 100여 년 이상 이러한 질문에 답하기 위해 다양한 접근방법을 통해 연구해왔다. 여러 차례 입사시험에 낙방한 사람이 취직을 하고자 원서를 냈으나 또 낙방하였다는 결과를 방금 들었다고 가정해보자. 그 사람의 감정은 어떨 것인가? 그 사람의 표정이나 신체움직임은 어떨 것인가? 그 사람이 느낀 감정이 신체적 건강에 영향을 미칠 것인가? 그렇다면, 어떤 기제를 통해 영향을 미칠 것인가? 그 사람은 연이은 불합격이라는 큰 스트레스 사건에 어떻게 대처할 것인가? 여러분은 이러한 일련의 질문에 대한 답을 어느 정도는 추측할 수 있을 것이다. 본 장에서는 이러한 문제에 대한 답을 경험적 연구결과들을 바탕으로 탐색해보고자 한다.

본 장에서는 정서와 관련된 신체반응을 크게 두 가지로 나누어 살펴볼 것이다. 첫 번째는 표정이다. 이는 신체 외부로 드러나는 감정표현 가운데 가장 확연한 반응이다. 표정은 얼굴에 나타나는 감정으로 의사소통, 관계유지 등 사회적 맥락에서 매우 중요한 기능을 한다. 여기서는 각 정서에 따른 일반적인 얼굴표현을 묘사해

보고, 정서와 표정의 관계에 대한 여러 연구 및 쟁점들을 소개할 것이다. 두 번째는 신체적 건강이다. 이는 신체 내부의 반응으로 인해 나타난 결과라고 할 수 있으며, 정서가 인간의 생존과 적응을 위해 진화된 것이라면 건강을 이끌어내는 행동과도 밀접한 연관이 있을 것이다. 그러므로 정서와 신체적 건강의 관계에 있어서 정서가 건강에 영향을 미치는 경로를 살펴보고, 건강과 직결되는 스트레스 대처행동에서 정서의 역할에 관해 살펴볼 것이다.

## 1. 정서와 표정

표정은 정서연구의 초기부터 지금까지 꾸준히 관심의 대상이 되어 왔다(Ekman, 1973a, 1993, 1994a; Russell, 1994). 여기서는 표정의 기능과 각 정서와 관련된 표정의 특징을 살펴보고, 표정연구의 역사를 간략히 소개할 것이다. 이어서 표정의 신경생리적 반응과 문화적 보편성 및 특수성에 대한 견해를 살펴볼 것이다.

### 1) 표정의 기능과 특징

사람이나 동물이 정서를 표현한다는 것은 사회적으로도 중요한 기능을 한다. 타인과 의사소통을 할 때, 표정이나 음성 등으로 표현되는 정서는 상대방의 기분이나 의사를 이해하기 쉽게 만든다. 뿐만 아니라 상대방으로부터 우리가 바라는 반응을 원활히 이끌어내는 데에도 도움이 된다. 예를 들어, 친구가 매우 화난 얼굴을 하고 있는데 가까이 다가가 돈을 빌려달라고 할 사람은 없을 것이다. 반면 슬프거나 우울한 얼굴을 한 친구가 있다면, 곁에서 기운을 북돋아주어야 한다고 생각할 것이다. 사람들은 보통 자신이 현재 어떤 정서상태인지, 얼마나 심하게 그 정서를 경험하고 있는지를 말로는 잘 표현하지 않는다. 하지만 표정이나 신체의 움직임, 목소리의 톤은 정서상태를 알아차릴 수 있는 신호가 된다. 이들은 실제로 언어적 표현보다 더 강력한 의사소통 수단이 되기도 한다. 표정은 얼굴근육을 수축시키거나 이

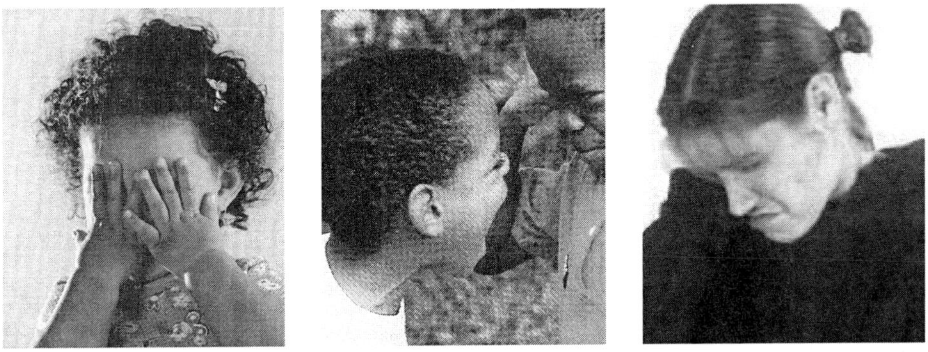

두려움 분노 슬픔

완시킴으로써 기분이나 태도, 의견, 감정 등에 관해 의사소통을 하는 행동이다. 목소리의 톤은 말이 제시되는 방식을 의미하는 것으로, 말의 속도, 크기, 목쉰 소리가 나는 정도 등을 말한다. 목소리의 톤은 심리적 각성이나 정서를 반영한다. 신체의 움직임이란 눈꺼풀, 손, 어깨 등 신체의 각 부분이 물리적으로 그 위치나 자세를 움직이거나 바꾸는 것을 말한다.

이들 중 특히 표정은 정서상태에 따라 확연히 달라진다. 〈그림 5-1〉에 제시된 표정들을 잠시 관찰해보자. 여러분은 이들 각 표정이 어떤 정서를 나타내는지 별다른 설명없이도 곧바로 알아차릴 수 있을 것이다. 이처럼 무의식적인 표정은 개인이 실제로 느끼는 정서를 반영한다. 표정별로 몇 가지 특징을 살펴보면 다음과 같다. 기쁜 표정에서는 입가의 주름, 입 꼬리부분이 완만하게 올라간 미소, 약간 위로 치켜진 뺨, 눈가에 주름이 나타난다. 반면, 화난 표정에서는 아래로 쳐진 눈썹, 이마의 주름, 입술과 입가 근육의 긴장 등을 찾아볼 수 있다. 슬픈 표정에서는 좁혀진

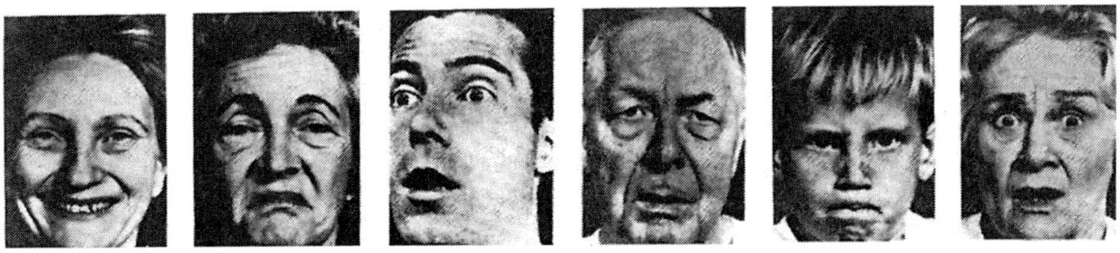

〈그림 5-1〉 여러 가지 표정 사진(우측으로부터 두려움, 분노, 슬픔, 놀람, 혐오, 행복)

출처: Ekman, P. (1973b). *Darwin and facial expression: A century of research in review*. NY: Academic Press.

눈, 넓어진 콧구멍, 아래로 쳐진 양 입꼬리와 눈물에 젖은 눈동자가 나타난다. 두려운 표정에서는 아래로 쳐진 눈썹, 위로 올라간 윗입술, 아래로 벌어진 턱 등을 쉽게 알아볼 수 있다. 그 밖에 놀라는 표정에서는 위로 치켜진 눈썹, 최대한 확대된 눈, 벌어진 입모양 등을 찾아볼 수 있고, 혐오를 느낄 때의 표정에서는 콧잔등의 주름, 아래로 쳐진 눈썹, 서로 꼭 눌어붙인 듯한 입술을 볼 수 있다. 〈표 5-1〉은 일반적으로 정서와 관련된 얼굴 각 부분의 표현을 몇 가지 정리해놓은 것이다.

〈표 5-1〉 얼굴 근육의 변화와 관련 정서의 예

| | 표현 | 관련 정서 |
|---|---|---|
| 눈 | 동공 확대 | 각성, 두려움, 위협, 놀람 |
| | 동공 축소 | 휴식 |
| | 직접적 응시 | 친밀, 위협 |
| | 최대 확대 | 분노, 놀람, 두려움 |
| | 시선 차단 | 혐오, 거부 |
| | 눈을 아래로 내려 봄 | 순종, 속임, 죄책감, 수치 |
| 눈동자 | 나란히 옆으로 굴림 | 의심 |
| 눈꺼풀 | 위로 치켜뜸 | 놀람 |
| | 옆으로 펴짐 | 흥분, 놀람 |
| | 좁아짐 | 위협, 거부 |
| | 빠르게 깜박임 | 각성 |
| | 보통 속도의 깜박임 | 편안함 |
| 눈썹 | 찡그림 | 분노, 슬픔, 집중 |
| | 아래로 내림 | 분노, 거부, 의심, 불확실성 |
| | 위로 올림 | 놀라움, 격분, 불확실성, 불신 |
| 코 | 콧구멍 확대 | 각성 |
| 입술 | 치아를 드러내고 웃음 | 행복, 친밀, 만족 |
| | 찡그림 | 두려움 |
| | 양입술압착 | 분노, 좌절, 슬픔 |
| | 송곳니 드러냄 | 혐오 |
| | 삐죽거림 | 슬픔, 순종, 불확실함, 실망 |
| 혀 | 내밈 | 혐오, 거부 |
| 얼굴 전체 | 붉어짐, 화끈거림 | 당황, 수치, 분노, 부끄러움 |

## 2) 표정연구의 역사

Darwin은 그의 저서 『인간과 동물의 정서표현(The Expression of the Emotions in Man and Animals)』(1872)에서 표정이 인간과 동물에게 유사하게 나타나고, 범문화적으로 나타난다고 하였다. 초기 이론가들(Schlosberg, 1954; Woodworth, 1938)은 표정의 구조와 표정이 내포하고 있는 정보의 특성에 관심을 가졌다. 그 가운데 Bruner와 Tagiuri(1954)는 여러 편의 연구를 검토한 후, 표정이 정확한 정보를 제공하지는 못한다고 결론을 내렸으나 Plutchik(1962)과 Tomkins(1962, 1963)는 표정에 대해 진화론적으로 설명을 하였고, 이는 학계에 상당히 큰 영향을 미쳤다. Tomkins는 각 정서가 질적으로 다르며 이들 각 정서마다 특유의 표정이 있다고 주장했다. Tomkins와 McCarter(1964)는 동일한 표정을 제시할 경우 여러 평가자들의 판단이 일치한다는 경험적 증거를 처음으로 제시했다. 또한, 표정과 기본정서의 관계에 대해 다음과 같이 주장했다. 첫째, 표정변화는 내장기관의 변화에 비해 속도가 더 빠르고 쉽게 눈에 보인다. 따라서 표정변화는 정서의 변화를 보다 정확하게 보여준다. 둘째, 얼굴 표정은 타인뿐만 아니라 자기 자신에게도 정서적인 정보를 제공해준다. 즉, 표정에 대한 피드백 자체가 곧 정서경험이다. 셋째, 표정을 해석할 때에 나타나는 개인차는 성격을 반영한다. Tomkins의 연구는 1960년대 말에 수행된 Izard와 Ekman의 표정에 대한 비교문화연구에도 큰 영향을 미쳤다.

정서와 표정에 대한 연구는 특히 1960년대 말과 1970년대 초에 걸쳐 활발히 진행되었다. Ekman과 그 동료들 및 Izard는 각각 비교문화연구를 통해 표정을 해석하는 데 문화적 보편성이 있다고 주장했고(Ekman, Sorenson, & Friesen, 1969; Ekman & Friesen, 1971; Izard, 1977), 연구자들은 표정을 측정하는 객관적 방법을 개발하기 시작했다(Ekman & Friesen, 1978; Izard, 1977).

### 3) 표정과 신경생리적 반응

Andy J. Calder

표정에 대한 연구는 정서가 범주화될 수 있는 불연속적 특징을 가지고 있다는 주장을 뒷받침해준다. 개인이 스스로 표현하건 타인의 표정을 지각하건 각 표정마다 중추신경계에서 활성화되는 부분이 달라진다(Ekman, 1992b; Izard, 1993). 다음에 제시되는 몇몇 연구에서는 피험자들에게 여러 가지 표정을 하나씩 제시하고 자기공명장치를 이용해 뇌에서 활성화되는 부분을 분석해보았다. 그 결과 표정을 지각할 때 어떤 표정이냐에 따라 뇌에서 활성화되는 부분이 다르게 나타났다. 예를 들어, 두려운 표정을 지각할 때에는 왼편 편도체가(Morris et al., 1996), 슬픈 표정을 지각할 때에는 왼편 편도체와 오른편 측두엽이(Blair, Morris, Frith, Perrett, & Dolan, 1999), 화난 표정을 지각할 때에는 오른편 안와전두피질과 대상회의 앞부분인 전대상회의 피질이(Blair et al., 1999) 활성화되었다. 뿐만 아니라 질병이나 상해를 입은 사람들을 대상으로 한 연구에서도 이러한 주장을 지지하는 결과가 나타났다. 예를 들어 편도체에 손상을 입은 환자들은 두려운 표정이나 발성을 지각하는 능력이 떨어졌지만, 슬픈 표정을 지각하는 데는 아무런 문제가 없었다(Calder et al., 1996). 따라서 표정마다 뇌에서 활성화되는 부분이 달라지는 것으로 보인다.

또한 자기공명장치를 이용해 한국인이 내국인과 외국인의 표정을 읽을 경우 뇌의 활성화에서 어떤 차이가 있는지를 살펴본 연구(Lee et al., 2008)에서 내국인의 표정을 볼 때에는 편도, 해마, 부해마, 측두엽 등 감정처리에 관여하는 뇌 영역의 활성도가 증가한 반면, 외국인의 표정을 볼 때에는 중전두회, 설회, 중심후회, 하두정소엽 등 인지, 시각, 운동에 관여하는 뇌 영역의 활성도가 증가하는 것으로 나타났다.

자율신경계의 반응도 표정마다 달라지는 것으로 보인다. 몇몇 연구에서는 피험자들에게 특정 표정이 있는 사진을 보여주고 이들 각 표정을 만들어내도록 요구한 후 자율신경계의 반응을 측정하였다. 그 결과, 분노, 두려움, 슬픔의 표정을 나타낼 때에는 혐오의 경우보다 심장박동수가 빨라졌다(Ekman et al., 1983). 또한 동정의 표정을 보일 때에는 심장박동률이 낮아지는 것과 관련되고, 고민의 표정을 보일 때에는 심장박동률이 높아졌다(Eisenberg et al., 1989).

표정을 지켜보는 관찰자의 생리적 반응도 표정에 따라 달라진다(Hauser, 1996). 분노를 나타내는 표정을 보면, 분노의 표정과 자율신경계의 반응이 유발된다(Esteves, Dimberg, & Ohman, 1994). 고민을 나타내는 표정을 보면 동정심이(Eisenberg et al., 1989), 당황함이나 수치심을 나타내는 표정을 보면 재미와 동정심과 관련이 있는 반응이 각각 유발된다(Keltner, Young, & Buswell, 1997).

## 4) 표정의 문화적 보편성과 특수성

표정에서 문화적 보편성이란 어느 문화권이건 관계없이 각 정서와 관계된 표정의 특징, 표정에 대한 판단이나 이해가 유사한 것을 말한다. 반면, 문화적 특수성이란 동일한 표정도 문화권마다 다르게 해석되거나 각기 다른 상황에 보다 적합한 것으로 받아들여지는 것을 말한다. 여기서는 각 입장을 대표하는 학자들의 견해와 관련 연구를 살펴볼 것이다.

### (1) 표정의 문화적 보편성

표정이 문화적으로 보편적이라고 보는 학자들이 있는데 이들의 주장을 뒷받침하는 연구결과는 크게 다음 네 가지로 볼 수 있다. 첫째, 여러 문화권의 사람들이 동일한 표정을 판단한 결과가 상당히 유사하다. 여러 다른 문화권 사람들에게 사진을 보여주고 사진의 표정이 어떤 정서를 표현하는지를 객관식으로 선택하도록 하였다. 그러자 사람들은 어느 문화권에 속해 있든 관계없이 유사한 선택을 하였다. 그러나 한편에서는 다양한 문화권의 사람들이 사진의 표정을 특정한 정서와 연관시킨다는 것이 표정의 문화적 보편성을 뒷받침하는 것은 아니라는 비판이 제기되었다. 비록 상이한 문화권에서 생활하고 있다 하더라도 대중매체로 인해 이미 다른 문화권의 표정을 접한 경험이 있고 이에 대한 학습의 기회를 가지고 있기 때문이다. 이에 따라 Ekman과 Friesen(1971)은 문명사회에 거의 노출되지 않은 뉴기니 사

사진 설명: 사람들의 표정을 반영한 각 문화권의 가면들

람들을 대상으로 표정의 문화적 보편성에 대한 추가적인 연구를 실시하였다. 이들은 대중매체에 노출될 기회가 없었던 뉴기니 사람들이 문명사회 사람들과 동일하게 표정과 정서를 연관시키는지를 살펴보기 위해 특정한 이야기를 들려준 다음 세 사람의 표정을 보여주고 들려준 이야기에 적절한 정서를 표현하는 표정을 선택하도록 하였다. 연구결과 정서에 따라 다소 차이는 있었으나 표정으로 드러나는 정서는 상당 부분 서구문화권과 일치하는 범문화적인 특성을 보이는 것으로 나타났다.

둘째, 표정으로 나타나는 정서표현방식은 여러 문화권에서 비슷하다. 일본 학생들과 미국 학생들을 대상으로 한 비교문화연구(Ekman, 1973b)에서 학생들에게 스트레스가 유발되는 영화를 보여주었다. 이때 학생들의 표정을 기록한 결과, 두 나라의 학생들 모두 매우 유사한 부정적 표정을 보였다. 또한 5개월과 12개월된 일본 유아들과 미국 유아들을 대상으로 한 연구(Camras, Oster, Campos, Miyake, & Bradshaw, 1992)에서 유아들이 팔을 마음대로 움직이지 못하도록 제한하고 유아들의 표정 등을 관찰하였다. 그 결과 일본 유아들과 미국 유아들이 나타낸 표정, 동작, 음성적 표현 등이 상당히 비슷하였다.

셋째, 각 문화권의 사람들이 유사한 표정을 보일 때 나타나는 자율신경계의 생리학적 측정치도 비슷하다. 한 연구(Levenson et al., 1992)에서는 미국과 인도네시아의 모계 사회 사람들을 대상으로 여러 정서를 얼굴로 표현하도록 하고, 이때 이들의 자율신경계에서 나타나는 반응을 기록하였다. 그 결과, 유사한 표정을 보일 때 나타나는 자율신경계의 반응이 두 문화권의 사람들에게서 비슷하였다.

넷째, 여러 문화권의 사람들에게 특정 정서와 관련된 표정의 특징이 무엇인지 답

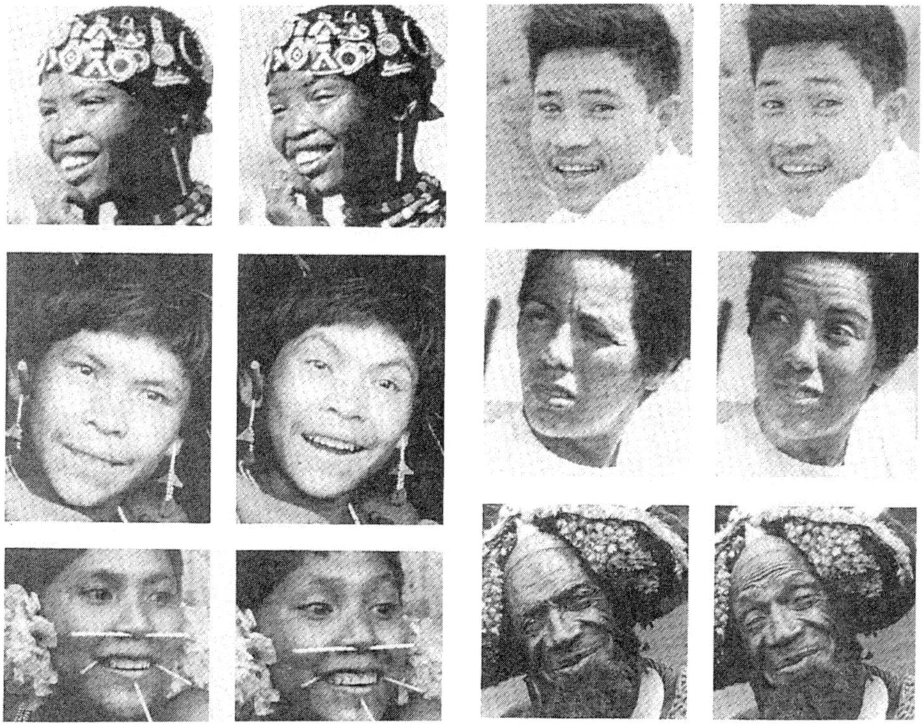

사진 설명: 멀리서 오는 친구를 반길 때 눈썹이 살짝 올라가는 표정이 여러 문화권 사람들에게 공통적으로 나타남.

출처: LaFreniere, P. J. (2000). *Educational development: A biosocial perspective*. CA: Wadsworth.

하도록 한 결과, 이들이 기술한 내용은 문화에 관계없이 유사하였다. 예를 들어, 어느 문화권의 사람이건 당황함을 표현할 때에 표정에 나타나는 것으로는 신경질적인 미소와 혐오적인 응시를 들었다(Keltner & Buswell, 1997).

### (2) 표정의 문화적 특수성

앞에서 제시한 연구결과와는 달리 문화인류학적 접근을 한 연구에서는 문화마다 표정에 차이가 있다고 보고 있다. 예를 들어, 북극지방의 어떤 민족에게서는 분노가 표현된 얼굴을 찾아볼 수 없었고(Briggs, 1960), 몇몇 문화권에서는 장례식에서도 웃음을 찾아볼 수 있었다(Keltner & Bonanno, 1997a). 따라서 문화인류학자들은 각 정서와 관련된 표정은 문화마다 다르다고 주장한다. 한국인의 표정 인식에 대한 연구(이원희 외, 2004)에서 행복, 슬픔, 두려움, 분노, 혐오, 놀람의 6가지 정서 가운데 우리나라 사람들은 행복의 정서에 대한 일치율이 가장 높았고, 두려움과 혐오의 정서에 대한 일치율이 가장 낮은 것으로 나타났다. 또한 표정 구분에서도 동아시아인들은 두려움의 표정을 놀람으로 혐오의 표정을 분노의 표정으로 읽는 것으로 나타났는데, 이는 문화권에 따라 표정의 해석에서 초점을 맞추는 얼굴 부위가 상이하기 때문이다. 동아시아인들은 주로 상대방의 눈에 초점을 맞추는 반면, 서구인들은 눈과 입을 포함한 전체 얼굴에 초점을 맞추는 것으로 나타났다(Burns, 2018).

표정이 문화적 특수성을 갖는다는 사실을 뒷받침하는 연구들을 정리하면 다음과 같다. 첫째, 표정으로 정서의 강도를 판단하는 정도는 문화마다 다르다. 한 연구(Matsumoto & Ekman, 1989)에서 일본인과 미국인을 대상으로 표정을 보여주고 가장 강하게 표현된 것을 선택하도록 하였다. 일본인들은 가장 강하게 표현된 것으로 혐오의 표정을 택하였고, 미국인은 행복의 표정과 분노의 표정을 택하였다. 둘째, 문화권마다 표정에 대해 추론을 할 때에는 차이가 나타난다. 예를 들어, '뒤센느 스마일(Duchenne smile)'이라 불리는 눈 주위 근육이 움직이는 진짜 웃는 표정이 왜 나타나는지 추론해보도록 하였다. 그러자 미국학생들은 일본학생들에 비해 사진 속에 있는 사람이 사교적이기 때문에 뒤센느 스마일을 지었다고 생각했다. 이들은 이 웃음이 사회적 행동이라고 생각하는 경향이 훨씬 높았다(Matsumoto & Kudoh, 1993). 셋째, 유사한 표정도 문화에 따라 매우 다른 반응을 유발할 수 있다. 예를 들어, 일본 학생들은 자기집단이 아닌 외부 사람들에게 부정적 표정을 보이는 것이 더 적절하다고 응답한 반면, 미국학생들은 집단 내 사람들에게 부정적 표정을 보이는 것이 더 적절하다고 답했다(Matsumoto, 1990).

사진 설명: 뒤센느 스마일

David Matsumoto

# 2. 정서와 건강

정서와 건강에 대한 연구들은 대부분 부정적 정서의 영향에 초점을 두고 진행되었다. 이들 연구에서는 분노, 두려움, 비탄과 같은 부정적 정서는 암, 에이즈, 천식, 심혈관계 질환이나 거의 모든 만성질환과 관련이 있는 것으로 나타났다. 반면 다른 일련의 연구들은 정서의 본질적 기능인 적응을 위한 과정에 초점을 두었다. 이러한 연구에서는 긍정적 정서의 기능뿐만 아니라 부정적 정서까지도 건강을 증진시키기 위한 기능을 할 수 있다는 점을 강조한다. 즉, 정서의 기본적 기능은 '적응'을 돕는 것이다. 따라서 어느 정도 적절한 범위 내에서 작용한다면 건강을 조절하고 향상시키는 데 중요한 역할을 할 수 있다. 여기서는 먼저 정서가 건강에 영향을 미치는 경로를 직접 경로와 간접 경로로 나누어 제시할 것이다. 이어서 스트레스 상황에서 건강을 유지하거나 증진시키는 데 도움이 되는 정서의 기능을 살펴보고자 한다.

## 1) 정서가 건강에 영향을 미치는 경로

정서가 건강에 영향을 미치기 위해서는 최소한 신체에 영향을 미쳐야 한다. 정서가 건강에 영향을 미치는 경로는 여러 가지 있을 수 있으나, Mayne(2001)은 이를 다음과 같이 직접 경로와 간접 경로로 구분하였다.

### (1) 직접 경로: 생리적 활성화

Barbara L. Fredrickson

각 정서마다 생리학적으로 활성화되는 부분이 다르다. 진화론적으로 보면 부정적 정서는 환경적 위협에 대한 반응으로 적응을 도와주는 생리적 각성패턴을 유도해낸다. 긍정적 정서는 환경적 기회에 대한 반응으로 적응을 도와주는 각성패턴을 유도해낸다(Fredrickson & Branigan, 2001). 예를 들어, 분노는 싸우고자 하는 동기와 관련되고 두려움은 도망치고자 하는 동기와 관련되며, 이들 모두 교감신경

계의 각성을 일으킨다. 교감신경계의 각성은 심혈관계의 활성화, 산소교환량 증가, 포도당 가용량 증가 등과 관련된다. 이러한 일련의 생리적 변화는 싸우거나 도망치는 행동을 도와주게 된다. 우울이나 무기력감, 슬픔 등 정신적 고통과 관련된 정서는 위축행동이나 타인의 도움을 유발해내고자 하는 행동을 동기화시킨다(Panksepp, 1988). 이러한 정서들은 시상하부-뇌하수체-부신피질계를 활성화시켜 혈액 속에 코르티코스테로이드(에너지를 아껴서 꼭 필요한 곳으로만 공급하는 역할을 함)와 인체 내부로부터 나오는 진정제(고통을 가라앉히거나 중재하는 역할을 함)의 수준을 높게 만든다(Asnis et al., 1987; Panksepp, 1988). 반면, 긍정적 정서는 도파민과 세로토닌의 증가와 관련되는데, 이는 즐거움, 유대감, 고통 감소와 연관이 있다.

이처럼 정서로 인한 생리적 활성화는 심장이나 폐, 면역체계 등에 영향을 미치므로 건강과 직결된다. 지나친 각성상태가 지속되면 신체가 손상되고 질병으로 연결되기도 한다. 심리생리적 모형(psychophysiological model)에서는 빈번히 발생하고 그 강도가 높으며 오랜 기간 지속되는 부정적 정서가 직접적으로 신체를 소모시키고 질병으로 연결될 수 있다고 본다. 이 모형에 따르면, 병리적 수준의 정서와 그로 인한 각성이 심장질환, 암, 에이즈, 천식, 그 외에 치명적이거나 만성적인 질환을 유발해낼 수 있다고 한다. 예를 들어, 심장질환이 생기기 쉬운 A형 성격의 사람은 사회적 자극에 '냉소적인 적대감'을 가지고 반응하고 심혈관계의 각성을 촉진시키게 된다(Christensen & Smith, 1993). 과도한 각성은 혈관벽을 손상시키고 동맥경화, 심혈관계 질환을 초래한다. 이러한 생리적 각성의 빈도와 강도, 각성 지속시간이나 다시 평상시 상태로 돌아오는 회복률 등은 질병과 밀접히 관련되는 것으로 보인다.

사진 설명: 참을성이 없고 경쟁적인 'A형' 사람들은 심장병에 걸릴 확률이 높다.

### (2) 간접 경로: 행동

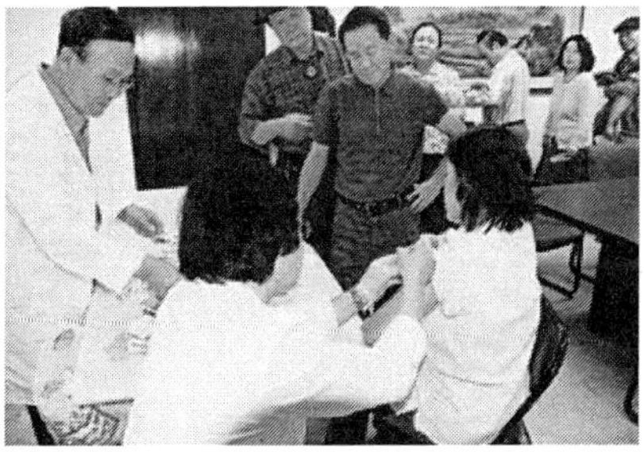

사진 설명: 독감예방접종

정서와 관련된 행동이나 인지는 신체의 생리적 특성에 영향을 미치고 이를 통해 건강에 영향을 미치게 된다. 따라서 행동이나 인지는 간접적으로 건강에 영향을 미친다고 할 수 있다.

먼저 정서와 관련된 행동이 건강에 미치는 간접적 영향을 살펴보자. 앞서 언급했듯이 정서는 환경의 위협이나 기회에 행동적으로 반응하도록 동기화시킨다. 다른 한편으로는 행동도 정서에 영향을 미칠 수 있다. 즉, 개인이 건강을 조절하고자 하는 행동은 정서에 영향을 미친다. 예를 들어, 독감이 유행하는 겨울철이 되기 전에 독감예방주사를 맞는 행동은 독감으로 인한 두려움을 완화시킬 수 있다(사진 참조). 여기서는 이 점을 건강에 영향을 미치는 정서조절행동과 정서에 영향을 미치는 건강조절행동으로 나누어 살펴보고자 한다.

#### ① 건강에 영향을 미치는 정서조절행동

각 정서상태를 견뎌내는 능력은 사람마다 차이가 있다. 어떤 사람은 약간만 불쾌감을 느껴도 이를 피하고자하는 행동을 하고 어떤 사람들은 강한 강도의 정서를 즐긴다. 사람들은 자신의 선호도에 따라 강한 정서자극을 추구하거나 회피하고 이를 위해 적극적으로 행동한다. 예를 들어, 높은 곳에서 다리에 줄을 달고 떨어지는 번지점프(사진 참조)를 하는 사람들은 고도로 흥분된 상태를 즐긴다. 반면 고소공포증이 있는 사람들은 높은 곳은 무조건 피한다. 감각추구성향이 높은 사람의 경우는 정서와 관련하여 짜릿한 신체적 감각에 이끌리고 그러한 상황을 즐긴다(Zuckerman, Bone, Neary, Mangelsdorff, & Brustman, 1972). 하지만 이러한 상황에는 위험이 따르는 법이다. 즉, 고의로 강한 정서적 경험을 추구하는 행동은 건강상 해를 초래할 위험이

Marvin Zuckerman

David Mangelsdorff

있다(예: 문란한 성적 관계).

어떤 사람들은 특정 정서를 피하려고 다른 정서의 수준을 높게 유지하기도 한다. Fredrickson과 Levenson(1998)은 긍정적 정서를 유발하는 것이 부정적 정서로 인한 생리적 변화를 보다 빠르게 회복시킨다고 하였다. 즉, 긍정적 감정이 높으면 부정적 감정을 낮추는 데 도움이 된다. 일례로 긍정적 감정과 관련된 신경전달물질(예: 도파민과 세로토닌)의 증가가 부정적 느낌을 감소시키고 고통에 대한 참을성을 증가시킨다는 점을 들 수 있다(Knutson et al., 1998; Morgan & Franklin, 1991).

이처럼 긍정적 정서를 높이고 부정적 정서를 낮추는 행동으로 건강에 영향을 미칠 수 있는 것으로는 크게 음식물 섭취, 약물사용, 성관계를 들 수 있다. 음식물의 경우 지방과 탄수화물은 에너지를 축적하는 데 필수적인 요소이다. 인간은 지방과 탄수화물이 많이 포함된 음식을 맛있다고 느낀다. 이는 지방이나 탄수화물이 지방의 형태로 체내에 축적되어 필요할 때 사용될 수 있으므로, 진화론적으로 볼 때 적응적이기 때문이다. 환경이 바뀌고 원시시대의 인간처럼 기근의 두려움은 없어졌다하더라도 고지방과 고탄수화물 식품은 여전히 긍정적인 정서를 유발하는 식품으로 남아 있다. 불안, 두려움, 우울의 수준이 높은 것과 고지방과 고탄수화물 식품을 초과하여 섭취하는 것 간에는 관련성이 있는 것으로 나타났다(Arnow, Kennedy, & Agras, 1995). 개인은 칼로리 섭취를 통해 긍정적 정서는 높이고 부정적 정서는 낮추도록 조절하기도 한다. 이때 칼로리 섭취가 체내에서 필요한 양 이상이라면 몸무게가 증가하고 인체 내 여러 체계가 해를 입게 된다.

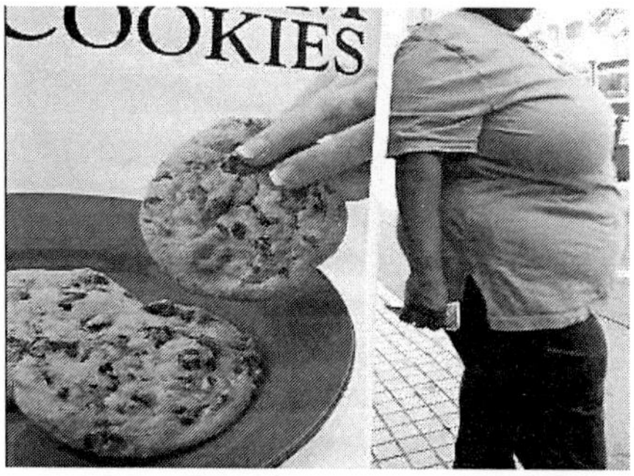


약물은 긍정적 정서와 관련된 신경호르몬체계를 활성화시킴으로써 특정 정서상태를 유도해낸다. 코카인(cocaine)은 교감신경흥분제로 도

취상태를 유도하고, 엑스터시(ecstasy)라고 알려진 MDMA(3, 4-methylenedioxymethamphetamine)는 세로토닌을 증가시켜 애착이나 유대감을 유도해낸다. 헤로인은 인체에서 나오는 진정제와 유사한 작용을 하여 도취상태를 유도해내고 고통을 감소시킨다. 이러한 약물로 인해 정서와 관련된 신경체계가 높은 수준으로 빈번하게 오랫동안 활성화되면 '중독현상'과 관련된 생리적 손상이 일어난다. 즉, 약물에 대한 내성, 위축, 남용의 문제가 발생한다. 음식물이나 약물뿐만 아니라 일부 감각추구 성향이 높은 사람들은 성적 관계를 통해 긍정적 정서를 높이 유지하고자 하는 경향이 있다. 이들은 에이즈나 기타 성병에 걸릴 가능성이 높은 문란한 성관계를 갖는 경향이 높은 것으로 나타났다(Kalichman et al., 1994).

사진 설명: 엑스터시

② 정서에 영향을 미치는 건강조절행동

건강조절행동도 정서에 영향을 미칠 수 있다. 예를 들어, 건강진단을 받는 행동으로 질병의 두려움을 낮출 수 있다. 건강을 위해 운동을 하는 것이 질병에 걸릴 확률을 낮춘다고 생각하여 규칙적으로 운동을 하기도 한다(사진 참조). 이는 건강을 위한 행동이 두려움이라는 정서를 감소시킨 예가 된다(Leventhal, Safer, & Panagis, 1983). 이처럼 건강을 위한 행동은 두려움과 같은 부정적 정서뿐만 아니라 긍정적 정서와도 관련이 된다. 커플을 대상으로 한 몇몇 연구에서는 예방행동과 건강상 위험을 낮추는 행동이 커플 간의 애정이나 관계의 안정성을 높이는 것으로 나타났다(Buunk & Barker, 1997; Coyne & Delongis, 1986).

현대과학의 혜택 중 하나는 건강검진이나 의료처치와 같이 건강을 보살피는 행동이 가능하다는 것이다(사진 참조). 그럼에도 불구하고 사람들은 보통 어떤 증상

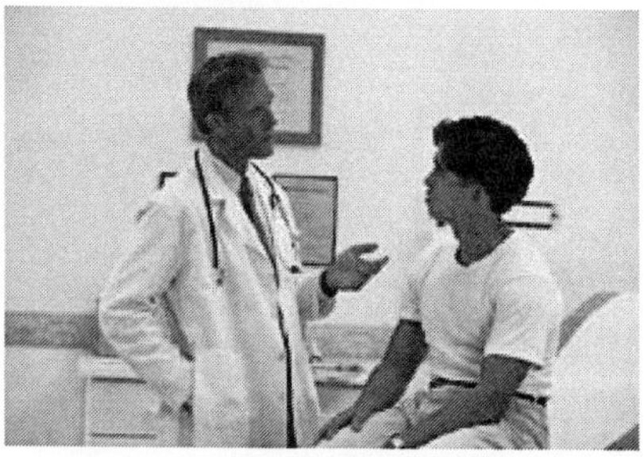

으로 일상생활에 불편을 느끼기 전까지는 이러한 의학적 처치를 잘 받지 않는 경향이 있다. 하지만 예방적 행동이나 질병에 대한 처치 행동을 동기화시키는 정서가 있는데, 이는 두려움, 불안과 고민, 우울이다. 개인은 보통 두렵거나 괴로운 상태일 때 닥친 위협을 혼자서 극복할 수 없다고 생각한다. 따라서 이러한 정서는 개인이 도움을 청하도록 만들고, 결국 타인이 도움을 제공하도록 만들기도 한다(Clark, Ouellette, Powell, & Milberg, 1987; Hoffman, 1978). Tomkins(1963)의 가설에 따르면, 고통은 타인으로부터 도움을 유발해내도록 고안되어 있다고 한다. 진화론적으로 볼 때 고통이나 두려움이 의학적 처치를 찾도록 동기화시키기 위한 것은 아니었을지라도, 현대사회에서 이들 정서는 보살핌을 추구하는 행동이나 보살핌을 받는 행동과 관련된다(Betrus, Elmore, & Hamilton, 1995; Callahan, Hui, Nienaber, & Musick, 1994). 따라서 질병이 발생하기 전이나 발병 초기에 보살핌을 추구하는 행동은 질병과 관련된 두려움이나 고통을 완화시키게 된다.

### (3) 간접경로: 인지

정서는 인지를 통해서도 간접적으로 건강에 영향을 미친다. 간접적 영향은 인지가 생리적 각성에 영향을 미침으로써 건강에 영향을 미치는 경우와 증상에 대한 지각이나 질병에 대한 생각이 대처행동에 영향을 미침으로써 건강에 영향을 미치는 경우로 나눌 수 있다. 먼저, 인지가 정서와 관련된 생리적 각성에 영향을 미침으로써 건강에 영향을 미치는 경우를 보자. 예를 들어, 공황장애(사진 참조)는 불안과 관련된 생리적 각성이나 외적 귀인 등에 집중함으로써 두려움을 증폭시키는 인지과정에 의해 나타난다(Barlow, 1988). 또한 지속적인 내적 부정적 귀인은 우울증의 원인이 되고 우울증을 악화시킨다(Beck et al., 1979). 즉, 개인은 순전히 사고를 통해 정서를 유발해낼

Aaron T. Beck

수 있다. 불안이나 우울에서 볼 수 있듯이, 이러한 상태가 지속적으로 빈번하게 강한 생리적 각성을 일으키고 건강상에 심각한 문제를 만들 수 있다.

다음으로, 증상에 대한 지각이나 질병에 대한 생각이 건강에 영향을 미치는 경우를 살펴보자. 개인이 질병으로 인한 도움을 요청하기 위해서는 우선 자신이 아프다는 사실을 지각해야 한다. 관련연구에 따르면 사람들은 질병과 관련된 증상이나 신호를 별로 정확하게 지각하지 못한다. 사람들은 자신의 건강에 대해 실제보다 더 긍정적으로 평가한다(Pennebaker, 1982). 하지만 부정적 정서를 느낄 때에는 증상에 대해 보고하는 정확도가 더 높아지는 것으로 나타난다(Cohen et al., 1995; Salovey, 1992; Salovey & Birnbaum, 1989). 왜 그런지는 명확히 밝혀지지 않았지만 우울과 같은 부정적 정서상태에서 내적으로 더 집중하게 되면서 신체 내 감각을 보다 민감하게 지각하는 것으로 보인다.

또한 질병에 대한 표상이나 신념, 귀인도 정서의 영향을 받으며 건강에 영향을 미치는 요소 중 하나일 수 있다. 질병과 관련된 신호를 인지적으로 지각한다고 하더라도 그러한 증상의 원인이 질병이라고 생각하기 전에는 처치를 위한 행동을 하지 않을 것이다. 사람들은 보통 질병의 위험을 실제보다 낮게 평가하는 경향이 있다(Weinstein, 1984, 1987; Weinstein & Klein, 1995). 하지만 우울은 이러한 오류를 바로잡는 역할을 하는 것으로 보인다. 우울한 사람들은 현실을 보다 정확하게 보고 질병과 관련된 증상을 보다 정확하게 보고한다는 연구도 있다(Cohen et al., 1995; Lewinsohn, Mischel, Chaplin, & Barton, 1980). 증상에 대해 정확하게 지각한다면 이는 적절한 의학적 처치행동을 할 가능성을 높이게 된다.

뿐만 아니라 개인이 질병에 대해 지각했을 때 이에 적절히 대처할지는 몇 가지 인지적 요인에 따라 달라진다. 즉, 현재 질병으로 인한 상태를 나아지게 할 방법이 있는가? 나에게 그런 행동들을 수행할 능력이 있는가? 그런 행동을 수행할 때 비용은 얼마나 들고 그 결과는 어떨 것인가? 주변에 그런 행동을 하는 사람들이 있는가? 의도적으로 그런 행동을 할 것인가? 이러한 문제들에 있어서 긍정적 정서와 부정적 정서는 인지에 영향을 미치고, 인지를 통해 행동에 영향을 미치게 된다. 우울은 무기력감이나 절망감과 연관되는데, 이러한 정서는 개인이 적극적으로 행동하면 결과가 좋아질 수 있다는 믿음을 감소하게 만든다(Beck, Rush, Shaw, & Emery, 1979). 즉, 정서는 개인이 질병에 대처하기 위한 행동이 효과가 있을지 없을지에 대해 판단할 때 영향을 미친다. 우울한 사람들은 질병에 대한 대처행동이 효과적이지 않을 것이라고 판단하는 반면, 긍정적 정서를 가진 사람은 대처행동의 효과를 지나치게 높이 평가할 수도 있다. 따라서 우울은 도움을 요청하는 행동은 촉진할 수 있으나 자신이 하는 행동이 실제로도 효과가 있을 것이라고 생각하는 효능감을 떨어뜨린다. 결국 정서는 인지에 영향을 미치는 요인이 되고, 인지는 건강과 관련된 행동의 저변에서 행동을 이끌어내는 원동력이 된다.

### 2) 정서와 대처

몇몇 연구자들은 오랫동안 사람들이 스트레스에 어떻게 반응하는지에 많은 관심을 가져왔고 이를 대처반응이나 부정적 정서반응 등과 관련해 연구해왔다(Cannon, 1932; Lazarus, Averill, & Opton, 1974; Selye, 1956). 여기서는 질병과 관련이 있는 만성적인 스트레스 사건에 중점을 두고 스트레스와 대처에 대해 살펴보고자 한다. 만성적 스트레스는 자연재해(사진 참조)나 배우자의 죽음과 같이 부정적 결과를 지속적으로 가져오는 사건이 될 수도 있고, 알츠하이머에 걸린 배우자를 간병하는 것과 같이 해결되지 않는 지속적인 사건이 될 수도 있다. 만성적 스트레스가 있는 경우, 불안, 슬픔, 분노와 같은 부정적 정서를 매우 강도 높게 경험하게 된다. 이러한 부정적 정서가 신체적, 심리적, 사회적 기능에 심각한 영향을 미칠 수 있다(Mayne, 1999). 하지만 이러한 부정적 결과 외에 만성적 스트레스 상황에서 어떤 사람들은 이를 상당히 잘 관리하고 이러한 경험이 유익하도록 관리하기도 한다. 만성적 스트레스에 사람이 얼마나 잘 적응하는지를 결정하는 핵심 요인은 대처행동이다.

### (1) Lazarus와 Folkman의 대처이론

Susan Folkman

대처(coping)란 개인이 사용할 수 있는 자원을 초과하거나 부담이 큰 요구를 다루는 노력을 말한다(Lazarus & Folkman, 1984). 이를 달리 표현하면, 대처는 스트레스로 지각된 것에 대한 반응이다. 스트레스와 그 대처과정에서 주요한 세 가지 요소는 평가, 정서, 대처이다. 특정의 스트레스를 어떻게 평가하는지에 따라 유발되는 정서와 이어지는 대처행동이 달라진다. 또한 이때 유발된 정서와 대처행동은 다시 이후의 정서와 재평가 시에 영향을 미친다. 상황이 해결되거나 그 상황을 더 이상 스트레스로 평가하지 않게 될 때까지 '평가-정서-대처-정서-재평가'의 순환이 계속된다. Lazarus와 Folkman(1984)은 평가를 일차적 평가와 이차적 평가로 구분하였다. 일차적 평가는 개인의 목표, 가치, 신념에 따라 사건을 개인적으로 평가하는 것을 말한다. 이차적 평가는 그 사건에 대해 어떻게 반응해야 할지에 대한 평가를 말한다. 여기에는 사용가능한 대처자원으로 무엇이 있는지, 그러한 대처자원이 특정한 상황에 얼마나 효과적인지 등의 문제가 포함된다.

Lazarus와 Folkman(1984)은 일차적 평가의 결과를 무관한, 좋은/긍정적, 해로운/손실이 되는, 위협적인, 도전적인 사건 등으로 나누었다. 무관하다고 평가된 사건은 개인의 가치나 신념 또는 목표와 관련이 없으므로, 특정 정서와 관련되지 않는다. 좋은/긍정적인 것으로 평가된 사건은 행복이나 만족감 같은 정서를 일으키고, 이러한 정서에서는 별다른 대처반응이 나타나지 않는다. 해로운/손실이 되는 사건은 보통 슬픔, 분노와 같은 부정적 정서를 불러일으킨다. 위협으로 평가된 사건은 불안과 연관되는 경향이 있다(Lazarus, 1991). 도전적이라고 평가된 사건에서 그 상황이 득이 될 가능성이 있다고 평가되면, 보통 긍정적 정서 및 부정적 정서 모두와 관련되는 경향이 있다. 즉, 도전으로 평가된 상황은 흥분이나 열정과 같은 감정을 촉진시키기도 하지만, 동시에 불확실한 결과에 대한 불안이나 두려움도 일으킬 수 있다(Folkman & Lazarus, 1985; Lazarus, 1991).

Lazarus와 Folkman(1984)에 따르면 해로운/손실이 있는, 위협적인, 도전이 되는 사건은 스트레스라고 평가된다. 따라서 이들 사건과 관련된 정서와 대처반응이 나타난다. 일반적으로 사람들은 스트레스를 주는 사건이 발생했을 때, 문제중심 대처와 정서중심 대처를 사용하게 된다. 문제중심 대처는 문제를 직접적으로 다루는 것을 말하고, 정서중심 대처는 해당 문제와 관련된 부정적 정서를 완화시키려는 것을 말한다. 스트레스 경험으로 얻을 수 있는 이점에 초점을 맞추려고 노력하거나 술이나 약물 등에 의지해 주의를 다른 데로 돌리려고 하는 행동 등은 정서중심 대처의 예가 될 수 있다. 하지만 이들 두 대처방식이 늘 확실히 구분되는 것은 아니며, 문제중심 대처가 정서중심 대처의 기능을 할 수도 있고 그 역도 가능하다. 예를 들어, 개인이 문제자체를 다루는 도중 자신이 느낀 부정적 정서가 해결될 수도 있다. 이 경우 문제중심 대처가 성공적이라면 그 문제와 관련된 부정적 정서도 감소할 것이다. 예를 들어, 오래된 차가 너무 자주 고장이 나서 새 차를 샀다면, 새 차를 산 문제중심 대처는 오래되고 자주 고장이 나는 차와 관련된 부정적 정서를 제거시킨 것이 된다.

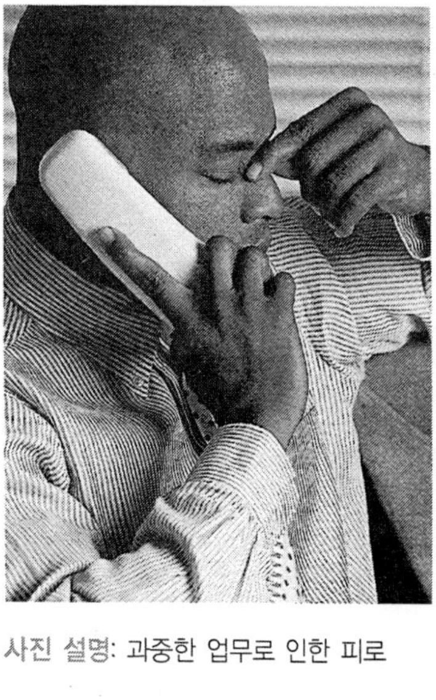
사진 설명: 과중한 업무로 인한 피로

### (2) 스트레스와 부정적 정서

만성적 스트레스가 있는 환경은 해롭거나 위협으로 평가되는 경향이 있으므로 이러한 맥락에서는 부정적 정서가 나타나기 쉽다. 배우자의 죽음이나 만성적 직장 스트레스와 같은 사건에서 어느 정도 적절한 범위에서 부정적 정서를 경험하는 것은 적응적이라고 볼 수 있다. 부정적인 정서가 개인을 스트레스 상황에 집중하게 만들고, 상황을 바꾸는 행동을 하도록 동기화시킬 수 있기 때문이다. 뿐만 아니라 도움이 필요하다면 다른 사람들에게 신호를 보내는 역할을 할 수도 있기 때문이다. 즉, 이때의 부정적 정서는 주의를 집중시키고 행동을 동기화시키며 사회적인 기능을 하게 된다(Levenson, 1994). 하지만 부정적 정서가 과도하다면 이는 우울, 자살 등과 같은 여러 가지 임상적 문제와 관련된다(Fredrickson & Branigan, 2001).

지속적이고 과도한 부정적 정서와 만성적 스트레스는 고혈압, 뇌졸중, 동맥경화 등과 같은 심혈관계 질환에서부터 궤양과 같은 소화기 질환, 관절염과 같은 염증성 질환, 천식과 같은 호흡기 질환, 신장 질환과 같은 내장기관의 기능 부전 등에 이르기까지 여러 질병과 관련되는 것으로 보인다. 부정적 정서가 질병과 관련되는 양상은 다음과 같은 행동패턴과 관련하여 연구되어 왔다.

Kalen A. Matthews

① A형 행동: 적대감과 심장질환

A형 행동패턴(Type A Behavior)을 가진 사람의 특징으로는 서두름, 경쟁심, 일에 대한 몰입, 격한 감정표현을 들 수 있다(Friedman & Rosenman, 1974). 이들 A형 행동패턴을 가진 사람들은 출세지향적이고 경쟁적이며 야심이 많다. 이들은 늘 서두르며 늦어지는 일이 있으면 쉽게 화를 낸다. 이런 행동패턴은 자율신경계의 교감신경을 자극하고 심혈관계 질환을 일으키기 쉬운 것으로 알려져 있다(Booth-Kewley & Friedman, 1987; Contrada, Leventhal, & O'Leary, 1990; Matthews, 1988). 특히 환경적인 위기 상황에서 부정적 정서인 적대감의 표출은 심장질환의 확률을 높인다(Contrada et al., 1990; Kamarck & Jennings, 1991).

사진 설명: A형 행동패턴의 사람

② C형 행동: 우울과 암

C형 행동패턴(Type C Behavior)은 A형의 경우처럼 분명하게 정의되어 있지는 않다. Morris와 Greer(1980)는 C형 행동패턴은 스트레스 상황에서 '정서적으로 억제된(emotionally contained)' 사람들이 보여주는 것이라고 보았다. 이는 암치

사진 설명: C형 행동패턴의 사람

Lydia R. Temoshok

료를 받은 여성들을 대상으로 5년 후, 10년 후까지 추적 조사하여 나온 연구결과를 바탕으로 한 것이다. 암치료를 받은 여성들을 대상으로 조사한 연구에서 금욕적이거나 무기력한 특성을 보인 여성들은 투지가 있는 여성들보다 치료결과가 훨씬 더 나빴다(Greer, Morris, & Pettingale, 1979; Pettingale, 1985). Temoshok(1987)은 C형 행동패턴이나 대처방식을 협동적, 유화적, 비주장적이며, 분노와 같은 부정적 정서를 표현하지 않고 외부적 권위에 따르는 행동이라고 정의했다. 우울, 절망감-무기력감, 억제적 대처방식, 사회적 지지의 부족 등과 암의 관련성에 대해 살펴본 연구들은 아직까지 일관되지 않은 결과를 보이고 있다. 하지만 이들 중 절망감-무기력감, 학습된 무기력은 상대적으로 가장 일관되게 암과 관련되는 것으로 나타났다(Contrada et al., 1990).

### (3) 스트레스와 긍정적 정서

대부분의 연구들은 스트레스와 부정적 정서의 관련성에 초점을 두어 왔고, 긍정적 정서에 대해서는 큰 관심을 보이지 않았었다. 하지만 최근의 연구(Fredrickson & Branigan, 2001)에서는 스트레스 상황에서 긍정적 정서가 중요한 역할을 한다는 점이 지적되고 있다. 극단적인 스트레스 상황일지라도 긍정적 정서가 나타날 수 있다. 긍정적 정서는 우울이나 고통 등과 같은 부정적 정서가 높은 상태에서도 함께 나타날 수 있다. 예를 들어, 에이즈에 감염된 남성을 돌보는 동성 동거자의 경우 상대방을 돌보는 동안이나 투병 중인 상대 동거자가 사망한 이후에 우울 수준이 매우 높았지만 긍정적 정서도 자주 경험하는 것으로 나타났다(Folkman, Chesney, Collette, Boccellari, & Cooke, 1996; Folkman, 1997)(〈그림 5-1〉 참조). 척추손상이 심한 사람들과 영아돌연사로 졸지에 자녀를 잃은 부모를 대상으로 한 연구에서도 심한 손실과 높은 수준의 부정적 정서에도 불구하고 이들이 긍정적 정서를 상당히 자주 경험하는 것으로 나타났다(Wortman, 1987). 또 다른 연구(Westbrook & Viney, 1982)에서는 만성질환이나 장애로 입원해 있는 환자집단과 건강한 성인 집단을 면담하여 비교해보았다. 이 연구에서 입원환자 집단이 건강한 성인 집단보다 불안,

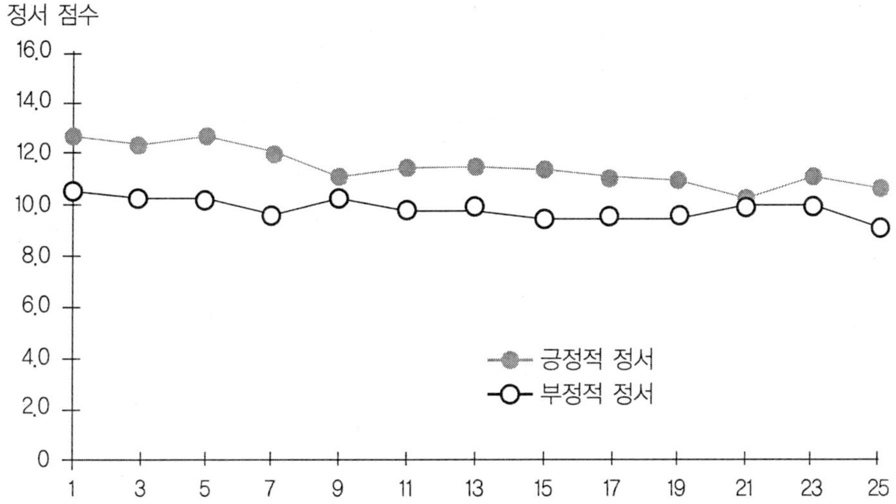


〈그림 5-1〉 돌봄 상황에서 나타나는 긍정적 정서와 부정적 정서

Folkman, S. (1997). Positive psychological states and coping with severe stress. *Social Science and Medicine, 45*(8), 1207-1221.

우울, 분노, 무기력감을 많이 경험하는 것으로 나타났다. 하지만 이들이 보고한 긍정적 정서의 수준 또한 건강한 성인 집단보다 더 높았다. 환자들은 비교집단인 건강한 성인들보다 긍정적 정서를 더 높게 보고하였다. 이러한 연구는 긍정적 정서가 만성질환으로 인한 스트레스에 대처하는 기능적 역할을 할 수 있다는 점을 시사한다.

① 스트레스 상황에서 긍정적 정서의 기능

긍정적 정서가 적응적인 인지적, 사회적, 생리적 기능에 도움을 준다는 주장이 제기되고 있다. Lazarus, Kanner 그리고 Folkman(1980)은 부정적 정서가 지배적인 스트레스 상황일지라도 이때 경험하는 긍정적 정서는 개인을 심리적으로 잠깐 휴식시키고 대처 노력을 지속할 수 있도록 도우며 스트레스로 인해 고갈된 자원을 다시 복원시키는 역할을 할 수 있다고 주장하였다. Moskowitz(2001)는 여러 연구를 검토한 후 긍정적 정서의 기능을 다음과 같이 정리하였다. 첫째, 긍정적 정서는 인지적 처리과정을 촉진시킬 수 있다. 긍정적 정서는 사고력을 높이고 문제해결에 있어 창의력과 융통성을 촉진시키는 것으로 보인다. 관련 연구(Estrada et al., 1997)에서 실험집단인 의사들에게 작은 캔디상자를 선물로 건네주어 긍정적 정서를 유발해내었다. 그런 후, 임상적 케이스에 대한 진단을 내릴 때 의사결정을 하는 정신적 사고과정을 소리내어 이야기하도록 요구했다. 통제집단에 비해, 긍정적 정서조건에 있던 피험자들은 보다 빨리 정확한 진단을 내렸고, 자신의 판단을 지지하지 않는 정보를 무시하는 정도도 매우 낮았다.

두 번째 기능으로 긍정적 정서는 부정적 정서가 생리적으로 미치는 영향을 중화시킨다. Fredrickson과 Levenson(1998)의 연구에서 피험자들에게 공포영화를 보여주어 두려움이라는 부정적 정서를 유도해내었다. 그런 후, 피험자들을 네 집단으로 나누어 각각 만족, 즐거움, 슬픔, 무감정(중립적 조건)을 유발하는 영화를 보여주었다. 만족이나 즐거움을 유발하는 영화를 본 피험자 집단은 슬픔이나 무감정을 유발하는 영화를 본 집단보다(공포영화를 본 후 변한) 심혈관계의 반응이 평상시로 회복되는 속도가 빨랐다. 이는 긍정적 정서가 부정적 정서와 관련되어 일어나는 생리적 효과를 일부 완화시킬 수 있다는 점을 시사한다.

세 번째 기능으로 긍정적 정서는 사회적 지지를 촉진한다. 부정적 정서는 사회적 지지를 저해하는 경향이 있는 반면(Coyne, 1976), 긍정적 정서는 사회적 지지를 촉진시킬 수 있는 것이다. Keltner와 Bonanno(1997a)의 연구에서는 사별한 배우자와의 관계에 대해 묘사할 때 미소나 웃음을 보인 사람들은 관찰자들로 부터 긍정적인 정서를 유발해내는 경향이 있었다. 이러한 결과는 긍정적 정서가 만성적 스트레스 상황에서 사회적 지지를 유도하는 기능을 할 수 있다는 것을 시사한다.

이처럼 긍정적 정서는 창의성과 인지적 처리과정의 효율성을 높이고 사회적 지지를 유도해낸다. 뿐만 아니라 만성적 스트레스 상황으로부터 잠시의 심리적 휴식을 제공할 수도 있을 것이다. 부정적 정서는 개인이 스트레스 상황 자체에 집중하도록 촉구하는 반면, 긍정적 정서는 개인이 한 걸음 물러서 보다 큰 시야를 가지고 융통성이 있는 해결책을 찾도록 도와주는 것으로 보인다.

② 만성적 스트레스 상황에서 긍정적 정서의 유발

만성적 스트레스 상황에서 긍정적 정서가 형성되는 기제를 다음과 같이 세 가지로 살펴볼 수 있다(Moskowitz, 2001). 첫째, 긍정적 정서는 스트레스 사건에 대한 반응으로 나타나는 부정적 정서에 대한 생리적 반응이다. 정서의 길항과정 이론(Soloman, 1980)에 따르면, 한 개인이 정서적 중립 상태에서 이탈하게 되면 이를 원래 정서상태대로 복귀시키려는 반응이 촉구된다고 한다. 예를 들어, 강한 부정적 정서가 나타나면 이는 자동적으로 긍정적 정서를 유발할 수 있다는 것이다. 생리적 처리과정이 정서적 평형을 유지하는 방향으로 조정되므로, 만성적 스트레스 상황에서 긍정적 정서와 부정적 정서가 동시에 나타날 수 있다는 것이다.

둘째, 긍정적 정서는 심한 스트레스 경험을 통해 얻어지는 성숙의 일환으로 나타날 수 있다. 관련 연구(Nolen-Hoeksema & Larson, 1999; Tedeschi & Calhoun, 1995)에 의하면, 개인이 스트레스를 경험한 후 개인적 관계 증진, 삶의 철학 변화, 자아상태의 긍정적 변화와 같은 이점이 나타날 수 있다. 한 연구(Richard, Wrubel, & Folkman, 1998)에서 사별을 경험한 사람들을 면접한 결과 이들은 사별 후 자신의 변화에 대해 "보다 성숙해졌다" "보다 강해지고 더 나은 사람이 되었다" "보다 많이 베풀고 사랑하는 사람이 되었다" 등과 같은 반응을 보였다.

사진 설명: 사별을 경험한 사람들은 이를 성공적으로 극복하면 인생에서 보다 성숙한 태도를 보이게 된다.

사진 설명: 알츠하이머병을 앓고 있던 로널드 레이건 전 미국 대통령과 그를 돌보고 있는 아내 낸시

셋째, 긍정적 정서는 만성적 스트레스에 대한 대처과정의 일부로 나타날 수 있다. Folkman(1997)에 따르면, 긍정적 정서는 스트레스 자체에 대한 대처노력의 일환으로 나타날 수도 있고, 스트레스 사건을 넘어 보다 넓은 시야를 가지려는 노력의 일환으로도 생길 수 있다. 전자에 해당하는 문제중심 대처는 스트레스를 유발하는 문제를 겨냥하여 정보를 모으고 의사결정을 하고 계

획을 세우는 것이다. 이때 긍정적 재평가는 상황을 인지적으로 재구성할 때 보다 긍정적인 측면에 초점을 두게 한다. 따라서 긍정적인 재평가는 일반적으로 정서중심 대처의 일환으로 간주되지만(Carver et al., 1989; Folkman & Lazarus, 1985), 보통 문제중심 대처와도 밀접한 관련이 있다. 이들 대처는 긍정적 정서의 생성이나 유지와도 밀접히 관련된다. 사별을 경험하거나 에이즈와 같이 불치병을 앓고 있는 동성동거자를 돌보는 사람들을 대상으로 한 연구(Folkman, 1997, Folkman, Moskowitz, Ozer, & Park, 1997)에서 연구대상의 대부분은 긍정적 사건에 대한 경험을 쉽게 보고할 수 있었다. 이들이 보고한 긍정적 사건은 가족원으로서 자신의 역할과 관련되었고, 겉보기에 평범해 보이는 사소한 사건(예: 아름다운 석양, 친구의 친절한 말 등)도 많았다. 즉, 병간호나 사별과 같은 스트레스 상황에서 사람들은 대처의 일환으로 의식적으로나 무의식적으로 긍정적 정서를 증가시킬 수 있는 사건을 찾아내는 것으로 보인다.

# 제6장 정서와 인지

정서와 관련된 핵심적 측면의 하나로 인지를 들 수 있다. 정서는 사고에 영향을 미치고, 사고 또한 정서에 영향을 미치게 된다. 따라서 정서와 인지과정은 서로 밀접한 관련을 가지고 있으며, 이에 대한 경험적 연구도 활발히 진행되어 왔다. 특히 기억과 같은 특정 인지과정과 정서와의 관계는 일찍부터 관심의 대상이 되어 왔다. 기억은 그 자체로서도 중요하지만, 지각, 사회적 판단, 문제해결 등 거의 모든 사고가 기억에 의존한다는 점에서 매우 중요하기 때문이다. 또한 보다 최근에는 인지적 처리과정의 하나인 의사결정 과정에서 정서의 역할에 대한 관심이 증가하였다. 과거의 전통적 의사결정이론에서는 정서가 의사결정의 질을 떨어뜨리는 것으로 보고 등한시 한 반면, 최근 일련의 연구들에서는 의사결정 과정에서 정서의 영향력이 재조명되고 있기 때문이다.

본 장에서는 먼저 정서의 인지적 기반이 되는 평가에 대해 알아볼 것이다. 각 학자마다 인지적 평가가 정서에서 왜 중요하다고 보는지 알아보고, 다음으로 정서와 기억의 관련성을 살펴볼 것이다. 정서와 기억의 관련성에 대한 모형들을 소개하고 구체적인 정서사건과 기억 간의 관계를 알아볼 것이다. 그리고 인지적 처리과정인

의사결정 과정에서 정서가 어떤 기능을 하는지를 살펴볼 것이다. 의사결정 시에 나타나는 여러 측면의 정서가 의사결정에 미치는 영향을 모형과 예를 통해 설명하고자 한다.

## 1. 정서와 인지적 평가

정서자극에 대한 인지적 평가(appraisal)는 정서과정의 핵심 요소 중 하나이다. 인지적 평가는 주어진 자극을 개인적 가치나 중요도에 따라 평가하는 것이다. 즉, 개인에게 좋은 자극인지 나쁜 자극인지, 중요한 자극인지 별로 상관이 없는 자극인지를 구분하고 이에 접근할 것인지 회피할 것인지 혹은 무시할 것인지를 결정하는 과정을 말한다. 따라서 이러한 평가과정은 정서자극과 반응 사이를 매개하는 역할을 하게 된다. 이러한 인지적 평가과정이 정서를 경험하는 데 필수적이라고 본 학자들과 이들의 주요 주장이 〈표 6-1〉에 나타나 있다.

〈표 6-1〉 정서와 인지적 평가의 관계

| | |
|---|---|
| Arnold, M. B. (1960) | • 인간은 자극을 접할 때마다 즉시 자동적이고 거의 무의식적으로 그 자극을 인지적으로 평가하게 된다.<br>• 모든 정서적 태도는 상황에 대한 심리적 평가를 바탕으로 해서 나타난다. |
| Schachter, S. (1971) | • 생리적 각성이 일어난 배경을 인지적으로 어떻게 평가하는지에 따라 경험하는 정서가 달라진다. |
| Lazarus, R. S. (1977) | • 인간은 정서를 경험하는 데 인지적 평가과정을 거친다.<br>• 인지적 평가는 정서적 각성과 행동에 선행한다. |
| Weiner, B. (1985) | • 귀인의 역할이 중요하다. 즉, 사람들이 사회를 어떻게 지각하는지, 어떤 현상의 원인을 무엇이라고 보는지가 정서에 영향을 미친다. |

### 1) 상황에 대한 심리적 평가

Magda Arnold

Arnold(1960)는 인간이 자극을 접하면 바로 자동적으로 그 자극을 인지적으로 평가하게 된다고 주장했다. 따라서 모든 정서는 자극에 대한 평가를 기초로 나타나게 된다. 인지적 평가는 지각을 보완하고 어떤 행동을 하는 경향성을 만들어내는데, 정서는 이러한 경향성이 강하게 표현된 것이다. 정서과정은 자극을 지각한 후 곧바로 평가하고 그러한 평가의 결과로 정서반응을 일으키게 되는 일련의 연속적인 사건이다.

사람들은 보편적으로 가장 최근에 경험한 비슷한 사건에 대한 기억을 바탕으로 해서 자극을 평가한다. 이 과정은 의식적이기보다는 직관적이다. 무엇이건 새로운 것은 과거의 경험을 바탕으로 평가된다. 즉, 새로운 사건은 이전 경험에 대한 '감정기억'을 불러일으킨다. 이러한 감정기억은 과거의 평가에서 산출된 것이다. Arnold는 정서모형에서 기억의 기능에 대해 처음으로 언급한 연구자이기도 하다. Arnold가 제시한 '정서의 자극이론(excitatory theory of emotion)'에 따르면 정서는 단순히 자극과 반응의 연계로 활성화되는 것이 아니며 새로운 정서경험을 평가할 때에는 언제나 기억이 필요하다. 어떤 경험이든 과거에 그와 유사한 경험에 대한 기억과 그 당시에 느꼈던 정서를 되살아나게 한다는 것이다. 예를 들면, 어떤 사물이 싫다고 느꼈다면 그것과 유사한 사물을 보는 순간 싫다는 정서를 느끼게 된다. 또한 관련된 기억을 바탕으로 이후의 결과를 예상하게 된다. 상황을 해석함에 있어 과거에 일어났던 일들이 자신에게 어떠한 영향을 미쳤으며 그때 어떻게 행동했는지를 생각해 낸다. 그리고 그 일이 현재 자신에게 어떤 영향을 미칠 것인지—해가 될 것인지 득이 될 것인지—를 생각해보게 된다. Arnold는 이러한 평가과정을 '상황에 대한 심리적 평가' 또는 '예비적 평가'라고 하였다. 자신에게 좋을지 나쁠지에 대한 예비적 평가를 하면 그 상황에 접근할지 회피할지에 대해 결정을 하게 된다. 이때 느끼는 분노, 두려움, 혐오 등과 같은 충동을 '정서적 태도(emotional attitude)'라고 불렀다. 그리고 이러한 정서적 태도는 대뇌피질의 시상이나 시상하부뿐만 아니라 말초까지 정서와 관련된 신경계의 변화를 일으키게 된다고 보았다.

### 2) 생리적 각성이 일어난 맥락에 대한 평가

Schachter(1971)는 생리적 각성과 이에 대한 인지적 해석이 정서를 구성하는 핵심요소라고 보았다. 정서자극(사람, 사물 또는 사건)은 그 자극을 지각하는 인간에게 생리적 각성을 일으키며, 이로 인해 정서를 느끼게 된다. 어떤 정서를 느끼는지는 생리적 각성이 일어난 사회적 맥락을 개인이 어떻게 평가하는지에 달려있다. 동일한 생리적 각성상태라도 냉담한 사회적 상황이라면 분노를 느끼고, 우호적인 상황이라면 행복감을 느끼게 된다.

어떤 정서를 느끼는지는 어떤 정서를 느끼는 것이 적합하다고 생각하는지에 따라서도 영향을 받는다. 인지 요인이 어떤 정서를 느낄지를 결정하고, 교감신경계의 활성화 정도는 정서를 느낄지 아닐지를 결정한다. 일단 각성이 되고 곧바로 상황에 대한 평가가 이루어지면, 어떤 느낌을 갖는 것이 적절할지가 인지적으로 결정된다.

주어진 자극에 대한 생리적 반응이 왜 일어났다고 생각하는지에 따라 사람들의 정서반응이 달라진다는 것을 보여준 연구(Schachter & Singer, 1962)를 일부 소개하면 다음과 같다. 세 집단의 피험자들에게 에피네프린(심장이 마구 두근거리고 손이 떨리며 호흡을 가빠지게 만듦)을 주사하였다. 이때 첫 번째 집단에는 주사한 약이 무엇인지 정확한 정보를 알려주고, 두 번째 집단에는 허위정보를 주고, 세 번째 집단에는 아무런 정보를 주지 않았다. 주사 후 이들에게 분노하는 모델이나 행복해하는 모델을 자극으로 제시하였다. 그 결과, 주사한 약에 대해 허위정보를 받거나 아무런 정보를 받지 못한 집단의 피험자들은 모델의 기분과 행동을 모방하는 경향이 더 높았다. 에피네프린에 대해 정확한 정보를 받은 집단의 피험자들은 모델들의 행동에 영향을 받지 않았다. 이 연구에서 Schachter의 이론이 일부 지지되기는 하였지만, 이 연구는 이후 방법론적 결함으로 비판을 받았다. 또한 다른 연구자들(Marshall & Zimbardo, 1979; Reisenzein, 1983)은 이 이론을 지지하는 결과를 발견하지 못하였으며, Schachter의 이론은 정서에 있어 인지적 기능을 지나치게 강조한다고 비판하였다.

### 3) 인지-동기-정서 체계

Lazarus와 그의 동료들(1980)은 정서 경험과 관련된 인지적 평가과정을 다음과 같이 설명하였다. 먼저 일차적 평가에서 사람들은 현재 일어난 사건이 자신의 복지에 어떤 영향을 미칠 것인가를 판단하고자 한다. 예를 들어, 어두운 밤길을 걸어가는데 누군가 차를 타고 따라와 바로 옆에서 차를 멈춘다면, 좋은 일인지(예: 아는 사람이 집까지 차를 태워 주기 위해 다가온 것), 별로 상관없는 일인지(예: 모르는 사람이 길을 물어보기 위해 차를 세운 것), 아니면 위협이 되는 좋지 않은 일인지(예: 나쁜 사람들이 납치하기 위해 차를 세운 것) 상황에 대해 일차적으로 평가하게 된다. 그러고 나서, 그 다음으로 이차적 평가를 하게 된다. 이는 주어진 상황에서 무엇을 할 수 있는지, 무엇을 해야 하는지를 결정하는 단계이다. 차에 탄 사람이 무슨 용무로 차를 세웠는지 알아볼 것인가, 아니면 무시하고 그냥 지나칠 것인가, 아니면 적극적으로 도망갈 것인가에 대해 이차적 평가를 하게 된다. 끝으로 나타나는 것은 재평가의 단계이다. 이때는 새로운 정보를 이용해 자신들이 내린 평가를 재고하게 된다. 이러한 평가과정은 매우 주관적이고 개인이 주어진 자극을 어떻게 지각하는가에 따라 달라진다. 또한 이러한 평가과정에서 어떤 정서를 어느 정도 강도로 느낄 것인지가 결정된다.

이러한 평가과정을 토대로 하여 Lazarus는 인지-동기-관계 이론(cognitive-motivational-relational theory)을 제시했다. 여기서 인지는 평가과정을 나타내고, 동기는 개인의 목표나 욕구에 따라 사건이 평가된다는 점을 말하며, 관계는 개인이 생리적 세계와 사회적 세계를 절충하면서 끊임없이 내부와 외부를 통합한다는 점을 의미한다. 〈그림 6-1〉에는 정서 처리과정에서 Lazarus가 제시한 평가와 대처의 기능이 나타나 있다. 선행 변인들, 평가과정, 평가결과, 이 세 가지 요소는 모형에서 가장 중요하다. 이 가운데 선행 변인들은 〈그림 6-1〉의 맨 윗부분에 제시된 상대적으로 안정적인 개인의 성격특성과 상황조건(불안정한 상황)이다. 이 두 요인이

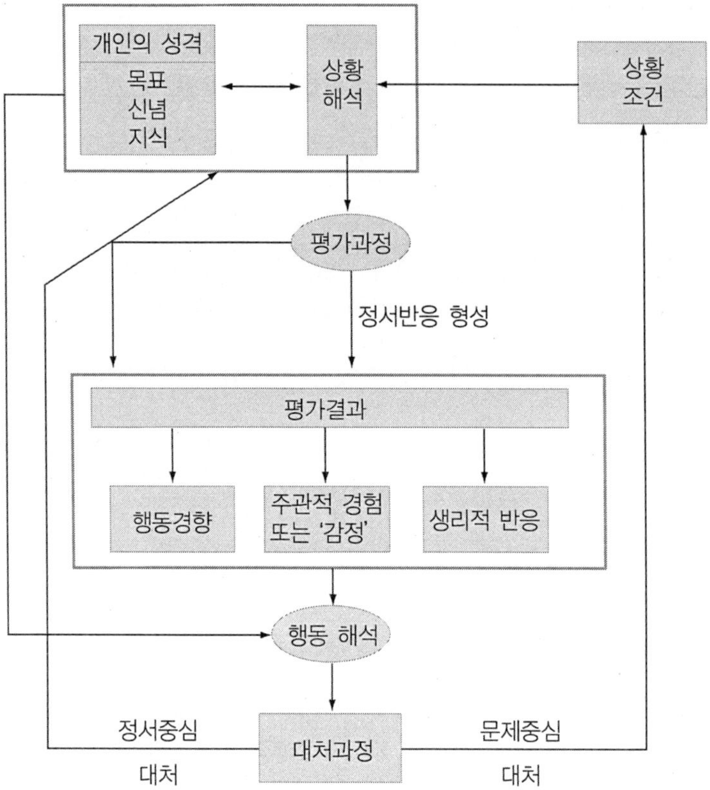


〈그림 6-1〉 Lazarus의 인지-동기-정서 체계

출처: Lazarus, R. S. (1991). *Emotion and adaptation*. Oxford: Oxford University Press.

상호작용하여 정서과정이 시작된다. 예를 들어, 매우 중요한 상황이거나 어려운 상황에서는 자신감이 얼마나 있는지에 따라 경험하는 정서가 달라질 것이다. 따라서 개인마다 정서과정의 출발점이 다르다. 선행 변인들이 평가과정에 영향을 미쳐서 평가결과가 나타나게 된다. 이때 평가결과는 행동경향, 감정, 생리적 반응으로 나타나게 된다. 이와 같은 평가결과는 단기적으로는 대처과정에 영향을 미친다. 이러한 대처과정은 피드백을 통해 다시 반응의 방향과 강도에 영향을 미친다. 피드백을 통해 이들 정서반응이 재발하는 패턴은 장기적으로는 개인의 건강과 복지감에 영향을 미칠 수 있다.

사진 설명: 업무상 과업이 동시에 몰려서 스트레스를 받을 때, 어떤 사람은 여러 가지 일을 한꺼번에 처리하고자 적극적으로 행동하는 반면(직접적 행동방식), 어떤 사람은 그저 손을 놓고 무언가 상황이 달라지기를 기다린다(완화방식).

Lazarus(1977)는 대처과정을 정서가 수반되는 이차적 평가의 핵심요소로 보았다. 위협적 상황이나 도전적 상황에 직면하여 정서적으로 불안정해지면 사람들은 그러한 정서 상황을 다루기 위해 대처전략을 이용한다. 상황에 대한 자신의 감정을 바꾸든지, 아니면 보다 적극적으로 상황을 바꾸든지 등의 시도를 하게 된다. Lazarus는 대처과정을 완화방식과 직접적 행동방식으로 구분하였다. 완화방식은 개인이 정서 사건에 대한 자신의 반응을 바꾸고자 시도하는 것을 말한다. 직접적 행동방식은 환경에 대한 계획을 세우며, 환경에서 도망가거나 환경을 바꾸거나 또는 아예 다른 환경을 선택하는 것을 말한다. 완화방식의 예를 들면 걱정되는 문제가 있을 때, 막연히 내일은 무언가 달라질 거라고 생각하고 내일 생각하기로 무작정 마음을 고쳐먹는 것이다. 직접적 행동방식의 예로, 도전이나 대항을 싫어하는 사람은 친절하고 어울리기 쉽고 마음이 약한 사람을 친구로 선택하고, 지루한 것을 못 견뎌하는 사람은 열정적이고 별난 사람을 친구로 선호하는 것을 들 수 있다.

### 4) 상황의 원인에 대한 평가

귀인이론에서는 주어진 사건에 대해 개인이 그 원인을 어떻게 보는가에 따라(어떻게 귀인하는지에 따라) 그 사건에 대한 정서와 행동이 달라진다고 본다. Weiner는 귀인이론을 주장한 대표적인 학자 중 한 사람이다. Weiner(1985a)에 따르면, 정서는 개인이 의미 있는 사건에 대해 내린 귀인에서 비롯된다. 사건의 원인에 대한 귀인은 다음 세 가지 차원에 따라 달라진다. 이들 세 가지 차원은 원인의 소재에 관한 것인데, 먼저 그 원인이 내적인 것인지 또는 외적인 것인지, 다음으로 지속적인 것인지 또는 일시적인 것인지, 끝으로 통제할 수 있는 것인지 없는 것인지를 말한다.

특히 개인의 사회적 동기와 관련된 정서는 귀인과정과 밀접히 연관된다고 보았다. 예를 들어, 분노, 감사, 연민, 자부심, 수치심, 죄책감 등의 정서는 모두 원인과 결과를 어떻게 보는지에 따라 큰 영향을 받는다. 〈표 6-2〉에는 이들 정서와 관련하여 인과적으로 볼 때 선행되는 것과 행동적 결과로 따르는 것이 무엇인지 정리되어 있다. 중요한 목표를 달성하지 못한 경우와 같이 자신과 관련된 부정적 사건일 때, 그 원인이 타인의 고의적 행동이라고 생각한다면 분노를 느끼고 보복하고자 할

〈표 6-2〉 특정 정서 경험에 선행된 상황과 결과

| 귀인 결과 | 인과적 선행사건 | 정서 | 행동 경향 |
|---|---|---|---|
| 부정적, 자기와 관련됨 | 타인 통제하 | 분노 | 타인에게 보복 |
| 부정적, 타인과 관련됨 | 타인 통제하 | 분노(짜증) | 타인으로부터 철회(무시) |
| 긍정적, 자기와 관련됨 | 타인 통제하 | 감사 | 회복; 타인에게 다가감 |
| 부정적, 자기와 관련됨 | 자기 통제하 | 죄책감 | 책망; 과업을 향함 |
| 부정적, 타인과 관련됨 | 자기 통제하 | 죄책감 | 책망과 회복; 타인에게 다가감 |
| 부정적, 타인과 관련됨 | 통제불능 | 연민(동정) | 회복; 타인에게 다가감 |
| 긍정적, 자기와 관련됨 | 자기 | 자아존중감(긍지) | 보상; 과업을 향함 |
| 부정적, 자기와 관련됨 | 자기 | 자아존중감(감소) | 과업에서 철회 |
| 부정적, 자기와 관련됨 | 자기 통제불가 | 수치심(모욕) | 위축; 과업에서 철회 |

출처: Weiner, B., & Graham, S. (1989). Understanding the motivational role of affect: Life-Span research from an attributional perspective. *Cognition and Emotion, 3*(4), 410-419.

것이다. 하지만 같은 결과라도 자신이 게을러서 목표를 달성하지 못했다고 본다면 (즉, 자기 통제하의 일로 본다면), 죄책감을 느끼거나 스스로를 책망할 것이다. 이와 관련된 연구(Reisenzein, 1983)의 예에서, 해변에 놀러가느라고 수업에 빠져 강의 노트를 빌리고자 한다고 하면 다른 학생들에게 짜증을 불러일으켰지만, 심한 시력장애 때문에 강의 노트를 빌려야 한다고 하는 경우는 동정심을 불러일으키는 것으로 나타났다.

하지만 모든 정서가 귀인의 영향을 받는 것은 아니며, 사랑, 미움, 즐거움, 두려움, 흥분, 지루함, 혐오는 어떻게 귀인하는가에 그다지 영향을 받지 않았다.

## 2. 정서와 기억

Michael Posner

정서에 대해 인지적으로 접근한 학자들은 주로 기억의 기능에 관심을 가졌다. Arnold는 감정기억(affect memory)과 같은 개념을 도입하였고, Strongman(1982)은 정서자극과 중립적 인지자극에 대한 회상능력을 비교하였다. 이들은 사람들이 정서관련 단어를 다른 중립적인 단어보다 더 잘 회상해낸다는 것을 증명하고 기억에 있어 정서자극이 중요하다고 주장했다. Bower(1981)는 피험자들이 일상생활이나 아동기의 개인적 경험에 대해 회상할 때 현재 피험자의 기분과 정서적으로 비슷한 경험을 더 잘 회상해낸다는 점을 밝혔다. Posner(1978)는 기억을 항목기억과 정서기억으로 구분하고, 인간이 정서관련 단어를 보다 잘 기억하는 것은 정서가 인간의 경각심을 높이기 때문이라고 보았다. 여기서는 이들 개개의 연구결과를 통합하여 정서가 기억에 미치는 영향을 살펴보고자 한다. 먼저 일반적 기억에 대한 것으로 정서와 기억의 삼원구조를 소개하고 대표적인 심리학적 정서기억 모형 몇 가지를 소개하고자 한다. 이어서 보다 구체적인 기억현상으로 목격자 기억, 섬광 기억, 자서전 기억과 정서의 관련성에 대해 알아보고자 한다.

## 1) 정서와 기억의 삼원구조

Gerrod Parrott

Matthew P. Spackman

William Revelle

정서와 기억의 관련성에 대한 연구에서는 일반적으로 다음의 세 가지 측면을 살펴본다. 첫째는 기억이 형성될 당시, 즉, 부호화될 때의 정서, 둘째는 기억이 회상될 때, 즉 인출될 때의 정서, 셋째는 부호화와 인출 사이의 기억된 자료와 관련된 정서가 각각 어떤 역할을 하는지에 대해 살펴본다. Parrott과 Spackman(2000)은 이들 세 가지 측면을 정서와 기억의 삼원구조(emotion-and-memory triangle)로 나타내었다(〈그림 6-2〉 참조). 여기에서 삼각형의 꼭짓점 세 곳은 앞서 언급한 세 가지 측면의 정서상태를 나타낸다. 모든 꼭짓점 상의 정서가 늘 함께 나타나는 것은 아니지만 회상할 때마다 이들 삼원구조가 함께 작용한다고 본다. 따라서 기억에 영향을 미칠 수 있는 정서는 기억된 자료의 질과 관련된 정서, 정보를 부호화할 때의 정서상태, 정보를 회상할 때의 정서상태라고 볼 수 있다.

이들 세 측면 중 어느 한 가지에 중점을 두고 정서가 기억에 미치는 영향을 살펴본 연구를 쉽게 찾아볼 수 있다. 정서자극이 중립자극보다 더 잘 기억되는지에 대한 연구(Rapaport, 1950; Revelle & Loftus, 1990)는 그 예가 된다. 이들 연구에서 강한 정서는 사건의 중심사항에 대한 기억을 증진시키는 반면, 주변 배경사항에 대한 기억을 저해하는 것으로 나타났다.

하지만 정서가 이들 기억의 세 가지 측면에 미치는 영향은 서로 상호작용하므로 이들을 함께 살펴보는 것이 더 유용하다. 상호작용의 효과는 〈그림 6-2〉에서 삼각형의 각 사선에 표시되어 있다. 먼저 부호화 당시 기억을 형성할 때 개인의 정서상태는 부호화되는 자료의 정서내용과 상호작용하여 그 자료가 얼마나 잘 학습될 것인지를 정하게 된다. 이러한 효과를 '기분 일치 학습(mood-congruent learning)'이라 한다. 이는 제시된 정서자극의 내용이 개인의 학습 당

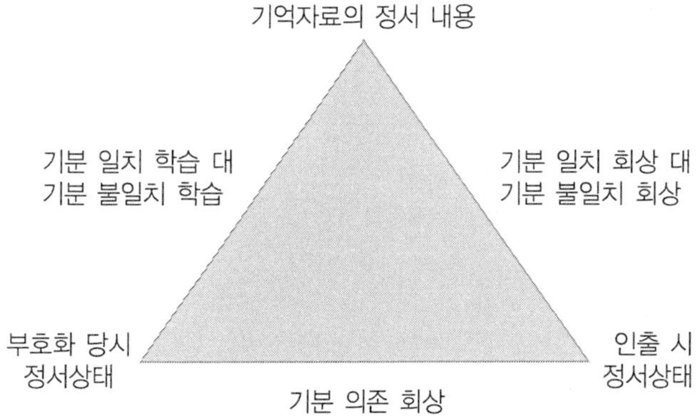


〈그림 6-2〉 정서와 기억의 삼원구조

시 정서와 일치할 때 보다 잘 학습되는 것을 말한다. 예를 들어, 긍정적 정보는 기분이 나쁠 때보다 기분이 좋을 때 더 잘 기억된다는 것이다. 반면 '기분 불일치 학습(mood-incongruent learning)'은 정서자극의 내용이 학습자의 당시 정서와 일치하지 않을 때 잘 학습되지 않는 것을 말한다. 인출 시에도 이와 마찬가지로 '기분 의존 회상(mood-dependent recall)'은 부호화 당시의 정서상태와 인출 시 정서상태가 상호작용해 나타난다. 기분이 좋을 때에는 과거에 좋았던 일을 쉽게 회상해낼 수 있다. 반면 기분이 나쁠 때에는 과거의 좋지 않았던 경험을 끊임없이 회상해 낸다. 끝으로, 기억된 정서자극의 내용과 인출 시 정서상태도 상호작용한다. '기분 일치 회상(mood–congruent recall)'은 이들이 일치하는 경우로 이때는 회상 능력이 높아진다. '기분 불일치 회상(mood–incongruent recall)'은 이들이 불일치하는 경우로 이때는 회상 능력이 떨어지게 된다.

### 2) 심리학적 정서기억 모형

정서기억 모형에 대한 관심은 1980년대에 시작되었다. 대표적인 심리학적 정서기억 모형으로는 Bower의 연상 의미망 모형과 Lang의 생체정보 모형, Leventhal의 위계적 처리과정 모형을 들 수 있다. 이들 모형은 모두 특정의 기억 과정이 활성화됨으로써 정서가 나타난다고 본다. 따라서 정서에 있어 인지의 역할이 중요하다는 점을 전제로 한다. Bower의 모형과 Lang의 모형은 의미망 구조를 바탕으로 하였고, Leventhal의 모형에서는 정서 정보처리 과정을 수준별로 구분하였다. 각 모형에 대해 좀 더 자세히 살펴보기로 하자.

### (1) Bower의 연상 의미망 모형

Gordon Bower

Bower는 정서가 인지과정에 큰 영향을 미친다고 보고 정서가 지각, 판단, 사고, 기억에 미치는 영향을 연구했다. 그는 정보처리에 바탕을 둔 연상 의미망 모형(associative semantic network model)을 제시하여 정서와 기억 간의 관련성을 설명하고자 하였다(Bower, 1981; Bower & Cohen, 1982). 그는 기억은 연상작용으로 연결된 노드(node)[1]로 구성되어 있고, 이러한 노드의 하위집합들이 명제(propositions)를 구성하고, 이들 각 명제가 활성화될 때 기억 속의 사건이 생각나게 된다고 하였다. Bower에 따르면, 기본 정서는 기억 의미망 내의 개념이나 사건을 대표하는 각 정서노드에 의해 나타나고, 이차정서는 기본 정서노드 몇 가지가 동시에 활성화될 때 나타난다. 각 기본 정서노드는 행동, 자율신경계의 패턴, 평가 유발, 언어적 명칭 등의 노드와 연결되어 있다. 즉, 자극이 정서노드로 전해지면, 관련된 노드를 통해 특정 정서와 관련되는 생리적 반응이나 행동이 나타나게 된다. 〈그림 6-3〉에는 Bower의 모형에 대한 예가 제시되어 있다. 정서노드 하나가 활성화되면 연결되어 있는 다른 노드들도 활성화된다. 예를 들어, 분노노드가 활성화되면 이 노드에 연결되어 있는 혈압상승노드, 찡그림노드, 불끈 주먹쥠노드 등이 활성화된다. 또한 정서가 활성화되면 해당 정서가 나타났던 과거 경험에 대한 기억도 활성화된다.

Bower는 연상 의미망 모형을 바탕으로 기분 일치 학습과 기분 일치 회상을 다음과 같이 설명하였다(Bower & Cohen, 1982). 앞서 언급한 바와 같이 정서사건은 그

1) 개념이나 사건들의 세트

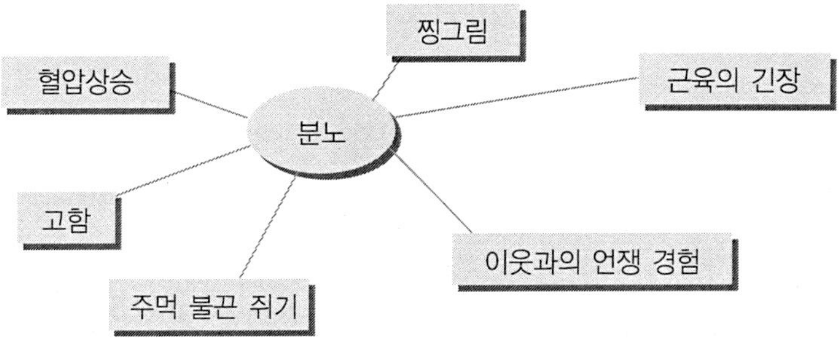


〈그림 6-3〉 Bower의 연상 의미망 모형의 예

에 상응하는 정서노드를 활성화시킨다. 만약 개인의 기분에 의해 관련노드가 이미 활성화되어 있는 상태라면 더 강하게 활성화되기 때문에 기분 일치 학습 현상이 일어난다. 또한 부호화되는 정보는 당시 활성화된 노드와도 연결된다. 이들 노드에는 부호화 당시 개인의 정서노드도 포함되어 있다. 이후 정보를 인출할 때, 부호화될 때의 기분과 같은 정서노드가 활성화되어 있는 상태라면 이는 정보를 인출하는 추가적인 단서가 된다. 따라서 정보가 더 쉽게 인출되므로 기분 일치 회상이 나타나게 된다.

### (2) Lang의 생체정보 모형

Lang(1979)은 생체정보 모형(bioinformational model)을 제시하고 여러 명제들이 의미망에 연결되어 정서를 표현하게 된다고 주장했다. 그의 모형에서는 명제의 종류를 다음과 같이 세 가지로 구분한다. 먼저, '자극명제(stimulus propositions)'는 정서를 유발하는 자극인 사건, 맥락, 상황의 특성을 말한다. 뱀에 대한 두려움을 예로 들어보자. 이때의 자극명제는 뱀의 모양, 색깔, 움직임 패턴과 같은 외적 특성, 깊은 숲이나 오지같이 뱀이 나타날 수 있는 상황, 아무도 없이 혼자인 맥락 등이 될 수 있다. '반응명제(response propositions)'는 정서를 유발하는 자극으로 인해 생긴 모든 반응을 가리킨다. 뱀이 나타난 상황에서 황급히 도망치거나 얼굴을 찡그리거나 심장박동수가 빨리지는 반응

Peter J. Lang

등이 그 예이다. 끝으로 '의미명제(meaning propositions)'는 정서와 관련된 각 요소가 개인에게 시사하는 바를 의미한다. 예를 들어, 혼자 숲 속에 있는데 뱀이 나타난다면 이를 위험상황이라고 생각하고, 심장이 팔딱팔딱 뛰고 도망치고 싶은 마음이 든다면 이를 두려움이라고 생각하는 것을 말한다. 〈그림 6-4〉에는 이들 세 명제를 중심으로 Lang의 정서기억 모형의 예가 제시되어 있다. Lang에 따르면 정서란 단순히 기억 구조를 활성화시키는 것이다.

Lang은 반응명제가 의미코드와 신체운동코드로 되어 있다고 가정하였다. 의미코드(semantic code)는 자극명제와 의미명제의 코드와 유사하게 개인이 의식할 수 있고 언어로 표현될 수 있다. 신체운동코드(somatomotor code)는 움직임과 내장기관의 프로그램으로 구성된 것으로 신체반응을 준비시킨다. 신체운동코드의 경우 언어화하기 힘들고 개인이 의식적으로 접근하기 힘들다. 하지만 이들 의미코드와

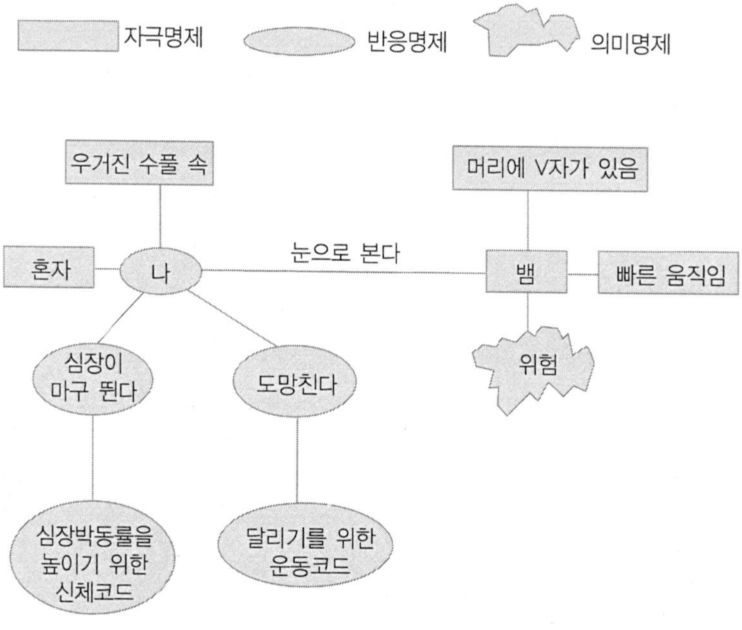


〈그림 6-4〉 Lang의 정서 기억구조의 예

신체운동코드는 기억 속에서 연결되어 있다. 따라서 의미코드가 활성화되면 이는 바로 신체운동코드를 활성화시킨다. 즉, 도망가야 한다고 생각하는 순간 신체는 내부적으로 도망가는 데 필요한 준비를 하는 셈이다.

### (3) Leventhal의 위계적 처리과정 모형

Howard Leventhal

Leventhal(1984)에 따르면, 인간의 정서는 위계적 인지수준에 따라 체계화된 행동반응과 처리과정이다(〈그림 6-5〉 참조). 위계적 인지수준이란 감각운동수준, 도식수준, 개념수준을 말한다. 먼저 '감각운동수준(sensorimotor level)의 처리과정'은 정서행동이나 경험에 대한 기본적인 처리과정이다. 이 과정에서 특정의 자극과 관련된 자율신경계의 반응과 기분이 만들어진다. 이는 자동적으로 활성화되는 것으로 출생 시에 타고난다. 따라서 신생아의 경우 활성화될 수 있는 정서체계는 이 감각운동수준의 처리과정뿐이다. '도식수준(schematic level)의 처리과정'은 특정 정서사건에서 활성화되는 정서 관련 요소들의 표상을 말한다. 여기에는 정서를 경험하는 동안 나타나는 기분, 표현반응, 내장기관의 반응 등이 포함된다. 이 수준은 조건화된 정서반응의 기록이라고도 할 수 있다. 여러 상황에서 유사한 정서가 유발되고 그와 관련된 특징이 기억 속으로 통합되면서 일반화된 도식(원형)이 생기게 된다. 정서도식은 아동 초기부터 발달하기 시작하는데, 개인마다 경험에 따라 다른 정서도식을 갖게 된다. 끝으로

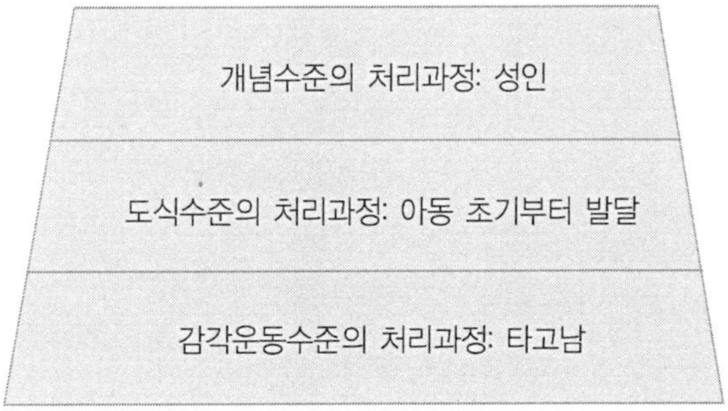


〈그림 6-5〉 Leventhal의 위계적 처리과정 모형

‘개념수준(conceptual level)의 처리과정’은 기억 의미망과 관련되고 이전 단계인 도식수준보다 더 추상적이다. 일반적으로 도식수준은 정서반응에 대한 기억 자체를 말하는 반면 개념수준은 정서반응에 대한 지식을 나타낸다. 이러한 개념적 기억은 개인이 자신의 정서경험에 대해 사고하는 능력이 있는 경우에만 형성될 수 있으므로 고도의 인지능력이 필요하다. 즉, 개념수준의 처리과정은 의식적이고 집중적으로 노력해야 하는 과정이다. 또한 개념수준의 처리과정으로 사람들은 자신의 정서에 대해 다른 사람과 의사소통을 할 수 있게 된다.

### 3) 구체적인 정서사건과 기억

사람들은 보통 정서와 관련된 사건을 정서와 관련되지 않은 중립적인 사건보다 더 잘 기억한다고 생각한다. 그러나 매우 심한 부정적 정서와 관계되는 사건(예: 교통사고)을 경험한 사람들이 그 사건에 대해 잘 기억하지 못하는 것과 같이 그 반대인 경우도 가능하다. 개인이 특정 사건을 경험할 때 느끼는 정서는 이후 그 사건을 기억하는지에 어떤 영향을 미칠 것인가? 앞서 정서기억 모형에서는 일반적인 정서기억에 대해 다루었으며 여기서는 보다 구체적인 정서사건에 대한 기억을 중심으로 살펴보고자 한다.

#### (1) 목격자 기억

Elizabeth F. Loftus

사람들은 과거에 경험한 부정적인 정서사건에서 자신이 목격한 것에 대해 얼마나 정확히 회상하는가? 몇몇 연구(Yuille & Cutshall, 1986; Yuille & Tollestrup, 1992)에서는 사람들이 특정의 정서사건에 대해 몇 달이 지나도 당시 사건상황을 정확히 기억하는 것으로 나타났다. 특히 정서사건 동안 스트레스를 가장 많이 받은 사람들이 그 사건에 대해 가장 정확하게 기억했다. 하지만 이와는 달리, 극도의 스트레스가 되는 외상적 사건이 기억상실증을 유발할 수도 있다고 본다(Christianson & Safer, 1996). 즉, 극단적 정서가 기억에 나쁜 영향을 미칠 수 있다는 것

이다. Loftus와 Burns(1982)의 실험연구에서도 매우 심한 폭력영화를 본 피험자들은 자신이 본 영화에 대해 자세하게 기억해내지 못하였다.

이처럼 상반된 연구결과에 대해 정서수준이 지나치게 낮거나 지나치게 높은 경우는 그 사건을 기억하는 데 방해가 되지만, 적정 수준의 정서는 그 사건을 기억하는 데 도움이 되기 때문이라고 설명한다(Kassin, Ellsworth, & Smith, 1989). 하지만 이러한 주장 역시 심한 스트레스 사건을 정확히 기억해 낸 연구결과를 설명하지는 못한다. 예를 들어, 은행강도사건을 목격한 사람들의 기억에 대해 살펴본 연구(Christianson & Hubinette, 1993)에서 실제 위협을 받은 피해자들은 무슨 일이 일어났는지에 대해 주변의 구경꾼들보다 훨씬 더 자세히 기억하고 있었다(사진 참조).

그 밖에 정서에 따라 기억되는 정보형태가 달라진다는 견해도 있다(Burke, Heuer, & Reisberg, 1992; Christianson, 1992; Wessel & Merckelbach, 1998). 심한 정서사건에서는 중심이 되는 측면을 주변의 세부사항보다 더 잘 기억한다는 것이다. 앞서 제시한 은행강도사건에 대한 기억의 경우, 피험자들이 강도가 한 행동이나 사용한 무기는 잘 기억하고 있었지만 그 사건이 일어난 시간이나 날짜, 다른 목격자들에 대해서는 잘 기억하지 못하였다. 이러한 현상은 '주의력 편향(attentional narrowing) 가설'로 설명할 수 있다(Christianson, 1992). 이는 어떤 정서상황이냐에 관계없이 해당 맥락에서 정서가 유발되는 자극에 대해 그렇지 않은 자극보다 주의력이 더 집중된다는 것이다. 이러한 주의집중능력이 정서정보를 부호화하고 이후에 이를 회상하는 데 긍정적 영향을 미치게 된다. 즉, 처리과정에 주의를 집중함으로써 정서사건을 부호화하는 과정을 촉진시키고 사건에 대한 기억능력을 높일 수 있는 것으로 보인다.

### (2) 섬광 기억

앞에서 정서기억의 중심사건이 보다 잘 기억된다고 설명한 바 있지만 그 예외도 있다. 놀라운 소식을 접했을 때 그 해당 사건과 관계없는 맥락적인 세부 정보를 매

우 생생하고 자세히 기억하는 경우도 있다. 이를 섬광 기억(flashbulb memory: FBM)이라고 한다. 예를 들어, 지난 2014년 4월 세월호 사건이 일어났을 때 여러분은 어디서 누구와 무엇을 하고 있다가 그 소식을 접했는가? 이를 기억한다면 여러분은 세월에 대한 섬광 기억을 가지고 있는 것이다. 사람들이 놀라운 사건을 경험하면 특별한 생리적 기제를 통해 사건에 대한 모든 기억이 뇌에 각인되어 수십 년이 지나도 상황의 아주 세부적인 내용까지도 사진처럼 생생하게 기억하게 되며, 섬광 기억에 포함된 정보는 주로 그 소식을 처음 접했던 장소, 하고 있던 일, 그 소식을 전한 사람, 다른 사람들의 감정, 자신의 감정, 그 결과 등이다(Brown & Kulik, 1977). 섬광 기억이 얼마나 지속되는지는 소식을 접했을 때 놀란 정도, 정서적 각성, 그 사건이 개인에게 미친 영향, 재현되는 경향 등에 따라 달라진다. 예를 들어, 노무현대통령 서거와 북한 2차 핵실험사건을 중심으로 노인과 젊은이의 섬광기억을 연구한 결과, 두 연령집단 모두에서 노무현대통령 서거사건에 대한 섬광기억이 북한 2차 핵실험사건에 대한 섬광기억보다 더 잘 기억되는 것으로 나타났다(박명숙, 박창호, 2010). 하지만 일반적으로 섬광 기억은 상당히 오래 지속된다고 볼 수 있다.

Brown과 Kulik(1977)은 섬광 기억 현상을 '즉시 각인(now print)' 가설로 설명하였다. 이는 놀랍고 중요한 사건이 일어나면 특별한 생리적 기제를 통해 즉시 그 사건에 대한 모든 기억이 뇌에 각인된다는 것이다. 이러한 현상은 놀랍고 중요한 사건의 세부사항이 개인의 생존에 중요하기 때문에 나타난다. 또한 기대하지 못했던 새로운 사건은 놀라움이라는 강한 정서를 유발하고, 놀라움은 사건과 관련된 정보를 보다 효율적으로 부호화시키게 하므로 사건 당시의 세부사항을 보다 오래 기억하게 된다고 보았다. 이에 덧붙여 Conway와 그의 동료들(1994)은 특정의 사건이나 인물에 대해 사전 지식이 많은 사람들은 섬광 기억을 발달시키기 쉽다고 주장했다. 이들은 한 연구(Conway et al., 1994)에서 영국의 대처 수상이 사임한 사건에 대한 섬광 기억을 조사하였다. 그 결과, 정치에 대한

Margaret Thacher

관심과 사임 전 대처 정부에 대한 지식이 섬광 기억 형성과 관련이 있는 것으로 나타났다. Finkenauer와 그의 동료들(1998)은 섬광 기억 형성에 영향을 미치는 정서 요소들을 보다 세분화하였다. 이들에 따르면, 섬광 기억이 형성될 때의 놀라움, 사건에 대해 느낀 정서상태는 직접적으로 영향을 미치고, 시연은 간접적으로만 영향을 미치는 것으로 보인다.

### (3) 자서전 기억

자서전 기억(autobiographical memory)이란 개인의 인생사나 자신에 대한 정보, 일생생활에 대한 기억을 말한다. 즉, 개인적 사건의 일반적 특징, 그 사건에 대한 해석, 사건의 일부 측면에 대한 세부 특징을 오랜 기간 기억하는 것을 말한다. 예를 들어, 난생 처음 비행기를 탔던 때 혹은 결혼식과 같은 특정 경험에 대해 당시 있었던 일을 자세히 기억하고 그 사건이 어떠했는지에 대한 해석까지도 기억하는 것을 말한다. Philippot와 Schaefer(2001)는 이를 구체적 자서전 기억(Specific Autobiographical Memory: S-ABM)과 일반적 자서전 기억(General Autobiographical Memory: G-ABM)으로 구분하였다. 구체적 자서전 기억은 예를 들어, '○○○○년 ○○월 마지막 일요일에 ○○공원을 산책하던 중 개에게 물렸다'와 같이 단 한 번 경험한 것일지라도 그 특정 사건이 일어난 시기나 장소 등에 대해 구체적으로 기억하고 있는 것을 말한다. 반면, 일반적 자서전 기억은 '내가 어렸을 때 일요일 오후마다 가족과 같이 공원을 산책했다'와 같이 보다 보편적인 사실에 대한 것이다. 일반적 자서전 기억은 주로 여러 구체적인 사건들이 오랜 기간에 걸쳐 반복되면서 형성되는데, 이때 구체적 사건들과 결부된 특정 정서까지도 기억에 포함되게 된다.

자서전 기억과 정서와의 관련성에 대한 연구를 살펴보면 사람들의 자서전 기억에는 유쾌한 내용이 불쾌한 내용보다 훨씬 더 많았다(Berntsen, 1996). 나이든 성인들을 대상으로 한 다른 연구(Rubin & Berntsen, 2003)에서 사람들에게 과거에 경험한 매우 긍정적 사건과 부정적 사건에 대해 이야기해보라고 하였다. 그 결과, 사람들이 기억한 긍정적 사건은 부정적 사건에 비해 상당히 오래전에 일어난 일도 많았다. 하지만 대학생들을 대상으로 한 또 다른 연구(Berntsen & Rubin, 2002)에서는 이와 상반되는 연구결과가 나타났다. 즉, 대학생들이 기억한 부정적 사건은 긍정적 사건에 비해 더 오래전에 일어난 일도 많았다. 이를 설명함에 있어 자서전 기억이 긍정적 정서가(情緖價)를 갖는 것인지 부정적 정서가를 갖는 것인지에 관계없이 당시 경험한 정서의 강도가 중요하다는 주장이 제기되었다. 이를 뒷받침하는 것으로 대학생의 자서전 기억과 당시 정서강도의 관련성을 살펴본 연구가 있다. 이 연구(Talarico, LaBar, & Rubin, 2004)에서는 정서강도가 정서가의 종류나 연령보다 개인의 자서전 기억과 더 밀접한 관련이 있었다. 즉, 경험한 정서의 강도가 심할수록 보다 더 잘 기억되는 것으로 나타났다.

## 3. 정서와 의사결정

정서가 의사결정에 미치는 영향에 대해 연구자들이 관심을 갖기 시작한 것은 그리 오래되지 않았다. 전통이론에서 의사결정은 주로 여러 가지 대안이 있을 때, 어떤 것이 최상의 결과를 가져오는지를 예측해내는 인지적 처리과정으로 생각되었고, 이 때 나타나는 정서는 비이성적인 것으로 간주하였기 때문이다. 하지만 전통적인 의사결정이론은 사람들이 최상의 결과를 예측하거나 판단할 때 나타나는 인지적 오류를 잘 설명하지 못하였고 복잡한 의사결정에 임하는 사람들의 대처방식을 너무 단순하게 설명했다는 비판을 받았다. 이후의 연구에 의하면 의사결정과 직접적으로 관계가 없는, 우연히 나타난 정서조차도 판단이나 선택에 중요한 영향을 미칠 수 있다고 한다(Clore, 1992; Forgas, 1995; Isen, 1993; Lerner & Keltner, 2000; Schwarz, 1990). 뿐만 아니라, 의사결정 모형에 정서를 포함시키면 모형의 설명력이 매우 높아지므로(Lopes, 1987; Lopes & Oden, 1998; Mellers, Schwartz, Ho, & Ritov, 1997), 많은 연구자들은 정서가 의사결정에 미치는 영향에 많은 관심을 갖게 되었다.

정서는 의사결정 시 분명히 중요한 기능을 하지만, 그와 동시에 한쪽으로 치우친 판단이나 분별없는 행동을 하게 만드는 원인이 될 수도 있을 것이다. 즉, 정서가 보다 적응적 방식으로 의사결정을 이끌 수도 있으나 정서의 부재나 억압으로 인해 잘못된 의사결정을 하게 만들 수도 있다. 따라서 단순히 의사결정 과정에서 정서가 긍정적 영향을 미친다거나 부정적 영향을 미친다고 말하기 힘들다. 의사결정 과정에서 정서를 억압하거나 무시해야 한다는 전통적 견해나 정서의 기능을 보다 긍정적으로 평가하는 최근의 견해나 모두 정서가 갖는 중요한 특성으로 고려되어야 할 것이다.

### 1) 정서가 의사결정에 미치는 영향

George Loewenstein

Loewenstein과 Lerner(2003)는 의사결정 시 나타나는 정서를 당면한 정서와 기대되는 정서로 구분하였다. 〈그림 6-6〉에는 이 두 가지 형태의 정서가 의사결정에 미치는 영향이 제시되어 있다.

먼저 '기대되는 정서(expected emotion)'는 의사결정으로 생길 결과에 대해 개인이 어떤 정서를 느낄지 스스로 예측한 것이다. 기대 효용 모형(expected utility model)과 같은 의사결정 모형에서는 사람들이 각 행동대안과 관련된 정서적 결과를 예측한 후 긍정적인 정서를 최대화하고 부정적인 정서를 최소화할 수 있는 행동을 선택한다고 가정한다. 의사결정 시 기대되는 정서의 영향은 〈그림 6-6〉의 화살표 (a)에 제시되어 있다. 이는 의사결정의 결과로 인해 나타날 정서가 의사결정 자체에 영향을 미치는 것이다. 부동산 투자자의 예를 들어보자. 한 투자자가 저축액 전부를 재건축아파트에 투자하면 어떨까 고려하고 있다고 가정해보자. 투자자는 손실을 입을 경우나 수익을 올릴 경우 등 여러 가지 가능한 결과에 대해 예측해보고자 할 것이다. 이는 의사결정에서 '기대되는 결과'로 가는 화살표 (e)로 나타낼 수 있다. 또한 다양한 상황에서 투자자 스스로 어떻게 느낄지에 대한 것은 기대되

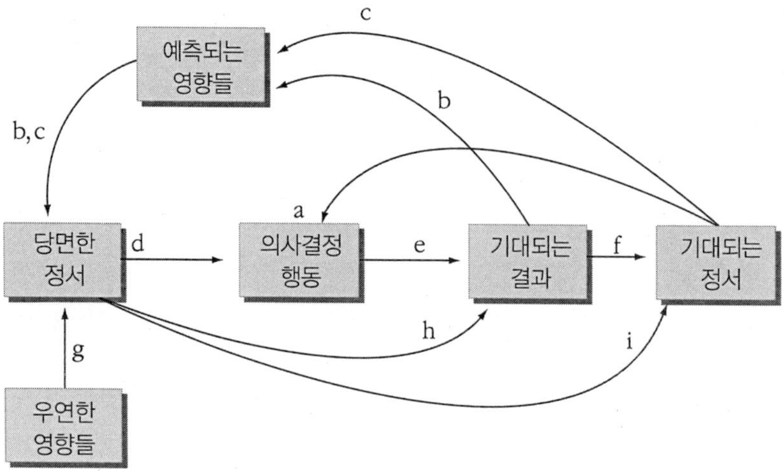


〈그림 6-6〉 당면한 정서와 기대된 정서의 영향력 및 경로

출처: Loewenstein, G., & Lerner, J. (2003). The role of affect in decision making. In R. Davidson, H. Goldsmith, R. K. Scherer (Eds.), *Handbook of affective science*. Oxford: Oxford University Press.

는 결과가 기대되는 정서에 미치는 화살표 (f)로 나타낼 수 있다. 정부의 규제변화나 재건축 지연으로(재건축아파트에 투자한 것이) 손실을 입을 것이라고 생각한다면 투자를 후회하게 될 것이라고 생각할 것이다. 후회하지 않으려는 욕구는 투자하지 않는 방향으로 결정을 내리게 만들 것이다(화살표 a).

다음으로 '당면한 정서(immediate emotions)'도 의사결정과 관련이 있다. 이는 말 그대로 의사결정을 하는 당시에 느끼는 정서이다. 당시에 느끼는 정서는 의사결정에 직접적으로 영향을 미칠 수 있다(화살표 d). 또한 결과에 대한 기대를 바꾸거나(화살표 h) 결과가 가져올 바람직성에 대한 기대를 변화시키는 것(i)과 같이 간접적으로 영향을 미칠 수도 있다. 앞에서 언급한 부동산 투자자의 예를 들어 당시에 느끼는 정서의 직접적 영향과 간접적 영향을 차례로 살펴보자. 투자자는 재건축아파트에 자신의 저축액 모두를 투자한다는 생각을 할 때 불안을 느낄 수 있을 것이다. 이러한 불안은 재건축시장에 돈을 투자하지 않도록 만들 것이다. 이는 직접적 영향의 예가 된다. 반면 의사결정을 하기 전에 이미 기분이 좋은 상태였다면 재건축에 문제가 생겨서 후회하는 상황에 대해서도 보다 낙관적인 견해를 가지게 되기 쉬울 것이다. 이는 당시에 느끼는 정서가 간접적으로 의사결정에 영향을 미치는 예가 된다.

당면한 정서는 의사결정 결과에 대해 생각할 때 나타나는 정서(예측되는 영향력)와 의사결정과 상관없이 나타나는 정서(우연한 영향력)로 구성된다. '예측되는 영향력'은 〈그림 6-6〉의 화살표 b와 c에 나타나듯이 기대되는 결과와 기대되는 정서에서 당시의 정서에 영향을 미치는 것을 말한다. 부동산 투자자의 예로 돌아가 생각해보면, 투자의 객관적 혹은 주관적 결과에 대해 생각하는 행동이 불안을 유도할 수 있다.

당면한 정서에 미치는 '우연한 영향력'은 〈그림 6-6〉의 화살표 g로 나타낼 수 있다. 우연한 영향력은 지금 내려야 하는 결정과 관련이 없는 정서적 영향력을 말한다. 개인이 현재 처한 환경, 기질적 정서, 만성적 정서 등은 우연한 영향력에 포함된다. 예를 들어, 투자에 대해 결정할 때 날씨가 화창하고 따뜻해서 우연히 기분이 좋을 수 있다. 우연한 영향력은 결정으로 인해 기대되는 정서적 결과와 관련이 없으므로 이때의 당면한 정서와 기대되는 정서는 다른 경우가 많다.

정서는 의사결정에 있어서 핵심적 역할을 하지만 의사결정의 효율성을 제한할 수도 있다. 즉, 당시의 정서에 따라 의사결정 결과에 따라 기대되는 정서를 잘못 예측할 수도 있고, 미래의 중요한 측면을 무시할 수도 있다.

### 2) 긍정적 정서와 의사결정

대부분의 사람들은 정서상태가 의사결정이나 사고과정에 영향을 미칠 수 있다고 생각할 때 분노나 슬픔 같은 부정적 정서를 떠올린다. 즉, 부정적 정서가 부적절한 의사결정을 내리게 만들 수 있다고 본다. 하지만 긍정적 정서상태도 일상의 사고과정에 영향을 미칠 수 있다. 즉, 긍정적 정서상태는 기억 내의 긍정적 자료들을 떠오르게 만들므로 긍정적 사고를 이끌어내기 쉽게 만든다(Isen, Shalker, Clark, & Karp, 1978; Nasby & Yando, 1982; Teasdale & Fogarty, 1979). 또한 긍정적 정서는 문제해결 상황에서 창의성과 융통성을 증진시키고 의사결정 시 효율성과 완벽성을 높이는 것으로 나타났다(Carnevale & Isen, 1986; Estrada, Isen, & Young, 1997; Greene & Noice, 1988; Lee & Sternthal, 1999). 나아가 불행한 사건에 대처해야 하는 경우조차 긍정적 정서가 도움이 되어 효율적 대처를 촉진하고 방어적 태도를 감소시킨다는 연구결과도 찾아볼 수 있다(Aspinwall, 1998; Aspinwall & Taylor, 1997; Taylor & Aspinwall, 1996; Trope & Neter, 1994; Trope & Pomerantz, 1998). 다음은 긍정적 정서가 의사결정에 미치는 영향과 관련연구의 예를 제시한 것이다.

### (1) 긍정적 정서가 의사결정에 미치는 영향

Alice M. Isen

긍정적 정서는 인지과정을 보다 융통성 있게 만드는 것으로 보인다. 긍정적 정서는 사람들이 자극에 대해 어떻게 생각하는지 혹은 제시된 자극과 관련되는 것으로 무엇을 연상해내는지에 영향을 미쳤다. 한 연구(Isen et al., 1985)에서는 피험자들을 두 집단으로 나눈 후, 실험집단의 피험자들에게 긍정적 정서를 유도하고(예: 5분간 코미디프로를 보여주기, 초콜릿을 선물로 주기 등) 통제집단의 피험자들에게는 아무런 처치를 하지 않았다. 그런 후 두 집단 모두에게 중성적인 자료를 제시하였다. 이들에게 연상되는 것을 이야기해보라고 한 결과, 실험집단의 피험자들은 통제집단에 비해 보다 광범위하고 다양한 것을 연상해내었다. 또 다른 연구(Isen & Daubman, 1984; Kahn & Isen, 1993)에서도 피험자들은 긍정적 정서 상태일 때에 제시된 자료들을 보다 융통성 있게 범주화하였다.

긍정적 정서는 복잡한 상황에서도 의사결정의 효율성을 높이는 것으로 보인다. 여러 가지 대안이 있을 때 최선의 것을 선택하거나(예: 자동차 구입) 복잡한 문제(예: 환자의 병에 대한 진단)와 관련된 의사결정 시 긍정적 정서의 기능에 대해 살펴본 연구들이 있다. 이들 연구(Isen & Means, 1983; Isen et al., 1991)에서 긍정적 정서상태인 사람들은 보다 효율적인 의사결정을 하는 경향이 있는 것으로 나타났다. 첫 번째 연구(Isen & Means, 1983)를 살펴보면, 피험자들에게 가상적으로 자동차를 구입하는 상황을 제시하였다. 선택을 하는 데는 9가지 조건(연비, 가격 등)이 다른 6종류

의 자동차가 제시되었다(사진 참조). 긍정적 정서집단과 통제집단에서 최종적으로 구입을 결정한 자동차는 같았다. 하지만 그 선택과정에서는 많은 차이가 나타났다. 긍정적 정서집단의 피험자들은 통제집단 사람들보다 훨씬 더 짧은 시간에 결정을 내리고 중요하지 않은 측면을 고려대상에서 보다 쉽게 제거했으며 중복되는 정보를 찾는 행동이 훨씬 적었다. 두 번째 연구(Isen et al., 1991)는 의과대학생들을 대상으로 9가지 관련증상(예: 가슴 X선 촬영필림, 기침정도 등)이 다른 6명의 환자케이스를 제시하고 이들 6명 중 폐암을 가지고 있을 확률이 제일 높은 환자를 택하도록 하는 과제를 주었다(사진 참조). 의과대학생들을 실험집단과 통제집단으로 나누어 실험집단 학생들에게는 긍정적 정서를 유도한 후에 과제를 해결하도록 하였다. 첫 번째 연구의 예와 마찬가지로 두 집단 모두 최종적으로는 정답 케이스를 선택하였지만, 실험집단 학생들은 훨씬 더 빠른 시간 내에 선택하였다. 하지만 중복된 자료를 다시 찾아보는 행동이나 자료를 살펴보는 데 보낸 시간과 같은 지표는 첫 번째 실험과 달리 실험집단이건 통제집단이건 차이가 없었다. 긍정적 정서가 유도된 실험집단 학생들은 통제집단 학생들보다 더 효율적이었고 빨리 결정을 내렸지만, 부과된 과제를 모두 수행한 후에도 해당 케이스를 더 면밀히 살펴보는 경향이 있었다. 이는 긍정적 정서가 미치는 영향이 구체적 상황이나 문제에 따라 달라질 수 있다는 점을 시사한다.

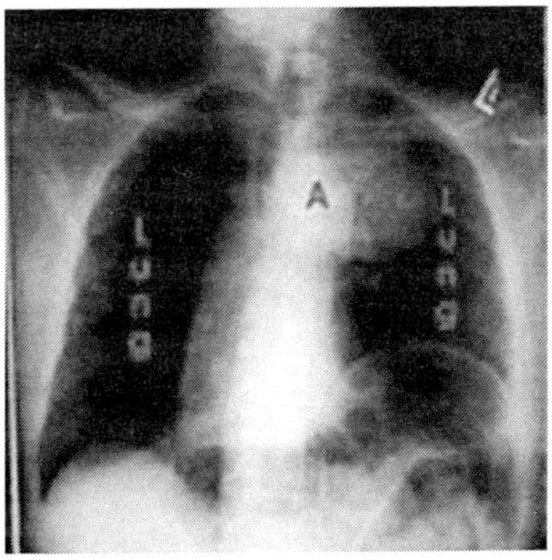


또한 대학생을 대상으로 한 우리나라의 연구에서도 행복과 같은 긍정적 정서수준이 높을수록 스스로 자신을 조절

할 수 있는 능력이 높고 창의적 문제해결 능력도 높은 것으로 나타났다(정옥분 외, 2009).

### (2) 긍정적 정서가 의사결정에 미치는 영향을 결정하는 요인

정서가 미치는 영향은 그 정서로 인해 사람들이 무엇을 생각하게 되는지에 따라 달라진다. 긍정적 정서로 인해 긍정적 결과에 중점을 둘 수도 있고 부정적 정서로 인해 부정적 결과에 중점을 둘 수도 있다. 현재의 정서상태뿐만 아니라 개인의 목표, 판단, 기대 등과 관련된 정서도 인지과정에 영향을 미친다. 게다가 긍정적 정서와 관련된 신경전달물질(예: 도파민)로 인해 두뇌의 특정 영역이 활성화되는 것도 정서가 인지과정에 미치는 영향에서 중요한 역할을 한다. 즉, 정서가 의사결정에 미치는 영향을 결정하는 이들 요인들은 상호작용을 한다. 따라서 그 과정이 상당히 복잡하지만 일반적으로 다음과 같은 몇 가지 결론을 내릴 수 있다(Isen, 2000). 첫째, 다른 모든 조건들(예: 목표, 기대, 동기 등)이 같은 수준인 경우, 긍정적 정서는 새로운 생각과 가능성, 사물을 보는 새로운 방식을 이끌어내는 경향이 있다. 이러한 현상은 특히 안전한 상황에서 두드러진다. 따라서 감정상태가 긍정적인 사람은 그렇지 않은 사람에 비해 더 많은 가능성을 가지고 있다. 이들은 탐색하기를 즐기며 보다 효율적으로 문제를 해결한다. 하지만 위험한 상황이나 잠재적으로 득보다 실이 많은 상황의 경우 긍정적 정서를 가지고 있는 사람들은 보다 신중하게 반응한다. 이들은 가능하다면 불쾌한 상황을 피하려고 하지만, 피할 수 없는 상황이라면 보다 효율적이고 완벽하게 대처하는 경향이 있다. 둘째, 긍정적 정서는 체계적 사고에 영향을 미친다. 사람들은 행복할 때에 그렇지 않을 때보다 제시된 과제에 대해 더 많이 생각해보고자 하고, 과제에 정성을 들이며 보다 효율적으로 처리하는 경향이 있다. 반면 긍정적 정서를 가진 사람은 별로 관심이 없거나 지루한 과제가 제시되었을 때, 이를 수행할지 말지에 대해 스스로 선택할 수 있다면 이를 수행하지 않는 경향이 있고, 선택의 여지가 없다면 보다 효율적으로 수행하는 경향이 있다. 이는 자신의 선호도에 따라 일을 수행할지 말지를 보다 자유롭게 사고하는 경향을 반영한다.

이처럼 긍정적 정서는 일반적으로 합리적이고 적응적인 방식으로 활동을 증진시키고 긍정적 감정을 유지하도록 촉진하는 경향이 있다. 또한 사고의 융통성을 높여 창의적인 문제해결 방법이나 어려운 과제에 대한 해결책이 나오는 데 도움이 된다.

### 3) 부정적 정서와 의사결정

부정적 정서와 의사결정에 관한 초기 연구에서는 기분이 나쁘다는 상태가 슬픈 것이건 화가 나는 것이건 혹은 불안해하는 것이건 간에 모두가 의사결정 시에는 유사한 영향을 미친다고 간주해왔다. 따라서 대부분의 연구에서는 부정적 정서 대 긍정적 정서 혹은 중성적 정서상태와 같이 상이한 정서가(情緖價)를 갖는 상태에서의 판단력을 서로 비교하였다(Arkes, Herren, & Isen, 1988; Conway & Giannopoulos, 1993; Wright & Bower, 1992). 하지만 정서가 인지에 미치는 영향을 제대로 이해하기 위해서는 전반적인 기분보다는 세분화된 정서 경험의 영향을 살펴볼 필요가 있고, 각 정서에 따라 추구하는 목표도 달라진다는 주장 등이 대두됨으로써, 부정적 정서를 보다 세분화해서 살펴보게 되었다. 여기서는 먼저, 전반적으로 부정적인 정서가 의사결정에 영향을 미치는 몇 가지 방식을 소개하고, 다음으로 부정적 정서를 보다 세분화하여 이들 각각이 의사결정에 미치는 구체적인 영향과 관련연구를 살펴보고자 한다.

#### (1) 부정적 정서가 의사결정에 미치는 영향

Rajagopal Raghunathan

Raghunathan과 Pham(1999)은 초기 연구를 바탕으로, 부정적 정서는 다음 세 가지 방식으로 의사결정에 영향을 미친다고 정리하였다. 첫째, 부정적 정서는 개인이 생각하는 내용을 왜곡시켜서 의사결정에 영향을 미칠 수 있다. 부정적 정서상태에서의 지각, 사고, 판단은 평상시보다 더 부정적인 방향으로 왜곡된다. 이는 일종의 기분일치 효과로, 부정적 정서상태가 이와 유사한 정서를 갖는 자료를 보다 쉽게 떠오르게 만드는 신호가 되기 때문이다(Bower, 1981; Isen,

Michel T. Pham

Shalker, Clark, & Karp, 1978). 즉, 부정적 정서는 부정적인 항목에 보다 집중하게 만들고 부정적 항목을 보다 쉽게 회상하게 만들며 위험한 결정의 부정적 측면을 부각시키는 경향이 있다(Bower, 1983). 둘째, 부정적 정서상태는 사람들이 의사결정을 내리는 과정을 변화시킬 수 있다. 불안이나 슬픔과 같은 부정적 정서상태가 정보처리 능력을 저하시킬 수 있기 때문이다(Ellis & Ashbrook, 1988). 몇몇 연구(Conway & Giannopoulos, 1993; Sanbonmatsu & Kardes, 1988)에서는 불안해하는 사람이나 슬퍼하는 사람의 경우, 어떤 판단을 내릴 때 정보를 체계적으로 처리하지 못하는 것으로 나타났다. 셋째, 부정적 정서상태는 의사결정을 내리는 사람의 동기를 결정함으로써 영향을 미칠 수 있다. 예를 들어, 한 연구(Forgas, 1991)에 의하면 슬픈 상태의 사람들은 과제를 잘 수행할 수 있는 기술보다 대인관계의 기술이 좋은(예: 친절하고 다정한) 사람을 파트너로 선택하는 경향이 있었다. 이는 슬픔과 같은 부정적 정서상태에서는 무엇보다 자신의 기분을 회복시키고자 하는 동기가 활성화되기 때문이다.

이들 세 가지 방식은 전반적으로 부정적 정서가 의사결정에 어떻게 영향을 미치는지를 설명하고 있지만, 각각의 독특한 부정적 정서상태가 미치는 차별적인 영향력을 고려하지는 못하였다.

### (2) 슬픔, 불안, 분노, 두려움이 의사결정에 미치는 영향

평가이론(Lazarus, 1991; Roseman, 1991)에 따르면, 슬픔과 같은 정서의 저변에는 상실이나 보상의 결핍이 있다. 우울이나 절망과 같이 슬픔과 관련된 정서는 기본적으로 개인이 소중히 하는 사람이나 아끼는 물건을 잃었을 경우에 대한 반응이다. 사람은 슬픔을 느낄 때 이러한 감정을 '무엇인가가 없어진 상태'로 해석하는 경향이 있다. 따라서 슬픔을 느끼는 사람은 보상을 받거나 그것을 대체하고자 하는 목표를 갖도록 동기화된다. 반면, 사람들은 자신과 관련된 사건의 결과가 불확실할 때, 특히 그 결과가 잠재적으로 해로울 수 있을 때, 그 사건을 스스로 바꿀 수 없다고 생각할 때 불안을 느끼게 된다. 즉, 불안은 결과에 대한 불확실성이 높고 상황에 대한 통제수준이 낮은 경우에 느끼는 정서이다(Roseman, 1984). 따라서 불안은 위험을 피하는 쪽을 선택하게 만든다. 이와 관련된 Raghunathan과 Pham (1999)의 연구에 따르면, 도박을 하는 상황이나 직업을 선택하는 상황에서 슬픔은 사람들이 위험부담과 보상이 모두 높은 쪽으로 선택하는 행동과 관련되는 반면, 불안은 사람들이 보상수준이 낮을지라도 위험부담이 낮은 쪽으로 선택하도록 만드는 행동과 관련되었음을 알 수 있었다. 연구자들은 이러한 결과에 대해 슬픔은 결핍된 보상을 보완하고자 하는 목적을 우선시하게 만들고, 불안은 불확실성을 감소시키고자 하는 목적을 우선시하게 만드는 것으로 보인다고 결론지었다.

분노는 흔히 싸우는 상황에서 발생하게 된다. 이러한 상황은 즉각적인 위협이나 모욕과 관련되는 경우가 많고, 이때는 심사숙고하는 반응보다는 즉각적인 반응이 나오게 된다(사진 참조). 따라서 분노한 사람은 충동적인 행동을 하거나 잘못된 판단을 하는 경향이 있다. 분노한 사람은 닥치는 대로 응징하고자 할 뿐만 아니라(Goldberg, Lerner, & Tetlock, 1999) 자신의 성공가능성에 대해 때로는 터무니없이 낙관적인 견해를 갖기도 한다(Fischhoff et al., 2005; Lerner & Keltner, 2001). 분노는 무엇이 일어날 것이고 무엇이 그 사건을 일으켰는지에 대한 확신을 갖는 것과도 관련된다. 또한 다른 사람이 부정적 사건에 책임이 있다는 신념과 자신이 그 상황에 영향을 미칠 수 있다는 확신과도 관련된다. 반면, 두려움은 위해로부터 개인을 보호하고자 하는 욕구가 동기가 된다. 따라서 두려움이 위험을 피하는 결정을 내리도록 만드는 것은 놀라운 일이 아니다. Lerner와 Keltner(2001)의 연구에 따르면, 위험을 지각할 때 분노가 미치는 영향과 두려움이 미치는 영향은 서로 상반된다. 화난 사람들은 위험에 대해 평가할 때 보다 낙관적이고 위험을 추구하는 선택을 하는 경향이 있는 반면, 두려워하는 사람들은 위험에 대해 평가할 때 보다 비관적이고 위험부담이 적은 선택을 하는 경향이 있었다. 또 다른 연구(Gallagher & Clore, 1985)에서는 화난 사람들과

사진 설명: 2006년 독일월드컵대회의 결승전에서 이탈리아의 마테오 마테라치 선수가 프랑스 대표팀의 주장 지네딘 지단에게 가족을 모욕하는 말을 하자마자 이에 분노한 지단이 그 선수에게 박치기를 하고 있다.

두려워하는 사람들에게 비난받아 마땅한 어떤 대상에 대해 판단하도록 하고 부정적 사건이 일어날 가능성에 대해서도 판단하도록 하였다. 이때 화난 사람들은 비난받아 마땅한 대상에 대해 강도 높게 비난했고 부정적 사건이 일어날 가능성을 낮게 보았으나, 두려워하는 사람들은 제시된 대상에 대해서 별로 비난하지 않았고 부정적 사건이 일어날 가능성을 높게 판단했다.

앞서 제시한 일련의 연구들을 바탕으로 해서 살펴볼 때, 각각의 부정적 정서는 사람들이 의사결정을 할 때 어떤 동기나 목표를 가지고 어떤 정보를 얼마나 많이 처리하는가에 각각 다른 방식으로 영향을 미치는 것으로 보인다.

# 제7장 정서와 사회성

정서적 특성은 개인마다 다르다. 일반적으로 기질이나 성격은 정서적 특성에서 나타나는 개인차를 반영한다. 기질은 비교적 안정적인 특성으로 주로 영유아를 대상으로 많이 연구되었다. 성격은 환경에 적응하는 특정 방식으로 개인의 경험과 행동을 조직화하는 정서적 특질이나 성향을 말한다. 이에 대한 연구는 주로 성인을 대상으로 진행되었다. 여기서는 발달 초기의 기질 유형과 정서적 특성과의 관계를 조명해보고, 유아기를 넘어 이후 성격이 형성되는 과정에서 정서의 역할에 대해 살펴보고자 한다.

각 개인의 독특한 기질이나 성격은 그 개인이 속한 사회 내에서 관계를 형성하거나 적응하는 과정에서 환경과 끊임없이 교류하게 된다. 출생 후 처음 형성하는 사회적 관계인 애착의 경우, 이후 개인의 사회정서적 발달에 중요한 영향을 미치는 것으로 알려져 있다. 발달이 진행됨에 따라 부모-자녀 간 상호작용의 맥락뿐만 아니라 또래 맥락, 문화적 맥락 등이 점차 사회정서적 발달을 조형해 가게 된다. 즉, 개인은 이들 맥락에서 일어나는 대인 간 상호작용으로 정서를 경험하고 적절히 표현하거나 규제하는 능력을 발달시키게 된다.

본 장에서는 정서현상에서 나타나는 개인차를 사회정서적 능력의 관점에서 살펴볼 것이다. 먼저 유전과 환경의 영향력에 관한 연구에 토대를 제공하는 기질과 애착에 관해 소개하고, 정서발달의 사회적 맥락을 부모와 또래, 문화로 나누어 살펴보며, 끝으로 정서와 성격발달의 관련성 문제를 다룰 것이다.

## 1. 기질과 애착

개인의 정서적 특성은 타고난 유전형과 환경 간의 복잡한 상호작용의 결과로 나타나는 것이다. 여기서는 먼저 비교적 안정적인 경향성으로 알려진 기질이 정서의 구성개념과 어떻게 연관되는지 소개하고, 기질에 대한 대표적인 연구와 그 결과들을 간략히 제시할 것이다. 이어서 출생 후 처음 형성하는 사회적 관계인 애착에 대한 대표적 이론을 소개하고 이를 뒷받침하는 경험적 연구에 대해 살펴볼 것이다.

### 1) 기질

여기서는 먼저 정서의 구성개념으로서의 기질을 조명해보고, 기질의 구성요소로서의 정서에 대해 살펴볼 것이다. 이어서 기질의 안정성과 유전성에 대한 쟁점들을 간략히 살펴보고자 한다.

Hill H. Goldsmith

#### (1) 정서의 구성개념으로서의 기질

기질(temperament)은 자극에 대한 반응에서 나타나는 개인차와 그 반응에 대한 자기규제에서 나타나는 개인차를 말한다. 이는 생물학적 근원이 있는 특성으로 발달 초기에 나타나며 비교적 안정적이다(Rothbart & Bates, 1998). 이러한 기질의 구성개념과 밀접하게 관련되는 정서의 측면으로 기본적인 정서반응(예: 두려움, 기쁨, 분노), 정서의 강도, 자극에 대한 민감성, 특정 정서를 표현하는 경향성, 자기규제 능력 등을 들 수 있다(Goldsmith, 1993). 여러 학자들은 정서와 기질 간의 관련성을 널리 언급한 바 있다. 대표적인 예로 Allport(1937b)는 기질을 개인의 정서표현 특성으로 간주하였다. 보다 최근에 와서 Malatesta(1990)는 기질적 특성을 '정서적 편견'이라고 보았으며, Goldsmith(1989)와 Mehrabian(1991)도 기질이 기본정서를 경험하고 표현하는 데서 나타나는 개인차라고 정의하였다.

기질이 비교적 안정적인 특성이긴 하나 불변하는 것은 아니다. 기질의 표현형은 이론적으로 생물학적 측면뿐만 아니라 환경적 조건에 따라서도 달라질 수 있다. 생물학적 측면과 환경적 조건 모두 정서반응을 유발하거나 정서조절반응을 만들어가는 역할을 하기 때문이다. 따라서 기질은 정서의 성격관련 측면을 살펴볼 때에도 유용한 구성개념이라고 할 수 있다. 정서의 성격 측면은 기본적으로 유전적 과정에 바탕을 두지만 발달과정에서 경험하는 사회적 적응패턴과도 관련이 높기 때문이다.

이러한 견해들을 종합하여 Bates(2004)는 정서의 구성개념으로서의 기질을 다음과 같이 정리하였다. 〈그림 7-1〉에서 정서는 외부 환경과의 상호작용, 개인 내부의 조절 과정 및 동기와 상호적으로 영향을 주고받는다. 정서는 정신활동과 신체활동에 있어 핵심 역할을 한다. 특정의 요구와 목표라고 할 수 있는 동기는 정서사건에 영향을 미치기도 하고 동시에 영향을 받기도 한다. 동기는 정서에 관계없이 활동에 직접 영향을 미칠 수도 있다. 하지만 정서사건은 이들 동기가 활동에 미치는 영향을 매개하는 경향이 있다. 의식적이건 무의식적이건 조절도 정서사건에 혹은 정신적 · 신체적 활동에 직접적으로 영향을 미칠 수 있다. 조절에는 기본적인 신경 인지적 과정(예: 주의집중)뿐만 아니라 보다 진보된 신경 인지적 과정(예: 주의를 의도적으로 통제하는 것)이 포함되고, 나아가 언어적으로 매개되는 사건들(예: 자기 자신에게 대안반응을 고려하도록 의식적으로 상기시킴)도 포함된다. 환경적 영향은 아마도 동기와 조절에 가장 직접적으로 영향을 미칠 것이다. 또한 환경적 영향은 이를 통해 정서와 활동에 영향을 미친다. 동기와 조절에서 나타나는 개인적 차이의 기본은 기질적 경향성(예: 새로운 상황에 대해 두려워하는 경향)이다. 이러한 개인차는 정서뿐만 아니라 궁극적으로 인지나 행동에서도 나타나게 된다.

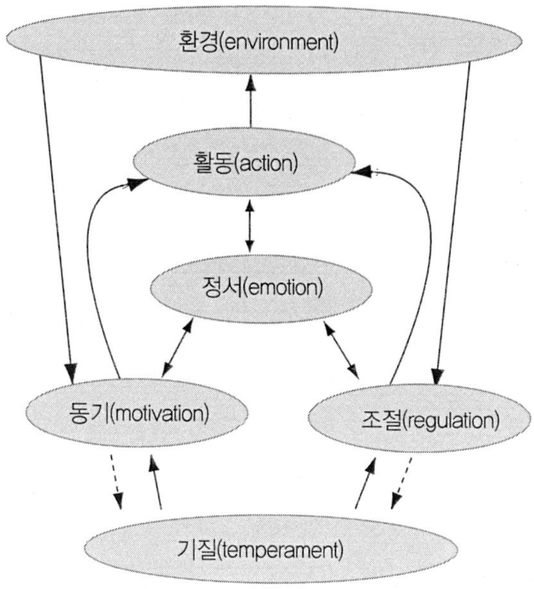


〈그림 7-1〉 정서의 구성개념으로서 기질의 개념적 도식

### (2) 기질의 구성요소로서의 정서

Alexander Thomas

현대 기질연구에서 선구적 역할을 한 학자로 정신과의사인 Alexander Thomas와 Stella Chess를 꼽을 수 있다. 이들은 1956년 뉴욕종단연구(New York Longitudinal Study: NYLS)를 시작하였다(Thomas, Chess, Birch, Hertzig, & Korn, 1963). 이 연구에서 141명의 아동을 대상으로 유아기부터 성인기까지 추적 조사를 하였다. 부모와의 면접을 통해 아동의 행동특성을 기록하고 분석하였다. 연구 초기에 22명의 부모를 대상으로 유아가 3개월일 때와 6개월일 때 심층면접을 하여 이들 시기에 나타나는 행동 목록을 만들었다. 그런 후 참여연구자 중 한 사람인 Birch는 이들 각 행동 목록을 귀납적으로 분류하여 9가지 차원으로 구분하였다. 9가지 차원은 활동성, 규칙성, 접근-회피성, 적응성, 반응강도, 반응역치, 기분, 산만성, 주의집중력을 말한다.

Stella Chess

Mary Rothbart

Arnold Buss

Robert Plomin

이들 9가지 차원의 점수를 이용해 군집을 만들 경우, 순한, 까다로운, 반응이 느린 기질로 구분되었으며, 이를 기질의 기본적 형태라고 보았다. 순한(easy) 기질의 아동은 표본의 약 40%를 차지했는데, 전반적으로 기분이 좋고, 일상생활이 규칙적이며 새로운 것에도 쉽게 적응하였다. 까다로운(difficult) 기질의 아동은 표본의 약 10%로 나타났는데, 부정적 반응이나 강한 반응을 보이는 경향이 있고 일상생활이 불규칙하고 새로운 것을 받아들이는 데 오랜 시간이 걸렸다. 반응이 느린(slow-to-warm-up) 기질의 아동은 표본의 약 15%를 차지했는데, 다소 부정적 반응을 보이는 경향이 있었지만 반응강도가 약하고 활동수준도 낮았으며 새로운 것에 적응하는 데 오랜 시간이 걸렸다. 하지만 이들이 연구한 표본의 약 35%는 이들 세 가지 범주에 해당되지 않았으며 9가지 차원이 보다 독특한 방식으로 혼합되어 나타났다. 〈표 7-1〉에는 세 가지 기본적 기질의 특성이 앞서 제시한 9가지 차원과 관련하여 제시되어 있다.

이후에 개발된 기질관련 모형들은 뉴욕종단연구에서 제시한 9가지 차원 간에 중복되는 부분이 있다는 문제점을 보완하고, 보다 적은 수의 차원으로 기질을 설명하였다. 대표적인 예로 Rothbart의 기질 모형과 Buss와 Plomin의 기질 모형을 들 수 있다. Rothbart(1981)는 초기 NYLS의 9가지 차원에서 중복되는 부분을 최소화하여 유아행동척도에서 활동성(activity level), 두려움(fear), 미소와 웃음(smiling and laughter), 분노/좌절(anger/frustration), 달래지는 정도(soothability), 행동지향의 지속성(duration of orienting)과 같은 6가지 요인을 기질의 구성요소로 제시하였으나, 이후 개정된 유아행동척도(Infant Behavior Questionnaire-Revised: IBQ-R)에서는 기질의 하위요인으로 열정성(surgency), 부정적 반응성(negative reactivity), 지향성/조절성(orienting/regulation)의 3요인을 제시하였다. 또한 아동행동척도(Children's Behavior Questionnaire: CBQ)에서는 기질의 하위요인으로

〈표 7-1〉 Chess와 Thomas가 제시한 기질의 차원과 기본 형태

| 기질의 차원 | 해당 내용 | 기질의 형태 | | |
|---|---|---|---|---|
| | | 순한 | 까다로운 | 반응이 느린 |
| 규칙성 | 식사, 수면, 배설의 규칙성 | 규칙적 | 불규칙적 | - |
| 활동수준 | 활동, 움직임 정도 | - | 높음 | 낮음 |
| 접근-회피성 | 새로운 사람이나 사물에 접근할 때 쉬운 정도 | 쉬움 | 어려움 | 어려움 |
| 적응성 | 일상생활의 변화를 받아들이기 쉬운 정도 | 쉬움 | 어려움 | 어려움 |
| 반응역치 | 반응을 이끌어내기 위해 필요한 자극정도 | - | - | - |
| 전반적 기분 | 긍정적 또는 부정적 정서의 정도 | 긍정적 | 부정적 | |
| 기분표현의 강도 | 유쾌, 불쾌, 행복, 슬픔을 표현하는 정도 | 낮음~중간 | 높음 | 낮음 |
| 산만성/주의집중력/지구력 | 산만해지는 정도 | - | - | - |

(-) 표시는 해당 특성이 분명하게 나타나지 않아 기질 형태를 정하는 데 별로 관련이 없는 경우임.

열정성(surgency), 부정적 정서성(negative affectivity), 의도적 통제(effortful control) 등의 3요인을 제시하였다.

또한 성격 심리학자 Arnold Buss와 행동유전학자 Robert Plomin은 기질은 유전적이고 안정적인 성격 특질인 네 가지 요소로 구성된다고 주장하였다. 이 모형은 각 요소의 첫글자를 따서 EASI(Emotionality, Activity, Sociability, Impulsivity)라고도 불리었다. 이후 이들은 다시 기질 모형을 수정하여 활동성, 사회성, 정서성이 기질을 구성한다고 하였다(Buss & Plomin, 1984). 여기서 활동성은 움직일 때 나타나는 일반적인 속도와 강도를 말하고, 사회성은 다른 사람과 같이 있는 것을 선호하는지 혼자 있는 것을 선호하는지에 대한 경향성을 말하며, 정서성은 스트레스를 느끼는

경향성과 교감신경계에서 각성이 일어나는 역치와 관련된다.

기질을 설명하는 차원에 대해 학자들마다 이처럼 다소 차이가 나는 견해를 제시하고 있다. 하지만 이들 모형에서는 공통적으로 정서성, 부정적 정서성, 전반적 기분, 기분표현의 강도 등 정서와 관련된 내용들을 기질의 구성요인으로 제시하고 있다.

### (3) 기질의 안정성과 유전성

기질에 관한 초기 연구에서는 기질을 매우 안정적이고 지속적인 특성으로 보았다. 하지만 이들 연구는 거의 부모의 응답을 이용해서 유아의 기질을 측정하는 방법을 사용하였다. 따라서 유아의 행동특성뿐만 아니라 부모자신의 성격, 편견 등으로 인해 기질의 안정성이 실제보다 더 높게 평가되었다는 지적을 받았다. 이후 이러한 방법론적 결함을 보완한 몇몇 연구(Korner et al., 1981; Worobey & Lewis, 1989)에서는 기질이 중간 정도 수준의 안정성을 보인다고 결론지었다.

하지만 이러한 기질의 안정성은 발달단계에 따라서도 차이를 보인다. 보통 출생 후 1년 동안의 안정성보다 이후 1세에서 4세까지의 안정성이 더 높았다(Plomin et al., 1988). 또한, 기질의 차원에 따라서도 안정성이 달라지는 것으로 보인다. 예를 들어, 긍정적 정서와 부정적 정서는 출생 후 첫 1년간일지라도 상당히 안정적인 것으로 보고되었다(Emde et al., 1992; Rothbart, 1989). 정서성도 상당히 안정적인 것으로 보인다. 한 종단 연구(Matheny, 1989)에서 130명의 쌍생아를 대상으로 12, 18, 24, 30개월에 각각 부모, 실험실 내 관찰, 제3자의 평가를 이용해 정서성을 측정해 보았다. 그 결과, 두 측정기간이 가까울수록 정서성이 밀접히 관련되는 것으로 나타났으며, 부모가 평가한 정서성이 가장 안정성이 높았고, 그 다음이 실험실 내 관찰, 제3자 평가의 순이었다. 결국, 기질의 안정성은 생애 중 어느 기간을 측정하는지에 따라, 누가 평가하는지에 따라, 어떤 방법으로 평가하는지에 따라, 그리고 구체적으로 어떤 차원을 평가하는지에 따라 어느 정도 차이가 있다고 할 수 있다.

전통적으로는 기질이라는 것이 안정적이고 유전적인 것이라고 가정하였지만(Buss & Plomin, 1975), 최근에 와서 학자들은 안정적인 특성을 보이는 것만을 기질이라고 보지는 않는다. 즉, 시간이 경과함에 따라 특정 행동의 안정성이 낮아질지라도 유전적으로 관련되어 있는 개인들(예: 쌍생아, 형제자매)이 보이는 유사성은 기질적 특성에 바탕을 둔 것이라고 본다(Rothbart & Bates, 1998).

유전성(heritability)은 기질에서의 유전적 영향을 말한다. 이러한 특성은 주로 쌍생아 연구나 입양아 연구를 통해 알아볼 수 있다. 〈표 7-2〉에는 관계별로 유전적 관련성 정도가 제시되어 있다. 유전성에 관한 연구에서 일란성 쌍생아 간에 보이는 유사성은 모두 유전적 특성에 기인한 것이라고 가정한다. 서로 떨어져 자란 일란성 쌍생아들과 이란성 쌍생아들의 유사성 정도를 비교한 〈그림 7-2〉를 살펴보자. 그림 속의 쌍생아들에게 그저 가만히 서 있으라고 말한 후, 서 있는 모습을 촬영하였다. 위는 일란성 쌍생아들이고 아래는 이란성 쌍생아들이다. 떨어져 자랐음에도 불구하고 일란성 쌍생아들이 서 있는 자세는 이란성 쌍생아에 비해 상당히 유사함을 알 수 있다.

쌍생아를 대상으로 한 또 다른 종단 연구(Emde et al., 1992)에서도 이와 일치하는 결과가 보고되었다. 즉, 200쌍의 쌍생아를 대상으로 한 연구에서 부정적 정서성은 일란성 쌍생아 간의 일치 정도가 이란성 쌍생아 간의 일치 정도보다 훨씬 높게 나타났으며 긍정적 정서에서는 이러한 유전적 영향이 크게 나타나지 않았다. 그 외

〈표 7-2〉 관계별 유전적 관련성 정도

| 관계 | 관련성 정도 (%) |
|---|---|
| 일란성 쌍생아 | 100 |
| 이란성 쌍생아 | 50 |
| 형제자매 | 50 |
| 부모자녀 | 50 |
| 이복형제 | 25 |
| 조부모와 손자/손녀 | 25 |
| 삼촌/고모와 조카 | 25 |
| 사촌 | 12.5 |

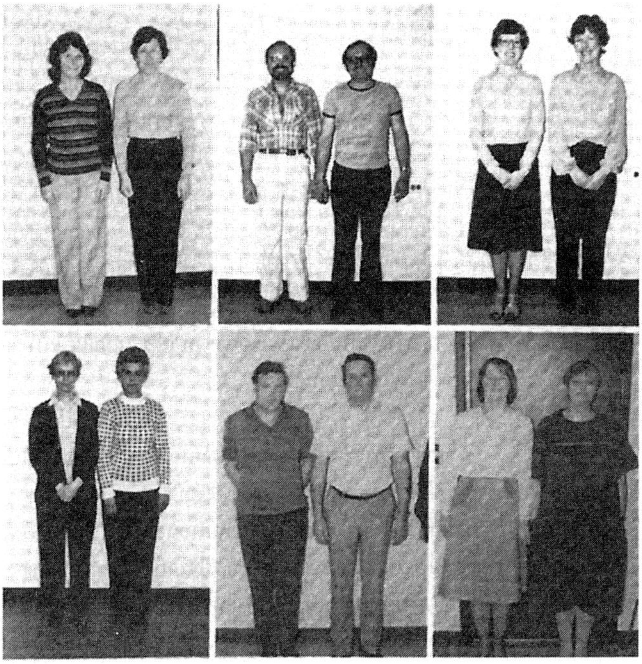

〈그림 7-2〉 일란성 쌍생아와 이란성 쌍생아가 서 있는 모습 사진

출처: Roediger, H. L., Capaldi, E. D., Paris, S. G., Polivy, J., & Herman, C. P. (1995). *Psychology* (4th ed.). New York: West Publishing Company.

행동억제, 수줍음과 같은 기질 요소에서는 중간 정도의 유전적 영향력이 나타났다.

LaFreniere(2000)는 이들 쌍생아 연구들을 종합하여 다음과 같은 결론을 내렸다. 첫째, 부모의 보고를 통해 측정한 기질에서는 보통 정도 수준의 유전성이 나타난다. 하지만 관찰법을 사용해 기질을 측정할 경우, 이들 유전성의 수준은 더 낮아진다. 둘째, 유전성은 부정적 정서(행동억제, 수줍음, 두려움나 고통)에서 긍정적 정서보다 더 높게 나타난다. 셋째, 특정의 발달단계에서 나타난 유전성이 다른 발달단계에서도 항상 나타나는 것은 아니다. 즉, 유전성은 발달단계나 특정 기간마다 다를 수 있다.

Peter J. LaFreniere

## 2) 애착

여기서는 애착 연구의 대표적인 연구자인 John Bowlby와 Mary Ainsworth의 이론에 대해 간략히 소개한 후, 이를 바탕으로 애착안정성과 정서의 관련성에 대해 살펴보고자 한다.

### (1) Bowlby의 애착이론

Konrad Lorenz

Niko Tinbergen

Bowlby는 애착과정을 진화과정에서 적자생존을 통해 진화된 타고난 행동 체계로 보았다. Bowlby는 역동체계이론(von Bertalanffy, 1968)과 고전 동물행동학(Lorenz, 1935; Tinbergen, 1951)을 바탕으로 애착의 개념을 재정립했다. 그는 인공두뇌학(유기체와 컴퓨터와 같은 특정 기계에 공통적인 조절방법이나 의사소통 방법을 연구하는 학문)에서 사용되는 용어로 자신의 애착모형을 설명하였다. Bowlby의 애착모형에 따르면, 애착체계는 환경적 위협이 유아의 역동적 반응역치를 초과하게 되면 자동적으로 활성화되어 주양육자와 물리적으로 가까워질 때까지 계속 작동한다. 따라서 애착체계가 달성하려는 목표는 주양육자와의 근접성이라고 할 수 있다.

애착체계는 유아의 생존을 돕는 기능을 한다. 유아의 애착관련 행동은 주양육자와의 상호작용 맥락에서 점차적으로 나타나게 된다. 예를 들어, 영장류 새끼들은 쳐다보기, 미소, 울음, 매달리기(사진 참조)와 같이 생득적인 적응행동을 한다. 또한 일정 시기가 되면 어미를 따라다니거나 신호를 보내는 것과 같이 주양육자와 근접성을 유지하려는 행동을 보인다. 어미는 이런 행동들을 가르칠 필요가 없다. 이러한 종 특유의 애착행동을 이끌어내는 데에는 상호작용이 가능한 주양육자의 존재만으로 충분하다(사진 참조). 또한 이러한 주양육자와의 상호작용은 이후 개인의 상호 행동 체계를 형성하는 데 중요한 역할을 한다. Bowlby(1988)가 제시한 애착이론의 주요 주장을 정리하면 다음과 같다. 첫째, 개인

 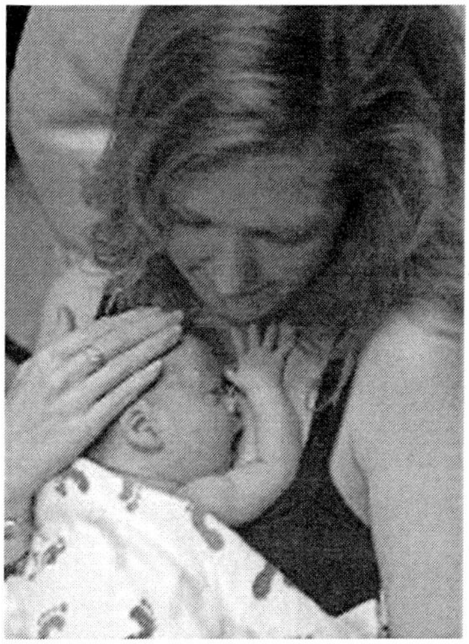

간의 정서적으로 의미있는 유대감은 생존을 위해 기본적 기능을 하므로 매우 중요하다. 둘째, 애착은 주양육자와 근접성을 유지하거나 주양육자에게 접근하도록 준비시키는 중추신경계 내의 체계로 볼 수 있다. 셋째, 애착체계가 효율적으로 작동하기 위해서는 각 상대자가 자신과 타인 간의 상호작용패턴에 대한 내적 작동 모델(internal working model)을 구축해야 한다. 여기서 내적 작동 모델이란 유아 자신과 주양육자와의 상호작용에 대해 형성된 자아와 타인에 대한 인지적 표상을 말한다.

Bowlby는 애착 발달단계를 다음과 같이 네 단계로 구분하였다.

① **전애착단계**(Preattachment)

생후 6주까지의 기간으로 이 시기에 영아는 주 양육자만을 선호하지 않고 누구에게라도 긍정적으로 반응한다. 즉, 아직 주양육자에게 애착이 형성되기 전 단계이다.

② **애착형성단계**(Attachment in the Making)

생후 2개월에서 7개월까지의 시기로, 대상을 구분하여 사교적인 반응을 보이는 단계이다. 이 시기 영아는 어머니와 다른 사람을 구분할 수 있고 어머니에게는 낯선 사람에게 보이는 것과 다른 반응을 보인다. 즉, 영아는 어머니가 있을 때에는 미소를 짓거나 옹알이를 하기도 하고, 고통 상황에서 어머니가 안아주면 쉽게 달래진다.

③ **애착단계**(Clear-Cut Attachment)

생후 7개월에서 24개월까지의 시기로 주양육자와 근접성을 추구하는 단계이다. 이 시기에는 낯선 사람에 대한 불안이 나타나기 시작한다. 영아는 어머니를 안전기지(secure base)로 생각하고 주변을 탐색하며 위협을 느끼거나 스트레스를 받으면 어머니와 접촉하여 편안함을 느끼기 위해 어머니에게 돌아온다. 영아에게 익숙하지 않은 환경인 경우 어머니와 떨어지지 않으려고 애를 쓴다.

④ **목표수정적 협력 단계**(Goal-Corrected Partnership)

생후 24개월 이후로 상호적 관계의 단계이다. 영아가 생후 18개월을 넘어가면 어머니와 근접성을 유지하려는 정도나 어머니와 떨어지지 않으려고 애를 쓰는 정도는 점차 약해지게 된다. 이 시기에는 관계 내 각 사람이 상대방의 목표를 생각할 수 있게 됨으로써 상호적 협상, 교환, 새로운 상호성이 출현한다.

### (2) Ainsworth의 애착이론

Mary Ainsworth

Ainsworth는 우간다에서 장시간 자연관찰을 통해 영아들의 이유과정을 살펴보고, 1962년 볼티모어 종단연구에서도 어머니-유아 애착 행동을 광범위한 자연관찰을 통해 살펴본 후, 이들의 전형적 애착행동에 대한 에소그램을 작성하였다(〈표 7-3〉 참조). 또한 이를 바탕으로 애착패턴을 평가하기 위한 실험실 연구절차를 개발하였는데, 낯선 상황(strange situation)실험은 이때 개발되었다. 이 실험은 새로운 환경을 제공함으로써 영아가 주변을 탐색하고 싶어지도록 만드는 동시에 낯선 상황이므로 영아에게 안전기지가 필요하도록 만드는 것이었다. 또한 이 실험에서 익숙하지 않은 환경에서 어머니와 떨어져 있는 상황은 애착체계를 활성화시키게 되고, 애착체계의 기능을 직접적으로 검증할 수 있도록 만든다. 낯선 상황 실험은 1세 영아에게 스트레스를 유발시키는 8가지 에피소드로 구성된다. 〈표 7-4〉에는 이들 각 에피소드에서 전형적으로 나타나는 애착행동이 소개되어 있다. 애착의 질은 어느 한 가지 행동만으로는 평가할 수 없다. 애착의 질을 평가할 때 가장 중요한 것은 이들 변화하는 상황에 대한 영아의 반응 패턴을 찾아내는 것이다.

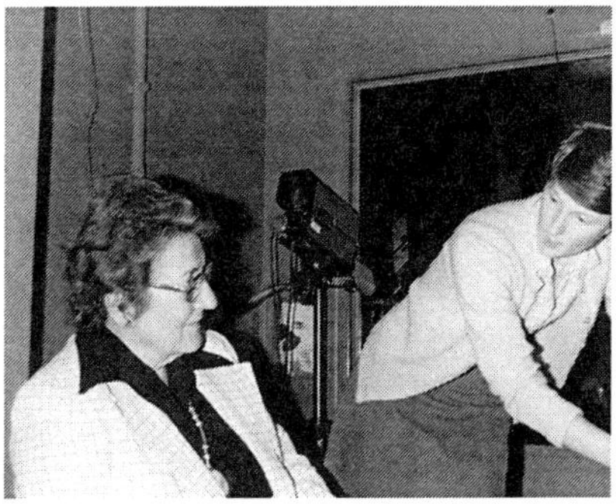

사진 설명: 관찰실의 Ainsworth

〈표 7-3〉 Ainsworth(1967)가 제시한 애착행동 목록

1. 차별적인 울음(주양육자와 있을 때의 울음이 다른 사람과 있을 때의 울음과 다름)
2. 차별적인 웃음
3. 차별적인 발성
4. 주양육자가 나갈 때 울음
5. 주양육자를 따라다님
6. 주양육자를 쳐다보고자 함
7. 울음, 찡그림, 홍분 등으로 주양육자를 맞이함
8. 주양육자를 맞이할 때 팔을 듦
9. 주양육자를 맞이할 때 손뼉을 침
10. 주양육자에게 기어오름
11. 주양육자의 무릎에 고개를 파 묻음
12. 움직여서 주양육자에게 다가감
13. 주양육자를 꼭 껴안고, 주양육자에게 키스함(서양 유아들에게서만 관찰됨)
14. 주양육자를 안전기지로 삼아 주변을 탐색함
15. 안전한 곳이 필요할 때 바로 주양육자에게 감
16. 주양육자에게 매달림

출처: Oatley, K., & Jenkins, J. M. (1996). Understanding emotions. Cambridge, MA: Blackwell.

〈표 7-4〉 낯선 상황 실험절차와 전형적인 애착관련 행동의 예

| | | |
|---|---|---|
| 1 (30초) | 실험자가 부모와 유아를 놀이실로 안내하고 나서 나감. | |
| 2 (3분) | 유아가 장난감을 가지고 노는 동안 부모는 앉아 있음. | 안전기지로서의 부모 |
| 3 (3분) | 낯선 사람이 들어와서 앉고 부모와 이야기함. | 낯선 사람에 대한 반응 |
| 4 (3분) | 부모가 놀이실을 나감. 낯선 사람이 유아에게 반응하고, 유아가 혼란해하면 달래주려고 함. | 분리불안 |
| 5 (3분) | 부모가 돌아오고 유아를 반김, 이때 필요하면 유아를 달래줌. 낯선 사람이 놀이실을 나감. | 재결합 시 반응 |
| 6 (3분) | 부모가 놀이실을 나감. | 분리불안 |
| 7 (3분) | 낯선 사람이 들어오고 유아를 달래주려고 함. | 낯선 사람에 의해 달래지는 정도 |
| 8 (3분) | 부모가 돌아오고 유아를 반김. 이때 필요하면 유아를 달래줌. 부모는 유아가 장난감을 가지고 놀도록 주의를 돌리려고 함. | 재결합 시 반응 |

출처: Ainsworth, M. D. S., Blehar, M., Waters, E., & Wall, S. (1978). *Patterns of attachment: A psychological study of the strange situation*. Hillsdale, NJ: Erlbaum.

Ainsworth는 낯선 상황 실험(〈표 7-4〉 참조)을 이용하여 안정 애착, 불안정저항 애착, 불안정회피 애착의 세 가지 기본 유형을 제시하였고, 그 이후에 Ainsworth의 제자였던 Main은 여기에 불안정혼란 애착유형을 추가하였다(Main & Solomon, 1990).

① 안정 애착(Secure Attachment)

이 유형은 유아표본의 65% 정도로 나타난다. 안정 애착 유아들은 익숙하지 않은 실험실 맥락에서 주변 탐색과 주양육자와 근접성을 유지하려는 욕구가 적절하게 균형을 이루고 있다. 이들은 전형적으로 주양육자와 비교적 쉽게 떨어지고 주양육자와 낯선 사람 모두에게 우호적이다. 주양육자와 떨어지는 에피소드 시에 마음에 동요가 있는 것처럼 보일 수도 있지만 주양육자가 다시 돌아와서 안아주면 쉽게 진정이 된다. 또한 일단 안정이 되면 다시 탐색행동이나 놀이행동을 한다.

② **불안정저항 애착**(Resistant Attachment)

이 유형은 유아표본의 15~20% 정도를 차지한다. 이 유형은 양가적(兩可的)인 정서반응과 어머니에게 신체적으로 저항하는 특징을 보인다. 이들은 어머니와 떨어지는 것을 싫어하고 익숙하지 않은 환경에 불안해하고 스트레스를 보인다. 일반적으로 낯선 사람을 경계하고 어머니와 떨어지면 심한 스트레스를 보인다. 또한 어머니가 다시 돌아와서 달래고자 해도 잘 달래지지 않는다. 이들은 어머니에 대한 분노와 어머니에게 편안함을 얻고자 하는 욕구를 동시에 나타내는 양가적인 정서반응을 보인다.

③ **불안정회피 애착**(Avoidant Attachment)

이 유형은 유아표본의 10~15% 정도이다. 이들은 화가 나거나 마음에 동요가 있는 상태일 때 어머니를 거부하고 회피한다. 어머니와 쉽게 떨어져 주변을 탐색하고 어머니보다 낯선 사람에게 더 우호적인 경우도 있다. 안정 애착 유아와는 달리 주양육자를 선호하는 행동을 별로 보이지 않는다. 어머니가 실험실에서 나간 후 다시 돌아와 재회하는 에피소드에서도 어머니에게 다가가다가도 갑자기 돌아서서 어머니를 회피하는 행동을 보이기도 하는 등 유아들이 접근-회피 갈등행동을 보인다.

④ **불안정혼란 애착**(Disorganized Attachment)

이 유형은 유아표본의 10% 이하로 나타난다. 이들은 매우 혼란스럽고 상충하는 행동들을 나타낸다. 예를 들어, 어머니가 나갔다가 다시 돌아와 재회하는 경우에 어떤 유아들은 어머니에게 안겨 있으면서도 어머니를 쳐다보지 않거나 무표정하거나 우울한 표정으로 어머니에게 다가간다. 이 유형에 속하는 유아들의 표정은 멍하거나 혼란스럽다. 어떤 유아들은 어머니가 달랜 후에 갑자기 예측할 수 없이 울음을 터뜨리는 등 혼란스러운 행동 패턴을 나타낸다.

### (3) 애착안정성과 정서

Bowlby는 만 1세 때 관찰된 유아와 주양육자 간의 상호작용이 애착의 질을 결정하는 중요한 요인이라고 보았다. 유아는 반복되는 상호작용을 통해 자신의 스트레스 신호와 반응에 대해 주양육자의 반응이 어떠할 것이라는 인지적 표상, 즉 내적 작동 모델을 형성하게 된다. Ainsworth는 이러한 Bowlby의 주장에 대해 경험적 증거를 제시하였다. 불안정회피 애착행동이나 불안정저항 애착행동과 같이 역기능적 행동은 주양육자의 행동이 비일관적이고 혼란스러웠음을 반영한다고 보았다. Ainsworth는 생후 1년간 몇 차례에 걸쳐 주양육자가 유아에게 얼마나 민감한지를 평가한 후 애착과의 관련성을 살펴보았다. 그 결과, 어머니가 유아에게 긍정적으로 반응하고 민감할수록 유아가 안정 애착으로 분류되는 경향이 있었다. 반면 주양육자가 접촉하거나 위안을 얻고자 하는 유아의 욕구를 거부하는 경우는 유아가 불안정 애착으로 분류되는 경향이 나타났다(Ainsworth et al., 1978; Blehar, Lieberman, & Ainsworth, 1977). 반면, 안정 애착 아동들은 불안정회피 애착 아동들에 비해 정서조절이 잘 되고(Sroufe, 1983), 주양육자와 함께 어려운 문제도 재미있게 푸는 것으로 나타났다(Matas, Arend, & Sroufe, 1978; Frankel & Bates, 1990). 이러한 결과는 이후 여러 연구에서 입증되었다(Bates, Maslin, & Frankel, 1985; Belsky & Isabella, 1988).

유아의 기질도 애착행동과 관련되는 것으로 보인다. 낯선 상황 실험에서도 유아의 기질적 특성이 나타난다. 예를 들어, 까다로운 기질을 가진 유아들은 주양육자와 떨어질 때 매우 힘들어한다. 어머니와 떨어질 때 유아가 우는 정도도 기질에 따라 달랐다(Gunnar, Mangelsdorf, Larson, & Herstgaard, 1989). 하지만 주양육자와 떨어질 때 혼란스러워하는 것이 단순히 불안정 애착을 의미하지는 않는다. 또한 대부분의 주요 애착관련 연구자들은 애착상태와 기질은 상당히 별개의 것이라고 보고 있다(Cassidy, 1994; Sroufe, 1996). 즉, 유아의 기질이 낯선 상황 실험에서 나타나는 특정의 행동과 관련이 되지만, 이러한 행동 자체가 애착의 질과 직접적으로 관련되는 것은 아니다. 종단연구 결과를 살펴보면, 유아와 어머니 간 애착의 질을 예측하는 것은 유아의 타고난 기질적 특성이 아니라, 주양육자가 제공하는 보살핌의 질로 나타났다(Ainsworth et al., 1977; Bates et al., 1985; Belsky, Rovine, & Taylor, 1984). 하지만 유아의 특성이 자신이 받을 보살핌의

Jay Belsky

Byron Egeland

Dante Cicchetti

질에 영향을 미친다면 이는 유아의 기질이 간접적으로 애착에 영향을 미친다고 볼 수 있다. 신경학적 문제가 있는 유아들이 불안정 애착으로 분류된 경우는 주양육자가 제공하는 사회적 정서적 지지 또한 낮은 경우에만 해당되었다(Crockenberg, 1981). 기질이 타고나는 것인 반면, 애착안정성은 이러한 선천적 특성에 기인한다기보다는 주양육자가 제공하는 환경과의 상호작용으로 형성되는 것으로 보인다.

이처럼 주양육자와의 정서적 의사소통이나 정서적 접근가능성은 애착안정성과 관련이 있는 것으로 보인다. 우울한 어머니를 둔 유아들의 경우 불안정 애착으로 분류되는 경향이 있었다(Egeland & Sroufe, 1981). 이 경우 어머니의 우울 자체보다는 이들이 제공하는 보살핌의 질이 우울로 인해 떨어지기 때문인 것으로 볼 수 있다(Lyons-Ruth, Connell, Grunebaum, & Botein, 1990). 보다 극단적으로 주양육자가 아동학대나 유기행동을 보이는 경우에는 대부분의 유아들이 불안정 애착으로 분류되었으며 특히 이들 중에는 불안정혼란 애착유형이 많았다(Carlson, Cicchetti, Barnett, & Braunwald, 1989; Crittenden, 1988; Lyons-Ruth et al., 1991).

## 2. 정서발달의 사회적 맥락

개인의 정서발달과 밀접히 관련되어 있는 사회적 맥락은 크게 부모, 또래, 문화로 나누어 볼 수 있다. 정서발달에 있어 부모의 역할을 애착모형을 바탕으로 한 경우와 사회학습이론을 바탕으로 한 경우로 나누어 살펴볼 것이다. 이어서 또래 상호작용 맥락에서 나타나는 다양하고 풍부한 정서 경험을 소개하고 이러한 경험과 사회정서적 유능성 간의 관계를 살펴볼 것이다. 끝으로, 문화적 맥락에 따라 차이가 나타나는 정서현상을 정서표현의 규칙, 정서반응의 경향성과 이상적 정서의 예를 들어 설명하고자 한다.

## 1) 부모

애착모형을 바탕으로 하는 학자들은 부모자녀 관계가 사회정서발달에 가장 중요한 맥락이라고 보는 반면, 사회학습이론을 바탕으로 하는 학자들은 부모자녀 상호작용 시의 모방, 처벌, 강화의 역할을 중시한다. 여기서는 이들 각 모형에서 설명하는 방식이 아동의 사회정서발달에 어떻게 영향을 미치는지에 대해 간략하게 살펴볼 것이다.

### (1) 애착모형

사진 설명: 유아기에 형성된 애착유형은 전생애를 통해 계속되고, 대인관계의 기초가 된다.

애착이론가들은 생애 초기의 사회적 관계가 이후의 사회적 관계를 위한 내적 작동모델이 된다고 본다(Bowlby, 1980, 1988; Sroufe, 1983, 1996). 즉, 주양육자와의 관계에서 습득되는 태도, 기대, 대인관계 기술은 이후의 발달맥락으로 연결되고 재통합된다. 따라서 유아와 주양육자의 관계는 이후 대인관계의 기초가 된다(사진 참조). 또한 애착대상에 대한 표상은 이후 아동의 자아개념이나 관계에 대한 표상과도 밀접한 관련이 있다. 예를 들어, 애착대상인 주양육자가 스트레스 상황에서 유아가 기대하는 도움을 주지 않고 지속적으로 거부하는 경우, 유아의 내적 작동 모델에는 부모가 거부적이라는 표상뿐 아니라 유아 자신도 도움을 받을 가치가 없다는 표상이 발달될 수 있다. 반대로 주양육자인 부모가 애정적이고 믿을 수 있는 사람이라는 것을 경험한다면, 유아 자신도 타인으로부터 도움을 받을 가치가 있다는 표상을 발달시킬 수 있다(Bretherton, 1985). Bowlby(1980)는 내적 작동 모델이 초기에 형성되면 잘 변하지 않는다고 주장하였다. 아동이 새로운 정보를 접하면 무의식적으로 이를 기존의 모형에 동화시키기 때문이다. 새로운 사회적 환경에서 아동은 능동적으로 자신의 내적 작동 모델을 굳히고 이에 부합하지 않는 정보는 무시하는 경향이 있다. 따라서 출생 초기

주양육자의 행동에 따라 아동의 사회정서적 발달이 긍정적으로 또는 부정적인 방향으로 편향될 수 있다.

사진 설명: 아동은 부모의 애정을 경험하면서 자신이 가치 있는 사람이라는 표상을 발달시킨다.

애착이론가들은 정서규제(emotion regulation) 능력은 아동과 가까운 관계에 있는 사람들과의 상호작용을 통해 형성된다고 본다. Sroufe(1996)는 유아기의 정서규제 능력의 발달을 설명하기 위해 '지도된 자기규제(guided self-regulation)'라는 용어를 이용하였다. 이는 정서규제에 있어 생애 초기에는 아동과 주양육자 간의 관계에서 주양육자가 보다 지배적인 역할을 하고, 이후 취학 전 시기가 되면 아동 스스로 정서규제 능력을 보이는데, 유아기는 이 둘 사이의 중간 단계라는 것이다. 이러한 중간 단계에서 유아는 주양육자가 제시하는 기준과 안내에 따라 자신의 정서와 행동을 조절하는 방법을 배우게 된다. 정서규제 능력이 발달하는 과정에서는 특정 양육기법(예: 대소변훈련)보다는 주양육자가 제공하는 전반적인 양육의 질이 보다 더 중요하다. 또한 부모-자녀 관계의 발달사는 자율적인 정서규제 능력의 발달에 중요한 영향을 미친다. 정서자극을 규제하는 능력은 가족이나 또래관계에 적응하는 데 핵심 역할을 한다. 이에 관한 연구(Lieberman, 1977)에서 안정 애착은 생후 18개월과 3년에서의 또래와의 긍정적 상호작용과 관련이 있는 것으로 나타났다.

유아 초기의 애착관계는 이후 아동기 또래관계의 정서적 질과 관련된다. 안정 애착 유아들은 또래와 보다 긍정적으로 상호작용을 주고받는다. 또래들은 이들 안정 애착 유아들을 좋아하고, 교사들도 안정 애착 유아들을 보다 협동적이고 사회적으로 능력이 있다고 평가하였다(Belsky & Cassidy, 1994; Jacobson & Wille, 1986; LaFreniere & Sroufe, 1985; Youngblade & Belsky, 1992). 미네소타 종단연구(Erickson, Sroufe, & Egeland, 1985)에 따르면, 안정 애착 유아 중 일부는 이후 아동기에 행동문제를 보였는데, 이들의 어머니는 자녀에 대한 정서적 지지 정도가 낮았고 유아기에 적절한 지도를 하지 않은 것으로 나타났다. 반면, 불안정 애착 유아 중 아동기에 행동문제를 보이지 않은 경우도 있었는데, 이들의 어머니는 보다 지지적이고 애정적이며 적절한 지도를 한 것으로 나타났다. 즉, 발달 초기에 안정 애착을 경험한 아동도 이후 성장과정에서 어머니가 적절한 보살핌이나 지지를 하지 않는 경우에는, 어머니가 적절한 보살핌을 한 경우보다 행동문제를 보이는 경향이 높았다. 또한 불안정 애착 유아로 평가된 경우라도 이후 어머니가 적절한 보살핌을 한 경우에는 그렇지 않은 경우보다 이후의 발달단계에서 보다 적응을 잘하는 것으로 나타났다.

### (2) 사회학습이론

사진 설명: 부모가 일상적으로 자녀를 비난하면, 자녀는 이를 배워 다른 맥락에 적용한다.

사회학습이론가들은 유능한 사회적 행동을 습득해 가는 데 있어 부모의 역할을 중요시한다. 이들에 따르면, 양육행동에서 나타나는 정서적 질은 아동의 발달결과와 관련된다. 출생 초기에 유능한 행동을 사회화시키는 데에는 어머니의 민감성(sensitivity)이 특히 중요하다. 예를 들어, Roberts와 Strayer(1987)의 연구에 따르면, 유능한 아동의 부모들은 취학 전 유아가 부정적 정서를 보일 때에 단호하게 반응했지만, 그와 동시에 유아가 스트레스를 받은 원인이 무엇인지를 이해하고 인정해주는 경향이 있었다. 또한 Putallaz(1987)의 연구에서도 또래 사이에서 인기 있는 아동의 어머니들은 그렇지 않은 아동의 어머니들에 비해 아동의 정서에 보다 민감한 것으로 나타났다.

Karen C. Barrett

사회학습이론가들은 아동이 부모의 행동, 특히 정서적 행동을 관찰학습을 통해 모델링한다고 본다. 아동이 부모의 정서를 모델링하는 방식을 살펴보면 다음과 같다(Barrett & Campos, 1987). 첫째, 아동이 특정의 사건에 대한 부모의 정서적 반응을 직접 모방할 수 있다. 사회적 참조현상과 비슷하게, 부모가 어떤 사람에 대해 부정적인 혹은 긍정적인 정서를 보이면 아동도 그 사람에게 부모와 유사한 정서로 반응하는 경향이 높다. 둘째, 아동은 부모가 일상적으로 사용하는 특유의 표현방법을 배

운다. 아동은 부모의 빈정거리는 말투나 특정 표현방법까지도 똑같이 배워서 이를 새로운 맥락에 적용한다. 셋째, 아동은 부모가 정서적으로 힘든 상황에 대처하는 것을 보고 이러한 대처가 효율적이건 비효율적이건 이를 학습한다. 넷째, 부모는 가정 내의 전반적인 정서적 분위기를 제공하는데, 이러한 정서적 분위기는 아동에게 부지불식간에 영향을 미친다.

Joseph Campos

Dix(1991)는 여러 연구를 바탕으로 성공적인 양육행동과 그렇지 못한 양육행동에서 정서가 어떤 역할을 하는지를 살펴보고 다음과 같은 결론을 내렸다. 첫째, 양육행동은 긍정적이건 부정적이건 강한 정서적 각성과 관련이 있다. 어린 아동이 있는 가정에서는 시간당 3~15회 정도의 갈등상황이 나타났고(Dunn & Munn, 1985) 공격적이거나 아픈 아동이 있는 경우에는 그 횟수가 더 많았다(Mednick & McNeil, 1968; Patterson, 1982). 하지만 대부분의 가정에서 부모들은 양육 시 긍정적 정서를 부정적 정서보다 더 많이 경험했다. 부모들이 표현한 긍정적 정서 대 부정적 정서의 비율은 전반적으로 3 : 1이었다(Jersild, Woodyard & del Solar, 1949). 하지만, 한 연구(LaFreniere & Dumas, 1992)에서는 사회적으로 유능한 아동의 어머니들은 긍정적 정서를 부정적 정서의 10배 정도 더 많이 표현한 반면, 불안정위축 아동의 어머니들은 부정적 정서를 긍정적 정서의 1.5배 정도 더 많이 표현하는 것으로 나타났다.

둘째, 부모의 정서는 양육환경의 전반적인 질을 반영한다. 이는 아동이 발달 초기부터 부모가 표현하는 애정이나 분노와 같은 정서에 상당히 민감하기 때문이다. 따라서 여러 연구에서 부모의 따뜻함은 아동의 긍정적인 발달과 관련이 있었고, 부모의 만성적 적대감은 아동의 부정적 발달과 관련이 있었다(Grusec & Lytton, 1988; Maccoby & Martin, 1983). 셋째, 가정 외부의 스트레스와 사회적 지지는 부모가 경험하는 정서에 영향을 미침으로써 양육의 질에 영향을 미친다. 특히 스트레스가 높고 사회적 지지가 없는 것은 가혹한 양육행동과 관련되었다(Belsky, 1984; Crockenberg, 1983; Patterson, 1982; Wahler &

Eleanor Maccoby

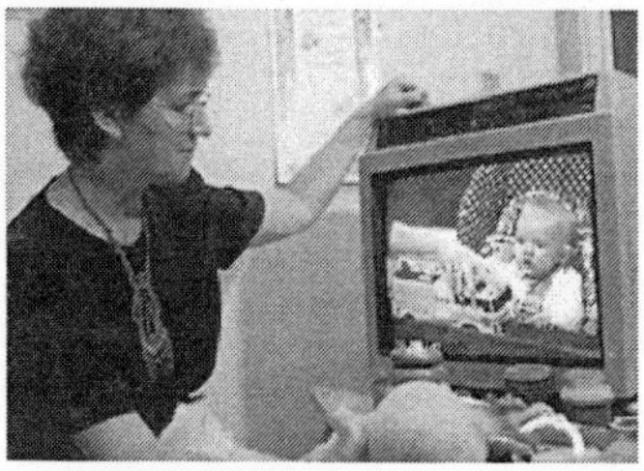
Susan Crockenberg

Dumas, 1989). 넷째, 부모가 보이는 고질적이고 격한 부정적 정서는 가족 내 역기능을 나타내는 신호라고 볼 수 있다. 부정적 정서는 아동을 학대하는 부모, 우울한 부모, 공격적 자녀를 둔 부모 등에게서 두드러지게 나타났기 때문이다(LaFreniere & Dumas, 1992; Panaccione & Wahler, 1986; Patterson, 1982).

## 2) 또래

또래가 사회정서발달에 독특하고 중요한 영향을 미친다는 것은 학자들 간에 일치된 견해이다. 동물행동학자들에 따르면 개인이 사회적으로 유능한 행동을 발달시키는 데 있어 또래는 핵심적인 역할을 한다. 또래와의 놀이는 정서발달을 촉진시키고, 갈등 상황에서 나타나는 공격적 행동을 규제하는 능력을 발달시키며 적절한 성역할을 습득하도록 돕는다. 인지발달학자들도 또래와의 상호작용 결과로 탈중심화, 조망능력수용, 사회적 문제해결 능력 등이 나타나고 이를 통해 사회적 유능성이 촉진된다고 본다. 사회학습이론가들 또한 또래가 강화, 처벌, 모델링 등을 통해 적절한 사회적 기술, 정서표현 규칙, 성역할 등을 학습하게 하고 개인을 사회화시킨다고 본다.

여기서는 먼저 영장류인 원숭이를 대상으로 한 실험에 나타난 또래상호작용과 정서발달의 관련성을 살펴보고, 다음으로 취학 전 아동을 대상으로 또래상호작용과 정서발달과의 관계를 제시하고, 또래상호작용의 특별한 형태인 단짝 친구와의 우정에서 나타나는 정서경험을 소개하고자 한다.

### (1) 영장류의 또래 상호작용과 정서발달

원숭이 대리모에 관한 실험으로 유명한 Harlow와 그 동료들은 동물실험을 통해 또래의 기능에 대해 살펴보았다(Harlow, 1969; Harlow & Harlow, 1962; Suomi & Harlow, 1972). 이들 실험에서는 원숭이 새끼를 여러 가지 조건의 사회적 박탈 상황

Harry Harlow

에서 양육하였다. 즉, 사회적으로 완전히 격리되어 혼자 생활하는 조건, 어미와 함께 생활하고 또래와의 접촉은 전혀 없도록 하는 조건, 또래와 함께 생활하고 어미와의 접촉이 전혀 없도록 하는 조건으로 구분하여, 조건별로 원숭이 새끼의 사회정서적 발달을 살펴보았다. 먼저, 사회적으로 완전히 고립되어 자란 원숭이 새끼들은 가장 심하게 부적응적인 행동을 보였다. 예를 들면, 오랫동안 멍하게 허공을 응시하거나 자해행동을 보이기도 했다. 또래를 만나면 두려움이나 위협을 느끼고 심한 위축행동이나 공격적 행동을 보였다. 다음으로, 발달초기에 어미하고만 생활하고 또래와의 접촉이 전혀 없는 조건에서 자란 원숭이들은 이후 또래와 접촉할 때 위협감을 느끼고 위축행동이나 공격행동을 보였다. 이 원숭이들은 커서도 집단생활에 잘 적응하지 못했다. 끝으로 어미와의 접촉이 없이 또래하고만 생활한 원숭이새끼들은 서로간에 강한 유대를 형성해서 애착 대상의 결핍(어미와의 접촉 불가)을 보상했다(사진 참조). 이들은 서로에게 매달리는 등의 애착행동을 보였고, 새로운 자극이나 외부 세계에 대해서 탐색하기를 주저했다. 이들은 외부의 낯선 원숭이들에게 위협을 느끼고 동시에 이들에게 공격적인 행동을 보였다. 하지만 집단 내에서는 원만한 사회적 상호작용을 하고 안전감을 느꼈으며 결국 정상적인 사회적 성적 행동 패턴을 보였다. 결국 이들의 연구는 영장류의 정서발달에 있어 또래의 기능이 얼마나 중요한가를 증명하였다고 할 수 있다.

사진 설명: 원숭이 또래들의 애착행동

### (2) 취학 전 아동의 또래 상호작용과 정서발달

아동 중기는 정서표현 규칙을 학습하는 중요한 시기이고 아동 초기는 이를 위한 기초 작업을 하는 시기라고 할 수 있다. 아동 초기 또래와의 상호작용, 특히 갈등상황은 정서에 대한 조망습득능력을 발달시키거나 정서관리 방법을 학습하는 맥락이

사진 설명: 놀이기구가 한정되어 있을 때 아동은 또래와의 상호작용에서 서로 만족할 수 있는 타협점을 찾아내게 된다.

된다. 자연관찰을 이용해 또래상호작용을 살펴본 연구들은 이를 뒷받침해준다. 취학 전 아동의 또래상호작용을 관찰한 Sroufe와 그 동료들(1984)은 유치원 교실 내의 자유놀이 상황에서 나타나는 사회적 행동을 관찰한 결과, 정서조절이나 정서표현과 같은 정서의 중심요소들이 뚜렷하게 나타난다고 하였다. 예를 들어, 상호작용 행동의 개시, 반응, 적응, 함께 느끼는 기쁨, 저항, 사과, 조절 등이 빈번하게 나타난다. 이때 정서는 이러한 행동들을 촉진하거나 이끌어내는 데 영향을 미치는 것으로 볼 수 있다.

일련의 연구자들은 자유놀이 상황에서 취학 전 아동의 긍정적·부정적 정서표현과 사회적 유능성이 관련이 있는지 살펴보았다. 이들 연구(Denham, 1986; Denham, Mckinley, Couchoud, & Holt, 1990; LaFreniere & Sroufe, 1985; Rubin & Clark, 1983; Sroufe et al., 1984)에서 취학 전 아동의 긍정적 정서는 교사가 평가한 사회적 유능성과 또래들이 평가한 인기도와 관련이 있는 것으로 나타났다. 연구자들은 이러한 결과가 긍정적 정서가 조화로운 사회적 상호교환을 이끌어내고 조절하는 데 중심 역할을 하기 때문이라고 보았다. 반면, 만성적으로 강한 부정적 정서를 표현하는 취학 전 아동의 경우, 교사나 또래들이 평가한 사회적 유능성에서 낮은 점수를 받았다.

사진 설명: 유치원 내 또래 간 자유놀이에서는 다양한 정서표현과 정서조절 행동을 찾아볼 수 있다.

Fabes와 Eisenberg(1992)는 자유놀이 상황을 관찰하여 취학 전 아동의 분노표현을 살펴보고 분노표현과 사회적 유능성 및 인기도를 살펴보았다. 대부분의 분노반응은 장난감이나 물건을 서로 차지하려고 말다툼하는 경우에 나타났다. 또래들에게 인기가 있거나 교사가 사회적으로 유능하다고 평가한 아동은 분노가 표현되는 말다툼을 하는 경우가 적었다. 이들은 또한 인기가 없고 사회적 유능감이 낮은 아동에 비해 상대 아동의 도발을 비공격적이고 직접적인 방식으로 처리하는 경향이 있었다. 한 연구의 예로 Hubbard(2001)는 또래 간 상호작용에서 분노, 행복, 슬픔을 나타내는 표정, 표정의 강도, 음성 톤, 비언어적 행동을 평가함으로써 정서표현과 또래지위 간의 관계를 살펴보았다. 분노를 나타내는 비언어적 행동의 경우 물건에 손상을 가하거나 좌절을 외부로 표현하는 것(예: 손바닥으로 자신의 머리를 치기, 주먹 쥐고 흔들기), 발을 쿵쿵 구르는 행동 등이 포함되었고, 행복의 경우 손뼉을 치거나 웃거나 노래하는 행동 등이 포함되었으며, 슬픔의 경우 손가락을 입에 넣거나 한숨을 쉬는 행동 등이 포함되었다. 연구결과 또래들에게 거부당하는 아동들은 그렇지 않은 아동들에 비해 자신이 게임에서 진 상황에서 분노를 보다 많이 표현했다. 그 외에 여러 연구(Bryant, 1992; Coie & Dodge, 1988; Juvonen, 1992)에서도 또래로부터 거부당하는 아동들은 그렇지 않은 아동들에 비해 분노 표현이 더 많은 것으로 나타났다.

### (3) 우정과 정서경험

Asher와 Rose(1997)는 학령기 아동을 대상으로 정서적 긴장과 갈등 상황에서 가까운 단짝 친구와의 관계를 살펴보았다. 〈표 7-5〉에는 이들이 제시한 우정관계에서 경험하는 아동의 정서적 딜레마와 그 예가 있다. 여기에 인용된 아동들의 말에 나타나 있듯이 아동들은 풍부한 정서적 경험이 있는 단짝 친구와의 우정을 좋아하고 중요시한다. 아동들은 친한 친구로부터 우정, 교우관계, 사회적 지지, 인정을 획득한다. 우리나라의 연구에서도 정서적 능력 중 정서표현능력이 높은 인기아들은 또래관계에서 편안함을 느끼며 필요할 때 도움을 얻고 자신의 가치에 대해 인정을 받으며 경쟁심리는 덜 느끼는 것으로 나타났고, 감정이입과 정서조절이 잘되는 인기아들은 또래로부터 자신의 가치에 대해 인정을 받으며 편안함을 느끼고 적절히 도움을 받으며, 또래관계에 대한 확신을 가지며 만족하고 즐거움을 느끼고 친

밀감을 느끼는 것으로 나타났다(정옥분 외, 2008). 이러한 결과는 또래들 간의 적응력을 높이고 또래관계를 개선하는 데 있어서 정서적 능력을 향상시키기 위한 노력이 뒷받침되어야 한다는 것을 말해준다. 대인관계의 목표를 달성하기 위해서 아동들은 정서반응을 포함한 자신의 행동을 수정하는 방법을 배워야 한다. 우정은 정서경험이 사람들마다 주관적이라는 사실을 이해할 수 있게 만들고, 이러한 이해를 통해 진정한 두 사람 간의 공간이 형성된다.

〈표 7-5〉 우정관계에서 나타나는 정서적 딜레마와 관련이 있는 예

| | |
|---|---|
| 1. 공평과 상호성의 욕구 존중 | "그 아이는 내 가장 친한 친구예요. 왜냐하면 나한테 모든 것을 말하고 나도 그 아이에게 다 말해요. 그 아이는 농구영화도 보여주고 나도 보여줘요. 날 절대로 슬프게 하지 않아요." |
| 2. 불편하거나 비용을 치르더라도 도움 제공 | "내 친구는 정말 착해요. 내가 코피가 엄청 많이 난 적이 있었는데 그때 날 도와줬어요." |
| 3. 자신이 가진 다른 욕구와 상충하더라도 믿음직한 친구가 되기 | "내 친구는 집에서 종교 때문에 문제가 있었어요. 그래서 무슨 일이 있으면 늘 내게 와서 이야기를 했어요. 우리는 참 많은 걸 같이 해결했어요." |
| 4. 갈등과 논쟁이 있을 때 우정을 끝내거나 갈등을 공격성으로 격화시키지 않는 방향으로 문제 다루기 | "내 친구는 나한테 매우 특별해요. 우리가 만약 싸우면 언제나 늘 미안하다고 사과해요. 내 친구가 나랑 같이 놀고 싶어하면 늘 같이 놀아줘요." |
| 5. 우정을 학급이나 이웃과 같은 보다 큰 동적 연계망의 일부로 인식하기 | "그 아이는 정말 너그러워요. 내가 그 아이 말고 다른 사람을 짝으로 선택해도 잘 이해해요." |

### 3) 문화

문화는 개인의 정서표현이나 경험에 암묵적으로 영향을 미친다. 여기서는 정서의 문화적 차이를 소개하기 위해 다음 세 가지 현상에서 나타나는 차이를 예로 들고자 한다. 첫 번째는 정서표현에 관한 규칙으로 이는 누가 어떤 정서를 언제 누구

에게 표현할 수 있는지에 대한 것이다. 두 번째는 정서반응의 경향성으로, 이는 특정 정서에 대해 어느 정도 많이 혹은 적게 반응하는지를 말한다. 세 번째는 이상적 정서로, 이는 사람들이 경험하기를 원하는 특정 정서상태를 말한다. 이들 현상에서 나타나는 차이는 정서표현이나 경험이 문화에 따라 다를 수 있음을 뒷받침해준다.

### (1) 정서표현의 규칙

문화는 개인의 정서가 발달되는 보다 거시적이고 암묵적인 맥락이다. 문화에 따라 개인이 처한 상황에서 요구되는 정서표현이나 바람직하다고 받아들여지는 정서표현은 다를 수 있다. 개인은 연령이 증가할수록 이처럼 암묵적으로 요구되는 정서표현 규칙을 더 잘 습득하게 되고 자신이 처한 상황에 맞게 정서를 관리하는 경향이 있다. LaFreniere(2000)는 아동의 정서표현 규칙 습득에 대한 연구들을 고찰하고 다음과 같은 결론을 내렸다. 첫째, 문화적으로 적절하게 정서를 표현하는 능력은 아동 초기에서 청소년기까지 연령이 증가할수록 보다 향상된다. 나이든 아동들은 어린 아동들에 비해 자신들의 정서표현 행동이 다른 사람들에게 미칠 결과에 대해 고려하는 경향이 훨씬 더 높았다(Meerum & Olthof, 1989). 특히 분노나 슬픔과 같이 부정적 정서를 표현하는 데 있어서는 훨씬 더 신중해야 한다고 생각하고 있었다. 아동들이 정서표현을 관리하는 동기는 부정적 결과를 피하고 긍정적 결과를 높이기 위해서, 자신의 자아존중감을 보호하기 위해서, 다른 사람과의 관계를 유지하기 위해서, 사회적 규준과 관습을 존중하기 위해서인 것으로 보인다(Saarni et al., 1998). 둘째, 사회적 · 문화적 맥락은 개인이 가지고 있는 정서가 외부로 표현될 가능성에 영향을 미치는 중요한 요인이다. 왜냐하면 개인은 자신의 정서표현이 대인관계에 가져올 결과를 고려하기 때문이다. 예를 들어, 백인아동들의 경우 분노나 슬픔과 같이 부정적 정서를 또래보다 부모나 다른 성인에게 보다 쉽게 표현하는 경향이 있고(Saarni, 1988; Zeman & Garber, 1996), 흑인아동들의 경우는 교사보다 또래에게 더 직접적으로 부정적 정서를 표현하는 경향이 있었다(Underwood, Coie, & Herbsman, 1992). 즉, 아동들은 정서를 어느 정도 얼마나 표현할지를 생각할 때 부모나 교사, 또래, 형제자매와 같이 사회적으로 다른 맥락을 고려해야 한다는 것을 학습한다. 셋째, 각 문화 내에서 주어진 성역할과 일관된 방식으로 아동의 성별에 따라 정서표현 규칙도 달라진다. 예를 들어, 미국 아동을 대상으로 한 연구(Fuchs & Thelen, 1988; Zeman & Garber, 1996)에서 여아들은 남아들보다 슬픔, 수줍음, 두려움을 더 자주 표현한다고 응답하였다. 또한 관찰연구(Cole, 1986; Davies, 1995)에서도 남아들은 여아들보다 노여움, 실망, 좌절, 분노를 공공연하게 표현하는 경향이 더 높았다.

### (2) 정서반응의 경향성

정서반응의 경향성도 문화에 따라 다르다. Russell과 Yik(1996)은 주로 아시아 문화권의 사람들은 서양 문화권의 사람들에 비해 정서를 절제하고 조절하는 경향이 높다고 주장했다. 이는 유교 문화권에서 정서적 절제나 조절을 개인의 정신건강과 대인 간 조화로운 관계를 유지하는 수단으로 보기 때문이라고 보았다. Tsai와 Levenson (1997)에 따르면 미국인들이 보고한 감정은 중국인들이 보고한 것에 비해 그 종류가 보다 다양하다. 이는 미국 문화가 중국 문화에 비해 정서를 외부로 표현하는 데 있어 보다 개방적이라는 민족지학적(民族誌學的) 사고를 뒷받침한다. Tsai와 Levenson (1997)은 중국계 미국인과 유럽계 미국인 대학생 커플을 대상으로 이들 각 커플이 갈등사항에 대해 토론하는 장면을 녹화하였다. 그런 후, 각 개인에게 녹화된 장면을 보여주고 당시에 느낀 감정을 응답하게 하였다. 그 결과, 중국계 미국인들이 갈등에 대해 토론하는 비디오 녹화장면을 보면서 긍정적 정서를 보고한 정도는 유럽계 미국인들에 비해 더 낮았다. 또한 이들이 표현한 긍정적 정서도 유럽계 미국인들에 비해 적었다. 연구자는 긍정적 정서를 억제하는 경향이 정서조절에 대한 중국문화의 규준으로 인해 형성되었다고 결론지었다.

이러한 정서반응 경향성의 차이는 유아를 대상으로 한 연구에서도 찾아볼 수 있다. 5개월된 유아들을 대상으로 한 연구(Camras et al., 1992, 1998)에서 팔을 자유롭게 움직이지 못하도록 제한한 조건에서 미국 유아들은 일본 유아들에 비해 분노나 좌절을 더 많이 표현했다. 4개월된 유아들을 대상으로 비교문화적 접근을 한 연구(Kagan et al., 1994)에서도 중국 유아들은 미국 등의 서양 문화권 유아들에 비해 반응성이 약했으며, 미국 유아들은 중국 유아들에 비해 더 많이 우는 반응을 보였다. 이들 일련의 연구들은 문화가 정서적 반응성에 영향을 미치며 이는 또한 정서의 종류에 따라 다른 방식으로 영향을 미친다는 점을 보여준다.

### (3) 이상적인 정서

많은 학자들은 인간의 정서에 대한 생각도 문화에 따라 차이가 있다고 본다(Mesquita, Frijda, & Scherer, 1997; Wierzbicka, 1994). 실제 정서는 정서자극에 대한 반응을 말하고, 이상적 정서(ideal affect)는 자신이 경험하고자 목표로 하는 정서를 말한다. 대부분의 사람들은 기분 좋게 느끼기를 바라므로, 이상적 정서는 기본적으로 긍정적 상태와 관련되는 반면, 실제 정서는 모든 감정 상태의 레퍼토리를 다 포함한다. 사람들은 자신이 이상적이라고 생각하는 정서상태를 추구할 것이므로 실제 정서와 이상적 정서는 서로 강화시키고 상호작용할 수 있지만 분명히 구분되는 개념이다. 특히 이상적 정서는 문화의 영향을 받아 형성된다. Izard(1971)의 연구에서는 여러 문화권의 피험자들에게 가장 느끼고 싶은 정서를 말해보도록 하였다. 그 결과 미국인들은 다른 어떤 문화권(영국, 독일, 스웨덴, 프랑스, 그리스, 일본)의 사람들보다 즐거움과 기쁨(enjoyment-joy)이라고 응답한 경우가 많았다. 또 다른 연구(Sommers, 1984)에서도 미국인들(47%)은 중국인들(15%)에 비해 열광(enthusiasm)을 경험하길 원한다고 응답한 경우가 많았다. 이와 유사하게 유럽계 미국인과 아시아계 미국인들은 홍콩의 중국인들에 비해 높은 각성상태를 유발하는 긍정적 정서(예: 흥분, 열광)를 중요시하였으며, 중국인과 아시아계 미국인들은 유럽계 미국인들에 비해 낮은 각성상태를 유발하는 긍정적 정서(예: 평온)를 중요시하였다(Tsai, Knutson, & Fung, 2006). 그 밖에 이차적 정서에 관한 연구(Eid & Diener, 2001)에서는 개인주의적 문

사진 설명: 열광하는 관중들

사진 설명: 명상을 통한 평온

화권(예: 미국, 호주)의 사람들은 집단주의적 문화권(예: 중국, 타이완)의 사람들에 비해 자부심은 많이 느끼고 싶고, 수치심은 적게 느끼고 싶다고 응답하는 경향이 있었다.

## 3. 정서와 성격

정서와 성격 간의 관련성을 살펴보는 방법 중 하나는 조직적인 접근방법을 이용하는 것이다. 조직적 모형의 핵심 가정은 행동의 일관성을 만들어내는 구조가 있다는 것이다. 예를 들어, 정신분석이론에서 이러한 조직적 구조는 원초아, 자아, 초자아와 같은 구성개념이고, 애착이론의 경우는 내적 작동 모델이 된다. 이후 이들 조직적 구성개념은 성격분야의 연구에서는 '특성'으로 이어져, 개인의 성격을 특징짓는 특성이론과 감정이론(Tomkins, 1962, 1963, 1991, 1993), 성격에 대한 기능주의적 분석 등을 중심으로 전개되었다. 여기서는 전반적인 정서와 관련된 성격발달 모형으로 특성이론과 감정이론을 소개하고, 차별적 정서와 관련된 성격의 기능주의적 분석을 살펴보고자 한다.

### 1) 특성이론

Hans Eysenck

Allport는 개인의 성격이 다양하고 독특하다는 점을 강조했으며, 이러한 성격조직체의 중심요인을 특성(trait)이라고 보았다. Allport와 Odbert(1936)는 약 18,000개의 영어단어가 성격특성을 나타낸다고 하였다. 이들 중 상대적으로 안정적인 성격특성을 나타내는 단어만으로 축소하여도 4,000~5,000개가 되었다. 이는 이후 '5요인 성격 모형'(McCrae & Costa, 1985)으로까지 발전된다. 이들 성격특성에 대한 연구가 발달적 측면을 고려하거나 성격의 기원에 관한 문제에 답을 하지는 못했지만, 몇몇 연구자들은 특성이 개인의 기질적 성향에서 비롯된 것이라고 주장하기도 하였다.

성격에서 타고난 기본 특성을 몇 가지로 볼 수 있는지에 대해 학자들마다 다른 견해를 주장했다. Eysenck(1947)는 성격의 주요 차원으로 세 가지 경향성, 즉 외향성, 신경증적 경향성, 정신병적 경향성이 있다고 보았다. Cattell(1947, 1957)의 경우 17,000여 개의 특성 목록을 16가지로 정리했고, 이후 16가지 성격요인 질문지(Sixteen Personality Factor Questionnaire: 16PF, Cattell, Erber, & Tatsuoka, 1970)를 개발하기도 하였다. 보다 최근에는 다섯 개의 요인으로 구성된 5요인 성격모형이 가장 중요한 이론 중 하나로 대두되었다. 여기에 포함되는 특성은 개방성, 성실성, 외향성, 친화성, 신경증 또는 정서적 안정성이다. 여러 문화에서 이루어진 연구결과, 이들 5요인이 성격의 중요한 차원을 이루는 것으로 나타났다(Costa, 2000; Costa & McCrae 1998). 〈표 7-6〉에는 5요인 모형의 각 요인이 의미하는 바가 요약되어 있다. 그리고 이들 요인의 특성에는 정서적 요소가 상당 부분 포함되어 있음을 알 수 있다.

〈표 7-6〉 5요인 성격 모형과 각 요인의 특성

| | |
|---|---|
| 개방성<br>(openess) | 상상하기를 좋아하는가, 현실적인가<br>새롭고 다양한 것에 관심이 있는가, 일상적인 것을 더 선호하는가<br>독립적인가, 동조적인가 |
| 성실성<br>(conscientiousness) | 잘 정리되어 있는 편인가, 그렇지 않은 편인가<br>주의깊은 편인가, 부주의한 편인가<br>통제가 잘 되는가, 충동적인가 |
| 외향성<br>(extraversion) | 사교적인가, 아닌가<br>잘 놀고 쾌락을 추구하는가, 엄숙한 편인가<br>따뜻하고 애정을 표현하는가, 내성적이고 삼가는 편인가 |
| 친화성<br>(agreeableness) | 인정이 많은 편인가, 무정한 편인가<br>잘 믿는 편인가, 의심이 많은 편인가<br>도움을 주는 편인가, 비협조적인 편인가 |
| 신경증<br>(neroticism) | 침착한가, 불안해하는가<br>걱정을 잘하지 않는 편인가, 근심거리가 많은 편인가<br>자기 자신에게 만족하는가, 자신을 불쌍하다고 생각하는가 |

## 2) Tomkins의 감정이론

Silvan S. Tomkins

현대의 정서이론가들의 대부분은 반복적인 정서경험이 정서 특성이나 정서편견을 만들어낸다고 본다. 대표적 이론의 하나인 Tomkins의 감정이론(affect theory)에 대해 살펴보자. Tomkins의 이론에서 성격은 '사고-감정(ideo-affective)' 구조가 축적된 연계망이다. 이 연계망은 개인이 외부 세계를 특정 방식으로 해석하고 처리하는 데 민감하도록 만든다. 또한 이 연계망은 정서조절 전략을 결정하는 감정과 인지로 구성된 조직체이다. 이 체계에서 감정은 늘 사고와, 사고는 늘 감정과 연관된다.

개인은 자신이 가지고 있는 사고-감정 체계를 통해 환경에서의 정보와 경험을 여과하고 조절할 때 정서를 연관시키게 된다. 이러한 체계는 환경을 정서가 가미된 특정 방식으로 지각하게 만들고 새로운 정보를 기존에 가지고 있는 정서관련 도식에 동화시킨다. Tomkins는 이를 다음의 두 가지로 구분하였다. 강한 감정은 오랜 기간 지속되고 경험의 강도가 높은 감정을 말한다. 약한 감정은 약간의 사고나 느낌을 만들어내는 감정이나 강한 강도라도 짧은 시간만 지속되는 것을 가리킨다. 따라서 강한 감정이론은 개인의 일상생활에서 많은 부분을 통제하는 반면, 약한 감정이론은 간헐적으로 약한 수준으로 통제할 뿐이다. 이들 강한 감정이론과 약한 감정이론은 사회화의 산물이자 일부 타고난 습성이다.

Tomkins는 자신의 감정이론을 더욱 발전시키기 위해 스크립트(script)이론을 제시하였다. 스크립트는 도식과 유사한 개념이다. 스크립트는 사건들(scenes)로 구성되며 여기에는 감정이 스며들어 있다. 어떤 사건은 매우 자주 일어나고 보다 지배적이고 현저하게 나타난다. 만약 특정한 감정들이 들어 있는 비슷한 사건들이 반복해서 일어나고 각 사건들이 서로 연결된다면 이들 개개의 사건이 모여서 소위 확대된 사건이 된다. Tomkins는 이러한 현상을 '심리적 확대(psychological magnification)'라고 칭하였다. 확대된 사건은 결국에는 성격의 두드러진 특징이 된다고 보았다.

스크립트는 사건의 순서, 해석, 평가, 예측, 통제에 관한 규칙의 집합이다. 스크립트는 선택적이고 불완전하고 그 정확성의 정도도 다양한 경향이 있다. 다시 말해서 여러 가지 형태로 왜곡되기 쉽다는 것이다. 또한 스크립트의 구성요소도 다양하다. 이는 스크립트가 분리되거나 결합되거나 재결합 또는 재분리될 수 있다는 것을 의미한다. 각 구성요소는 발달이 진행됨에 따라 점차 서로 짜맞추어진다. 이러한 과정에서 특정 구성요소가 심리적 확대과정을 통해 커지게 된다면 이는 약한 구성요소를 뒤엎고 성격으로 나타나게 된다.

### 3) 차별적 정서이론

차별적 정서모형은 1960년대 Ekman, Izard, Plutchik, Tomkins 등을 중심으로 대두되었다. 이들 모형에서는 인간의 정서가 기본 정서들의 집합으로 설명될 수 있다고 가정한다. 차별적 정서이론에서는 개인이 특정 정서경험을 일정한 패턴으로 조직화한다고 본다. 이러한 조직체는 특성과 같은 방식으로 작용하게 된다. 어떤 사람들은 대체로 침울하고 어떤 사람들은 별로 걱정이 없고, 또 어떤 사람들은 호전적이거나 거만하다는 등의 표현에는 정서특성의 개념이 잘 나타나 있다. 정서특성(emotion trait)이나 감정적 편견(affective biases)이라 함은 정서적인 어조로 묘사된 성격을 말한다. 이들 정서특성이나 편견은 상대적으로 안정적이다. 하지만 그와 동시에 그것은 발달적 요구, 새로운 위협이나 도전, 지속적인 학습 등에 민감하며 변할 수 있는 특성이다.

개인의 정서가 성격특성으로 구체화되면, 이는 정보처리(지각, 기억, 해석, 판단, 귀인), 정신적 처리과정과 행동(대처와 방어전략) 등에 영향을 미친다. Magai와 McFadden(1995)은 정서가 대처방식에 편견을 만들어내는 경우를 다음과 같이 설명하였다. 대체로 성격이 균형 있게 잘 발달된 사람은 경우에 따라 적합하게 다양한 정서 레퍼토리를 이용할 수 있다. 하지만 발달과정에서 개인에게 감정적 편견이 생기면 이는 대처나 방어 시에 특정 정서만을 선호하게 만든다. 즉, 이들 감정적 편견에 따라 대처 양식이 달라진다. 예를 들면, 슬플 때 어떤 사람은 묵상을 함으로써

사진 설명: Franz Xaver Messerschmidt의 조각에 표현된 인간의 정서

대처하고, 어떤 사람은 마음을 다른 데 전념하는 방식으로 대처한다(Nolen-Hoeksema & Morrow, 1991). 이러한 편견이 극단적이 아니라면 이는 그저 성격에서 나타나는 개인차라고 할 수 있다.

어떤 대처전략을 선택하는지는 다시 특정 성격발달에 영향을 미친다. 예를 들어, 어떤 사람은 불안을 피하기 위해 양심적인 성격을, 시간을 잘 엄수하는 성격을, 혹은 학문을 좋아하는 성격을 발달시키게 되고, 어떤 사람은 두려움증이나 불안장애와 같은 반응적 성격을 발달시키게 된다. 정서-특성이론의 맥락에서 감정의 편견은 특정 정서표현의 과다나 결여와도 관련되지만, 이러한 편견이 개인의 일상적 어려움을 해결하는 능력에 문제를 일으킬 정도는 아니다. 하지만 이러한 감정의 편견은 개인의 행동을 편향된 방식으로 바꿀 수 있다. 예를 들면, 우울한 부모 아래에서 자란 아동의 경우 슬픔의 정서를 편향적으로 발달시키는 경향이 있다.

Malatesta와 Wilson(1988)은 성격에 있어 특정 정서가 지나친지 혹은 결여되어 있는지에 따라 '과다 편견(surfeit biases)'과 '결여 편견(deficiency biases)'으로 구분하였다. 과다 편견의 극단적 형태로 특정 정서를 지나치게 활성화시키는 과다 병리가 나타날 수 있다. 결여 편견은 정서 레퍼토리가 결여되어 있는 경우나 정서가 덜 발달되어 있어 정서가 절대적으로 결여되어 있는 경우가 된다. 결국 과다 병리나 결여 병리 모두 정서 조절상의 문제를 갖게 된다.

# 제8장
# 정서지능의 개념과 본질

정서가 인간의 발달에서 중요한 의미를 갖는 영역으로 인식되기 시작하면서 이와 관련된 많은 연구가 이루어졌다. 그 가운데 정서지능이라는 용어만큼 대중의 관심을 집중시킨 연구영역도 드물다. 정서지능이라는 용어는 1990년 미국 뉴햄프셔 대학의 John Mayer 교수와 예일 대학의 Peter Salovey 교수에 의해 처음으로 사용되었다. 이후 1995년 타임지가 Goleman의 『감성지능(Emotional Intelligence)』이라는 저서를 소개하면서 정서지능은 EQ(Emotional Quotient)라는 용어로 매스컴을 통해 전파되었고, 이를 계기로 무수히 많은 서적들이 출판되어 대중적인 인기를 얻게 되었다. 정서지수를 의미하는 EQ라는 용어는 지능지수를 의미하는 IQ(Intelligence Quotient)에 대응하여 인간의 발달을 설명하기 위해 여러 영역에 폭넓게 적용되었으며, 그 결과 마치 EQ가 인간발달에서 일종의 만병통치약처럼 인식되어졌다.

그러나 정서지능이라는 개념이 과학적이고 체계적인 검증도 제대로 거치지 않은 채, 모든 발달문제의 만병통치약처럼 지나치게 상업적인 목적으로 이용됨으로써 나타나는 문제점 또한 적지 않다. 이러한 문제를 해결하기 위한 가장 우선적인 과제는 정서지능에 대한 명확한 개념정의라고 생각한다.

그러므로 본 장에서는 먼저 정서지능이 이처럼 대중적인 성공을 거둘 수 있었던 이유를 살펴보고, 정서지능에 대한 두 가지 관점을 근거로 정서지능이란 무엇인지에 대한 개념 정의와 아울러 정서지능이 지능의 한 형태로서 존재할 수 있는지에 대해 논의해보고자 한다.

## 1. 시대정신으로서의 정서지능

정서지능의 개념이 이처럼 대중적인 성공을 거둘 수 있었던 이유는 여러 가지 관점에서 설명이 가능할 것이다. 그 가운데 정서지능이 시대정신(Zeitgeist)에 부응하는 개념이었다는 것이 일차적인 이유 가운데 하나라고 볼 수 있다. 하나의 문화에는 시대정신이라는 것이 존재하며, 시대정신은 그 시대를 특징짓는 지식이나 정신을 반영한다. 20세기 후반에 정서지능의 개념이 많은 관심을 끌게 된 이유는 기존의 정서와 이성 간의 대립관계를 통합하고 동시에 전통적인 학문지능이 가지고 있는 차별성을 해소하고자 하는 시대정신에 기인하는 것이라고 볼 수 있다.

### 1) 정서에 대한 재평가

앞서 설명한 바와 같이 이성과 정서는 역사적으로 상호간에 대립관계이자 주종관계였다고 볼 수 있다. 이성을 중시하는 스토아 학파는 인간의 감성은 주관적이고 자기중심적이며 가변적이어서 인간의 발달에 긍정적인 영향을 미칠 수 없는 것으로 보았다. 극단적으로 이들은 감성이 지나친 사람들을 정신질환자로 간주하였고, 현자란 정서와 감정이 없는 사람들이라고 주장하였다(Payne, 1986). 즉, 이성은 정확한 정보를 제공해줌으로써 우리의 판단에 도움이 되는 반면, 감성은 우리의 마음을 혼란스럽게 하여 잘못된 판단을 초래하는 것으로 받아들여졌다. 이러한 사상은 이후 기독교 사상이나 계몽주의를 통해 서구 문명에 깊이 뿌리내렸으며 그 결과 서구사상에는 강한 반정서적 분위기가 형성되었다.

Gerald Clore

Sigmund Freud

그러나 18세기 말에 이르러 유럽의 낭만주의 운동은 기존의 엄격한 이성적인 규율에 대항하여 정서가 이성적인 논리로는 설명할 수 없는 통찰력을 부여할 수 있다는 사실을 강조하였다. 또한 정서에 대한 Hume과 Darwin의 업적은 정서에 대한 인식의 전환에 크게 기여하였다. Hume(1739/1948)은 정서적 충동이 모든 행동을 동기화한다고 믿었고, 이성이란 감성에 의해 설정된 목표를 성취하기 위한 수단에 불과하다고 하였다. 또한 Darwin(1872/1999)은 동물에 대한 광범위한 생태학적 관찰결과를 토대로 정서의 기능적 가치를 강조하였다. 이러한 연구결과들을 토대로 정서는 위험상황에 대처하는 적응적인 가치를 가지고 있으며(Ekman, 1984), 동기의 일차적 근원이자(Izard, 1971; Tomkins, 1962), 개인에게 환경이나 상황에 대한 중요한 정보를 제공함으로써 개인의 판단이나 의사결정, 행동 등에 도움을 주는 정보제공의 기능(Schwarz, 1990; Schwarz & Clore, 1983)을 하는 것으로 그 중요성을 인정받게 되었다. 즉, 정서는 인지를 방해하는 것이 아니라 확장시켜주는 것으로 대중의 관심을 끌기 시작했다. 이후 개인의 성격구조에서 원초아를 중시한 Freud(1923/1961)도 이와 유사하게 정서의 중요성을 강조하였다.

이러한 움직임은 1960년대에 들어와 사회적으로 이성적 세력에 대항하는 여러 가지 움직임으로 표현되었으며, 인본주의 심리학자들도 인간은 자기결정권을 행사할 수 있는 능력을 가지고 있으며, 인간의 가장 우선적인 욕구 가운데 하나는 자기 자신에 대해 긍정적으로 생각하고 직접적으로 자신의 정서를 경험하고 정서적으로 성장하는 것이라고 하였다(Herman, 1992). Maslow(1969)도 분노의 표현은 불평등함을 시정하는 데 필요한 신호라고 하였다. 이러한 움직임에도 불구하고 1960년대에 Piaget의 인지발달이론과 더불어 인지를 강조하는 사회적 분위기 때문에 지능의 본질 및 이를 향상시키기 위한 노력을 강조하게 됨에 따라 정서에 대한 연구는 대중적인 관심을 끌지 못하였다. 이러한 영향으로 1970년대 이전까지는 감성과 이성, 정서와 지능은 각각 분리된 영역으로 연구되어 왔으며, 지성이 감성에 의해 영향을

Jean Piaget

사진 설명: 기존의 사회 통념, 제도, 가치관을 부정하고 인간성 회복, 자연에의 귀의를 주장한 히피문화

Howard Gardner

받거나 오히려 감성이 우위에 있을 수 있다는 사실을 인식하지 못하였다.

그러나 1970년대 이후 여러 학자들은 사고와 정서가 어떻게 상호작용을 하는지에 연구의 초점을 맞추었으며 이러한 움직임은 당시 북미와 유럽을 중심으로 발생한 시민운동, 여성운동, 히피문화(사진 참조)를 포함한 여러 사회운동을 통해 지성의 엄격함으로부터 벗어난 정서주의를 표방하게 되었다. 또한 20세기 후반에 접어들면서 기존의 사회구조가 빠른 속도로 와해되고 공동체적인 미덕이 파괴되면서 사람들은 EQ의 중요성을 절감하게 되었다. 급격한 과학문명의 발달로 인해 나타나는 여러 사회문제들은 사람들로 하여금 인간과 관련된 문제해결을 더욱 갈구하게 만들었고, 이러한 문제를 해결하는 것이 보다 중요하고 어렵다는 사실을 인식하게 되었다. 그 결과, 인간의 정서와 관련된 많은 연구가 이루어졌으며, 이는 기존에 우위를 차지하던 이성적인 사고와 통합을 이루면서 1990년대에 이르러 정서지능이라는 용어가 탄생하게 된 것이다.

물론 정서지능이라는 용어가 사용되기 이전부터 직접적으로 정서지능을 지칭하지는 않았지만 이와 개념적으로 유사한 여러 가지 용어가 사용되어 왔던 것은 사실이다. 이러한 용어들은 그 의미에서 다소 차이는 있지만, 공통적으로 지금까지 우위를 차지하던 전통적인 학문지능 이외에 인간의 능력을 설명할 수 있는 다른 형태의 지능이나 능력이 존재한다는 사실을 그 전제로 하고 있다. 이러한 전통적인 학문지능에 정서를 접목시킨 대표적인 학자는 Gardner이다.

Gardner(1983)는 자신의 다중지능이론(multiple intelligence theory)에서 삶의 성공에 영향을 미치는 단일지능은 존재하지 않으며 여러 가지 종류의 광범위한 지능이 존재한다고 주장하였다. Gardner의 다중지능의 구성요소 가운데 대인관계지능(interpersonal intelligence)과 자기이해지능(intrapersonal intelligence)이 바로 정서지능과 관련이 있는 것으로 볼 수 있다. 그 외에도 정서적 재능(emotional giftedness)과 같은 유사한 의미를 가진 많은 용어가 등장하였으며, 이들 용어들은 종전에 갈등관계로 간주되던 이성과 감성을 통합하고자 하는 시도의 일면을 보여주는 것이다.

## 2) 신경생리학의 발달

Hanna Damasio

오랜 세월에 걸쳐 감성과 이성은 뚜렷하게 양분되어 연구되어 왔으나 앞서 설명한 바와 같은 여러 가지 이유로 이성과 감성은 상호간에 많은 영향을 미칠 뿐 아니라 조화로운 하나를 만들 수 있다는 합의점에 도달하게 되었다. 그러나 여러 학자들은 이성과 감성을 통합하는 차원뿐만 아니라 여러 연구결과들을 통해 감성이 이성보다 우선한다고까지 주장하기 시작하였다. 특히 인간의 두뇌에 대한 신경생리학적 연구결과들은 이러한 사실을 뒷받침하는 데 크게 기여하였다. 여러 학자들은 정서와 인지를 관장하는 두뇌체계는 우리가 생각하는 것보다 훨씬 통합적이라고 주장하였다(Damasio et al., 1990; LeDoux, 1998).

사회생물학자들은 인간이 위급한 상황에 처하게 되면 언제나 EQ가 IQ보다 우선한다는 사실을 강조하였다. 인간이 이성에만 의존하기에는 너무나 중대한 과업에 직면했을 경우에는 오히려 이성보다 감성이 더 큰 영향을 미치게 된다는 것이다. 즉, 자신이 이성적으로 옳다고 생각하는 것보다 감성적으로 옳다고 느껴지는 것에 대해 보다 확신을 가지게 된다는 것이다. 이러한 사실은 두뇌 발달의 역사를 통해서도 뒷받침할 수 있다. 인간의 가장 원시적인 두뇌 부위는 뇌간이다. 이는 기본적인 생존과 관련된 기능을 담당하며 사고나 학습의 기능과는 관련이 없다. 이후에 형성되는 영역이 대뇌 변연계이며, 인간의 감성은 바로 이 변연계를 중심으로 생성되는 것이며, 다음으로 사고를 담당하는 대뇌의 신피질이 형성되었다. 이성을 관장하는 신피질은 출생 당시 완전히 발달되지 않은 상태이지만, 감성을 관장하는 변연계는 대부분 출생 시부터 상당 부분 발달되어 있으며 유아기에 걸쳐 매우 빠르게

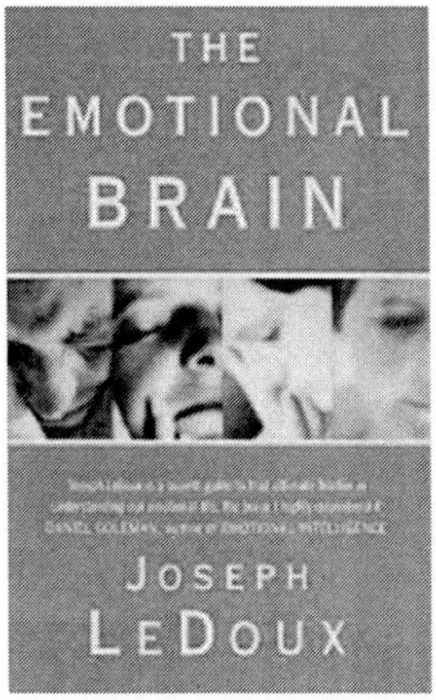


성장한다. 즉, 이성을 관장하는 뇌가 생성되기 이전부터 감성을 관장하는 뇌가 존재한다는 것이다. 특히 돌발 상황이 발생했을 경우에는 대뇌 변연계가 두뇌 전체의 기능을 제압해버리므로, 신피질의 이성적 판단이 개입할 여지도 없이 신체반응을 유발한다. 일반적으로 여러 감각기관을 통해 자극신호가 접수되면, 이는 시상으로 보내지고 시상에서 신피질의 감각처리영역으로 전달된다. 신피질로부터 파생된 신호들은 대뇌 변연계로 보내져 그곳에서부터 적절한 반응이 이루어지게 된다. 그러나 모든 자극경험이 신피질로 전달되는 것은 아니며 시상에서 직접 편도로 전달되는 경우도 있다(〈그림 8-1〉 참조). LeDoux(1998)는 감성체계는 신피질과 무관하게 인지적 개입이 이루어지지 않더라도 작동이 가능하다고 하였다.

이처럼 감성의 중요성이 강조되고 있지만 이성과 감성은 하나로 통합됨으로써 발달의 보다 많은 측면을 설명해줄 수 있다. 대뇌 변연계가 감성적 느낌을 만들어내지만 이는 이성을 관장하는 신피질과 연결됨으로써 보다 다양한 반응을 생성하게 된다. 또한 뇌에 대한 연구결과는 이들은 따로 분리시켜 설명할 수 있는 것이 아

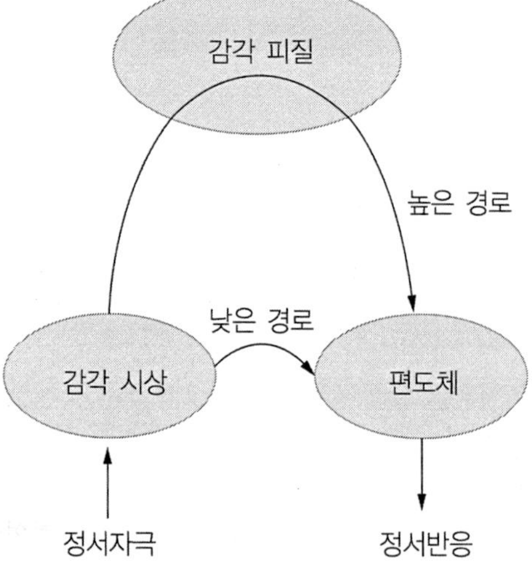


〈그림 8-1〉 두려움 반응에 대한 편도체의 두 경로

니라 상호영향을 미치는 것임을 뒷받침해주고 있다. 우리가 감정적으로 혼란스럽거나 불안정한 경우에는 지적 능력이나 학습능력에도 부정적인 영향을 받게 된다. 즉, 대뇌 변연계에서 전두엽에 이르는 회로에 심한 방해를 받게 되면, 전두엽의 작동기억에 심각한 장애를 초래하게 되어 결과적으로 심각한 인지기능의 손상을 초래하게 된다. 평균 이상의 IQ를 가지고 있음에도 불구하고 학업에서 문제를 보이는 경우가 바로 이러한 이유로 설명할 수 있다. 즉, IQ는 EQ의 도움을 받지 않고서는 충분히 제 기능을 발휘하지 못한다는 것이다.

그러므로 이성과 감성이 대립하는 것으로 간주하던 종전의 관점으로는 정서에 대한 이해나 인지에 대한 이해 모두에 한계가 있게 되며, 감성과 이성은 서로 양분되기보다는 통합됨으로써 인간발달에 대한 보다 풍부한 자료를 제공해주게 된다. 뇌 연구를 통해 정서와 인지기능 간의 이와 같은 상호작용 관계가 입증됨으로써 정서지능이라는 용어는 개인의 발달에 많은 설명력을 가지게 되었으며 대중적인 관심을 끌 수 있었다.

### 3) 정서지능의 가변적 속성

정서지능이 이처럼 대중적인 관심을 끌게 된 또 다른 이유는 IQ와는 달리 정서지능은 상당 부분 학습이 가능한 가변적인 속성을 가지고 있다는 사실에 기인한다고 볼 수 있다.

전통적인 학문지능의 개념은 인간의 지적 능력에서의 차이가 쉽게 변화될 수 없는 영속적인 속성을 가지고 있음을 가정하고 있다. Herrnstein과 Murray(1994)는 『정상분포곡선(Bell Curve)』이라는 자신들의 저서에서 지적 능력을 나타내는 지능지수는 낮은 수준, 중간 수준, 높은 수준 등으로 구분되는 정상분포곡선을 이루고 있으며, 한 개인의 경제적 능력이나 사회적 지위를 이와 같은 학문지능의 차이로 설명할 수 있다는 원천적인 사회적 불평등의 개념을 주장하였다. 이들의 주장은 지능의 차이에 따라 사람들의 삶도 차이가 있으며, 이러한 지능의 차이는 변화시키기가 쉽지 않다고 보았다는 점에서 인간의 불평등성을 전제로 한 것이라고 볼 수 있다. 그러므로 정서지능이 이처럼 대중적인 관심을 끌 수 있었던 것은 이러한 불평등성을 강조하는 엘리트주의에 대한 반발이 그 원인이라고 볼 수 있다.

삶의 성공에 영향을 미치는 단일지능이라는 것은 존재하지 않으며 여러 종류의 광범위한 지능이 존재한다고 주장한 Gardner(1983)의 다중지능의 개념은 실제로 전통적인 IQ 척도보다 아동의 성장가능성에 대해 훨씬 설명력이 높은 것으로 나타났다. 그러나 Gardner는 인간의 다중지능에 대해 언급을 하고 있지만 그의 관점은 다분히 지능의 인지적 측면에 중점을 두고 있으므로, 정서의 역할에 대해서도 인지적인 측면을 강조하고 있다는 한계가 있다.

Daniel Goleman

이에 대해 Goleman(1995)은 정서지능이 IQ보다 인간의 발달 가능성을 예측하는 데 있어 보다 유용한 개념이며, 누구나 학습이 가능하다는 평등주의적인 입장을 강조하였다. 정서지능은 일반 학문지능보다 인간의 행동을 설명하는 데 훨씬 효율적인 개념이며, 정서지능의 측면에서 본다면 누구나 지적인 사람이 될 수가 있다는 것이다. IQ가 높거나 낮은 것은 선천적인 문제로서 변화시키기가 쉽지 않은 부분이며, 단지 이를 통해 자신이 IQ가 높은 집단에 속하는지 그렇지 않은 집단에 속하는지를 알 수 있을 뿐이다. 반면, 정서지능은 IQ와는 달리 누구나 학습이 가능하며 그 능력을 계발하고 활용할 기회를 가질 수 있다. Payne(1986)도 학교에서 자유로운 정서적 경험을 할 수 있도록 기회를 제공함으로써 정서지능이 증진될 수 있다고 하였으며, Elias 등(1997)도 정서지능이란 사회적, 정서적 기술에서의 유능함을 설명하는 통합적인 개념으로, 이는 학습이 가능한 것으로 간주하였다.

이처럼 정서지능은 전통적인 지능의 개념과는 달리 가변적인 속성을 가지고 있으며 따라서 이로 인한 불평등성을 배제하고 있다는 점이 시대정신과 부응하며 결과적으로도 대중적인 관심을 끌게 된 이유라고 할 수 있다.

# 2. 정서지능에 대한 관점

John Mayer

정서지능이라는 개념이 어떠한 속성을 포함하는지에 대해서는 학자들마다 상이한 관점을 보이고 있다. Mayer와 그 동료들(Mayer, Salovey, & Caruso, 2000a, 2000b)은 이러한 다양성을 능력모델(ability model)과 혼합모델(mixed model)이라는 두 가지 대조적인 관점으로 구분하였다. 능력모델(ability model)은 정서지능을 정서적 정보를 지각하고 이해하는 지적 능력으로 간주하는 보다 제한적인 입장(Salovey & Mayer, 1990)이며, 혼합모델(mixed model)은 정서지능이 한 개인의 성향이나 동기화와 같은 IQ로 측정될 수 없는 성공과 관련된 거의 모든 것을 포함한다는 포괄적인 관점(Bar-On, 1997; Goleman, 1995, 1998)이다.

## 1) 능력모델

Peter Salovey

Salovey, Mayer와 그 동료들(Mayer & Salovey, 1993, 1997; Mayer et al., 2000a, 2000b; Salovey & Mayer, 1990)의 정서지능 연구는 포괄적인 속성을 포함하는 광범위한 모델보다 능력과 관련된 보다 제한적인 정서지능 모델에 초점을 맞추었다. Salovey와 Mayer(1990)는 초기연구에서 정서지능이 온정성 및 사교성과 관련이 있다고 하였으나, 이후에 그들은 정서지능이 성격 변수들과는 구별되어야 한다고 주장하였다. 정서지능은 하나의 능력, 특히 정서의 의미를 인식하고 이러한 지식을 토대로 문제를 추론하고 해결할 수 있는 능력의 개념으로 보다 엄격하게 정의하였다. 그들은 정서와 관련된 정보를 적절히 처리하는 것과 관련된 다양한 능력들로 구성되는 하나의 정서지능 체계를 제안하였다.

Sandra Scarr

Davies 등(1998)의 연구에서도 정서지능은 한때는 성격특성이나 전반적인 인지 능력을 설명할 수 있는 것으로 간주되었으나, 동시에 이것이 매우 제한적인 구조를 나타내고 있음을 강조하였다. 이들은 정서지능은 전통적인 지능과는 구분되는 또 다른 인지적 능력으로서 성격이나 전통적 지능의 개념으로부터 구별되어야 한다는 입장을 취했다. 이들은 정서지능을 보다 제한적으로 정의하기 위해 "시각 및 청각적 자극에 대한 정서적 정보를 지각하는 능력(Davies et al., 1998, p. 1001)"이라고 정의하였다.

이처럼 능력모델의 관점에서는 정서지능이 특성(traits)이나 재능(talents)과는 분명하게 구분되어야 한다고 주장한다. 특성은 성격 혹은 개인이 취하는 행동양식(외향성, 수줍음 등)이며, 재능은 비인지적 능력(운동능력 등)으로 정의할 수 있다. Scarr(1989)는 "우리 사회에는 인간관계에서의 양호함과 같이 충분히 보상받지 못하는 여러 가지 인간의 자질이 있다. 이러한 능력들을 지능이라 지칭하는 것은 적절하지 않다"고 하였다. 또한 이처럼 정서지능을 광범위한 개념으로 정의할 경우 이를 어떻게 측정할 것인가 하는 문제에서 어려움에 직면하게 된다.

### 2) 혼합모델

Goleman(1995, 1998)은 정서지능 분야에서 대표적 연구자 가운데 한 사람이다. 그의 저서『정서지능(Emotional Intelligence)』은 정서지능의 개념에 대하여 광범위한 대중적인 관심을 불러일으켰다. 다른 연구자들(Gardner, 1983; Sternberg, 1997)처럼 Goleman은 IQ 검사 및 다른 유사한 검사들로는 설명할 수 없는 다양한 형태의 성공에 대한 변량의 약 80% 정도를 정서지능으로 설명할 수 있다고 주장하였다.

혼합모델은 정서지능을 다른 재능이나 성격특성까지를 포함하는 보다 포괄적인 의미로 개념화하고 있다. 혼합모델의 관점에서 Goleman(1998)은 정서지능을 정서를 지각하고(self awareness), 정서를 조절하며(self management), 스스로에게 동기를 부여하고(motivation), 타인의 정서를 인식하며(social awareness), 인간관계를 다루는 능력(relationship management)까지를 포함하는 것으로 보고 있다. 이는 정서와 관련된 능력으로 간주되던 정서지능의 개념을 동기부여나 인간관계와 같은 성격특성과 혼합해 버린 것으로, 바로 대중화된 정서지능의 개념이 이에 속한다고 볼 수 있다(〈그림 8-2〉 참조). 이 가운데 자기인식, 자기조절은 개인적 유능성(personal competence)과 관련된 요인이며, 사회적 인식(감정이입), 사회적 기술(대인관계 기술)은 사회적 유능성(social competence)과 관련되어 있다. 이후 Goleman은 정서지능의 특성에 해당하는 항목을 25가지로 확대하였는데, 이에는 분명히 IQ라고는 할 수 없는 거의 모든 특성들이 포함되었다.

혼합모델은 성격의 여러 측면을 포함한다는 점에서 가정이나 직장에서의 성공을 예측하는 보다 설명력 있는 변수로 인정할 수 있다. 그러나 정서에 대한 추론능력이나 정서에 의한 사고촉진과 같은 능력모델의 핵심적인 부분은 제외되어 있다는 점에서 오히려 성격척도와 유사하다고 볼 수 있다. 정서지능은 인내심이나 만족지연, 성격 등의 변인과 관련은 있지만 이와 동일한 개념으로 보기는 어렵다는 점에서 정서지능의 혼합모델은 비판을 받고 있다.

그러므로 정서지능의 구성개념은 이러한 혼합모델의 관점과 능력모델의 관점을 바탕으로 앞으로도 지속적으로 많은 연구가 이루어져야 할 것이다.

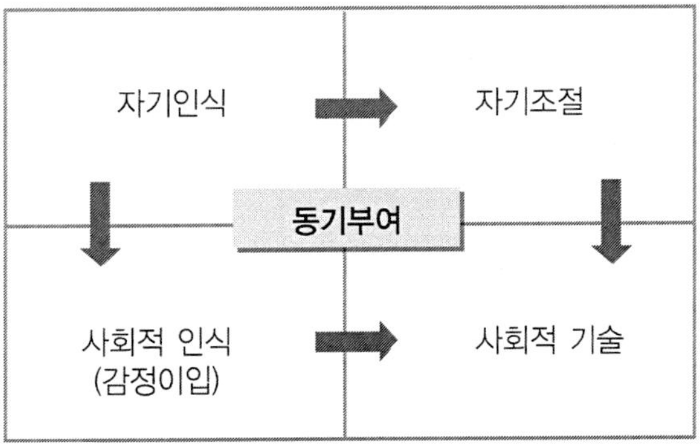


〈그림 8-2〉 정서지능의 구성요소

## 3. 정서지능의 개념 정의

정서지능에 대한 관점이 이처럼 상이하듯 정서지능에 대한 개념적 정의도 다양하다. 정서지능에 대한 개념정의도 정서지능을 하나의 능력으로 간주하는지 혹은 보다 포괄적인 성격특성의 한 부분으로 간주하는지에 따라 상이해질 수밖에 없다. 능력모델(ability model)에서는 정서지능을 정서와 관련된 지능이나 능력으로 개념화하고 있고, 혼합모델(mixed model)에서는 정서지능을 다른 재능이나 성격특성을 포함하는 보다 포괄적인 개념으로 정의하고 있다.

### 1) 능력모델의 관점

Salovey와 Mayer는 정서지능이라는 용어를 최초로 사용했으며(Mayer, Dipaolo, & Salovey, 1990; Salovey & Mayer, 1990), 그 구성개념에 대한 가장 신랄한 비판자이기도 하다(Mayer, et al., 2000a). 이들은 능력모델의 관점에서 최초로 정서지능을 정서적 정보를 처리하는 능력과 관련된 지능으로 정의하였다. 즉, 정서지능을 자신과 타인의 정서를 평가하고 표현할 줄 아는 능력, 자신과 타인의 정서를 조절할 수 있는 능력 그리고 자신의 삶을 계획하고 성취하기 위해서 정서를 사고나 행동에 대한 정보로 이용하고 활용할 수 있는 능력(Salovey & Mayer, 1990)이라는 정서적 정보를 처리하는 것과 관련된 세 가지 과정을 포함하는 것으로 정의하였다. 이러한 정의는 정서를 능력의 개념으로 설명함과 동시에 그 구성개념으로 정서의 평가와 표현, 정서의 조절, 정서의 활용이라는 세 가지 영역을 설정하고 있다(〈그림 8-3〉 참조).

이러한 개념적 정의는 정서를 인식하고 조절한다는 측면만을 강조하고 있는 것이며 정서에 대해 생각한다는 측면은 간과하고 있다. 이러한 한계를 보완하여 이후 정서지능은 정서를 정확하게 지각하고 평가하고 표현하는 능력, 사고를 촉진시킬 수 있도록 정서를 생성할 수 있는 능력, 정서와 정서적 지식을 이해할 수 있는 능력 그리고 정서적 · 지적 성장을 촉진시킬 수 있도록 정서를 조절할 수 있는 능력을 포

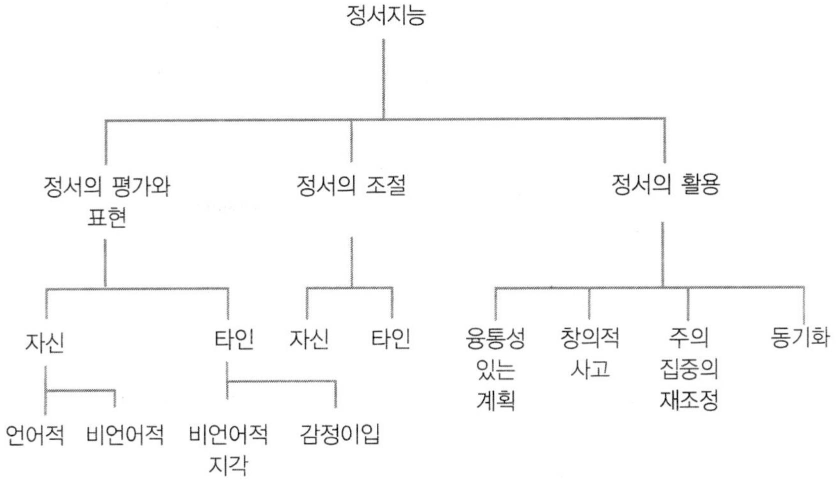


〈그림 8-3〉 정서지능의 영역

출처: Salovey, P., & Mayer, J. D. (1990). Emotional intelligence. *Imagination, Cognition, and Personality, 9*, 185-211.

함하는 것으로 개념화하고 있다.

〈표 8-1〉에 제시된 바와 같이 정서지능은 4가지 범주로 구성되며, 각 범주는 점차 높고 보다 통합된 과정의 순서로 배열되어 있다. 가장 낮은 범주는 정서를 지각하고 표현하는 비교적 단순한 능력이며, 가장 높은 범주는 의도적이고 반영적인 정서의 조절이다. 각각의 범주는 다시 4개의 대표적인 능력으로 구성되어 있다. 각 범주의 좌측은 비교적 발달의 초기에 나타나는 능력이며, 우측은 후기에 발달되는 능력이다. 발달의 초기에 나타나는 좌측의 능력들은 상호간에 거의 통합이 이루어지지 않기 때문에 범주들 간에 상당히 뚜렷한 차이를 보이는 반면, 우측에 위치한 후기에 발달되는 능력들은 보다 통합된 성인의 성격특성에서 나타나며, 결과적으로 뚜렷한 차이를 덜 보이게 된다. 정서지능이 높은 사람은 이러한 능력들이 더 빨리 발달하고 더 많은 것을 성취할 것으로 기대할 수 있다.

〈표 8-1〉 정서지능

| 정서의 지각, 평가, 표현 | | | |
|---|---|---|---|
| 자신의 신체상태, 느낌이나 사고에 따라 정서를 규명할 수 있는 능력 | 타인이나 예술품 등에서 언어나 소리, 몸짓, 행동으로 드러나는 정서를 규명할 수 있는 능력 | 정서나 이와 관련된 욕구를 정확하게 표현할 수 있는 능력 | 정확한 것과 부정확한 것, 정직한 것과 그렇지 못한 정서표현을 구분할 수 있는 능력 |
| **정서를 통한 사고의 촉진** | | | |
| 중요한 정보에 우선적으로 주의를 집중함으로써 사고를 촉진시키는 능력 | 느낌과 관련된 판단이나 기억을 돕기 위해 정서를 생성할 수 있는 능력 | 정서적 상태에 따른 관점의 차이를 수용하고 다양한 관점을 고려할 수 있는 능력 | 문제해결이나 창의성을 촉진시키기 위해 정서를 활용하는 능력 |
| **정서의 이해와 분석** | | | |
| 정서를 명명하고, 정서를 명명하는 단어와 정서들과의 관계를 인식할 수 있는 능력 | 슬픔이 상실감을 동반하는 것과 같이 인과관계에 따라 정서의 의미를 해석할 수 있는 능력 | '애(愛)'와 '증(憎)'이라는 동시적 느낌이나 두려움과 놀람이 연합된 경외감과 같은 복합적인 느낌을 이해할 수 있는 능력 | 분노에서 만족감으로 혹은 수치심으로와 같은 정서들 간의 전환을 인식할 수 있는 능력 |
| **정서의 반영적 조절** | | | |
| 유쾌하거나 불쾌한 느낌들에 대해 개방성을 유지할 수 있는 능력 | 정보제공 가능성이나 유용성에 따라 정서에 개입하거나 초연할 수 있는 능력 | 자신이나 타인과 관련된 정서를 반영적으로 모니터할 수 있는 능력 | 부정적 정서는 완화시키고 긍정적 정서는 강화함으로써 자신과 타인의 정서를 관리할 수 있는 능력 |

출처: Mayer, J. D., & Salovey, P. (1997). What is emotional intelligence. In P. Salovey & D. J. Sluyter (Eds.), *Emotional development and emotional intelligence*. New York: Basic Books.

### (1) 정서의 지각, 평가와 표현

〈표 8-1〉에서 가장 하위 범주인 정서의 지각(perception), 평가(appraisal)와 표현(expression)은 각 개인이 정서나 정서적 내용을 규명하는 데 있어서의 정확성에 관

한 것이다. 이 범주에는 '자신의 정서를 규명할 수 있는 능력' '타인의 정서를 규명할 수 있는 능력' '정서 및 그 정서와 관련된 욕구를 정확하게 표현할 수 있는 능력' 그리고 '표현된 정서의 정확성을 구분할 수 있는 능력'의 4가지 수준이 포함되어 있다(Mayer & Salovey, 1997).

수준 1의 '자신의 정서를 규명할 수 있는 능력'은 자신의 표정이나 신체감각에 근거하여 자신의 정서를 규명하고, 자신의 내적 감정을 정확하게 감지하며, 자신의 복합적 감정을 인식하고 평가하는 것을 말한다.

이처럼 자신의 내적 정서상태에 대한 성찰적인 인식을 의미하는 상위정서(meta emotion)는 정서지능의 초석이 되는 개념이다. 누구에게 화를 내고 있는 상태에서 자신이 화를 내고 있다는 사실에 대한 인식을 할 수 있는 경우와 그렇지 못한 경우는 정서반응에서 상당히 차이가 있다. 자신이 화를 내고 있다는 사실에 대한 인식을 가지고 있는 것만으로도 우리는 보다 자유롭게 정서반응을 표현할 수 있게 된다. 대부분의 심리요법도 바로 이러한 인식능력을 강화하는 것이 그 주목적이라고 볼 수 있으며 이는 보다 상위단계의 정서지능을 갖기 위해 기본이 되는 것이다.

수준 2의 '타인의 정서를 규명할 수 있는 능력'은 타인의 얼굴표정이나 몸짓, 행동, 언어나 상황적 맥락을 고려하여 타인의 정서를 정확하게 판단하고, 나아가 음악, 미술, 조각 등의 예술작품이나 문학작품 속에 내재되어 있는 정서를 파악하고 표현할 수 있는 능력을 의미한다. 예를 들어, 뭉크의 '절규(Scream)'라는 그림 속에 내재된 정서적 의미가 무엇인지를 평가하는 것이 가능해진다.

사진 설명: 뭉크의 '절규(Scream)'

수준 3의 '정서 및 그 정서와 관련된 욕구를 정확하게 표현할 수 있는 능력'은 자신의 정서나 그 정서와 관련된 자신의 욕구를 언어로 표현하고, 자신의 정서표현에 대한 상대방의 반응을 기대할 수 있고, 타인의 정서적 표현을 보고 상대방의 욕구를 인식할 수 있는 능력을 의미한다.

수준 4의 '표현된 정서의 정확성을 구분할 수 있는 능력'

은 정확한 감정표현과 부정확한 감정표현, 솔직한 감정표현과 솔직하지 않은 감정표현을 구별하고 복합적 감정표현을 인식할 수 있는 능력을 말한다. 즉, 정서가 거짓된, 조작된 표현인지 아닌지를 구분할 수 있는 능력을 의미한다.

정서를 지각하고 평가하고 표현하는 것과 같은 기본적인 정서능력은 이들 상호간에도 관련이 있을 뿐 아니라 타인에 대한 반응에 영향을 미친다는 점에서 중요한 의미가 있다. 정서표현불능증과 같은 정서장애의 경우에는 자신의 정서를 지각하는 데 상당히 어려움이 있기 때문에 결과적으로 정서를 표현하는 데에도 어려움이 있게 된다(Apfel & Sifneos, 1979). 또한 자신과 타인의 정서를 지각하고 평가하고 표현하는 능력이 뛰어난 사람들은 우울함을 덜 경험하며 타인에 대한 감정이입도 잘 이루어지는 것으로 나타났다(Mayer, DiPaolo, & Salovey, 1990).

### (2) 정서에 의한 사고촉진

정서지능의 두 번째 범주인 정서에 의한 사고촉진은 정서가 사고에 영향을 미치는 것을 의미한다. 이 범주에는 '중요한 정보에 우선적으로 주의집중하는 능력' '정서생성능력' '정서의 가변성을 이해하는 능력' '문제해결을 위한 정서활용능력'의 4가지 수준이 포함되어 있다(Mayer & Salovey, 1997).

수준 1의 '중요한 정보에 우선적으로 주의집중하는 능력'은 자신의 내적 갈등이나 대인간 갈등을 해결하기 위하여 정서의 우선순위를 결정하는 것을 의미한다. 출생 시부터 정서는 하나의 경보체계로 작용한다. 배가 고프거나 춥거나 다른 도움이 필요할 경우에 영아는 이를 울음으로 표현하며, 다른 사람의 미소나 즐거운 상황에 대해 웃음으로 반응하게 된다.

수준 2의 '정서생성능력'은 자신의 내부 혹은 과거에 경험했던 정서를 필요에 따라 생성함으로써 판단이나 이해를 돕는 것이다. 이야기 속의 주인공이 어떻게 느끼는가에 대해 질문을 받거나 다른 사람이 어떻게 느끼는가에 대해 판단해야 할 때, 아동은 다른 사람의 입장에서 생각해보기 위해 감정을 생성해내며, 이를 통해 감정에 대한 실제적인 검토가 가능하며 어떤 일에 대한 계획이 가능해진다.

수준 3의 '정서의 가변성을 이해하는 능력'은 정서의 전환이나 정서에 대한 다양한 관점이 있음을 이해하는 것이다. 성장하면서 유아는 정서에 대한 여러 다양한 관점이나 기분의 변화에 따라 예상되는 보다 많은 가능성을 고려할 수 있다.

수준 4의 '문제해결을 위한 정서활용능력'은 문제해결을 위해 가장 적절한 정서를 생성하고 이를 활용하는 것을 의미한다. 또한 여러 다양한 형태의 일이나 사고(연역적 또는 귀납적 사고)가 기분에 따라 촉진될 수 있다는 것을 이해하는 것을 의미한다.

실제 문제해결 상황에서 개인의 정서상태에 따라 정보처리방식도 달라져서 행복한 상태에서는 보다 창조적인 과제에 도움이 되는 직관적, 확산적 사고가 촉진되는 반면, 슬픈 상태에서는 세부적인 과제에 도움이 되는 신중한, 수렴적 사고가 이루어지는데, 이러한 사고방식은 각각 귀납적, 연역적 과제를 수행하는 데 효율적인 접근방법이라고 볼 수 있다(Palfai & Salovey, 1993). 또한 개인의 정서상태에 따라 초래하는 결과도 상이한데, 긍정적인 기분상태에서는 보다 긍정적인 결과를, 부정적인 정서상태에서는 보다 부정적인 결과를 초래하는 것으로 나타났다(Johnson & Tversky, 1983).

### (3) 정서의 이해와 분석

정서지능의 세 번째 범주는 정서를 이해하고 정서적 지식을 활용하는 능력에 대한 것으로, 이는 '정서들 간의 관계에 대한 이해능력' '정서의 원인과 결과에 대한 인식능력' '복합적인 정서의 해석능력' '정서들 간의 전환에 대한 이해와 예측능력'의 4가지 수준으로 구성되어 있다(Mayer & Salovey, 1997).

수준 1의 '정서들 간의 관계에 대한 이해능력'은 여러 다양한 정서를 명명하고, 정서와 이들 명칭들 간의 관계를 인식하고, 정서의 강도에 따라 명칭이 달라지는 것을 이해하는 것이다. 아동이 정서를 인식하게 되면 이를 명명하고 이들 상호간의 관계를 인식하기 시작한다. 정서적으로 지적인 사람들은 정서를 묘사하는 용어들이 일련의 군을 이루고 있음을 알게 된다(Ortony, Clore, & Collins, 1988). 예를 들어, 격노(rage), 짜증(irritation), 성가심(annoyance)은 분노(anger)와 관련된 정서로 뭉쳐질 수 있음을 알게 된다. 그리고 짜증과 성가심은 이를 상쇄할 수 있는 자극이 주어지지 않으면 격노로 바뀔 수 있음을 알게 된다(Salovey, Bedell, Detweiler, & Mayer, 2000).

수준 2의 '정서의 원인과 결과에 대한 인식능력'은 다양한 정서에 내포된 상황을 인식하고 그 관련성을 아는 것을 말한다. 정서를 이해하기 위해서는, 분노의 정서는 자신에 대한 공격을 방어하기 위해서, 희망의 정서는 최악의 상황에서 보다 나아지기를 소망하는 것에서 비롯되는 것과 같이 정서가 특정한 상황에서 전달하고자 하는 의미를 알게 된다(Lazarus, 1991).

수준 3의 '복합적인 정서의 해석능력'은 두 가지 이상의 정서가 혼합된 복합적인 정서나 상호불일치하는 정서가 공존하는 것을 이해하고 활용하는 것을 의미한다. 성장하면서 아동은 어떤 상황에서는 복잡하고 상반되는 정서가 존재하며, 동일한 사람에게 사랑과 증오의 감정을 모두 경험하는 것이 가능함을 알게 된다. 또한 경외감(awe)처럼 두려움과 놀라움이 혼합된 것과 같은 복합적인 정서를 이해하게 된다(Salovey et al., 2000).

수준 4의 '정서들 간의 전환에 대한 이해와 예측능력'은 정서가 일정한 연쇄로 일어난다는 것을 알게 되는 것이다. 분노는 격노의 정서로 발전되기도 하고, 이러한 분노의 정서를 표현하고 나면 상황에 따라 만족감이나 죄의식의 정서를 경험하기도 한다. 또한 수치심의 정서가 분노로 바뀔 수도 있다(Tangney, Wagner, Fletcher, & Gramzow, 1992). 이처럼 인간상호관계에서 감정이 어떻게 발달해나가는가에 대해 사고할 수 있는 능력은 정서지능의 핵심이 된다.

#### (4) 정서의 조절

정서지능의 가장 상위 범주는 정서적, 지적 성장을 위해 정서를 반영적으로 조절하는 능력으로, 이에는 '정서를 개방적으로 수용하는 능력' '정서적 상황에 개입, 지속, 초연할 수 있는 능력' '정서를 반영적으로 평가하는 능력' '자신과 타인의 정서조절 능력'의 4가지 수준으로 구성되어 있다(Mayer & Salovey, 1997).

수준 1의 '정서를 개방적으로 수용하는 능력'은 긍정적 · 부정적 정서를 모두 수용하고, 이에 대해 반응하고, 조절할 수 있는 능력이다. 즉, 정서가 유쾌하거나 불쾌한지에 무관하게 이를 수용 · 표현 · 억제할 수 있는 능력으로 이는 감정에 대한 개방성에서 시작된다. 이러한 정서조절기술은 개인으로 하여금 불쾌한 활동은 회피하고 보상을 주는 활동을 추구하게 함으로써 기분유지나 기분회복 전략을 사용하는 것을 가능케 한다. 이러한 방식으로 자신의 정서를 조절할 수 없는 사람들은 보다 부정적인 정서를 많이 경험하는 것으로 보인다(Erber, 1996).

Ralph Erber

수준 2의 '정서적 상황에 개입, 지속, 초연할 수 있는 능력'은 적절한 시기에 정서를 표현하거나 이를 차단하며, 그러한 정서가 자신에게 유익한지 또는 실용적인지를 숙고하여 정서를 표현하거나 차단하는 능력을 말한다. 성장하면서 아동은 점차 감정과 행위 간의 구분을 내면화하게 되고, 정서가 행위로부터 분리될 수 있음을 배우게 된다. 그 결과, 적절한 시기에 정서를 표현하거나 이를 차단하는 방법을 배우게 된다.

수준 3의 '정서를 반영적으로 평가하는 능력'은 자신의 정서를 사회문화적인 기준으로 평가하고 자신의 정서가 타인에게 미치는 영향을 평가하는 능력이다. 이를 통해 개인은 정서경험의 원인과 관계에 대해 보다 깊은 지식을 얻게 되며, 이러한 지식은 자신과 환경과의 관계에 대한 이해를 향상시키고 보다 만족스러운 결과를 얻게 해준다. 이러한 이유로 정서를 반영적으로 평가하는 능력이 뛰어난 사람을 '정서적 식자(識者, emotional literacy)'라고 한다(Steiner & Perry, 1997).

수준 4의 '자신과 타인의 정서조절 능력'은 사회문화적으로 수용되는 방식으로 자신의 정서를 조절하고, 비효율적인 정서를 효율적인 정서로 전환시키며, 자신의 정서를 활용하여 타인의 정서를  조절하는 능력을 말한다. 이는 부정적인 결과를 미연에 방지함으로써 자기효능감을 높여 줄 뿐만 아니라 타인에게 도움을 줌으로써 사회적 관계형성에도 유리하다(Salovey et al., 2000).

정서지능 모델은 인지와 정서체계를 통합하는 개념으로 이처럼 네 가지 범주로 구분할 수 있지만 하나의 통합된 체계로서 작용하게 된다. 정서지각에서부터 시작하여 정서와 인지가 하나로 통합되고 정서에 대한 이해가 촉진된다. 정서에 의한 사고의 촉진이 인지과정을 향상시키기 위해 정서를 활용하는 과정이라면, 정서이해는 정서를 이해하기 위해 인지적 과정을 활용하는 것이다. 이러한 능력을 근간으로 하여 자신과 타인의 정서관리가 이루어지게 된다(〈그림 8-4〉 참조).

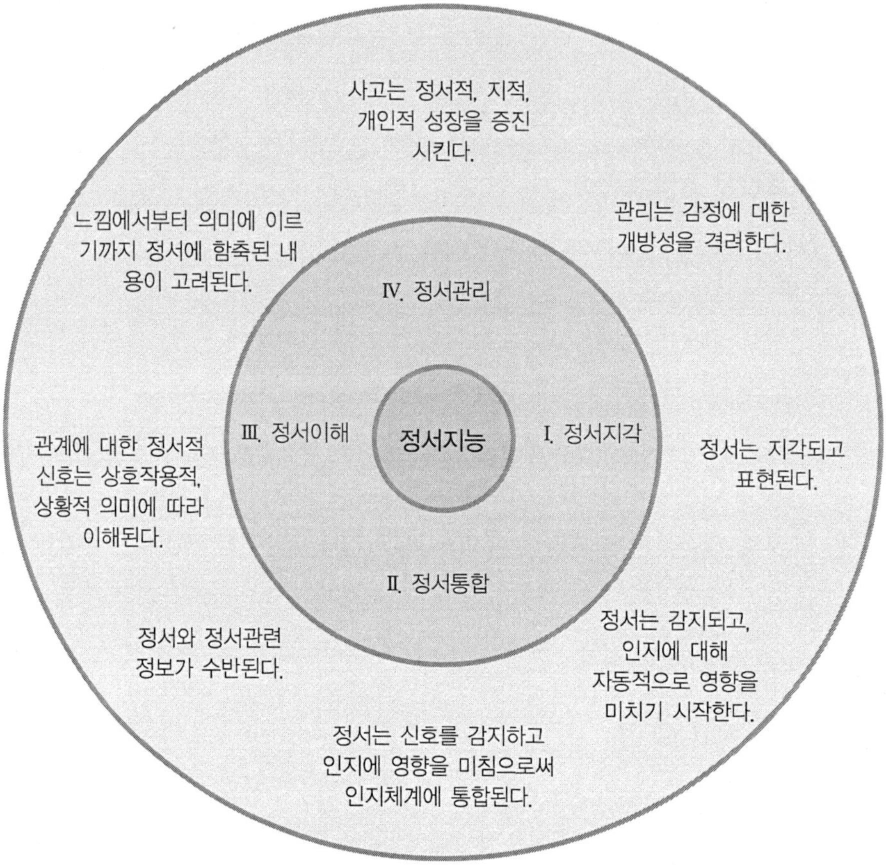


〈그림 8-4〉 정서지능의 4요인 모델

출처: Mayer, J. D., Salovey, P., & Caruso, D. R. (2000b). Emotional intelligence as zeitgeist, as personality, and as a mental ability. In R. Ba-On, & J. D. A. Parker (Eds.), *The handbook of emotional intelligence: Implications for educators*. San Francisco: Jossey-Bass.

## 2) 혼합모델의 관점

Goleman(1995)은 혼합모델의 관점에서 정서지능을 "자기 자신에게 동기를 부여하고, 좌절상황에 직면하여 인내하고, 충동을 통제하고, 만족을 지연시킬 수 있고, 기분을 조절하고, 그리고 타인의 정서에 공감하고, 희망을 가질 수 있는 것과 같은 능력"(1995, p. 34)으로 정의했다. 이후 『정서지능에 대한 연구(Working with Emotional Intelligence)』라는 저서에서는 "자신의 감정과 타인의 감정을 인식하고 스스로에게 동기를 부여하고, 자기 내부에서나 타인과의 관계 속에서 정서를 잘 다루는 능력"(1998, p. 317)이라고 정의하였다. 자기 정서인식, 자기 정서조절, 동기부여, 타인 정서인식, 대인관계기술과 같은 Goleman의 정서지능 범주를 Salovey와 Mayer(1990)의 정서지능 요인과 비교해보면, 정서인식과 정서조절을 자신과 타인에 관한 것으로 구분하고 있고, 정서활용은 자기동기화로 설명하였으나, 정서의 사고촉진과 정서이해 요인은 상대적으로 약화되고 있는 것으로 볼 수 있다.

이들 다섯 가지 영역 가운데 자기 정서인식은 정서가 유발되는 내적 상태나 외적 상황을 알고 이러한 정서가 신체에 미치는 영향이나 표현방법을 아는 것을 의미한다. 자기 정서조절은 자신의 목적을 달성하기 위해 자신의 정서를 적절하게 조절할 수 있는 능력을 의미하며, 동기부여는 주의집중이나 인내심, 만족지연 등의 방법을 통해 생산적인 결과를 얻기 위해 정서를 활용하는 능력을 의미한다. 타인 정서인식은 타인이 느끼는 정서를 자신의 정서처럼 받아들이는 능력을 의미하며, 대인관계기술은 타인과 좋은 관계를 유지하는 데 필요한 능력을 의미한다.

이처럼 폭넓은 의미에서 정서지능이라는 용어를 사용한 Goleman의 한계점은 그가 IQ를 제외한 거의 모든 것을 정서지능으로 설명하려 했다는 점이다. 이러한 개념 체계는 지능의 정의를 지나치게 확대 해석하여 논쟁거리가 되게 하였다(Gardner, 1999b; Sternberg, 1999). Goleman(1995, 1998)은 자신의 주장을 뒷받침하기 위해 몇 가지 경험적 증거자료를 인용하기 위해 Boyatzis와 함께 정서 유능성 척도(Emotional Competence Inventory)를 개발하였으나, 아직도 자신이 정서지능으로 정의한 개념이 교육적, 직업적 수행에 대해 IQ를 제외하고 어느 정도의 변량을 실제로 설명해줄 수 있다는 확실한 타당성의 증거를 보여주지 못하고 있다.

정서지능에 대한 Goleman의 정의와 마찬가지로 정서적 유능성에 대한 Bar-On(1997)의 정의도 광범위한 여러 요인들을 통합하고 있다. Bar-On(1997)은 정서적 유능성을 5가지의 광범한 기술과 유능성의 영역으로 구분하고, 이들 각각의 영역별로 보다 세부적인 기술을 포함하는 비인지적 지능 모델을 제안하였다. 이에는 개인 내적 기술들(정서적 자기인식, 단호함, 자기존중, 자기실현, 독립성), 대인관계기술들(타인과의 관계, 사회적 책임감, 공감능력), 적응능력(문제해결, 현실 검증력, 융통성), 스트레스 관리(스트레스 내성, 추진력, 통제력) 그리고 전반적인 기분(행복감, 낙천성)이 포함된다.

Bar-On은 사회지능과 실용지능의 범주(대인관계기술, 문제 해결, 융통성 등)로 연구되어 온 요인들을 포함시킬 수 있는 정서지능척도를 개발하고자 하였다. Mayer 등(2000b)은 Bar-On의 것과 같은 모델들을 혼합모델(mixed models)이라고 하였는데, 이 모델들은 지적 능력으로 특징 지어질 수 있는 기술(문제해결능력과 같은)과 성격의 특성(낙천성과 같은)을 결합시킨 것이기 때문이다.

## 4. 지능으로서의 정서지능

정서지능의 개념은 지능과 정서라는 두 개의 용어가 통합된 개념이다. 그러므로 정서지능에 대한 심층적인 이해를 위해서는 정서와 지능이 통합될 수 있는지, 또한 정서지능이 지능의 한 형태로 간주될 수 있는지, 정서가 지적인 측면과 최소한의 관련성이 있는지에 대한 논의가 필요하다.

## 1) 정서와 지능의 통합

18세기부터 심리학자들은 인간의 정신을 인지, 정서, 동기의 세 영역으로 구분하였다. 인지영역에는 한 개인의 기억, 논리적 추론, 판단과 추상적 사고능력이 포함되며, 지능이라는 용어는 인지적 영역이 얼마나 잘 기능하는가를 알아보기 위해 사용되어 왔다. 정신적 기능의 감정적 영역으로 지칭되는 정서영역에는 정서, 기분(moods), 평가(evaluations)나 기타의 느낌들이 포함된다. 성격의 세 번째 영역인 동기는 생물학적 욕구나 학습된 목표추구행동을 의미하며, 이는 정서지능에 개입된 정도에 따라 정서로 간주할 수 있다.

정서와 인지를 연관시키는 모든 것이 정서지능이라고 볼 수는 없지만, 정서지능이라는 용어는 이러한 인간의 세 가지 정신세계 가운데 정서와 인지의 영역을 통합한 개념이다. 이러한 통합가능성은 앞서 논의한 바와 같이 여러 요인에 의해 정서와 사고가 분리된 것이 아니라 상호작용 관계에 있다는 사실에 근거하고 있다. 즉, 정서는 사고를 다양한 방식으로 변화시키는 것으로 밝혀지고 있다. 즉, 기분이 어떠한가에 따라 사고도 달라진다. 기분이 좋은 상태에서 사람은 자신이 다른 사람들보다 건강하고, 경제상태도 더 낫다고 생각하지만, 기분이 나쁜 상태에서는 이와는 상반되는 생각을 한다. 이같이 기분과 인지는 상호작용을 한다.

인간은 여러 동물 가운데 가장 지적이면서 동시에 정서적인 동물이다. 어떤 동물도 인간만큼 지적 능력이 뛰어난 동물은 없으며 다양하고 섬세한 정서를 가지고 있지 않다. 이처럼 인간이 가장 지적이면서 동시에 정서적이라는 주장은 인간의 지능에 작용하는 것과 같은 동일한 과정이 정서에도 작용할 수 있다는 것을 의미한다. 이러한 주장에 대해 Zajonc(1998)는 Gauss와 Pascal과 같은 천재들이 지적인 능력에서는 위대하다고 할 수 있지만, 정서적인 영역에서 위대하다는 것은 불합리하다고 하였다.

Blaise Pascal

그러나 Dante와 Eckhart는 지적인 능력뿐 아니라 정서적인 영역에서도 상당히 뛰어난 사람들이었다고 볼 수 있다. 이러한 사실은 지적 능력이 뛰어나면서 동시에 정서적 능력도 뛰어날 수 있음을 의

Alighieri Dante

미하는 것이다. 결국 정서는 복잡하고 갈등적인 상황을 분별하는 능력, 적절한 상황에 대한 사회적 규준과 표준에 대한 지식, 행동의 결과를 예측하는 예지능력이 근간이 된다는 점에서, 지적인 능력이 뛰어난 사람은 이러한 정서적 정보를 처리하는 데에도 유능하다고 볼 수 있다. 동시에 개인의 인지능력에 따라 정서를 경험하는 수준도 달라진다는 것을 의미하는 것이다.

또한, 정서지능이라는 용어가 정서와 지능이 통합된 것이라고 하더라도 이러한 통합이 '정서의 지적 사용'을 의미하는 것인지, '지능의 한 형태로서 정서'를 의미하는 것인지가 때로는 분명하지 않다. 실제로 이를 구별하는 것은 어렵지만 이론적으로 이들은 서로 다른 개념이다. '정서의 지적 사용(the intelligent use of emotions)'은 야생동물이 조련사의 강화에 의해 길들여져서 보다 지능적으로 되는 것과 같은 것에 비유할 수 있다. '지능의 한 형태로서의 정서'의 개념은 지능을 설명해주는 인지적 과정이 정서도 동일하게 설명해준다고 가정하는 것으로, Averill(2000)은 이러한 지능과 정서의 관계를 〈그림 8-5〉와 같이 설명하였다.

〈그림 8-5〉에서 윗부분은 지능과 정서의 상호작용을 나타내는 것으로, 이 단계에서는 정서의 지적인 사용이 나타나기도 하고, 때로는 정서에 의해 지능이 촉진되거나 제한되기도 한다. 그러나 이보다 깊은 수준에서는 지능과 정서적 행동을 중재하는 다른 유형의 인지과정이 존재할 수도 있다. 깊은 수준에서의 중재과정이 어떻게 이루어지는가에 대해 명확한 설명은 할 수는 없지만 수백만 년을 통해 진화해온 인간 두뇌의 진화 흔적으로 이를 추론해볼 수 있다. 인간의 뇌는 진화과정에서 과거의 기능이 새로운 기능으로 대체된 것이 아니라 통합됨으로써 새로운 인지과정이 나타나게 되었다고 볼 수 있다. 그 가운데 개념형성과 같은 인지과정은 지능과, 대인관계에서의 민감성과 같은 인지과정은 정서와 보다 관련된 것으로 볼 수 있다. 그러나 지능과 정서를 공통적으로 중재하는 인지과정이 존재하기 때문에 지능이나 정서와 관련된 인지과정은 은유적으로만 존재하게 되며, 지능과 관련된 과정이 반드시 지능적 행동을 유발하고, 정서와 관련된 인지과정이 반드시 정서적 행동을 유

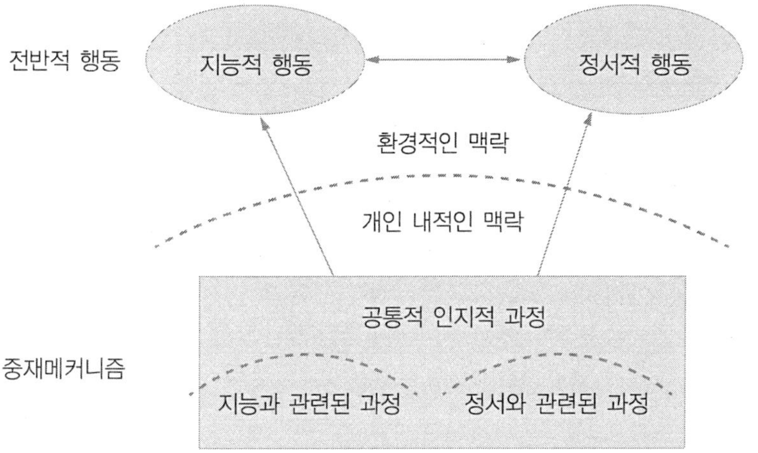


〈그림 8-5〉 지능과 정서적 행동을 중재하는 인지적 과정

출처: Averill, J. R. (2000). Intelligence, emotion and creativity. In R. Ba-On, & J. D. A. Parker (Eds.), *The handbook of emotional intelligence: Implications for educators*. San Francisco: Jossey-Bass.

발한다고 볼 수는 없다는 것이다. 여기서 지능이란 IQ 검사에 의해 측정된 좁은 의미의 논리적 능력을 의미한다. 즉, '지능'이 인간이 지닌 단 하나의 자질이라면, '능력'은 인간이 지닌 모든 보편적인 자질들을 의미한다. 그리고 인지는 지각, 기억, 사고와 같은 지능과 정서적 행동을 중재하는 과정을 의미한다.

한편, 정서지능은 정서와 인지의 단순한 통합이 아니라 어떤 면에서는 보다 높은 단계의 정서적, 지적 능력을 의미한다. 예를 들어, 정서지능에 대한 보편적인 정의에는 자기통제, 열성, 인내심, 동기화 능력 등이 포함된다는 것이다. 이러한 정의는 정서보다는 열정이나 인내심과 같은 동기화의 특성에 초점을 맞추고 있다. Tomkins(1962)도 정서는 동기의 부산물이며 동시에 인지나 의사결정, 행동에 대한 일차적인 청사진을 제공하는 것으로 간주하였다.

## 2) 지능과 정서지능

정서지능을 지능의 한 형태로 간주할 수 있는지의 여부는 정서지능에 대한 명확한 개념정의나 이를 신뢰롭게 측정할 수 있는 측정도구가 있는지, 정서지능이 기존의 학문지능과 상관이 있는지, 또는 정서지능의 개념이 기존의 학문지능으로는 설명할 수 없는 예측변수로서 유용성이 있는지와 관련하여 결정될 수 있다.

### (1) 지능의 본질

지능의 가장 특징적인 양상은 추론적 사고이다(Sternberg, 1997). 이는 지능이 사물의 유사성이나 차이점, 부분과 전체와의 관계 및 내용에 대한 타당성을 평가할 수 있는 능력을 포함한다는 것을 의미한다. 이러한 추론적 사고는 자극의 투입(input), 지식기반(knowledge base), 상위전략(meta-strategies)과 같은 영역과 관련이 있다.

Raymond Cattell

추론적 사고는 정보의 투입이 없이는 일어날 수 없다. 언어지능은 언어와 관련된 정보가, 정서지능은 정서와 관련된 정보가 투입되면, 추론적 능력은 관련된 기존의 지식기반의 도움을 받아 정보를 처리하는데, 이는 바로 Cattell(1943)이 최초로 결정성 지능으로 언급한 것을 의미하는 것이다(Ackerman, 1997). 다음으로, 상위인지는 보다 광범위한 맥락에서 추론에 영향을 미치게 된다. 이러한 추론적 과정은 언어지능이나 정서지능이나 모두가 유사하게 이루어진다. 언어지능과 마찬가지로 정서지능은 지각된 정서정보를 지식기반에 근거하여 처리하고 이러한 처리과정은 보다 상위의 처리과정의 영향을 받게 된다(〈표 8-2〉 참조). 이러한 지능 간에 차이가 있다면 정서적 정보는 주로 인간관계와 관련된 것이며, 그 적용 영역에서 차이가 있다는 것이다. 정서가 무엇인지에 대해 여러 가지 다양한 관점이 존재하지만, 정서는 타인과의 관계에서 생리적, 경험적, 인지적 측면을 포함하는 사건에 대한 구조화된 지적 반응이라고 볼 수 있다. 타인의 정서를 해석하는 단 하나의 방법은 존재하지 않으며 대부분의 사람들이 이러한 상황에서 어떻게 반응하는가가 도움이 될 뿐이다. 반면, 인지적 정보는 실생활이나 인간관계와는 무관한 중력이나 가속도와 같은 수학적 법칙을 끌어내기 위한 영역에 적용된다는 점에서 차이가 있

〈표 8-2〉 지능과 관련요소

| 지능의 측면 | 언어지능의 예 | 정서지능의 예 |
|---|---|---|
| 추론적 사고 | 이야기의 주인공을 알아내고 타인과 비교할 수 있는 능력 | 정서를 분석하고 규명하고 이를 결합시킬 수 있는 능력 |
| 상위 처리과정 | 무언가를 기록하는 것은 이를 기억하는 것을 도와준다는 사실을 아는 것 | 타인에게 도움을 주면 자신의 기분이 좋아진다는 것을 아는 것 |
| 지식기반 처리과정 | 선행한 이야기에 대한 지식을 가지고 있는 것 | 선행한 느낌에 대한 정보를 가지고 있는 것 |
| 투입과정 | 기억 속에 긴 문장을 기억할 수 있는 것 | 얼굴에 나타난 정서를 지각할 수 있는 것 |

출처: Mayer, J. D., & Mitchell, D. C. (1998). Intelligence as a subsystem of personality: From Spearman's g to contemporary models of hot processing. In W. Tomic & J. Kingma (Eds.), *Advances in cognition and educational practice* (Vol. 5, pp. 43-75). Greenwich, CT: JAI Press.

다. 이러한 이유로 정서적 영역에서의 전문가와 인지적 영역에서의 전문가와는 차이가 있을 수밖에 없으며 따라서 인지적 지식은 고도의 체계화가 가능하나 정서적 정보는 그렇지 못하다는 한계가 있게 된다.

### (2) 전통적인 지능모델에서의 정서지능

정서지능을 지능의 한 범주로 볼 수 있다면 이는 지능의 어떤 측면과 관련성이 있는지의 문제가 제기된다. 정서지능은 정서와 관련된 정보나 정서적 의미를 지닌 행동에 대한 정보 모두를 처리하는 과정을 포함하는 개념이다. 이러한 행동이나 그 중요성을 이해하는 것과 관련된 지능은 Guilford(1959)의 지능모델에서 찾아볼 수 있다. Guildford는 조작(operations), 내용(content), 산출(products)이라는 세 가지 주요 측면의 조합에 근거하여 지능모델을 제시하였다. 이러한 세 가지 측면 가운데 내용(content)에는 심상적, 의미론적, 상징적, 행동적 요소가 포함되며, 이 가운데 전통적 지능연구에서 경시되어 온 행동적 측면이 바로 정서지능과 개념적으로 유사하다고 볼 수 있다. O'Sullivan과 동료들(O'Sullivan, Guildford, & de Mille, 1965)은 이러한 행동적 측면을 측정하기 위한 검사도구를 개발하였으며, 정서지능의 중요한 요소로 인정되는 감정이입(empathy)능력은 Guilford(1959)의 초기 지능연구모델에서 발견할 수 있다.

또한 Cattell(1971), Horn(1988)과 그 동료들(Horn & Noll, 1994; Horn & Stankov, 1982)은 유동성 지능과 결정성 지능모델을 제시하였다. 많은 연구자들은 정서지능은 바로 이 가운데 결정성 지능의 한 부분으로 볼 수 있을 것이라고 하였다. 이러한 주장은 정서의 평가, 표현, 조절, 활용과 같은 능력이 결정성 지능을 구성하는 다른 심리적 과정과 마찬가지로 경험이나 사회적 상호작용의 영향을 받는다는 사실에 근거하고 있다.

Gardner(1983)는 다중지능이론에서 다중지능의 구성요소에는 자기이해 지능과 대인관계 지능이 있으며, 자기이해 지능은 자신의 감정에 접근할 수 있는 능력, 즉, 자신의 감정을 규명하고, 명명하고, 구분하고, 이를 상징적으로 표현할 수 있는 능력을 의미하며, 대인관계 지능은 타인의 기분이나 의도, 욕구를 구분할 수 있는 능력을 의미한다고 하였다. 자신과 타인의 정서를 정확하게 규명 · 평가 · 구분하고, 정서와 사고를 통합하고, 정서를 이해하고, 정서를 조절하는 능력에 초점을 맞추고 있는 정서지능의 개념은 바로 Gardner의 자기이해 지능이나 대인관계 지능과 유사하다고 볼 수 있다.

이러한 지능의 형태를 전통적인 심리측정 지능검사의 한 영역으로 볼 수 있는가에 대한 시도에서 Carroll(1993)은 대인관계 지능은 결정성 지능의 특수한 형태로 볼 수 있으나 자기이해 지능은 이에 상응하는 적절한 부분이 존재하지 않는다고 하였다.

### (3) 정서지능과 학문지능

정서지능이 하나의 지능으로서 존재할 수 있는지에 대한 논의에서 가장 중요한 문제는 정서지능이 기존의 지능과 다소는 독립적인 개념이라는 사실을 증명해보이는 것이다. 지능을 규명하기 위해 20세기에 이루어진 노력은 주로 상관관계 연구법에 근거하고 있다. 두 개의 지능 간에 상관이 있는가를 검증하는 것은 하나의 지능이 존재할 수 있는가를 결정하는 표준화된 방식으로 사용되어 왔다. 만약 두개의 지능이 높은 상관을 보인다면 이는 동일한 지능을 나타내는 것으로 볼 수 있으며, 전혀 상관이 없다면 정서지능이 기존의 지능과는 너무나 상이하여 전혀 지능이라고 볼 수 없음을 의미하는 것이다. 그러므로 새로운 지능이 존재하기 위해서는 이것이 기존의 지능과 약간의 상관을 보이는 것이 이상적이라고 볼 수 있다.

상관관계 연구법에 의한 연구결과, IQ와 EQ는 약한 상관관계를 보이는 것으로 나타났다. 정서지능과 학문지능 간에는 어느 정도의 상관이 있으므로 이들은 전혀 동일한 개념도 아니고 그렇다고 해서 전혀 관련이 없는 개념도 아니다. 물론 드물게 높은 IQ를 가졌음에도 불구하고 낮은 EQ를 가진 사람이 있는가 하면, 낮은 IQ를 가졌음에도 불구하고 높은 EQ를 가진 사람도 있다. 그러나 양자 간의 관계는 적절한 관련성을 가지고 있는 것으로 볼 수 있으며, 따라서 정서지능은 지능의 한 형태라고 볼 수 있다. Mayer와 그 동료들(Mayer, Caruso, & Salovey, 1999)도 다요인 정서지능 척도(Multi-Factor Emotional Intelligence Scale: MEIS)를 사용한 실증적 연구에서 정서지능은 지능의 한 형태로 볼 수 있다고 하였다.

Richard Roberts

Moshe Zeidner

그러나 Roberts와 그 동료들(Roberts, Zeidner, & Matthews, 2001)은 MEIS로 측정한 정서지능이 전통적인 지능검사와 다소의 상관은 보이고 있으나, 동시에 성격구인과도 다소 중복되는 것으로 보고하였다. 또한 이들은 전통적인 지능척도나 성격척도와 비교했을 때, MEIS 정서지능 척도의 요인구조가 안정성이 없다는 점을 문제점으로 지적하였다. 가장 심각한 문제는 전문가의 평가와 집단구성원 평가 간에 일치도가 낮았다는 사실이다. 이러한 사실은 정서지능 평가에 객관적인 정답이 존재하지 않음을 의미하는 것이며, 결과적으로 정서지능을 지능으로 간주하기 어려운 이유라고 하였다. 또한 Izard(2001)도 정서지능의 개념이 적응행동이나 사회적 유능성의 일정 변량을 설명하고는 있으나, 이러한 영향은 특정한 형태의 지능의 영향이라기보다는 정서의 직접적인 영향으로 볼 수 있다고 하였다.

Gerald Matthews

David Caruso

이러한 반박에 대해 Mayer와 그 동료들(Mayer, Salovey, Caruso, & Sitarenios, 2001)은 다음과 같은 사실을 토대로 정서지능이 지능으로 존재할 수 있음을 주장하였다. 이들은 정서지능의 네 가지 범주 가운데 정서이해 범주가 인지적 과정이나 추론적 사고와 가장 밀접한 관련이 있으며, 정서조절 범주가 인지적 특성과 성격특성을 공유한다고 하였다. Roberts와 그 동료들은 정서조절이 정서지능의 가장 상위범주에 있다는 이유로 IQ와 상관이 가장 높을 것으로 가정하였으나, 정서조절은 동기와 정서, 인지를 포함하는 많은 요인들 간에 균형을 필요로 한다는 점에서(Mayer, 2001) 정서이해보다는 덜 인지적인 속성을 갖는다고 하였다. 또한 이들은 정서지능에는 정답이 존재하지 않는 것으로 보인다는 반박에 대해, MEIS의 심리측정적 속성을 개선하기 위해 개발된 MSCEIT(Mayer-Salovey-Caruso Emotional Intelligence Test)를 사용한 연구에서 전문가의 평가와 집단구성원의 평가 간에 높은 상관관계가 나타난다고 하였다(Mayer, Salovey, & Caruso, 2000a). 이러한 사실은 정서반응에도 최소한의 정답이 존재한다는 사실을 의미하는 것이라고 하였다. 물론 전문가의 평가와 집단구성원의 평가가 일치한다고 해서 이것 자체가 정답이 존재한다는 것을 의미하는 것은 아니다. 그러나 정서적 정보와 인지적 정보의 차이점을 고려한다면 이는 적어도 최소한의 정답은 존재한다는 것으로 받아들일 수가 있다는 것이다.

### (4) 정서지능의 설명력

여러 연구결과, 정서지능은 기존의 학문지능으로 예측할 수 없는 중요한 교육적, 직업적 성취를 예측해주는 것으로 나타났다(Elias & Weissberg, 2000; Fisher & Ashkanasy, 2000; Fox & Spector, 2000; Goleman, 1995; Mehrabian, 2000; Saarni, 1999; Scherer, 1997). 일반지능이 학업적 성취나 직업적 지위와 같은 성공의 이유를 10~

20% 정도 설명해주며, 나머지 80~90%는 다른 요인으로 설명할 수 있다고 한다. 그러므로 정서지능이 10%만 설명해준다고 해도 상당히 큰 영향을 미치는 것으로 볼 수 있으며, 성공을 좁은 의미의 학업적 성취가 아니라 광범위하게만 정의한다면 정서지능이 성공에 기여한다고 볼 수 있다(Goleman, 1995).

Neal Ashkanasy

능력모델의 정서지능 모형을 통해 교육적 효과를 살펴본 국내 연구(오숙영, 2012)에서도 정서지능이 창의성, 리더십과 학업성취 등과 같은 교육적 요인에 미치는 영향을 규명함으로써 정서지능의 예측력을 검증하였다. 또한 얼굴표정을 통한 정서인식능력과 심리사회적 적응능력 및 또래관계를 살펴본 연구에서도 청소년의 정서인식 능력과 또래관계 유능성이 관련이 있는 것으로 나타났고, 특히 여자 청소년의 정서인식능력과 또래관계와의 관련성이 남자 청소년에 비해 높게 나타났다(양재원, 박나래, 정경미, 2011). 유아를 대상으로 한 연구에서도 또래 간 인기도가 높은 유아들이 자기 자신에 대한 정서 인식력이 높을 뿐만 아니라 타인에 대한 정서 인식력도 높은 것으로 나타나, 유아의 정서지능이 또래관계와 관련이 있는 것으로 나타났다(양진희, 2013).

정서지능이 하나의 지능으로 인정을 받기 위해서는 IQ와 같은 다른 변인들과 마찬가지로 많은 적응행동을 설명해주어야 하는데, 실제로 정서지능은 발달의 여러 영역에 대한 중요한 예측치로서 그 유용성을 인정받고 있다. 여러 연구결과들은 정서지능을 학교나 가정, 직장에서의 여러 결과를 예측하는 중요한 변수로 지적하고 있으며, 약물남용이나 폭력과 같은 문제행동 수준을 감소시켜주는 요인으로 볼 수 있다고 하였다(Brackett, 2001; Formica, 1998; Mayer, Perkins, Caruso, & Salovey, 2001; Rubin, 1999).

### 3) 정서와 정서지능

정서지능의 개념에 대한 연구에는 지능뿐만 아니라 정서에 대한 연구도 요구된다. 이는 정서의 지적 사용이라는 관점에서, 정서가 정서지능이라고 명명할 수 있을 만큼 지적인 요소를 가지고 있는가의 문제이다.

정서와 지능은 흔히 상반되는 개념으로, 즉 정서는 비합리적이고 혼란을 유발하는 특성으로 인식되었다. 예를 들어, 마음은 격렬한 정서적 경험에 의해 지배될 수 있다는 생각은 정서가 사고를 저해하는 요인이 될 수 있음을 말해주고 있다. 그러나 많은 경우에서 정서반응은 진행 중인 과정을 중단시키거나 중요한 일에 주의집중하게 함으로써 지능을 향상시킬 수 있다. 이러한 의미에서 정서는 인지에 우선된다. 즉, 정서가 사고를 방해하기보다는 오히려 사고에 잠재적으로 기여한다.

대부분의 건강한 사람에게 있어서 정서는 한 개인과 세계와의 관계를 전달해준다. 두려움은 어떤 사람이 비교적 강하거나 통제할 수 없는 위협에 직면해 있음을, 행복은 타인과 조화로운 관계를, 분노는 불공평한 느낌을 반영해준다. 이러한 관점에서 본다면 정서에는 보편성과 규칙성이 존재한다. 즉, 어떤 형태의 보편적인 정서적 표현이 존재하고, 사람들이 이를 인식하는 데에는 지적인 과정이 수반된다. 그러므로 정서적 사고는 관계에 대한 문제로 확장된다. 예를 들어, 어떤 사람으로부터 무례함을 당한 사람은 분노를 느끼게 되고, 만약 불안정하거나 자기주장을 하지 못하는 사람이면 수치심이나 모욕감을 느끼거나 화를 억누를 수도 있다. 이러한 반응을 인식하는 데에는 어떤 형태의 지능을 필요로 한다.

또한 범문화적인 연구에서 Ekman(1973a)은 정서적인 정보의 이해와 표현능력의 보편성과 유사성을 주장하였으며, 이러한 능력에서 나타나는 차이는 문화에 따른 상이한 학습의 결과라고 보았다. 이러한 사실은 정서적인 정보에 일정한 규칙이 존재한다는 사실을 의미한다. 따라서 정서이해와 표현에는 최소한의 정답이 존재한다는 사실을 의미한다. 이처럼 느낌에 대한 최소한의 정답을 요구한다는 면에서 정서는 지적인 측면을 가지고 있다. 즉, 타인이 보여주는 특정한 정서에 대해 우리가 어떤 방식으로 반응해야 하는지에 대한 최소한의 정답은 있다는 것이다. 물론 어떤 경우에는 정서에 대한 정답이 없을 수도 있지만 관련 정보가 많이 주어지기만 한다면 적절한 대답은 있을 수 있다고 볼 수 있다.

정서지능이 하나의 지능으로 인정받기 위해서는 이에 대한 더 많은 연구가 필요하다. Wechsler 지능검사가 60여 년간에 걸친 연구의 산물임을 감안한다면 정서지능에 대한 연구는 아직 걸음마 수준이며 보다 많은 연구들이 이루어져야 할 것이다.

David Wechsler

# 제9장 정서지능과 관련구인

앞서 살펴본 바와 같이 정서지능은 능력으로 혹은 성격과 같은 보다 포괄적인 특성으로 개념화할 수 있다. 정서지능을 능력의 개념으로 규정할 경우, 이는 전통적인 학문적 지능과 구분되는 비학문적 지능이라고 볼 수 있으며, 보다 포괄적인 관점에서 개념화할 경우에는 성격특성과 같은 여러 구인들과 관련이 있다고 볼 수 있다. 그러므로 이들 관련구인들에 대한 논의를 거쳐 정서지능에 대한 보다 심층적인 이해가 가능할 것으로 본다.

학자들은 오래전부터 학교 내에서만 중요한 의미를 갖는 능력이 아닌 다양한 종류의 지능이 존재할 수 있다고 생각해왔다. 이러한 지능들은 전통적인 학문적 지능과 차별화된다는 점에서 비학문적 지능(nonacademic intelligences), 비인지적 지능(noncognitive intelligences) 그리고 비지적 지능(nonintellective intelligences) 등으로 불려져 왔다. 정서지능이나 사회지능, 실용지능 등이 이에 속한다. 이러한 비학문적 지능들이 하나의 대안적 지능으로 존재할 수 있는지의 문제는 이들 구인들이 인지적 능력으로서의 특성을 지니고 있는지 또는 이들 지능들에 대한 신뢰할 만한 타당한 측정도구가 개발될 수 있는지에 달려 있다고 볼 수 있다. 이러한 문제들에 대한 답변이 만족스럽다 하더라도 이들 구인이 독립적인지의 문제는 여전히 불확실한 채로 남게 된다. 다시 말하면, 사회지능이나 실용지능이 정서지능의 구인과 구분되는 것인지 혹은 중복되는 것인지에 대한 검증이 필요하다. 또한 정서지능을 지적 능력의 개념보다 포괄적인 관점에서 볼 때, 많은 학자들은 정서지능이 심리적 마음자세(psychological mindedness)나 성격특성과 관련이 있는 것으로 보고 있다. 정서지능이 이들 구인과 관련이 있다면, 지금까지 이들 영역에서 이루어진 방대한 연구결과들을 정서지능을 연구하는 데 접목시킬 수 있다는 이점이 있다.

본 장에서는 능력의 관점에서 정서지능을 보았을 때 이와 관련된 대표적인 구인이라고 할 수 있는 사회지능과 실용지능에 대해 고찰해보고, 아울러 보다 포괄적인 혼합모델의 차원에서 심리적 마음자세와 성격에 대한 고찰을 통해 정서지능에 대한 폭넓은 이해를 돕고자 한다.

## 1. 정서지능과 사회지능

전통적으로 많은 학자들은 지적 능력을 IQ로 지칭되는 지능의 개념으로 간주하였다. 그러나 여러 학자들은 IQ가 학업에서의 성공을 예측하는 데에는 상당히 의미 있는 지표이지만, 그 밖의 성취도를 예측하기에는 부적절한 지표임을 인식하기 시작하였다. 그리하여 일상생활의 성공을 가장 잘 예측해줄 수 있는 변수들을 찾고자 하는 시도를 계속적으로 해왔으며, 이러한 노력의 일환으로 사회지능이 주목받기 시작하였다.

### 1) 사회지능의 개념과 연구역사

사회지능에 대한 연구는 Thorndike(1920)의 연구를 그 시초로 보고 있다. 그는 지능을 추상적-학문적 지능(abstract-scholastic intelligence), 기계적-공간적 지능(mechanical-visuospatial intelligence), 사회지능(social intelligence)의 세 가지 범주로

구분함으로써 사회지능을 지능의 중요한 구성요소로 포함시켰다. 그는 사회지능이라는 것을 타인의 관점이나 행동을 이해하고 사회적 상황에서 현명하게 처신해 나갈 수 있는 능력으로 정의하였다. Thorndike의 '효과의 법칙'은 특정 상황에서 만족스러운 효과를 산출하는 반응은 그러한 상황에 직면해서 다시 일어날 확률이 증가하는 반면, 불쾌한 효과를 산출하는 반응은 다시 일어날 확률이 감소한다는 것이다. 이는 어떤 특성이 종의 생존에 이익이 되면 그 특성은 지속된다는 것으로 진화론적 관점과 유사한 개념이다. 사회적 상황에서 현명하게 처신해나갈 수 있는 능력은 바로 종의 생존에 도움이 될 것이며 이러한 능력이 바로 사회지능을 반영하는 중요한 부분이라고 볼 수 있다.

Edward Thorndike

이후 1930년대에 접어들면서 사회지능에 대한 연구는 사람들이 어떻게 타인에 대해 판단을 하며 그러한 사회적 판단이 얼마나 정확한가하는 점에 초점을 맞추었다. 1950년대에 접어들어 이러한 연구는 두 가지의 뚜렷한 사회지능 연구의 전통을 형성하게 된다.

1950년대의 'new look' 'new, new look' 운동은 개인이 자신이 살아가는 세상을 이해하는 데 있어 자신만의 창의적 해석이 중요한 역할을 한다는 것을 주장하였다는 점에서, 사회지능의 인지적 측면을 강조한 흐름이었다고 볼 수 있다. 이러한 관점에서는 상황에 대한 해석이나 문제해결과정에서 개인의 인지적 해석능력이 바로 사회지능이라고 하였다. Rogers(1961)는 사회지능에 대한 인지적 관점에서 개인의 행동을 결정하는 것은 사건 자체가 아니라 그 사건에 대한 개인의 지각이나 해석이라고 주장하였다. 인간은 사건 자체보다는 자신이 사건을 어떻게 지각하고 해석하는지에 따라 그 사건에 대해 반응한다고 하였으며, 사회적 상황에 대한 개인의 해석능력을 사회지능이라고 하였다.

이와는 다른 관점에서 Keating(1978)은 사회지능을 사회적 수행능력이나 적응능력으로, Cantor와 Kihlstrom(1987)도 보다 행동적인 측면을 강조하여 사회지능을 일상생활에서 직면하는 문제들을 해결하기 위한 사회적 능력으로 개념화하였다.

이러한 인지적 관점과 행동적 관점을 통합하여 Marlowe(1985)는 사회지능이란 대인 간의 상황에서 자신을 포함한 사람들의 감정, 사고, 행동을 이해하고 그러한 이해의 바탕 위에서 적절하게 행동할 수 있는 능력이며, 또한 그것은 대인 간 문제를 발견하거나 해결함으로써 유용한 사회적 산물을 창조할 수 있는 일련의 문제해결 기술들로 구성되어 있다고 정의하였다. 이후 사회지능에 대한 두 가지 관점은 보다 통합되는 경향을 보이고 있다.

Robert Sternberg

성격심리학자들은 사람들이 세상을 이해하는 데 있어 성격차이를 강조하지만, Mischel(1990)은 단순히 이러한 성향보다도 사람들은 훨씬 융통성 있게 세상을 본다고 하였다. 즉, 사람들은 자신의 경험을 선택적으로 구성하며 이러한 구성능력에 따라 세상을 다르게 이해하기 때문에, 한 개인을 이해하기 위해서는 이러한 성향과 능력에 대한 이해가 동시에 이루어져야 한다고 하였다. 이러한 능력은 전통적인 일반지능과는 달리 사회적 문제해결능력에 초점을 맞추고 있으므로 이를 사회지능이라고 하였다. 또한 Sternberg(1985)도 지적인 능력에는 사회적 능력이 포함되며, 이는 학습능력과는 뚜렷하게 구분된다고 하였다. Gardner(1983, 1993, 1999a)도 자신의 다중지능(multiple intelligence) 이론에서 대인관계 지능(interpersonal intelligence)이라고 규정한 사회지능의 역할을 인정하였다.

사회지능을 개념화하고 이를 측정하고자 하는 연구의 역사가 이처럼 오래전부터 이루어졌으나, 아직도 학자들 간에 합의점을 찾지 못하고 있다. 이는 이론적으로나 실증적으로 연구하기가 어려운 지능 가운데 하나로 인식되고 있으며, 이러한 이유로 사회지능에 대한 연구는 정서지능이라는 용어가 나타나기까지 다소 답보상태를 보이게 되었다.

그 외에도 사회지능이라는 용어를 사용하는 대신, 사회적 유능성(social competence)이라는 용어로 개인의 사회적 적응능력을 표현하는 경우도 있다. 동물행동학적 관점에서는 사회적 유능성을 인간이 생존을 위해 다양한 환경에 적응해 나가는 능력(Connolly & Doyle, 1981)으로, 상호작용론적 관점에서는 이를 타인과 만족스러운 상호작용을 하는 능력(O'Mally, 1977)으로, 성격이론의 관점에서는 성격 중에 긍정적인 속성을 포함하는 개념으로 이해하며, 이에는 사회적 책임감, 독립심, 성취지향성, 활동성 등이 포함된다(Baumrind, 1973)고 하였다.

Diana Baumrind

지금까지의 연구결과를 통해 연구자들은 사회지능을 인지적 요소와 행동적 요소 모두로 구성되는 다차원적인 구인으로 보아왔다. 이를 보다 세부적으로 살펴보면, 사회지능의 개념 정의에는 다른 사람을 대하는 능력(Hunt, 1928; Moss & Hunt, 1927; Wechsler, 1958), 대인관계에 대한 지식(Strang, 1930), 타인의 상태와 특성을 파악하는 통찰력(Vernon, 1933), 타인의 감정, 느낌, 동기를 정확하게 판단하는 능력(Wedeck, 1947), 효과적인 사회적 기능(Ford & Tisak, 1983; Keating, 1978), 비언어적 암시를 해독하는 기술(Barnes & Sternberg & 1989; Sternberg & Smith, 1985) 그리고 감정이입능력(Marlowe, 1986) 등 다차원적 개념들이 포함되어 있다.

Daniel Keating

## 2) 사회지능 연구의 접근방법

앞서 살펴본 바와 같이 사회지능에 대한 연구는 인지적 측면과 행동적 측면을 강조하는 두 가지 뚜렷한 전통을 형성하고 있으나, 이는 최근 통합적인 관점으로 발전하고 있다.

### (1) 사회지능 연구의 인지적 관점

사회지능에 대한 초기의 연구들은 사회지능의 인지적 측면에 주로 초점을 맞추었다. 즉, 대인관계에서 타인의 입장을 이해하는 능력이나 대인관계 전반에 대한 지식, 통찰력과 같은 사회지능의 인지적 측면을 중심으로 이루어졌다. 그리고 사회지능을 측정하기 위한 도구들도 이러한 인지적 측면을 중심으로 개발되었다.

사회지능의 최초의 검사 가운데 하나는 George Washington 사회지능검사

(George Washington Social Intelligence Test: GWSIT)이다. 이 검사는 사회적 상황에서의 판단능력(judgement in social situations), 이름과 얼굴 기억능력(memory for names and faces), 행동관찰능력(behavioral observation), 유머감각(sense of humor)과 상대방의 마음상태 인식능력(recognition of mental state of speaker)의 5개 하위영역으로 구성되어 있다. 간략형에는 사회적 상황에서의 판단능력, 행동관찰능력, 상대방의 마음상태 인식능력과 유머감각의 4개 영역만이 포함되어 있고, 사회적 상황에서의 판단능력과 행동관찰능력만으로 구성되어 있는 특별판도 있다(Moss, Hunt, Omwake, & Woodward, 1955).

Joy Guilford

이후 Guilford(1967)의 지능구조(Structure of Intellect)모델을 기초로 일련의 새로운 척도들이 개발되었는데, 그 가운데 가장 두드러진 것은 6요인 사회지능 검사(Six Factor Test of Social Intelligence)(O'Sullivan, Guilford, & de Mille, 1965)이다. 이 검사는 얼굴표정의 이해, 사회적 관계의 이해, 그리고 사회적 상황에 함축된 의미를 도출해내는 능력들을 측정하는 것이다.

이상의 척도들은 대부분이 사회지능의 인지적 측면을 측정하는 것으로, 상황에 대한 개인의 지각이나 해석을 사회지능의 핵심으로 보고 있다.

### (2) 사회지능 연구의 행동적 관점

많은 연구자들은 사회지능에 대한 인지적 관점과는 상이한 관점에서 보다 행동지향적인 사회지능 척도를 개발하는 데 관심을 기울였다(Brown & Anthony, 1990; Ford & Tisak, 1983; Frederiksen, Carlson, & Ward, 1984; Stricker & Rock, 1990). 이들은 자기 자신이나 또래집단, 교사의 평가를 근거로 개발된 행동의 유능성에 대한 사회지능 척도가 학문지능 척도보다 개인의 사회적 · 행동적 유능성의 더 많은 변량을 설명해준다고 주장하였다.

사회지능에 대한 행동적 접근방법은 일상생활 속의 문제들을 해결하기 위해 사회적 능력을 적용하는 데 초점을 맞추고 있다(Cantor & Kihlstrom, 1987; Kihlstrom &

John Kihlstrom

Cantor, 2000). Kihlstrom과 Cantor(2000)는 사회지능을 측정하기 위한 도구들을 개발하기보다, 일상생활에서 접하는 과제에 사회지능을 적용하는 문제에 관해 연구하였다. 일상 과제에는 친구를 사귀는 것, 배우자를 구하는 것, 안정된 직업을 갖는 것 그리고 좋은 학점을 얻는 것과 같은 일들이 포함된다. 이들은 이러한 일상과제 및 이들 과제와 관련된 목표를 추구하는 데 사용되는 전략들을 연구함으로써, 사회지능의 지표가 되는 행동들에 대한 통찰력을 얻을 수 있다고 하였다. 예를 들어, 사회지능이 높은 사람들은 특별한 행동계획을 개발하고, 자신들의 발전상황을 모니터하며, 자신의 행동결과를 평가하며, 자신들의 목표를 추구하는 과정에서 방해물이 나타나면 자신들의 계획을 변경하는 융통성을 보인다는 것이다.

### (3) 사회지능 연구의 다차원적 관점

사회지능 연구의 인지적 관점이나 행동적 관점이 갖는 한계를 극복하기 위해 여러 학자들은 다차원적, 통합적 관점에서 사회지능의 구성개념을 이해하고자 하였다.

Marlowe(1986)는 사회지능 구인의 다차원적 본질을 검토함과 동시에 사회지능이 일반 지능과 독립적인 개념인지를 검토하기 위해 실시한 연구에서 사회지능이 친사회적 태도(prosocial attitude), 사회적 기술(social skills), 감정이입기술(empathy skills), 정서성(emotionality), 사회적 불안(social anxiety)의 5개 요인으로 구성되어 있으며, 이는 일반 지능과는 독립적인 속성을 갖는다고 하였다.

Jones, Day와 그 동료들(Jones & Day, 1997; Lee, Wong, Day, Maxwell, & Thorpe, 2000)도 사회지능을 다차원적 관점에서 이해하고자 하였다. 이들은 참가자들에게 비디오를 보여주고 그 속에 등장하는 인물의 행동이나 사회적 말투를 해석하도록 한 자료를 분석한 결과, 독립적인 수행능력으로 간주할 수 있는 사회적 지식(social knowledge)과 사회적 추론(social inference)이라는 두 개의 요인이 추출되었는데, 이러한 능력은 각각 결정성 지능과 유동적 사회적 지식을 반영한다고 하였다.

이후 노르웨이에서 사회적 기술(social skills), 사회적 정보처리(social information processing) 및 사회적 인식(social awareness)의 3요인으로 구성된 트롬소 사회지능 검사(Tromsø Social Intelligence Scale: TSIS)(Silvera, Martinussen & Dahl, 2001)가 개발되었으며, 이 척도의 영어판도 동일한 요인구조를 갖는 것으로 나타나 사회지능을 측정하기 위한 유용한 척도로 사용될 수 있음이 확인되었다. 또한 사회지능은 정치적 기술, 정서지능이나 감정이입능력과 강한 관련을 갖는 것으로 나타났다.

### 3) 지능으로서의 사회지능

사회지능이 하나의 지능으로 존재하기 위해서는 학문적 지능과는 적절하게 구분되면서 동시에 발달의 여러 영역에 대한 예측치로서 기능적인 측면이 존재해야 한다. 사회지능을 하나의 지능으로 간주할 수 있는지의 문제는 앞서 살펴본 바와 같이 상관관계 연구법으로 접근이 가능하다.

#### (1) 사회지능과 학문지능

일반적으로 지능은 2~3개의 하위그룹으로 나누어진다. 그 가운데 하나는 어휘력, 언어유창성 등을 포함하는 언어지능이며, 두 번째 것은 사물을 조합하고 형태를 인식하고 구성하는 능력을 포함하는 공간지능이다. 보다 논쟁의 여지가 많은 세 번째의 지능인 사회지능은 타인과의 관계기술에 초점을 맞추고 있다. 사회지능은 다른 두 개의 지능과 구분되기보다는 이들과 높은 상관관계를 보이기 때문에, 그 개념을 발전시켜나가는 데 어려움이 있었다. 즉, 사회적 상황에 대한 개인의 사고는 하나의 독립적인 지능이라기보다는 언어능력이나 공간수행능력과 밀접한 관련이 있으며, 그 결과 보다 순수한 의미에서의 사회지능에 대한 연구의 필요성을 거의 느끼지 못하였다. Wechsler 지능검사도 언어와 공간수행척도 내에 사회적 사고를 포함하고 있고, 사회지능이 분리된 하나의 영역으로 측정되고 있는 것은 아니다.

사회지능과 학문지능과의 관련성에 대한 실제 연구결과에서도 일관성 있는 결

Lee Cronbach

과를 보이지 않고 있다. Cronbach(1960)는 George Washington 사회지능검사(George Washington Social Intelligence Test: GWSIT)(Moss et al., 1955)로 측정된 사회지능과 전반적인 학문지능의 한 영역인 언어적 능력 간에는 차이가 없었다고 보고하였다. 그러나 이와는 달리 Hoepfner와 O'Sullivan(1968)은 Henmon-Nelson 검사로 측정한 사회지능과 언어지능 간의 평균 상관관계가 .34로 나타났다고 보고하였다. 또한, 이들은 비록 IQ와 사회지능이 이처럼 관련이 있다 하더라도 낮은 IQ를 가진 사람들도 높은 사회지능을 가질 수 있다고 하였다. 1970년대 후반에 들어오면서 사회지능을 이해하기 위해 보다 정밀한 방법론을 적용한 연구가 증가하였는데, Keating(1978)은 다수의 사회지능과 학문지능에 대한 측정치를 비교한 결과, 학문지능 검사가 사회적 기능을 잘 예측해 준다고 하였다. 서로 다른 측정방식을 사용한 Riggio 등(1991)의 연구에서도 이와 유사한 결과가 나타났다.

Wong과 그 동료들(1995)은 사회지능을 사회적 지식, 사회적 지각, 사회적 통찰력이라는 3가지 인지적 측면으로 구분하고, 이들 요인과 학문지능과의 상관관계를 살펴본 결과, 사회적 지각과 통찰력 요인은 학문지능과 유의한 상관이 있었으나, 사회적 지식 요인은 학문지능과 유의한 상관을 보이지 않았다고 하였다.

또한 Jones와 Day(1997)는 사회지능의 인지적 측면을 결정성 사회적 지식과 유동성 사회적 지식의 두 가지 차원으로 구분한 연구결과에서 유동성 사회적 지식은 학문적 문제해결능력과 구분되는 것으로 나타났으나, 결정성 사회적 지식과 학문적 문제해결능력은 상호간에 구분되지 않았다고 하였다. 또한 사회지능과 학문지능에 미치는 언어능력의 영향을 통제하기 위해 여러 연구자들은 비언어적 해독 기술을 평가하는 검사를 개발했다. 예를 들어, Sternberg와 Smith(1985)는 피험자들에게 두 가지 유형의 사진을 제시하였다. 한 가지 유형은 한 남자와 한 여자가 마치 아주 가까운 관계인 듯한 자세를 취한 사진을 보여주고, 참가자들에게 그 사진이 진짜 커플인지 가짜 커플인지를 판단하도록 요구하였다. 그 결과, 비언어적 해독 과제 검사는 George Washington 사회지능검사나 사회통찰력검사(Social Insight

Test)(Chapin, 1967)와 같은 다른 사회지능검사들과 유의한 상관이 없었고, 숨은 그림찾기 과제(Embedded Figures Test)(Oltman, Raskin, & Witkin, 1971)와는 유의한 상관을 보였다.

사회지능과 학문지능 간의 상관관계가 이처럼 일관성이 없는 이유는 사회지능의 구성개념 자체가 다차원적이며 측정방법 역시 다양하기 때문이라고 볼 수 있다. 즉, 사회지능은 사회적 지각, 사회적 지식, 사회적 통찰력, 감정이입능력, 사회적 기억, 사회적 적응 그리고 사회적, 행동적인 유능성 등의 다차원적인 관점에서 개념화할 수 있으며, 이는 30개 이상의 다른 도구를 사용하여 측정되어 왔기 때문이다.

사회지능과 기존의 학문지능에 대한 이러한 연구결과는 일관성을 보이지는 않지만, 사회지능이 기존의 학문지능과 적절하게 구분되면서 동시에 사회지능이 전통적 지능의 범주에 포함될 수 있음을 입증하는 것이다(Bruner, Shapiro, & Tagiuri, 1958; Cantor, 1978).

Jerome Bruner

이와 동시에 사회지능이나 정서지능과 같은 구인들이 대중적인 인기를 얻기는 하였지만, 이들 비학문 지능의 타당성에 대한 실증적 지지에는 한계가 있다. 사회지능과 정서지능의 정의에는 특정한 인지적 요인에서부터 성격요인, 동기부여 요인 등이 모두 포함되므로, 이러한 비학문지능들은 지능에 대한 합리적인 정의의 범주를 벗어나는 것이라는 비판을 받을 수밖에 없다(Davies et al., 1998; Gardner, 1999b).

Carolyn Zahn-Waxler

### (2) 사회지능의 기능적 측면

인간은 사회적 동물이다. 출생 이후부터 아동은 자신이 처한 환경에 적응해 나가려 노력하며 이러한 과정에서 형성되는 소속감은 안정감의 원천이라고 볼 수 있다. 환경에 대한 적응능력을 의미하는 사회지능은 아동이 유능한 사회인으로 성장하는 데 필수적인 요소이다.

여러 연구자들은 사회적 유능성은 대인 간 문제해결 능력과 밀접한 관련이 있음을 주장하였다(Eisenberg & Fabes, 1994; Zahn-Waxler et al., 1994). 사회적 유능성이 뛰어난 아동은 주어진 문제에 대해 긍정적인 해결전략을 제시하는 반면, 그렇지 못한 아동은 공격적이거나 회피하는 것과 같은 부정적인 전략을 제시하는 경향이 높게 나타났다. 대인간 문제해결 능력은 성인이 성취해야 할 중요한 기술이며 이러한 기술과 학업성취는 정적인 상관을 보인다(Feshbach & Feshbach, 1987)는 사실은 사회지능의 기능적 중요성을 의미하는 것이다.

Seymour Feshbach

Norma Deitch Feshbach

### 4) 사회지능과 정서지능

정서지능과 마찬가지로 사회지능이 학문지능과 구분되는 또 다른 하나의 지능으로 존재할 수 있다는 다양한 경험적 지지를 얻고 있으나, 이러한 사실이 사회지능이 정서지능과 구분되는 별개의 구인으로 존재할 수 있다는 것을 말해주는 것은 아니다. 사회지능과 정서지능은 모두 경험적 지지를 받고 있으나 동시에 이들 지능의 개념이 유사하다는 이유로 하나의 체계로 통합하고자 하는 시도도 이루어지고 있다(Hedlund & Sternberg, 2000). 즉, 많은 사람들이 정서지능에 대해 관심을 보이고 있으나 이는 사회지능과 전혀 상이한 개념이라고 볼 수는 없다는 것이다. 사회적 문제와 상황이 정서적 정보와 관련이 있기 때문에 정서적 유능성은 사회지능의 기초가 되며, 정서지능은 사회지능 구조의 어딘가에 위치하는 것으로 볼 수 있다(Salovey & Mayer, 1990).

사회지능과 정서지능과의 관련성은 여러 연구결과로 뒷받침되고 있다. 정서지능은 보다 광범위한 사회지능에서 유래한 것으로 볼 수 있으며(Bar-On, 2000; Gardner, 1983; Goleman, 1995), 정서지능은 아동의 사회적 능력을 예언하는 것으로 나타난다. 즉, 정서의 표현이나 정서가 표현되는 상황에 대해 이해할 수 있는 아동은 정서를 유발하는 원인이나 결과를 예측함으로써 타인과의 관계에서 보다 적응적인 방식으로 반응할 수 있다(Denham et al., 1990). 또한 정서지능이 낮은 아동은 사회적인 상호작용에서 보다 많은 문제를 보이고 또래집단으로부터 배척당하는 경향을 보인다고 한다(Schultz et al., 2001). 이러한 연구결과는 특정 상황에서 개인의 반응능력은 타인의 정서상태에 대한 지식수준과 관련이 있으며, 역으로 정서에 대한 개인의 지식수준은 대인관계에서의 적응과 밀접한 관련이 있는 것임을 보여준다.

우리나라의 연구에서도, 정서지능의 구성요소 가운데 자기동기화와 정서조절 능력은 사회적 유능성과 상당히 관련이 있는 것으로 나타났으며(박금옥, 1997), 또한 사회적 유능성의 하위요인인 주도성, 유능성, 사교성 모두가 정서지능과 유의한 상관이 있는 것으로 나타났다(황혜정, 김경회, 1999). 이처럼 아동이 자신의 정서상태를 인식하고 이를 조절하며 상대방의 정서에 공감할 수 있는 정서능력은 바람직한 인간관계를 형성할 수 있는 사회적 유능성의 결정적 요소라고 볼 수 있다.

사회지능 모델은 사람들의 적응적, 목적적 행동양상에 연구의 초점을 맞출 때 인간의 행동을 가장 잘 이해할 수 있다고 본다는 점에서, 다중지능이나 정서지능 연구와 관련이 있다고 볼 수 있다. 더욱 혼란을 가중시키는 문제는 사회지능과 정서지능을 측정하는 몇 가지 접근방법들이 중복된다는 것이다. 이러한 이유로 인해 사회지능에 대한 전통적인 개념화에서는 정서적인 측면을 경시하고 있으나 최근에는 이를 포함시키려는 경향을 보이고 있다(Cantor & Kihlstrom, 1987; Epstein & Meier, 1989; Sternberg & Smith, 1985). 또한 정서지능은 사회지능보다는 언어지능이나 공간지능과 보다 뚜렷하게 구분되면서 동시에 여전히 세 영역의 지능과 밀접한 관련이 있다고 한다(Mayer & Salovey, 1997).

사회지능과 정서지능과의 관련성에 대한 지금까지의 연구결과를 종합해보면 자신의 정서인식이나 정서조절, 타인의 정서에 대한 조절능력이 사회지능과 관련성이 있다는 연구결과는 제시되고 있으나 정서의 사고촉진과 사회지능을 관련시킨 연구결과는 존재하지 않는다는 점에서 두 변인 간에는 독립적인 측면이 존재한다고 볼 수 있다. Goleman의 정서지능 모델의 다섯 영역은 모두 사회지능과 관련된다는 연구결과가 발견되고 있지만, Mayer와 Salovey(1997)의 네 가지 범주 가운데 정서의 사고촉진은 사회지능과 관련성을 보이지 않았다. 또한 사회지능에 대한 두 가지 접근방법 가운데, 인지적 접근방법에서는 정서지능과 사회지능이 하나의 구인으로 통합될 수 있는 가능성이 크지만, 행동적 접근방법에서는 정서지능과 사회지능의 통합문제는 검증이 필요한 상태에 있다. 실제로 Wong 등(1995)의 연구에서도 사회지능 가운데 인지적 측면이 행동적 측면보다 전통적인 학문지능과 상관이 있으며, 인지적 측면 가운데서도 사회적 지각과 통찰력은 학문지능과 유의한 상관이 있는 반면, 사회적 지식은 유의한 상관이 없음을 보여주었다.

## 2. 정서지능과 실용지능

사회지능과 함께 실용지능(practical intelligence)도 비학문지능 가운데 대표적인 지능이라고 볼 수 있다. 실용지능에 대한 연구결과들은 실용지능이 일상생활의 성공을 가장 잘 예측해줄 수 있는 변인 가운데 하나이며, 동시에 학문지능이 아동기의 발달에 대한 설명력은 크지만 성인기의 발달에 대해서는 학문지능보다 실용지능의 설명력이 크다고 보고하고 있다.

### 1) 실용지능의 개념

실용지능에 대한 연구는 아동뿐만 아니라 성인의 지능이 학업성취도를 예측하기 위해 만들어진 전통적인 지능검사에 의해 주로 평가된다는 사실에 대한 비판에서 출발하였다. 학문지능은 학업성취가 가장 우선시되는 시기에는 가장 큰 설명력을 갖는다고 볼 수 있지만, 사회생활을 하면서 지속적으로 일상적인 문제해결상황에 직면하게 되는 성인기에는 그다지 큰 설명력을 가진다고 볼 수 없으며, 결과적으로 보다 현실적인 실용지능에 초점을 맞추게 된다.

실용지능의 개념은 Sternberg(1985)의 삼원지능이론의 핵심적인 구성요소이다. Sternberg(1985)는 지능은 3가지 종류의 포괄적인 능력, 즉 분석적 능력, 창의적 능력 그리고 실용적 능력으로 구성되며, 성공적인 지능의 구성요소 가운데 하나인 실

Warner Schaie

Richard Wagner

용지능이란 환경에 적응하거나, 환경을 적절히 변화시키거나 혹은 새로운 환경을 선택함으로써 개인적으로 가치 있는 목표들을 이루는 데 필요한 능력이라고 정의하였다. 그러므로 실용지능에는 환경을 선택하고 구성하고 환경에 적응하는 데 필요한 여러 가지 기술이 포함된다. 그러므로 '실용적 문제해결능력(practical problem solving)' '실용주의적 지능(pragmatic intelligence)' '일상생활 지능(everyday intelligence)'과 같은 용어는 실용지능과 유사한 의미로 사용될 수 있다. 또한 Scribner(1986)는 사고에는 이론적, 논리적 사고와 실용적 사고의 두 가지 형태가 존재하며, 이 가운데 실용적 사고는 보다 광범위한 일상생활상의 활동이나 행위와 관련된 사고(thinking in action)라고 하였다. 이와는 달리 보다 전통적인 지능의 관점에서 Willis와 Schaie(1986)는 실용지능을 일상생활에서 적응적인 행동을 가능하게 하는 전통적인 능력의 특수한 표현으로 정의한 반면, Neisser(1976)와 Wagner(1987)는 실용지능을 전통적 능력들의 특수한 표현이라기보다는 전통지능과는 분명하게 구분되는 일련의 능력으로 간주하였다.

## 2) 실용지능 연구의 접근방법

실용지능에 대한 연구는 두 가지 주된 관점, 즉 실제적인 문제해결 기술에 초점을 맞추는 연구와 암묵적 지식에 초점을 맞추는 연구로 분류할 수 있다.

### (1) 실제적인 문제해결 기술

여러 비학문지능들 중에서 연구자들이 가장 많은 관심을 기울여온 개념 가운데 하나는 실제적인 문제해결능력이다(Berg, 2000; Sternberg et al., 2000; Wagner, 2000). 이에 관심을 가진 연구자들은 실용적 능력을 연구하는 데 있어서 그 목적과 해결책이 확실하게 구조화되어 있지 않은 일상생활에서 빈번하게 직면하는 문제를 해

Avshalom Caspi

Urie Bronfenbrenner

결하는 데 중점을 두었다(Cornelius & Caspi, 1987; Denney, 1989). 즉, 사람들이 여러 발달단계에서 경험하게 되는 일상적인 문제들을 연구함으로써 실용지능을 이해하려고 하였다. 이들은 연령에 따라 특징적인 문제들이 변화하며, 다양한 문제해결 전략들도 문제가 일어나는 상황에 따라 달라진다는 사실을 발견하였다(Berg, 1989; Ceci & Bronfenbrenner, 1985; Cornelius & Caspi, 1987).

Sternberg와 그 동료들(Sternberg, Ferrari, & Clinkenbeard, & Grigorenko, 1996; Sternberg, Grigorenko, Ferrari, & Clinkenbeard, 1999)은 Sternberg 삼원능력척도(Sternberg Triarchic Abilities Test: STAT)를 근거로 학생들을 5개 능력집단, 즉 높은 분석적 능력, 높은 창의적 능력, 높은 실용적 능력, 높은 균형잡힌 능력(3가지 능력들이 모두 높음), 낮은 균형잡힌 능력(3가지 능력이 모두 낮음) 집단 가운데 하나로 분류하였다. 이들은 자신들의 분류를 기초로 학생들을 각기 다른 심리학 개론 수업에 배정하고, 각 수업에서 기억이나 분석적, 창의적, 실용적 사고 가운데 하나를 강조하였다. 예를 들어, 분석적 집단에 배정된 학생들에게는 주요 우울증 이론의 중심개념을 설명하도록 요구하였고, 실용적 집단에 배정된 학생들에게는 우울한 친구를 돕기 위해 그들이 우울증에 대해 배웠던 것을 활용할 것을 요구하였다. 그 결과, 이들은 3가지 능력, 즉 분석적, 창의적 그리고 실용적 능력 검사 모두가 교과과정에 관한 수행능력을 유의하게 예측한다는 것을 발견했다. 또한 자신의 능력과 일치하는 교수방법을 사용하는 수업에 배정된 학생들은 그렇지 못한 학생들보다 탁월한 능력을 발휘하는 것으로 나타났다. 예를 들어, 실용적 능력이 높은 학생들은 기억력이나 분석적 사고 혹은 창조적 사고를 강조하는 수업보다 실용적 사고를 강조하는 수업에 배정되었을 때 보다 높은 능력을 발휘하는 것으로 나타났다는 것이다.

### (2) 암묵적 지식

암묵적 지식(tacit knowledge)은 실제적인 문제해결능력과 더불어 실용지능의 중요한 측면이다. Wagner와 Sternberg(1986)는 실용지능의 중요한 요소에는 배울 수 있는 지식과 더불어 전혀 배운 적은 없지만 직업적 성공에 필수적인 지식이 있다고 하였다. 암묵적 지식은 개인이 일상적인 환경에서 효율적으로 기능하는 데 필요한 지식임에도 불구하고 분명하게 가르칠 수 있는 것이 아니며, 종종 언어로 표현하기조차 어려운 절차상의 지식이다. 암묵적 지식은 전형적으로 3가지 특징적인 양상을 가지고 있다. 이는 일반적으로 교육보다는 오히려 개인의 경험을 통해서 스스로 획득하는 것이고, 특정 상황에서 특정 용도와 관련이 있는 것으로 본질적으로 절차적인 지식이며, 개인적인 목표를 추구하는 데 가치가 있는 것이다. Sternberg와 그 동료들(Sternberg et al., 1993; Wagner & Sternberg, 1985)은 실제적인 문제해결능력을 측정하기 위한 Sternberg 삼원능력척도와 더불어 실용지능의 중요한 측면인 암묵적 지식을 측정하기 위한 척도를 개발하였다.

이들은 암묵적 지식을 분석하기 위한 구조적 틀을 제시하였는데, 이는 범주(category)와 지향성(orientation)으로 구분된다(〈그림 9-1〉 참조). 그림에서와 같이 암묵적 지식의 범주는 자기관리, 과제관리, 타인관리와 관련된 것으로 구분할 수 있으며, 상황에 대한 개인의 관점을 의미하는 지향성은 단기적, 장기적인 것으로 구분할 수 있다. 단기적 지향성은 장기적인 목표를 고려하지 않고 특정한 과제를

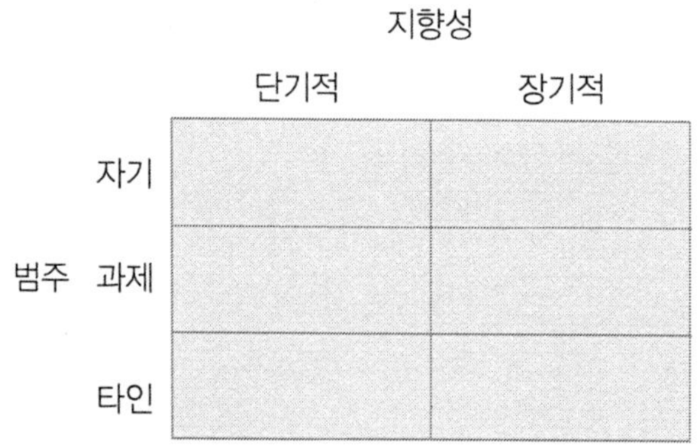


〈그림 9-1〉 암묵적 지식의 구조

출처: Wagner, R. K., & Sternberg, R. J. (1986). Tacit knowledge and intelligence in the everyday world. In R. J. Sternberg & R. K. Wagner (Eds.), *Practical intelligence: Nature and origins of competence in the everyday world* (pp. 51-83). New York: Cambridge University Press.

단기적으로 성취하는 것에 초점을 맞춘 것이라면, 장기적 지향성은 눈앞의 단기적인 목표보다는 인생 전반에 걸친 장기적인 목표에 보다 초점을 맞춘 것이다.

암묵적 지식은 소속집단에서의 지위나 근무연한과 관련이 있는 것으로 나타났는데, 특정 영역에서 전문성 수준이 낮거나 경험이 적을수록 암묵적 지식 점수가 낮게 나타났다(Sternberg et al., 1993; Wagner, 1987; Wagner & Sternberg, 1985; Wagner, Rashotte, & Sternberg, 1994). 이와는 달리 경험과 관련된 몇몇 변인들(연령, 근무연한 등)과 암묵적 지식 점수 간에는 유의한 상관관계가 없다는 연구결과도 제시되었다(Sternberg et al., 1995). 이러한 연구결과는 암묵적 지식은 경험의 증가와 함께 증가하지만 단순히 경험의 반영물은 아니라는 것을 의미하는 것이다.

### 3) 지능으로서의 실용지능

실용지능이 학문지능과는 상이한 또 다른 하나의 지능으로 존재할 수 있는지에 대해 많은 학자들은 연구를 해왔다. 실용지능이 하나의 지능으로 존재하기 위해서는 학문지능과 적절하게 구분되면서 동시에 실용지능이 발달의 여러 영역에 대한 예측치로서 기능적인 측면을 가져야 할 것이다.

#### (1) 과제유형

Ulrich Neisser

Neisser(1970)는 학교와 현실세계의 상황과 관련된 과제의 유형들을 제시함으로써 학문적 능력과 실용적 능력을 구분하고자 하였다. 학교상황에서의 학문적 과제들은 첫째, 타인에 의해 만들어지고, 둘째, 잘 정의되어 있고, 셋째, 출제자들이 제공하는 정보가 완벽하고, 넷째, 정확한 해답이 한 개뿐이고, 다섯째, 정확한 해답을 얻는 방법이 한 가지뿐이고, 여섯째, 일상 경험을 통해 습득되는 것이 아니며, 일곱째, 본질적으로 관심을 끌 만한 속성이 거의 혹은 전혀 없다는 특성을 갖는다. 이러한 학문적 과제유형의 특성은 사람들이 일상생활을 통해 자주 접하는 문제가 아니며, 흔히 학업이나 IQ 검사에서만 찾아볼 수 있는 것이다.

반면, 실용적 과제들은 첫째, 명확한 형태가 없거나, 재구성이 필요하고, 둘째, 개인적인 관심거리이고, 셋째, 해결에 필요한 정보가 부족하고, 넷째, 일상의 경험과 관련되어 있고, 다섯째, 정의가 불충분하고, 여섯째, 가능한 해결책이 여러 개가 있을 수 있으며, 일곱째, 하나의 문제 해결책을 선택하기 위해 복합적인 방법들을 사용할 수 있다는 특성을 가지고 있다.

학문적 과제와 실용적 과제들 간의 이러한 차이점을 고려해 볼 때, 학문지능과 실용지능은 과제유형에서 차이가 있음을 알 수 있다. 그러므로 학문적 과제를 해결하는 데 유능한 사람들이 실용적 과제들을 해결해야 하는 상황에서 잘 적응하지 못한다는 사실은 놀라운 일이 아니다(Wagner & Sternberg, 1986).

### (2) 발달경로

실용지능은 전통적인 학문지능과 과제유형에서 차이가 있을 뿐만 아니라 상당히 다른 경로를 통해 발달하는 것으로 밝혀지고 있다. Denney와 Palmer(1981)는 성인(20세에서 79세까지)을 대상으로 분석적 추론문제와 실제 생활상황과 관련된 문제해결 과제에서의 수행능력을 비교해보았다. 연구결과, 전통적 지능검사에서의 수행능력은 20세 이후부터 거의 선형적으로 감소하였으나, 실용적 문제해결 과제에 대한 수행능력은 연령 증가와 함께 높아져 40대와 50대 연령집단에서 최고점을 나타내고, 이후에는 감소하였다. Smith와 그 동료들(Smith, Staudinger, & Baltes, 1994)의 생활계획 딜레마에 대한 반응 비교연구에서도 젊은층이 노년층보다 뛰어난 수행능력을 보였던 학업능력에 대한 연구결과와는 달리 젊은층과 노년층 간에 수행능력에서 그다지 차이가 나타나지 않았다.

지적 수행능력에서의 연령에 따른 변화는 흔히 유동성 능력(fluid abilities)과 결정성 능력(crystallized abilities) 간의 차이와 관련하여 설명할 수 있다(Horn, 1994; Horn & Cattell, 1966). 유동성 능력이 새로운 것을 처리하는 데 요구되는 능력이라면 결정성 능력은 축적된 지식으로 표현된다. 많은 연구들은 유동성 능력이 결정성 능력에 비해 연령증가에 따라 빠르게 감소하는 경향이 있음을 보여주었다(Cornelius &

Paul Baltes

Caspi, 1987; Denney & Palmer, 1981; Dixon & Baltes, 1986; Horn, 1982; Labouvie-Vief, 1982; Schaie, 1978). Cornelius와 Caspi(1987)는 유동성 지능은 20~30세까지 증가하고, 40~50세까지는 안정상태에 있으며, 이후에는 감소하는 반면, 결정성 능력과 일상적인 문제해결능력은 70세까지 계속 증가한다고 하였다. 다른 연구들에서도 실생활의 문제해결능력은 비교적 안정적이거나 어느 연령까지는 증가하는 것으로 밝혀졌다(Berg & Klaczynski, 1996). Baltes와 그 동료들(Baltes, 1987; Baltes, Dittmann-Kohli, & Dixon, 1984; Baltes, Smith, & Staudinger, 1992; Dittmann-Kohli & Baltes, 1990)은 지금까지 결정성 지능이 지나치게 좁은 의미로 정의되어 왔으며, 결정성 지능의 중요성은 성인기와 노년기로 갈수록 증가한다고 한다. 이러한 의미에서 본다면 유동성 지능의 감소를 지적 유능성의 감소로 판단하는 것은 부적절하다고 볼 수 있으며, 실용지능은 전통적인 학문지능보다 성인기의 지적 특성을 더 잘 반영하는 것으로 볼 수 있다.

그러나 이와는 상반되는 연구결과도 제시되고 있다. Willis와 Schaie(1986)는 다른 연구자들과 마찬가지로 사회적, 일상적 과제수행능력에서의 연령증가에 따른 안정성은 인정하지만, 이들과는 달리 결정성 능력보다 유동성 능력이 일상적 과제수행에 대한 강한 예측치가 된다고 하였다.

이상의 연구결과는 실용지능이 전통적인 학문지능과 독립적인 속성을 가지고 있음을 의미함과 동시에 학문지능이 실용지능의 상당히 중요한 예측치가 된다는 사실을 의미하는 것이기도 하다. 이처럼 상반되는 관점이 제시되고 있음에도 불구하고 전반적인 연구결과는 학업과 관련된 문제를 해결할 때 사용하는 능력의 발달경로는 실생활의 문제를 해결하는 데 사용하는 능력의 발달경로와 일치하지 않는다고 한다. 청년기에 가졌던 추론양식이 중년기와 노년기에 바뀌게 되므로 중년기 이후의 지적 능력을 설명하기 위해서는 실용지능이 전통적 학문지능의 개념보다 유용한 개념이라고 볼 수 있다는 것이다.

### (3) 실용지능과 학문지능의 상관관계

실용지능과 학문지능 간의 상관관계에 대해서도 많은 연구가 이루어졌다. 이에 대한 연구결과는 실용지능을 실제적인 문제해결능력으로 간주하는 경우와 암묵적 지식으로 간주하는 두 가지 관점에서 논의할 수 있다.

먼저 실용적 문제해결 능력에 대한 대부분의 연구들은 일상생활에서 자주 접하게 되는 가정과 직장 그리고 사람들을 대하는 문제들을 해결하는 데 초점을 맞추고 있다(Cornelius & Caspi, 1987; Denney, 1989). 많은 연구들은 일상생활에서 적용되는 여러 전략들은 학업수행능력이나 IQ 점수와는 관련이 없다는 사실을 밝혀주었다. Scribner(1984, 1986)는 수학적 형태의 문제해결능력을 알아보기 위해 우유공장 근로자들이 주문량을 채우기 위해 사용하는 전략을 살펴보았다. Scribner는 이들이 다양한 용량을 지닌 우유통으로 주문량을 채우는 능력은 학업 수행능력과 관련이 없다는 것을 발견하였다. 같은 물건이 여러 가지 크기의 용기에 담겨 있을 때 가장 싸게 구입하는 방법을 찾고자 하는 일상적 산수능력에 대한 연구에서도 IQ와 물건을 정확하게 고르는 능력 간에는 유의한 상관관계가 나타나지 않았다(Lave, Murtaugh, & de la Roche, 1984; Murtaugh, 1985). Ceci와 그 동료들(Ceci & Liker, 1986, 1988; Ceci & Ruiz, 1991)은 경마장의 핸디캡 전문가들이 레이스 출전 예정 시간을 예측하기 위해서 고도로 복잡한 연산을 사용하는데, 이들이 이러한 복잡한 연산을 성공적으로 사용하는 능력은 IQ와 관련이 없다고 보고하였다. 고등학생을 대상으로 학문적-분석적 지능과 창의적-실용적 지능을 측정한 또 다른 연구에서도 복잡한 추론전략을 사용하는 것은 IQ와 상관이 없음을 보여주고 있다(Sternberg, Grigorenko, Ferrari, & Clinkenbeard, 1999).

이상의 연구결과들은 일상적 과제해결능력과 전통적인 학업능력 간에는 유의한 상관이 없으며, 실용지능과 학문지능이 명확하게 구분되는 별개의 개념이라는 사실을 뒷받침해준다.

암묵적 지식을 중심으로 한 실용지능의 연구에서도 유사한 결과를 보이는 것으로 나타났다. 즉, 암묵적 지식이 학문지능과 유의하지 않거나 낮은 상관을 보이는 것으로 나타났다. Sternberg와 그 동료들(1993)은 기업경영자, 대학교수, 초등학

John Hunter

교 교사, 판매원, 대학생, 일반인 집단을 대상으로 암묵적 지식을 연구하였다. 암묵적 지식 검사는 저마다의 위치에서 사람들이 직면하게 되는 실제 상황을 기초로 하여 하나의 문제 상황을 제시하고 응답자로 하여금 그러한 상황에 적절한 응답을 하도록 지시하였다. 다양한 모집단을 대상으로 거듭 연구한 결과, 실용지능의 중요한 측면인 암묵적 지능은 전통적 학문지능과는 상관관계를 보이지 않았다. 또한 Sternberg 등(2000)은 케냐의 농촌 마을에서 여러 질병을 치료하는 데 사용되는 약초에 대한 아동의 암묵적 지식을 측정해본 결과, 암묵적 지식 검사점수는 모든 학문지능 검사들과 부적 상관관계를 보여주었다. Schmidt와 Hunter(1998)도 암묵적 지식 검사점수와 학문지능 점수는 유의한 상관관계를 보이지 않았다고 하였다. 암묵적 지식 검사점수가 전통적인 학문지능과 상관을 보이지 않을지라도, 암묵적 지식검사의 여러 영역 점수들은 서로 상관을 보인 것으로 나타났으며, 암묵적 지식점수는 여러 영역에서의 수행능력을 예측하는 것으로 나타났다.

이처럼 일상생활에서의 적응과 관련이 있는 암묵적 지식에 근거한 실용지능이 학업성취와 관련된 학문지능과 차이가 있다는 사실은 암묵적 지식검사는 전통적인 지능검사에서 측정하는 구성개념과는 다른 개념을 측정한다고 할 수 있다. 학문지능과 실용지능이 독립적이라는 개념이라는 이상의 연구결과에 비추어볼 때, 실용지능이 하나의 지능으로 존재할 수 있다는 주장에는 한계가 있다. 그러므로 다른 비학문지능들과 마찬가지로 실용지능은 지능에 대한 전통적인 정의의 범주를 벗어난다는 비판을 받을 수밖에 없다(Davies et al., 1998; Gardner, 1999b).

하지만 IQ가 이들 다양한 맥락에서의 수행능력과 전혀 관련이 없다고 주장하는 연구자는 거의 없다. 전통적인 지능검사가 학업 수행능력과 직업 수행능력 모두를 예측한다는 증거도 있다(Barrett & Depinet, 1991; Schmidt & Hunter, 1998; Wigdor & Garner, 1982). 이러한 연구들이 시사하는 바는 IQ와 별개이면서 수행능력에 중요한 지능의 또 다른 측면이 존재하며, 이는 지금까지 학문지능을 측정하는 과정에서 간과해 온 또 다른 지능의 중요성을 말해주는 것이다.

Scribner(1986)는 우유제조공장의 근로자와 바텐더, 판매원 등 다양한 직업에 종사하는 사람들을 대상으로 다양한 상황에서 다양한 연구방법을 통해 실용지능을 연구하였다. 연구결과, 비록 이들이 수행하는 작업의 종류는 상이하지만 작업을 보다 쉽게 수행하기 위하여 사용하는 실용적 사고과정에서는 놀라운 정도의 유사점을 발견하였다고 하였다. Wagner와 Sternberg(1986)도 작업에 따라 필요로 하는 암묵적 지식의 내용은 상이하지만 그 기본적 구조는 유사하다고 하였다. 즉, 암묵적 지식을 학습하는 데에도 일반적인 규칙이 존재하며, 어느 한 종류의 암묵적 지식이 뛰어난 사람은 다른 영역에서의 암묵적 지식수준도 높다고 하였다. 이러한 연구결과는 사회지능이나 정서지능과 마찬가지로 실용지능에도 특정한 인지적 요인이 관련된다고 볼 수 있다.

### (4) 실용지능의 기능적 측면

실용지능의 한 측면인 암묵적 지식은 어떤 영역에서건 성공의 핵심적 요소라고 볼 수 있다. 다양한 영역에 걸쳐, Sternberg와 그 동료들은 암묵적 지식이 성공의 많은 범주들과 전반적으로 상관을 보인다는 사실을 발견했다.

Wagner와 Sternberg(1990)의 연구에서 암묵적 지식과 가상적 경영 수행능력 간에는 높은 상관관계가 있는 것으로 나타났고, 암묵적 지식점수는 개인의 수행능력에 대해 IQ나 인성 및 다른 능력의 측정치 이상의 추가 변량을 설명하였다. 은행 지점장들을 대상으로 한 Wagner와 Sternberg(1985)의 연구에서도 암묵적 지식점수와 실적에 따른 평균 봉급인상률, 새로운 사업을 창출해내는 평균 수행능력과는 유의한 상관관계가 있는 것으로 나타났다. Sternberg와 Williams(1995)는 나아가 암묵적 지식이 임금, 직급 그리고 직업만족도 등을 포함하는 경영상의 성공과 관련된 몇몇 지표와도 상관관계를 보인다는 사실을 발견하였다.

많은 암묵적 지식 연구가 영업 관리인들을 대상으로 이루어졌지만, 암묵적 지식이 그 밖의 다른 영역들의 수행능력도 설명해준다는 증거가 있다(Wagner, 1987; Wagner & Sternberg, 1985). Wagner와 그 동료들(1994)은 판매원을 대상으로 한 연구에서 암묵적 지식과 판매량 및 판매상 수상경력과 상관관계가 있음을 발견하였다. 군대의 지도자를 대상으로 한 연구에서도 암묵적 지식점수가 리더십의 유능성에 대한 평가와 상관이 있는 것으로 나타났다(Hedlund et al., 1998).

따라서 전반적인 연구결과를 종합해보면, 실용지능은 학업지능과는 독립적이면서 이를 보완하는 능력이라는 것을 알 수 있다. 실용지능은 학문지능과는 구별되며, IQ보다 수행능력에서의 개인차를 잘 설명해주는 것으로 나타났다(Sternberg, Wagner, & Okagaki, 1993; Sternberg, Wagner, Williams, & Horvath, 1995). 그러므로 일상생활에서의 성공을 위해서는 이 두 가지 지능 모두가 중요하다. 다행히도 이러한 사실을 인식하고 있는 많은 지능연구자들은 지능의 전통적, 학업적 측면만을 강조하던 관점에서 벗어나 실용적 측면을 포함하는 보다 광범위한 관점에서 연구를 진행하고 있다.

### 4) 실용지능과 정서지능

앞서 살펴본 바와 같이 사회지능 및 정서지능과 마찬가지로 실용지능도 학문지능과는 구별되는 또 다른 지능의 개념으로 존재할 수 있으며, 많은 연구자들은 실제적인 문제들을 해결하는 능력을 학문적 문제들을 해결하는 능력과 구별해왔다.

실용지능과 정서지능에 관한 연구는 사회지능 연구에 비해 그 역사가 짧지만, 정서지능과 실용지능을 별개의 구인으로 혹은 양자간에 상호관계가 있을 가능성에 대해 어떤 결론을 도출해 내기 위해 연구가 이루어지고 있다. 실용지능과 정서지능 간의 관련성에 대한 연구결과는 이들 지능이 여러 가지 측면에서 유사함을 보여주고 있다. 먼저, 정서지능은 실용지능과 마찬가지로 발달경로에서 비슷한 패턴을 보여준다. Bar-On(1997)은 EQ-i로 측정한 정서지능 점수가 16세에서 49세까지 안정적으로 증가하며, 50세 이후에는 약간씩 감소한다고 하였다. 성인 표본과 청소년 표본의 MEIS 점수를 비교한 Mayer 등의 연구에서도 성인의 점수가 청소년의 점수보다 높다는 사실을 발견하였는데, 이는 정서지능이 연령에 따라 증가함을 의미하는 것이다(Hedlund & Sternberg, 2000). 이러한 정서지능의 발달경로는 연령증가에 따라 비교적 안정적이거나 오히려 증가하는 실용지능의 발달경로와 유사하다고 볼 수 있다.

또한 자기이해 지능이나 대인관계 지능을 Gardner는 실용지능의 한 부분으로 간주하고 있지만, 흥미로운 점은 정서지능의 한 부분으로도 볼 수 있다는 점이다(Bar-On, 1997; Salovey & Mayer, 1990; Mayer, Salovey, & Caruso, 2000a). 특히 실용지능을 실용적, 암묵적 지식을 중심으로 접근할 경우에는 정서지능과 상관이 상당히 높게 나타나며, 이러한 여러 가지 이유로 이들 두 지능을 하나의 체계로 통합할 수 있다고 보고 통합적인 체제를 제시하고자 하였다(Hedlund & Sternberg, 2000). Walters와 Gardner(1986)는 다중지능이론이 상당히 많은 비판을 받고 있지만 전통적인 학문지능의 개념만으로는 지능의 구성개념이나 일상생활상의 수행능력을 충분히 설명해주지 못한다고 하였다. 이들은 다중지능이론이 여러 다양한 지능을 구분하려는 것이 아니라 오히려 이를 통합하려는 데 그 목적이 있으며, 좋은 지능이론이란 하나의 이론으로 다양한 지능 모두를 설명할 수 있어야 한다고 하였다. 이

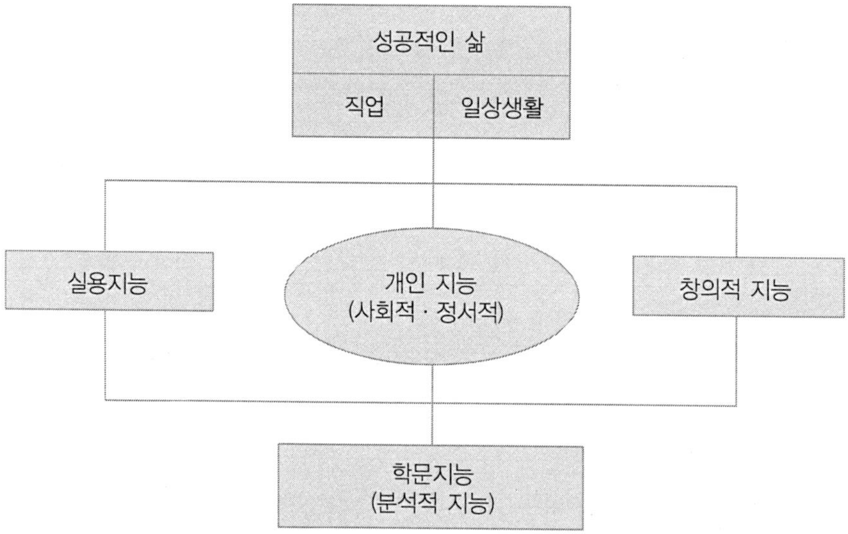


〈그림 9-2〉 개인 지능의 개념과 평가

출처: Wu, W. T. (2001). *Conception and appraisal of personal intelligence*. Paper presented at the 14th World Conference of the World Council for Gifted and Talented Children. Barcelona, Spain, July 31-August 4.

러한 주장을 바탕으로 Wu(2001)는 직업이나 일상생활에서 성공적인 삶을 영위하는 데 있어서 여러 지능들 간의 유기적인 관련성을 강조하였다(〈그림 9-2〉 참조). 개인이 성공적인 삶을 영위하는 데 있어서 사회적 · 정서적 기능과 같은 개인 지능(personal intelligence)은 그 근간이 되며, 실용지능과 창의적 지능도 이와는 다소 구분되면서 영향을 미치는 것으로 보았다. 또한 학문지능은 이들 지능과는 독립적인 속성을 가지고 있으면서 동시에 그 근간이 되는 것으로 도식화하였다.

실용지능과 정서지능 간의 관계에 대한 지금까지의 연구는 주로 실용지능의 암묵적 지식에 초점을 맞추고 있다. 그러나 실용지능을 암묵적 지식이 아닌 실제 문제해결능력으로 보았을 경우, 실용지능과 정서지능과의 상관관계에 대한 연구는 아직 부족한 상태이다. 암묵적 지식 접근방법은 실용지능의 범위를 지식습득과 같은 인지적 능력으로 한정하고 있다는 한계가 있다.

어떠한 지식이든 지식을 습득하는 능력은 지능의 한 측면으로 볼 수 있다. 그것은 환경으로부터 받아들인 정보를 부호화하고 새로운 정보와 기존의 지식 간의 연합을 인식하는 것과 같은 인지과정을 요구한다. 이러한 측면의 지능을 사회지능, 정서지능 혹은 실용지능 가운데 어떻게 명명할 것인지에 대한 판단은 각 개인의 관점이나 목적에 좌우된다.

## 3. 정서지능과 심리적 마음자세

정서지능의 구인과 관련된 가장 오래된 연구 가운데 하나는 심리적 마음자세(psychological mindedness)에 관한 연구이다. 따라서 심리적 마음자세의 개념이나 그 기능적 측면, 이를 측정하는 평가도구 및 심리적 마음자세와 정서지능과의 관계에 대해 논의해봄으로써 정서지능에 대한 심층적인 이해가 가능할 것으로 생각된다.

### 1) 심리적 마음자세의 개념

심리적 마음자세의 개념에 대한 정의는 학자들 간에 일치된 견해를 보이지 못하고 있다. 대부분의 연구자들이 직관적으로 이 용어를 이해하고 있지만 이를 분명하게 개념화하기는 쉬운 일이 아니다.

심리적 마음자세의 개념은 역사적으로 통찰이나 내성, 자기인식과 같은 용어와 동의어로 사용되어 왔으나, 이에 대한 조작적 정의는 상당히 다양하므로 통합적인 개념정의에는 상당히 어려움이 있다. 심리적 마음자세의 개념화에서 가장 널리 인용되는 Appelbaum의 정의에는 심리적 마음자세를 "자신의 행동이나 경험의 의미나 원인을 알고자 하는 의도를 가지고 사고와 느낌, 행위의 관련성을 조망할 수 있는 능력"(Appelbaum, 1973, p. 36)으로 정의하고 있다. Appelbaum의 정의에는 인지적, 정서적, 동기적 구성요소가 모두 포함되어 있다. 또한 Wolitzky와 Reuben(1974, p. 26)은 "행동을 심리적 용어로 이해하고 설명하려는 경향"으로, Dollinger와 동료들(1983, p. 183)은 "행동을 이해할 수 있는 능력"으로, Farber(1985, p. 170)는 "자신이나 타인의 행동, 사고, 느낌의 의미와 동기를 조망하려는 경향"으로 정의하였다. Rogawski(1982)는 Rotter(1966)의 통제소재와 관련하여 심리적 마음자세의 수준이 높은 사람은 자신의 내적 경험이 타인에 의해 유발되는 것이 아니라 자신이 유발한 것으로 묘사하므로 이를 내적 통제와 관련이 있는 것으로 설명하고자 하였다. 이와 유사한 맥락에서 Silver(1983, p. 516)는 심리적 마음자세를 "자신의 사고나 감정, 행동 간의 관계를 개념화하기 위해 환경요인과 같은 외부 요인보다 내면적인 측면을 살펴보는 능력"으로 정의하였다.

이처럼 다양한 개념적 정의는 심리적 마음자세가 관심 차원과 관련된 개념인지 혹은 능력 차원과 관련된 개념인지, 지적 차원과 관련된 개념인지 혹은 정서적 차원과 관련된 개념인지에 대한 논쟁을 불러일으키게 된다.

#### (1) 관심/능력 차원

심리적 마음자세의 개념에 대한 논쟁 가운데 하나는 심리적 마음자세가 관심을 반영하는 것인지 혹은 능력을 반영하는 것인지의 문제이다. Appelbaum(1973)은 심리적 마음자세를 사고와 느낌, 행위 간의 관계와 행동의 동기와 원인을 이해하기 위한 관심뿐 아니라 이들간의 관계나 동기, 원인을 구분할 수 있는 기술을 포함한다는 면에서 관심과 능력 모두를 반영하는 것으로 볼 수 있다고 하였다. 심리적 마음자세의 개념이 능력을 반영하는 것으로 개념화할 경우, 이에는 정확성의 개념이 포함된다. Silver(1983), Dollinger와 동료들(1983)의 정의에서도 심리적 마음자세가 능력을 반영하는 것으로 개념화하고 있다. 반면, Wolitzky와 Reuben(1974), Farber(1985)의 개념화는 능력의 개념이라기보다는 행동을 이해하기 위해 관심을 보이는 성향의 개념에 초점을 두고 있다.

### (2) 지적/정서적 차원

심리적 마음자세가 지적 차원의 특성을 갖는지 혹은 정서적 차원의 특성을 갖는지도 논쟁의 여지가 있다. Wolitzky와 Reuben(1974), Rogawski(1982)는 정서적인 차원을 강조하지 않지만 대부분의 연구자들은 심리적 마음자세를 지적, 정서적 과정에 근거한 앎의 형태로 이해하고자 하였다. Russell(1929)은 앎에는 두 가지 방식이 있는데, 첫째는 직관이나 통찰, 정서적 경험에 근거한 것이며, 둘째는 논리적 사고에 근거한 것이라고 하였다. 전자가 정서적 의미를 강조하는 것이라면 후자는 지적인 측면을 강조하는 것으로 볼 수 있다. Appelbaum(1973)의 정의도 지적, 정서적 차원을 모두 포함하는 것으로 볼 수 있다. 관계를 추론할 수 있는 능력이나 의미와 원인을 추론할 수 있는 능력은 지적인 능력뿐만 아니라 직관이나 감정이입을 필요로 하는 것이다. 지성화나 합리화, 거부와 같은 방어기제는 개인의 정서적 경험을 제한하고 따라서 인식 능력도 제한하게 된다. Farber(1985)도 심리적 마음자세의 개념이 지나치게 인지적 측면만 강조되고 정서적 측면이 경시되고 있는 사실을 지적하고, 자신과 타인을 이해하는 데에는 강한 정서가 수반된다고 하였다. 만약 개인이 자신의 감정에 대해 인식하고 명명하고자 하는 의사가 전혀 없다면, 이를 정확하게 이해할 수 있는 능력도 제한을 받게 될 것이다.

### (3) 심리적 마음자세의 통합모델

심리적 마음자세를 개념화하기 위한 기존의 관점은 이러한 모든 구인을 통합하는 데 실패하였으며 지나치게 모호하게 하나의 개념 속에 모든 요소를 포함시키고자 하였다. 그 결과 포괄적이지만 정확한 의미로 개념화하는 데에는 성공하지 못하였다. 또한 이들 개념들은 상호간에 독립적이면서 동시에 보완적인 특성을 갖기 때문에 이들 가운데 하나의 차원에만 초점을 맞추기보다는 두 개의 차원을 어떻게 통합하는가가 중요한 의미를 갖는다.

이를 기초로 심리적 마음자세의 통합모델은 다음과 같이 도식화할 수 있다(〈그림 9-3〉 참조). 그림에서와 같이 정확한 심리적 마음자세는 심리적 과정이나 관계, 의미에 대해 심사숙고해보고자 하는 관심과 능력, 정서적, 지적 차원 모두를 반영하는 것으로 볼 수 있다. 이를 보다 상세하게 살펴보면 정확한 심리적 마음자세는 정서적으로 마음자세를 가질 수 있는 능력과 지적으로 마음자세를 가질 수 있는 능력의 영향을 받으며, 동시에 지적으로 마음자세를 가질 수 있는 능력은 정서적으로 마음자세를 가질 수 있는 능력의 영향을 받는다고 볼 수 있다. 그리고 정서적으로 마음자세를 가질 수 있는 능력은 정서적 마음자세에 대한 관심의 영향을 받으며,

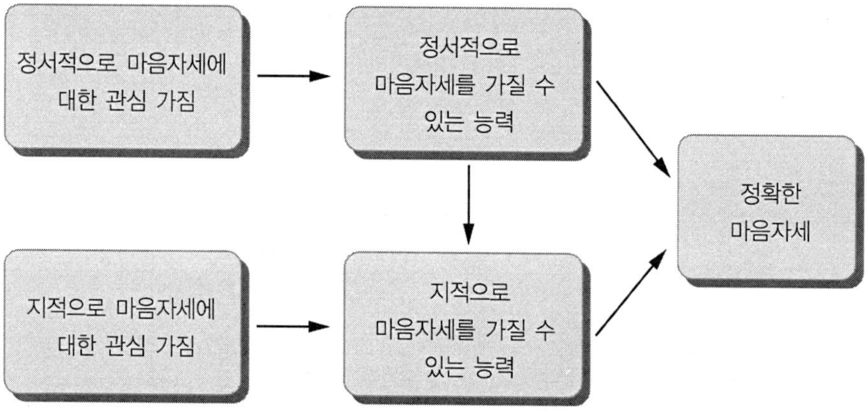


〈그림 9-3〉 심리적 마음자세의 통합모델

출처: Hall, J. A. (1992). Psychological-Mindedness: A conceptual model. *American Journal of Psychotherapy, 46* (1), 131-140.

지적으로 마음자세를 가질 수 있는 능력은 지적 마음자세에 대한 관심의 영향을 받는다고 볼 수 있다.

## 2) 심리적 마음자세의 기능

심리적 마음자세의 개념은 최근 정신치료의 효과에 긍정적으로 기여하는 것으로 임상심리학 분야에 널리 적용되는 유용한 개념이다. Appelbaum(1973)은 정신분석의 본질은 환자가 자신의 행동으로부터 심리적 의미를 발견하는 데 있으며, 이러한 의미에서 심리적 마음자세는 중요한 임상적 의미가 있다고 하였다.

많은 학자들은 성공적인 심리치료는 환자의 심리적 마음자세 상태와 치료방법이 제대로 짝 지어질 때 가능하다고 한다. 역동적 치료에서 환자 자신이 당면한 문제를 해결하기 위해서는 환자 자신이 미해결된 심리적 갈등으로 인한 자신의 어려움에 대해 통찰력을 가지고 치료과정을 주도할 수 있어야 하기 때문이다(Piper, McCallum, & Azim, 1992).

Piper와 그 동료들(1984)은 치료과정에서 치료사의 해석에 대한 환자들의 반응은 차이가 있다고 하였다. 어떤 환자들은 치료자의 해석을 받아들이지 못하고 당황한 듯 보이는 반면 또 어떤 환자들은 자신과 타인의 역동성에 대해 자세하게 설명을 할 수 있었다는 것이다. 후자의 경우에 해당하는 환자들은 그들이 현재 처해 있는 어려움에 대한 치료사들의 설명에 수용적인 태도를 보이는, 심리적 마음자세 수준이 높은 환자들이라고 볼 수 있다.

이에 따라 Conte, Ratto와 Karasu(1996)는 심리적 마음자세 수준이 높은 내담자들이 낮은 수준의 내담자들에 비해 상담을 받게 될 경우 보다 긍정적인 상담성과를 낼 수 있다고 주장하였다. Daw와 Joseph(2010)의 연구에서도 심리적 마음자세가 치료사의 자질, 감정이입, 자기이해, 환자와의 관계와 모두 상관이 있는 것으로 나타나 심리적 마음자세가 치료자와 환자 간 관계에서 중요한 의미가 있는 변인으로 나타났으며, 국내의 연구에서도 마음자세 수준이 높은 집단의 경우 상담 시간을 더 가치 있다고 느끼는 반면, 낮은 집단의 경우 덜 가치 있는 것으로 느끼는 것으로 나타났다(김원빈, 2010).

이러한 사실을 토대로 정신역동적 관점의 대부분의 학자들은 심리적 마음자세가 심리치료에서 가치 있는 구인이라고 생각하며, 심리적 마음자세가 부정적인 측면보다 긍정적인 측면과 더 관련이 있다고 믿는다. 즉, 높은 수준의 심리적 마음자세는 민감성, 동정심, 관대함, 포용력과 관련이 있으며, 역사와 문화, 예술에 대한 이해를 돕고, 혼란스러운 세계를 이해하는 데 도움을 주는 등 긍정적인 측면이 강조되고 있다(Farber, 1989; Farber & Golden, 1997).

Allan Feningstein

그러나 높은 수준의 심리적 마음자세로 인해 파생되는 부정적인 면도 있다. 즉, 지나치게 높은 수준의 심리적 마음자세는 불안, 억압, 편집증의 악화 및 낮은 자아존중감을 유발할 수 있으며(Farber, 1989; Farber & Golden, 1997; Feningstein, 1984, 1994; Park et al., 1992), 쉽게 외로움을 느끼거나 다른 사람에게 실망하는 경향을 보인다는 것이다(Farber & Golden, 1997). Farber와 Golden(1997)은 심리적 마음자세와 관련된 부정적 측면에 대해 경고하는 한편 긍정적 측면에 대해 옹호하면서 높은 심리적 마음자세를 가진 사람을 "현명한 사람이면서 동시에 슬픈 사람(wiser but sadder)"이라고 표현하였다. 이러한 연구결과는 심리적 마음자세가 행동적 적응을 촉진하기도 하지만 높은 불만도 가중시킨다고 주장한 Conte와 그 동료들(1990)의 연구와도 일치하는 것이다.

이처럼 심리적 마음자세는 양면적인 측면을 가지고 있으나 성공적인 심리치료의 중요한 영향요인일 뿐 아니라 여러 가지 긍정적인 속성과 관련된 가치 있는 구인으로 볼 수 있다.

### 3) 심리적 마음자세의 측정

심리적 마음자세라는 개념이 하나의 독립적인 구인으로 인정을 받기 위해서는 이를 측정할 수 있는 신뢰할 만한 타당한 측정도구가 전제가 되어야 한다. 캘리포니아 성격척도(The Psychological Mindedness Scale of the California Personality

Inventory: CPI)는 널리 사용되는 척도이며, Feningstein 등(Feningstein, Scheier, & Buss, 1975)에 의해 개발된 자의식 척도(Self-Consciousness Scale), Tolor와 Reznikoff(1960)에 의해 개발된 통찰검사(Insight-Test)도 널리 사용되는 도구이다. 이후 여러 학자들은 심리적 마음자세를 측정하기 위해 많은 노력을 기울여 왔으며, 심리적 마음자세 평가도구(Psychological Mindedness Assessment Procedure: PMAP)(McCallum & Piper, 1987)가 그 대표적인 척도이다. 이들은 심리적 마음자세 평가도구의 개발과정에서 먼저 환자와 치료자 간의 상호작용을 파악하기 위해 두 가지 종류의 환자-치료자 상호작용 각본을 만들었다. 그리고 이러한 상호작용과정을 비디오테이프로 녹화하고, 이를 평가하기 위해 매뉴얼을 만들었는데, 이것이 심리적 마음자세 평가도구로 발전하였다. 이는 다음과 같은 점에서 과거의 측정방식과 차이가 있다. 첫째, 동기와 같이 심리적 마음자세와 상호관련성이 있는 개념을 통합하기보다 구분하는 방법을 사용하였다. 둘째, 심리적 마음자세 평가도구를 객관적으로 정의함으로써 신뢰도를 향상시켰다. 셋째, 비디오 매체를 선호하는 시대상황에 맞게 비디오테이프로 측정하도록 만들었다. 비디오테이프 측정방법을 개발함으로써 심리적 마음자세를 교육이나 지능과의 상호작용 효과를 배제하고 측정할 수 있게 되었다. 특히 교육수준이 낮은 사람들의 경우, 다른 사람들의 역동성에 대해 민감하거나 테스트 상황에 대한 두려움이 앞서 수행결과가 낮게 나올 수 있는 가능성을 통제할 수 있었다. 마지막으로, 심리적 마음자세를 평가하기 위해 표준화된 방식을 사용함으로써 후광효과와 같은 타당도를 위협하는 요인을 가급적 통제하였다는 점이다.

또한 Conte와 동료들(Conte, Ratto, & Karasu, 1996)은 Lotterman의 심리적 마음자세 척도에서 추출한 45문항 간략형 심리적 마음자세(Psychological Mindedness: PM) 척도를 사용하여 5개 구성요인 27문항의 자기보고식 심리적 마음자세 척도를 개발하였다. 심리적 마음자세의 하위요인으로는 '자신과 타인을 이해하려는 자세(willingness to try to understand oneself and others)' '새로운 생각에 대한 개방성과 변화 역량(openness to new ideas and capacity for change)' '자신의 감정에 다가가기(access to one's feelings)' '문제 논의의 이점에 대한 믿음(belief in the benefits of discussing one's problems)' '자신과 타인의 행동의 의미와 동기에 대한 관심(interest in meaning and motivation of own and others' behavior)' 등 5개 구성요인이 포함된다.

### 4) 심리적 마음자세와 정서지능

심리적 마음자세는 정서지능의 개념과 여러 측면에서 관련이 있다. 앞서 논의한 바와 같이 심리적 마음자세는 관심과 능력, 지적, 정서적 차원을 모두 포함하는 개념이라고 볼 수 있다. 이러한 관점에서 본다면 정서와 지능을 통합한 정서지능의 개념과 유사하다고 볼 수 있다. 또한 정서지능의 개인 내적 요인에는 자기인식, 자기존중, 자신의 감정 이해 및 신념 등과 같은 요인이 포함되는데, 심리적 마음자세는 바로 이러한 능력들과 밀접한 연관이 있다. 또한 심리적 마음자세는 유전적인 요인에 의해 영향을 받지만, 아동이 자신이 가지고 있는 기존의 정신세계에 새로운 정보를 받아들임으로써 끊임없이 이론적 체계를 수정해나가는 것처럼, 심리적 마음자세의 발달은 문화적 요인이나 양육자 요인에 의해 영향을 받는 가변적인 속성을 가지고 있다. 이러한 가변적인 속성에 비추어 본다면, 심리적 마음자세는 전통적인 학문지능과는 달리 정서지능과 유사하다고 볼 수 있다.

그러나 심리적 마음자세와 정서지능 간에 차이점도 존재한다. 정서지능이 환경에 효과적으로 대처하기 위한 인간의 전반적인 능력에 영향을 미치는 능력이라고 본다면, 심리적 마음자세는 심리치료가 필요한 사람들을 가려내는 데 유용한 개념이라고 볼 수 있다. 그러므로 정서지능과 심리적 마음자세의 주된 차이는 적용성의 범위라고 볼 수 있으며, 일반적으로 심리적 마음자세가 정서지능에 비해 비교적 좁은 개념으로 사용된다. 이러한 적용성에서의 차이가 두 가지 개념이 왜 아직도 통합되지 않았는지에 대한 근거가 될 수 있다. 또한 Goleman(1995)은 아동의 정서지능을 신장시킨다면 아동들은 더 행복해지고 아동들의 폭력성도 줄어들 것이라고 주장했다. 하지만 심리적 마음자세는 긍정적, 부정적 측면을 모두 포함하고 있으므로 아동의 심리적 마음자세를 신장시킬 것인가의 문제는 명확하게 답변하기가 어려운 문제이다. 이처럼 심리적 마음자세의 본질에 대해 긍정적 혹은 부정적 견해가 공존하지만, McCallum과 Piper(2000)는 심리적 마음자세는 긍정적인 측면에서 아동의 발달에 도움이 될 수 있다고 하였다. 이러한 견해는 심리적 마음자세에 대한 진화적인 이점을 강조하는 학자들의 견해와 일치한다. 진화적 이점이란 높은 심리적 마음자세의 능력은 타인에 대한 감정이입적인 이타적 반응을 발달시키게 되고 결국 상호이익을 끌어내어 생존가능성을 높여준다는 것이다.

Choi-Kain과 Gunderson(2008)은 성격장애의 이해와 치료에 정신화(mentalization)가 상당히 유용한 개념이며, 이는 심리적 마음자세, 마음집중, 감정이입 등과 개념적으로 관련성을 갖는다고 하였다(〈그림 9-4〉 참조). 그림에서 점선에 따라 자기/타인 지향, 내재적/외현적, 인지적/감정적 영역으로 구분되며, 이 모형에서 심리적 마음자세는 자기와 타인 모두에 대한 관심과 인지적, 정서적 측면 모두를 강

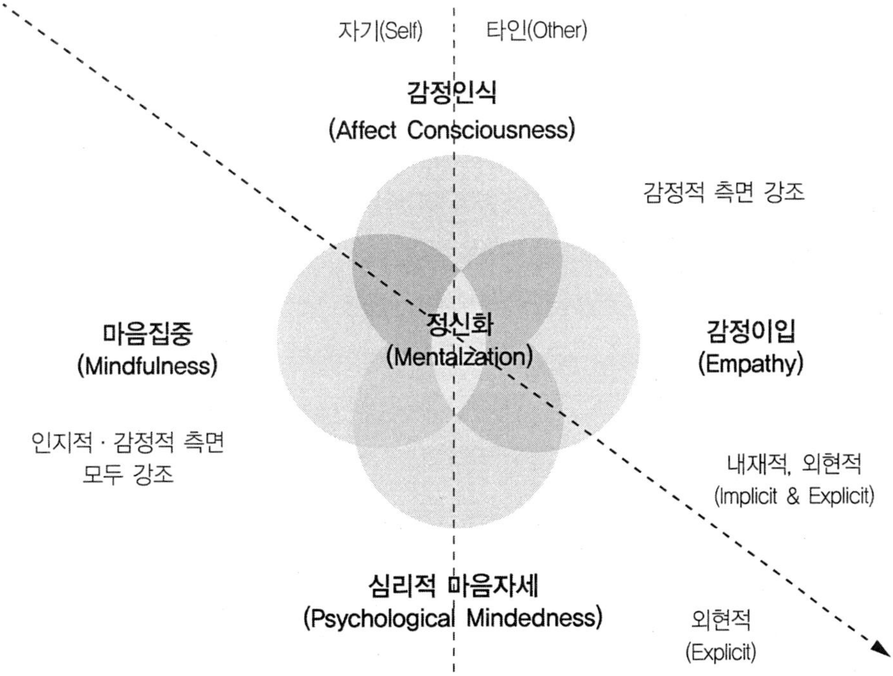


〈그림 9-4〉 심리적 마음자세와 정서

출처: Choi-Kain, L. W., & Gunderson, J. G. (2008). Mentalization: Ontogeny, assessment, and application in the treatment of borderline personality disorder. *American Journal of Psychiatry, 165*(9), 1127-35.

조하며 다분히 외현적인 속성을 갖는 개념으로 볼 수 있고, 이는 정신화, 마음집중, 감정이입과 개념적으로 중복되어 있다고 하였다.

## 4. 정서지능과 성격특성

정서의 지각이나 이용과 관련된 능력을 의미하는 것으로 처음 사용되었던 정서지능의 개념은 최근 성격특성과 유사한 개념으로 확장되어 사용되고 있다. 이러한 포괄적인 관점은 지금까지 성격특성에 대한 연구가 상당히 광범위하게 이루어져 왔으며 그러한 연구결과를 활용할 수 있다는 이점 때문에 널리 수용되고 있다.

### 1) 성격의 개념과 연구역사

성격에 대한 연구는 사람들의 행동을 이해하는 데 많은 도움을 준다는 점에서 여러 학자들이 많은 관심을 기울여온 분야이다. 그러나 인간의 성격이 무엇인지에 대해서는 역사적으로 다양한 견해가 존재하며, 이를 구성하는 요인이나 측정방법에 대해서도 아직까지도 많은 논란이 존재하고 있다.

사진 설명: 희랍어로 '성격'을 의미하는 페르소나

영어로 성격을 의미하는 'personality'는 희랍어에서 가면을 의미하는 '페르소나(persona)'라는 용어에서 유래한 것으로 보고 있다. 또한 보다 널리 수용되는 성격의 정의는 다음과 같은 몇 가지 점을 전제로 하고 있다. 성격은 일시적인 특성이라기보다는 지속적인 속성을 의미하며, 상황에 따라 변화하는 속성이 아니라 비교적 일관된 속성이라고 볼 수 있다. 또한 이는 특정한 개인을 다른 사람과 구분해준다는 점에서 심리적 상(像)(psychological signature)이라고도 볼 수 있다.

성격에 대한 초기의 접근방법은 유형론적 관점이다.

Kretschmer(1921)는 자신의 저서『체격과 성격(Kperbau und charakter)』에서 2기질 유형론을 주장하였으며, 이는 이후 한 가지 유형이 추가되어 3기질 유형론으로 널리 알려졌다. 이와 유사한 맥락에서 Sheldon(1940)은 신체형에 근거하여 성격을 3가지 유형으로 구분하였으며, Jung(1967)도 정신에너지가 외부 혹은 내부로 향하는지를 중심으로 외향성과 내향성의 두 가지 태도로 구분하고 이를 네 가지 삶의 기능과 조합하여 8가지 성격유형을 제시하였다.

Gordon Allport

이후 유형론적 관점의 한계를 보완하기 위하여 학자들은 인간의 성격을 몇 가지 특성으로 구분하여 이해하고자 하였다. 이러한 특성론적 관점에서 성격을 체계적으로 연구하기 시작한 대표적인 학자는 Allport(1937a)이다. 특성이론은 사고나 감정, 행동에서 나타나는 개인차는 각 개인이 지니고 있는 내적인 지속적인 성향이나 특성에 기인하는 것으로 보고 있다. 다시 말하면, 특성이론은 공격성, 내향성, 복종성과 같은 특성들을 수량화할 수 있는 속성으로 간주하며, 이들 특성의 조합에 의해 개인의 성격을 설명하고자 하는 관점이다. Allport와 Odbert(1936)는 사전을 토대로 인간의 성격특성을 의미하는 17,000여 개의 단어를 추출하였다. 그러나 이처럼 많은 특성으로는 한 개인의 성격을 설명하기에는 어려움이 있으므로 Cattell (1957)은 요인분석 방법을 사용하여 '16 성격요인 질문지(Sixteen Personality Factor Questionnaire)'를 개발하였다. 그러나 16개 요인도 지나치게 많다는 비판을 받으면서 Norman(1963)은 성격의 주요 측면을 설명하기 위해 5개 요인을 추출하였는데, 이것이 5요인 성격이론(Big Five Theory)의 기초가 된다. 이러한 5요인 구조는 여러 학자들에 의해 그 타당성이 입증되었으며, 이를 근거로 Costa와 McCrae(1992)는 신경증(Neuroticism), 외향성(Extraversion), 경험에 대한 개방성(Openness to Experience), 친화성(Agreeableness), 성실성(Conscientiousness)의 5가지 차원의 성격검사 도구를 개발하였다(〈그림 9-5〉 참조).

Paul Costa

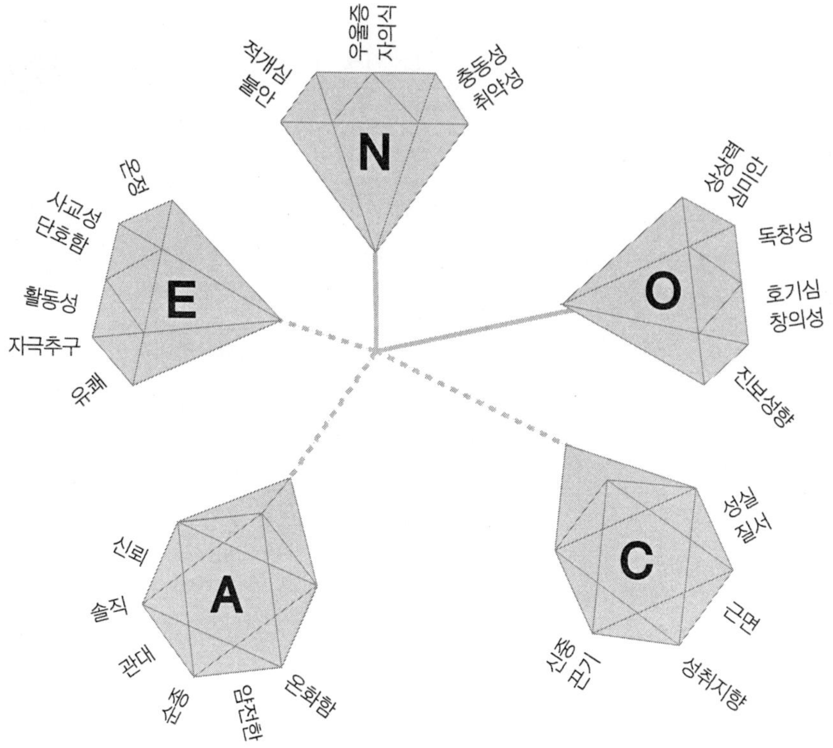


〈그림 9-5〉 Costa와 McCrae의 5요인 모델

N=신경증, E=외향성, O=개방성, A=친화성, C=성실성

출처: Costa, P. T., & McCrae, R. R. (1980). Still stable after all these years: Personality as a key to some issues in adulthood and old age. In P. B. Baltes & O. G. Brim (Eds.), *Life-span development and behavior*. New York: Academic.

특성이론과는 상이하게 정신분석이론의 관점에서 Freud(1938)는 무의식적 동기이론을 통해 인간의 의식영역은 우리의 정신세계의 작은 부분에 지나지 않는다고 하였으며, 노력하면 접근이 가능한 전의식의 영역과 욕구나 충동들이 내재되어 있는 무의식의 영역을 인간의 정신세계에 포함시켰다. Freud는 이들 의식, 전의식, 무의식의 영역을 가로지르는 원초아, 자아, 초자아의 개념을 설정함으로써 인간의 성격구조를 설명하려 하였다. 또한 학습이론에서는 인간의 행동은 환경적 경험을

〈그림 9-6〉 Maslow의 인간욕구 위계

통해 학습된다는 관점에서 인간의 성격을 설명하고자 하였으며, 이후 Rogers(1951)나 Maslow(1970)와 같은 여러 학자들은 자아실현의 관점에서 성격을 설명하고자 하였다(〈그림 9-6〉 참조).

### 2) 성격특성과 정서지능

정서지능과 성격특성 간의 관련성은 Goleman(1995)이 정서지능에 대해 보다 포괄적인 관점을 표방하면서 비롯되었다고 볼 수 있다. 즉, 앞서 설명한 다양한 성격이론의 관점 가운데 특성이론의 몇 가지 하위요인이 정서지능의 개념과 유사하다는 것이다. 실제로 Bar-On과 Goleman이 제시한 정서지능의 여러 하위요인들 가운데 몇몇은 개정된 NEO 성격척도(NEO-PI-R)(Costa & McCrae, 1992)의 30개 특성과 상당히 혹은 다소의 관련이 있는 것으로 나타났다. 정서지능의 몇몇 하위요인은 NEO-PI-R에 상응하는 개념이 존재하지 않는 것으로 나타났으나, 전반적으로는 상당 부분이 중복되어 있으며, 높은 정서지능은 낮은 신경증 점수와 높은 외향성,

Nicola Schutte

개방성, 친화성이나 성실성 점수와 관련이 있는 것으로 나타났다(〈표 9-1〉 참조). 신경증은 낮은 정서지능과 상관이 있으며 신경증적인 사람들은 정서장애에 더 취약한 것으로 보고되고 있으나, 한편으로는 신경증적 경향을 보이는 사람들이 오히려 과제에 더 많은 노력을 기울임으로써 실제로는 적응을 더 잘 하는 것으로 나타나기도 한다(Matthews & Zeidner, 2000). 정서지능과 성격특성에 관한 이후의 연구들도 일관성 있게 이러한 상관관계를 뒷받침해주고 있다(Bar-On, 1997; Dawda & Hart, 2000; Schutte et al., 1998).

〈표 9-1〉 NEO-PI-R 하위요인과 정서지능의 제 측면

| Costa & McCrae(1992) | Bar-On(1997) | Goleman(1995) |
|---|---|---|
| 신경증(Neuroticism) | | |
| N1: 불안 | | 불안을 떨쳐버릴 수 있는 능력(R) |
| N2: 적대감 | | |
| N3: 우울 | 행복감(R) | |
| N4: 자의식 | 자기존중(R) | |
| N5: 충동성 | 충동억제(R) | 충동성을 억제함(R) |
| N6: 상처받기 쉬움 | 스트레스에 대한 내성(R) | |
| 외향성(Extraversion) | | |
| E1: 온정 | | |
| E2: 사교성 | | |
| E3: 자기주장 | 자기주장 | |
| E4: 활동성 | | |
| E5: 자극추구 | | |
| E6: 긍정적 정서 | 낙천성 | |
| 경험에 대한 개방성(Openness to Experience) | | |
| O1: 공상 | | |
| O2: 심미성 | | |

| | | |
|---|---|---|
| O3: 감정 | 정서적 자기지각 | 감정인식 |
| O4: 행동 | 융통성 | |
| O5: 아이디어 | 현실감 검사 | |
| O6: 가치 | 독립성 | |
| **친화성(Agreeableness)** | | |
| A1: 신뢰 | 상호 관계 | |
| A2: 솔직함 | | |
| A3: 이타심 | | 타인의 욕구나 필요에 맞춤 |
| A4: 추종 | | 타인과 부드럽게 상호작용 |
| A5: 겸손 | | |
| A6: 감수성이 강함 | 공감 | 공감지각 |
| **성실성(Conscientiousness)** | | |
| C1: 역량 | 문제해결 | |
| C2: 질서준수 | | |
| C3: 책임감 | 사회적 책임감 | |
| C4: 성취추구 | | 열정과 인내 |
| C5: 자기훈련 | | 자기동기화 능력 |
| C6: 신중성 | | |

출처: McCrae, R. R. (2000). Emotional intelligence from perspective of five-factor model of personality. In R. Bar-On & J. D. A. Parker (Eds.), *The handbook of emotional intelligence*. San Francisco, CA: Jossey-Bass.
주의: R 표시는 역으로 채점했을 경우 NEO-PI-R과 상응한다.

정서 지능이 지능과 성격특성 중 어느 것과 상관이 높은지 확인하기 위한 우리나라의 연구(공세희, 2013)에서도 정서지능과 학문지능과의 상관보다 성격특성과의 상관이 더 높은 것으로 나타나, 정서지능과 성격특성과의 상관관계를 지지해주는 것으로 나타났다. 만약 이처럼 정서지능이 성격특성과 여러 요인을 공유하고 있다면, 성격에 대한 수십 년간의 연구를 바탕으로 하여 정서지능의 많은 부분을 설명할 수 있을 것이다.

첫째, 성격의 각 구성요소들은 통합적인 하나의 단일 구인을 형성하지 않는다.

즉, 불안감을 극복할 수 있는 사람이라고 해서 반드시 자신의 감정을 조절할 수 있는 것은 아니며, 열정이나 인내심을 가지고 있는 것도 아니다. 이러한 측면에서 본다면 정서지능도 단일 구인이라기보다는 각각 별개의 하위요인으로 구성되어 있으며, 동시에 정서지능의 한 하위요인에서 높은 점수를 얻었다 하더라도 다른 하위요인에서는 낮은 점수를 얻을 수 있을 것으로 볼 수 있다.

Robert McCrae

Jonathan Cheek

둘째, 성격의 5요인을 구성하는 특성들은 유전적인 요인의 영향을 크게 받으며(Riemann, Angleitner, & Strelau, 1997), 이는 성인기까지도 상당히 지속적이라는 것이다(Costa & McCrae, 1997). 이러한 사실은 전통적인 학문지능을 의미하는 IQ가 상대적으로 고정적인 것인 데 반해 정서지능은 가변적인 것임을 주장하는 연구자들에게는 상당히 반갑지 않은 사실이다. 시간의 경과에 따른 성격의 일관성은 유전과 환경 간의 대립과 마찬가지로 논쟁의 여지가 많은 부분이다. 그러나 기질과 같은 성격의 핵심적인 부분은 상당히 안정적이며, 이러한 관점에서 본다면 정서지능의 핵심적인 부분도 지속적인 속성으로 이해할 수 있을 것이다.

셋째, 성격에서의 개인차는 성인기까지도 상당히 지속적이지만, 성숙도 영향을 미친다. 청년 후기에서 30세까지 신경증, 외향성, 개방성은 감소하는 반면, 친화성이나 성실성은 증가한다(McCrae et al., 1999). 이러한 두 가지 경향이 상쇄된다면, 정서지능과 연령 간에는 상관관계가 없다고 말할 수 있을 것이다. 그러나 이러한 사실은 상이한 정서지능의 여러 특성들을 하나의 단일 구인으로 통합하기보다는 이들 간에 구분을 고수하는 것이 더 의미가 있음을 말해주는 것이기도 하다(Briggs & Cheek, 1986).

넷째, 우리는 자기보고 방식이나 관찰자 평정방식을 통해 성격특성을 어떻게 평가해야 할 것인가에 대해 많은 것을 알고 있다(McCrae, 1994). 그러므로 정서지능의 여러 특성들을 평가하기 위해 새로운 척도를 개발하기보다는 NEO-PI-R과 관

Natalie Phillips

련된 척도나 기존의 다른 5요인 성격모델 척도를 사용하는 것이 보다 슬기로운 방법일 것이다(John, Donahue, & Kentle, 1991; Wiggins, Trapnell, & Phillips, 1988).

### 3) 경험에 대한 개방성과 정서지능

많은 연구자들은 정서지능이 5개의 기본적 성격요인 가운데 '경험에 대한 개방성'과 특히 관련이 있는 것으로 보았다(McCrae & Costa, 1997). 지능이 무엇을 의미하는가를 설명하고자 할 때, 일반인들은 지능을 '개방적인 마음가짐을 유지하는 것' '새로운 것을 시도하는 것' '호기심을 보이는 것'과 같은 특성을 열거한다는 것이다(Sternberg et al., 1981).

개방성은 새로운 것, 다양한 것이나 경험 자체에 대한 강한 호기심으로 나타난다. 개방적인 사람은 상상력이 풍부하고, 민감하며, 융통성이 있고, 호기심이 많으며, 독립적인 반면, 폐쇄적인 사람은 침체되어 있고, 사무적이며, 보수적이다. 경험에 대한 개방성은 비록 인본주의 심리학자들에 의해 자아실현의 수단으로 간주되기도 하지만, 순수하게 긍정적인 속성으로만 볼 수는 없다. 개방적인 사람이 보이는 정서적 민감성은 다른 사람들보다 예민하게 고통이나 기쁨을 받아들인다는 것을 의미한다(McCrae & Costa, 1991). 그러므로 개방적인 사람들은 어떤 측면에서는 정서적으로 취약하다고 볼 수도 있다(Druschel & Sherman, 1999; Frenkel-Brunswik, 1950, 1969).

개방성의 하위척도 가운데 정서지능과 가장 직접적으로 관련된 하위요인은 '감정(feelings)에 대한 개방성'이며, 이는 "자신의 내부에서 일어나는 느낌이나 정서를 수용하고, 정서를 생활의 중요한 부분으로 평가하는 것"(Costa & McCrae, 1992, p. 17)으로 정의할 수 있다. Mayer 등(2000a)은 정서적으로 총명한 사람은 타인이 느끼는 감정에 대해 감정이입을 잘한다고 하였으며, Goleman(1998)도 정서지능의 구성요소로 감정이입을 언급하였다. NEO-PI-R의 감정에 대한 개방성의 하위 문항 가운데 하나는 타인이 느끼는 감정에 감정이입하는 것이다. Gardner(1983)의 대인

관계 지능이 바로 이러한 감정이입과 관련이 있으며, 감정에 대한 개방성에서 높은 점수를 받은 응답자들은 상당히 폭넓은 감정이입을 경험한다고 하였다.

정서지능과 성격특성 간의 이 같은 관련성에 비추어 본다면, 정서지능이 일종의 성향인지 능력인지에 대해 논란을 하기보다는, 정서적 경험을 처리하는 데에는 특별한 능력과 성격특성 모두가 필요하다고 보는 것이 현명할 것이다. 이들 두 가지 측면을 통합함으로써 정서지능을 통해 향상시킬 수 있는 자기통제나 효율적인 관리, 융통성 있는 계획과 같은 실생활에서의 성취를 보다 잘 예측할 수 있을 것이다.

### 4) 경험에 대한 개방성과 심리적 마음자세

자신의 행동이나 경험의 의미나 원인을 알고자 하는 의도를 가지고 사고와 느낌, 행위의 관련성을 조망할 수 있는 능력을 의미하는 심리적 마음자세의 개념은 경험에 대한 개방성과도 관련이 있다고 볼 수 있다. 초기에 심리적 마음자세의 개념을 측정하기 위해 캘리포니아 성격척도가 널리 사용되었다는 점은 바로 성격의 여러 차원과 심리적 마음자세가 하나의 측정도구로 통합될 수 있는 가능성을 보여주는 것이라고 볼 수 있다. 또한 지나치게 경험에 대한 개방성 수준이 높은 사람들이 보이는 정서적 민감성이 어떤 측면에서는 정서적으로 취약하다고 볼 수 있듯이, 높은 수준의 심리적 마음자세도 부적응적인 측면이 존재한다는 점에서 이들 개념은 유사하다고 볼 수 있다.

이들 개념 간에 차이가 있다면 심리적 마음자세는 주로 자기 내부의 마음상태와 관련된 내부지향적인 것이라면 경험에 대한 개방성은 경험에 대한 강한 호기심을 의미하는 보다 외부지향적인 특성을 갖는다는 점이다. 그리고 성격척도의 한 차원으로서 경험에 대한 개방성은 한 개인을 묘사해주는 일상적인 지표로서 널리 활용되는 반면, 심리적 마음자세는 심리치료의 성공을 예측하기 위한 효과적인 개념으로 임상적인 의미가 큰 개념이다. 또한 성격이 시간의 경과에 따라 비교적 안정적인 속성임에 반해 심리적 마음자세는 문화적 요인이나 양육자 변인에 따라 다소 가변적인 속성으로 인정되고 있다.

그러므로 내부지향적인 개방성을 의미하는 심리적 마음자세의 개념과 외부지향적인 개방성까지를 의미하는 경험에 대한 개방성은 하나의 통합된 구인으로서 개인의 정신건강에 중요한 예측변인으로 작용할 수 있을 것으로 볼 수 있다. 아직까지 이러한 관점에서 두 가지 개념을 결부시킨 연구는 발견할 수 없었다. 그러나 이러한 통합적인 관점의 연구를 통해 비교적 가변적인 속성인 심리적 마음자세 수준을 변화시킴으로써 경험에 대한 개방성 수준도 변화시키고, 나아가 상당히 안정적인 특성으로 평가되는 성격을 변화시키는 것이 가능하다면 이는 한 개인의 적응능력을 높여 주는 데 큰 기여를 할 수 있을 것이라고 생각한다. 최근 많은 사람들의 관심을 끌고 있는 명상법 등과 같은 마음 다스리기 문화도 바로 이러한 움직임의 일환으로 볼 수 있을 것이다.

# 제10장 정서와 정서지능의 측정방법

정서나 정서지능을 측정하는 방법에는 한 가지만이 있는 것이 아니므로 각 측정방법은 연구목적이나 문제에 따라 선택되어야 한다. 또한 각 측정방법이 지닌 강점과 약점을 알고 각 측정방법을 사용한 연구결과를 이에 따라 이해할 필요가 있다. 본 장에서는 이를 위해 일반적인 정서 측정방법을 살펴본 후, 구체적인 정서지능 측정방법을 다룰 것이다.

먼저, 일반적으로 정서를 연구할 때 사용되는 측정방법에는 질문지나 면접 형식 등을 이용한 피검자의 자기보고방식, 제3의 관찰자가 평가하는 행동평가 방식, 생리적 지표를 이용하는 방식 등이 포함된다. 이들 세 가지 방식으로 측정된 정서 간의 관련성은 낮은 편이고 각 방법을 이용한 측정치는 보통 각각의 반응체계로 간주된다. 따라서 각 방법의 특성을 이해하여 연구목적에 따라 적절한 방법을 선택하는 것이 중요하다. 여기서는 이들 각 방법의 특성과 대표적인 측정도구와 연구를 일부 소개하고자 한다.

이어서, 본 장의 후반부에서는 정서지능을 측정하는 방법에 중점을 두고 설명할 것이다. 정서지능을 측정하기 위해 개발된 검사방법들은 많으나, 경험적 자료를 이용해 학문적으로 검증된 검사방법은 소수이다. 여기서는 빈번히 사용되며 심리측정학적 특성이 있는 정서지능검사를 중심으로 살펴보고자 한다. 이들 각 검사에서 정의하고 있는 정서지능이란 무엇이고, 이를 측정하기 위한 문항은 어떤 것이 있는지 살펴볼 것이다. 또한 각 검사형태의 강점과 약점에 대해서도 알아볼 것이다.

## 1. 정서의 측정방법

여기서는 정서를 측정하는 방법을 다음과 같은 순서로 소개하고자 한다. 먼저, 주로 질문지 형식으로 응답하는 자기보고식 방법과 더불어 많이 활용되는 검사도구를 예를 들어 설명하고자 한다. 다음으로 행동평가에 관해 동물을 대상으로 실험실에서 평가한 경우와 자연관찰을 통해 평가한 경우를 소개한 후, 인간을 대상으로 행동, 표정, 발성을 평가하는 방식을 다룰 것이다. 끝으로 보다 최근 활발히 사용되는 심리생리적 특성을 측정하여 정서를 평가하는 방법을 소개하고자 한다.

### 1) 자기보고

Brian Parkinson

자기보고방식은 개인이 인식하고 있는 정서상태를 측정하고자 할 때에 적절한 방법이라 할 수 있다. 이 방식은 간단하고 편리하므로 정서를 측정할 때 가장 일반적으로 사용되고 있지만, 개인의 인식이 사회적 기대나 기준 등에 따라 왜곡될 수 있다는 문제점이 있다. 특히 측정 당시에 나타나는 정서를 보고하는 것이 아니라면 왜곡된 보고이거나 편견에 따른 보고일 가능성이 더 커지게 된다(Parkinson & Manstead, 1993; Smith & Lazarus, 1993).

자기보고식으로 정서를 평가하는 구체적 방법 중 하나는 한 번에 한 가지 정서에 중점을 두고 이를 측정하는 것이다. 이러한 형태는 상대적으로 지속적인 인성특성이나 정서 경향을 평가하는 데 사용된다(Carlson & Hatfield,

1992). 널리 사용되는 검사도구의 예로 Beck의 자기보고식 우울 척도 (Beck Depression Inventory; Beck et al., 1961)나 상태-특성 불안 척도 (State-Trait Anxiety Inventory; Spielberger, Gorsuch, & Lushene, 1970)를 들 수 있다. 특히 상태-특성 불안 척도는 '불안'이라는 정서를 측정하는 데 있어 순간적인 상태 불안과 지속적인 특성 불안을 모두 측정할 수 있도록 만들어져 있다.

Charles Spielberger

### 자기보고식 우울 척도인 BDI (Beck Depression Inventory II)의 문항 예시

본 질문지는 총 21문항으로 되어 있습니다. 각 문항을 읽고 지난 2주 동안 여러분이 어떻게 느꼈는지 가장 잘 묘사하는 것을 선택하십시오.

1. 슬픔
   0 나는 슬프지 않다.
   1 나는 대부분의 시간에 슬프다.
   2 나는 늘 슬프다.
   3 나는 너무 슬퍼서 견딜 수가 없다.

............

9. 자살에 대한 생각
   0 나는 자살에 대해 생각해본 적이 없다.
   1 나는 자살에 대해 생각해본 적이 있지만 실천하지는 않을 것이다.
   2 나는 자살하고 싶다.
   3 나는 기회가 있었으면 자살했을 것이다.

10. 울음
   0 내가 우는 정도는 예전과 다름없다.
   1 나는 예전보다 더 많이 운다.
   2 나는 모든 작은 일에도 울게 된다.
   3 나는 울고 싶은데 울 수가 없다.

## 상태-특성 불안 척도의 일부 문항 예시

특성 불안 척도의 문항 예

다음 각 문항은 사람들이 보통 자신을 묘사할 때 쓰는 표현입니다.
각 문항을 읽고 여러분이 평상시에 어떻게 느끼는지 〈보기〉를 이용해 답하십시오.

〈보기〉 0 = 전혀 그렇지 않다
1 = 가끔 그렇다
2 = 자주 그렇다
3 = 늘 그렇다

| | |
|---|---|
| 나는 울고 싶다 | 0 1 2 3 |
| * 나는 편안하다 | 0 1 2 3 |
| 내 앞에는 어려운 일이 쌓여 있어서 극복하지 못할 것 같은 생각이 든다 | 0 1 2 3 |
| 나는 자신감이 부족하다 | 0 1 2 3 |

상태 불안 척도의 문항 예

다음 각 문항을 읽고 여러분이 지금 이 순간에 느끼는 정도를
아래 〈보기〉를 이용해 답하십시오.

〈보기〉 0 = 전혀 그렇지 않다
1 = 약간 그렇다
2 = 상당히 그렇다
3 = 매우 많이 그렇다

| | |
|---|---|
| * 나는 평온하다 | 0 1 2 3 |
| 나는 긴장된다 | 0 1 2 3 |
| * 나는 편안하다 | 0 1 2 3 |
| 나는 신경이 날카롭다 | 0 1 2 3 |

* 표시 문항은 역으로 점수화함.

Bernard Lubin

자기보고식의 또 다른 방법은 정서의 질과 양을 동시에 측정하는 것이다. 이는 한 번에 여러 가지 정서에 대해 질문하고 해당 정서를 평상시에 또는 응답 당시에 얼마나 느끼는지 보고하게 하는 것이다. 예를 들면, 형용사적인 정서 목록을 나열해 현재 어떤 정서를 어느 정도로 느끼는지 답하게 한 후, 측정당시 피검자의 정서상태를 평가하는 것이다. 널리 사용되는 검사도구의 예로는 다중정서 형용사 체크리스트(MAACL; Zuckerman & Lubin, 1965)나 기분 형용사 체크리스트(MACL; Nowlis & Nowlis, 1956) 등을 들 수 있다. 다중정서 형용사 체크리스트(Multiple Affect Adjective Checklist: MAACL)는 피검자가 불안, 우울, 분노-적대감으로 구성된 부정적 정서를 어느 정도 경험하고 있는지를 평가한다. 질문지에는 '불안정한, 공격적인, 화나는, 격분한, 조용한' 등의 총 132개의 형용사가 제시되어 있다. 피검자들은 이들 형용사 리스트를 보고 자신의 감정을 묘사한다고 생각되는 것에 표시한다. 각 형용사는 특정 정서와 정적으로 또는 부적으로 관련되어 있다. 예를 들어, 불안과 관련하여 '불안정한'은 정적(+)으로, '침착한'은 부적(-)으로 관련되어 있다. MAACL 점수는 불안, 우울, 분노-적대감, 이들 세 가지 정서와 관련해 나타난 (+)의 수에서 (-)의 수를 뺀 값이다. 기분 형용사 체크리스트(Mood Adjective Checklist: MACL)는 긍정적 정서와 부정적 정서 모두를 평가하도록 고안된 것이다. 총 200개의 형용사를 제시하고 화난, 기분 좋은 등의 각 형용사에 대해 현재 자신의 기분과 매우 유사하면 (2점), 약간 유사하면 (1점), 유사하지 않으면 '전혀 다름' (0점)에 표시하도록 한다. 33개 형용사로 구성된 간략형 MACL(Nowlis, 1970)도 있다.

Henry Kellerman

그 밖에 정서분야에서 많이 사용되는 정서특성지표(Plutchik & Kellerman, 1974)도 자기보고식 검사의 하나이다. 정서특성지표(Emotion Profile Index: EPI)는 Plutchik(1970)이 주장한 8가지 기본 정서(두려움, 분노, 기쁨, 슬픔, 수용, 혐오, 기대, 놀람)가 피검자에게 얼마나 많이 나타나는가를 측정하는 것이다. EPI는 총 43문항으로 되어 있다. 각 문항은 하나의 쌍으로 되어 있으며 피검자들은 두 문

### 기분 형용사 체크리스트인 MACL의 일부 문항 예시

아래의 단어들은 기분이나 느낌에 대한 것입니다. 각 단어가 지금 현재 여러분의 느낌을 얼마나 잘 나타내는지 〈보기〉를 이용해 답하십시오. 오래 생각하지 말고 처음 든 생각대로 답하십시오.

〈보기〉 현재 여러분의 기분과 매우 유사하면 ✓✓ 표시에, 현재 여러분의 기분과 약간 유사하면 ✓ 표시에, 현재 어떤지 모르겠으면 ? 표시에, 현재 여러분의 기분과 전혀 유사하지 않으면 '전혀 다름'에 동그라미 하십시오.

| | | | | |
|---|---|---|---|---|
| 화가난 | ✓✓ | ✓ | ? | 전혀 다름 |
| 신경이 곤두선 | ✓✓ | ✓ | ? | 전혀 다름 |
| 걱정이 없는 | ✓✓ | ✓ | ? | 전혀 다름 |
| 집중하는 | ✓✓ | ✓ | ? | 전혀 다름 |
| 졸린 | ✓✓ | ✓ | ? | 전혀 다름 |
| 다정한 | ✓✓ | ✓ | ? | 전혀 다름 |
| 후회되는 | ✓✓ | ✓ | ? | 전혀 다름 |
| 의심스러운 | ✓✓ | ✓ | ? | 전혀 다름 |
| 자랑스러운 | ✓✓ | ✓ | ? | 전혀 다름 |
| 활동적 | ✓✓ | ✓ | ? | 전혀 다름 |
| 반항적 | ✓✓ | ✓ | ? | 전혀 다름 |
| 두려운 | ✓✓ | ✓ | ? | 전혀 다름 |

항 중 자신을 더 잘 묘사하는 것을 선택하게 된다. 예를 들어, '우울한-성을 잘 내는' 중 자신을 좀더 잘 묘사하는 것을 택하게 한다. 피검자들이 선택한 것에 8가지 기본정서가 어느 정도 반영되어 있는지를 점수화하여 8가지 기본정서에 대한 점수를 산출한다. EPI는 장기간에 걸쳐 만들어진 개인의 정서상태에 대한 지표를 제공하므로 연구자들은 이를 이용해 각 개인이나 집단의 정서지표를 비교할 수 있다 (Plutchik, 1980). 예를 들어, EPI를 이용하여 일반 집단과 조울증환자 집단의 정서지

표를 비교한 몇몇 연구에 따르면, 일반 집단은 상대적으로 기쁨, 수용, 기대가 높은 데 반해 조울증환자 집단은 슬픔, 분노가 높고 기쁨과 수용이 낮게 나타났다.

### 2) 행동평가

정서에는 표정, 목소리, 자세와 같은 표현적 반응이 수반된다. 따라서 각 정서는 특정 표현 패턴과 관련이 있다(Ekman, 1994). 예를 들어, 분노한 경우에는 고정된 시선, 찌푸린 눈썹, 굳게 다문 입술, 강렬한 움직임, 고양된 목소리 등이 나타나게 된다(Ekman & Friesen, 1975). 행동평가방식은 정서상태와 관련해 이처럼 관찰이 가능하게 표현된 행동을 측정하는 것이다. 이는 동물을 대상으로 하는 연구나 감정을 언어로 잘 표현하기 힘든 유아나 아동 혹은 정서적으로 문제가 있거나 정신적인 장애가 있는 사람을 대상으로 연구할 때에 유용한 방법이다. 또한 이 방법은 사람들이 감정을 드러내기 꺼려하는 상황에서 정서를 평가하고자 할 때에도 많이 사용된다.

동물을 대상으로 하는 경우에 동물학자와 동물행동학자는 정서를 측정하기 위한 특정 행동평가방법을 사용한다. 동물학자들은 일반적으로 실험실에서 동물의 정서반응을 측정하는 경우 단순한 기준 자극에 대한 동물의 정서반응을 측정하는 방법을 이용한다. 반면 동물행동학자들은 자연상황에서 보다 복잡한 정서패턴을 연구하는 경향이 있다. 인간을 대상으로 하는 경우, 정서를 측정할 때에 표정을 평가하는 방법과 음성적 표현을 평가하는 방법 그리고 일반적 반응이나 움직임을 평가하는 방법 등이 있다. 누구를 대상으로 하든 정서행동을 평가하기 위해 다양한 행동관찰 체크리스트나 실험도구 등을 사용한다.

#### (1) 동물을 대상으로 한 정서행동측정

동물을 대상으로 하는 정서행동에 관한 연구는 크게 실험실연구와 실제 동물의 생활 맥락에서 관찰하는 동물행동학적 관찰연구로 나눌 수 있다. 전자는 다양한 실험 자극을 제시하고 이에 대한 동물의 행동반응을 관찰하는 방법이고 후자는 자연

사진 설명: 각인현상을 실험하는 Lorenz

사진 설명: 실험실의 Ivan Pavlov

적이고 사회적인 맥락에서 보다 폭넓게 동물의 행동을 관찰하는 방법이다.

① 실험실연구

실험실연구에서는 주로 좌절이나 박탈상황에서 보이는 동물의 반응을 살펴보았다. 이 방법의 장점은 실험하기가 용이하고 단순한 표준화된 자극을 사용할 수 있으며 정서반응을 보다 정확하게 수량화할 수 있다는 점이다. 실험실연구에서는 보통 반응의 강도, 반응까지 걸리는 시간, 반응률이나 빈도, 반응의 고착현상 등을 측정한다.

실험실에서 자극을 제시하고 이에 대한 동물의 정서행동을 기록한 고전적 연구 중의 하나로 Ivan Pavlov(1927)가 개를 대상으로 한 실험신경증(experimental neurosis) 연구를 들 수 있다. 이 연구에서 Pavlov는 과제의 난이도를 점차적으로 높여가면서 개의 반응을 관찰하고 마침내 수행하기 불가능할 때까지 난이도를 높인 후, 개의 정서행동을 기록하였다. 이 실험에서 먼저, 스크린에 원이 나타나면 곧이어 개에게 음식을 주고 타원이 나타나면 음식을 주지 않았다. 이를 반복하여 개는 음식이 제공되지 않아도 원만 보면 타액을 분비하게 조건화 되었다. 처음에는 원과 타원의 구분이 쉬웠지만 난이도를 점점 높여서 타원의 모양이 보다 원에 비슷해지게 만들어갔다. 마침내는 그 모양을 구분하는 것이 거의 불가능할 정도로 유사하게 만들었다. 개는 이처럼 불가능한 과제에 대해 원과 타원을 구분해내기 위해 인내심을 갖고 3주간 애를 썼다. 하지만 마침내 이러한 좌절 과제는 개를 정신적으로 압도하였다. 개는 분노하고 절망

사진 설명: 실험실 내 Pavlov와 연구원들

한 듯 보이는 매우 심한 정서반응을 보였다. 예를 들어, 평소 매우 얌전하였던 개가 심하게 소리를 지른다든지 계속해서 몸부림치고 실험도구를 물고 동물실에서 관찰실까지 가로지르는 등 이전에는 한 번도 보이지 않던 행동을 나타내었다. 이 실험에서 관찰된 개의 정서행동으로 코를 킹킹거리거나 몸을 부들부들 떠는 불안행동, 지나치게 빠르거나 지나치게 느린 행동, 실험장치나 실험실 내에서 먹지 않는 행동, 많이 자거나 졸려하는 등의 심한 위축행동을 들 수 있다. 연구자는 이러한 행동을 '신경증'으로 볼 수 있다고 결론지었다(Kimble, 1961).

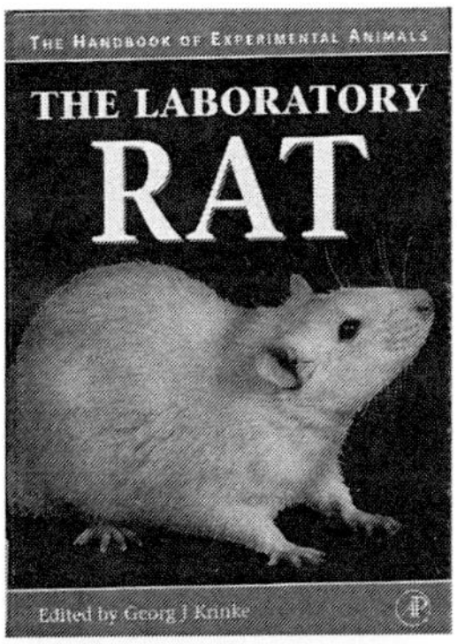


쥐를 대상으로 한 실험실연구도 다수가 있다. Carlson(1968)의 좌절반응 실험실연구를 예로 들면 다음과 같다(사진 참조). 이 연구에서는 처음에 쥐가 첫 번째 레버를 누르자마자 작은 음식 덩어리가 쥐가 갇혀 있는 상자에 떨어지도록 만들고, 이어서 두 번째 레버를 누르자마자 더 많은 음식이 상자에 떨어지도록 하였다. 그런 후, 좌절 상황을 만들어 쥐가 첫 번째 레버를 누를 때 반은 음식을 떨어지게 하고 반은 아무런 보상이 없도록 하였다. 따라서 쥐는 어느 때에 음식이 떨어지는지 알 수가 없었다. 쥐가 이어서 두 번째 레버를 누르면 늘 음식이 떨어지게 하였다. 이런 좌절 상황에서 쥐의 정서가 행동에 반영되어 나타났다. 먼저, 쥐가 첫 번째 레버를 누르는 시도가 점점 느려졌다. 다음으로, 좌절을 경험한 후(첫 번째 레버를 눌렀는데도 음식이 떨어지지 않는 경우)에는 음식이 떨어진 경우에 비해 두 번째 레버를 누르는 행동이 매우 빨라졌다. 연구자는 두 번째 레버를 누르는 쥐의 행동이 빨라진 것에 대해 좌절이라는 정서를 경험한 후 쥐의 행동이 변한 것으로 해석하였다.

② 동물행동학적 관찰연구

동물행동학자들은 자연적인 상황에서 나타나는 동물들의 행동을 관찰한다. 예를 들어, 지배적이거나 순종적인 쥐가 나타났을 때 상대편 쥐의 정서반응을 관찰한

사진 설명: 동물행동학적 관찰연구에서 사용되는 카메라

사진 설명: 상대 비비의 이나 벌레를 잡아주고 있는 비비

다든지, 쥐가 어떤 상황에서 공격적으로 변하는지 등을 관찰한다. 동물행동학적으로 접근하는 경우 매우 복잡한 수준의 정서행동을 관찰할 수 있다. 일례로 아프리카 나이로비의 한 공원에서 비비라는 아프리카 남아시아산 원숭이를 관찰한 Buirski 등(1973)의 연구를 들 수 있다. 이들은 Plutchik의 정서특성지표(EPI)를 자연상황에서 동물의 정서행동을 평가할 수 있도록 수정하였다. 3명의 연구자가 약 3주에 걸쳐 35시간 동안 작은 비비 무리를 관찰하였다. 비비 두 마리가 있으면 매번 어느 한 비비가 다른 비비의 털을 부드럽게 빗어주고 벌레나 이를 잡아주는 행동을 하는 것을 관찰하였다. 3명의 연구자들은 각 비비가 어느 비비에게 이런 행동을 얼마나 오랫동안 하는지를 기록하여 이를 바탕으로 비비 내 위계를 파악하고 EPI를 이용해 이들의 일반적 정서행동을 평가하였다. 각 비비가 다른 비비를 만났을 때 얼마나 호전적인지, 두려워하는지, 호기심을 보이는지, 성질을 내는지, 반항적인지, 우울한지, 지배적인지, 장난을 치는지, 사교적인지, 순종적인지를 평가하였다. 그 결과, 정서특성지표와 위계 간에 관계가 있는 것으로 나타났는데, 예를 들어, 매우 지배적인 비비는 다른 비비

의 털을 빗어주거나 벌레를 잡아주는 행동을 거의 하지 않았지만 다른 비비들의 주목을 받았다. 공격적이고 두려워하지 않는 비비일수록 다른 비비들이 와서 털을 빗어주는 행동을 보였다.

### (2) 인간을 대상으로 한 정서행동측정

인간의 사고나 감정은 얼굴이나 신체에 자신도 모르는 사이에 반영된다. 예를 들어, 정서 경험은 눈에 보이지 않게 미세하게 얼굴의 근육을 움직인다. 때로는 이러한 표정의 변화가 매우 확연하게 나타나기도 한다. 연구자들은 이러한 표정이나 신체움직임의 변화를 보다 잘 측정하기 위해 여러 가지 방법을 개발하였다. 몇 가지 대표적인 예를 살펴보기로 한다.

#### ① 일반적인 행동평가

유아의 정서표현을 측정하기 위해 사용된 초기 척도 중의 하나는 Bayley(1969) 검사의 하위검사 중 하나이다. Bayley 검사는 생후 1개월에서 42개월까지의 영유아발달정도를 평가하기 위한 것으로 지능발달검사, 운동발달검사, 행동발달검사로 구성되어 있다. 이 중 행동발달검사(Infant Behavior Record: IBR)는 영유아의 정서발달 수준을 평가하는 표준화된 검사 중 하나로 집중력, 검사항목이나 검사자 및 보호자에 대한 태도, 감정조절능력 등을 평가한다. 이 검사는 '두려움'이나 '흥분'과 같은 정서행동을 포함해 30가지 특질로 구성되어 있다. 전문가가 각 특성에 대해 빈도, 정도, 반응까지 걸리는 시간을 9점 리커트식 척도로 평가하도록 되어 있다. 이는 일반적인 정서발달이나 행동을 측정할 수 있는 표준화된 검사이긴 하지만, 이후의 실제적 능력을 예측하지는 못하는 것으로 보고 있다.

Nancy Bayley

② 표정평가

표정을 이용한 검사는 얼굴에 표현된 특징이 각 정서와 연관이 있다는 이론을 바탕으로 개발되었다. 대표적인 평가도구의 예로 MAX(Maximally Discriminative Facial Moving Coding System, Izard, 1979), AFFEX(Affective Expressions Scoring System, Izard, 1982), FACS(Facial Action Coding System, Ekman & Friesen, 1978), 영아용 FACS(Facial Action Coding System, Oster, 1978) 등이 있다. 이들은 대부분 정지화면이나 짧은 비디오 자료를 바탕으로 하여 얼굴에 표현된 정서를 분석하는 방법이다. 〈그림 10-1〉은 MAX로 측정한 유아의 표정의 예들이다.

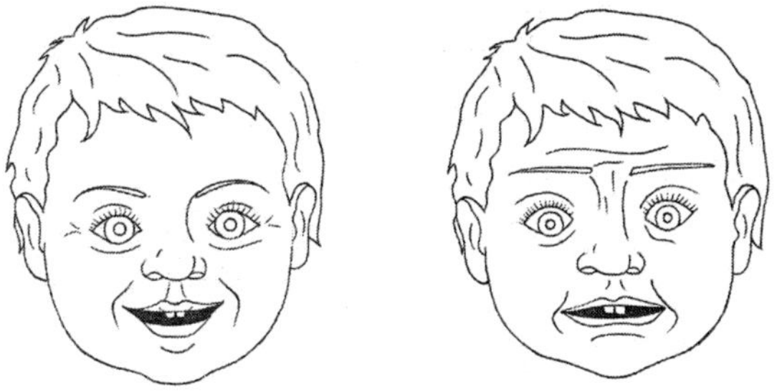

〈그림 10-1〉 유아의 표정 (좌: 행복, 우: 두려움)

출처: Izard, C. E. (1979). *The maximally discriminative facial movement coding system(MAX)*. Newark, Delaware: Psychology Department, University of Delaware.

AFFEX 방식(Izard & Dougherty, 1982)의 경우, 평정자가 10가지 기본 정서인 흥미, 기쁨, 놀람, 고통, 분노, 혐오, 경멸, 두려움, 수치심, 죄책감과 연관된 얼굴표현을 구별하도록 훈련시킨다. 유아가 이들 정서를 나타내는 사진이나 화가의 그림, 비디오테이프 등을 보여주고, 이들이 정서를 경험하거나 고통을 느낄 때의 이마, 눈, 입 주변에 어떤 변화가 일어나는지를 학습한다. 훈련과정을 모두 거친 후, 유아가 표현하는 정서를 평가하도록 한다. MAX 방식(Izard, 1979) 또한 이처럼 기본정서와 관련된 얼굴표현만을 중심으로 평정하는 것이다. 여기서는 유아의 얼굴을 5부분으로 나누어 각 부분에서 나타나는 표현을 매초마다 코딩한다(〈표 10-1〉 기쁨 표정의 예 참조).

〈표 10-1〉 기쁨을 나타내는 다양한 표정과 MAX/AFFEX 코드의 예

| 얼굴 움직임 | MAX/AFFEX 코드 | 맥락 |
|---|---|---|
| 입을 다문 채 미소를 지음 (예: 씽긋 웃음) | 0-0-52 CL 기쁨 | 사회적/장난감 놀이 까꿍놀이 |
| 뒤센느 미소 (뺨이 약간 올라가고 눈가에 주름이 생김) | 0-33-52 기쁨 | 사회적 상호작용 엄마와 간지럼 놀이 |
| 입을 벌리고 이를 드러냄 | 0-0-52/50* 기쁨 | 사회적/장난감 놀이 |
| 노는 동시에 뺨이 약간 올라가고 눈가에 주름이 짐 | 0-33-52/50 기쁨 | 까꿍놀이, 간지럼 놀이 |

출처: Sullivan, M. W. (2003). Emotional expressions of Young Infants and Children. *Infants and Young Children, 16*, 120-142.

FACS(Ekman & Friesen, 1978) 방식은 AFFEX나 MAX보다 훨씬 포괄적인 것으로(Oster et al., 1992), 평정자는 비디오로 녹화된 얼굴표정을 느린 화면으로 보면서 얼굴에 표현된 모든 것을 묘사하게 된다. 이때 묘사된 것을 30가지 행동단위와 14가지 기타행동으로 분석하게 된다.

③ 발성평가

발성을 이용한 도구 또한 얼굴표정과 마찬가지로 발성 신호 패턴과 정서가 밀접히 연관되어 있다는 이론에 바탕을 둔 것이다. 이들 검사는 발성의 고저, 이러한 고저의 변화, 강도, 속도, 소리의 질, 정확히 말하는 정도 등을 이용해 정서가 발성신호에 미치는 영향을 측정한다. 유아의 정서적 발성에 관심을 가지고 있는 연구자들(Johnstone & Scherer, 2000; Scherer,

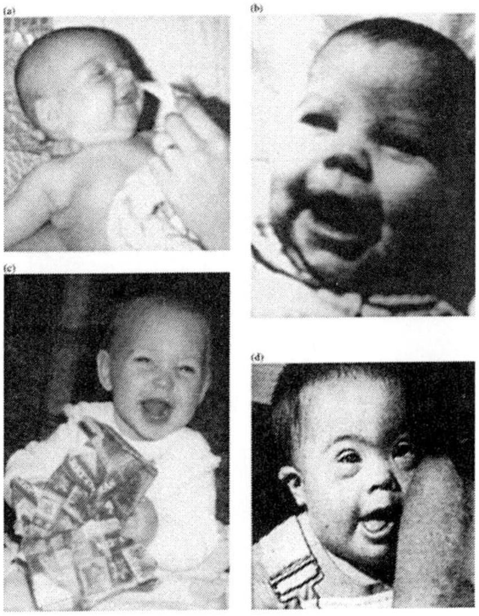


사진 설명: 다양한 기쁨 표정의 예

출처: Sullivan, M. W. (2003). Emotional expressions of Young Infants and Children. *Infants and Young Children, 16*, 120-142.

Klaus R. Scherer

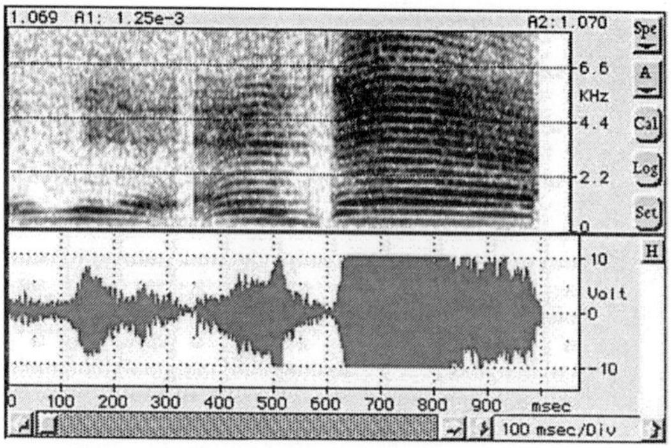


사진 설명: 초기발성분석기(Early Vocalization Analyzor: EVA)를 이용해 측정한 유아의 발성 패턴

1982)은 유아가 내는 조용한 소리, 큰 소리, 비명, 헐떡거림, 날카로운 소리, 옹알이 등을 녹음하여 이들 소리의 높낮이, 범위, 다양성, 큰 정도, 속도 등을 측정한다. 이들은 각 정서마다 관련되는 음향적 속성이 다르다고 본다. 예를 들어, 화난 음성적 표현은 매우 높고 빠른 속도의 소리로 나타나는 반면 슬픈 음성적 표현은 낮고 느린 속도로 나타난다.

### 3) 심리생리적 측정

생리적 활동은 정서의 주요한 요소 중 하나이다. 정서와 자율신경계(ANS)의 관련성에 관심을 가지고 있는 연구자들은 주로 여러 가지 생리적 변화를 기록해왔다. 최근 이에 대한 관심이 증가하고 생리적 반응을 측정하는 기술이 발달함에 따라 심리생리적 측정방법이 많이 사용되고 있다. 예를 들어, 교감신경계와 직결된 심장박동률이나 부교감신경계와 직결된 미주신경긴장도(vagal tone), 불안 등의 정신적 자극에 의한 피부전기전도변화(GSR: Galvanic Skin Response), 혈압, 호흡 등에서 나타나는 변화 등을 측정한다.

인체 내의 중추신경계와 자율신경계의 활동으로 생물학적 · 전기적 신호인 생체전위신호(biopotential)가 끊임없이 방출된다. 따라서 이러한 생체전위신호에서 나타나는 변화로 두뇌활동이나 얼굴 또는 신체근육의 움직임, 혹은 인체기관들의 생리학적 활동을 측정할 수 있다. 심리생리적 측정방법에서는 일반적으로 얼굴이나 신체부위에서 나타나는 생리학적 반응을 매분마다 모니터한다. 이때 보이는 생리적 신호를 전자적으로 증폭하거나 보다 순수하게 걸러내는 과정 등을 통해 측정치를 산출하게 된다.

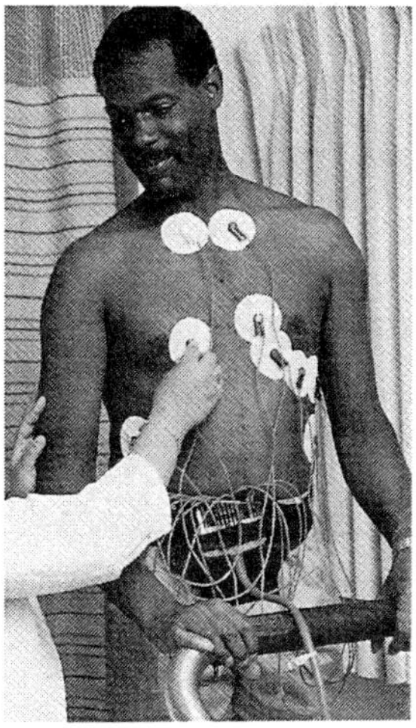

사진 설명: 피검자의 신체에 전극을 부착한다.

이러한 과정을 간략히 설명하면 다음과 같다. 먼저 피검자의 신체표면을 깨끗이 소독한 후 생체전위신호를 감지하기 위한 전극(electrodes)을 부착한다(사진 참조). 전극은 동전크기의 금속성 전도체인데, 이것에 연결된 긴 선을 통해 인체로부터 나온 전류를 컴퓨터의 측정프로그램까지 전달하게 된다. 측정하고자 하는 생체전위신호가 무엇인가에 따라 전극을 부착하는 위치도 달라진다. 다음으로 모니터에 나타난 생체전위신호를 수치로 기록한다. 그런 후, 일반적으로 생체전위신호를 보다 순수하게 여과하는 과정을 거치게 된다. 끝으로 최종 수치를 이용하여 정서와 관련된 심리생리학적 평가를 하게 된다.

대표적인 생리적 측정치의 예를 몇 가지 들면 다음과 같다. 먼저 EMG(electromyogram) 반응은 얼굴 근육의 움직임에 대한 측정이다. 근육의 긴장 정도를 평가하기 위해 전극을 눈썹 위나 이마 부위에 부착한 후, 이를 근전계에 연결하여 측정한다. 일반적으로 얼굴근육에서 방출되는 전기적 신호는 매우 약하므로 EMG 신호를 증

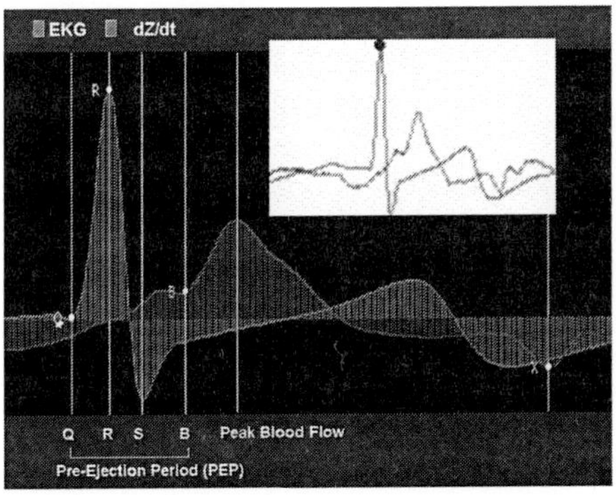


사진 설명: 생체전위신호(EKG) 그래프의 예

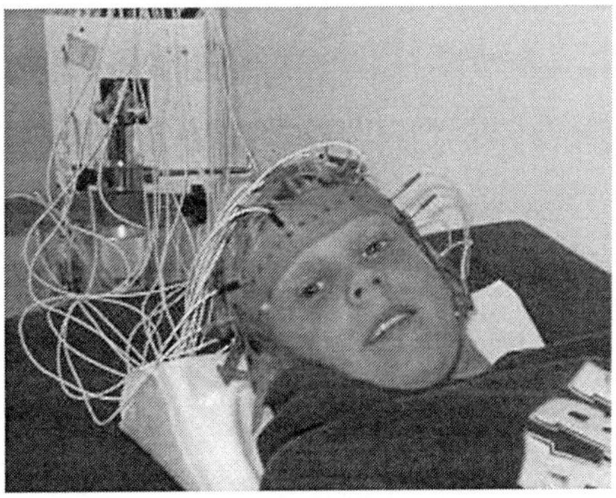

사진 설명: EEG 측정을 위한 장치

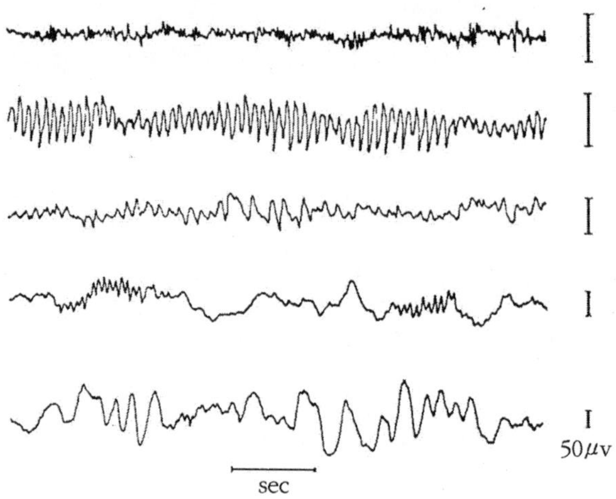


〈그림 10-2〉 EEG 기록의 예
(윗줄부터 흥분 상태, 편안한 상태, 졸린 상태, 잠든 상태, 깊이 잠든 상태의 EEG)

출처: Andreassi, J. L. (1995). *Psychophysiology human behavior and physiological response*. NJ: Lawrence Erlbaum Associates.

폭하고 잡음을 제거하는 여과과정을 거쳐야 한다. EEG(electroencephalograph) 반응은 뇌활동을 평가하기 위해 두뇌 생체전위신호를 측정한 것이다. 예를 들어, 긍정적 자극을 제시하고 뇌의 어느 쪽 반구가 더 많이 활성화되는지를 알아보고자 한다면, 피검자의 두피에 전극을 부착한 후 이를 뇌파기록장치에 기록해 EEG 수치를 산출한다(〈그림 10-2〉 참조). EKG(electrocardiogram) 반응은 심장의 생체전위신호를 측정하는 것으로 혈액양과 심장박동률을 평가한다. 이때는 전극을 가슴 부위에 부착해 심전계에 연결하여 기록하고 EKG 수치를 산출한다. 〈표 10-2〉에 정서연구에서 자주 사용되는 생리학적 측정치를 간략히 제시하였다.

〈표 10-2〉 자주 사용되는 생리학적 측정치 목록

BP (Blood Pressure) - 혈압
BV (Blood Volume) - 혈량, 체내의 혈액 총량
EEG (Electroencephalograph) - 뇌파계
EKG (Electrocardiogram) - 심전도
EMG (Electromyogram) - 근전도
GSR (Galvanic Skin Response) - 피부의 전기적 현상
SCR (Skin Conductance Response) - 피부전도반응
REM (Rapid Eye Movement) - 빠른 안구운동
HR (Heart Rate) - 심장박동률
PP (Pulse Pressure) - 맥박압
PV (Pulse Volume) - 맥박량
RR (Respiration Rate) - 호흡률
BMR (Basal Metabolic Rate) - 기초대사율

## 2. 정서지능의 측정방법

정서지능에 관한 이론적 모형이 제시된 이래 정서지능을 측정하고자 하는 시도는 급증하게 되었다. 여기서는 학문적 수준에서 신중하게 개발된 몇 가지 정서지능 검사를 중심으로 살펴보고자 한다. 정서지능 검사를 선택하고자 할 때는 먼저 특정 검사에서 정서지능을 어떻게 정의하고 있는지 살펴보아야 한다. 어떤 검사는 정서지능이 하나의 지능이라는 이론에 근거해 개발되었고, 어떤 검사는 정서활용 능력이나 사회적 유능성의 측면에 중점을 두고 개발되었다. 검사 방식 또한 다양하여 어떤 검사는 자기보고식으로, 어떤 검사는 제3자의 평가로 측정된다. 따라서 각 검사의 특징을 이해하고 정서지능 연구의 구체적 목적에 따라 적절한 도구를 선택해야 한다. 여기서는 수행능력 검사의 대표적인 예로 Salovey와 Mayer의 정서지능 모형을 바탕으로 한 MSCEIT(Mayer-Salovey-Caruso Emotional Intelligence Test)를 살펴보고 자기보고방식을 이용한 예로는 Bar-On의 모형을 바탕으로 한 EQ-i(Emotional Quotient Inventory) 및 Goleman의 모형을 바탕으로 한 ECI(Emotional Competency Inventory)에 대해 살펴보고자 한다. 〈표 10-3〉에는 이들 세 가지 검사와 그 외에 빈번히 사용되는 몇 가지 정서지능 검사가 간략히 소개되어 있다.

〈표 10-3〉 정서지능 연구에서 많이 사용되는 검사도구

| 검사도구명 | 방식 | 개요 |
|---|---|---|
| MSCEIT (Mayer-Salovey-Caruso Emotional Intelligence Test) | 수행능력 검사 | • Mayer와 Salovey의 정서지능 모형을 바탕으로 개발됨.<br>• 정서지능과 관련된 네 가지 각 영역의 능력을 측정하기 위한 구체적인 과제들로 구성됨. |
| EQ-i(Emotional Quotient Inventory) | 자기 보고식 | • Bar-On의 정서지능모형을 바탕으로 개발됨.<br>• 133문항을 이용해 5개 하위영역과 전체 IQ 점수를 산출함. |
| ECI(Emotional Competency Inventory) | 자기보고 및 타인보고 | • Goleman의 정서지능 모형을 바탕으로 개발됨.<br>• 정서지능을 나타내는 일련의 행동에 대한 평가도구로, 다중 평정자의 점수를 활용함. |
| EIA(Emotional Intelligence Appraisal) | 자기보고 및 타인보고 | • Goleman의 정서지능 모형을 바탕으로 개발됨.<br>• 정서지능을 구성하는 4가지 하위요인을 측정하기 위해 7분간 평가함. |
| LEAS(Levels of Emotional Awareness) | 자기보고 | • 자신과 타인의 정서를 인식하고 있는 수준을 측정함. |
| SREIT(Self-Report Emotional Intelligence Test) | 자기보고 | • Salovey와 Mayer의 모형 등을 바탕으로 개발됨.<br>• 총 33문항으로 Salovey와 Mayer가 제안한 정서지능을 측정함. |
| E.Q.검사(문용린, 1999) | 자기보고 | • Mayer와 Salovey의 수정된 정서지능 모형을 바탕으로 개발됨.<br>• 정서인식, 정서표현, 감정이입, 정서조절, 정서활용정도를 측정함. |

### 1) 수행능력의 관점에서 본 정서지능척도

MEIS(Multifactor Emotional Intelligence Scale)는 Mayer와 Salovey의 정서지능 모형에 근거한 네 가지 능력 특성을 측정하고자 개발되었다(Mayer & Salovey, 1997; Salovey, Bedell, Detweiler, & Mayer, 2000). 여기서 정서지능이란 정서를 지각하고 사고를 도울 수 있도록 정서를 이용하며 정서와 정서지식을 이해하고 정서 및 인지적 성장을 촉진하도록 정서를 조절하는 능력이다(Mayer & Salovey, 1997). 이 검사의 첫 번째 요인은 '정서지각'이다. 이 요인은 개인이 자신과 주변 사람들이 어떻게 느끼는지를 인식하는 능력을 측정한다. 여기에는 표정인식, 음악이나 이야기 속의 정서 인지 능력 등이 포함된다. 두 번째 요인은 '정서활용'이다. 이는 정서를 활용하는 능력을 측정하는 것이다. 색깔이나 맛과 같은 정신감각과 정서를 연결하는 능력, 추론과 문제해결에 있어 정서를 이용하는 능력 등이 여기에 포함된다. 세 번째 요인은 '정서이해'이다. 이는 복잡한 정서 및 정서적 연관성을 이해하는 능력을 측정하는 것이다. 비슷하거나 상반되는 정서에 대해 아는 것과 정서가 전달하는 것이 무엇과 관련되는지를 알아내는 능력이 여기에 포함된다. 네 번째 요인은 '정서조절'이다. 이는 자신과 타인의 정서를 관리하는 능력으로, 여기에는 자신과 타인의 정서 통제와 정서가 사회적 행동에 미치는 영향을 이해하는 능력 등이 포함된다. MEIS는 총 402문항으로 검사에 상당히 오랜 시간이 걸릴 뿐 아니라 Mayer와 Salovey의 정서지능의 네 범주 모형(Four Branch Model, Mayer, Salovey, & Caruso, 2002)에 대해 만족할 만한 경험적 증거를 제시하지 못한다는 평가를 받았다. 이러한 이유로 연구자들은 새로운 측정도구를 고안하게 되었다. MSCEIT(Mayer et al., 2002)는 바로 그러한 노력의 결실이다.

MSCEIT는 Mayer와 Salovey의 정서지능 모형에 근거한 검사로 5,000명의 남녀 표본을 대상으로 기준을 세웠다. MSCEIT는 수행능력검사로 개인의 주관적 판단에 따르는 것이 아니라 정답에 대한 준거가 있고 이에 따라 피검자의 반응을 평가한다. 타인의 정서를 식별하고 사고를 촉진하는 데 정서를 이용하고 정서적 의미를 이해하고 정서관리방법을 알고 있는지에 대해 개인의 능력을 직접적으로 평가한다. 이 검사는 정서지능을 보다 다양한 과업과 관련된 능력 면에서 측정하기 위해 정서지각, 사고촉진, 정서이해, 정서조절 등 네 가지 각 하위영역뿐 아니라 정서지능의 전체 점수를 산출하도록 만들어져 있다.

이 검사는 17세 이상을 대상으로 한다. 총 141문항으로 구성되어 있고 MSCEIT의 각 하위검사들은 두 가지씩의 수행과제를 제시하는데 이에 대해 살펴보면 다음과 같다(〈표 10-4〉 참조). 먼저 '정서지각'검사는 사람이나 사물의 정서를 정확하게 식별하는지에 대한 능력을 측정하기 위한 것으로 표정에 대한 과제와 그림에 대한 과제로 구성되어 있다. 즉, 표정이나 풍경화, 추상화를 이용하여 문제를 제시한다. 검사를 받는 사람들은 얼굴표정이나 추상화 혹은 풍경화를 보면서 그 속에 있는 정서에 대해 응답하게 된다.

〈표 10-4〉 MSCEIT 척도의 구성

| 정서지각 | 사고촉진 | 정서이해 | 정서관리 |
|---|---|---|---|
| 과제 1: 표정 (Faces) | 과제 3: 촉진 (Facilitation) | 과제 5: 변화 (Changes) | 과제 7: 정서관리 (Emotional management) |
| 과제 2: 그림 (Pictures) | 과제 4: 지각 (Sensation) | 과제 6: 혼합 (Blends) | 과제 8: 정서적 관계 (Emotional relationship) |

**과제 1: 표정(Faces)**

사람의 얼굴표정 사진이 표현하는 정서에 대한 응답

사진 속 사람의 얼굴표정에는 아래의 정서가 얼마나 나타납니까?

| 정서 | 전혀 | | | | 아주 많이 |
|---|---|---|---|---|---|
| 행복 | 1 | 2 | 3 | 4 | 5 |
| 두려움 | 1 | 2 | 3 | 4 | 5 |
| 슬픔 | 1 | 2 | 3 | 4 | 5 |
| 놀람 | 1 | 2 | 3 | 4 | 5 |

**과제 2: 그림(Pictures)**

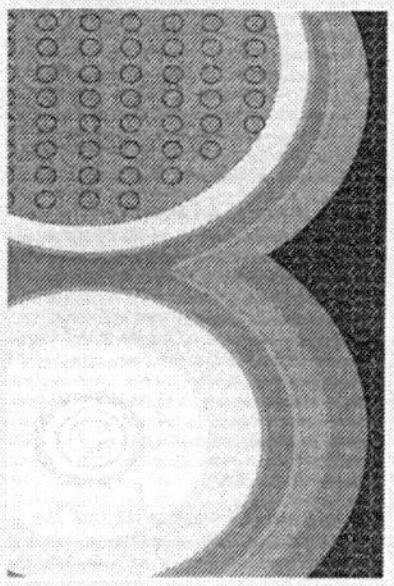

제시된 풍경화나 추상화가 표현하는 정서에 대한 응답

사진 속 그림에는 아래의 정서가 얼마나 나타납니까?

| 정서 | 전혀 | | | | 아주 많이 |
|---|---|---|---|---|---|
| 행복 | 1 | 2 | 3 | 4 | 5 |
| 두려움 | 1 | 2 | 3 | 4 | 5 |
| 슬픔 | 1 | 2 | 3 | 4 | 5 |
| 놀람 | 1 | 2 | 3 | 4 | 5 |

'사고촉진' 검사는 사람들이 인지활동을 촉진하기 위해 정서를 활용하는 능력을 측정하기 위한 것이다. 이는 촉진(facilitation) 과제와 지각(sensation) 과제로 되어 있다. 촉진 과제는 각각의 상이한 기분이 사고와 의사결정과정에 어떻게 영향을 미치는지를 판단하는 것이고, 지각 과제는 특정 정서와 그 해당 정서의 근거를 만들어낼 수 있는지를 평가하는 것이다. 문항의 예를 들면 다음과 같다.

질문: 배우자가 될 사람의 부모를 처음 만날 때 도움이 되는 것은 어떤 기분입니까?

| | 도움되지 않는 | | | | 도움이 되는 |
|---|---|---|---|---|---|
| a) 긴장 | 1 | 2 | 3 | 4 | 5 |
| b) 놀람 | 1 | 2 | 3 | 4 | 5 |
| c) 기쁨 | 1 | 2 | 3 | 4 | 5 |

'정서이해'검사는 정서와 그 근거를 이해하는 능력을 측정하는 것으로 변화(changes) 과제와 혼합(blends) 과제로 되어 있다. 변화 과제는 정서가 변하는 것을 이해하는 능력을 평가하는 것이고, 혼합 과제는 단순한 정서가 어떻게 복잡한 정서를 형성하게 되는지를 이해하는 능력을 평가하는 것이다. 다음은 각 과제에 대한 문항의 예이다.

질문: 즐거움과 수용을 합해 놓은 것은?
a) 죄책감 b) 도전 c) 열광 d) 사랑 5) 갈망

질문: 훈이는 자신이 해야 할 모든 일을 생각하니 불안해지고 스트레스를 느꼈다. 훈이의 상사가 추가로 다른 일을 시켰을 때, 훈이는 __________ 을 느꼈다. 밑줄 친 부분에 가장 알맞은 것은?
a) 당황함 b) 우울함 c) 수치심 d) 자의식 e) 신경과민

끝으로 '정서관리'검사는 효율적인 의사결정을 위해 정서와 사고를 통합하는 능력을 측정하는 것으로, 정서관리(emotional management) 과제와 정서적 관계(emotional relationship) 과제로 되어 있다. 정서관리 과제는 목표하는 바를 성취하기 위해 최적의 자기관리전략을 정하는 능력을 평가하는 것이고, 정서적 관계 과제는 타인과 연관된 목표를 성취하기 위해 여러 방식의 효율성을 판단하는 능력을 평가하기 위한 것이다. 아래에 문항의 예가 제시되어 있다.

질문: 영희는 막 휴가를 마치고 돌아와서 평화롭고 만족스럽게 느끼고 있다.
아래 각 행동은 이러한 기분을 얼마나 잘 유지해줄 것인가?

행동 1: 집에서 해야 할 일들의 목록을 작성하기 시작했다.
매우 비효율적 ..1.....2.....3.....4.....5.. 매우 효율적
행동 2: 다음번 휴가는 언제 어디로 갈 것인지에 대해 생각했다.
매우 비효율적 ..1.....2.....3.....4.....5.. 매우 효율적
행동 3: 현재 느끼는 감정이 오래가지 않을 것이므로 이를 무시하기로 했다.
매우 비효율적 ..1.....2.....3.....4.....5.. 매우 효율적

검사결과, 전반적 정서지능 점수는 네 가지 하위 영역의 점수와 경험적 정서지능 점수(정서지각, 사고촉진), 추론적 정서지능 점수(정서이해, 정서관리) 등 6가지 점수로 산출된다(〈표 10-5〉 참조).

〈표 10-5〉 MSCEIT 척도의 점수 산출

| 전체 정서지능 | | | |
|---|---|---|---|
| 경험적 정서지능 | | 추론적 정서지능 | |
| 정서지각 | 사고촉진 | 정서이해 | 정서관리 |
| 과제 1: 표정 (Faces) | 과제 3: 촉진 (Facilitation) | 과제 5: 변화 (Changes) | 과제 7: 정서관리 (Emotional management) |
| 과제 2: 그림 (Pictures) | 과제 4: 지각 (Sensation) | 과제 6: 혼합 (Blends) | 과제 8: 정서적 관계 (Emotional relationship) |

이 검사의 심리측정학적 특성을 살펴본 연구들에 따르면 검사-재검사를 통해 살펴본 점수의 안정성(Brackett & Mayer, 2003)과 검사문항의 내적 합치도(Mayer et al., 2003)가 우수한 것으로 나타났다. 또한 MSCEIT로 측정한 정서지능은 직업수행력, 고객서비스 수준, 팀 지도자로서의 효율성, 부모의 애정과 유의하게 관련되는 것으로 나타나 준거관련 타당도도 우수하다는 평가를 받았다(Mayer et al., 1999; Pusey, 2000; Rice, 1999).

## 2) 정서적 유능성의 관점에서 본 정서지능척도

Richard E. Boyatzis

ECI(Emotional Competence Inventory)는 Goleman의 정서지능 모형을 바탕으로 개발된 검사이다. Goleman은 자신의 정서지능 유능성 모형과 Boyatzis(1994)의 관리자와 경영자 및 지도자를 위한 유능성 평가척도를 바탕으로 ECI를 개발하였다. ECI에서는 정서지능을 자신과 타인의 감정을 인식하는 능력, 스스로에게 동기를 부여하는 능력, 자신과 관계 속에서 정서를 잘 관리하는 능력으로 정의한다(Boyatzis et al., 2000). ECI에는 정서지능의 행동지표가 들어 있고, 이를 피검자 자신, 상사, 직장동료 등 다중평정자가 7점 척도로 응답하도록 되어 있다.

ECI는 총 20가지 유능성을 측정하는데 Goleman의 모형에 따라 자기

지각, 사회적 지각, 자기관리, 사회적 기술의 네 가지 하위영역으로 나누어진다. 자기지각 영역에는 정서적 자기지각, 정확한 자기평가, 자기확신 등이 포함된다. 이를 통해 자신의 정서와 그 중요성을 인식하고 자신의 장점과 단점에 대해 현실적으로 평가하며 자신과 타인의 능력에 대해 확신을 가지고 있는 정도를 평가한다. 자기관리 영역에는 자기통제, 신뢰, 양심, 성실, 적응성, 성취경향, 창의력 등이 포함된다. 자신의 정서를 통제하고 성실하고 신뢰할 수 있는지, 융통성이 있고 헌신적인지를 평가한다. 사회적 지각 영역에는 공감, 조직적 인식, 서비스 성향 등이 포함되어 있다. 타인의 사고와 관점을 지각할 수 있고 이에 공감하는지, 집단의 역동성과 대인간 관계를 인식하는지, 타인, 특히 고객의 요구에 초점을 두는지를 평가한다. 끝으로 사회적 기술 영역에는 리더십, 영향력, 의사소통, 갈등관리, 유대감 구축, 팀워크와 협동 등이 들어 있다. 타인의 발전을 돕는지, 분쟁이나 부조화를 해결하는 능력, 관리 방식의 변화, 효율적인 리더십과 뛰어난 대인 간 의사소통 능력, 좋은 관계를 구축하는 능력 등을 평가한다.

이 검사의 심리측정학적 특성 중 문항의 내적 합치도는 보통 정도의 수준이며 타인보고식이 자기보고식보다 좀더 높은 것으로 나타났다(Sala, 2002). 또한 ECI로 측정한 정서지능은 급여수준, 직업 성공도, 인생 성공도와 유의하게 관련되어 준거관련타당도가 입증된 바 있다(Sevinc, 2001).

Reuven Bar-on

### 3) 정서 · 사회적 능력의 관점에서 본 정서지능척도

Bar-On의 정서지능 모형을 바탕으로 개발된 EQ-i(Emotional Quotient Inventory)는 환경적 요구와 압력에 성공적으로 대처하는 능력에 영향을 주는 적성 등의 비인지적인 능력을 측정하기 위한 것이다(Bar-On, 1997). 이 검사의 바탕이 되는 정서지능의 개념은 수행능력이나 성공 그 자체보다 이들을 위한 잠재능력과 관련되어 있으며, 결과 중심이 아닌 과정 중심의 특성으로 간주된다(Bar-On, 2002). 따라서 자기 자신을 인식하고 이해하며 표현하는 능력, 타인을 인식하고 이해하며 관계를 유지하는 능력,

강한 정서를 다루는 능력, 사회적이거나 개인적 문제를 해결하거나 변화에 적응하는 능력을 포함하는 정서적 · 사회적 능력에 중점을 둔다. 자기보고식으로 된 이 검사는 16세 이상을 대상으로 한다. 전체 133문항으로 각 문항에 5점 척도로 응답하도록 되어 있다.

이 검사는 Bar-On의 정서지능 모형에 따라 5개의 하위영역으로 구성되어 있는데, 첫째는 '개인이해'로 자기 지각, 자신을 옹호하는 능력, 자신을 긍정적으로 보는 능력 등을 평가한다. 둘째는 '대인관계'로 공감과 사회적 책임감 같은 능력을 평가한다. 셋째는 '스트레스관리'로 스트레스에 대한 내성, 충동통제 등의 능력을 평가하고, 넷째는 '적응성'으로 문제해결과 현실성 검증 같은 능력을 평가한다. 끝으로 '전반적인 기분'은 행복과 낙관주의에 대한 것을 평가한다. 〈표 10-6〉에는 EQ-i의 각 하위영역척도와 관련된 평가내용이 정리되어 있다.

이 검사의 심리측정학적 특성을 살펴본 연구(Bar-On, 2002)에 따르면, 검사-재검사를 통해 살펴본 점수의 안정성이 높으며 검사문항의 내적 합치도가 보통 정도 수준으로 나타났다. 또한 EQ-i로 측정한 정서지능으로 기업환경에서 성공한 사람과 성공하지 못한 사람을 정확히 구별할 수 있었고, 해당 분야에서 가장 성공한 공군 지원자들, 학업적으로 성공한 대학생들을 구분해냄으로써 준거관련 타당도가 우수하다는 평가를 받았다(Bar-On, 2002; Handley, 1997; Swart, 1996).

Bar-On은 EQ-i가 여러 대상과 다양한 상황에서 사용될 수 있도록 몇 가지 다른 양식도 개발하였다. Bar-On의 사회정서지능 모델을 평가하기 위해 만들어진 EQ-i 2.0은 자기보고식 척도이며, EQ-360은 다중평정자를 통해 보다 심층적인 정보를 얻기 위해 제작된 척도이다. 이들 두 척도는 자기인식, 자기표현, 대인관계, 의사결정, 스트레스 관리의 5개 구성요소와 15개 하위구성요소로 정서지능을 측정한다(Bar-On, 2006). 그 외에도 52문항으로 구성된 EQ-i 간략형검사, 7~15세 아동 및 청소년을 위한 EQ-i 청소년용, 다중평정자를 활용한 EQ-360판이 있다.

〈표 10-6〉 EQ-i의 각 하위영역척도와 평가내용

| EQ-i 하위척도 | 각 척도에서 평가하는 정서지능 유능성과 능력 |
|---|---|
| 자기이해 | 자아인식과 자아표현에 대해 |
| 자기평가 | 자신을 정확하게 인지하고, 이해하고 수용하는 것 |
| 정서적 자아인식 | 자신의 정서를 인식하고 이해하는 것 |
| 자기주장 | 자신의 정서와 자신에 대해 효율적이고 건설적으로 표현하는 것 |
| 독립심 | 자기를 신뢰하고 타인에게 정서적으로 의지하지 않는 것 |
| 자아실현 | 개인적 목표를 성취하고자 노력하고 자신의 잠재능력을 실현하는 것 |
| 대인관계 | 사회적 인식과 대인 간 관계에 대해 |
| 공감 | 타인의 감정을 인식하고 이해하는 것 |
| 사회적 책임감 | 개인이 속한 집단을 규명하고 타인과 협동하는 것 |
| 대인 간 관계 | 상호 만족하는 관계를 만들고 다른 사람과 좋은 관계를 갖는 것 |
| 스트레스 관리 | 정서적 관리와 통제에 대해 |
| 스트레스허용 | 정서를 효율적이고 건설적으로 관리하는 것 |
| 충동조절 | 정서를 효율적이고 건설적으로 조절하는 것 |
| 적응성 | 관리 변화에 대해 |
| 현실검증 | 자신의 감정과 사고를 외적 현실을 고려해 객관적으로 보는 것 |
| 융통성 | 자신의 감정과 사고를 새로운 상황에 적응시키는 것 |
| 문제해결 | 개인적 또는 대인 간 문제를 효율적으로 해결하는 것 |
| 전반적인 기분 | 자기동기화에 대해 |
| 낙관주의 | 삶의 긍정적이고 밝은 측면을 보는 것 |
| 행복 | 자신과 타인, 삶 전반에 걸쳐 만족하는 것 |

### 4) 정서지능 측정상의 쟁점

정서지능을 측정할 때 정서지능을 어떻게 볼 것인지, 즉 수행능력으로 볼 것인지 유능감으로 볼 것인지 등에 따라서 측정하는 방법이 달라지고, 측정하는 형식 또한 여러 가지이다. 자기보고방식의 경우 특정 진술문이 피검자 자신을 어느 정도 묘사

David C. Funder

하는지 응답하도록 한다. 따라서 이러한 방식은 개인이 자신을 어느 정도 이해하고 있는지에 영향을 받는다. 피검자가 자신에 대해 정확히 이해하고 있다면 그 응답이 정확하겠지만, 자신에 대해 잘 이해하지 못하고 있다면 응답도 부정확해질 수밖에 없다. 타인이 평가하도록 하는 방식의 경우는 보통 피검자를 잘 알고 있는 사람에게 특정 진술문이 피검자를 얼마나 잘 묘사하는지 응답하도록 한다. 하지만 이 경우 실제 피검자 자신이 아닌 그 사람에 관한 평판을 측정하는 것이 될 수 있고, 이러한 측정치는 피검자의 내적 인지양식이나 능력을 평가하는 것보다 덜 정확하다는 점이 지적되었다(Funder & Dobroth, 1987). 그 밖에 타인의 평가를 이용하는 방식으로 제3의 객관적인 관찰자를 활용하는 경우도 있다. 이때는 전문적 훈련을 거친 제3자를 통해 외적으로 관찰이 가능한 행동만을 평가하도록 하는 것이 적절하다.

수행능력을 측정하는 방식의 경우, 몇 가지 인지적 과제를 수행하도록 하여 지능을 평가한다. 정신적 과제를 수행하는 정도는 피검자의 실제 능력을 반영한다는 것이다. 하지만 정서지능을 평가함에 있어 수행능력 검사형태를 이용하는 경우에도 몇 가지 문제가 따른다. 이 중 하나는 질문에 대한 정답을 결정하기 어렵다는 것이다. 예를 들어, 추상화로 표현된 내용이 어느 정도 행복한 정서인가를 결정하고자 한다면 이에 대한 답을 확정하기가 쉽지 않을 것이다. 정답이 없다고 볼 수도 있고, 사람마다 지각하는 것이 다를 수밖에 없다고 결론지을 수도 있다. 따라서 정서지능 검사문항에 대한 정확한 기준을 세우기 위해서는 적어도 정확한 답을 고안하기 위한 준거가 필요하다. Mayer와 Caruso, Salovey(2000)의 경우, 정서지능검사와 그 정답을 결정함에 있어 다음과 같은 세 가지 준거를 활용했다고 소개하였다. 먼저 대상 준거(target criteria)는 사람들이 어떤 대상에 대해 추측한 정서와 그 대상이 실제 보고한 정서가 같은지를 살펴보는 것이고, 전문가 준거(expert criteria)는 정서관련 전문가들이 어떤 대상에 대한 이야기를 듣고 그 대상이 어떻게 느꼈는지를 판단하여 낸 기준이며, 합의 준거(consensus criteria)는 여러 사람들의 판단을 모아서 이들 집단이 주장하는 정서를 기준으로 보는 것이다.

수행능력 검사의 또 다른 쟁점은 개인이 자신의 감정을 인식할 수 있는지 없는지를 어떻게 측정하는가에 대한 것이다. 보통 자기보고식 평가는 측정 당시의 기분과 관련이 높으므로 적절한 방식이 아닐 수도 있다. 전형적으로 정서지능의 수행능력검사에 주변인의 얼굴표정이나 예술작품에 대한 반응 등으로 정서를 지각하는 능력을 평가하는 과제가 포함된다. 이는 자신의 감정을 인식할 수 있는 능력을 측정하기 위한 대안으로, 몇몇 연구(Zuckerman, Lipets, Koivumaki, & Rosenthal, 1975; Zuckerman, Hall, DeFrank, & Rosenthal, 1976)에서 자신의 정서를 지각하는 능력과 타인의 정서를 평가하는 능력은 매우 높은 상관관계를 보였다는 점에 근거한 것이다.

# 제11장 정서장애

인간발달에 정서가 미치는 영향에 비추어볼 때, 정서가 적절하게 기능하지 못할 경우 발달에 심각한 문제를 초래할 수 있음을 짐작할 수 있다. 대부분의 사람들은 정서를 긍정적인 정서와 부정적인 정서로 구분하고, 긍정적인 정서는 아무리 지나쳐도 문제가 없지만 부정적인 정서가 지나친 경우에는 문제가 된다고 생각한다. 그러나 기능적인 면에서 역기능적인 정서란 존재하지 않는다고 볼 수 있다. 진화론적 관점에서 본다면 모든 정서는 자연선택의 산물이라고 볼 수 있다. 예를 들어, 부정적인 정서로 인식되는 분노라는 정서도 자기 자신을 보호하는 것과 같은 기능적인 측면이 있으므로 이를 단순히 역기능적인 것으로만 간주할 수는 없다. 그러나 특정 정서가 지나치게 극단적인 형태로 반복해서 나타난다면 이는 뚜렷한 정서장애라고 볼 수 있다. 동시에 전혀 나타나지 않거나 나타난다 하더라도 그 표현수준이 상당히 제한적이라면 이 또한 문제라고 볼 수 있다.

정서지능이 높다는 것은 자신이나 타인의 정서에 대한 인식능력이나 이해능력이 뛰어나고, 이를 사고와 관련시켜 생각하며, 자신의 정서 반응을 상황에 비추어 효율적으로 조절할 수 있는 능력을 가지고 있는 것을 의미한다. 그러므로 정서지능이 높은 사람들은 외부환경에 적응해 나가거나 자신을 스트레스로부터 보호하는 것이 보다 용이할 것이며, 결과적으로 정서장애의 문제를 덜 경험할 것으로 기대할 수 있다. 또한, 정서지능은 발달의 여러 영역에 대한 예측치로서 중요한 의미가 있으므로 간접적인 방식으로 정서장애를 초래할 수도 있다는 점에서 그것이 시사하는 바가 크다.

본 장에서는 정서장애에 대한 개념 정의와 그 대표적인 유형을 살펴보고, 이러한 정서장애를 유발하는 원인과 그 치료방법에 대해 논의하고자 한다.

## 1. 정서장애의 정의

James Kauffman

정서장애의 개념에 대해서는 아직까지도 여러 학자들 간에 명확한 합의점을 얻지 못하고 있는 상태이다. 이는 정서장애에 대한 이론적 관점이 다양할 뿐만 아니라 정서의 문제는 다른 행동문제처럼 뚜렷하게 외현화된 행동으로 드러나지 않기 때문이기도 하다.

정서장애의 정의는 우선 문제행동에 대한 관점에 근거하여 개념화해 볼 수 있다. 문제행동이란 아동의 연령이나 사회문화적 규범에서 벗어난 정도가 극단적이며, 그러한 행동이 지속적으로 나타나는 경우를 의미한다(Kauffman, 1993). 이러한 관점에서 본다면 정서장애는 정서에 대한 인식, 표현, 이해, 조절 능력이 자신의 연령이나 문화적인 규범에 비추어 벗어나는 정도가 극단적일 뿐 아니라 그 빈도가 일회성이 아니라 반복적으로 나타나는 것으로 정의할 수 있다.

또한 Plutchik(2003a)은 심리상담이나 치료를 원하는 내담자들의 사례를 중심으로 임상적인 관점에서 정서적인 문제를 다음과 같은 네 가지 범주로 구분하고 있다. 첫째, 환자가 우울이나 불안, 분노와 같은 특정 정서를 지나치게 빈번하게 혹은 강하게 경험하는 경우, 둘째, 환자가 애정이나 신뢰, 분노, 자기주장성과 같은 특정 정서를 지나치게 약하게 혹은 드물게 경험하는 경우, 셋째, 환자가 다른 사람들과 어울려 지내는 데 어려움을 갖는 경우, 넷째, 환자가 공포와 분노, 적개심과 애착욕구, 독립성과 의존성 등과 같은 두 개 이상의 정서 간에 심한 갈등을 경험한다고 불평하는 경우이다. 이러한 Plutchik의 구분 가운데 특정 정서를 지나치게 자주 강하게 경험하거나 혹은 드물고 약하게 경험하는 처음의 두 가지 범주는 문제행동에 근거한 앞서의 개념적 정의와 일치한다. 그러므로 우울이나 불안, 분노와 같은 부정적인 정서뿐 아니라 긍정적인 정서라 하더라도 지나치게 빈번하게 혹은 강하게 경험하는 것은 문제가 될 수 있으며, 반대로 부정적인 정서라 하더라도 지나치게 약하게 혹은 드물게 경험하는 것도 문제가 있다고 볼 수 있다. 또한 나머지 두 가지 범주는 정서장애의 문제가 대인관계와 관련이 있음을 말해주는 것이다.

## 2. 정서장애의 유형

정서장애에는 다양한 형태가 존재한다. 그러나 이를 유형화하는 데 있어서 통합적인 관점은 정립되지 않고 있는 상태이다. 그러므로 우리는 정서장애 가운데 DSM-5(Diagnostic and Statistical Manual of Mental Disorders-5) 진단범주의 정서적인 문제와 관련이 있는 우울장애(depressive disorders), 양극성 및 관련장애(bipolar and related disorders), 불안장애(anxiety disorders)를 살펴보고, 나아가 정서장애의 특정한 형태로 거론되고 있는 정서표현불능증과 내면아이의 문제에 대해 살펴보고자 한다.

### 1) 우울장애

우울장애의 유형 가운데 대표적인 것에는 주요 우울증 장애(major depressive disorder), 파괴적 기분조절부전장애(disruptive mood dysregulation disorder), 지속성 우울장애(persistent depressive disorder) 등이 있다. 파괴적 기분조절부전장애의 가장 두드러진 특징은 만성적이고 지속적인 과민성이며, 이러한 과민한 기분으로 인

사진 설명: 우울증

사진 설명: 고흐의 '자화상'(左)과 자신보다 더 심한 우울증을 앓고 있는 것으로 생각한 '닥터 가셰의 초상'(右).

해 2가지 두드러진 징후를 보인다. 첫 번째 징후는 빈번한 분노발작으로, 이는 주로 좌절에 대한 반응으로 나타나며, 언어적으로 혹은 행동적으로 나타난다. 두 번째 징후는 분노발작 사이에 만성적이고 지속적으로 과민한, 또는 화나는 기분이 나타나는 것이다. 이들이 보이는 만성적인 고도의 과민성으로 인해 가족이나 또래관계, 학교에서의 적응에 어려움을 경험한다. 주요우울장애는 우울 기분이 하루 중 대부분 거의 매일 나타나는 것으로, 증상을 거의 알아채지 못할 정도로 경미한 증상에서부터 기능을 완전히 상실할 정도로 심각하게 나타날 수도 있다. 신체적 증상을 호소하거나 불면이나 피로감을 호소하는 것으로 인해 우울증상을 간과하는 경우가 많다. 지속성 우울장애(기분저하증)는 DSM-IV에서 정의된 만성 주요우울장애와 기분부전장애를 통합한 것으로 적어도 2년 동안, 아동·청소년의 경우에는 적어도 1년 동안 우울 기분이 없는 날보다 있는 날이 더 많고, 하루의 대부분 지속되는 우울 기분이 있는 것이다(미국정신의학협회, 2015).

### 2) 양극성장애

양극성장애에도 여러 가지 유형이 존재하지만, 이는 주로 조증(manic)인 상태를 유지하거나 조증(燥症)과 울증(鬱症)의 상태가 혼재하는 양상을 보인다. 조증인 상태에서 기분은 고양되고, 신경질적인 반응이 나타나기도 하며, 자신에 대해 과장된 자아개념을 형성하기도 한다. 또한 수면이 감소하고, 말이 많아지고, 사고의 비약이나 주의산만과 같은 증상이 나타난다. 일반적으로 양극성장애는 신경성 식욕부진이나 폭식증, 주의력 결핍 및 과잉행동장애, 공황장애, 사회공포증 등과 관련이 있으며, 학교 무단결석이나 학업실패, 직업상의 실패, 이혼, 반사회적인 행동이나 자살을 시도하는 비율이 높다.

## 3) 불안장애

다소의 불안은 위험한 자극에 대한 경계신호로 생존과 관련된 기능적인 반응이라고 볼 수 있다. 그러나 위험하지 않은 상황에서도 불안을 느끼거나 위험의 정도를 과대평가하거나 위험상황이 끝났음에도 불구하고 과도하고 지속적인 불안을 느낀다면 이는 일종의 장애로 분류할 수 있다. DSM-5의 분류기준 가운데 하위기준에 따를 때, 불안장애(anxiety disorders)도 여러 가지 형태로 범주화할 수 있으며, 분리불안장애(separation anxiety disorder), 선택적 함구증(selective mutism), 광장공포증(agoraphobia), 특정공포증(specific phobia), 사회공포증(social phobia), 공황장애(panic disorder), 범불안장애(generalized anxiety disorder) 등이 이에 속한다.

### (1) 분리불안장애

분리불안장애의 주요 특징은 집이나 애착대상과의 분리에 대한 과도한 공포와 불안이다. 애착대상으로부터의 분리불안은 정상적인 영유아기의 발달과정의 일부분이라고 볼 수 있다. 그러나 분리불안장애의 경우 이러한 불안이 발달수준을 고려할 때 기대되는 정도보다 지나치게 나타나는 것이다. 분리불안장애는 학령전기뿐 아니라 아동기에도 나타날 수 있는데 아동의 경우 학교에 가기 싫어하거나 등교거부로 나타날 수 있고, 성인의 경우에는 이사 등으로 인한 환경 변화를 견뎌내는데 어려움을 보인다(미국정신의학협회, 2015).

### (2) 선택적 함구증

선택적 함구증을 가진 아이들은 사회적 관계에서 먼저 말을 꺼내지 못하거나 대답을 하지 못하여 상호작용에서 어려움을 보인다. 이들은 집에서 가족과 있을 때는 말을 하지만 종종 친구들이나 친척들 앞에서도 말을 못하는 경우도 있다. 이로 인해 사회적 기능에 손상을 초래할 수 있고 성장과정에서 따돌림과 같은 사회적 고립에 자주 직면하게 된다(미국정신의학협회, 2015).

### (3) 광장공포증

사진 설명: 광장공포증을 그린 영화, 'Analyze this'

광장공포증은 엘리베이터나 비행기 등과 같이 위험한 상황에 직면했을 경우 즉각적으로 피하기 어렵다고 생각되는 장소나 상황으로 인해 불안을 경험하는 것을 의미한다(사진 참조). 이는 장소 자체가 두렵다기보다도 이러한 장소에서 불안을 경험할 것이라는 생각 자체에 기인한다고 볼 수 있다. 즉, 공황발작이나 이와 유사한 상황이 일어날 경우 도움을 받기 어려운 장소나 상황에 처해 있다는 사실에서 비롯되는 불안이다. 이는 뚜렷한 대상이나 상황이 문제가 되기보다는 상당히 모호하고 포괄적인 원인에서 비롯되는 경우가 많다.

### (4) 특정공포증

특정공포증은 특정 대상이나 상황에 직접적으로 직면하거나 그러한 대상이나 상황이 예측될 경우 지나치게 비합리적이고 지속적으로 두려움을 경험하는 것을 의미한다. 특정공포증을 경험하는 사람들은 자신의 정서반응이 정도가 지나치고 비합리적이라는 사실을 알고 있으나 공포자극에 노출되면 예외 없이 즉각적으로 불안반응이 유발된다. 특정공포증은 상황에 대한 것이 가장 많은 비율을 차지하며, 이러한 불안을 유발하는 상황을 회피하지 않고 그대로 견디어내는 경우에는 아주 심한 불안이나 고통을 경험하게 된다.

(5) 사회공포증

신경쓰지 마, 새로운 사람을 보면 좀 수줍어 해.

사회공포증은 한 가지 이상의 사회적인 상황이나 활동상황에 대해 극단적이고도 지속적인 두려움을 나타내는 것을 의미한다(사진 참조). 사회공포증을 경험하는 사람들은 자신에게 친숙하지 못한 사람들과 어울리는 상황이나 타인들이 자신을 주시하는 상황에 대한 두려움을 가지고 있으며, 자신이 수치스럽거나 당황스러운 방식으로 행동하게 될까 봐 두려워하기도 한다. 이들은 자신의 두려움이 지나치거나 비합리적이라는 사실을 알고 있지만 두려운 사회적 상황에 노출되면 예외 없이 즉각적으로 불안반응이 유발된다. 또한 이러한 상황을 회피하지 않고 견디어내는 경우에는 심한 불안이나 고통을 경험하게 된다.

(6) 공황장애

공황장애는 반복적으로 예기치 못한 공황발작이 일어나는 것으로, 극심한 공포와 고통이 갑작스럽게 발생하여 수분 이내에 최고조에 달한다. 공황장애의 치료를 받지 않으면 대개 만성적인 경과를 보이지만 그 정도는 심한 경우도 있고 저절로 나아지는 경우도 있다. 어떤 사람들은 중간에 몇 년간 증상이 없다가 한 번씩 증상이 나타나기도 하고, 어떤 사람들은 지속적으로 심각한 증상을 보이기도 한다. 공황장애는 사회적 · 경제적 · 신체적 장애나 상당한 경제적 부담과 연관성이 있고. 병원을 가기 위해 직장이나 학교를 빈번하게 빠지게 되며, 이로 인해 해고당하거나 학교를 그만두게 될 가능성이 있다(미국정신의학협회, 2015).

## 4) 정서표현불능증

정서지능이 일상생활에서의 적응이나 정신적 건강에 중요한 변수로 인식되면서, 정서지능에 대한 대부분의 연구는 그 구성개념이나 관련변인 및 이를 향상시키기 위한 방법에 초점을 맞추고 있다. 그러나 자신의 감정을 언어로 표현하지 못하는 심인성 질환으로 고통받는 환자들에 대한 임상적 연구나 관찰을 통해 많은 학자들은 낮은 수준의 정서지능과 관련된 문제에 대해 관심을 갖게 되었으며, 그 대표적인 것이 정서표현불능증(alexithymia)이다.

### (1) 정서표현불능증의 정의

정서표현불능증이라는 용어는 자신의 정서상태를 인식하고 기술하는 데 있어서 정신신체질환 환자들이 보이는 특징적인 어려움을 묘사하기 위해 정신분석가인 Sifneos(1973)가 처음 사용한 용어이다. 이는 부족함을 의미하는 'a', 단어를 의미하는 'lexia'와 정서를 의미하는 'thymos'라는 희랍어의 합성어로, 자신의 정서를 인식하고 전달하는 것에서 어려움을 느끼는 증상을 의미한다. 여러 연구들에서도 정신신체질환으로 고통을 받고 있는 사람들은 자신의 감정을 표현하는 데 어려움이 있으며, 상상력이 빈곤하고, 외부지향적인 사고특성을 가지고 있다고 하였다(Krystal, 1968; Krystal & Raskin, 1970; Nemiah & Sifneos, 1970). 이러한 임상자료를 바탕으로 학자들은 정서표현불능증을 다음과 같은 네 가지 특성을 갖는 것으로 정의하고 있다. 첫째, 자신의 감정을 잘 인식하지 못하고 정서적 각성을 유발하는 감정과 신체감각 간의 차이를 구분하는 것에 어려움이 있으며, 둘째, 자신의 감정을 타인에게 기술하는 데 어려움이 있으며, 셋째, 상상력이 부족하고, 넷째, 융통성이 없고 외부사건의 세부적인 사항을 중시하는 인지양식을 가지고 있다고 하였다. 정서표현불능증에 대한 연구는 임상적 관찰에서 비롯되었기 때문에 그 구성개념에 대한 과학적 지지를 거의 받지 못하였으며 이러한 점에서 많은 비판을 받았다.

### (2) 정서표현불능증과 정서지능

많은 학자들은 정서표현불능증을 정서지능과 관련시켜 이해하고자 하였다. 정서표현불능증을 정서지능과 관련하여 이해하기 위해서는 Gardner(1983)의 개인지능(personal intelligence)의 개념에 주목할 필요가 있는데, 정서표현불능증은 바로 개인지능과 상당히 관련이 있는 개념인 것으로 입증되고 있다. 개인지능은 개인내

(자기이해) 지능과 개인간(대인관계) 지능으로 구분되며, 자기이해 지능은 자신의 감정에 대한 지식과 관련이 있는 반면, 대인관계 지능은 다른 사람들의 기분과 의도나 욕구를 알아채고 이러한 지식을 바탕으로 행동하는 것을 의미한다. 즉, 자기이해 지능은 자신의 감정상태에 접근할 수 있는 능력으로, 이는 정서표현불능증의 중요한 구성요소인 자신의 감정을 인식하거나 타인에게 자신의 감정을 기술하는 것에서의 어려움과 관련이 있다. 또한 감정이입능력은 대인관계 지능의 한 부분으로, 정서표현불능증의 경향이 높은 사람은 타인의 감정에 대한 공감이 이루어지기 어렵다고 볼 수 있다. 타인의 감정에 대한 인식이나 민감성을 공감이라고 하며, 감정이입은 다른 사람이 느끼고 있는 감정을 그대로 느끼는 것을 말한다. 정서표현불능증은 자신의 정서를 인식하고 전달하는 것에서 어려움을 느끼는 증상으로 정의되고 있지만, 타인의 감정에 대한 인식능력이나 민감성의 부족도 정서표현불능증의 중요한 양상으로 보고되고 있다. 여러 연구결과에서도 정서표현불능증이 심각한 경우 타인의 얼굴표정을 통해서 그 사람의 정서를 정확하게 인식하지 못하며(Lane et al., 1996; Parker, Taylor, & Bagby, 1993), 다른 사람들의 정서상태에 공감하지 못한다는 사실을 밝혀주고 있다(Beckendam, 1997; Davies, Stankov, & Roberts, 1998; Krystal, 1979; McDougall, 1989; Taylor, 1987).

이러한 연구결과를 종합해보면 정서표현불능증과 정서지능과는 강한 부적 상관이 있는 것으로 볼 수 있다(Bar-On, 1997; Schutte et al., 1998). Bar-On(1997)은 정서표현불능증 척도인 TAS-20과 정서지능 척도인 EQ-i를 사용한 연구에서 정서지능과 정서표현불능증은 강한 부적 상관을 보인다는 증거를 제시하였다. 이러한 결과는 정서표현불능증인 사람들이 정서지각과 감정이입 능력이 부족할 뿐 아니라, 따뜻하고 친밀한 인간관계를 형성하는 데 곤란을 겪으며, 스트레스 상황에 대처하기 위해 정서를 활용하는 능력이 부족하다는 경험적 증거들과 일치하는 것이다(Beckendam, 1997; Krystal, 1988; Parker, Taylor, & Bagby, 1998; Schaffer, 1993).

한편으로 다수의 학자들은 정서표현불능증을 보다 포괄적인 성격차원과 관련하여 이해하고자 하였다. 이들(Bagby, Taylor, & Parker, 1994; Luminet, Bagby, Wagner, Taylor, & Parker, 1999; Wise & Mann, 1994; Wise, Mann, & Shay, 1992)은 성격척도의

특정 요인이 정서표현불능증을 나타내는 것은 아니지만, 정서표현불능증을 측정하는 대표적인 척도인 '20문항 토론토 정서표현불능증 척도(Twenty-Item Toronto Alexithymia Scale: TAS-20)'에서 높은 점수를 받은 사람은 '개정된 NEO 성격척도(Revised NEO Personality Inventory: NEO-PI-R)'의 '경험에 대한 개방성' 차원의 하위척도인 '감정에 대한 수용성 및 상상력'에서 일관성 있게 낮은 점수를 보였다고 보고하였다. 또한, 정서표현불능증에서 높은 점수를 받은 사람들은 기쁨과 쾌감을 충분히 경험할 수 없을 뿐 아니라 부정적 정서들을 서로 구분할 수 없기 때문에 성격척도의 신경성 차원에서 높은 점수를 얻는 반면, 외향성 차원에서는 낮은 점수를 얻는 것으로 나타났다. 즉, 정서표현불능증은 성격의 하위척도인 '경험에 대한 개방성'이나 '외향성' 차원과는 강한 부적 상관을 보이는 것으로 나타났으며, 이러한 사실은 정서표현불능증을 성격의 한 부분으로 이해할 수도 있음을 의미하는 것이다.

### (3) 정서표현불능증의 원인과 측정

아직까지 정서표현불능증의 원인은 뚜렷하게 규명되지 않고 있으며, 여러 학자들은 정서표현불능증에서 나타나는 개인차를 뇌의 신경학적 구조와 관련시켜 이해하고자 하였다(LeDoux, 1989, 1996). 뇌에서 정서정보의 전달에 문제가 있으면 정서표현불능증을 유발할 수 있다는 것이다. Sifneos(1973)는 정서표현불능증이 주로 대뇌 변연계와 신피질, 특히 언어체계 중심부와의 단절로 인해 나타나는 것으로 보인다고 주장하였다. 그러나 이러한 관점은 단지 상관관계가 있을 가능성을 언급하는 것이며 인과관계로 추론하기는 어렵다고 볼 수 있다. 정서표현에서 언어능력이 미치는 영향을 고려한다면 발달수준도 고려해야 할 것이며, 양육자와의 애착형성 및 상호작용과 같은 환경적 요인도 고려해야 할 것이다.

Gordon Taylor

정서표현불능증의 구성개념을 보다 구체적으로 개념화하고 측정하기 위한 최초의 척도는 Taylor 등(1985)이 제작한 자기보고식의 '26문항 토론토 정서표현불능증 척도(Toronto Alexithymia Scale: TAS-

26)'이며, 이는 이후 Bagby 등(1994)에 의해 '20문항 토론토 정서표현불능증 척도'로 수정된다. TAS-20은 앞서 언급한 4개의 정서표현불능증 구인 가운데 감정을 인식하고, 정서적 각성을 유발하는 감정과 신체감각 간의 차이를 구분하는 것의 어려움, 타인에게 자신의 감정을 기술하는 것의 어려움, 일상생활에서 외적으로 드러나는 세부적인 측면을 중시하는 외부지향적 사고를 평가하는 3개의 하위척도로 구성되어 있으며, 네 번째 구인인 상상력은 세 번째 구인인 외부지향적 사고와 부적 상관을 보이므로 이에 포함시켜 측정할 수 있다고 보았다. TAS-20을 사용한 연구결과, TAS-20에서 높은 점수를 받은 사람들은 낮은 점수를 받은 사람들에 비해서 분석능력이 결여되고 심리적으로도 건강하지 않은 것으로 나타났으며, 언어적 · 비언어적 자극과 정서반응을 짝짓도록 하였을 때에도 유의하게 낮은 수행능력을 보인 것으로 나타났다(Lane et al., 1996).

### 5) 내면아이

정서표현이 억압되거나 왜곡된 경우 나타나는 대표적인 정서장애가 내면아이의 문제이다. 아이들은 천성적으로 세상의 모든 것들에게 흥미를 보이며, 외부세계로부터 자신의 욕구를 충족시킬 수 있다고 믿는다. 또한 오랜 기간 의존을 필요로 하며 그들만의 독특한 감정을 표현하며 자유로운 행동을 원하며, 사랑받기를 원한다. 그러나 아동의 성장과정에서 이러한 욕구가 충족되지 않는 경우 이는 정서적인 문제로 나타난다.

#### (1) 내면아이의 개념 및 원인

아동은 자신의 욕구를 충족시키기 위해 외부 세계의 도움을 필요로 하는 의존적인 존재이며, 천성적으로 외부 세계로부터 자신의 욕구를 충족시킬 수 있다는 낙천적인 생각을 가지고 있다. 동시에 아동은 이러한 욕구가 좌절되었을 경우, 고통으로부터 회복할 수 있는 쾌활한 특성을 가지고 있으며, 자유롭게 움직이고자 하는 욕구와 사랑받고자 하는 욕구를 가지고 있다. 그러나 이러한 욕구가 성장과정에서

John Bradshaw

지속적으로 억압되거나 왜곡된 경우 해결되지 않은 아동 자아상태의 욕구가 성인이 된 시점에서도 계속적으로 영향을 미치게 되는데, 이를 내면아이라고 한다(Bradshaw, 1990). 즉, 정서적으로 굶주린 아이가 그 사람의 정신적인 성숙을 방해하고 성인이 되어서도 그 사람의 인생을 지배한다는 것이다.

인생에서 가장 중요한 힘이 정서이며 이는 우리를 움직이게 하는 연료와도 같은 것이다. 이러한 정서적 에너지가 자신의 욕구 충족을 위해 올바른 방향으로 표현되지 못하고 신체 내부로 표출되면, 심각한 신체증상이 나타나기도 하지만 상처받은 내면아이로 남게 된다. 내면아이는 궁극적으로 자신이 귀한 존재이며 필요한 경우에는 언제든지 보살핌을 받을 수 있다는 확신을 갖지 못하는 데서 생기는 것이다. 이러한 관점에서 본다면 내면아이는 Bowlby(1969)의 '내적 작동 모델(internal working model)'의 관점에서도 설명할 수 있다. 내적 작동 모델은 영아가 양육자에 대한 반응성과 접근가능성을 근거로 자신과 타인에 대해 형성한 정신적 표상을 의미한다. 자신에 대한 표상은 자신이 가치 있고 사랑받을 만한 사람인가에 대한 것이며, 타인에 대한 표상은 도움이 필요한 상황에서 자기가 애착을 형성한 대상이 의지하고 믿을만한 사람인가에 대한 표상이다. 그러므로 자신이 귀한 존재라는 확신과 보살핌을 받을 수 있다는 확신을 갖지 못함으로써 생기는 내면아이의 문제는 바로 이러한 자신과 타인에 대한 표상의 개념과 직결된다고 볼 수 있다.

Eric Berne

#### (2) 내면아이의 자아상태

내면아이의 문제는 객관적으로 측정할 수는 없으나, 이처럼 외현적으로 드러나지 않는 내면아이의 문제를 이해하는 데 있어서 Berne(1961)의 자아상태의 구조는 시사하는 바가 크다. 자아상태란 한 개인의 사고와 감정 및 이와 관련된 일련의 행동양식을 총칭하는 것으로, 자아상태를 이해하는 것은 한 개인의 사회적인 상호작용을 이해하는 데 있어서 중요한 의미가 있다.

Berne(1961)은 한 개인의 자아상태의 구조를 아동 자아(child ego), 성인 자아(adult ego), 부모 자아(parent ego)의 세 가지 측면으로 구분하였다. 아동 자아는 어린 시절 실제로 느끼고 행동했던 것과 같은 감정이나 행동이 내면화된 것으로, 일종의 '느껴진 생활개념(felt concept of life)'이다. 아동 자아상태는 기능적으로는 누구에게든 구속받지 않고 자신의 본능이나 감정에 충실하게 행동하는 자유로운 아동 자아(free child ego)와 양육자의 애정을 상실하지 않기 위해 자연스러운 자신을 억제하고 상대방의 욕구에 순응하는 순응적 아동 자아(adapted child ego)의 두 가지 자아상태로 구분할 수 있다. 성인 자아는 아동자아의 감정적 생활개념과 부모자아의 학습된 생활개념에서 얻은 정보를 근거로 하여 어떤 일을 혼자 해낼 수 있는 능력을 갖게 됨으로써 형성된 것이다. 부모 자아는 부모의 가치체계나 신념을 반영하는 것으로 부모세대로부터 자녀세대로 전수된다. 부모 자아는 아동이 성장과정을 통해 부모나 양육자의 생각이나 행동, 느낌을 내면화한 것으로, 일종의 '가르침을 받은 생활개념(taught concept of life)'이라고 볼 수 있으며, 이는 기능적으로는 비판적이고 통제적인 부모 자아(critical parent ego)와 보호적이고 양육적인 부모 자아(nurturing parent ego)로 구분할 수 있다(〈그림 11-1〉 참조).

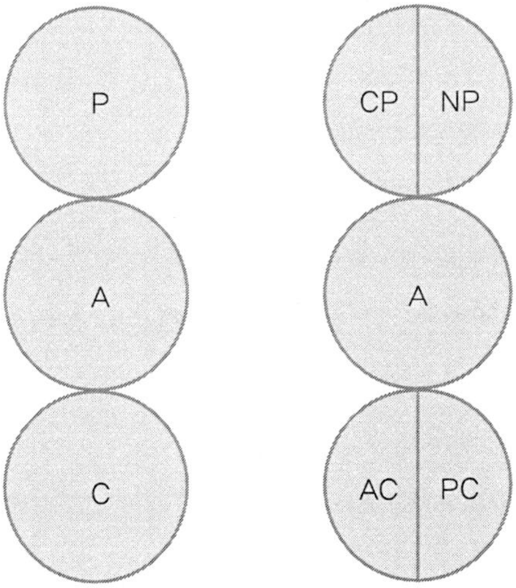


P : 부모 자아(parent ego)
A : 성인 자아(adult ego)
C : 아동 자아(child ego)
CP : 비판적 부모 자아(critical parent ego)
NP : 양육적 부모 자아(nurturing parent ego)
AC : 순응적 아동 자아(adapted child ego )
FC : 자유로운 아동 자아(free child ego)

〈그림 11-1〉 자아상태의 구조

이러한 자아상태의 구조에서 본다면 내면아이는 바로 부모의 애정을 상실하지 않기 위해 지나치게 자신의 감정을 억제하고 상대방의 요구에만 맞추어 나가는 순응적 아동 자아상태가 지나치게 지배적인 것에서 비롯되는 아동의 정서적인 문제라고 볼 수 있다. 이러한 순응적 자아상태가 지나치게 강조되면 자유로운 아동 자아상태의 욕구는 억압되고 이는 이후의 행동에 지속적으로 영향을 미치게 된다. 그러므로 내면아이를 치유한다는 것은 아동 자아상태의 충족되지 못한 욕구들을 표현하도록 도와주는 것이다.

### (3) 발달과업과 내면아이

Erik Erikson

아동은 의존기간이 긴 동물이며 각 발달단계마다 특정한 형태의 보살핌을 필요로 한다. Erikson(1963)은 자신의 저서『아동기와 사회(Childhood and Society)』에서 개인의 발달단계를 각 단계마다 대인관계에서 경험하는 중요한 위기를 극복하는 과정으로 설명하고 있다. Erikson(1963)은 건강한 아동기를 보내기 위한 필수적인 요소로 희망, 의지, 목적성, 유능성이라는 네 가지 기본적인 자아의 힘을 가정하고 있으며, 이는 기본적 신뢰감-불신감, 자율성-수치심, 주도성-죄책감, 근면성-열등감이라는 자신의 단계별 발달과업과 관련이 있다고 하였다. 출생 초기에 아동이 양육자와의 관계를 통해 불신감보다 신뢰감을 더 많이 경험하게 되면 희망을, 근육에 힘이 생겨 자발적으로 걷고자하는 과정에서 수치심보다 자율성을 더 많이 경험하게 되면 의지를, 유아기에 환경을 탐색하는 과정에서 죄책감보다 주도성을 더 많이 경험하면 목적성을, 학령기 아동이 자신의 능력을 시험해보는 과정에서 열등감보다 근면성을 더 많이 경험하게 되면 유능성이라는 자아의 힘을 경험하게 된다고 하였다.

내면아이의 문제는 바로 각 단계마다 성취해야 할 자아의 힘을 경험하지 못하고 신뢰감보다는 불신감, 자율성보다는 수치심, 주도성보다는 죄책감, 근면성보다는 열등감에 압도당한 상태를 의미하는 것으로 이러한 상태에 있는 아동은 진정한 자신의 욕구를 표현하는 것이 불가능하며, 이는 내면아이의 상태로 발전되어 지속적으로 영향을 미치게 된다. 자신의 욕구를 외부로 표현하지 못하고 억압된 감정들은 인간의 성장에 파괴적인 영향을 미치며, 발달 초기에 이러한 부정적인 경험을 많이 할수록 그 영향은 커지게 된다.

## 3. 정서장애의 원인

정서장애가 왜 나타나는지 그 원인에 대해서도 다양한 이론적 관점에서 논의가 가능하다. 먼저, 생물학적 관점에서는 정서장애를 환경적인 요인보다는 생물학적 요인을 그 주된 원인으로 간주하며, 전두엽이나 기저핵과 같은 뇌의 특정부분에서의 기능적 문제나 신경학적 구조와 관련시켜 이해하고자 하였다(LeDoux, 1989, 1996). 이들은 정서장애는 뇌에서 정서정보의 전달상의 문제, 즉 대뇌 변연계와 신피질, 특히 언어체계 중심부와의 단절이 정서장애의 주된 원인일 것으로 주장하였으며, 그 외에도 신경전달물질이나 호르몬의 작용과 같은 신경생리학적 특성에 연구의 초점을 맞추고 있다.

반면, 인지이론가들은 정서장애를 가진 사람들에게서 주어진 사건에 대한 광범위한 인지적 오류가 나타난다고 주장하며, 이러한 인지적 오류가 정서적인 문제의 주요 요인이라고 보고 있다. 어떤 형태의 정서장애로 고통을 받고 있는 사람은 인지과정상 한 가지 이상의 문제를 가지고 있으며 따라서 정상적인 인지기능을 할 수 없다는 것이다. 또한, 인지이론가들은 잘못된 귀인의 결과로 정서장애가 나타나는 것으로 설명하기도 한다. 귀인이론에서는 개인의 성취행동이 이전의 성공과 실패를 이해하는 방식이나 그러한 결과에 대한 통제 가능성 여부에 따라 결정된다고 보았다(Weiner, 1974, 1986b). 귀인이론의 관점에서 본다면 부정적인 결과를 초래한 사건에 대해 내적, 안정적 귀인방식을 사용하거나, 긍정적인 결과를 초래한 사건에 대해 외적, 불안정 귀인방식을 사용하는 경우에는 정서상의 문제를 초래할 수 있다(〈표 11-1〉 참조).

〈표 11-1〉 성취결과의 귀인에 대한 Weiner의 분류

| | 인과관계의 소재(locus of causality) | |
|---|---|---|
| | 내적 인과관계 | 외적 인과관계 |
| 안정적 원인 | 능력 (나는 수학에서는 가망이 없어.) | 과제난이도 (이번 시험이 너무 어렵고 길었어.) |
| 불안정한 원인 | 노력 (나는 연주회에 가지 않고 더 열심히 공부해야 했어.) | 운 (운이 없었어. 내가 빠진 수업내용만 출제됐어.) |

출처: Shaffer, D. R. (2000). *Social and personality development* (4th ed.). Belmond, CA: Wadsworth.

Carol Dweck

또한 정서장애는 학습된 무력감(learned helplessness)에 의해 나타난다고 보고 있다. Dweck과 그 동료들(Dweck & Elliott, 1983; Dweck & Leggett, 1988)은 학습된 무력감을 귀인이론과 관련시켜 개인의 성취지향성을 설명하고 있다. 성공지향적인 사람들은 자신의 성공을 내적, 안정적 요인으로, 실패를 외적, 불안정 요인으로 귀인시키는 반면, 학습된 무력감을 형성한 사람들은 실패를 내적, 안정적 요인으로, 성공을 외적, 불안정 요인으로 귀인시키는 경향이 있다고 한다. 학습된 무력감을 형성한 사람들은 성공은 '운'의 문제로 생각하고 실패는 '능력'의 문제로 생각하기 때문에 더 높은 수준의 성취를 이룰 수 없게 된다. 이러한 관점은 정서반응에도 적용될 수 있다. 인간은 자신과 관련된 모든 자극에 대해 자유로운 정서반응을 보이기를 원하며, 또한 그러한 능력을 가지고 있다. 그러나 이러한 자극에 대한 반응에서 지속적으로 좌절하거나 실패의 경험을 하게 되면 우리는 아예 주위의 자극에 대해 반응을 하지 않게 되며, 이렇게 형성된 학습된 무력감은 특정 정서를 지나치게 약하게 혹은 드물게 경험하는 대표적인 경우라고 볼 수 있다.

또한, 정신분석이론에서는 정서장애를 무의식적 갈등의 표현이라고 보고 있다. 정서장애는 인간의 본능적 욕구충족이 좌절된 경우에 나타나며, 이는 주로 억압된 채로 무의식의 세계에 존재하며 이것이 정서적인 문제를 야기한다고 하였다.

Freud(1933)는 히스테리 환자를 대상으로 한 초기의 연구에서 히스테리의 주요 원인이 정서적 억압에 의한 것이라고 주장하였다. Freud는 정서는 성적 · 공격적인 본능, 추동(drive)에서 파생된 것이며, 정서적인 문제를 타고난 추동이 억압된 결과로 이해하였다. 정서적으로 표현되거나 배출되지 못하고 무의식에 억압되어 있는 불필요한 심리적 에너지가 바로 정서적인 문제를 초래한다는 것이다.

학습이론가들은 정서장애가 자극과 반응 간의 연합, 강화나 모방을 통해 학습된 것으로 간주한다. 아동은 출생 이후 수많은 자극반응 연합이나 정서표현에 대한 부모의 반응을 통해 직접적으로 영향을 받게 된다. 또한 우울한 부모의 자녀에게서 우울한 정서를 빈번하게 관찰할 수 있는 것과 같이 부모의 정서반응은 모방을 통해 자녀에게 전달된다.

그러나 정서장애는 이러한 관점 가운데 한 가지 관점으로 명확하게 설명하기는 불가능하며, 여러 가지 요인이 복합적으로 작용하는 경우가 대다수이다. 또한 때에 따라서는 확실하게 무엇 때문이라고 그 원인을 설명할 수 없는 막연한 정서장애가 나타나기도 한다.

## 4. 정서장애의 치료

정서적인 문제는 이상과 같은 여러 가지 원인에서 비롯되고 다양한 형태로 나타나지만 정서연구가들은 사람의 정서를 변화시키는 것이 가능하기 때문에 정서적인 문제는 치유될 수 있다고 보고 있다.

제2장에서 우리는 정서의 생물학적 관점과 인지적 관점이라는 두 가지 정서이론에 대해 살펴보았다. 이러한 두 가지 관점 외에도 정서장애의 문제를 치료하는 데에는 정신분석이론이나 행동주의이론도 널리 적용되고 있다.

## 1) 생물학적 관점

생물학적 정서이론의 관점에서는 정서장애의 원인을 신체적, 생물학적 특성과 관련시켜 설명하고 있다. 정서장애는 특정한 자극경험에 대한 신체적인 조절의 실패에 기인하는 것으로 간주하기 때문에 치료방법도 이러한 신체생리적 조절을 우선시하고 있다.

불안을 유발하는 상황에 처하게 되면 우리 신체의 교감신경계가 활성화되어 호흡이나 맥박이 빨라지는 것과 같은 반응이 나타나게 된다. 아드레날린(adrenaline)이나 노르아드레날린(nor-adrenaline)과 같은 부신피질 호르몬은 이러한 교감신경계의 활성화를 촉진시키는 작용을 한다. 또한 우울증의 경우에는 에피네프린(epinephrine)이나 노르에피네프린(nor-epinephrine), 도파민(dopamin)과 같은 카테콜아민(catecholamine)의 수준이 낮아지며, 조증의 경우에는 이와는 반대로 높아진다고 한다. 그러므로 생물학적 관점에서는 우울증이나 불안장애와 같은 정서장애의 경우 항우울제나 항불안제를 복용하는 것과 같은 약물요법을 통해 일차적으로 생리적인 변화를 조절함으로써 정서장애를 치료하고자 한다.

## 2) 인지적 관점

인지적 관점에서 본다면 정서의 근원은 인지적 작용에서 비롯되므로 정서장애의 문제는 자신의 사고체계 자체를 변화시킴으로써 치료가 가능하다고 볼 수 있다. 인간은 주어진 정보를 있는 그대로 받아들이는 것이 아니라 자신이 가지고 있는 인지적 틀에 따라 정보를 선택적으로 주의집중하고, 범주화하고, 변형시켜 받아들이게 되므로 이러한 정서와 관련된 정보의 처리과정에서 왜곡된 인지체계에 의해 정서장애가 나타난다고 보고 있다. 그러므로 인지적 관점에서는 왜곡된 인지체계를 변화시키고 재해석하거나 상황에 대한 대처방식을 변화시킴으로써 정서장애는 치료가 가능하다고 본다.

### (1) 정서장애와 인지체계

Albert Ellis

Ellis(1967)는 『합리적 정서치료(Rational Emotive Psychotheraphy)』에서 한 개인의 정서나 사고는 분리된 두개의 과정이 아니라 상호관련이 있는 것으로 이해해야 한다고 주장하였으며, 비합리적인 사고를 변화시킴으로써 정서적인 문제를 해결할 수 있다고 하였다. Ellis는 정서장애를 치료하는 데 있어서 약물치료를 하거나 억압된 정서를 표출하게 함으로써 얻을 수 있는 정화효과도 인정하지만, 이보다는 비합리적인 사고나 신념을 변화시킴으로써 궁극적인 정서적 문제의 해결이 가능하다고 하였다. Beck(1976)도 Ellis와 마찬가지로 인지와 정서는 분리될 수 없는 과정이며 인지를 변화시킴으로써 정서적인 문제의 해결이 가능하다고 주장하였다. Beck은 정서적 문제를 가지고 있는 사람들은 자기 자신이나 주위환경, 미래에 대해 다음과 같은 부정적이고 왜곡된 사고방식을 가지고 있다고 하였다.

#### ① 과잉일반화

과잉일반화(overgeneralization)는 하나의 대상이나 상황으로부터 도출된 부정적 결론을 모든 대상이나 상황에 적용시키려는 경향을 의미한다. 이러한 왜곡된 사고를 가진 사람들은 한 사람이나 상황에서 생긴 문제로 인해 모든 사람이나 상황에서 문제가 생길 것이라는 비합리적인 생각을 하게 된다(사진 참조). 실제로 불안장애와 같은 경우 이를 경험하는 사람들은 자극 자체에 대해 예민하게 반응하기도 하지만 그러한 일이 일어날 확률을 과대평가하는 경향이 있다.

#### ② 개인화

개인화(personalization)는 모든 문제를 전적으로 자신의 잘못으로 돌리고 자책하는 또 다른 비합리적인 사고이다. 귀인이론에서 논의한 바와 같이 개인화라는 왜곡된 사고를 가진 사람은 실패를 자신의 능력부족과 같은 내적, 안정적 요인으로 귀인시킴으로써 자신을 자책하므로 실제로 문제해결을 위한 노력을 하지 않게 되며, 결과적으로 이후의 상황이나 관계에서도 실패할 확률이 높아지게 된다.

③ 이분법적 사고

이분법적 사고(all or nothing thinking)를 가진 사람들은 모든 상황이나 관계를 성공과 실패라는 양극의 논리로 설명하려는 경향을 보인다. 모든 상호작용은 그 결과에 못지않게 과정이 중요함에도 불구하고, 이분법적 사고를 가진 사람은 결과를 중심으로 성공인지 실패인지를 판단하는 경향을 보이며, 그러한 과정을 통해 얻게 된 긍정적인 측면은 인정하려 하지 않는다. 이분법적 사고는 개인의 정서반응까지도 양극화시키게 된다.

④ 재앙화

재앙화(catastrophizing)는 어떤 일이 초래할 수 있는 부정적인 측면만을 비합리적으로 과장해서 생각함으로써 불안감을 느끼는 것이다. 한 번의 실패를 자신의 성격상의 큰 결함으로 생각하고 앞으로의 시도에서도 절대로 성공할 수 없을 것이라는 생각을 갖게 되는 것이다. 이러한 부정적인 생각은 그 자체만으로도 불안감을 가중시키는 요인으로 작용하며 궁극적으로는 긍정적인 관계 형성에 실패하게 된다. 광장공포증과 같은 불안장애의 경우 특별한 원인이 없음에도 불구하고 자신에게 재앙적 상황이 일어날 것이라는 비합리적인 생각을 하고 있는 것이다.

Beck은 이처럼 왜곡된 개인의 신념이나 태도를 변화시키지 않는 한 궁극적인 문제해결은 이루어지지 않는다고 본다. 그러므로 치료의 목표는 이러한 잘못된 신념을 포기하고 자신의 정서에 대한 통찰력을 갖게 하는 것이다. 즉, 이러한 정서장애가 잘못된 비합리적인 사고에 기인한다는 사실을 인식시켜 줌으로써 왜곡된 해석으로부터 벗어날 수 있다는 것이다. 회피하는 것은 자신의 정서적인 문제를 극복하는 데 아무런 도움도 주지 못한다. 회피하기보다는 이를 직면함으로써 자신의 행동에 대한 통찰과 변화가 가능해진다. 자신이 불안해하는 대상이나 상황이 실제로 불안해할 필요가 없다는 사실에 대해 통찰력을 갖게 하고, 실제 행동결과를 체험하게 하는 인지행동기법은 특히 불안장애의 치료에 탁월한 효과를 보인다.

### (2) 정서장애와 대처방식

인지적 관점에서는 정서적인 문제를 인지체계뿐만 아니라 대처(coping)방식과 관련시켜 설명하고 있다. 대처는 고통스러운 사건을 조절하기 위해 필요한 전략들을 사용하는 과정으로서 종종 정서조절과 동의어로도 사용된다. 그러므로 적절한 대처방식의 선택은 정서적인 문제의 치료에 유용한 방식이 될 수 있다.

#### ① 외적 대처와 내적 대처

일반적으로 아동은 연령이 증가함에 따라 인지적, 내적 대처(internal coping)전략을 많이 사용하는 반면, 행동적, 외적 대처(external coping)전략은 발달단계 전반에 걸쳐 꾸준히 사용하는 것으로 나타난다. 예를 들어, 어린 아동은 자신의 슬픈 감정들을 해소하기 위해 게임이나 색칠하기와 같은 행동적, 외적 대처전략을 사용하는 반면, 나이든 아동은 기분전환 활동을 통해 다른 즐거운 생각을 해보는 것과 같은 인지적, 내적 대처전략을 사용함으로써 자신이 경험하는 부정적인 감정을 해소하려 한다.

성인의 경우, 통제할 수 있는 스트레스 요인에 대처하는 데에는 외적인 대처전략이 보다 효과적이지만 통제할 수 없는 사건에는 내적 대처전략이 보다 효과적인 것으로 나타났다(Miller, 1990). 그러나 행동적 대처는 대부분의 사람들이 사용하며, 스트레스 감소에서 높은 효과를 보인다(Gal & Lazarus, 1975). 활동적인 행동은 스트레스 요인으로부터 주의를 전환시킴으로써 개인으로 하여금 이로부터 벗어나게 해준다. 그러므로 상황의 통제 가능성 여부에 따라 적절한 통제방법을 선택하는 것이 정서적 문제를 극복하는 한 방편이 될 수 있다.

#### ② 정서중심 대처와 문제중심 대처

정서중심 대처(emotion-focused coping)전략은 문제 자체보다도 문제로 인해 발생한 부정적인 정서를 직접적으로 다루는 반면, 문제중심 대처(problem-focused coping)전략은 부정적 정서를 야기한 문제 자체를 직접적으로 다루거나 이를 변화시키려 하는 것이다. 예를 들어, 학업문제로 인한 스트레스에 대처하기 위해 숙제를 보다 열심히 하는 것이 문제중심 대처전략이라면, 불안한 마음을 진정시키려 노력하는 것은 정서중심 대처전략이다.

문제중심 대처방식보다 정서중심 대처방식이 효율적인 것만은 아니며, 통제가 불가능한 상황에서는 정서중심 대처전략이 정서적 안정에 도움이 될 수 있지만, 통제가 가능한 상황에서는 문제중심 대처전략이 보다 효율적인 대처방식이 될 수 있다. 즉, 문제중심 대처반응을 사용함으로써 문제를 유발하는 상황을 개선할 수 있다는 것이다(Lazarus & Folkman, 1984). 정서중심 대처전략은 스트레스의 원인이 명확하지 않거나 이에 대한 지식이 부족할 때 혹은 이를 제거하는 것이 불가능할 때 더 자주 사용된다(Pearlin & Schooler, 1978). 정서중심 대처가 부적응적인 결과를 초래한다는 연구결과가 있는가 하면(Folkman, 1997), 암 환자가 자신의 정서를 표현함으로써 상태가 더 좋아졌으며, 정서중심 대처는 개인의 통제감을 증가시키므로 질병을 다루는 데 긍정적으로 적용될 수 있다는 연구결과도 찾아볼 수 있다(Baum, Fleming, & Singer, 1983).

③ 사회적 대처와 독립적 대처

아동의 연령이 증가함에 따라 부모나 다른 사람의 도움 없이 정서를 조절할 수 있는 독립적 대처(solitary coping)전략은 증가한다. 반면, 어린 아동은 자신의 감정을 다른 사람에게 이야기하는 것과 같은 사회적 대처(social coping)전략을 더 많이 사용한다. 특히 성별로는 여아들이 남아들보다 자신의 문제에 대해 언니나 오빠에게 이야기하거나 도움을 청하는 것과 같은 사회적 대처전략과 내적 · 인지적 대처방법을 많이 사용하는 반면, 남아들은 독립적, 외적, 행동적 대처전략을 더 많이 사용하는 것으로 나타났다(Brenner & Salovey, 1997).

④ 과거의 사건에 대한 대처

과거의 지나간 사건은 변화가 불가능하므로 자신의 외상적 경험은 이에 대처하는 방식을 변경함으로써 극복할 수 있다. 지나간 사건에 대해 대처하는 대표적인 부정적 방식에는 반추(rumination)가 해당된다. 이는 수동적이고 반복적으로 자신의 고통이나 이러한 고통과 관련된 상황에 생각의 초점을 맞추는 것을 의미한다(Nolen-Hoeksema, McBride, & Larson, 1997). 이러한 반추방식은 우울한 기분을 강화시키거나 기간을 연장시키는 특징적인 방식이다. 1989년 미국 캘리포니아에서 발생한 'Loma Prieta' 지진(사진 참조) 이후의 회복과정에서도 지진이 발생하기 이전부터 반추의 방식을 사용하던 사람들은 그렇지 않은 사람들보다 우울수준이 높았으며(Nolen-Hoeksema & Morrow, 1991), 부인을 잃은 남편 가운데 반추 방식을 사용하는 사람들이 보다 우울증이 심하고 그 기간도 긴 것으로 나타났다(Nolen-Hoeksema et al., 1997). 이러한 반추방식의 악영향은 많은 실험연구에서도 증명이 되었다(Nolen-Hoeksema & Morrow, 1993).

사진 설명: 1989년 미국 캘리포니아에서 발생한 'Loma Prieta' 지진

부정적인 경험에 대한 반추는 부정적인 기분을 강화시키지만 이와 반대로 자신의 정서적 외상(trauma)을 글을 통해 노출시키는 것은 상당히 긍정적인 영향을 미친다고 한다(Pennebaker, 1997). 노출은 일회성이건 수차례에 걸쳐 이루어지는 것이건 그 횟수와 무관하게 정서장애 경험자들의 병원방문 횟수를 감소시키고, 학생인 경우 성적을 향상시키고, 면역기능을 강화시켜주는 것으로 나타났다(Booth & Pennebaker, 2004). 또한 자신이 보고하는 신체적 증상이나 고통, 우울증의 경험 횟수도 감소한 것으로 나타났다(Cameron & Nicholls, 1998; Greenberg & Stone, 1992; Pennebaker et al., 1988).

Linda Cameron

James Pennebaker

Pennebaker의 인지변화방식 모델은 반추와 노출 간의 차이를 구분해주고 있다. 즉, 자신의 외상적 경험을 외부로, 언어로 표현하는 노출의 방식은 적응을 용이하게 해주지만, 내적으로 떠올리는 반추의 방식은 부정적인 영향을 미친다는 것이다. 반복적인 노출은 외상적 경험으로 인해 혼란스러운 개인의 사고나 감정을 체계화하는 것을 도와주는 일종의 인지적 정리정돈에 비유할 수 있다. 노출의 과정은 고통스러운 경험을 재구조화해주고, 이러한 고통스러운 사건에 대해 의미를 부여해준다. 따라서 노출을 통해 사람들은 시간이 경과함에 따라 통찰을 얻게 되고 부정적인 감정을 보다 긍정적인 것으로 받아들이게 된다(Pennebaker & Francis, 1996; Pennebaker, Mayne, & Francis, 1997). 반면, 반추는 부정적인 경험에 대한 의미를 찾게 해주지 못하고 오히려 이에 빠져들게 만들기 때문에 부정적인 정서를 강화시키게 된다는 것이다. 즉, 반추가 정서적 경험에 대한 판단능력의 결여와 관련된 것이라면, 이와는 반대로 정서적 노출은 적응적 자기변화를 촉진시킨다.

반추에서 벗어나는 가장 효율적인 방식은 기분전환(distraction)의 방법이다(Morrow & Nolen-Hoeksema, 1990; Nolen-Hoeksema & Morrow, 1993). 기분을 전환하기 위해 유쾌한 활동을 하게 되면 문제해결능력이 향상되고 부정적인 기분은 감소하게 된다(Lyubomirsky & Nolen-Hoeksema, 1995). 정서조절 능력 가운데 가장 발전된 기술은 부정적인 정서는 완화시키고 긍정적인 정서는 향상시키는 것이며, 그 중요성을 과장하거나 과소평가하지 않고 정서를 이해하는 능력이다(Mayer & Salovey, 1997). 기분전환은 부정적인 감정으로부터 회피하는 것과는 질적으로 상이한 일종의 외적, 행동적 대처전략이라고 볼 수 있다. 회피의 방식을 사용할 경우 기분전환과는 달리 부정적인 경험은 전혀 해결되지 못하고 개인의 사고와 정서에 계속적으로 영향을 미치게 된다.

노출이 자신의 감정을 정리하기 위한 효율적인 방법임을 알고 있기 때문에, 정서적으로 지적인 사람들은 자신의 정서적 경험을 빈번하게 드러낸다. 이들은 외상적 정서경험을 자연스럽고 폭넓은 삶의 한 부분으로 받아들이고, 이러한 경험이 자신의 삶에 긍정적인 기여를 하는 것으로 받아들인다. 그러므로 효율적인 노출의 방법을 통해 정서적 경험을 효율적으로 조절해나가는 사람들은 그렇지 못한 사람들보다 성공적으로 대처해 나가는 것으로 볼 수 있다. 자신의 정서적 경험에 대해 개방적인 사람들은 오히려 '아무런 문제가 없다'고 말하는 사람들보다 우울증 수준도 낮은 것으로 나타났다(Mayer, Salovey, Gomberg-Kaufman, & Blainey, 1991). 정서적으로 지적인 사람은 고통을 유발하는 정서를 인식하고 이에 효율적으로 대처해 나가는 사람이다.

⑤ 미래의 사건에 대한 대처

과거의 사건에 대한 대처뿐만 아니라 미래의 사건에 대한 적절한 대처방식도 정서적인 문제를 예방하고 치료하는 데에 도움이 된다. 인간으로서 우리는 미래에 원하는 목표를 향해 자신을 조절해나갈 수 있는 능력을 가지고 있다. 그렇지만 이처럼 장기적인 목표를 추구해나가는 것은 스트레스의 요인이 된다. 장기적 목표는 단기적 목표보다 더 의미는 있지만, 보다 복잡하고 통제가 잘 이루어지지 않으므로 이들 간에 균형을 추구하기 위해 여러 가지 전략을 탐색해왔다(Bandura & Cervone, 1983).

Taylor 등(Taylor, Pham, Rivkin, & Armor, 1998)은 정서조절에서의 지적 시뮬레이션(mental simulation)의 역할에 대해 연구하였다. 이들은 지적 시뮬레이션이 미래에 원하는 결과를 얻는 데 기여한다는 사실을 전제로 하였다. 지적 시뮬레이션에는 목표를 달성하기 위해 세부적인 과정을 강조하는 '과정 시뮬레이션(process simulation)'과 원하는 결과를 상상해보는 '결과 시뮬레이션(outcome simulation)'이 있다. 대학생을 대상으로 중간고사에 대비하여 과정 시뮬레이션과 결과 시뮬레이션 모델을 적용시킨 Taylor(1991)의 연구에서는 과정 시뮬레이션을 적용한 학생들의 점수가 결과 시뮬레이션을 사용한 학생들의 점수보다 높게 나타났다고 보고하였다. 과정 시뮬레이션은 개인으로 하여금 자신의 목표를 성취하기 위해 고려해야 할 사항들을 준비하게 하고, 이러한 준비는 목표달성을 효율적으로 이루게 하는 것으로 나타났다. 반면, 결과 시뮬레이션은 이러한 결과를 마치 성취한 것처럼 착각하게 함으로써 실제로 이러한 성취를 위해 필요한 준비를 하지 않도록 하기 때문에 효율적이지 못한 방법으로 나타났다. 또한 반드시 지시를 하지 않아도 과정 시뮬레이션이나 결과 시뮬레이션을 사용하는 데 있어서 개인차가 존재하며 이러한 과정에서 정서지능은 중요한 역할을 하는 것으로 나타났다.

⑥ 상호작용모델

대처과정과 이러한 대처로 인한 적응결과 간의 관계는 여러 학자들 사이에서 주요 관심사가 되어 왔다. 스트레스 교류모델(Lazarus & Folkman, 1984)은 스트레스에 대처해 나가는 것은 여러 가지 변수가 개입되어 영향을 미치는 과정이라고 간주한다.

Lazarus와 Folkman(1984)은 스트레스 교류모델을 평가와 대처로 구성되는 '과정'과 정서적 고통이나 건강 문제로 설명할 수 있는 '결과'로 구분하였다. 대처는 스트레스로 지각된 것에 대한 개인의 반응으로, 하나의 사건이 해롭고, 위협적이고 도전적인 것으로 평가되면 사람들은 이에 대해 대처반응을 보이게 된다는 것이다. 이들은 한 개인이 스트레스 요인에 대처하는 방식을 통제하는 주된 과정이 있으며, 높은 정서지능을 가진 사람들이 이 과정을 보다 성공적으로 수행할 것이라고 가정하였다.

이러한 Lazarus와 Folkman(1984)의 스트레스 교류모델과 Wells와 Matthews (1994)의 자기제어 모델을 토대로 하여, Matthews와 Zeidner(1996)는 개인의 스트레스 관리방식을 '과정(processes)' '행동(behaviros)' '결과(outcome)'의 3단계로 구분하였다. 과정은 자신의 감정을 표현할 수 있는 적절한 용어를 선택하고 감정 경험을 기억에 저장하고 인출하는 것과 같은 내면적인 과정을 의미하며, 행동은 분노를 말로 표현하거나 위험한 것으로 지각되는 상황을 피하는 행위와 같이 실제로 행동으로 옮기는 과정을 의미하며, 결과는 외부의 요인으로부터 자신이 받은 피해의 정도, 만족 또는 불만족감, 장기적으로 야기될 수 있는 신체 건강상의 문제를 의미한다. Lazarus와 Folkman의 스트레스 교류모델에서와 같이 Matthews와 Zeidner의 상호작용모델에서도 적응적인 결과를 초래하도록 대처해나가는 데 개인의 정서지

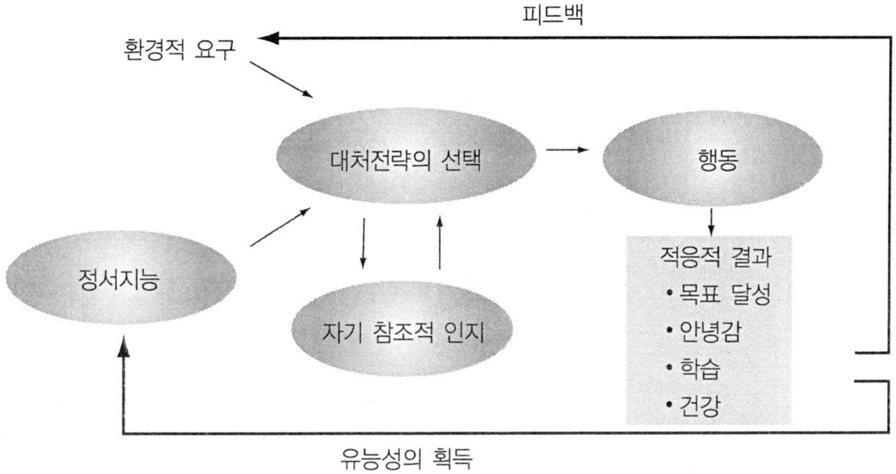


〈그림 11-2〉 스트레스에 대한 상호작용모델에서의 정서지능의 영향

출처: Matthews, G., & Zeidner, M. (2000). Emotional intelligence, adaptation to stressful encounters, and health. In R. Bar-On & J. D. A. Parker (Eds.), *The handbook of emotional intelligence*. San Francisco: Jossey-Bass.

능이 중요한 역할을 하며, 대처전략을 선택하는 것과 같은 인지적 과정을 정서반응의 핵심적인 부분으로 설명하였다. 그러나 개인의 정서지능과 더불어 환경요인의 영향도 대처전략의 선택에 영향을 미치며, 이는 행동결과를 통해 얻게 된 유능성이나 피드백의 영향을 받는다고 볼 수 있다. 그러므로 과정, 행동, 결과의 3단계는 유기적으로 관련되어 있으며, 개인의 대처방식은 다른 요인들과의 상호작용 과정으로 볼 수 있다(〈그림 11-2〉 참조).

⑦ 적응적 대처방식

효과적인 대처는 정서지능과 관련이 있다. Salovey와 그 동료들(Salovey, Bedell, Detweiler, & Mayer, 1999)은 정서지능이 높은 개인이 더욱 성공적으로 대처를 하는데, 그 이유는 이들은 자신들의 감정상태를 정확하게 지각하고 평가하며, 언제 어떤 방식으로 자신의 감정을 표현할지를 알고, 자신의 감정상태를 효과적으로 통제할 수 있기 때문이라고 하였다. Bar-On(1997)도 대처능력은 우리로 하여금 변화하

Stephen Covey

Andrew Steptoe

는 세계에 적응해 나가는 데 중요한 요인이 된다는 점에서, 스트레스 대처방식을 정서지능의 중요한 구성 요소로 보았다.

적응적, 기능적인 대처는 일시적으로는 스트레스를 완화시키고, 회복에 대한 기대를 갖게 함으로써 긍정적인 자아개념이나 정서적인 평온을 유지하고, 환경과 만족스러운 관계를 유지하도록 하고, 자신이 원하는 목표 달성에 근접하는 것과 같은 중요한 목표와 관련하여 평가할 수 있다. Covey(1989)도 성공하는 사람들은 자신의 목표 달성에 근접할 수 있는 대처전략을 가지고 있다고 하였다. 대처방식이 효율적인지의 판단기준은 다음과 같은 결과에 비추어 평가할 수 있다(Meneghan, 1982; Pearlin & Schooler, 1978; Taylor, 1986).

첫째, 갈등이나 스트레스 상황을 완화하거나 해결하는 데 유용해야 한다.

둘째, 심장박동, 혈압, 호흡, 피부반응과 같은 생리적, 생화학적 반응을 감소시킨다면, 이는 성공적인 대처방식으로 볼 수 있다. 그러므로 효과적인 대처방식은 신체적 건강을 증진시키는 것과 관련된다(Steptoe, 1991).

셋째, 정서적, 생리적 고통을 감소시켜야 한다.

넷째, 사회규범과 관련하여 평가되어야 한다. 사회적으로 받아들일 수 있는 기준으로부터의 일탈된 대처방식은 오히려 부적응적 대처방식이라고 볼 수 있다.

다섯째, 사람들을 스트레스 이전의 정서상태로 되돌려 놓는 것이다.

여섯째, 배우자, 자녀, 부모, 동료, 친구나 이웃을 포함하여 스트레스 상황에 영향을 받은 모든 사람에게 안녕감을 갖게 하는 것이다.

일곱째, 눈으로 관찰할 수 있는 효과와는 별개의 문제로, 얼마나 적응적인 대처라고 생각하는지에 대한 자신의 주관적인 판단에 좌우된다.

이상에서 살펴본 바와 같이 적응적인 대처는 많은 요인에 따라 판단되는 복잡한 과정이라고 볼 수 있다.

### 3) 정신분석적 관점

정신분석이론에서는 무의식에 억압된 정서가 정서장애의 주된 요인이라고 보고 있다. 정서적 문제를 경험하고 있는 사람들은 자신의 문제가 왜 일어나는지에 대한 통찰이 부족한 경우가 많다고 보았으며, 이러한 통찰능력을 향상시키고 나아가 자신의 억압된 욕구를 표현하게 함으로써 정서장애를 치유하고자 하였다.

#### (1) 무의식

Freud(1933)의 가장 큰 업적 가운데 하나는 인간의 삶에 미치는 무의식의 영향에 대한 연구이다. 무의식에 대한 Freud의 연구와 이론은 지금까지 모든 심리적 현상이 의식적인 것이라는 가정을 뒤엎고 우리가 의식하는 것은 빙산의 일각이라는 사실을 일깨워주었다. Freud(1961)는 성격을 빙산에 비유하여, 물 위에 떠 있는 작은 부분이 의식이고, 물속에 잠겨 있는 훨씬 더 큰 부분이 무의식이며, 파도에 의해 물 표면으로 나타나기도 하고 잠기기도 하는 부분이 전의식이라고 보았다(〈그림 11-3〉 참조). 그는 무의식의 내용 가운데 추동을 중요시하였으며, 무의식의 독특한 응집력을 에너지의 개념으로 설명하였다. 무의식은 역동적 특성을 가지고 있으며 이는 현실세계에 큰 영향을 미치게 된다고 하였다.

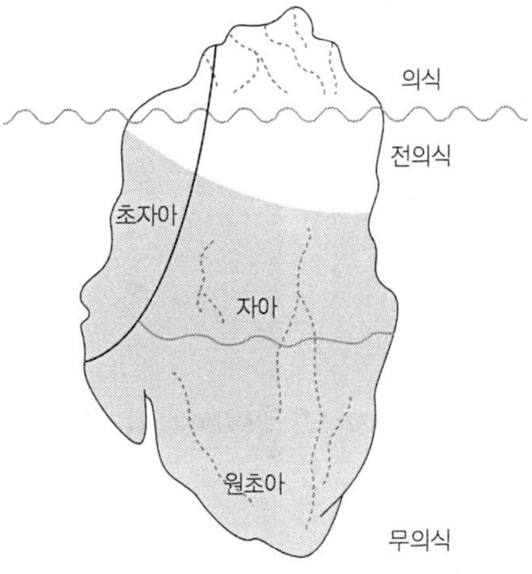

〈그림 11-3〉 Freud의 성격구조

정신분석이론에서는 정서적인 문제를 타고난 추동의 억압에서 비롯된다고 보았기 때문에, 이를 치료하는 방법도 억압된 정서를 표현하고 긴장을 해소할 수 있도록 해주는 것이 가장 기본이 된다고 보고 있다. 어떤 경우 정서는 완전히 억압되어 있거나 왜곡되어 있어서 장기간에 걸친 분석과정을 통해서 비로소 자신의 정서에 대한 자각이 가능한 경우도 있다. 그러므로 정신분석이론의 관점에서는 이처럼 무의식에 억압되거나 왜곡된 정서를 인식하고 표현하는 정화(catharsis)과정을 통해 정서장애의 문제가 해결될 수 있다고 가정한다.

정신분석이론은 우리가 의식하지 못하는 무의식적 힘에 연구의 초점을 맞추고 있으며, 자신의 무의식에 억압되어 있는 부정적인 감정을 드러냄으로써 인간은 보다 건강하고 자유롭게 살 수 있다고 하였다. 정신분석의 방법이 오늘날 보편적으로 사용되는 방법이라고 볼 수는 없지만, 자신의 억압된 감정에 대한 통찰을 통해 정서적인 문제를 해결해 나가는 방법은 여러 가지 치료방법의 기본이 되고 있다.

### (2) 자유연상의 방법

사진 설명: 프로이트 박물관에 소장된 프로이트의 정신분석용 소파

이처럼 무의식 속에 억압된 정서를 인식하고 표현하게끔 하기 위해 Freud가 초기에 사용한 방법은 최면의 방법이었다. 그러나 최면의 방법은 정서적 문제를 가지고 있는 사람이 자신의 문제를 알고 이에 대해 적극적으로 대처할 수 없으며, 수동적인 자세를 취할 수밖에 없다는 한계를 가지고 있다. 그 결과 자신의 문제에 대한 통찰이 불가능하다. 이러한 이유로 Freud는 무의식 속에 억압된 감정을 표현하면서 동시에 자신의 문제에 대한 통찰을 도와줄 수 있는 자유연상의 방법을 개발하여 사용하였다.

자유연상의 방법은 의사는 깨어 있고 환자는 최면상태에 있는 것이 아니라 두 사람이 모두 깨어 있으면서 공동으로 문제해결에 참여하는 것이다. 내담자는 긴 의자에 누워서 수시로 자신의 마음속에 떠오르는 것을 그것이 어떤 내용이든 말로 표현하게 된다(사진 참조). 이러한 언어적 표현은 더 깊은 탐색과 통찰을 가능하게 해준다는 점에서 큰 의미가 있다. 언어적 표현을 통해 치료자는 내담자의 마음을 인식하게 되고 자신의 문제를 치료할 수 있게 된다. 자유연상의 방법은 이처럼 자신의 무의식에 억압된 욕구를 스스로 통찰하게 함으로써 내면아이와 같은 정서장애의 문제를 치유할 수 있다.

그러나 이처럼 자신의 억압된 정서를 통찰하고 이를 통해 정서적 문제를 치유해 나가는 통찰지향적(insight-oriented) 심리치료는 내담자의 반응이 매우 느리게 나타나는 특징을 가지고 있으며, 따라서 짧은 시간 내에 성과를 기대하기는 어렵다. 또 어떤 경우에는 2~3회기를 치료한 후 치료가 중단되는 경우도 흔히 있다(Beckham, 1992; Saltzman, Luetgert, Roth, Creaser, & Howard, 1976). 또한 치료과정에서 좌절을 경험하거나 주제에서 벗어난 엉뚱한 질문을 함으로써 자신의 감정을 방어하거나 역전이(countertransference)도 흔히 일어난다(Silver, 1983; Taylor, 1977). 내담자뿐만 아니라 치료자도 치료과정에서 좌절감을 경험한다(Taylor, 1977). 특히 심리적 마음자세는 이러한 통찰지향적 치료에서 큰 영향을 미치는 변수이다. 심리적 마음자세 수준이 낮은 사람들에게 있어서 심리치료는 종종 혼동스럽고 실망스러운 경험으로 인식된다(Piper, Bankier, & Dear, 1998). 그러므로 치료자가 치료 시작 전에 특정 내담자의 정서지능이나 심리적 마음자세 수준에 대해서 안다는 것은 매우 유용한 것이 될 수 있다. 특정의 내담자가 가지고 있는 이러한 능력에 대해 사전 지식을 가지고 있을 때 치료는 보다 효율적으로 이루어질 수 있다.

### 4) 행동주의적 관점

행동주의자들은 정신분석학의 내성적 방법에 반기를 들고 과학의 대상은 눈에 보이는 신뢰롭고 객관적인 행동에 국한되어야 한다고 생각하였다. 행동주의이론은 정서와 같이 객관적으로 측정할 수 없는 속성을 그 연구 영역으로 포함시키지는 않으나 체계적 둔감법이나 주장훈련, 이완법 등과 같은 행동수정의 여러 기법들이 외현적인 정서문제를 치료하는 데 널리 적용되고 있다.

#### (1) 체계적 둔감법

체계적 둔감법(systematic desensitization)은 불안이나 공포와 같은 부정적인 정서를 유발하는 자극을 점차적으로 노출시킴으로써 그러한 정서반응을 감소시키는 것이다. 예를 들어, 어둠에 대해 공포반응을 보이는 아동에게 일반적으로 할 수 있는 반응은 계속적으로 두려워할 것이 없다고 말하면서 어둠을 그대로 직면하게 하든지 혹은 환하게 불을 밝혀둠으로써 어둠을 전혀 경험하지 않도록 하는 방법을 생각할 수 있다. 그러나 어둠을 전혀 경험하지 않도록 하는 것은 현실적으로 불가능하며, 어둠에 직면하게 하는 것은 순간적으로 과도한 공포의 정서를 경험하게 됨으로써 결과적으로 더 심각한 정서적인 문제를 초래할 수 있다. 그러므로 체계적 둔감법은 특정한 자극에 대해 불안의 정서를 가지고 있는 아동으로 하여금 어둠에 직면하게 하되 갑작스럽게 직면하게 하는 것이 아니라 아동이 유쾌한 활동을 하고 있는 동안에 점차적으로 이러한 자극에 직면하도록 하는 것이다.

이러한 방법을 적용하는 과정에서 유의해야 할 점은 아동에게 불안감을 주는 자극을 제시하는 과정에서 편안함을 주는 대상을 동시에 제시해줌으로써 불안감이 상쇄되도록 하는 것이 중요하다. 또한 아동이 편안함을 느끼는 상황에서 불안을 느끼는 대상을 점진적으로 노출시켜야 하며 성급하게 서둘러 노출시키면 그 효과를 기대하기가 어렵다.

### (2) 주장훈련

주장훈련(assertive discipline)은 행동수정의 원리에 기초하여 아동상담가인 Lee Canter와 교사인 Marlene Canter에 의해 개발된 부모교육 프로그램이다. 이들에 의하면 공격적 행동은 자신은 피해를 보지 않지만 남에게 피해를 입히는 행동인데 대해, 소극적 행동은 남에게는 피해를 입히지 않지만 자신이 피해를 보는 행동이라고 규정하였다. 이와는 달리 주장적 행동이란 남에게 피해를 입히지 않으면서 자신도 피해를 입지 않는 행동이므로 이들은 이러한 주장적 행동을 긍정적인 것으로 평가하고 권장하였다. 주장적 행동을 못하는 데에는 인지적, 정서적, 행동적인 이유가 존재한다. 인지적으로는 어떻게 하는 것이 주장적 행동인지를 모르는 것이고, 정서적 이유는 주장적 행동이 어떤 것인지는 알지만 불안과 같은 정서적인 요인 때문에 주장적 행동을 할 수 없는 것이다. 행동적 이유는 인지적으로나 정서적으로나 문제가 없음에도 불구하고 행동으로 옮기지를 못하는 것이다. 그러므로 주장훈련은 먼저 적절한 행동에 대한 인지적 평가가 선행되어야 하며, 다음으로는 주장적 방법을 사용하여 단호하게 자신의 의견을 말로 표현하고, 나아가 상대방에게 자신의 의사를 행동으로 뒷받침하도록 훈련을 하게 된다. 이러한 주장훈련은 내면아이와 같이 욕구표현이 좌절되고 억압된 아동의 정서표현에도 효과적인 방법이라고 볼 수 있다.

### (3) 이완법

아동이 경험하는 부정적인 정서는 실제의 정서수준보다도 긴장된 분위기나 마음가짐으로 인해 보다 증폭되어 인식되는 경우가 많다. 그러므로 이완법(relaxation)은 아동이 보다 편안한 상태를 유지할 수 있도록 이완된 분위기를 조성하는 행동수정 방법이다. 이완법에는 이완된 분위기를 경험할 수 있는 장면이나 상황을 연상하는 방법과 호흡이나 간단한 체조, 음악감상을 통해 신체를 이완시키는 방법이 있다. 예를 들어, 불안장애의 경우 심장이 마구 뛰는 것을 초기에 통제하기 위하여 호흡이나 간단한 체조를 통해 신체적인 이완방법을 일차적으로 실시하면 이후의 치료과정을 단축시키거나 조기에 이를 극복할 수 있게 된다.

# 제12장 정서교육

정서지능에 대한 관심이 대중화되면서 정서지능은 학교생활이나 인생에서의 성공을 예측하는 데 IQ보다 더 중요한 변수로 받아들여지고 있다. 그러나 또 다른 한편에서는 이러한 주장은 분명히 IQ로 볼 수 없는 속성들을 모두 정서지능이라는 개념에 포함시킴으로써 나타나는 과장된 결과이고, 실제로도 정서지능이 인생에서의 성공을 보다 잘 예측한다는 사실에 대해 비판적인 관점을 보이기도 한다. 그럼에도 불구하고 정서지능은 교육현장에서 학업능력이나 또래관계를 향상시켜줄 뿐만 아니라 직장에서는 업무능력을 판별하는 지수로서 실용적인 가치가 높다고 할 수 있다.

이처럼 정서지능의 기능적 측면에 관심을 가진 교육자들과 정책입안자들은 학생들에게 정서적 능력을 증진시킬 수 있는 교육의 기회를 제공하는 것이 중요하다는 것을 점차적으로 인식해가고 있다. 아동이 다양한 영역에서 긍정적인 발달을 성취하기 위해서는 먼저 사회정서발달이 선행되어야 한다는 것인데, 이러한 사고는 전통적인 교육에 대한 개념과 학교의 역할에 대한 패러다임의 변화를 촉진시키고 있다. 아동의 사회적 · 정서적 욕구를 충족시키기 위한 효과적인 노력들은 학업능력을 증진시킬 뿐만 아니라 시민의식을 향상시키고, 폭력이나 약물사용, 무분별한 성적 행동들과 같은 비적응적이고 위험한 행동들을 감소시킨다는 것이다.

학교는 학업능력뿐만 아니라 사회적 적응능력을 향상시키기 위한 노력과 여러 가지 문제행동을 미연에 예방할 수 있는 노력들이 효율적으로 이루어질 수 있고 또 이루어져야 하는 아주 중요한 환경이다. 전통적으로 학교교육은 어린 아동에게 읽기와 쓰기, 셈하기와 같은 기초적인 학업기술을 가르치는 책임이 우선시되고 있다. 그러나 아동이 현재 직면하고 있거나 앞으로 직면하게 될 다양한 역할들을 성공적으로 수행할 수 있도록 준비시키는 것도 학교의 중요한 역할이다. 아동이 지역사회 구성원으로서 필요한 대인관계능력을 발달시켜 나갈 수 있도록 학교의 역할을 확장시킬 필요가 있으며, 이러한 목표를 실현하는 데 있어 정서교육은 중요한 의미를 가진다.

그러므로 본 장에서는 정서교육의 필요성에 대해 살펴보고, 이러한 정서교육이 가정과 교육현장에서 어떻게 이루어지고 있으며, 보완해 나가야 할 점은 무엇인지에 대해 논의하고자 한다.

## 1. 정서교육의 필요성

지금까지 정서교육은 교육현장에서는 그다지 활발하게 이루어지지는 못하였다. 이는 지나치게 인지적 측면을 중시하는 사회적 분위기나 정서 자체가 뚜렷하게 눈에 보이는 객관적인 특성을 가지고 있지 못하다는 점에 기인한다. 그러나 급변하는 사회에서 인간이 갖추어야 할 요인 가운데 정서지능이 중요하다는 생각이 점차 강조되고 있다. 이처럼 정서교육의 필요성에 대한 인식이 고조되고 있는 데에는 다음과 같은 여러 가지 이유가 있다.

### 1) 정서와 인지의 관련성

역사적으로 정서는 이성과 상반되는 특성이라 하여 경시되어 왔으며 이러한 영향 때문에 정서교육을 중시한다는 것은 인지교육을 경시하는 것으로 인식되어 왔다. 그러나 정서와 인지능력 간의 관련성을 뒷받침하는 연구들의 영향으로 이러한 생각은 점차 변화하고 있다. 불안이나 분노와 같은 감정적인 문제를 가지고 있는 아동은 인지적인 능력에 문제가 없다 하더라도 효율적인 학습이 이루어지기 어렵다. 부모의 이혼과 같은 가족 내의 문제나 기타 정서적인 문제를 안고 있는 아동들의 낮은 학업성취도에 비추어볼 때, 정서적인 문제가 학습능력에 얼마나 많은 영향을 미치는지를 알 수 있다. 그러므로 정서는 인지와 상반되는 속성이 아니라 인지적 능력을 향상시켜주는 중요한 요인으로 인식되고 있고, 이것이 정서교육의 필요성을 절감하게 하고 있다.

### 2) 정서의 동기적 측면

Albert Bandura

정서지능을 보다 포괄적인 관점에서 이해할 경우에는 정서지능에 동기적 측면을 포함시키고 있다. 동기는 개인으로 하여금 특정 목표를 달성하게 하는 중요한 동인이며, 자신에게 지속적으로 동기를 부여하는 사람들은 자신의 지적 능력보다 뛰어난 성과를 거둘 수 있다고 한다. Bandura(1965)는 사회학습이론에서 학습의 중요한 네 가지 과정 가운데 하나로 동기 요인을 포함시키고 있다. 자신에게 주어진 과제를 성공적으로 수행할 수 있다는 신념이나 기대를 의미하는 자기효능감(self-efficacy)도 바로 이러한 동기적 측면에서 이해할 수 있다. 자신의 감정을 조절하는 능력이 뛰어난 아동은 예상되는 불안까지도 오히려 동기부여의 기회로 적절하게 활용함으로써 학업에서 보다 높은 수행능력을 보일 수 있다.

### 3) 또래문제의 중재 및 예방기능

정서교육은 정서가 아동의 사회적 능력과 밀접한 관련이 있고, 또래관계도 향상

사진 설명: 감정이입 능력은 타인과의 관계형성에 중요한 요인이 된다.

시킨다는 연구결과가 제시됨으로써, 그 필요성을 인정받고 있다. 정서조절이 잘 되는 아동은 사회적으로 적절한 행동을 하며, 덜 공격적이고, 친구들 사이에서도 인기가 있고, 학업에서도 우수한 것으로 나타났다. 긍정적인 정서표현이 빈번한 아동은 또래와도 잘 어울리며 사회적 위험성에 덜 노출되는 반면 공격성이 빈번하게 표현되는 아동은 또래수용도가 낮은 것으로 나타났다(Eisenberg et al., 1997). 또한 아동은 자신의 정서표현을 조절함으로써 타인의 행동에 영향을 미칠 뿐만 아니라 타인으로 하여금 자신이 원하는 방식대로 행동하게 유도할 수도 있다. 특히 타인의 정서에 대한 공감이나 감정이입 능력은 타인과의 관계형성에 중요한 요인이 되며(사진 참조), 이러한 능력을 향상시킴으로써 최근 사회적으로 문제시되고 있는 학교폭력이나 집단따돌림과 같은 문제를 사전에 예방하고 중재하는 데 도움이 된다는 것이다.

## 2. 가정에서의 정서교육

정서교육은 가정에서 부모자녀 간의 상호작용을 통해 시작된다. 태어나면서부터 유아는 저마다 정서를 표현하는 방식에서 차이가 나며, 이러한 차이는 개인의 기질을 반영하는 것으로 볼 수 있다(사진 참조). 어떤 아동은 주위의 갑작스러운 소음에 지나치게 민감하게 반응하여 두려움의 정서를 경험하는 반면, 또 다른 아동은 이러한 소음에 대해 호기심의 정서를 보일 수도 있다. 이러한 차이는 개인이 가지고 있는 기질의 차이라고 볼 수 있다. 또한 우울하거나 불안한 아동은 그렇지 않은 아동보다 정서조절에서 어려움을 보이며, 스트레스와 부정적 정서에 대처하기 위해 회피전략을 더 많이 사용하며, 문제중심 대처전략을 덜 사용하는 것으로 나타났다(Brenner & Salovey, 1997).

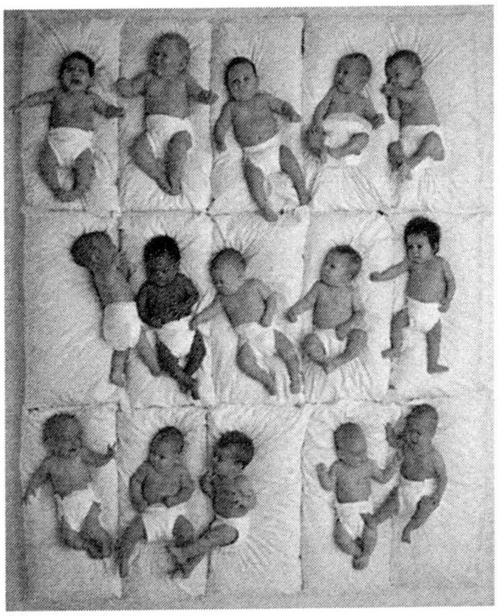

사진 설명: 기질에 따라 아동은 주위의 가족에 대해 상이한 반응을 보인다.

이러한 기질의 차이는 다분히 유전적인 요인의 영향을 받는다고 할 수 있지만, 이후 부모와의 상호작용과정을 통해 아동은 자신의 가정이나 문화권에서 통용되는 방식으로 정서반응을 학습해 나가게 된다. 정서교육은 가정에서 부모자녀 간의 상호작용으로부터 시작된다. 부모는 자녀가 자신의 정서상태를 인식하고 이러한 정서상태를 명명하는 것을 도와주고, 자녀의 감정을 존중하며, 이를 사회적 상황과 연관시키기 시작한다. 이러한 과정은 각 가정마다 차이가 있을 수도 있으므로 각 개인은 상이한 정서적 기반을 가지고 있는 것으로 생각할 수 있다. 정서의 사회화과정에서는 부모와의 직접적인 상호작용을 통해 학습이 이루어지는 경우도 있으며, 관찰을 통해 간접적으로 정서학습이 이루어지는 경우도 있다. 이러한 과정에서 양육자와 영아 간에 형성된 애착은 중요한 영향을 미치게 된다.

### 1) 애착의 영향

John Bowlby

Bowlby(1979)는 영아의 정서학습은 애착과 밀접하게 관련이 있다고 하였다. 영아는 양육자와 애착을 형성하고, 유지하고, 애착의 대상을 상실하는 과정에서 강렬한 정서적 경험을 하게 된다. 애착이라는 유대감의 형성은 사랑이라는 정서에 빠지는 것과 유사한 정서를 경험하게 하며, 이러한 유대감이 지속되면 즐거움의 정서를 경험하게 되고, 그렇지 못하면 분노의 정서를 경험하게 된다. 유대감을 상실하는 것에 대한 두려움은 불안의 정서를 유발하며, 실제로 상실하게 되면 슬픔의 정서를 경험하게 된다. 이러한 정서적 반응은 진화론적 압력에서 비롯된다. 애착관계를 형성하면 긍정적인 정서를, 이를 상실하면 슬픔을 경험하도록 선천적인 성향을 부여받은 영아는 애착을 형성하

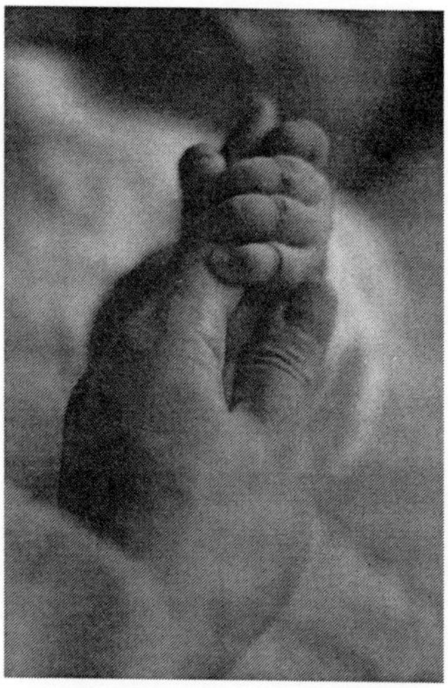

사진 설명: 부모자녀 간에 형성되는 안정애착은 이후의 사회정서적 능력의 기초가 된다.

기 위해 적극적으로 행동하게 되며, 이러한 행동은 영아의 적자생존 능력을 향상시키게 된다는 것이다.

아동의 정서반응은 바로 이러한 부모자녀 간의 애착형성에 영향을 받게 된다. 안정 애착 아동은 자신들이 어려움에 처해 있을 때 도움을 받을 수 있는 외부 체계가 존재한다는 사실을 알고 있는 반면, 불안정 애착 아동은 그러한 확신이 없기 때문에 자신의 정서표현을 억제하거나 극도로 예민하게 반응한다. 안정 애착을 형성한 유아는 자신을 사랑받을 만한 가치 있는 존재로 인식하게 되기 때문에 전반적으로 긍정적인 정서를 나타내며, 또래의 행동에 긍정적인 방식으로 반응하며, 감정이입이 더 잘 이루어지는 반면, 불안정저항 애착을 형성한 아동은 자신이 또래로부터 거부될 것으로 기대함으로써 공격적이고 적대적이고 충동적으로 행동하는 것으로 나타났다(Sroufe, 1983; Sroufe & Fleeson, 1986). 또한, 안정 애착을 형성한 유아는 타인에게 보다 공감적이고 친사회적인 행동을 많이 하며, 이들로부터 적극적으로 도움을 추구하는 행동을 배우는 반면, 불안정회피 애착 아동은 정서표현과 조절에서 억제를 배우게 된다(Brenner & Salovey, 1997). 그러므로 안정 애착을 형성한 유아는 정서지능이 높고 타인의 감정에 공감하고 타인과 원만한 관계를 형성하는 것으로 나타났다(유효순, 2003). 또한 이러한 애착의 영향은 영아기에 국한되는 것이 아니라 성인기까지도 지속적으로 영향을 미치게 된다. 초등학교 아동을 대상으로 한 연구에서도 또래 간의 인기도는 애착유형과 밀접한 관련이 있는 것으로 나타났으며, 성인기에 이성과의 관계형성에도 영향을 미치는 것으로 나타났다(Hazen & Shaver, 1987).

그러므로 발달 초기에 부모와 안정 애착을 형성하는 것은 이후의 정서지능발달에 긍정적인 영향을 미치며 궁극적으로 사회정서적인 문제를 예방하는 초석이 된다.

## 2) 직접적 영향

Salovey와 Mayer(1990)는 아동의 정서교육은 가정에서 부모와의 상호작용을 통해 이루어진다고 하였으며, 부모는 자녀로 하여금 자신의 정서를 인식하고 이를 적절한 방식으로 표현하고 사회적 상황에서 이를 적절하게 조절할 수 있는 능력을 키워준다고 하였다. Goleman(1995)도 유아기의 정서적 경험이 이후의 정서발달의 기초가 된다는 점에서 어린 시절 가정에서 부모와의 상호작용을 중요시하였으며, 부모는 자녀의 요구에 대해 효율적인 반응을 함으로써 이러한 능력을 자녀에게 전수할 수 있는 정서지능 교사가 될 수 있다고 하였다. 일반가정에서 성장하는 유아에 비해 시설보호소의 유아가 전반적인 정서지식 수준이 낮은 것은 바로 정서지식의 상당 부분이 이러한 양육자와의 상호작용을 통해 이루어지기 때문이다(이강이, 성미영, 2003). 부모의 양육태도나 특정한 정서반응에 대한 부모의 강화를 통해 자녀는 정서발달에서 부모로부터 직접적인 영향을 받게 된다.

### (1) 부모의 양육태도

아동은 부모와의 관계를 통해 정서적 능력을 발달시켜 나간다. 부모의 양육태도는 자녀가 자신의 정서를 인식하고 조절하며 사회적으로 수용 가능한 방식으로 표현하도록 하는 정서 사회화의 과정을 지원하는 역할을 한다.

여러 연구자들(Dunn, Brown, & Bearsall, 1991; Nolen-Hoeksema et al., 1997)은 어머니의 양육태도가 자녀의 정서반응에 영향을 미친다고 하였다. 어머니가 어려운 퍼즐놀이를 격려해주는 아동은 그렇지 못한 아동보다 과업수행에서 보다 열정적이고 인내심을 보이고 좌절감을 덜 경험하는 것으로 나타났으며, 이러한 과업수행에 대해 비판적인 어머니의 아동은 이와 상반되는 반응을 보인 것으로 나타났다. 또한 자신의 정서상태에 대해 부모와 이야기를 나누는 것은 아동의 정서에 대한 이해력을 증진시키며, 스트레스 상황에서 정서표현에 대한 부모의 격려는 사회정서적 대처능력을 향상시킨다

Susan Nolen-Hoeksema

**사진 설명**: 카드로 만든 집에 살고 있는 소녀가 어머니의 감정이입으로 긍정적인 행동을 보이게 되는 영화, '카드로 만든 집'

(Eisenberg, Fabes, & Losoya, 1997). 부모가 유아의 부정적 정서에 대해 공감하고 지지적인 반응을 보이면 유아는 보다 긍정적인 방식으로 자신의 정서를 조절하게 되며, 이러한 과정을 통해 타인의 욕구에 대해서도 공감적으로 반응할 수 있는 능력을 키워나가게 된다(Tomkins, 1991). 또한 아동과의 상호작용에서 어머니의 반응능력이나 지지도는 아동이 보이는 긍정적인 정서표현이나 대처전략의 다양성과 관련이 있는 것으로 나타났다(Eisenberg et al., 1997)(사진 참조).

반면, 부모로부터 학대받은 아동은 공격적인 정서조절 책략을 자주 사용하며 스트레스에 대처하기 위해 또래로부터 철회나 회피의 방법을 많이 사용한다고 한다(Brenner & Salovey, 1997). Ekman(1984)은 어머니가 자녀를 극단적으로 거부하거나 적대적으로 대하거나 학대할 경우 이는 아동으로 하여금 부정적인 정서경험을 불러일으키며, 이러한 부정적인 정서경험은 아동으로 하여금 감정조절을 어렵게 하거나 작은 단서에도 지나치게 예민한 반응을 보이게 함으로써 아동의 사회정서발달에 치명적인 손상을 입힐 수 있다고 하였다. 또한 부모의 양육행동이 냉정하고 무반응적이고 제한설정이 없을수록 아동은 분노를 많이 표현하며 순종적이지 않고 정서조절 능력이 낮은 것으로 나타났다(Gottman & Katz, 1989). 그 외에도 엄격한 어머니의 자녀들은 동정적이고 슬픈 정서반응을 많이 보이고 자신의 정서반응에서

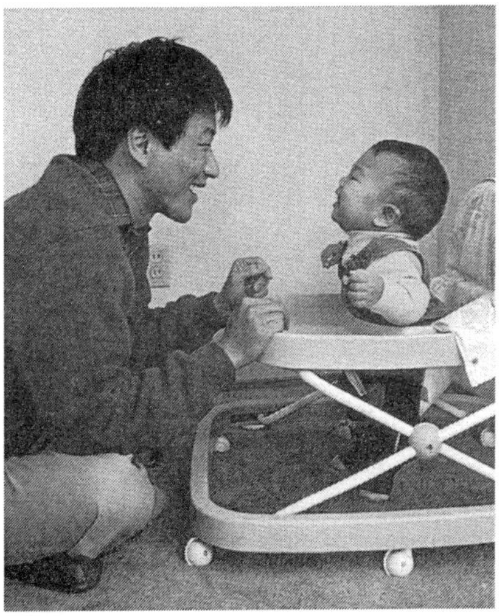

사진 설명: 어머니뿐만 아니라 아버지도 영아의 정서표현에 수용적인 태도를 보이면, 영아의 정서지능이 발달된다.

불안한 경향을 보이는 것으로 나타났다(Eisenberg et al., 1992).

국내의 연구에서도 어머니의 정서표현 수용태도나 양육행동은 자녀의 정서조절과 정적인 상관이 있는 것으로 나타났다(김순정, 2001; 임희수, 박성연, 2002). 또한 어머니의 정서표현 수용태도뿐만 아니라 아버지의 정서표현 수용태도는 유아의 정서지능과 유의한 정적 상관이 있는 것으로 나타났다(사진 참조). 부모가 자녀로 하여금 정서를 표현하도록 따뜻하게 격려해줄 때 자녀는 자신의 감정을 보다 잘 다루며 자신의 정서를 잘 조절할 뿐 아니라 타인의 정서에 대한 인식수준도 높은 것으로 나타났다(이지선, 정옥분, 2002). 청소년을 대상으로 한 연구에서도 부모가 온정적이면서 동시에 통제적인 양육태도를 보이고, 개방적 의사소통이 이루어질 때 정서지능이 높게 나타났다(유가효, 김길안, 2003).

이러한 부모와의 상호작용을 기반으로, 성장하면서 아동은 자신이 처한 상황에서 행동을 결정하는 단서로 양육자의 정서표현에 의존하는 사회적 참조현상을 보이게 된다. 아동은 새로운 장난감에 접근하거나 '시각벼랑' 실험 등에서 행동에 대한 판단의 근거로 양육자의 정서표현을 참조하게 된다는 것이다. 이처럼 사회적 참조를 근거로 상황에 적절하게 정서를 적용시킴으로써 아동은 가족의 요구뿐만 아니라 문화적 요구에 부응하는 정서반응을 습득해 나가게 된다.

### (2) 정서반응에 대한 강화

부모는 또한 특정한 정서를 강화함으로써 자녀의 정서발달에 영향을 미치게 된다. 이러한 사회화 과정을 통해 아동은 특정한 정서표현은 수용되는 반면, 수용될 수 없는 정서도 있다는 사실을 알게 되며, 또한 자신의 가족이나 문화에서 허용되는 정서적 표현의 범위도 알게 된다.

일반적으로 대부분의 부모들은 부정적인 정서의 표현에 대해 관대하지 못하다. 부모자녀 간의 정서적 상호작용은 유아가 부정적인 정서를 사용할 때 더욱 뚜렷하게 나타난다(Dunn & Brown, 1994). 부모들은 긍정적인 정서보다는 부정적인 정서에 보다 민감하게 반응하는 경향이 있다. 그러므로 자주 울거나 사물을 발로 차는 등의 방식으로 자신의 정서를 표현하는 아동은 자신의 행동으로 인해 부모나 타인과의 관계에서 부정적인 결과가 나타날 것임을 예측할 수 있게 되며, 결과적으로 아동은 이러한 부정적 정서의 표현을 자제하게 된다. 부모는 자녀에게 긍정적인 정서표현은 장려하지만 부정적인 정서표현은 적절하게 억제 조절하는 방법을 학습시켜 나가게 된다(Denham, 1993). 정서는 얼굴표정이나 말소리를 통해 주로 표현되므로 부모들은 사회화 과정을 통해 자녀로 하여금 자신의 부정적인 감정을 최소화하거나 과장, 위장 혹은 대체함으로써 정서를 조절해 나가도록 가르치게 된다. 그러나 그러한 부정적 감정표현이 자기 내부의 어떤 감정을 반영하는지를 가르치는 일은 거의 없으며, 이러한 문제를 어떻게 해결할 수 있는지를 가르치지도 않는다. 즉, 부정적인 정서표현에 대해 억제만을 강조하고 이러한 감정에 대한 공감이 상대적으로 부족한 경우가 많다. 이러한 부정적인 정서 억제전략은 정서표현의 결과로 인해 초래되는 타인과의 관계에만 주로 초점을 맞추고 있는 것이며, 정서표현을 통한 정화효과는 상대적으로 무시하는 것이다.

이와는 달리 자녀가 표현하는 정서를 수용하고 인정해 줌으로써 이를 정서교육의 기회로 활용케 하는 부모의 정서코칭 반응은 아동의 정서 능력을 향상시키는 것으로 나타났다. 즉, 분노, 짜증, 슬픔 등과 같은 부정적 정서를 표현했을 때 어머니가 정서코칭 반응을 많이 보일수록 정서인식 및 조절, 표현, 활용 능력이 높게 나타났다(강현지, 임정하, 2015; 김지연, 남은영, 2011; 박서정, 2004; 오지현, 2013).

(3) 성별 사회화

Janice Zeman

Kimerly Shipman

정서반응에 대한 부모의 태도는 자녀의 성별에 따라 뚜렷하게 구분된다. 특정한 문화권에는 성별에 따라 바람직한 것으로 규정하는 정서표현이 존재하며, 사회화 과정을 통해 부모들은 이러한 문화적 규범을 강조한다. 그러므로 아동은 정서를 표현하거나 통제하는 데 있어서 자신의 성역할 고정관념과 일치하는 방식으로 정서를 표현하거나 조절해 나가게 된다. 이러한 성별 사회화의 결과, 여아는 부정적인 정서를 울음으로 조절하는 방식을 취하는 반면, 남아는 대안적 활동에 참여함으로써 조절하는 것으로 나타났다(Zeman & Shipman, 1998). 이러한 차이는 일반적으로 여아의 울음은 보다 사회적으로 수용되는 반면 남아에게는 울음에 대해 보다 엄격한 사회적 기대가 적용되고 있음을 반영해주고 있다. 또한 남아는 여아보다 분노나 공격성을 표현하는 경향이 더 강하며 여아는 남아보다 적극적으로 자신의 감정을 표현하고 긍정적인 정서조절 전략을 더 많이 사용한다는 사실도 이러한 사회화의 결과에 기인하는 것으로 볼 수 있다(Fabes & Eisenberg, 1992).

### 3) 간접적 영향

어린 영아들의 정서발달은 양육자의 정서반응을 모방함으로써 이루어지기도 한다. 이러한 정서반응에 대한 모방이 이루어지기 위해서는 타인의 정서에 대한 인식이 선행되어야 한다. 영아들은 아주 어린 연령에서부터 타인의 얼굴표정을 인식할 수 있으며, 연구결과 11주경의 영아조차도 어머니의 슬픔이나 분노, 두려움, 행복의 정서를 인지하며 그 의미를 알 수 있다고 하였다(Haviland-Jones, Gebelt, & Stapley, 1997). 어머니가 두려움의 정서를 보이면 몸이 굳어지고, 행복감을 표현하

Mark Cummings

면 흥미를 보이며, 분노의 정서를 표현하면 눈맞춤을 회피하는 반응을 보인다는 것이다. 이러한 사실은 영아가 정서의 의미를 아는 원초적인 능력을 가지고 있음을 의미하는 것이다. 상대방의 정서에 대한 인식을 토대로 부모의 정서에 대한 모방이 이루어진다.

정서표현은 양육자로부터 아동에게 직접적인 방식으로 영향을 미치기도 하지만, 이처럼 가족원들 간의 상호작용을 관찰함으로써 간접적으로 이루어지기도 한다. 부모가 빈번하게 분노의 정서를 표현하고 지속적인 갈등상황에 놓인 아동은 이러한 갈등상황을 신체적 공격성과 같은 부적절한 방식으로 대처해나가는 것으로 나타났다. 그리고 분노점수가 높은 어머니의 자녀는 화가 났을때 이를 말로 표현하는 비율이 더 높게 나타났다(Cummings et al., 1994). 어머니가 문제중심 정서조절 전략을 많이 사용할수록 아동은 적극적인 정서조절 방식을 더 많이 사용하는 것으로 나타났다(Eisenberg, Fabes, & Murphy, 1996). 또한 우울한 어머니의 자녀들은 타인과의 상호작용에서 그렇지 않은 어머니의 자녀보다 더 비판적이고 적대적이고 부정적인 정서반응을 더 많이 보이며, 철회(withdrawal)의 전략을 더 많이 사용하는 것으로 나타났다(Brenner & Salovey, 1997). 어머니가 긍정적인 정서를 보일수록 아동은 실망스러운 상황에서도 부정적인 정서반응을 덜 보이는 것으로 나타났다(Garner & Power, 1996). 어머니가 우울한 경우 아동은 우울의 정서를 모방하게 된다. 두려움과 두려움장애를 가진 부모들의 자녀가 그렇지 않은 가정의 자녀들보다 행동억제 경향이 훨씬 높다(Rosenbaum et al., 1993).

이러한 연구결과들은 아동이 우울하고 분노를 자주 표현하고 갈등을 경험하고 있는 부모를 간접적으로 관찰함으로써 이러한 정서반응을 습득하게 된다는 것을 의미한다. 상호작용을 통한 모방의 효과는 긍정적인 정서에만 국한되는 것이 아니라 부정적인 정서에도 적용되므로, 역기능적인 측면도 존재한다고 볼 수 있다.

## 3. 교육현장에서의 정서교육

John Dewey

만약 학교교육이 정서지능의 촉진에 중점을 둔다면 고유의 역할인 교육을 경시하는 것인가의 문제에 대해 어떤 사람들은 학교는 학문적인 것을 배우는 곳이며 사회성이나 정서는 가정이나 기타의 장소에서 배워야 한다고 주장한다. 그러나 정서적으로 불안정한 경우 학문학습에 어려움이 있는 것처럼 학문교육과 정서교육은 따로 분리시켜 생각할 수 없는 상호보완적인 특성을 가지고 있다. 또한 학교 내의 폭력이나 또래관계가 문제가 되는 최근 상황에서 학교는 정서교육을 방관할 수만은 없는 상황이며, 많은 학교에서 사회정서 학습과정을 교육 프로그램에 포함시키려 하고 있다. Dewey(1938)도 교실이란 민주주의와 이것을 유지하는 데 필요한 기술이나 이를 발전시키는 데 필요한 정신력, 그리고 사회적, 정서적 분위기에 대해 배우는 곳이라고 하였다.

아동의 정서교육에서 가정에서 부모와의 상호작용의 중요성을 간과할 수 없으나, 모든 아동에게 정서적 기술을 배울 수 있는 기회가 동일한 것은 아니다. 부모의 심리적 문제가 너무나 심각하여 아예 정서교육이 시작될 수 없을 수도 있으며, 정서에 대해 잘못된 학습을 받을 수도 있다. 그 결과, 아동은 자신의 감정을 외면하거나 타인의 정서를 잘못 이해하는 혼란상태를 경험하게 된다. 그러므로 이러한 경우 교사는 종종 중요한 성인모델의 역할을 하게 되며, 정서교육 프로그램이나 정규교과과정을 통한 학교에서의 정서교육은 큰 의미를 갖게 된다.

### 1) 프로그램을 통한 정서교육

정서지능에 포함된 대부분의 기술은 교육을 통해 향상될 수 있다는 사실을 토대로 정서연구가들은 여러 이론적 관점에서 정서지능을 향상시키기 위한 프로그램을 개발해왔으며, 이를 통해 학생들의 사회정서학습(social and emotional learning: SEL)

을 위한 체계적 · 포괄적인 교육을 실시해왔다. 대표적인 정서지능 프로그램으로는 Nueva 학습센터의 자기학(self-science) 교육과정(Stone & Dilehunt, 1978), Hawkins (1987)의 사회성 개발 프로젝트, Lantieri(1990)의 창의적 갈등해결 프로그램 등이 있으며, 이들 프로그램은 대부분 일상생활 속에서 아동의 인지, 정서, 사회성, 신체발달이 조화롭게 이루어질 수 있도록 하는 것이 그 목적이다.

우리나라에서도 집단따돌림이나 학교폭력 등의 사회문제에 대한 근본적인 해결책으로 인성교육의 필요성이 대두되었다. 이에 따라 유치원부터 초 · 중 · 고등학교에 이르기까지 전국적으로 인성교육이 시행되기에 이르렀고, 인성교육의 중요한 내용으로 사회정서적 측면이 강조되고 있다. 이에 따라 다양한 인성교육 프로그램이 개발되었고 이들 프로그램의 실태 및 개선을 위한 연구들(진의남, 2012; 홍혜원, 이창수, 장기철, 2011)이 이루어졌다.

### (1) 정서교육 프로그램의 개념적 기초

아동의 사회정서적 발달을 촉진시키는 것을 목표로 하는 학교중심 정서교육 프로그램의 중요한 개념적 틀은 위험요인을 줄이고 보호요인을 증진시키는 것이다.

지난 30여 년간 개인의 부적응 행동을 예방하는 것에 관심을 가진 많은 연구자들은 이를 유발하는 위험요인들(risk factors)을 규명하는 데 관심을 기울여 왔다. 그러나 최근에는 점차 위험요인들보다는 부적응 행동들을 개인적으로 방어할 수 있도록 하는 보호요인들(protective factors)을 규명하는 데 노력을 기울이고 있다.

위험요인은 여러 가지 관점에서 분류할 수 있다. 전쟁이나 지진과 같은 단일한 사건에 의해 유발되는지 혹은 부모의 거부적 양육태도나 빈곤과 같이 성장과정에서 지속적인 경험을 통해 유발되는 것인지에 따라 분류할 수 있다. 또한 개인차원이나 가족차원, 지역사회차원의 위험요인으로 분류할 수도 있다. 개인차원의 위험요인에는 타고난 신체적 · 유전적 결함이나 학업부진과 같은 요인이 포함되며, 가족차원의 위험요인에는 부모의 정신병리, 부부간의 긴장, 가족해체, 엄격한 자녀양육방식 등의 요인이 포함되며, 지역사회차원의 위험요인에는 학교폭력이나 전반적인 사회환경 등의 요인이 포함된다.

아이들이 스트레스를 극복하고 긍정적인 결과를 성취하도록 도와주는 보호요인은 위험요인과 비교했을 때 덜 알려져 있다. 그럼에도 불구하고 두 가지 유형의 보호요인은 집중적인 관심을 끌고 있다. 그것은 아동의 개인적 특성과 연관되어 있는 요인과 아동의 주변환경적 특성에 관한 것이다(Coie et al., 1993; Doll & Lyon, 1998; Dryfoos, 1997; Durlak, 1998). 특히 여러 학자들은 보호요인 가운데 개인수준의 보호요인에 관심을 보이고 있는데, 개인수준의 보호요인에는 적합한 대인관계기술과 쾌활한 기질, 뛰어난 문제해결능력, 자기효능감, 긍정적인 자아개념, 효과적인 의사소통능력, 높은 성취욕구 등이 포함된다.

Joseph Durlak

보호요인에 대한 관심은 상당히 많은 위험요인이 실제로 차단이 불가능할 뿐만 아니라 아동이 성장과정에서 위험요인에 노출되었다 하더라도 반드시 부정적인 발달결과를 보여주는 것은 아니라는 연구결과(Luthar, Ciccetti, & Becker, 2000)에 근거하고 있다. 즉, 아동이 가지고 있는 보호요인은 위험요인에 노출될 경우에도 이를 극복해나갈 수 있는 중요한 자원으로 기능할 수 있다는 것이다. 그러므로 보호요인을 강조함으로써 개인의 적응능력을 높여 나가는 것이 보다 효율적인 방법이 될 수 있다는 것이다. 개인의 정서적 능력은 바로 중요한 보호요인이라고 볼 수 있으며, 이러한 이유로 많은 학자들은 정서지능을 증진시키기 위한 노력을 기울이고 있다.

Roger Weissberg

이처럼 위험요인을 감소시키고 보호요인을 증진시키는 위험요인-보호요인 모형에서 한 걸음 나아가 개인의 정서활용능력을 향상시키는 것에 초점을 맞춘 유능성 강화모형(competence enhancement paradigm)도 문제행동에 대한 예방적 차원에서 강조되고 있다(Weissberg & Greenberg, 1998).

사진 설명: Mark Greenberg(右)가 Inge Bretherton(左), Jude Cassidy(中)와 함께

### (2) 정서교육 프로그램의 구성

사회정서적 능력은 복잡할 뿐만 아니라 다중적인 개념이다. 그것은 사람마다 상이한 중요한 발달과업 등을 해결하기 위해 정서와 인지, 행동을 통합해야 하는 복잡한 과정이다. 그러므로 사회정서적 능력을 촉진시키기 위해서는 아동 개개인뿐만 아니라 아동들에게 중요한 주변인물들과 그들이 살고 있는 복합적인 환경에 초점을 맞춘 개입전략이 필요하다.

정서교육 프로그램은 실행하는 목적에 따라 그 구성은 상이할 수가 있다. 그러나 정서지능 프로그램이 정서적 능력을 향상시킨다는 소기의 목표를 달성하기 위해서는 포괄적이고 다면적인 개입방법이 필요하며, 동시에 이들 프로그램을 구성하기 위한 통일된 지침이 필요하다.

David Hawkins

SEL 프로그램은 교육현장에 적절하고 학교생활의 적응을 돕는 데 유용한 지침을 제시해준다(Elias et al., 1997; Hawkins, 1997). SEL 프로그램들은 인지적, 정서적, 행동적인 능력 모두에 중점을 두고 있으며, 자신과 타인에 대한 인식, 긍정적인 태도와 가치, 책임 있는 의사결정, 의사소통능력, 사회적 기술 등의 5가지 범주로 구성되어 있다(〈표 12-1〉 참조).

〈표 12-1〉 영역별 주요 SEL 기술들

1. 자신과 타인에 대한 인식
   1) 감정에 대한 인식: 사람들의 감정을 정확히 인식하고 이해할 수 있는 능력
   2) 감정조절: 감정을 조절할 수 있는 능력
   3) 역할수용능력: 다른 사람의 입장에서 생각할 수 있는 능력
   4) 사회규범분석: 사회적 규범과 개인의 행동들에 대한 사회문화적 메시지와 대중매체의 의도를 비판적으로 평가할 수 있는 능력

2. 긍정적인 태도와 가치
   5) 긍정적 자아개념: 일상생활의 문제들을 긍정적으로 바라보고 조절할 수 있는 능력
   6) 책임감: 안전하고 건전하며 윤리적인 행동을 하려는 의지
   7) 보살핌: 올바르고 공정하게, 그리고 관대하고 온정적으로 보살피는 것

8) 타인에 대한 존중: 타인과 다른 집단 간의 다양성을 인정하고, 모든 사람들의 권리를 중요하게 여기는 것

3. 책임 있는 의사결정

9) 문제인식능력: 여러 가지 위험과 장애, 자원들을 평가하여 문제해결과정에 필요한 상황을 찾을 수 있는 능력

10) 적합한 목표설정: 긍정적이고 현실적인 목표를 세울 수 있는 능력

11) 문제해결능력: 문제를 긍정적이고 적절하게 해결할 수 있는 능력

4. 의사소통능력

12) 수용적 의사소통: 다른 사람의 언어적 · 비언어적 메시지를 정확하게 이해할 수 있는 능력

13) 표현적 의사소통: 대화를 적절히 이끌어 가고, 자신의 생각과 느낌을 언어적 · 비언어적으로 모두 표현할 수 있으며, 다른 사람이 이해하도록 설명할 수 있는 능력

5. 사회적 기술

14) 협력: 개인과 단체 내에서 모두와 협력할 수 있는 능력

15) 협상: 다른 사람의 감정과 입장을 고려하여 갈등을 평화적으로 해결할 수 있는 능력

16) 거절: 압력을 받는 상황에서도 "NO"라고 분명하게 말할 수 있고, 자신이 준비될 때까지 행동을 자제할 수 있는 능력

17) 도움요청: 자신에게 어떤 도움이 필요한지 알고, 또한 적절한 도움을 받을 수 있는 자원을 발견할 수 있는 능력

---

출처: Graczyk, P. A., Weissberg, R. P., Payton, J. W., Elias, M. J., Greenberg, M. T., & Zins, J. E. (2000). Criteria for evaluating the quality of school-based social and emotional learning programs. In R. Bar-On & J. D. A. Parker (Eds.), *The handbook of emotional intelligence*. San Francisco, CA: Jossey-Bass.

사진 설명: 정서영재로 알려진 바비 피셔를 소재로 한 영화, 'Searching for Bobby Fischer'

자신과 타인에 대한 인식은 감정에 대한 인식, 감정조절, 역할수용능력, 사회규범분석 등을 포함한다. 그러나 자신과 타인에 대한 인식만으로는 친사회적으로 행동하도록 동기화하는 데 불충분하기 때문에, 긍정적인 태도와 가치 범주에서는 긍정적 자아개념, 책임감, 타인에 대한 보살핌과 존중을 다룬다. 이 두 가지 범주

들은 문제를 인식하고 적절한 목표를 설정하며, 긍정적인 문제해결능력을 다루는 책임 있는 의사결정 영역의 토대가 된다. 의사소통능력은 경청할 수 있는 능력뿐만 아니라 언어적 · 비언어적인 메시지를 정확하게 표현할 수 있는 능력이 포함된다. 그리고 사회적 기술들에는 협력, 협상, 거절과 효과적인 도움요청 행동 등이 포함된다.

### 2) 정규교과과정을 통한 정서교육

정서지능 기술을 학습하는 또 다른 장은 정규교과과정이다. 재미있는 이야기가 수록된 읽기 학습에서 아동은 등장인물들이 느끼는 감정에 대해 배우기 시작한다. 등장인물들은 행복해하거나, 두려움감이나 질투심을 보이게 되며, 그러한 과정에서 아동은 등장인물들에게 그러한 감정을 갖게 만드는 이유와 이러한 감정들에 대처해 나가는 방법에 대해서도 학습하게 된다. 이러한 학습은 교육과정을 통해 지속적으로 이루어지며, 이야기가 보다 복잡해질수록 복잡한 정서적 학습도 가능해진다. 등장인물의 감정을 이해하고 이에 공감하는 행동을 하는 것은 정서학습의 중요한 수단이 된다. 실제로 아동은 "나름대로의 역사와 개성을 가진 등장인물이 이러한 상황에서 어떻게 느끼는가? 또는 이렇게 느끼는 사람이 등장인물처럼 행동하는 것이 합리적인가?"와 같은 물음을 통해 보다 복잡한 정서학습을 하게 된다. 문학은 정서학습이 이루어지는 대표적인 교과목이며, 미술, 음악, 연극도 마찬가지이다.

정서교육에서 가치의 중요성도 간과할 수 없다. 가치는 역사, 종교 등의 인문학 과목에서 종종 논의되고 가르쳐진다. 이들 과목으로부터 우리는 정서적 반응이 일어나는 가치체계에 대해 배우게 된다. 이를 통해 우리는 상이한 문화집단에서는 상이한 정서표현방식이 존재한다는 사실을 알게 된다. 예를 들어, 사랑은 모든 문화권의 사람들이 경험하는 보편적인 정서이지만, 이러한 보편적인 정서도 문화에 따라 상이한 형태로 표현된다. 일반적으로 서구인들이 경험하는 사랑의 정서는 낭만적인 사랑이지만, 동양에서는 이와는 상이한 정서가 나타나게 된다(Aronson, Wilson, & Akert, 2002). 일본인들은 부모자녀관계에서와 같이 상대방에 의해 전적으로 돌봄을 받는 수동적인 관계의 사랑(amae)에서 가장 긍정적인 정서상태를 경험하게 된다. 이러한 상태를 묘사하는 용어가 영어에는 존재하지 않으며, 가장 유사한 용어로는 의존성(dependency)을 들 수 있다. 그러나 이러한 의존적인 사랑의 의미는 서구문화에서는 상당히 건강하지 못한 관계를 의미하는 것이다. 중국인들은 상대방에게 도움을 주는 관계의 사랑(gan qing)을 통해 긍정적인 정서상태를 경험하지만 이 또한 서구의 낭만적인 사랑과는 차이가 있다. 한국인들에게 있어서 두 사람을 하나로 묶어 주는 정(情)이라는 용어도 서구의 낭만적인 사랑 이상의 의미를 갖는다고 볼 수 있다. 또한 문화적 혹은 종교적 의식은 기대되는 정서를 더욱더 한정짓는다. '속죄일'이라는 유태인의 휴일에는 죄를 참회하기 위해 일련의 절차가 요구된다. 참회는 후회와 죄의식과 수치심을 동반하는 비판적인 자기평가로 시작된다. 다음으로는 개선될 수 있는 실수를 치료하기 위한 행동을 한다. 간절한 참회 후에는 엄숙함과 고요함, 안도감, 즐거움이 있게 된다(Mayer & Salovey, 1997).

사진 설명: 유태인들이 속죄일(Yom Kippur)에 일을 쉬고 단식을 하면서 기도를 하고 있다.

그러나 이와 같은 자원들을 이용하는 것이 항상 가능한 것은 아니다. 어떤 학생들은 책을 많이 읽지 않을 수도 있고, 미술 수업이 없을 수도 있고, 종교적, 윤리적 가치체계를 거부할 수도 있다. 또한 이러한 주제에 직접적으로 초점을 맞춘 교과과정을 어떻게 구성하는가에 따라 정서교육의 효과는 상이하게 나타날 것이다.

### 3) 정서교육에서 고려할 점

정서지능이라는 개념이 발전되기 이전부터 학교에서는 정서학습이 이루어져 왔다. 그러나 교과과정이나 프로그램을 보다 주의 깊게 구조화하고, 훈련을 잘 받은 교사가 정서교육을 실시한다면 보다 효과를 극대화시킬 수 있음은 주지의 사실이다. 그러므로 정서교육을 실행하는 과정에서 다음과 같은 점을 고려한다면 보다 효율적인 교육이 이루어질 수 있을 것이다.

첫째, 아동의 정서지능에서의 수준 차이를 고려한 프로그램의 적용이다. 아마도 정서교육을 가장 절실하게 필요로 하는 대상은 정서적 의사소통이 어떤 방식으로든 왜곡된 가정의 아동이다. 정서적으로 손상을 받은 아동이 정서교육을 위한 정규 수업이나 토론을 통해 유익한 결과를 얻을 것인지에 대해 확신할 수 없을 뿐만 아니라 정규교과과정은 이들 아동을 대상으로 특별하게 수정하는 것이 불가능하다. 그러므로 이들 아동을 대상으로 별도로 정서교육 프로그램을 실시하는 것이 보다 효율적인 방법이라고 볼 수 있다.

둘째, 문화적인 차이를 고려하는 것이다. 현재 우리나라의 정서교육 프로그램은 대부분이 서구에서 개발된 모형에 근거하고 있다. 그러나 앞서 언급한 바와 같이 문화적인 차이는 사람들의 정서반응에 지대한 영향을 미치며, 성장과정을 통해 우리는 각 개인이 출생한 문화에서 허용되는 것과 되지 않는 것을 내면화하게 된다. 그러므로 문화적 차이를 고려하지 않는 정서교육은 그 효과를 기대하기 어렵다.

Linda Lantieri

셋째, 정서교육에서 지나치게 인지적 측면이 강조된다는 점이다. 정서지능의 개념에는 분명히 인지적 개념이 포함되어 있음은 부인할 수가 없다. 그러나 정서교육을 통해 아동에게 정서지능과 관련된 인지적 측면에 대한 교육보다는 실제적인 문제해결능력과 관련된 교육이 보다 절실하게 요구된다. Linda Lantieri(1990)의 갈등해결 프로그램은 정서지능이 높은 사람들의 기술을 학습하는 것에 기초를 두고 있다. 프로그램 실시 결과, 학교 내 폭력은 유의하게 감소한 것으로 나타났는데, 이는 갈등해결을 위한 기술을 습득하는 것이 학교 내 폭력을 감소시키는 효율적인 방법임을 말해주는 것이다. 우리나라와 같이 학교폭력의 피해가 심각한 상황에서는 이러한 갈등해결 기술을 습득케 하는 것은 학교 내 폭력을 감소시킬 수 있는 효율적인 방법이라고 볼 수 있다.

넷째, 정규교과과정을 통해 지속적인 정서교육이 이루어져야 한다는 점이다. 정서지능이라는 용어가 유행어로 등장하면서 이를 향상시키기 위해 많은 프로그램이 개발되었다. 또한 이들 프로그램의 특성상 실험집단을 대상으로 단기간의 교육효과만을 파악하고 중단된 것이 대부분이다. 그러나 장기적인 정서교육의 효과를 기대하기 위해서는 정규교과과정을 보다 적절하게 구조화함과 동시에 지속적인 정서교육이 이루어져야 할 것이다.

다섯째, 교사연수를 통해 사전에 교사들에게 정서교육을 위한 교육의 기회를 충분하게 제공해주고 지속적인 감독과 지도가 이루어져야 한다. 정서교육은 학문교육과는 그 교육방법이나 내용이 상이하기 때문에 사전에 교사들에게 충분한 교육의 기회를 제공하고 아울러 상세한 교사지침서를 제공하여야 할 것이다. 또한 사전교육에서 끝나기보다는 지속적으로 지도와 감독이 이루어질 때 정서교육은 효과를 거둘 수 있을 것이다.

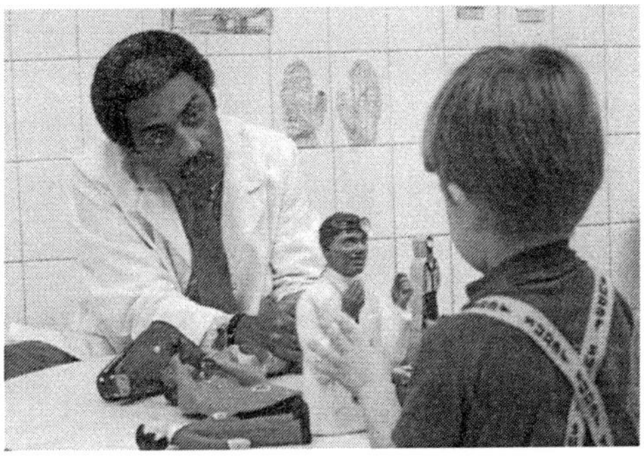

사진 설명: 놀이를 통해 아동은 자신의 정서를 표출하므로 부정적인 정서의 정화효과가 크다.

여섯째, 교육방법에서 놀이매체를 활용하는 것이다. 놀이매체를 활용하는 것은 놀이 자체가 주는 이완된 분위기로 인해 그 효과가 널리 인정되고 있으며, 놀이매체를 통해 아동은 자신의 감정을 투사하는 것이 가능하기 때문에 정화효과가 크다고 볼 수 있다(사진 참조). 이는 언어능력이 충분하게 발달하지 못한 학령 전 아동에게도 적용할 수 있다는 점에서 효율적인 방법으로 볼 수 있다. 특히 놀이상황은 관계 기술을 가르치는 데 유용한 것으로 나타났다. 놀이 자체가 조성해주는 긍정적인 분위기로 인해 또래관계에서 부딪히는 문제를 해결하는 것이 보다 용이하다고 한다.

그 외에도 정서교육이 효과를 거두기 위해서는 학교와 가정, 지역사회와의 연계가 무엇보다도 중요하다. 예습이나 복습을 통해 학교교육의 효과를 극대화시키는 것과 같이 정서교육도 학교에서의 일회성의 교육으로 끝나는 것이 아니라 학교와 가정, 지역사회가 연계되어 지속적으로 이루어질 때 보다 교육의 효과를 극대화시킬 수 있을 것이다.

기본적인 사회적 기술이나 사회정서적인 기술을 가르치는 것은 지능을 향상시키는 것과는 다른 문제이다. 조리법을 그대로 따라하는 초보 요리사들이 모든 재료에 대해 다 알지는 못하지만 맛있는 요리를 만들 수 있는 것처럼 정서교육에 참여한 아동들은 정서지능의 개념을 배우지 않고도 그 비법을 배울 수 있으며, 학교에서 실시하는 많은 프로그램들이 이러한 기본적인 방법을 가르치는 것에 초점을 두고 있다.

# 제13장 정서연구의 쟁점과 방향

아침에 자리에서 일어나면서부터 우리는 여러 가지 다양한 정서를 경험하게 되며, 이러한 정서는 이후의 상황에 지대한 영향을 미치게 된다. 이처럼 우리의 삶에서 정서가 큰 비중을 차지함에도 불구하고, 인간의 발달에 영향을 미치는 다른 변인들에 비해 지금까지 정서에 대해서는 많은 연구가 이루어지지 못하였다. 그 이유는 앞서 설명한 바와 같이 인지와 정서에 대한 지금까지의 오랜 역사적 편견에 기인한 것으로 볼 수 있다.

그러나 자아실현이나 자아완성과 같은 용어로 표현되는 삶의 궁극적인 목표에 대한 평가는 눈에 보이는 외형상의 성취에 좌우되기보다는 자신이 성취한 것에 대한 개인의 주관적인 평가나 느낌에 좌우된다고 볼 수 있다. 이러한 이유로 정서는 인지보다 더 중요한 변인으로 많은 관심을 받기 시작하였으며, 정서와 인지는 각각 독립적이고 배타적인 개념이 아니라 상호관련된 개념으로 인식되기 시작하였다. 그 결과, 정서와 인지를 통합하려는 노력의 일환으로 정서지능이라는 개념이 도입되었으며, 이를 계기로 정서연구가뿐만 아니라 일반 대중들도 정서에 대해 많은 관심을 가지게 되었다.

앞서 우리는 정서의 본질과 대표적인 정서이론, 발달과정, 다른 발달영역과의 관련성, 정서와 인지를 통합하고자 하는 정서지능의 개념 등에 대해 폭넓게 살펴보았다. 이러한 논의를 통해 정서가 인간발달에 중요한 변인이며 다른 발달영역과도 깊은 관련이 있음을 살펴보았다. 그러나 인지에 대한 연구에 비하면 아직까지 정서에 대한 연구는 걸음마 수준이며, 여러 가지 측면에서 논쟁의 여지도 있다. 그러므로 본 장에서는 지금까지 이루어진 정서연구에서의 몇 가지 쟁점에 대해 살펴보고, 이를 근거로 앞으로의 정서연구의 방향을 제시해보고자 한다.

## 1. 정서연구의 쟁점

최근에 와서 정서와 관련된 많은 연구가 이루어졌으나, 아직까지 정서의 구조나 정서를 유발하는 요인, 정서와 인지의 관련성, 정서의 기능이나 그 측정방법 등에서는 여러 가지 쟁점이 존재하는데, 이를 구체적으로 살펴보면 다음과 같다.

### 1) 정서의 구조

여러 학자들은 다양한 정서들 상호간에는 유사성이나 일정한 규칙성이 존재한다는 가정 하에 이를 보다 단순화하기 위한 방법을 모색해왔다. 이러한 노력의 일환으로 학자들은 정서들 간의 중요한 유사점과 차이점을 파악할 수 있는 소수의 차원을 탐색해보거나 혹은 위계구조로 정서의 구조를 설명하고자 하였다. 또한 이와는 달리 몇몇의 기본정서를 중심으로 정서의 구조를 설명하고자 시도하기도 하였다.

먼저 차원적 접근에서는 두 개의 요인이나 차원이 정서들 간의 차이를 설명하기에 적절한 것으로 나타났는데, 그 가운데 한 가지 차원은 유쾌함-불쾌함의 차원이고, 하나는 정서의 활성화나 각성 및 강도와 관련된 차원이다. 몇몇 연구자들은 이러한 두 가지 차원을 각각 X축과 Y축으로 놓고 정서의 구조를 파악하고자 하였다. 이러한 차원구조상에서 여러 정서들의 위치를 연결하면 하나의 타원구조를 이루는 것으로 나타나는데, Russell(1980)은 이러한 타원구조가 정서들 간의 관계를 가장 잘 반영한다고 보았다. 또한 Watson과 Tellegen(1985)은 유쾌함-불쾌함, 강도의 강함-약함의 차원대신 긍정적 정서와 부정적 정서라는 독립적인 두 개의 정서구조를 제안하였다.

이차원 모델은 전반적인 정서의 속성을 이해하거나 정서척도의 개발에는 유용할지 모른다. 그러나 상황에 무관하게 정서를 이차원 공간의 정해진 위치에 고정시키려 한다는 점에서는 문제가 있으며, 또한 긍정적 정서와 부정적 정서가 상호간에 관련이 없다고 가정함으로써 정서의 다양한 상관관계를 간과하고 있다.

이에 대한 대안적 방법으로 Shaver와 동료들(1987)은 군집분석을 사용하여 유사성을 중심으로 정서들 간의 관계를 위계적 구조로 파악하고자 하였다. 이들은 유사한 정서끼리 군집화하는 방법으로 정서를 5개의 군집으로 묶을 수 있다고 하였다. 그러나 전반적인 유사성에 근거하여 군집화하는 방법에 대해서도 분노와 두려움은 불쾌감을 주는 강한 정서라는 측면에서는 유사하지만, 다른 면에서는 유사하지 않다는 점에서 논란이 제기되고 있다.

또 한편으로 많은 학자들은 정서를 타고난 보편적인 기본정서와 비기본정서로 구분하여 구조화하고자 하였으며, 그 대표적인 학자로는 Tomkins(1962), Ekman(1992a), Izard(1991), Oatley(1992) 등을 들 수 있다. 그러나 기본정서라는 것이 존재한다는 생각도 여러 가지 점에서 비판을 받을 수 있다(Ortony & Turner, 1990). 한 가지 문제는 여러 학자들 간에 기본정서의 범주가 일치하지 않는다는 점이며, 또 다른 문제는 기본정서는 범문화적 속성을 가정하고 있다는 점이다. 또한 얼마나 많은 기본정서가 존재하며, 이러한 정서를 기본적인 것으로 간주해야 하는지에 대해 여러 학자들 간에 의견일치를 보이지 못하고 있다는 사실이다. 그리고 기본정서라고 해서 반드시 사회생활에서 더 중요한 역할을 하며 보다 인정받고 연구될 가치가 있다고 볼 수는 없다는 점이다.

Andrew Ortony

이처럼 다양한 관점에서 정서의 구조를 파악하기 위한 시도가 이루어지고 있으나 아직까지 여러 관점들 간에 논란의 여지가 있으며, 이들 다양한 관점들을 통합하고 설명하기 위한 포괄적인 모델이 필요하다.

## 2) 정서의 유발

많은 정서이론가들은 정서반응이 유발되는 원인이 인과적인 관계에 근거한 것인지 혹은 규범적인 관계에 근거한 것인지, 또는 정서유발을 주도하는 일차적인 요인이 타고난 능력인지 혹은 획득된 능력인지에 대해서도 상이한 관점을 제시하고 있다.

### (1) 인과적 요인과 규범적 요인

정서반응이 유발되는 원인을 과학적으로 설명하기 위해서는 상이한 두 가지 모델이 적용될 수 있다. 그 가운데 하나는 자연과학의 연구방법에서 유래한 인과관계에 기초하여 정서반응을 설명하는 것이다. 이러한 인과관계 모델은 어떤 현상을 일으키는 원인이 무엇인지를 규명하고 이를 근거로 이후의 사건을 예측하는 것이다. 그러므로 이러한 인과관계 모델에서는 정서를 유발하는 원인이나 상황이 존재하며, 이로 인하여 이후의 사고나 행동은 영향을 받게 된다는 것이다.

그러나 또 다른 학자들은 많은 사회적 사건은 인과관계에 의해서라기보다는 사람들이 일상생활을 하면서 사회적 규범이나 역할을 이해하고 이에 자신을 맞추려고 노력하기 때문에 발생한다고 주장한다. 예를 들어, 교차로에서 빨간 불이 켜지면 그 앞에서 멈춰야 하며, 그렇지 못하면 불안함을 경험하게 되는 것은 인과관계에 기초한 것이라기보다는 사회적 규범에 근거한 것으로 볼 수 있다는 것이다(사진 참조). 즉, 하나의 행위는 인과관계보다는 한 개인이 사회규범에 따라 자신의 행위를 선택하고 이에 책임을 지는 이성적 판단에 기초한 것으로 볼 수 있다. 따라서 우리가 보이는 정서반응도 인과관계에 기초한 것이라기보다는 사회적인 규범에 일치하려는 노력의 일면으로 볼 수도 있다는 것이다.

#### (2) 타고난 능력과 획득된 능력

정서를 유발하는 요인이 인과관계에 기초한 것인지 혹은 사회적 규범에 일치하려는 노력의 문제인지와 유사하게, 정서가 생물학적으로 타고난 능력인지 혹은 사회문화적으로 학습된 능력인지에 대해서도 논란의 여지가 있다. 이에 대해 타고난 생물학적 결정론에서부터 사회적, 문화적 과정에 의해 변화가 가능하다는 주장에 이르기까지 다양한 견해가 제시되고 있다. 또한 정서가 문화에 의해 변화가 가능하다는 사실을 주장하는 학자들 간에도 얼마나 변할 수 있는가에 대해서는 의견의 일치를 보이지 않고 있다. 유전적 결정론의 극단적인 예로는 진화론적 관점을 들 수 있으며, 가변적인 것을 주장하는 대표적 관점으로는 사회구성주의를 들 수 있다. 이처럼 극단적인 관점도 존재하지만, 생물학적 결정론에서도 문화가 정서반응의 적절한 수준을 결정한다는 사실을 인정하고 있다. 단지 이들 생물학적 결정론자들이 강조하는 바는 범문화적인 핵심적인 정서반응이라는 것이 존재한다는 것이며, 정서는 모든 문화권의 사람들에게 존재하는 기본적인 인간 본성의 일부라고 믿고 있다는 것이다. 이와 마찬가지로 문화적 상대주의자들도 정서발달에서 유전이나 생물학적 요인의 영향을 인정한다. 인간의 뇌가 다양한 역할과 반응을 학습하기에 적합하도록 진화하지 않았다면, 다른 문화권에서 성장한 사람들이 상이한 정서를 배울 수 있는 방법은 없을 것이다. 이러한 생물학적 가변성이 없었다면 다른 종과 유사하게 인간의 정서는 본능과 결부되었을 것으로 생각할 수 있다. 이러한 관점에서 사회구성주의자들도 정서발달에서 진화와 생물학적 결정론의 영향을 인정한다.

### 3) 정서와 인지의 관련성

정서반응이 자동적으로 이루어지는 과정인지 혹은 의도적 · 능동적으로 이루어지는 과정인지에 대해서도 논란의 여지가 있다. 또한 정서반응에 의도적인 인지과정이 개입된다고 가정할 경우, 인지의 영향이 어느 정도인지에 대해서도 의견의 일치를 보이지 않는다.

### (1) 수동성과 능동성

우리가 뱀을 보고 두려움반응을 보이듯이 정서는 내재적 과정을 통해 자동적으로 일어날 수도 있고 혹은 모욕을 당하면 화를 내는 것처럼 왜 화가 나는지에 대한 분석을 필요로 하는 경우도 있다(Lazarus, 1991).

대부분의 정서는 우리의 의도와는 무관하게 수동적인 형태로 일어난다. 달려드는 맹수를 보고 두려움의 정서를 경험하며, 타인의 죽음에 대해 슬퍼하고 사랑하는 사람을 보면 사랑의 정서를 경험하게 된다(사진 참조). 이처럼 정서는 자신이 의도하고 창출하기보다는 수동적인 형태로 일어나는 것이다. 즉, 우리가 사랑에 빠졌다고 말하는 것은 자신이 사랑을 의도적으로 창출해낸 것이 아니라 수동적으로 사랑의 정서에 빠진 것이라고 생각한다.

그러나 정서는 수동적인 것만으로는 볼 수 없으며 자신이 창출해 내는 특성을 가지고 있는 것이라고 한다. Mayer와 Salovey(1997)는 초기에 규명한 정서의 정의를 수정하여 이후 사고를 통한 정서의 생성을 정서의 한 하위범주로 설정하였다. 이는 곧 정서의 의도적이고 능동적인 특성을 의미하는 것으로 볼 수 있다. 정서조절도 이와 마찬가지로 자신이 원하는 결과를 얻기 위하여 의도적으로 정서를 규제하거나 촉진시키려는 노력으로 볼 수 있다.

사진 설명: 의도적인 노력이 없이도 사랑하는 사람을 보면, 사랑의 정서를 경험하게 된다.

### (2) 인지의 역할

자신의 생활에서 중요한 목표를 성취했다고 생각하면 행복감을 느끼며, 자신이 염원한 어떤 것을 상실했다고 생각하면 슬픔을 경험하는 것처럼 인지와 정서는 상호간에 밀접한 관련이 있다. 그러나 이러한 정서와 인지와의 관련성을 주장하는 학자들 간에도 정서를 유발하는 데 있어서 인지가 행하는 역할에 대해서는 일치된 관점을 보이지 않는다. 즉, 인지가 정서에 영향을 미친다 하더라도 이러한 과정에서 인지가 어느 정도의 영향을 미치는가는 논란의 여지가 있다.

Zajonc(1980, 1984)는 인지와 정서는 두 개의 독립된 체계로서, 이들은 동시에 작용하기도 한다고 하였다. 또한 어떤 것을 좋아한다는 것에는 특정한 인지적 추론이 필요 없으며, 정서가 인지보다 우선한다고 하였다. 정서가 인지보다 우선한다는 Zajonc의 주장은 다음과 같은 다섯 개의 개별적인 주장으로 구성되어 있다. 첫째, 감정은 인지 이전에 의식된다. 둘째, 감정은 인지보다 더 많은 행동을 설명해준다. 셋째, 감정은 노력이 필요한 것도 아니고 통제가 가능한 것도 아니다. 넷째, 감정은 이후의 인지에 의해 취소될 수 없다. 다섯째, 감정은 인지의 중재 없이 자극에 대한 반응으로 일어날 수 있다 (Parrott & Sabini, 1989).

John Sabini

그러나 이러한 Zajonc의 주장에 대해 평가이론가인 Lazarus(1984)는 오히려 인지가 정서보다 우선이라는 반대의견을 제시하였다. 이처럼 상이한 관점에도 불구하고 정서와 인지의 관계여하에 대한 논쟁의 결과, 인지이론가들은 다차원이론(multi level theory)으로 자신들의 이론을 정교화하게 되었다. 또한 평가이론에 대한 최근의 관점은 평가조차도 인지의 한 측면이라기보다 정서의 많은 요인 가운데 하나라고 주장하고 있다. 즉, 평가가 정서를 유발하는 요인이 아니라 정서의 한 부분으로 간주할 수 있다.

### 4) 정서의 기능

정서에 대한 또 다른 쟁점은 정서의 기능적인 특성에 대한 것이다. 진화론적 관점에서는 모든 정서는 인간의 생존에 적응적인 가치를 가지고 있으며 본질적으로 유용하다고 하였다. 두려움의 정서는 위험으로부터 인간을 보호해주는 기능적인 면을 가지고 있으며, 분노의 정서는 상대방을 심리적으로 제압함으로써 자신이 원하는 것을 얻게 해주는 기능을 가지고 있다는 점에서, 모든 정서는 본질적으로 기능적인 측면을 가지고 있다고 하였다. 정서에 대한 기능주의적 관점(functionalist views)은 정서란 개인의 행동을 주도하고, 목표달성을 위해 정보를 제공해주며, 대인관계에서 상대방의 정서상태를 파악하게 함으로써 원활한 대인관계를 유지하게 하는 중요한 수단이라고 본다(양연숙, 2000).

그러나 이와는 달리 정서가 반드시 기능적인 특성을 가지고 있는가에 대해 의문을 제기하는 학자들도 있다. 정서는 개인의 합리적인 기능을 저해하는 힘으로 인식되기도 하였다. 특히 심장질환을 가지고 있는 사람에게 있어 분노의 표현은 심장마비나 뇌일혈과 같은 건강상의 위해를 초래할 수 있으며, 두려움의 정서로 인해 몸이나 마음이 꼼짝하지 못하는 경우에는 오히려 정서는 역기능적인 것이라고 볼 수 있다. 또한 정서표현을 억제하는 경우에도 유사하게 역기능적인 현상이 나타나게 된다. 정서에 대한 화산이론(volcano theory)에서도 사람들이 자신의 정서를 표현하지 않는다면 이는 차곡차곡 쌓였다가 한꺼번에 폭발함으로써 인간의 합리적이고도 적응적인 능력과 기능을 손상시킬 수 있다고 하였다.

사진 설명: 탄자니아의 화산폭발

한편으로 학자들은 기능적인 측면을 중심으로 정서를 긍정적인 정서와 부정적인 정서로 구분한다. 두려움이나 분노, 혐오, 슬픔과 같은 정서는 부정적인 것으로 분류되는 반면, 기쁨, 호기심, 사랑과 같은 정서는 긍정적인 것으로 분류된다. 이러한 분류기준에 따라 긍정적인 정서는 바람직한 것으로, 부정적인 정서는 바람직하지 못한 것으로 간주한다.

그러나 정서는 이처럼 긍정적인 속성과 부정적인 속성으로 구분하기는 어렵다고 볼 수 있다. 두려움나 분노라는 정서도 위험으로부터 한 개인을 보호해주고 자신이 원하는 목표를 성취하게 해준다는 기능적인 측면에서 본다면 긍정적인 정서로 간주할 수가 있는 것이다. 그러므로 본질적으로 긍정적인 정서나 부정적인 정서는 존재할 수 없다는 것이다.

### 5) 정서의 측정방법

Irenäus Eibl-Eibesfeldt

정서를 측정하는 방법도 논란의 여지가 있다. 일반적으로 정서를 측정하는 초기의 방법은 얼굴표정에 근거한 방법이었다. 그러나 얼굴표정은 실제 자신이 느끼는 정서를 표현한다기보다는 위장된 정서를 반영하는 경우가 많다. 이러한 경우 얼굴표정을 통해 측정하는 정서와 실제로 경험하는 정서와는 차이가 있게 된다. 특히 자신이 실제로 경험하는 정서를 위장하는 문제는 연령이 증가함에 따라 더욱 문제가 된다. 연령이 증가할수록 아동은 자신이 원하지 않은 선물을 받았을 때와 같이 실망스러운 상황에서 실제 자신이 느끼는 감정을 얼굴표정으로 나타내는 대신 긍정적인 얼굴표정을 짓는 경향이 있으며, 이러한 능력은 연령이 증가함에 따라 향상된다.

또한, 정서는 대부분 자기보고 방식으로 측정되고 있는데, 이러한 자기보고 방식은 개인의 언어발달 수준에 크게 좌우된다는 한계가 있다. 언어능력이 부족한 유아들이나 정신지체 아동의 경우, 실제로 이들의 인지능력은 크게 손상되어 있으므로 정서능력은 정상적임에도 불구하고 이러한 언어능력의 결손으로 인해 자신의 정서를 제대로 표현하는 것이 어렵다(Eibl-Eibesfeldt, 1973).

언어를 사용하여 정서를 측정하는 경우 언어표현능력의 한계뿐만 아니라 언어로 표현되는 과정에서 일종의 위장이 이루어진다는 것도 문제라고 볼 수 있다. 우리는 성장과정을 통해 자신의 감정을 통제하는 방법에 대해 많은 훈련을 받아 왔으며, 사회화의 과정을 통해 사람들은 실제로 자신이 느끼는 정서를 언어로 표현하기

보다는 사회적으로 보다 바람직한 것으로 인정되는 방식으로 위장하여 표현하게 된다.

## 2. 정서연구의 방향

정서에 대한 연구가 활발하게 이루어짐에 따라 정서의 구조나 유발요인, 정서와 인지의 관련성, 정서의 기능이나 측정방법 등에 대해 많은 연구결과들이 축적되었다. 아직까지 여러 가지 점에서 논쟁의 여지가 없지 않으나, 지금까지의 정서에 대한 논의를 바탕으로 앞으로의 연구방향과 접근방법을 제시해보고자 한다.

### 1) 긍정적 정서에 관한 연구

지금까지의 정서연구에서는 정서의 구조를 긍정적 정서와 부정적 정서의 두 가지 차원으로 구분하는 것이 보편적이었으며, 이러한 두 가지 차원 가운데 긍정적인 정서에 대한 연구는 부정적인 정서에 대한 연구에 비해 경시되어 왔다. 이러한 사실은 긍정적인 정서가 부정적 정서보다 그 수가 적고 덜 분화되어 있다는 사실에 기인한다.

이러한 정서연구의 경향에 반대하여 Fredrickson(1998)은 정서이론에는 부정적인 정서뿐만 아니라 긍정적인 정서도 포함시켜야 한다면서, 긍정적인 정서에 대한 포괄적인 접근방법을 제안하였다. 그는 정서가 우리로 하여금 여러 환경적 위협에 대처하게 한다는 진화론적 관점은 긍정적인 정서에는 타당하지 않다고 하였으며, 긍정적인 정서가 인지활동을 촉진시키는 과정을 설명하기 위해 '행동경향성(action tendencies)'이라는 용어 대신 '사고-행동경향성(thought-action tendencies)'이라는 용어를 소개하였다. 부정적 정서는 전형적으로 환경의 위협에 직면하여 유발된다. 이들 정서는 우리 선조들로부터 효율적인 것으로 증명된 행동반응에 근거하여 가능한 사고-행동반응의 폭을 좁혀줌으로써 우리로 하여금 환경에 효율적으로 대처하게 해준다. 이와는 반대로 긍정적 정서는 위협적이지 않은 상황에서 유발되며, 긴장상황을 보다 완화시켜주며, 인지적 융통성을 향상시키고, 사고-행동반응의 폭을 일시적으로 넓혀줌으로써 개인의 적응을 도와준다.

부정적 정서가 위협에 대처해 나가는 데 유용한 것이라면, 긍정적인 정서는 오히려 기회의 폭을 넓혀주는 것과 관련된 것이다. 또한 부정적이거나 위협적인 상황에서도 긍정적인 정서가 유용하게 사용될 수 있다. Lazarus 등(Lazarus, Kanner, & Folkman, 1980)은 스트레스에 대처하기 위한 노력을 촉진시키는 데 있어서 긍정적 정서의 기능적 가치를 주장하였다. 이들은 배우자의 사망(Bonanno & Keltner, 1997)이나 심장질환(Fredrickson & Levenson, 1998)과 같은 어려운 상황으로부터 빨리 회복하는 데에서 긍정적 정서의 역할을 증명하였다. 그러나 한편으로 이러한 긍정적 정서는 병의 증상을 신속하게 인식하고 이에 적절히 대응하는 것을 방해함으로써 부정적인 영향을 미칠 수도 있음을 경계해야 한다(Mayne, 2001).

Tracy Mayne

정서를 긍정적인 정서와 부정적인 정서라는 두 개의 분리된 범주로 나누는 것에 대해 많은 학자들이 반론을 제기하고 있으며, 본질적으로 부정적인 정서는 존재하지 않는다고 주장하고 있다. 그러나 긍정적인 정서가 가지고 있는 이러한 유용성을 고려한다면 정서의 이분법 자체에 대한 논쟁을 떠나 앞으로의 정서연구에서는 부정적인 정서 못지않게 긍정적인 정서에 관한 연구가 보다 활발하게 이루어져야 할 것이다.

### 2) 정서와 인지의 통합

전통적으로 인지적 측면을 지칭하는 지능의 개념은 상당히 좁은 의미의 지적인 능력에만 초점을 맞추었으며, 최근 이러한 전통적인 지능의 개념을 확장시키기 위해 많은 노력이 이루어졌다(Gardner, 1983). 정서지능은 바로 이러한 노력을 반영하는 개념으로 사용되었고 현재에는 자신의 정서를 표현하고, 타인의 정서를 이해하고, 사회문화적 규범에 근거하여 정서를 조절하는 것에 이르기까지 광범위한 속성을 포함하는 개념으로 확장되고 있다. 그러나 정서와 인지의 관련성을 강조하고 통합하는 과정에서는 다음과 같은 점을 고려해야 할 것이다.

### (1) 적절성과 만족감

정서와 인지의 통합에서 적절성에 우선을 두어야 할 것인지 혹은 만족감에 우선을 두어야 할 것인지의 문제를 고려해야 한다. 정서반응의 질을 평가하는 한 가지 방법은 정서가 상황에 적절한 행동인지 또는 이를 통해 개인으로 하여금 자신의 목표를 효율적으로 충족시키고 만족감을 느끼게 하는지에 의해 결정될 수 있다.

Mayer와 Salovey(1997)는 특정 상황에 적절한 명확한 정서반응이 존재하는 경우에, 정서지능은 진정한 지능으로 간주할 수 있다고 하였다. 일반적으로 전통적인 인지적 과제와는 달리 정서적 과제는 뚜렷한 정답이 없는 복잡한 상황을 고려해야 하기 때문에, 자신의 정서반응이 적절한 것인지 아닌지를 평가하는 것은 어려운 문제이다. 그러나 주어진 상황에 대한 최상의 해결책은 아니라고 하더라도, 보다 적절한 정서반응은 존재한다고 볼 수 있다.

Herbert Simon

한편으로 상황에 대한 적절성과는 달리 실제로 정서반응은 개인이 경험하는 만족감을 우선적으로 고려하여 계획되어질 수 있는데, 이러한 방법도 적절한 해결방법이라고 볼 수 있다는 것이다(Simon, 1967). 개인의 만족감과 목표를 효율적으로 충족시키고자 하는 데 우선을 두는 관점에서는 그러한 목표가 사회적으로 긍정적인 영향을 미치는지 아닌지에 대해서는 관심이 없다. 한 예로, 자신이 독립적이고 이성적인 사람이라고 자긍심을 가지고 있는 남성은 자신의 아내에게 화가 난 상황에서 자신의 감정을 직접적으로 표현하기보다 아내의 삶에서 매우 중요한 약속에 의도적으로 늦게 나타나는 행동을 통해 자신의 정서상태를 표현할 수 있다. 그 결과, 그의 아내는 그에게 소리를 지르게 될 것이며, 이들은 상호간에 비난과 거친 말을 주고받게 될 것이다.

이러한 상황에서 그 남성의 행동을 상황에 대한 적절성을 중심으로 평가한다면 정서적으로 지적인 행동이라고는 볼 수 없다. 그는 아내에게 자신의 불만을 표현하기 위해 직접적으로 접근하지 않았으며, 그의 행동은 타인에 대한 공격성이 수동성을 통해 간접적이고 비효율적인 방식으로 표현되는 수동공격성(passive aggression)의 일례로 볼 수 있다. 그러나 그 남성의 개인적 만족감이나 목표달성의 관점에서 본다면 그는 아내에게 자신이 화가 났음을 알리기를 원하지만 이성적인 사람으로서 타인에 대해 언어적으로 공격하거나 감정적으로 격렬해지기를 원하지 않는다. 그러므로 그는 자신의 감정을 인정하고 책임지기보다 상대를 화나게 하는 행동을 하여 아내로 하여금 논쟁을 시작하도록 동기화한 것이다. 결국 그는 자신의 자아개념을 손상시키지 않는 방식으로 분노를 표현하고 자신의 욕구를 충족시키기 위한 방식으로 자신의 정서를 조절하였다. 비록 이 젊은 남자의 행동은 자신의 사회생활에 도움을 주는 적절한 행동이라고는 볼 수 없지만 자신의 목표를 효율적으로 충족시켰다는 점에서는 정서적으로 지적이라고 볼 수 있다.

그러므로 정서적으로 지적이라는 것은 반드시 좋고, 선하고, 사회적으로 용인되는 목표만을 포함하는 것은 아니다. 비록 사회적으로 적절한 반응은 아닐지라도 자신의 목표추구에 초점을 맞춘 행동도 정서적으로 지적인 행동으로 간주할 수 있게 된다. 즉, 어떤 사람은 긍정적인 의미의 악인이 될 수 있으며, 이들은 자신의 사악한 목표를 위해서 자신의 정서를 어떻게 관리해야 할지를 안다는 점에서 정서적으로는 지적이라고 볼 수 있다.

### (2) 융통성과 효율성

정서와 인지가 통합되는 과정과 관련해서 융통성과 효율성(flexibility versus efficiency)의 문제도 고려해야 한다. 선행 사건에 근거하여 자동적으로 정서지식을 활용하는 것과 같은 일상화된 정서반응은 매우 효율적이기는 하지만, 새로운 상황적 요구를 충족시켜주지는 못한다. 실제로 성공적 적응에서의 중요한 쟁점 가운데 하나는 안정된 자동적인 행동양식에 대한 욕구와 개방성이나 융통성에 대한 욕구 간에 균형을 잡는 문제이다. 만약 한 개인이 대인간 정서적 욕구에서 거의 변화가 없는 세계에서 살고 있다면, 그는 고도로 일상화된 정서조절 기능을 사용하여 매우 기능적으로 행동할 것이다. 그는 오랜 경험으로 정서를 조절하는 정교하게 조율된 방식을 가지고 있으며, 이러한 안정적인 방식은 충분히 학습되어 있으므로 거의 인지적 노력을 필요로 하지 않을 것이다. 특정한 상황이나 대상에 대한 자동적 정서반응은 기질적 차이나 대뇌피질 및 피질하부에서의 학습된 반응으로 볼 수 있으며, 이는 반사와 유사한 것으로 일상생활에서 많은 시간을 절약하게 해준다.

그러나 극단적인 변화가 일어나는 상황에서는 이처럼 고도로 일상화된 자동적인 정서반응은 매우 부적응적인 방식이 될 수 있다. 반응이 상황에 적절하지 않다고 생각되면 우리는 자신의 정서반응을 바꾸기 위하여 융통성 있고 자유롭게 정서지식을 이용하여 개입하게 된다. 대부분의 사람들은 끊임없이 변화하는 경쟁적인 사회에 살고 있으므로 다소의 융통성은 사회적 현실에 적응하는 데 필요하다. 자동적으로 반응할 것인지 혹은 상황에 맞도록 융통성 있게 반응할 것인지의 문제는 다양한 사회적 상황에서 적절하게 기능할 수 있는 개인의 능력과 직결되어 있다.

### 3) 정서유발 요인에 대한 접근방법

정서연구에서 지배적인 공헌을 한 관점 가운데 하나는 진화론적 접근방법이다. 진화론적 관점은 정서는 특정한 환경적 위협에 효율적으로 대처하기 위한 인간진화의 역사에 대한 반응이라는 생각에 기초하고 있다. 모든 학자들이 이에 동의하는 것은 아니지만 상당히 많은 연구는 이러한 진화론적 관점에 초점을 맞추고 있다.

그러나 이후의 정서이론은 진화론적 접근방법을 다소 경시하려는 경향을 보이며, 특히 긍정적인 정서의 역할이나 기능에 대해서는 더욱 그러하다. 현재 지배적인 진화생물학적 관점은 이기적 유전자 구조(selfish-gene framework)와 관련된 것이다. 한 개인이 아닌, 유전자에 근거한 진화론적 관점은 몇 가지 중요한 의미를 지니고 있다.

이 가운데 하나는 전통적인 진화론적 관점은 타인과의 의사소통에 있어서 송신자와 수신자 모두에게 이익이 되는 진화론적 과정을 설명하지 못한다는 것이다. 이 점은 긍정적 정서의 경우에 특별한 중요성을 지닌다. 이기적인 유전자의 관점에서

George Bonanno

보면 긍정적인 정서를 표현하는 것은 수신자에게 송신자의 내적 상태에 대한 생생한 정보를 제공해주는 것이 되며, 그 결과, 송신자는 확실하게 불이익에 처하게 된다고 볼 수 있다. 즉, 이기적인 유전자의 관점에서 본다면 정직한 표현은 정직하지 않거나 기만적인 의사소통보다 덜 적응적인 방법이라고 볼 수 있다.

이러한 생각이 인간의 상호작용과정에서 실제로 어떻게 적용되는가에 대한 연구는 지금 초기단계에 있는 것에 불과하다. 그 한 예로, 순수하게 웃는 사람은 의도적이거나 교양 있게 웃는 사람보다 관찰자로부터 오히려 다양한 반응을 유발하는 것으로 나타났다(Keltner & Bonanno, 1997b). 앞으로 이러한 상호작용의 관점에서 정서에 대한 보다 많은 연구가 이루어져야 할 것이다.

또한 Keltner와 Haidt(2001)는 문화적인 특수한 영향을 강조하는 사회구성주의자들의 이론을 통합함으로써 정서에 대한 진화심리학의 관점을 확장시키고자 하였다. 이들은 사회적 상황에서 직면하는 정서적인 문제에 문화가 영향을 미칠 수 있다는 사실을 지적하였다. 즉, 문화는 사회적 상황에서 일어나는 문제에 대한 대안적 해결책을 제시할 수도 있으며, 최초의 기능과 거의 관련이 없는 정서의 새로운 용도를 발견할 수도 있으므로, 사회적 상호작용의 맥락에서 정서의 역할에 대한 탐색이 필요하다는 것이다. 이러한 주장은 정서연구에서 분석의 단위가 개인에서 보다 큰 사회집단으로, 결과에 초점을 맞춘 정서연구로부터 결과를 중재하는 매개변수에 초점을 맞춘 정서연구로, 독립적인 상황에서의 정서연구로부터 사회적 상호작용과 문화적 관습의 맥락을 고려한 정서연구로 옮아가는 것을 의미한다.

Batja Mesquita

정서에 대한 문화의 영향은 Mesquita(2001)에 의해 보다 분명하게 서술되고 있다. 정서의 범문화적 유사성을 주장하는 정서이론과는 대조적으로 Mesquita는 문화에 대한 두 가지 대안적 접근방법을 명시하고 있다. 첫째는 정서반응의 다차원적 본질(선행사건, 평가과정, 행동준비, 표현행동, 조절과정 등)을 강조하는 구성요소이론

(componential theories)이다. 구성요소이론은 각 개인의 다차원적 구성요소의 수준에서 범문화적 타당도가 검토되어야 한다고 주장한다. 둘째, 보다 급진적인 방법은 정서의 문화이론(cultural theories)으로서, 이는 정서는 그 출발점에서부터 각 개인이 소속된 문화적 틀을 고려하지 않고서는 이해할 수 없다는 견해이다. 극단적으로 말하면 문화이론은 구성주의적 관점이며, 진화론적 정서이론은 여기서 배제되고 있다. 그러나 보다 온건한 수준에서 문화이론은 범문화적 유사성과 보편성을 주장하는 전통적인 정서이론과 문화적 특수성이나 차이를 강조하는 이론들 간에 균형의 필요성을 제시해주고 있다.

### 4) 신경과학적 접근

최근 신경과학의 발달은 정서의 구조나 측정방법 등에 대해 새로운 시각을 제시해주었다. 신경과학적 연구결과에 의하면 긍정적 정서와 부정적 정서 간에는 기본적인 차이가 존재하며, 두려움과 같은 정서는 편도에서 일어나는 반면, 보상과 긍정적 정서는 기저핵에서 주도한다고 한다(Ochsner & Feldman-Barrett, 2001; Philippot & Schaefer, 2001). 또한 보편적 기본정서라는 것이 존재한다는 명백한 증거가 존재하며(Ekman, 1992a), 이들 기본정서는 편도나 기저핵과 같은 하부피질구조에서 자동처리과정에 의해 나타난다고 한다.

신생아는 단지 기본정서만을 지니며 이는 주로 하위뇌구조에서 처리되지만, 진화과정을 통해 인간의 뇌에는 학습과 적응, 고도의 추상성과 상상력을 위해 상위피질구조가 만들어졌다고 한다. 뇌구조들 간의 교류나 협응은 처음에는 다소 불완전하지만 학습과 경험에 의해 상호연결이 이루어지게 된다(MacLean, 1973). 성장과정에서 뇌구조들 간의 협응을 통해 인지발달이 이루어지고 정서의 도식화가 가능해짐으로써 우리는 정서에 대한 신념이나 기대 또는 반응을 발전시켜 나가게 된다. 그러므로 우리가 어떤 인지적 전환점에 도달하기 전에는 새로운 정서가 나타날 수 없다고 한다(Leventhal & Scherer, 1987; Lewis & Michelson, 1983).

최근의 정서에 대한 연구는 신경과학적 관점과 인지적 관점이 통합된 이론에 접근해 가고 있다는 의견이 지배적이다. 인지 신경과학의 발달로 두뇌 활동을 객관적으로 측정할 수 있는 방법이 개발되었고, 정서도 인지 기능처럼 객관적으로 측정하고자하는 시도가 이루어지고 있다. 이에 따라 정서와 관련된 신경해부학적 기능을 규명하기 위한 정서 신경과학(affective neurosciences) 분야가 확립되어 다양한 연구가 이루어지고 있다.

앞으로의 정서연구에서는 다른 연구영역에서처럼 신경심리학의 발달이 많은 기여를 할 것이다. 신경심리학의 발달은 부정적 정서뿐만 아니라 긍정적 정서에 대한 이해, 정서의 촉진과 억제라는 정서조절 전략의 이해나 정서가 건강한 범주를 벗어나는 병리현상에 대한 이해의 폭을 넓혀줄 것이다. 나아가 정서가 유전적 혹은 문화적으로 결정될 수 있는 범위를 보다 명확하게 제시해줄 수 있을 것이다.

### 5) 정서교육의 필요성

아동이 환경에 효율적으로 적응해나가는 데 있어 지적 능력이 갖는 중요성은 부인할 수가 없다. 그러나 이러한 지적 능력은 독립적인 형태로 존재할 수 없으며, 이러한 지적 능력이 충분히 발휘되기 위해서는 정서적인 능력의 중요성이 강조되고 있으며, 정서지능은 바로 이러한 측면에서 그 중요성을 평가받고 있다.

Sternberg(1986)는 지능의 개념을 전통적인 지능의 개념보다 확장된 것이어야 한다고 주장하였다. 그는 지능에는 상황적 요소, 경험적 요소, 구성적 요소가 포함될 수 있으며, 이러한 요소에는 실생활에서 자신에게 적합하도록 자신의 환경을 조성할 수 있는 능력이 포함된다고 하였다. 이러한 관점에서 본다면 지금까지 이루어진 방대한 연구결과를 토대로 정서지능을 향상시키기 위한 노력이 지속적으로 이루어져야 할 것이다. 특히 정서분화와 정서조절은 정서지능에서의 의미 있는 개인차를 만들어내는 데 중요한 역할을 한다는 점에서 앞으로 지속적인 연구가 필요하다.

#### (1) 정서분화

사람들마다 정서경험을 표현하는 데에는 상당한 다양성이 존재한다. 전반적인

James Gross

자신의 기분상태를 보고하는 사람에서부터 고도로 분화된 정서반응을 보고하는 사람에 이르기까지 다양하게 나타난다. 이러한 차이는 개인의 정서분화 수준에 의해 영향을 받게 되는 것이다.

정서지능의 중요한 결정요인 가운데 하나는 한 개인이 얼마나 분화된 정서경험을 가지고 있는가와 관련이 있다. 고도로 분화된 정서반응을 표현하는 사람은 덜 분화된 방식으로 자신의 정서를 표현하는 사람보다 자신이 가지고 있는 정서지식을 활용하려는 동기가 강하고, 정서에 대한 통찰력이 뛰어나며, 변화하는 상황에 적절하게 반응한다고 한다(Feldman-Barrett & Gross, 2001). 그러므로 한 개인의 정서분화수준이 높다는 것은 정서조절이 더 쉽게 효율적으로 이루어질 수 있음을 의미한다. 자신의 정서상태에 대해 분명하고 특정한 방식으로 명칭을 붙일 수 있는 사람들은 보다 많은 조절전략을 가지게 되며, 보다 융통성 있는 행동을 통해 정서를 유발하는 사건이나 사물을 해결할 수 있다. 정서지능의 중요한 결정요인 가운데 하나는 한 개인이 얼마나 분화된 정서경험을 가지고 있는가와 관련이 있다. 특히 부정적이거나 강한 정서를 경험하는 상황에서 정서분화 수준은 정서조절과 밀접한 관련이 있다.

그러므로 아동의 정서지능을 향상시키기 위해서는 성장과정에서부터 자신의 정서를 분명하게 인식하고 이를 표현할 수 있는 정서적 분위기의 조성이 필요하며, 앞으로의 정서연구는 정서교육과 관련된 측면에 보다 역점을 두어야 할 것이다.

### (2) 정서조절

정서지능에서 정서분화만큼 중요한 것은 자신의 정서를 효율적으로 조절하기 위하여 자신이 느끼는 정서가 무엇이며 어떻게 이러한 정서를 조절해야 할 것인가의 문제이다. 전통적으로 정서연구가들은 이 문제에 대해 정서적 억제와 같은 부정적 정서의 억제조절을 강조하는 시각을 견지해왔다. 그러나 최근에 와서는 정서나 상황에 따라 상이한 조절과정이 작용한다는 복잡한 모델이 제시되고 있다.

일상생활에서 일어나는 정서조절을 연구하기 위해 Richards(2002)는 대학생들

Jane Richards

Roy Baumeister

Kimberly Brownley

에게 자신의 정서를 변화시키기 위한 최근의 노력에 대해 묘사해보도록 하였다. 그 결과 대부분의 사람들은 긍정적 정서를 의도적으로 만들고, 증가시키고, 유지하는 반면, 상반되는 감정은 감소시키고자 하였다. 또한 대부분의 사람들은 자신들의 부정적인 정서를 억압이나 회피의 방법을 사용하여 조절하는 것으로 나타났다. 자신이 싫어하는 사람들에게는 실망감을 감추는 경향이 있으며(Cole, 1986), 상당히 곤혹스러운 상황으로부터는 관심을 돌리는 것으로 나타났다(Boden & Baumeister, 1997).

Freud(1926/1959) 이후의 임상과학자들은 정서적 충동을 관리하는 방식이 정신건강에 가장 중요함을 강조하였다. 정신역동적 관점에서뿐만 아니라 다른 이론적 관점의 지지자들도 심리적 건강에는 정서적 충동을 적절하게 조절하는 것이 필요하다는 사실을 강조하였다(Barlow, 1991; Seligman, 1991). 그러나 부정적 정서의 억제조절의 효과에 대해서는 상반되는 연구결과들이 제시되고 있다(Gross, 1998). 많은 학자들은 부정적 정서의 억제조절은 심리적 안녕을 위해 필요하다고 주장한다. Gross와 Munoz(1995)는 자신의 부정적 정서를 융통성 있게 억제조절할 수 있는 능력이 정신건강의 핵심적 부분이라고 하였다. 반면, 정서의 억제조절에 대해 상반된 연구결과도 제시되고 있다. 정서조절이 해로운 결과를 초래할 수 있다는 생각은 정신적인 문제가 신체질환으로 나타나는 정신병리적 증상에 근거하고 있다(Alexander & French, 1946). 분노의 감정을 억제하는 것은 이를 표현하는 것만큼 혈압을 증가시키며(Brownley, Light, & Anderson, 1996), 고혈압이나 심장질환과 관련이 있으며(Smith, 1992), 사소한 질병을 촉진시키거나 면역기능을 손상시킬 수 있다고 한다(Pennebaker, Kiecolt-Glaser, & Glaser, 1988). 부정적인 정서의 억제는 암에 걸릴 가능성을 증가시키거나(Bahnson, 1981; Cooper, Cooper, & Faragher, 1993; Faragher & Cooper, 1990; McKenna, Zevon, Corn, & Rounds, 1999), 암의 진전을 촉진시킬 수 있다고 한다(Fawzy et al.,

Norman Anderson

Janice Kiecolt-Glaser

Brian Faragher

1993; Gross, 1989; Spiegel, 1992). 즉, 분노의 감정을 지나치게 억제하는 것이나 표현하는 것이나 모두 건강상의 문제를 야기하는 것으로 볼 수 있다. 결국은 얼마나 균형을 잡는가의 문제와 어떻게 표현하는가의 문제가 보다 중요하다(Bonanno, 2001).

또한 정서조절의 효과는 선행사건중심(antecedent-focused) 정서조절(상황선택, 상황수정, 선택적 주의집중, 인지적 변화)과 반응중심(response-focused) 정서조절(반응조정) 방법을 통해서도 설명할 수 있다. 선행사건중심 정서조절은 정서반응 유발자극에 우선적인 관심을 두고 있는 반면, 반응중심 정서조절은 일단 촉발된 정서반응이 어떻게 조절되는지에 관심을 가진다. 전자는 정서체계에 투입되는 자극을 관리하는 것이 장기적인 심리적 건강에 유리하다고 보는 반면, 후자는 정서체계의 산출(결과)을 조절하는 것이 신체건강에 유해한 결과를 초래할 수 있다고 본다. 그러나 일상생활에서 이들 간의 경계는 심리적, 신체적 건강 간의 차이만큼 모호하다.

그러나 선행사건중심 정서조절의 한 형태인 재평가(reappraisal)와 반응중심 정서조절의 한 형태인 표현 억제 방법을 비교한 일련의 연구에서, 표현 억제는 정서표현행동을 감소시키고, 긍정적 정서경험을 감소시키는 것으로 나타났다(Gross & Levenson, 1993, 1997). 대조적으로 재평가는 행동적이고 부정적인 정서경험을 감소시키는 것으로 나타났다(Gross, 1998). 또한, 표현 억제는 억제기간 동안에 제시된 정보에 대한 기억력을 감소시키는 반면, 재평가는 실험실이나 현장 어디에서도 그러한 효과가 없었다(Richards & Gross, 1999, 2000). 이러한 연구결과는 재평가의 방법은 분명한 신체적, 인지적 대가를 치르지 않고 부정적 정서경험의 표현을 효율적으로 감소시켜주는 반면, 표현 억제의 방법은 부정적 정서경험에 영향을 미치지 못할 뿐만 아니라 생리적, 인지적 대가를 필요로 한다는 사실을 말해준다.

아직까지 정서조절에 대해 알려지지 않은 것이 많지만, 이러한 연구결과들은 적절한 정서조절 방식을 사용함으로써 개인의 정신건강이나 신체건강, 기타 여러 발달 영역에서 보다 효율적인 적응이 가능함을 보여주는 것이다.

최근에 와서 정서에 대한 연구는 전환기를 맞이하였다. 그리고 정서에 대한 연구가 활발해짐에 따라 기존에 정서에 대해 설정되었던 가정이나 접근방법들은 도전을 받게 되었다. 아직 여러 가지 점에서 논쟁의 여지는 있으나, 여러 결정적인 논쟁은 상당히 많은 진전을 이루었다. 앞으로의 과제는 이처럼 방대하게 이루어진 연구결과를 개인의 발달이나 적응에 실제적으로 기여할 수 있도록 정서적인 능력을 향상시켜 나가기 위해 지속적으로 다양한 교육방법이나 프로그램을 개발하는 것이다. 아울러 정서지능이 하나의 유행으로 끝나지 않고 일반지능과 유사한 결실을 거두기 위해서는 여러 가지 다양한 관점에서 통합적인 연구도 지속적으로 이루어져야 할 것이다.

# 참고문헌

강현지, 임정하(2015). 어머니의 정서표현성과 부정적 정서표현에 대한 반응이 아동의 정서 지능에 미치는 영향. *Family and Environment Research, 53*(3), 265-277.

공세희(2013). 정서 지능, Gf-Gc 및 5요인 성격 특성 간의 관계. 숙명여자대학교 대학원 석사학위논문.

김기현, 이영환, 박성옥, 한종혜(1998). 마음의 힘 키우기-아동의 사회정서발달 프로그램. 서울: 학지사.

김순정(2001). 어머니의 정서표현 수용태도와 유아의 정서적 부적응 및 친사회적 행동과의 관계. 중앙대학교 대학원 석사학위 청구논문.

김양은, 조복희(2002). 영아기 자아인식능력에 관한 연구. 아동학회지, 23(2), 17-30.

김원빈(2010). 내담자의 심리적 마음상태에 따른 상담자의 자기개방과 역전이 활용이 상담성과에 미치는 영향. 가톨릭대학교 대학원 석사학위논문.

김원철(2009). 욕망은 인간의 본질 그 자체이다. -에티카 3부 부록을 통해 살펴본 스피노자의 인간학-. 범한철학, 55, 169-196.

김지연, 남은영(2011). 자녀의 부정적 정서에 대한 부모의 반응과 아동의 스트레스 대처행동 간의 관계에서 자기조절능력의 매개효과. 아동학회지, 32(5), 13-26.

문용린(1999). EQ 검사. 서울대학교 교육학과 도덕심리연구실.

미국정신의학협회(2015). 정신장애의 진단 및 통계편람(5판). 권준수 외(역). 서울: 학지사.

박금옥(1997). 청소년들의 자기조정학습방략 정도와 학업성취 및 사회적 능력 연구. 동아대학교 대학원 박사학위 청구논문.

박명숙, 박창호(2010). 노인과 젊은이의 섬광기억과 정서: 노무현 대통령서거와 북한 2차 핵실험 중심으로. 한국심리학회지, 22(2), 117-196.

박서정(2004). 어머니의 정서사회화 행동과 학령기 아동의 정서조절 전략 및 정서조절 능력 간의 관계. 성균관대학교 대학원 박사학위논문.

선우현정, 도현심(2009), 유아의 기질 및 어머니의 양육행동과 만족지연능력간의 관계. 아동학회지, 30(5), 179-193.

양연숙(2000). 영아의 타인양육경험에 따른 어머니에 대한 애착과 정서조절. 경희대학교 대학원 박사학위 청구논문.

양재원, 박나래, 정경미(2011). 얼굴표정 정서 인식 능력과 고등학생의 심리사회적 적응 및 또래관계. 한국심리학회지: 임상, 30(2), 475-495.

양진희(2013). 유아의 또래간 인기도와 자기조절능력, 정서인식능력 및 유아 건강성의 관계 분석. 유아교육연구, 33(1), 237-258.

오숙영(2012). 구조방정식과 다중집단 구조방정식을 활용한 정서지능의 효과성 연구. *The Korea Educational Review, 18*, 189-227.

오지현(2013). 아동의 부정적 정서표현에 대한 어머니 반응 척도 개발 및 타당화. 숙명여자대학교 대학원 박사학위논문.

위영희(1994). 영아의 사회적 참조행동과 관련변인에 관한 연구. 연세대학교 대학원 박사학위 청구논문.

유가효, 김길안(2003). 부모자녀관계와 청소년의 정서지능. 인간발달연구, 10(1), 1-20.

유효순(2003). 유아의 애착안정성과 정서지능의 관계. 인간발달연구, 10(2), 19-31.

윤경희(1998). 영아의 자아인식에 관한 연구. 성신여자대학교 대학원 석사학위 청구논문.

은슬기(2015). 안면움직임에 의한 감정 변화와 관련된 중추신경계 기전. 경희대학교 대학원 석사학위 청구논문.

이강이, 성미영(2003). 유아의 정서 지식과 대인간 문제해결 전략. 아동학회지, 24(1), 33-45.

이경욱, 김지은, 연보라, 김승환, 채정호(2013). Development and standardization of Extended ChaeLee Korean Facial Expressions of Emotions. *Psychiatry Investigation, 10*(2), 55-163.

이영자, 이종숙, 이옥, 신은수, 이정욱(1999). 저소득층 아동을 위한 혼합연령 방과후 프로그램 개발 연구: 정서지능 발달을 중심으로. 아동학회지, 20(4), 3-24.

이원희, 채정호, 박원명, 이경욱(2004). 감정 연구용 얼굴 표정 영상 개발 및 예비 표준화. 神經精神醫學, 43(5), 552-558.

이준웅, 송현주, 나은경, 김현석(2008). 정서 단어 분류를 통한 정서의 구성 차원 및 위계적 범주에 관한 연구. 한국언론학보, 52(1), 85-116.

이지선, 정옥분(2002). 부모의 정서표현 수용태도와 유아기 자녀의 정서지능과의 관계. 아동학회지, 23(1), 17-36.

임미혜(1998). 생각하기, 느끼기, 행동하기 유아정서 교육과정의 효과연구. 서울대학교 대학원 박사학위 청구논문.

임희수, 박성연(2002). 어머니가 지각한 아동의 기질, 어머니의 정서조절 및 양육행동과 아동의 정서조절 간의 관계. 아동학회지, 23(1), 37-54.

정옥분, 한성열, 이숙자, 이종호, 임정하, 정순화, 김경은(2009). 대학생의 정서 및 자기조절 능력과 창의성 간의 관계, 인간발달학회지, 6(2), 171-190.

정옥분, 한성열, 이숙자, 이천희, 정순화, 김경은, 엄세진(2008). 아동의 또래 지위에 따른 사회적 능력, 정서적 능력과 우정관계의 질, 인간발달연구, 15(2), 17-52.

진의남(2012). 학교 교육에서 인성교육의 인식과 개선 요구. 實科敎育硏究, 18(3), 145-169.

최준환, 박춘성, 연경남, 민영경, 이은아, 정원선, 서지연, 차대길, 허준영, 임청묵(2009). 인성교육의 문제점 및 창의 · 인성교육의 이론적 고찰. 창의력교육연구, 9(2), 88-112.

최현숙, 김혜리, 엄진섭(2014). 다양한 인종의 얼굴표정에 대한 정서인식: 초등학생과 대학생 집단의 비교. 한국심리학회지: 발달, 27(1), 19-31.

허수경, 이경님(1996). 인지양식 유형과 보상의 제시형태에 따른 아동의 만족지연능력 발달. 아동학회지, 17(2), 221-233.

홍혜원, 이창수, 장기철(2011). 창의 · 인성교육에 대한 초등교사와 중등교사의 인식 비교. 교육문제연구, 17(1), 1-18.

황의명, 박찬옥(1997). 유아를 위한 감성교육 프로그램. 서울: 양서원.

황혜정, 김경회(1999). 유아의 사회적 능력과 정서지능과의 관계에 대한 연구. 아동학회지, 20(3), 139-151.

Abe, J. A., & Izard, C. E. (1991). The developmental functions of emotions: An analysis in terms of differential emotions theory. *Cognition and Emotion, 13*, 523-549.

Ackerman, B. P. (1997). The role of incidental context in children's memory retrieval: The gating hypothesis. *Journal of Experimental Child Psychology, 65*, 238-260.

Ackerman, B. P., Abe, J. A., & Izard, C. E. (1998). Differential emotions theory and emotional development: Mindful of modularity. In M. F. Mascolo & S. Griffin (Eds.), *What develops in emotional development?* (pp. 85-106). New York: Plenum Press.

Ainsworth, M. D. S. (1967). *Infancy in Uganda: Infant care and the growth of love.* Baltimore: Johns Hopkins University Press.

Ainsworth, M. D. S., Blehar, M., Waters, E., & Wall, S. (1977). *Patterns of attachment: Observations in the strange situation and at home.* Hillsdale, NJ: Erlbaum.

Ainsworth, M. D. S., Blehar, M., Waters, E., & Wall, S. (1978). *Patterns of attachment: A psychological study of the strange situation*. Hillsdale, NJ: Erlbaum.

Alexander, F., & French, T. M. (1946). *Psychoanalytic therapy: Principles and application*. New York: Ronald Press.

Allport, G. W. (1937a). *Personality: A psychological interpretation*. New York: Henry Holt.

Allport, G. W. (1937b). The functional anatomy of motives. *American Journal of Psychology, 50*, 141-156.

Allport, G. W., & Odbert, H. S. (1936). Trait names: A psycho-lexical study. *Psychological Monographs, 47* (1), 1-171.

Andreassi, J. L. (1995). *Psychophysiology of human behavior and physiological response*. Hillsdale, NJ: Erlbaum.

Apfel, R. J., & Sifneos, P. E. (1979). Alexithymia: Concept and measurement. *Psychotherapy and Psychosomatics, 3*, 180-190.

Appelbaum, S. A. (1973). Psychological mindedness: Word, concept, and essence. *International Journal of Psychoanalysis, 54*, 35-45.

Arkes, H. R., Herren, L. T., & Isen, A. M. (1988). The role of potential loss in the influence of affect on risk-taking behavior. *Organizational Behavior and Human Decision Processes, 42*, 181-193.

Armon-Jones, C. (1986). The social functions of emotion. In R. Harr (Ed.), *The social construction of emotions* (pp. 57-82). Oxford, England: Basil Blackwell.

Arnold, M. B. (1960). *Emotion and personality* (Vol. 1, 2). New York: Columbia University Press.

Arnow, B., Kennedy, J., & Agras, W. S. (1995). The emotional eating scale: The development of a measure to assess coping with negative affect by eating. *International Journal of Eating Disorders, 18*, 79-90.

Aronson, E., Wilson, T. D., & Akert, R. M. (2002). *Social psychology* (5th ed.). NJ: Pearson.

Asher, S. R., & Rose, A. J. (1997). Promoting children's social-emotional adjustment with peers. In P. Salovey & D. Sluyter (Eds.), *Emotional development and emotional intelligence* (pp. 196-224). New York: Basic Books.

Asnis, G. M., Halbreich, U., Ryan, N. D., Rabinowicz, H., Puig-antich, J., Nelson,

B., Novacenko, H., & Harkavy-Friedman, J. (1987). The relationship of the dexamethasone suppression test to basal plasma cortisol levels in endogenous depression. *Psychoneuroendocrinology, 12*, 295-301.

Aspinwall, L. G. (1998). Rethinking the role for positive affect and self-regulation. *Motivation and Emotion, 22*(1), 1-32.

Aspinwall, L. G., & Taylor, S. E. (1997). A stitch in time: Self-regulation and proactive coping. *Psychological Bulletin, 121*, 417-436.

Averill, J. R. (1974). An analysis of psychophysiological symbolism and its influence on theories of emotion. *Journal for the Theory of Social Behaviour, 4*, 147-190.

Averill, J. R. (1980). A constructivist view of emotion. In R. Plutchik & H. Kellerman (Eds.), *Emotion: Theory, research and experience* (Vol. 1). *Theories of emotion* (pp. 305-339). New York: Academic Press.

Averill, J. R. (1982). *Anger and aggression: An essay on emotion*. New York: Springer-Verlag.

Averill, J. R. (1985). The social construction of emotion: With special reference to love. In K. J. Gergen & K. E. Davis (Eds.), *The social construction of the person* (pp. 89-109). New York: Springer-Verlag.

Averill, J. R. (1994). In the eyes of the beholder. In P. Ekman & R. J. Davidson (Eds.), *The nature of emotion*. Oxford, England: Oxford University Press.

Averill, J. R. (2000). Intelligence, emotion and creativity. In R. Ba-On & J. D. A. Parker (Eds.), *The handbook of emotional intelligence: Implications for educators*. San Francisco, CA: Jossey-Bass.

Bagby, R. M., Taylor, G. J., & Parker, J. D. A. (1994). The twenty-item Toronto Alexithymia Scale: Part II, Convergent, discriminant, and concurrent validity. *Journal of Psychosomatic Research, 38*, 23-32.

Bahnson, C. B. (1981). Stress and cancer: The state of the art. *Psychosomatics, 22*, 207-220.

Baltes, P. B. (1987). Theoretical propositions of life-span developmental psychology: On the dynamics between growth and decline. *Developmental Psychology, 23*, 611-626.

Baltes, P. B., Dittmann-Kohli, F., & Dixon, R. A. (1984). New perspectives on the development of intelligence in adulthood: Toward a dual-process conception and a model of selective optimization with compensation. In P. B. Baltes & O. G. Brim, Jr. (Eds.), *Life-span development and behavior* (Vol. 6, pp. 33-76). New York: Academic Press.

Baltes, P. B., Smith, J., & Staudinger, U. M. (1992). Wisdom and successful aging. In T. B. Sonderegger (Ed.), *Psychology and aging* (pp. 123-167). Lincoln, Nebraska: University of Nebraska Press.

Bandura, A. (1965). Influence of models' reinforcement contingencies on the acquisition of imitative responses. *Journal of Personality and Social Psychology, 1*, 589-595.

Bandura, A., & Cervone, D. (1983). Self-evaluative and self-efficacy mechanisms governing the motivational effects of goal systems. *Journal of Personality and Social Psychology, 45*(5), 1017-1028.

Bard, P. (1929). The central representation of the sympathetic system: As indicated by certain physiological observations. *Archives of Neurology and Psychiatry, 22*, 230-246.

Bard, P. (1950). Central nervous mechanisms for the expression of anger in animals. In M. L. Reymert (Ed.), *Feelings and emotions: The Mooseheart Symposium* (pp. 211-237). New York: McGraw-Hill.

Bard, P., & Mountcastle, V. B. (1948). Some forebrain mechanisms involved in expression of rage with special reference to suppression of angry behavior. *Research Publications Association for Research in Nervous and Mental Disease, 31*, 362-404.

Barlow, D. H. (1988). *Anxiety and its disorders: The nature and treatment of anxiety and panic*. New York: Guilford.

Barlow, D. H. (1991). Disorders of emotion. *Psychological Inquiry, 2*, 58-71.

Bar-On, R. (1997). *The Emotional Intelligence Inventory (EQ-I): Technical manual*. Toronto, Canada: Multi-Health Systems.

Bar-On, R. (2000). Emotional and social intelligence: Insights from the Emotional Quotient Inventory (EQ-i). In R. Bar-On & J. D. A. Parker (Eds.), *Handbook of emotional intelligence*. San Francisco, CA: Jossey-Bass.

Bar-On, R. (2002). *Bar-On Emotional Quotient Inventory Short Form (EQ-I: Short): Technical Manual*. Toronto, Canada: Multi-Health Systems.

Bar-On, R. (2006). The Bar-On model of emotional-social intelligence (ESI).

*Psicothema, 18*, 13-25.

Barrett, G. V., & Depinet, R. L. (1991). A reconsideration of testing for competence rather than for intelligence. *American Psychologist, 46*, 1012-1024.

Barrett, K., & Campos, J. (1987). Perspectives on emotional development II: A functionalist approach to emotion. In J. Osofsky (Ed.), *Handbook of infant development* (2nd ed., pp. 555-578). New York: Wiley.

Barth, J., Schumacher, M., & Herrmann-Lingen, C. H. (2004). Depression as a risk factor for mortality in patients with coronary heart disease: A meta-analysis. *Psychosomatic Medicine, 66*, 802-813.

Bates, J. E. (2004). Temperament as an emotion construct: Theoretical and practical issues. In M. Lewis & J. M. Haviland (Eds.), *Handbook of emotions* (2nd ed., pp. 382-396). New York: Guilford.

Bates, J. E., Maslin, C., & Frankel, K. A. (1985). Attachment security, mother-child interaction and temperament as predictors of behavior problem ratings at age three years. In I. Bretherton & E. Waters (Eds.), *Growing Points in Attachment Theory and Research, Monographs of the Society for Research in Child Development, 50*(209), 167-193.

Baum, A., Fleming, R. E., & Singer, J. E. (1983). Coping with technological disaster. *Journal of Social Issues, 39*, 117-138.

Baumeister, R. F., & Leary, M. R. (1995). The need to belong: Desire for interpersonal attachments as a fundamental human motivation. *Psychological Bulletin, 115*, 243-267.

Baumrind, D. (1973). The development of instrumental competence through socialization. In A. D. Pick (Ed.), *Minnesota symposium on child psychology* (pp. 3-46). Minneapolis: University of Minnesota Press.

Bayley, N. (1969). *Manual for the Bayley scales of infant development.* New York: Psychological Corporation.

Beck, A. T. (1976). *Cognitive therapy and emotional disorders.* New York: International University Press.

Beck, A. T. (1983). Cognitive therapy of depression: New perspectives. In P. J. Clayton & J. E. Barrett (Eds.), *Treatment of depression: Old controversies and new approaches* (pp. 265-284). New York: Raven Press.

Beck, A. T., Rush, A. J., Shaw, B. F., & Emery, G. (1979). *Cognitive therapy of depression*. New York: Guilford.

Beck, A. T., Ward, C. H., Mendelson, M., Mock, J., & Erbaugh, J. (1961). An inventory for measuring depression. *Archives of General Psychiatry, 4*, 561–571.

Beckendam, C. C. (1997). *Dimensions of emotional intelligence: Attachment, affect regulation, alexithymia and empathy*. Unpublished doctoral dissertation. Santa Barbara, CA: The Fielding Institute.

Beckham, E. (1992). Predicting patient dropout in psychotherapy. *Psychotherapy, 29*, 177–182.

Bell, K. L. (1998). Family expressiveness and attachment. *Social Development, 7*, 37–53.

Belsky, J. (1984). Determinants of parenting: A process model. *Child Development, 55*, 83–96.

Belsky, J., & Cassidy, J. (1994). Attachment: Theory and evidence. In M. Rutter & D. Hay (Eds.), *Development through life* (pp. 373–402). Oxford, England: Blackwell.

Belsky, J., & Isabella, R. (1988). Maternal, infant and social-contextual determinants of infant-mother attachment. In J. Belsky & T. Nezworski (Eds.), *Clinical implications of attachment* (pp. 41–94). Hillsdale, NJ: Erlbaum.

Belsky, J., Rovine, M., & Taylor, D. G. (1984). The Pennsylvania Infant and Family Development Project, III: The origins of individual differences in infant-mother attachment: Maternal and infant contributions. *Child Development, 55*, 718–728.

Benson, H. (1975). *The relaxation response*. New York: Morrow.

Berg, C. A. (1989). Knowledge of strategies for dealing with everyday problems from childhood through adolescence. *Developmental Psychology, 25*, 607–618.

Berg, C. A. (2000). Adult intellectual development. In R. J. Sternberg (Ed.), *Handbook of intelligence*. New York: Cambridge University Press.

Berg, C. A., & Klaczynski, P. (1996). Practical intelligence and problem solving: Searching for perspective. In F. Blanchard-Fields & T. M. Hess (Eds.), *Perspectives on cognition in adulthood and aging* (pp. 323–357). New York: McGraw-Hill.

Berne, E. (1961). *Transactional analysis in psychotherapy*. New York: Grove Press.

Berntsen, D. (1996). Involuntary autobiographical memories. *Applied Cognitive Psychology, 10*, 435–454.

Berntsen, D., & Rubin, D. C. (2002). Emotionally charged autobiographical memories across the lifespan: The retention of happy, sad, traumatic, and involuntary memories. *Psychology and Aging, 17*, 636-652.

Betrus, P. A., Elmore, S. K., & Hamilton, P. A. (1995). Women and somatization: Unrecognized depression. *Health Care for Women International, 16*, 287-297.

Biehl, M., Matsumoto, D., Ekman, P., Hearn, V., Heider, K., Tsutomu, K., & Ton, V. (1997). Matsumoto and Ekman's Japanese and Caucasian facial expressions of emotion (JACFEE): Reliability data and cross-national differences. *Journal of Non-verbal Behavior, 21*(1), 3-21.

Blair, R. J. R., Morris, J. S., Frith, C. D., Perrett, D. I., & Dolan, R. J. (1999). Dissociable neural responses to facial expressions of sadness and anger. *Brain, 122*, 883-893.

Blanchard, D. C., & Blanchard, R. J. (1972). Innate and conditioned reactions to threat in rats with amygdaloid lesions. *Journal of Comparative and Physiological Psychology, 81*, 281-290.

Blehar, M., Lieberman, A., & Ainsworth, M. (1977). Early face to face interaction and its relation to later infant-mother attachment. *Child Development, 48*, 182-194.

Boden, J. M., & Baumeister, R. F. (1997). Repressive coping distraction using pleasant thoughts and memories. *Journal of Personality and Social Psychology, 73*(1), 45-62.

Bonanno, G. A. (2001). Emotion self-regulation. In T. J. Mayne & G. A. Bonanno (Eds.), *Emotions*. New York: Guilford.

Bonanno, G. A., & Keltner, D. (1997). *Cognition and emotion*. New York: Taylor & Francis.

Booth, R. J., & Pennebaker, J. W. (2004). Emotions and immunity. In M. Lewis & J. M. Haviland-Jones (Eds.), *Handbook of emotions* (2nd ed.). New York: Guilford.

Booth-Kewley, S., & Friedman, H. (1987). Psychological predictors of heart disease: A quantitative review. *Psychological Bulletin, 101*(3), 343-362.

Bornstein, M. H. (1995). Parenting infants. In M. H. Bornstein (Ed.), *Handbook of parenting* (pp. 3-41). Mahwah, NJ: Erlbaum.

Bower, G. H. (1981). Mood and memory. *American Psychologist, 36*, 129-148.

Bower, G. H. (1983). Affect and cognition. *Philosophical Transactions of the Royal Society, 302*, 387-403.

Bower, G. H., & Cohen, P. R. (1982). Emotional influences in memory and thinking: Data and theory. In M. S. Clark & S. T. Fiske (Eds.), *Affect and cognition* (pp. 291–331). Hillsdale, NJ: Erlbaum.

Bowlby, J. (1969). *Attachment and loss (Vol. 1): Attachment*. New York: Basic Books.

Bowlby, J. (1979). *The making and breaking of affectional bonds*. London: Tavistock Publications.

Bowlby, J. (1980). *Attachment and loss (Vol. 3): Loss*. New York: Basic Books.

Bowlby, J. (1988). *A secure base: Parent-child attachment and healthy human development*. New York: Basic Books.

Boyatzis, R. E. (1994). Stimulating self-directed learning through the managerial assessment and development course. *Journal of Management Education, 18* (3), 304–323.

Boyatzis, R. E., Goleman, D., & Rhee, K. S. (2000). Clustering competence in emotional intelligence: Insights from the Emotional Competence Inventory. In R. Bar-On & J. D. A. Parker (Eds.), *The handbook of emotional intelligence: Theory, development, assessment, and application at home, school, and in the workplace* (pp. 343–362). San Francisco, CA: Jossey-Bass.

Brackett, M. A. (2001). *Emotional intelligence and the life space*. Unpublished master's thesis. University of New Hampshire, Durham.

Brackett, M. A., & Mayer, J. D. (2003). Convergent, discriminant, and incremental validity of competing measures of emotional intelligence. *Personality and Social Psychology Bulletin, 29*, 1147–1158.

Bradshaw, J. (1990). *Homecoming: Reclaiming and championing your inner child*. New York: Bantam Dell Publishing.

Brenner, E. M., & Salovey, P. (1997). Emotion regulation during childhood: Developmental, interpersonal, and individual considerations. In P. Salovey & D. J. Sluyter (Eds.), *Emotional development and emotional intelligence*. New York: Basic Books.

Bretherton, I. (1985). Attachment theory: Retrospect and prospect. In I. Bretherton & E. Waters (Eds.), *Growing points of attachment theory and research. Monographs of the society for Research in Child Development, 50*, 3–35.

Bretherton, I., & Beeghly, M. (1982). Talking about internal states: The acquisiton of an explicit theory of mind. *Developmental Psychology, 18*, 906-912.

Bridges, K. M. B. (1930). Genetic theory of emotions. *Journal of Genetic Psychology, 37*, 514-527.

Bridges, L., & Grolnick, W. (1995). The development of emotional self-regulation in infancy and early childhood. In N. Eisenberg (Ed.), *Social development: Review of child development research* (pp. 185-211). Thousand Lakes, CA: Sage.

Briggs, J. L. (1960). *Never in anger: Portrait of an Eskimo family*. Cambridge, MA: Harvard University Press.

Briggs, S. R., & Cheek, J. M. (1986). The role of factor analysis in the development and evaluation of personality scales. *Journal of Personality, 54*, 106-148.

Brod, J., Fencl, V., Hejl, Z., & Jirka, J. (1959). Circulatory changes underlying blood pressure elevation during acute emotional stress (mental arithmetic) in normatensive and hypertensive subjects. *Clinical Science, 18*, 269-279.

Brown, L. T., & Anthony, R. G. (1990). Continuing the search for social intelligence. *Personality and Individual Differences, 11*, 463-470.

Brown, R., & Kulik, J. (1977). Flashbulb memories. *Cognition, 5*, 73-99.

Brownley, K. A., Light, K. C., & Anderson, N. B. (1996). Social support and hostility interact to influence ambulatory blood pressure in men and women. *Psychophysiology, 33*, 434-445.

Bruner, J. S., Shapiro, D., & Tagiuri, R. (1958). The meaning of traits in isolation and in combination. In R. Tagiuri & I. Petrollo (Eds.), *Person perception and interpersonal behavior* (pp. 277-288). Stanford, CA: Stanford University Press.

Bruner, J. S., & Tagiuri, R. (1954). The perception of people. In G. Lindzey (Ed.), *Handbook of social psychology*. Reading, MA: Addison-Wesley.

Bryant, B. K. (1992). Conflict resolution strategies in relation to children's peer relations. *Journal of Applied Developmental Psychology, 13*, 35-50.

Buck, R. (1984). *The communication of emotion*. New York: Guilford.

Buirski, P., Kerllerman, H., Plutchik, R., Weininger, R., & Bairski, N. (1973). A field study of emotions, dominance and social behavior in a group of baboons (Papioanubis). *Primates, 14*, 67-78.

Burke, A., Heuer, F., & Reisberg, D. (1992). Remembering emotional events. *Memory and Cognition, 20*, 277-290.

Burns, J. (2009, August 14). Facial expressions 'not global'. Retrieved from http://news.bbc.co.uk/2/hi/8199951.stm

Buss, A. H., & Plomin, R. (1975). *A temperament theory of personality development.* New York: Wiley.

Buss, A. H., & Plomin, R. (1984). *Temperament: Early developing personality traits.* Hillsdale, NJ: Erlbaum.

Buunk, B. P., & Barker, A. B. (1997). Commitment to the relationship, extradyadic sex and AIDS preventative behavior. *Journal of Applied Social Psychology, 27*, 1241-1257.

Cacioppo, J. T., Klein, D. J., Bernston, G. G., & Hatfield, E. (1993). The psychophysiology of emotion. In M. Lewis & J. M. Haviland-Jones (Eds.), *Handbook of emotions* (pp. 119-142). New York: Guilford.

Calder, A. J., Young, A. W., Rowland, D., Perrett, D. L., Hodges, J. R., & Etcoff, N. L. (1996). Facial emotion recognition after bilateral amygdala damage: Differentially severe impairment of fear. *Cognitive Neuropsychology, 13*, 699-745.

Calhoun, C., & Solomon, R. C. (Eds.). (1984). *What is an emotion?* New York: Oxford University Press.

Callahan, C. M., Hui, S. L., Nienaber, N. A., & Musick, B. S. (1994). Longitudinal study of depression and health services use among elderly primary care patients. *Journal of the American Geriatrics Society, 42*, 833-838.

Cameron, L. D., & Nicholls, G. (1998). Expression of stressful experiences through writing: Effects on a self-regulation manipulation for pessimists and optimists. *Health Psychology, 17*, 84-92.

Campos, J. J., Campos, R. G., & Barrett, J. C. (1989). Emergent themes in the study of emotional development and emotion regulation. *Developmental Psychology, 25*, 394-402.

Camras, L. A. (1977). Facial expressions used by children in a conflict situation. *Child Development, 48*, 1431-1435.

Camras, L. A., Holland, E. A., & Patterson, M. J. (1993). Facial expression. In M. Lewis & J. Haviland (Eds.), *The handbook of emotions* (pp. 199-208). New York: Guilford.

Camras, L. A., Oster, H., Campos, J., Miyake, K., & Bradshaw, D. (1992). Japanese and American infants' responses to arm restraint. *Developmental Psychology, 28*(4),

578-583.

Camras, L. A., Oster, H., Campos, J., Campos, R. Ujiie, T., Miyake, K., Wang, L., & Meng, Z. (1998). Production of emotional facial expression in American, Japanese, and Chinese Infants. *Developmental Psychology, 34*, 616-628.

Cannon, W. B. (1929). *Bodily changes in pain, hunger, fear and rage* (2nd ed.). New York: Appleton.

Cannon, W. B. (1932). *The wisdom of the body*. New York: Norton.

Cantor, N. (1978). *Prototypicality and personality judgments*. Unpublished doctoral dissertation. Stanford University, Palo Alto, CA.

Cantor, N., & Kihlstrom, J. F. (1987). *Personality and social intelligence*. Englewood Cliffs, NJ: Prentice-Hall.

Carlson, J. G. (1968). Effects of within-chain response delay upon post-delay operant performance. *Psychonomic Science, 11*, 308-310.

Carlson, J. G., & Hatfield, E. (1992). *Psychology of emotion*. New York: Harcourt Brace Jovanovich College Publishers.

Carlson, V., Cicchetti, D., Barnett, D., & Braunwald, K. (1989). Disorganized/disoriented attachment relationships in maltreated infants. *Developmental Psychology, 25*, 525-531.

Carnevale, P. J. D., & Isen, A. M. (1986). The influence of positive affect and visual access on the discovery of integrative solutions in bilateral negotiation. *Organizational Behavior and Human Decision Processes, 37*, 1-13.

Carroll, J. B. (1993). *Human cognitive abilities: A survey of facto-analysis studies*. New York: Cambridge University Press.

Carstensen, L. L., Isaacowitz, D. M., & Charles, S. T. (1999). Taking time seriously: A theory of socioemotional selectivity. *American Psychologist, 54*, 165-181.

Carver, C. S., Scheier, M. F., & Weintraub, J. K. (1989). Assessing coping strategies: A theoretically based approach. *Journal of Personality and Social Psychology, 56*, 267-283.

Cassidy, J. (1994). Emotion regulation: Influences of attachment relationships. In N. A. Fox (Ed.), *The development of emotion regulation. Monographs of the Society for Research in Child Development, 59*(2-3), 228-293.

Cassidy, J., Parke, R. D., Butkovsky, L., & Braungart, J. M. (1992). Family-peer connections: The roles of emotional expressiveness within the family and children'understanding of emotions. *Child Development, 63*, 603-618.

Cattell, R. B. (1943). Fluctuation of sentiments and attitudes as a measure of character integration and temperament. *American Journal of Psychology, 56*, 559-594.

Cattell, R. B. (1947). Confirmation and clarification of primary personality traits. *Psychological Bulletin, 72*, 402-421.

Cattell, R. B. (1957). *Personality and motivation structure and measurement.* New York: World Books.

Cattell, R. B. (1965). *The scientific analysis of personality.* Baltimore, MD: Penguin.

Cattell, R. B. (1971). *Abilities: Their structure, growth, and action.* Boston: Houghton Mifflin.

Cattell, R. B., Erber, H. W., & Tatsuoka, M. M. (1970). *Handbook for the Sixteen Personality Factor Questionnaire.* Champaign, IL: Institute for Personality and Ability Testing.

Ceci, S. J., & Bronfenbrenner, U. (1985). Don't forget to take the cupcakes out of the oven: Strategic time-monitoring, perspective memory and context. *Child Development, 56*, 175-190.

Ceci, S. J., & Liker, J. (1986). Academic and nonacademic intelligence: An experimental separation. In R. J. Sternberg & R. K. Wagner (Eds.), *Practical intelligence: Nature and origins of competence in the everyday world* (pp. 119-142). New York: Cambridge University Press.

Ceci, S. J., & Liker, J. (1988). Stalking the IQ-expertise relationship: When the critics go fishing. *Journal of Experimental Psychology: General, 117*, 96-100.

Ceci, S. J., & Ruiz, A. (1991). Cognitive complexity and generality: A case study. In R. Hoffman (Ed.), *The psychology of expertise.* New York: Springer-Verlag.

Chapin, F. S. (1967). *The social insight test.* Palo Alto, CA: Consulting Psychologists Press.

Christensen, A. J., & Smith, T. W. (1993). Cynical hostility and cardiovascular reactivity during self-disclosure. *Psychosomatic Medicine, 55*, 193-202.

Christianson, S. A. (1992). Emotional stress and eyewitness memory: A critical review. *Psychological Bulletin, 112*, 284-309.

Christianson, S. A., & Hubinette, B. (1993). Hands up! A study of witnesses' emotional reactions and memories associated with bank robberies. *Applied Cognitive Psychology, 7*, 365–479.

Christianson, S. A., & Safer, M. A. (1996). Emotional events and emotions in autobiographical memories. In D. C. Rubin (Ed.) *Remembering our past: Studies in autobiographical memory* (pp. 218-243). Cambridge, England: Cambridge University Press.

Clark, L. A., Watson, D., & Leeka, J. (1989). Diurnal variation in the positive affects. *Motivation and Emotion, 13*, 205–234.

Clark, M. S., Ouellette, R., Powell, M. C., & Milberg, S. (1987). Recipient's mood, relationship type, and helping. *Journal of Personality and Social Psychology, 53*, 94–103.

Clore, G. L. (1992). Cognitive phenomenology: Feelings and the construction of judgment. In L. L. Martin & A. Tesser (Eds.), *The constructions of social judgments* (pp. 133–163). Hillsdale, NJ: Erlbaum.

Cohen, S., Doyle, W., Skoner, D. P., Fireman, P., Gwaltney, J. M., Jr., & Newsom, J. T. (1995). State and trait negative affect as predictors of objective and subjective symptoms of respiratory viral infections. *Journal of Personality and Social Psychology, 68*, 159–169.

Coie, J. D., & Dodge, K. A. (1988). Multiple sources of data on social behavior and social status in the school: A cross-age comparison. *Child Development, 59*, 815–829.

Coie, J. D., Watt, N. F., West, S. G., Hawkins, J. D., Asarnow, J. R., Markman, H. J., Ramey, S. L., Shure, M. B., & Long, B. (1993). The science of prevention: A conceptual framework and some directions for a national research program. *American Psychologist, 48*, 1013–1022.

Cole, P. M. (1986). Children's spontaneous control of facial expression. *Child Development, 57*(6), 1309–1321.

Colombo, J. (1995). On the neural mechanisms underlying developmental and individual differences in visual fixation in infancy: Two hypotheses. *Developmental Review, 15*, 97–135.

Connolly, J., & Doyle, A. (1981). Assessment of social competence in preschoolers: Teachers versus peers. *Developmental Psychology, 17*, 454–462.

Connolly, K., & Smith, P. K. (1972). Reactions of pre-school children to strange observer. In M. G. Blurton-Jones (Ed.), *Ethological studies of child behavior.* Cambridge, England: Cambridge University Press.

Conte, H. R., Plutchik, R., Jung, B. B., Picard, S., Karasu, T. B., & Lotterman, A. (1990). Psychological mindedness as a predictor of psychotherapy outcome: A preliminary report. *Comprehensive Psychiatry, 31*, 426-431.

Conte, H. R., Ratto, R., & Karasu, T. B. (1996). The Psychological Mindedness Scale: Factor structure and relationship to outcome of psychotherapy. *Journal of Psychotherapy Practice and Research, 5*(3), 250-259.

Contrada, R. J., Leventhal, H., & O'Leary, A. (1990). Personality and Health. In L. A. Pervin (Ed.), *Handbook of personality: Theory and research* (pp. 638-669). New York: Guilford.

Conway, M. A., Anderson, S. J., Larse, S. F., Donnely, C. M., McDaniel, M. A., McClelland, A. G. R., Rawles, R. E., & Logie, R. H. (1994). The formation of flashbulb memories. *Memory and Cognition, 22*, 326-343.

Conway, M. A., & Bekerian, D. A. (1985). *Organization of emotional knowledge.* Unpublished manuscript, MRC Applied Psychology Unit, Cambridge, England.

Conway, M. A., & Giannopoulos, C. (1993). Dysphoria and decision making: Limited information use for evaluations of multiattribute targets. *Journal of Personality and Social Psychology, 64*, 613-623.

Cooper, C. L., Cooper, R., & Faragher, E. B. (1993). Psychosocial stress and breast cancer: The interrelationship between stress events, coping strategies and personality. *Psychological Medicine, 23*, 653-662.

Cornelius, S. W., & Caspi, A. (1987). Everyday problem solving in adulthood and old age. *Psychology and Aging, 2*, 144-153.

Costa, P. (2000). NEO Personality Inventory. In A. Kazin (Ed.), *Encyclopedia of psychology.* Washington, DC: American Psychological Association and Oxford University Press.

Costa, P. T., Jr., & McCrae, R. R. (1980). Still stable after all these years: Personality as a key to some issues in adulthood and old age. In P. B. Baltes & O. G. Brim (Eds.), *Life span development and behavior.* New York: Academic Press.

Costa, P. T., Jr., & McCrae, R. R. (1992). *Revised NEO Personality Inventory(NEO-*

*PI-R) and NEO Five-Factor Inventory(NEO-FFI) professional manual.* Odessa, FL: Psychological Assessment Resources.

Costa, P. T., Jr., & McCrae, R. R. (1997). Stability and change in personality assessment: The revised NEO personality inventory in the year 2000. *Journal of Personality Assessment, 68*, 86–94.

Costa, P. T., Jr., & McCrae, R. R. (1998). Personality assessment. In H. S. Friedman (Ed.), *Encyclopedia of mental health* (Vol. 3). San Diego: Academic Press.

Covey, S. (1989). *The seven habits of highly effective people.* New York: Simon & Schuster.

Coyne, J. C. (1976). Depression and the response of others. *Journal of Abnormal Psychology, 85*, 186–193.

Coyne, J. C., & Delongis, A. (1986). Going beyond social support: The role of social relationships in adaptation. *Journal of Consulting and Clinical Psychology, 54*, 454–460.

Crepeau, L., & Panksepp, J. (1988). Selective lesions of the dual olfactory system and cat-smell attenuated play behavior among juvenile rats. *Neuroscience Abstracts, 14*, 1104.

Crittenden, P. M. (1988). Relationships at risk. In J. Belsky & T. Nezworski (Eds.), *The clinical implications of attachment* (pp. 136–174). Hillsdale, NJ: Erlbaum.

Crockenberg, S. B. (1981). Infant irritability, mother responsiveness, and social support influences on the security infant-mother attachment. *Child Development, 52*, 857–865.

Crockenberg, S. B. (1983). Early mother and infant antecedents of Bayley Scale performance at 21 months. *Developmental Psychology, 19*, 727–730.

Cronbach, L. J. (1960). *Essentials of psychological testing* (2nd ed.). New York: Harper & Low.

Cummings, E. M., Hennessy, K. D., Rabideau, G. J., & Cicchetti, D. (1994). Responses of physically abused boys to interadult anger involving their mothers. *Development and Psychopathology, 6*, 31–41.

Damasio, A. R. (1994). *Descartes' error: Emotions, reason, and the human brain.* New York: Grosset/Putnam.

Damasio, A. R., Damasio, H., & Tranel, D. (1990). Impairments of visual recognition as clues to the processes of memory. In G. M. Edelman, W. E. Gall & W. M. Cowan (Eds.), *Signal and sense: Local and global order in perceptual maps* (pp. 451-473). New York: Wiley.

Darwin, C. A. (1859). *On the origin of species by means of natural selection*. London: John Murray.

Darwin, C. A. (1872/1999). *The expression of the emotions in man and animals*. Chicago: University of Chicago Press.

Davidson, R. J. (1993). The neuropsychology of emotion and affective style. In M. Lewis & J. M. Haviland (Eds.), *Handbook of emotions* (pp. 143-154). New York: Guilford.

Davies, M., Stankov, L., & Roberts, R. D. (1998). Emotional intelligence: In search of an elusive construct. *Journal of Personality and Social Psychology, 75*, 909-1015.

Davies, T. (1995). Gender differences in masking negative emotions: Ability or motivation? *Developmental Psychology, 31*, 660-667.

Davis, M., Histchcock, J. M., & Rosen, J. B. (1987). Anxiety and the amygdala: Pharmacological and anatomical analysis of the fear-potentiated startle paradigm. In G. H. Bower (Ed.), *The psychology of learning and motivation* (pp. 263-305). New York: Academic Press.

Davis, T. L. (1995). Gender differences in masking negative emotions: Ability or motivation? *Developmental Psychology, 31*, 660-667.

Daw, B., & Joseph, S. (2010). Psychological mindedness and therapist attributes. *Counselling and Psychotherapy Research, 10*(3), 233-236.

Dawda, D., & Hart, S. D. (2000). Assessing emotional intelligence: Reliability and validity of the Bar-On Emotional Quotient Inventory (EQ-I) in university students. *Personality and Individual Differences, 28*, 797-812.

Denham, S. A. (1986). Social cognition, prosocial behavior, and emotion in preschoolers: Contextual validation. *Child Development, 57*, 194-201.

Denham, S. A. (1993). Maternal emotional responsiveness and toddlers' social-emotional competence. *Journal of Child Psychology and Psychiatry, 34*, 715-728.

Denham, S. A., Mckinley, M. J., Couchoud, E. A., & Holt, R. (1990). Emotional and behavioral predictors of preschool peer ratings. *Child Development, 61*, 1145-1152.

Denney, N. W. (1989). Everyday problem solving: Methodological issues, research findings, and a model. In I. W. Poon, D. C. Rubin & B. A. Wilson (Eds.), *Everyday cognition in adulthood and late life* (pp. 330-351). New York: Cambridge University Press.

Denney, N. W., & Palmer, A. M. (1981). Adult age differences on traditional and practical problem-solving measures. *Journal of Gerontology, 36*, 323-328.

Dewey, J. (1938). *Logic: The theory of inquiry*. New York: Holt.

Dickstein, S., Thompson, R. A., Estes, D., Malkin, C., & Lamb, M. E. (1984). Social referencing and the security of attachment. *Infant Behavior and Development, 7*, 507-516.

Dimond, S. J., & Farrington, L. (1977). Emotional response to films shown to the right or left hemisphere of the brain measured by heart rate. *Acta Psychologica, 41*, 255-260.

Dimond, S. J., Farrington, L., & Johnson, P. (1976). Differing emotional response from right and left hemispheres. *Nature, 261*, 690-692.

Dittmann-Kohli, F., & Baltes, P. B. (1990). Toward a neofunctionalist conception of adult intellectual development: Wisdom as a prototypical case of intellectual growth. In C. Alexander & E. Langer (Eds.), *Higher stages of human development: Perspectives on adult growth* (pp. 54-78). New York: Oxford University Press.

Dix, T. (1991). The affective organization of parenting: Adaptive and maladaptive processes. *Psychological Bulletin, 110*, 3-25.

Dixon, R. A., & Baltes, P. B. (1986). Toward life-span research on the functions and pragmatics of intelligence. In R. J. Sternberg & R. K. Wagner (Eds.), *Practical intelligence: Nature and origins of competence in the everyday world* (pp. 203-235). New York: Cambridge University Press.

Doll, B., & Lyon, M. A. (1998). Risk and resilience: Implications for the delivery of educational and mental health services in schools. *School Psychology Review, 27*, 348-363.

Dollinger, S. J., Reader, M. J., Marnett, J. P., & Tylenda, B. (1983). Psychological-mindedness, psychological-construing, and the judgment of deception. *The Journal of General Psychology, 108*, 183-191.

Druschel, B. A., & Sherman, M. F. (1999). Disgust sensitivity as a function of the Big Five and gender. *Personality and Individual Differences, 26* (4), 739-748.

Dryfoos, J. G. (1997). The prevalence of problem behaviors: Implications for programs.

In R. P. Weissberg, T. P. Gullotta, R. L. Hampton, B. A. Ryan & G. R. Adams (Eds.), *Healthy children 2010: Enhancing children's wellness* (pp. 17-46). Thousand Oaks, CA: Sage.

Duchenne de Boulogne, G. B. (1862/1990). *The mechanism of human facial expression*. New York: Cambridge University Press. (Original work published 1862)

Dunn, J., & Brown, J. (1994). Affect expression in the family, children's understanding of emotions, and their interactions with others. *Merrill-Palmer Quarterly, 40*, 120-137.

Dunn, J., Brown, J., & Bearsall, L. (1991). Family talk about feeling states and children's later understanding of other's emotions. *Developmental Psychology, 27*, 448-455.

Dunn, J., Brown, J., & Maguire, M. (1995). The development of children's moral sensibility: Individual differences and emotion understanding. *Developmental Psychology, 31*, 649-659.

Dunn, J., & Munn, P. (1985). Becoming a family member: Family conflict and the development of social understanding in the second year. *Child Development, 56*, 480-492.

Durkheim, E. (1915/1965). *The elementary forms of the religious life* (J. W. Swain, Trans.). New York: The Free Press. (Original work published 1915)

Durlak, J. A. (1998). Why program implementation is important. *Journal of Prevention and Intervention in the Community, 17*(2), 5-18.

Dweck, C. S., & Elliott, E. S. (1983). Achievement motivation. In P. Mussen (Ed.), *Handbook of child psychology*. New York: Wiley.

Dweck, C. S., & Leggett, E. L. (1988). A social-cognitive approach to motivation and personality, *Psychological Review, 95*, 256-273.

Egeland, B., & Sroufe, L. A. (1981). Attachment and early maltreatment. *Child Development, 52*, 44-52.

Eibl-Eibesfeldt, I. (1973). The expressive behavior of the deaf-and-born. In M. von Cranach & I. Vine (Eds.), *Social communication and movement* (pp. 163-193). New York: Academic Press.

Eid, M., & Diener, E. (2001). Norms for experiencing emotions in different cultures: Inter- and intra-national differences. *Journal of Personality and Social Psychology, 81*, 869-885.

Eisenberg, N., & Fabes, R. A. (1994). Children's enacted interpersonal strategies: Their relations to social behavior and negative emotionality. *Merrill-Palmer Quarterly, 40*, 212-232.

Eisenberg, N., Fabes, R. A., Carlo, G., Troyer, D., Speer, A. L., Karbon, M., & Switzer, G. (1992). The relations of maternal practices and characteristics to children's vicarious emotional responsiveness. *Child Development, 63*, 583-602.

Eisenberg, N., Fabes, R. A., & Losoya, S. (1997). Emotional responding: Regulation, social correlates, and socialization. In P. Salovey & D. J. Slutyer (Eds.), *Emotional development and emotional intelligence: Educational implications* (pp. 129-163). New York: Basic Books.

Eisenberg, N., Fabes, R. A., & Murphy, B. C. (1996). Parents' reactions to children's negative emotions: Relations to children's social competence and comforting behavior. *Child Development, 67*, 2227-2247.

Eisenberg, N., Fabes, R. A., Nyman, M., Bernzweig, J., & Pinuelas, A. (1994). The relations of emotionality and regulation to children's anger-related reactions. *Child Development, 65*, 109-128.

Eisenberg, N., Fabes, R. A., Miller, P. A., Fultz, J., Shell, R., Mathy, R. M., & Reno, R. R. (1989). Relation of sympathy and distress to prosocial behavior: A multimethod study. *Journal of Personality and Social Psychology, 57*, 55-66.

Ekman, P. (1972). Universals and cultural differences in facial expressions of emotion. In J. K. Cole (Ed.), *Nebraska Symposium on motivation* (Vol. 19, pp. 207-283). Lincoln, NE: University of Nebraska Press.

Ekman, P. (1973a). *Cross-cultural studies of facial expression: A century of research in review* (pp. 1-83). New York: Academic Press.

Ekman, P. (1973b). *Darwin and facial expression: A century of research in review*. New York: Academic Press.

Ekman, P. (1984). Expression and the nature of emotion. In K. Scherer & P. Ekman (Eds.), *Approaches to emotion* (pp. 319-343). Hillsdale, NJ: Erlbaum.

Ekman, P. (1992a). An argument for basic emotions. *Cognition and Emotion, 6*, 169-200.

Ekman, P. (1992b). Facial expression of emotion: New findings, new questions. *Psychological Science, 3*, 34-38.

Ekman, P. (1993). Facial expression and emotion. *American Psychologist, 48*, 384–392.

Ekman, P. (1994). All emotions are basic. In P. Ekman & R. Davidson (Eds.) *The nature of emotion: Fundamental questions* (pp. 56–58). New York: Oxford University Press.

Ekman, P., & Davidson, R. J. (1993). Voluntary smiling changes regional brain activity. *Psychological Science, 4*, 342–345.

Ekman, P., & Davidson, R. J. (1994). Affective science: A research agenda. In P. Ekman & R. Davidson (Eds.), *The nature of emotion: Fundamental questions* (pp. 411–430). New York: Oxford University Press.

Ekman, P., Davidson, R. J., & Friesen, W. V. (1990). The Duchenne smile: Emotional expression and brain physiology II. *Journal of Personality and Social Psychology, 58*, 342–353.

Ekman, P., & Friesen, W. V. (1969). The repertoire of nonverbal behavior: Categories, origins, usage, and coding. *Semiotica, 1*, 49–98.

Ekman, P., & Friesen, W. V. (1971). Constants across cultures in the face and emotion. *Journal of Personality and Social Psychology 17*, 124–129.

Ekman, P., & Friesen, W. V. (1975). *Unmasking the face*. Engel-wood Cliffs, NJ: Prentice-Hall.

Ekman, P., & Friesen, W. V. (1976). *Pictures of facial affect*. California: Palo Alto.

Ekman, P., & Friesen, W. V. (1978). F*acial action coding system: A technique for the measurement of facial movement*. Palo Alto, CA: Consulting Psychologists Press.

Ekman, P., Friesen, W. V., & Ancoli, S. (1980). Facial signs of emotional experience. *Journal of Personality and Social Psychology, 39*, 1125–1134.

Ekman, P., Friesen, W. V., & Ellsworth, P. C. (1982). What emotion categories or dimensions can observers judge from facial behavior? In. P. Ekman (Ed.), *Emotion in the human face* (2nd ed., pp. 39–55). Cambridge, England: Cambridge University Press.

Ekman, P., Friesen, W. V., O'Sullivan, M., Chan, A., Diacoyanni-Tarlatzis, I., Heider, K., Krause, R., LeCompte, W. A., Pitcairn, T., Ricci-Bitti, P. E., Scherer, K., Tomita, M., & Tzavaras, A. (1987). Universals and cultural differences in the judgments of facial expressions of emotion. *Journal of Personality and Social Psychology, 53*, 712–717.

Ekman, P., Levenson, R. W., & Friesen, W. V. (1983). Autonomic nervous system activity distinguishes among emotions, *Science, 221*, 1208-1210.

Ekman, P., Sorenson, E. R., & Friesen, W. V. (1969). Pan-cultural elements in facial displays of emotion. *Science, 164*, 86-88.

Elfenbein, H. A., & Ambady, N. (2003) When familiarity breeds accuracy: Cultural exposure and facial emotion recognition. *Journal of Personality and Social Psychology, 85*, 276-290.

Elias, M. J., & Weissberg, R. P. (2000). Reviews the work of CASEL, its guidelines to promote mental health in youth based on SEL, key principles, and examples of exemplary programs. *Journal of School Health, 70* (5), 186-190.

Elias, M. J., Zins, J. E., Weissberg, R. P., Frey, K. S., Greenberg, M. T., Haynes, N. M. (1997). *Promoting social and emotional learning: Guidelines for educators.* Alexandria, VA: Association for Supervision and Curriculum.

Ellis, A. (1962). *Reason and emotion in psychotherapy.* New York: Lyle Stuart.

Ellis, A. (1967). Rational-Emotive psychotherapy. In D. Arbuckle (Ed.), *Counseling and psychotherapy.* New York: McGraw-Hill.

Ellis, H. C., & Ashbrook, P. W. (1988). Resource allocation model of the effects of depressed mood states on memory. In K. Fiedler & J. P. Forgas (Eds.), *Affect, cognition, and social behavior* (pp. 25-43). Toronto: Hogrefe.

Ellsworth, C. P., Muir, D. W., & Hains, S. M. J. (1993). Social competence and person-object differentiation: An analysis of the still-face effect. *Developmental Psychology, 29*, 63-73.

Ellsworth, P. C. (1994). William James and emotion: Is a century of fame worth a century of misunderstanding? *Psychological Review, 101*, 222-229.

Emde, R. N., Plomin, R., Robinson, J., Corley, R., DeFries, J., Fulker, D. W., Reznick, J. S., Campos, J., Kagan, J., & Zahn-Waxler, C. (1992). Temperament, emotion, and cognition at fourteen months: The MacArthur Longitudinal Twin Study. *Child Development, 63*, 1437-1466.

Epstein, S., & Meier, P. (1989). Constructive thinking: A broad coping variable with specific components. *Journal of Personality and Social Psychology, 57*(2), 332-350.

Erber, R. (1996). The self-regulation of mood. In L. L. Martin & A. Tesser (Eds.),

*Striving and feeling: Interactions among goals, affect, and self-regulation* (pp. 251–275). Hillsdale, NJ: Erlbaum.

Erickson, M. F., Sroufe, L. A., & Egeland, B. (1985). The relation between quality of attachment and behavior problems in preschool in a high-risk sample. In I. Bretherton & E. Waters (Eds.), *Child Development Monographs, 50* (1–2), 147–166.

Erikson, E. H. (1963). *Childhood and society* (2nd ed.). New York: Norton.

Esteves, F., Dimberg, U., & Ohman, A. (1994). Automatically elicited fear: Conditioned skin conductance responses to masked facial stimuli. *Cognition and Emotion, 8*, 393–413.

Estrada, C. A., Isen, A. M., & Young, M. J. (1997). Positive affect facilitates integration of information and decrease anchoring in reasoning among physicians. *Organizational Behavior and Human Decision Processes, 72*, 117–135.

Eysenck, H. J. (1947). *Dimensions of personality.* New York: Praeger.

Fabes, R. A., & Eisenberg, N. (1992). Young children's coping with interpersonal anger. *Child Development, 63*, 116–128.

Fabes, R. A., Eisenberg, N., Karbon, M., Bernzweig, J., Speer, A., & Carlo, G. (1994). Socialization of children's vicarious emotional responding and prosocial behavior. *Developmental Psychology, 30*, 44–55.

Faragher, E. B., & Cooper, C. L. (1990). Type A stress prone behavior and breast cancer, *Psychological Medicine, 20*, 663–670.

Farber, B. A. (1985). The genesis, development, and implications of psychological-mindedness in psychotherapists. *Psychotherapy, 22*, 170–177.

Farber, B. A. (1989). Psychological-mindedness: Can there be too much of a good thing? *Psychotherapy, 26*, 210–2.

Farber, B. A., & Golden, V. (1997). Psychological mindedness in psychotherapists. In M. McCallum & W. E. Piper (Eds.), *Psychological mindedness.* Hillsdale, NJ: Erlbaum.

Fawzy, F., Fawzy, N., Hyun, C., Elashoff, R., Guthrie, D., Fahey, J., & Morton, D. (1993). Malignant melanoma: Effects on an early structured psychiatric intervention, coping, and affective state on recurrence and survival six years later. *Archives of General Psychiatry, 50*, 681–689.

Fehr, B., & Russell, J. A. (1984). Concept of emotion viewed from a prototype perspective. *Journal of Experimental Psychology: General, 113*, 464-486.

Feinman, S., Roberts, D., Hsieh, K., Sawyer, D., & Swanson, D. (1992). A critical review of social referencing in infancy. In S. Feinman (Ed.), *Social referencing and the social construction of reality in infancy.* New York: Plenum.

Feldman, L. A. (1995). Valence focus and arousal focus: Individual differences in the structure of affective experience. *Journal of Personality and Social Psychology, 69*, 153-166.

Feldman-Barrett, L., & Gross, J. J. (2001). Emotion representation and regulation: A process model of emotional intelligence. In T. Mayne & G. Bonanno (Eds.), *Emotion: Current issues and future directions* (pp. 286-310). New York: Guilford.

Feldman-Barrett, L. F., & Russell, J. A. (1999). Structure of current affect. *Current Directions In Psychological Science, 8*, 10-14.

Feningstein, A. (1984). Self-consciousness and the over-perception of self as a target. *Journal of Personality and Social Psychology, 47*, 860-870.

Feningstein, A. (1994). Paranoia. In V. S. Ramachandran (Ed.), *Encyclopedia of human behavior.* San Diego, CA: Academic Press.

Feningstein, A., Scheier, M. F., & Buss, A. H. (1975). Public and private self-consciousness: Assessment and theory. *Journal of Consulting and Clinical Psychology, 43*, 522-527.

Feshbach, N., & Feshbach, S. (1987) Affective processes and academic achievement. *Child Development, 58*, 1335-1347.

Field, T. M., Woodson, R., Greenberg, R., & Cohen, D. (1982). Discrimination and imitation of facial expressions by neonates. *Science, 218,* 179-181.

Finkenauer, C., Luminer, O., Gisle, L., El-Ahmade, A., Van der Linden, M., & Philippot, P. (1998). Flashbulb memories and the underlying mechanisms of their formation: Toward an emotional-integrative model. *Memory and Cognition, 26*, 516-531.

Fischhoff, B., Gonzalez, R. M., Lerner, J. S., & Small, D. A. (2005). Evolving judgments of terror risks: Foresight, hindsight, and emotion. *Journal of Experimental Psychology: Applied, 11*, 124-139.

Fisher, C. D., & Ashkanasy, N. M. (2000). The emerging role of emotions in work life: An introduction. *Journal of Organizational Behaviour, 21*, 123-129.

Fiske, S. T., & Taylor, S. E. (1984). *Social cognition.* New York: Random House.

Folkman, S. (1997). Positive psychological states and coping with severe stress. *Social Science and Medicine, 45*, 1207-1221.

Folkman, S., Chesney, M., Collette, L., Boccellari, A., & Cooke, M. (1996). Post-bereavement depressive mood and its prebereavement predictors in HIV+ and HIV-gay men. *Journal of Personality and Social Psychology, 70*, 336-348.

Folkman, S., & Lazarus, R. S. (1985). If it changes it must be a process: Study of emotion and coping during three stages of a college examination. *Journal of Personality and Social Psychology, 46*, 10-170.

Folkman, S., Moskowitz, J. T., Ozer, E. M., & Park, C. L. (1997). Meaningful events as coping in the context of HIV/AIDS. In B. H. Gottlieb (Ed.), *Coping with chronic stress* (pp. 293-314). New York: Plenum Press.

Ford, M. E., & Tisak, M. S. (1983). A further search for social intelligence. *Journal of Educational Psychology, 75*, 196-206.

Forgas, J. P. (1991). Affective influences on partner choice: Role of mood in social decisions. *Journal of Personality and Social Psychology, 61*, 708-720.

Forgas, J. P. (1991). (1995). Mood and judgment: The affect infusion model (AIM). *Psychological Bulletin, 117*, 39-66.

Formica, S. (1998). *Description of the socio-emotional life space: Life qualities and activities related to emotional intelligence.* Unpublished senior honors thesis. University of New Hampshire, Durham.

Fox, N, A. (1989). Psychophysiological correlates of emotional reactivity during the first year of life. *Developmental Psychology, 25*, 364-372.

Fox, N, A. (1991). If it's not left, it's right: Electroencephalogram asymmetry and the development of emotion. *American Psychologist, 46*, 863-872.

Fox, N, A. (1994). Dynamic cerebral processes underlying emotion regulation. *Monograph of Society Research for Child Development, 59*, 152-166.

Fox, N. A., Calkins, S. D., & Bell, M. A. (1994). Neural plasticity and development in the first year of life: Evidence from cognitive and socio-emotional domains of research. *Development and Psychopathology, 6*, 677-696.

Fox, N. A., Henderson, H. A., Rubin, K., Calkins, S., D., & Schmidt, L. A. (2001). Continuity and discontinuity of behavioral inhibition and exuberance: Psychophysiological and behavioral influences across the first 4 years of life. *Child*

*Development, 72*, 1-21.

Fox, N. A., Rubin, K. H., Calkins, S. D., Marshall, T. R., Coplan, R. J., & Porges, S. W. (1995). Frontal activation asymmetry and social competence at four years of age. *Child Development, 66*, 1770-1784.

Fox, S., & Spector, P. E. (Eds.)(2000). *Counterproductive workplace behavior: An integration of both actor and recipient perspectives on causes and consequences.* Washington, DC: APA.

Frankel, K. A., & Bates, J. E. (1990). Mother-toddler problem-solving: Antecedents in attachment, home behavior, and temperament. *Child Development, 61*, 810-819.

Frederiksen, N., Carlson, S., & Ward, W. C. (1984). The place of social intelligence in a taxonomy of cognitive abilities. *Intelligence, 8*, 315-337.

Fredrickson, B. L. (1998). What good are positive emotions? *Review of General Psychology, 2*, 300-319.

Fredrickson, B. L., & Branigan, C. (2001). Positive emotions. In T. J. Mayne & G. A. Bonanno (Eds.), *Emotions: Current issues and future directions* (pp. 123-151). New York: Guilford.

Fredrickson, B. L., & Levenson, R. W. (1998). Positive emotions speed recovery from the cardiovascular sequelae of negative emotions. *Cognition and Emotion, 12*, 191-220.

Frenkel-Brunswik, E. (1950/1969). Comprehensive scores and summary of interview results (pp. 267-281). T. W. Adorno et al., (Eds.), *The authoritian personality.* New York: W. W. Norton. (Original work published 1950)

Freud S. (1923/1961). *The ego and the id* (Standard ed. Vol. 19). London: Hogarth. (Originally published 1923)

Freud S. (1926/1959). *Inhibitions, symptoms and anxiety* (J. Strachey Ed. & Trans.) (Standard ed. Vol 20). London: Hogarth. (Originally published 1926)

Freud S. (1933). *New introductory lectures on psychoanalysis* (Standard ed. Vol. 22). London: Hogarth.

Freud S. (1938). *An outline of psychoanalysis.* London: Hogarth.

Fridlund, A. J. (1992). The behavioral ecology and sociality of human faces. In M. S. Clark (Ed.), *Emotion.* Newbury Park, CA: Sage.

Friedman, M., & Rosenman, R. H. (1974). *Type A behavior and your heart.* New York:

Alfred A. Knopf.

Friend, M., & Davis, T. (1993). Appearance-reality distinction: Children's understanding of the physical and affective domains. *Developmental Psychology, 29*, 907-913.

Frijda, N. H. (1986). *The emotions*. London: Cambridge University Press.

Frijda, N. H. (2001). The laws of emotion. In W. G. Parrott (Ed.), *Emotions in social psychology*. New York: Taylor & Francis.

Frijda, N. H., Kuipers, P., & ter Schure, E. (1989). Relations among emotion, appraisal, and emotional action readiness. *Journal of Personality and Social Psychology, 57*, 212-228.

Fuchs, D., & Thelen, M. (1988). Children's expected interpersonal consequences of communication their affective states and reported likelihood of expression. *Child Development, 59*, 1314-1322.

Funder, D. C., & Dobroth, K. M. (1987). Differences between traits: Properties associated with interjudge agreement. *Journal of Personality and Social Psychology, 52*, 409-418.

Gal, R., & Lazarus, R. S. (1975). The role of activity in anticipating and confronting stressful situations. *Journal of Human Stress, 1*, 4-20.

Gallagher, D., & Clore, G. L. (1985). *Effects of fear and anger on judgments of risk and evaluations of blame*. Paper presented at the meeting of the Midwestern Psychological Association, Chicago.

Gardner, H. (1983). *Frames of mind: The theory of multiple intelligences*. New York: Basic Books.

Gardner, H. (1993). *Multiple intelligences: The theory in practice*. New York: Basic Books.

Gardner, H. (1999a). Are there additional intelligences? The case for naturalist, spiritual, and existential intelligences. In J. Kane (Ed.), *Education, information, and transformation* (pp. 111-131). Upper Saddle River, NJ: Prentice-Hall.

Gardner, H. (1999b). Who owns intelligences? *The Atlantic Monthly, 283*, 67-76.

Garner, P. W., & Power, T. G. (1996). Preschoolers' emotional control in the disappointment paradigm and its relation to temperament, emotional knowledge, and family expressiveness. *Child Development, 67*, 1406-1419.

Geschwind, N. (1965). The disconnexion syndromes in animals and man (Part I). *Brain*,

*88*, 237-294.

Gibson, E. J., & Walk, R. D. (1960). The "visual cliff." *Scientific American, 202*, 64-71.

Ginsburg, G. P., & Harrington, M. E. (1996). Bodily states and context in situated lines of action. In R. Harré & W. G. Parrott (Eds.), *The emotions: Social, cultural and biological dimensions* (pp. 229-258). London: Sage.

Gnepp, J. (1983). Children's social sensitivity: Inferring emotions from conflicting cues. *Developmental Psychology, 19*, 805-814.

Gnepp, J., & Hess, D. L. R. (1986). Children's understanding of display rules for expressive behavior. *Developmental Psychology, 22*, 103-108.

Goldberg, J. H., Lerner, J. S., & Tetlock, P. E. (1999). Rage and reason: The psychology of intuitive prosecutor. *European Journal of Social Psychology, 29*, 781-795.

Goldsmith, H. H. (1989). Behavior-genetic approaches to temperament. In G. A. Kohnstamm, J. E. Bates & M. K. Rothbart (Eds.), *Temperament in childhood* (pp. 111-132). England: Wiley.

Goldsmith, H. H. (1993). Temperament: Variability in developing emotion systems. In M. Lewis & J. M. Haviland (Eds.), *Handbook of emotions* (pp. 353-364). New York: Guilford.

Goldsmith, H. H., & Campos, J. J. (1986). Fundamental issues in the study of early temperament: The Denver twin temperament study. In M. E. Lamb, A. L. Brown, & Rogoff (Eds.), *Advances in developmental psychology* (Vol. 4, pp. 231-283). Hillsdale, NJ: Erlbaum.

Goldstein, K. (1948). *Language and language disturbances*. New York: Grune & Stratton.

Goleman, D. (1995). *Emotional intelligence*. New York: Bantam Books.

Goleman, D. (1998). *Working with emotional intelligence*. New York: Bantam Books.

Goodall, J. (1990). *Through a window: My thirty years with the chimpanzees of Gombe*. Boston: Houghton-Mifflin.

Gosselin, P., & Larocque, C. (2000). Facial morphology and children's categorization of facial expressions of emotions: A comparison between Asian and Caucasian faces. *Journal of Genetic Psychology, 161*, 346-358.

Gottman, J. M., & Katz, L. F. (1989). Effects of marital discord on young children's peer interaction and health. *Developmental Psychology, 25*, 373-381.

Graczyk, P. A., Weissberg, R. P., Payton, J. W., Elias, M. J., Greenberg, M. T., & Zins, J. E. (2000). Criteria for evaluating the quality of school-based social and emotional learning programs. In R. Bar-On & J. D. A. Parker (Eds.), *The handbook of emotional intelligence*. San Francisco, CA: Jossey-Bass.

Gray, J. A. (1994). Three fundamental emotion systems. In P. Ekman & R. J. Davidson (Eds.), *The nature of emotion: Fundamental questions* (pp. 243-247). New York: Oxford University Press.

Greenberg, L. S., & Paivio, S. C. (1997). *Working with emotions in psychotherapy*. New York: Guilford.

Greenberg, M. A., & Stone, A. A. (1992). Emotional disclosure about traumas and health: Effects of previous disclosure and trauma severity. *Journal of Personality and Social Psychology, 63*, 75-84.

Greene, T. R., & Noice, H. (1988). Influence of positive affect upon creative thinking and problem solving in children. *Psychological Reports, 63*, 895-898.

Greenwood, J. D. (1994). *Realism, identity and emotion*. London: Sage.

Greer, S., Morris, T., & Pettingale, K. W. (1979). Psychological response to breast cancer: Effect on outcome. *Lancet, 2,* 785-787.

Gross, A. L., & Ballif, B. (1991). Children's understanding emotion from facial expressions and situations: A review. *Developmental Review, 11*, 368-398.

Gross, J. J. (1989). Emotional expression in cancer onset and progression. *Social Science and Medicine, 28*, 1239-1248.

Gross, J. J. (1998). The emerging field of emotion regulation: An integrative review. *Review of General Psychology, 2*(3), 271-299.

Gross, J. J., & Levenson, R. W. (1993). Emotional suppression: Physiology, self-report, and expressive behavior. *Journal of Personality and Social Psychology, 64*(6), 970-986.

Gross, J. J., & Levenson, R. W. (1997). Hiding feelings: The acute effects of inhibiting negative and positive emotion. *Journal of Abnormal Psychology, 106*(1), 95-103.

Gross, J. J., & Munoz, R. F. (1995). Mood and depression diagnosis in smoking cessation. *Experimental and Clinical Psychopharmacology, 3* (4), 389-395.

Grusec, J. E., & Lytton, H. (1988). *Social development*. New York: Springer-Verlag.

Guilford, J. P. (1959). *The three faces of intellect, American Psychologist, 14*, 469-479.

Guilford, J. P. (1967). *The nature of human intelligence.* New York: McGraw-Hill.

Gunnar, M., Mangelsdorf, S. C., Larson, M., & Herstgaard, L. (1989). Attachment, temperament, and adrenocortical activity in infancy: A study of psychoendocrine regulation. *Developmental Psychology, 25*, 355-363.

Halgren, E. (1992). Emotional neurophysiology of the amygdala within the context of human cognition. In J. Aggleton (Ed.), *The amygdala: Neurobiological aspects of emotion, memory, and mental dysfunction* (pp. 191-228). New York: Wiley-Liss.

Hall, J. A. (1992). Psychological-Mindedness: A conceptual model. *American Journal of Psychotherapy, 46*(1), 131-140.

Handley, R. (1997, April). *AFRS rates emotional intelligence.* Air Force Recruiter News.

Harlow, H. E. (1969). Age-mate or peer affectional system. In D. S. Lehrman, R. A. Hinde, & E. Shaw (Eds.), *Advances in the study of behavior* (Vol. 1). New York: Academic Press.

Harlow, H. E., & Harlow, M. K. (1962). Social deprivation in monkeys. *Scientific American, 207*, 136-146.

Harré, R. (Ed.). (1986). *The social construction of emotions.* Oxford, England: Basil Blackwell.

Harris, P. L. (1989). Developmental changes in children's understanding of simple, multiple, and blended emotion concepts. In C. Saarni & P. Harris (Eds.), *Children's understanding of emotion.* Cambridge: Cambridge University Press.

Harter, S., & Buddin, B. J. (1987). Children's understanding of the simultaneity of two emotions: A five-stage developmental acquisition sequence. *Developmental Psychology, 23*, 388-399.

Harter, S., Wright, K., & Bresnick, S. (1987). *A developmental sequence of the emergence of self affects.* Paper presented at the biennial meeting of the Society for Research in Child Development, Baltimore.

Hauser, M. (1996). *The evolution of communication.* London: MIT Press.

Haviland, J. M., & Lelwica, M. (1987). The induced affect response: 10-week-old infants' responses to three emotion expressions. *Developmental Psychology, 23*, 97-104.

Haviland-Jones, J., Gebelt, J. L., & Stapley, J. C. (1997). The questions of development in emotion. In P. Salovey & D. J. Sluyter (Eds.), *Emotional development and emotional intelligence* (pp. 233-253). New York: Basic Books.

Hawkins, J. D. (1997). Academic performance and school success: Sources and consequences. In R. P. Weissberg, T. P. Gullotta, R. L. Hampton, B. A. Ryan, & G. R. Adams (Eds.), *Healthy children 2010: Enhancing children's wellness* (pp. 278-305). Thousand Oaks, CA: Sage Publication.

Hawkins, M. (1987). *Programming for school age child care: A children's literature based guide.* Littleton, Colorado: Libraries Unlimited Inc.

Hazen, C., & Shaver, P. (1987). Romantic love conceptualized as an attachment process. *Journal of Personality and Social Psychology, 52*(3), 511-524.

Heath, R. G. (1992). Correlation of brain activity with emotion: A basis for developing treatment of violent-aggressive behavior. *Journal of the American Academy of Psychoanalysis, 20*, 335-346.

Hebb, D. O. (1946). Emotion in man and animal: An analysis of the intuitive processes of recognition. *Psychological Review, 53*, 88-106.

Hedlund, J., Horvath, J. A., Forsythe, G. B., Snook, S., Williams, W. M., Bullis, R. C., Dennis, M., & Sternberg, R. J. (1998). *Tacit knowledge for military leadership: Evidence of construct validity* (Rech. Rep. No. 1080). Alexandria, VA: U.S. Army Research Institute for the Behavioral and Social Sciences.

Hedlund, J., & Sternberg, R. J. (2000). Too many intelligences? Integrating social, emotional, and practical intelligence. In R. Bar-On & J. D. A. Parker (Eds.), *Handbook of emotional intelligence.* San Francisco, CA: Jossey-Bass.

Henry, J. P. (1982). The relation of social to biological processes in disease. *Social Science and Medicine, 16*, 369-380.

Henry, J. P. (1986). Neuroendocrine patterns of emotional response. In R. Plutchik & H. Kellerman (Eds.), *Emotion: Theory, research, and experience* (Vol. 3, pp. 37-60). New York: Academic press.

Herman, E. (1992). Being and doing: Humanistic psychology and the spirit of the 1960s. In B. L. Tischler (Ed.), *Sights on the sixties* (pp. 87-101). New Brunswick, NJ: Rutgers University Press.

Herrnstein, R., & Murray, C. (1994). *The bell curve.* New York: Free Press.

Hilgard, E. R., Atkinson, R. L., & Atkinson, R. C. (1979). *Introduction to psychology.* New York: Harcourt Brace Jovanovich.

Hilton, S. M., & Zbrozyna, A. W. (1963). Amygdaloid region for defense reactions and its efferent pathway to the brainstem. *Journal of Physiology, 165*, 160-173.

Hochschild, A. R. (1979). Emotion work, feeling rules, and social structure. *American Journal of Sociology, 85*, 551-575.

Hochschild, A. R. (1990). Ideology and emotion management. In T. D. Kemoer (Ed.), *Research agendas in the sociology of emotions* (pp. 117-142). Albany, NY: State University of New York Press.

Hoepfner, R., & O'Sullivan, M. (1968). Social intelligence and IQ. *Educational and Psychological Measurement, 28*, 339-344.

Hoffman, M. L. (1978). Psychological and biological perspectives on altruism. *International Journal of Behavioral Development, 1*, 323-339.

Horn, J. A. (1982). The theory of fluid and crystallized intelligence in relation to concepts of cognitive psychology and aging in adulthood. In F. I. M. Craik & A. Trehum (Eds.), *Aging and cognitive processes* (pp. 237-278). New York: Plenum.

Horn, J. A. (1994). Theory of fluid and crystallized intelligence. In R. J. Sternberg (Ed.), *The encyclopedia of human intelligence* (Vol. 1, pp. 443-451). New York: Macmillan.

Horn, J. A., & Cattell, R. B. (1966). Refinement and test of the theory of fluid and crystallized intelligence. *Journal of Educational Psychology, 57*, 253-270.

Horn, J. L. (1988). Thinking about human abilities. In J. R. Nesselroade & R. B. Cattell (Eds.), *Handbook of multivariate experimental psychology* (2nd ed., pp. 645-685). New York: Plenum.

Horn, J. L., & Noll, J. (1994). A system for understanding cognitive capabilities: A theory and the evidence on which it is based. In D. Detterman (Ed.), *Current topics in human intelligence* (Vol. 4, pp. 151-204). Norwood, NJ: Ablex.

Horn, J. L., & Stankov, L. (1982). Auditory and visual factors of intelligence. *Intelligence, 6*, 165-185.

Hubbard, J. A. (2001). Emotion expression processes in children's peer interaction: The role of peer rejection, aggression, and gender. *Child Development, 72*, 1426-1438.

Huebner, R. R., & Izard, C. E. (1988). Mothers responses to infants facial expressions of sadness, anger, and physical distress. *Motivation and Emotion, 12*, 185-196.

Hughlings-Jackson, J. (1959). *Selected writings of John Hughlings-Jackson*. New York:

Basic Books.

Hume, D. (1739/1948). A treatise of human nature. In H. D. Aiken (Ed.), *Hume: Moral and political philosophy* (pp. 1-169). New York: Hafner Press (Original work published 1739).

Hunt, T. (1928). The measurement of social intelligence. *Journal of Applied Psychology, 12*, 317-334.

Isen, A. M. (1993). Positive affect and decision making. In M. Lewis & J. Haviland (Eds.), *Handbook of emotions* (pp. 261-277). New York: Guilford.

Isen, A. M., & Daubman, K. A. (1984). The influence of affect on categorization. *Journal of Personality and Social Psychology, 47*, 1206-1217.

Isen, A. M., Johnson, M. M. S., Mertz, E., & Robinson, G. F. (1985). The influence of positive affect on the unusualness of word associations. *Journal of Personality and Social Psychology, 48*, 1413-1426.

Isen, A. M., & Means, B. (1983). The influence of positive affect on decision-making strategy. *Social Cognition, 2*, 18-31.

Isen, A. M., Rosenzweig, A. S., & Young, M. J. (1991). The influence of positive affect on clinical problem solving. *Medical Decision Making, 11*, 221-227.

Isen, A. M., Shalker, T., Clark, M., & Karp, L. (1978). Affect, accessibility of material in memory, and behavior: A cognitive loop? *Journal of Personality and Social Psychology, 36*, 1-12.

Iwata, J., Chida, K., & LeDoux, J. E. (1987). Cardiovascular responses elicited by stimulation of neurons in the central amygdaloid nucleus in awake but not anesthetized rats resemble conditioned emotional responses. *Brain Research, 418*, 183-188.

Izard, C. E. (1971). *The face of emotion*. New York: Appleton-Century-Crofts.

Izard, C. E. (1972). *Patterns of emotions: A new analysis of anxiety and depression*. New York: Academic Press.

Izard, C. E. (1977). *Human emotions*. New York: Plenum Press.

Izard, C. E. (1979). *The Maximally Discriminative Facial Movement Coding System* (MAX). Newark: Instructional Resources Center, University of Delaware.

Izard, C. E. (1982). *Measuring emotions in infants and children*. London, England: Cambridge University Press.

Izard, C. E. (1984). Emotion-cognition relationships and human development. In C. E. Izard, J. Kagan, & R. Zajonc (Eds.), *Emotions, cognition, and behavior* (pp. 17-37). Cambridge, England: Cambridge University Press.

Izard, C. E. (1989). The structure and functions of emotions: Implications for cognition, motivation, and personality. In I. S. Cohen (Ed.), *The G. Stanley Hall lecture series* (Vol. 9, pp. 39-63). Washington, DC: American Psychological Association.

Izard, C. E. (1991). *The psychology of emotions*. New York: Plenum.

Izard, C. E. (1992). Basic emotions, relations among the emotions, and emotion-cognition relations. *Psychological Review, 99*, 561-565.

Izard, C. E. (1993). Four systems for emotion activation: Cognitive and noncognitive development. *Psychological Review, 100*, 68-90.

Izard, C. E. (1994). Innate and universal facial expressions: Evidence from developmental and cross-cultural research. *Psychological Bulletin, 115*, 288-299.

Izard, C. E. (2001). Emotional intelligence or adaptive emotions?. *Emotion, 1*, 249-257.

Izard, C. E., & Ackerman, B. P. (2004). Motivational, organizational, and regulatory functions of discrete emotions. In M. Lewis & J. M. Haviland-Jones (Eds.), *Handbook of emotions* (2nd ed., pp. 253-264). New York: Guilford.

Izard, C. E., & Dougherty, L. M. (1982). Two complementary systems for measuring facial expressions in infants and children. In C. E. Izard (Ed.), *Measuring emotions in infants and children* (pp. 97-126). Cambridge, England: Cambridge University Press.

Izard, C. E., Fantauzzo, C. A., Castle, J. M., Haynes, O. M., Rayias, M. F., & Putman, P. H. (1995). The ontogeny and significance of infants' facial expressions in the first 9 months of life. *Developmental Psychology, 31*, 997-1013.

Izard, C. E., Hembree, E. A., Dougherty, L. M., & Spizzirri, C. C. (1983). Changes in facial expressions of 2- to 19-month-old infants following acute pain. *Developmental Psychology, 19*, 418-426.

Izard, C. E., & Malatesta, C. Z. (1987). Perspectives on emotional development 1: Differential emotions theory of early emotional development. In J. D. Osofsky (Ed.), *Handbook of infant development* (pp. 494-555). New York: Wiley.

Jacobson, J. L., & Wille, D. E. (1986). The influence of attachment pattern on developmental changes in peer interaction from the toddler to the preschool period.

*Child Development, 57*, 338-347.

James, W. (1884). What is an emotion? *Mind, 9,* 188-205.

James, W. (1890/1981). *The principles of psychology*. New York: Henry Holt.

Jersild, A. T., Woodyard, E. S., & del Solar, F. C. (1949). *Joys and problems of childrearing*. Cambridge, England: Cambridge University Press.

John, O. P., Donahue, E. M., & Kentle, R. L. (1991). *The big-five inventory*. University of California-Berkley, Institute of Personality and Social Research, Berkley, CA.

Johnson, E. J., & Tversky, A. (1983). Affect, generalization, and the perception of risk. *Journal of Personality and Social Psychology, 15*, 294-301.

Johnstone, T., & Scherer, K. R. (2000). Vocal communication of emotion. In M. Lewis & J. Haviland (Eds.). *Handbook of emotions* (2nd ed., pp. 220-235). New York: Guilford.

Jones, B., & Mishkin, M. (1972). Limbic lesions and the problem of stimulus-reinforcement associations. *Experimental Neurology, 36,* 362-377.

Jones, J. M. (1995). *Affects as process: An inquiry into the centrality of affect in psychological life*. Hillsdale, NJ: Analytic Press.

Jones, K., & Day, J. D. (1997). Discrimination of two aspects of cognitive-social intelligence from academic intelligence. *Journal of Educational Psychology, 89*, 486-497.

Jung, C. G. (1967). *The development of personality*. In collective works of C. G. Jung(Vol. 17). London: Routeledge.

Juvonen, J. (1992). Negative peer reactions from the perspective of the reactor. *Journal of Educational Psychology, 84*, 314-321.

Kadish, W. (1983). *Personality traits and the norepinephrine to epinephrine ratio*. Unpublished master's thesis. Yale University, New Haven, CT.

Kagan, J. (1984). *The nature of the child*. New York: Basic Books.

Kagan, J. (1999). Temperament and reactions to unfamiliarity. In K. L. Freiberg (Ed.), *Human development* (27th ed., pp. 53-57). Guilford, CT: Dushkin.

Kagan, J., Arcus, D., Snidman, N., Wang, Y. F., Hendler, J., & Greene, S. (1994). Reactivity in infants: A cross-national comparison. *Developmental Psychology, 30*, 342-345.

Kahn, B., & Isen, A. M. (1993). The influence of positive affect on variety-seeking among safe, enjoyable products. *Journal of Consumer Research, 20*, 257-270.

Kalichman, S. C., Johnson, J. R., Adair, V., Rompa, D., Multhauf, K., & Kelly, J. A. (1994). Sexual sensation seeking: Scale development and predicting AIDS-risk behavior among homosexually active men. *Journal of Personality Assessment, 62*, 385-397.

Kamarck, T., & Jennings, J. R. (1991). Biobehavioral factors in sudden cardiac death. *Psychological Bulletin, 109*, 42-75.

Kapp, B. S., Frysinger, R. C., Gallagher, M., & Haselton, J. (1979). Amygdala central nucleus lesions: Effect on heart rate conditioning in the rabbit. *Physiology and Behavioral, 23*, 1109-1117.

Kapp, B. S., Pascoe, J. P., & Bixler, M. A. (1984). The amygdala: A neuroanatomical systems approach to its contribution to aversive conditioning. In N. Butters & L. R. Squire (Eds.), *Neuropsychology of memory* (pp. 473-488). New York: Guilford.

Kassin, S. M., Ellsworth, P. C., & Smith, V. L. (1989). The "general acceptance" of psychological research on eyewitness testimony: A survey of the experts. *American Psychologist, 44*, 1089-1098.

Kauffman, J. M. (1993). *Characteristics of emotional and behavioral disorders of children and youth* (5th ed.). New York: Macmillan.

Keating, D. K. (1978). A search for social intelligence. *Journal of Educational Psychology, 70*, 218-233.

Keller, H. A., & Scholmerich, A. (1987). Infant vocalizations and parental reactions during the first four months of life. *Developmental Psychology, 23*, 62-67.

Keltner, D. (1995). Signs of appeasement: Evidence for the distinct displays of embarrassment, amusement, and shame. *Journal of Personality and Social Psychology, 68*, 441-454.

Keltner, D., & Bonanno, G. A. (1997a). A study of laughter and dissociation: Distinct correlates of laughter and smiling during bereavement. *Journal of Personality and Social Psychology, 73*(4), 687-702.

Keltner, D., & Bonanno, G. A. (1997b). The future of emotion research. In T. J. Mayne & G. A. Bonanno (Eds.), *Emotions*. New York: Guilford.

Keltner, D., & Buswell, B. N. (1997). Embarrassment: Its distinct form and appeasement functions. *Psychological Bulletin, 122*, 250-270.

Keltner, D., & Haidt, J. (2001). Social functions of emotions. In T. J. Mayne & G. A.

Bonanno (Eds.), *Emotions*. New York: Guilford.

Keltner, D., Young, R., & Buswell, B. N. (1997). Appeasement in human emotion, personality, and social practice. *Aggressive Behavior, 23*, 359-374.

Kihlstrom, J. F., & Cantor, N. (2000). Social intelligence. In R. J. Sternberg (Ed.), *Handbook of intelligence* (2nd ed., pp. 359-379). New York: Cambridge University Press.

Kimble, G. S. (1961). *Hilgard and marquis' conditioning and learning*. New York: Appleton-Century-Crofts.

Kinsbourne, M. (1981, May). The brain: Sad hemisphere, happy hemisphere. *Psychology Today, 15*, 92.

Kleinginna, R. R., & Kleinginna, A. M. (1981). A categorized list of emotion definitions, with suggestions for a consensual definition. *Motivation and Emotion, 5*, 345-379.

Klinnert, M. D. (1984). The regulation of infant behavior by maternal facial expression. *Infant Behavior and Development, 7*, 447-465.

Knutson, B., Wolkowitz, O. M., Cole, S. W., Chan, T., Moore, E. A., Johnson, R. C., Terpstra, J., Turner, R. A., & Reus, V. I. (1998). Selective alteration of personality and social behavior by serotonergic intervention. *American Journal of Psychiatry, 115*, 373-379.

Kopp, C. B. (1989). Regulation of distress and negative emotions: A development view. *Developmental Psychology, 25*, 343-354.

Korner, A. F., Hutchinson, C. A., Koperski, J., Kraemer, H. C., & Schneider, P. A. (1981). Stability of individual differences of neonatal motor and crying patterns. *Child Development, 33*, 81-116.

Kraut, R. E., & Johnston, R. E. (1979). Social and emotional messages of smiling: An ethological approach. *Journal of Personality and Social Psychology, 37*, 1539-1553.

Krystal, H. (1968). *Massive psychic trauma*. New York: International University Press.

Krystal, H. (1979). Alexithymia and psychotherapy. *American Journal of Psychotherapy, 33*, 17-31.

Krystal, H. (1988). On some roots of creativity. *Psychiatric Clinics of North America, 11*, 475-491.

Krystal, H., & Raskin, H. (1970). *Drug dependence*. Detroit, MI: Wayne State University

Press.

Kuczynski, L., & Kochanska, G. (1990). Development of children's noncompliance strategies from toddlerhood to age 5. *Developmental Psychology, 26*, 398-408.

Labouvie-Vief, G. (1982). Dynamic development and mature autonomy. *Human Development, 25*, 161-191.

Labouvie-Vief, G., DeVoe, M., & Bulka, D. (1989). Speaking about feelings: Conceptions of emotion across the life span. *Psychology and Aging, 4*, 425-437.

LaFreniere, P. J. (2000). *Emotional development: A biosocial perspective*. Belmont, CA: Wadsworth.

LaFreniere, P. J., & Dumas, J. E. (1992). A transactional analysis of early childhood anxiety and social withdrawal. *Development and Psychopathology, 4*, 385-402.

LaFreniere, P. J., & Sroufe, L. A. (1985). Profiles of peer competence in the preschool: Interrelations between measures, influence of social ecology, and relation to attachment history. *Developmental Psychology, 21*, 56-69.

Laird, J. D. (1974). Self-attribution of emotion: The effects of expressive behavior on the quality of emotional experience. *Journal of Personality and Social Psychology, 29*, 475-486.

Laird, J. D. (1984). Facial response and emotion. *Journal of Personality and Social Psychology, 47*, 909-917.

Laird, J. D., & Bresler, C. (1992). The process of emotional experience: A self-perception theory. In M. S. Clark (Ed.), Review of personality and social psychology (Vol. 13). *Emotion* (pp. 213-234). Newbury Park, CA: Sage.

Lane, R., Sechrest, L., Reidel, R., Weldon, V., Kaszniak, A., & Schwartz, G. (1996). Impaired verbal and nonverbal emotion recognition in alexithymia. *Psychosomatic Medicine, 58*, 203-210.

Lang, P. J. (1977). Imagery and therapy: An information processing analysis of fear. *Behavior Therapy, 8*, 862-886.

Lang, P. J. (1979). A bio-informational theory of emotional imagery. *Psychophysiology, 16*, 495-512.

Lange, C. (1885/1992). The emotions. In K. Dunlap (Ed.), *The emotions* (Istar A. Haupt, Trans, pp. 33-90). Baltimore: Williams & Wilkins. (Original work published 1885).

Langs, R. (1992). Teaching self-processing. *Contemporary Psychoanalysis, 28*(10), 97-

117.

Lantieri, L. (1990). *Lessons in conflict resolution*. Albuquerque, NM: New Mexico Center for Dispute Resolution.

Larson, R. J., Kasimatis, M., & Frey, K. (1992). Facilitating the furrowed brow: An unobtrusive test of the facial feedback hypothesis applied to unpleasant affect. *Cognition and Emotion, 6*, 321-338.

Lave, J., Murtaugh, M., & de la Roche, O. (1984). The dialectic of arithmetic in grocery shopping. In B. Rogoff & J. Lace (Eds.). *Everyday cognition: Its development in social context* (pp. 67-94). Cambridge, MA: Harvard University Press.

Lazarus, R. S. (1966). *Psychological stress and the coping process*. New York: McGraw-Hill.

Lazarus, R. S. (1968). Emotions and adaptation: Conceptual and empirical relations. In W. J. Arnold (Ed.), *Nebraska symposium on motivation* (Vol. 16, pp. 175-266). Lincoln: University of Nebraska Press.

Lazarus, R. S. (1977). A cognitive analysis of biofeedback control. In G. E. Schwartz & J. Beatty (Eds.), *Biofeedback: Theory and research* (pp. 69-71). New York: Academic Press.

Lazarus, R. S. (1984). Thoughts on the relation between emotion and cognition. In K. R. Scherer and P. Ekman (Eds.), *Approaches to emotion*. Hillsdale, NJ: Erlbaum.

Lazarus, R. S. (1991). *Emotion and adaptation*. New York: Oxford University Press.

Lazarus, R. S. (1993). From psychological stress to the emotions: A history of changing outlooks. *Annual Review of Psychology, 44*, 1-21.

Lazarus, R. S., Averill, J. R., & Opton, E. M., Jr. (1974). The psychology of coping: Issues of research and assessment. In G. V. Coelho, D. A. Hamburg, & J. E. Adams (Eds.), *Coping and adaptation* (pp. 249-315). New York: Basic Books.

Lazarus, R. S., & Folkman, S. (1984). *Stress, appraisal, and coping*. New York: Springer.

Lazarus, R. S., Kanner, A. D., & Folkman, S. (1980). Emotions: A cognitive-phenomenological analysis. In R. Plutchik & H. Kellerman (Eds.), *Theories of emotion* (pp. 189-217). New York: Academic Press.

LeDoux, J. E. (1984). Cognition and emotion: Processing functions and brain systems. In M. S. Gazzaniga (Ed.), *Handbook of cognitive neuroscience* (pp. 357-368). New

York: Plenum Press.

LeDoux, J. E. (1986). The neurobiology of emotion. In J. E. LeDoux & W. Hirst (Eds.), *Mind and brain: Dialogues in cognitive neuroscience* (pp. 301-354). Cambridge, England: Cambridge University Press.

LeDoux, J. E. (1987). Emotion. In F. Plum (Ed.), *Handbook of physiology: The nervous system* (Vol. 5, pp. 419-460). Bethesda, MD: American Physiological Society.

LeDoux, J. E. (1989). Cognitive-emotional inter actions in the brain. *Cognition and Emotion, 3*, 267-289.

LeDoux, J. E. (1996). The *emotional brain: The mysterious underpinnings of emotional life*. New York: Simon and Schuster.

LeDoux, J. E. (1997). Emotion, memory, and pain. *Pain Forum, 6*, 36-37.

LeDoux, J. E. (1998). Fear and the brain: Where have we been and where are we going? *Biological Psychiatry 44*, 1129-1238.

Lee, A., & Sternthal, B. (1999). The effects of positive mood on memory. *Journal of Consumer Research, 26*, 115-127.

Lee, J. E., Wong, C. M. T., Day, J. D., Maxwell, S. E., & Thorpe, P. (2000). Social and academic intelligences: A multi-trait-multimethod study of their crystallized and fluid characteristics. *Personality and Individual Differences, 32* (5), 913-928.

Lee, K. U., Khang H. S., Kim, K. T., Kim, Y. J., Kweon, Y. S., Shin, Y. W., Kwon, J. S., Ho, S. H., Garfinkel, S. N., Chae, J. H., & Liberzon, I. (2008). Distinct processing of facial emotion of own-race versus other-race. *Neuroreport, 19* (10), 1021-1025.

Lerner, J. S., & Keltner, D. (2000). Beyond valence: Toward a model of emotion-specific influences on judgment and choice. *Cognition and Emotion, 14* (4), 473-493.

Lerner, J. S., & Keltner, D. (2001). Fear, anger, and risk. *Journal of Personality and Social Psychology, 81*, 146-159.

Levenson, R. W. (1994). Human emotions: A functional view. In P. Ekman & R. J. Davidson (Eds.), *The nature of emotion: Fundamental questions* (pp. 123-126). New York: Oxford University Press.

Levenson, R. W., Ekman, P., Heider, K., & Friesen, W. V. (1992). Emotion and autonomic nervous system activity in the Minangkabau of west Sumatra. *Journal of Personality and Social Psychology, 62*, 972-988.

Leventhal, H. (1984). A perceptual motor theory of emotion. In K. Scherer & P. Ekman

(Eds.), *Approaches to emotion* (pp. 271–291). Hillsdale, NJ: Erlbaum.

Leventhal, H., & Scherer, K. R. (1987). The relationship of emotion to cognition: A functional approach to a semantic controversy. *Cognition and Emotion, 1*, 3–28.

Leventhal, H., Safer, M. A., & Panagis, D. M. (1983). The impact of communications on the self-regulation of health beliefs, decisions, and behavior. *Health Education Quarterly, 10*, 3–29.

Lewinsohn, P. M., Mischel, W., Chaplin, W., & Barton, R. (1980). Social competence and depression: The role of illusiory self-perceptions. *Journal of Abnormal Psychology, 89*, 203–212.

Lewis, M., Alessandri, S. M., & Sullivan, M. W. (1992). Differences in shame and pride as a function of children's gender and task difficulty. *Child Development, 63*, 630–638.

Lewis, M., & Brooks, J. (1978). Self-knowledge and emotional development. In M. Lewis & L. A. Rosenblum (Eds.), *The development of affect*. New York: Plenum.

Lewis, M., & Michelson, L. (1983). *Children's emotions and moods: Developmental theory and measurement*. New York: Plenum.

Lewis, M., Stanger, C., & Sullivan, M. W. (1989). Deception in 3-year-olds. *Developmental Psychology, 25*, 439–443.

Lieberman, A. F. (1977). Preschoolers' competence with a peer: Relations with attachment and peer experience. *Child Development, 60*, 146–156.

Loewenstein, G., & Lerner, J. S. (2003). The role of affect in decision making. In R. Davidson, H. Goldsmith, & K. Scherer (Eds.), *Handbook of affective science* (pp. 619–642). Oxford: Oxford University Press.

Loftus, E. F., & Burns, T. E. (1982). Mental shock can produce retrograde amnesia. *Memory and Cognition, 10*, 318–323.

Lopes, L. L. (1987). Between hope and fear: The psychology of risk. In B. Leonard (Ed.), *Advances in experimental social psychology* (Vol. 20, pp. 255–295). San Diego, CA: Academic Press.

Lopes, L. L., & Oden, G. C. (1998, November). *The role of aspiration level in risky choice: A comparison of cumulative prospect theory and SP/A theory*. Paper presented at the Society for Judgment and Decision Making. Dallas, TX.

Lorenz, K. (1935). Der Kumpan in der Umwelt des Bogels [The Companion in the Bird's World]. *Journal of Ornithology, 83*, 137–213. In C. Schiller (Ed. & Trans.),

Instinctive behavior: *Development of a modern concept* (pp. 83–128). London: Methuen.

Ludemann, P. M. (1991). Generalized discrimination of positive facial expressions by seven–and ten–month–old infants. *Child Development, 62,* 55–67.

Ludemann, P. M., & Nelson, C. A. (1988). Categorical representation of facial expressions by 7–month–old infants. *Developmental Psychology, 24,* 492–501.

Luminet, O., Bagby, R. M., Wagner, H., Taylor, G. J., & Parker, J. D. A. (1999). The relationship between Alexithymia and the five factor model of personality: A facet level analysis. *Journal of Personality Assessment, 73,* 345–358.

Luthar, S. S., Ciccehetti, D., & Becker, B. (2000). The construct of resilience: A critical evaluation and guidelines for future work. *Child Development, 71* (3), 543–562.

Lyons, D. (1980). *Emotion.* Cambridge, England: Cambridge University Press.

Lyons–Ruth, K., Connell, D., Grunebaum, H., & Botein, S. (1990). Infants at social risk: Maternal depression and family support services as mediators of infant development and security of attachment. *Child Development, 61,* 85–98.

Lyons–Ruth, K., Repacholi, B. M., McLeod, S., & Silva, E. (1991). Disorganized attachment behaviour in infancy: Short–term stability, maternal and infant correlates, and risk–related subtypes, *Development and Psychopathology, 3,* 377–396.

Lyubomirsky, S., & Nolen–Hoeksema, S. (1995). Effects of self–focused rumination on negative thinking and interpersonal problem–solving. *Journal of Personality and Social Psychology, 69,* 176–190.

Maccoby, E., & Martin, J. (1983). Socialization in the context of the family. In E. M. Hetherington (Ed.), *Handbook of child psychology: Socialization, personality, and social development* (Vol. 4, pp. 1–101). New York: Wiley.

MacLean, P. D. (1949). Psychosomatic disease and the "visceral brain": Recent developments bearing on the Papez theory of emotion. *Psychosomatic Medicine, 11,* 338–353.

MacLean, P. D. (1954). The limbic system and its hippocampal formation: Studies in animals and their possible application to man. *Journal of Neurosurgery, 2,* 29–44.

MacLean, P. D. (1957). Chemical and electrical stimulation of hippocampus in unrestrained animals II: Behavioral findings. *Archives of Neurology and Psychiatry, 78,* 128–42.

MacLean, P. D. (1963). Phylogenesis. In P. H. Knapp (Ed.), *Expressions of the emotions in man* (pp. 16–35). New York: International University Press.

MacLean, P. D. (1970). The triune brain: Emotion and scientific facts. In F. O. Schmitt (Ed.), *The neurosciences second study program* (pp. 336–349). New York: Rockefeller University Press.

MacLean, P. D. (1973). *A tribune concept of brain and behavior*. Toronto: University of Toronto Press.

MacLean, P. D. (1984). Evolutionary psychiatry and the triune brain. *Psychological Medicine, 14*, 1–3.

MacLean, P. D. (1986). Ictal symptoms relating to the nature of affects and their cerebral substrate. In R. Plutchik & H. Kellerman (Eds.), *Biological foundations of emotion* (Vol. 3, pp. 61–90). New York: Academic Press.

MacLean, P. D. (1993). Cerebral evolution of emotion. In M. Lewis & J. M. Haviland (Eds.), *Handbook of emotions* (pp. 67–86). New York: Guilford.

Magai, C., & McFadden, S. H. (1995). *The role of emotions in social and personality development: History, theory, and research*. New York: Plenum Press.

Main, M., & Solomon, J. (1990). Procedure for identifying infants as disorganized/disoriented during the Ainsworth Strange Situation. In M. Greenberg, D. Cicchetti, & M. Cummings (Eds.), *Attacment in the preschool years: Theory, research, and intervention* (pp. 121–160). Chicago: University of Chicago Press.

Malatesta, C. Z. (1985). Developmental course of emotion expression in the human infant. In G. Zivin (Ed.), *The development of expressive behavior: Biology-environment interactions*. Orlando, FL: Academic Press.

Malatesta, C. Z. (1990). The role of emotion in the development and organization of personality. In R. Thompson (Ed.), *Socioemotional development: Nebraska Symposium on Motivation* (pp. 1–56). Lincoln: University of Nebraska Press.

Malatesta, C. Z., Culver, C., Tesman, J. R., & Shepard, B. (1989). The development of emotion expression during the first two years of life. *Monographs of the Society for Research in Child Development, 54* (1–2, Serial No. 219), 1–103.

Malatesta, C. Z., & Haviland, J. M. (1982). Learning display rules: The socialization of emotion expression in infancy. *Child Development, 53*, 991–1003.

Malatesta, C. Z., & Wilson, A. (1988). Emotion/cognition interaction in personality development: A discrete emotions, functionalist analysis. *British Journal of Social Psychology, 27*, 91–112.

Malatesta-Magai, C., Leak, S., Tesman, J., Shepard, B., Culver, C., & Smaggia, B. (1994). Profiles of emotional development: Individual differences in facial and vocal expression of emotion during the second and third years of life. *International Journal of Behavioral Development, 17*, 239–269.

Mandler, G. (1984). *Mind and body: Psychology of emotion and stress*. New York: Norton.

Mangelsdorf, S. C., Shapiro, J. R., & Marzolf, D. (1995). Developmental and temperamental differences in emotion regulation in infancy. *Child Development, 66*, 1817–1828.

Marlowe, H. A. (1985). Competence: A social intelligence approach. In H. A. Marlowe & R. B. Weinberg (Eds.), *Competence development: Theory and practice in special populations* (pp. 50–52). Springfield, IL: Charles C. Thomas.

Marlowe, H. A. (1986). Social intelligence: Evidence for multidimensionality and construct independence. *Journal of Educational Psychology, 78*, 52–58.

Marshall, G. D., & Zimbardo, P. G. (1979). Affective consequences of inadequately explained arousal. *Journal of Personality and Social Psychology, 37*, 970–988.

Maslow, A. (1969). *Toward a psychology of being* (2nd ed.). New York: Van Nostrand.

Maslow, A. (1970) *Motivation and personality* (2nd ed.). New York: Harper and Row.

Matas, L., Arend, R., & Sroufe, L. (1978). Continuity of adaptation in the second year: The relationship between quality of attachment and later competence. *Child Development, 49*, 547–556.

Matheny, A. (1989). Children's behavioral inhibitions over age and across situations: Genetic similarity for a trait change. *Journal of Personality, 57*, 215–235.

Matsumoto, D. (1990). Cultural similarities and differences in display rules. *Motivation and Emotion, 14* (3), 195–214.

Matsumoto, D., & Ekman, P.(1988). *Japanese and Caucasian facial expressions of emotion (JACFEE) slides*. Intercultural and emotion research laboratory, department of psychology, San Francisco, San Francisco State University.

Matsumoto, D., & Ekman, P. (1989). American-Japanese cultural differences in intensity ratings of facial expressions of emotion. *Motivation and Emotion, 13*, 143–157.

Matsumoto, D., & Kudoh, T. (1993). American-Japanese cultural differences in attributions of personality based on smiles. *Journal of Nonverbal Behavior, 17*, 231-243.

Matthews, G., & Zeidner, M. (2000). Emotional intelligence, adaptation to stressful encounters, and health. In R. Bar-On & J. D. A. Parker (Eds.), *The handbook of emotional intelligence*. San Francisco: Jossey-Bass.

Matthews, K. A. (1988). Coronary heart disease and type A behaviors: Update on and alternative to the Booth-Kewley and Friedman quantitative review. *Psychological Bulletin, 104*, 373-380.

Mayer, J. D. (2001). A field guide to emotional intelligence. In J. Ciarrochi, J. P. Forgas, & J. D. Mayer (Eds.) *Emotional intelligence and everyday life* (pp. 3-24). New York: Psychology Press.

Mayer, J. D., Caruso, D. R., & Salovey, P. (1999). Emotional intelligence meets traditional standards for an intelligence. *Intelligence, 27*, 267-298.

Mayer, J. D., Caruso, D. R., & Salovey, P. (2000). Selecting a measure of emotional intelligence: The case for ability scale. In R. Bar-On & J. Parker (Eds.), *The handbook of emotional intelligence* (pp. 320-342). San Francisco: Jossey-Bass.

Mayer, J. D., DiPaolo, M. T., & Salovey, P. (1990). Perceiving affective content in ambiguous visual stimuli: A component of emotional intelligence. *Journal of Personality Assessment, 54*, 772-781.

Mayer, J. D., & Geher, G. (1996). Emotional intelligence and the identification of emotion. *Intelligence, 22*, 89-113.

Mayer, J. D., & Mitchell, D. C. (1998). Intelligence as a subsystem of personality: From Spearman's g to contemporary models of hot processing. In W. Tomic & J. Kingma (Eds.), *Advances in cognition and educational practice* (Vol. 5, pp. 43-75). Greenwich, CT: JAI Press.

Mayer, J. D., Perkins, D. M., Caruso, D. R., & Salovey, P. (2001). Emotional intelligence and giftedness. *Roeper Review, 23*, 131-137.

Mayer, J. D., & Salovey, P. (1993). The intelligence of emotional intelligence. *Intelligence, 17*, 433-442.

Mayer, J. D., & Salovey, P. (1997). What is emotional intelligence? In P. Salovey & D. J. Sluyter (Eds.), *Emotional development and emotional intelligence: Educational implications* (pp. 3-31). New York: Basic Books.

Mayer, J. D., Salovey, P., & Caruso, D. R. (2000a). Competing models of emotional Intelligence. In R. J. Sternberg (Ed.). *Handbook of emotional intelligence* (2nd ed., pp. 396-420). New York: Cambridge University Press.

Mayer, J. D., Salovey, P., & Caruso, D. R. (2000b). Emotional intelligence as zeitgeist, as personality, and as a mental ability. In R. Bar-On & J. D. A. Parker (Eds.), *The handbook of emotional intelligence*. San Francisco: Jossey-Bass.

Mayer, J. D., Salovey, P., & Caruso, D. R. (2002). *Mayer-Salovey-Caruso Emotional Intelligence Test (MSCEIT): User's manual*. Toronto, Ontario: Multi-Health Systems, Inc.

Mayer, J. D., Salovey, P., Caruso, D. R., & Sitarenios, G. (2001). Emotional intelligence as a standard intelligence. *Emotion, 1*, 232-242.

Mayer, J. D., Salovey, P., Caruso, D. R., & Sitarenios, G. (2003). Measuring emotional intelligence with the MSCEIT V2.0. *Emotion, 3*, 97-105.

Mayer, J. D., Salovey, P., Gomberg-Kaufman, S., & Blainey, K. (1991). A broader conception of mood experience. *Journal of Personality and Social Psychology, 60*, 100-111.

Mayne, T. J. (1999). Negative affect and health: The importance of being earnest. *Cognition and Emotion, 13*, 601-635.

Mayne, T. J. (2001). Emotions and health. In T. J. Mayne & G. A. Bonanno (Eds.), *Emotions: Current issues and future directions* (pp. 361-388). New York: Guilford.

Mayne, T. J., & Ramsey, J. (2001). The structure of emotion. In T. J. Mayne & G. A. Bonanno (Eds.), *Emotions*. New York: Guilford.

McCall, R. B., & Carriger, M. S. (1993). A meta-analysis of infant habituation and recognition memory performance as predictors of later IQ. *Child Development, 64*, 57-69.

McCallum, M., & Piper, W. E. (1987). *Manual for the psychological mindedness assessment procedure*. Unpublished manual and video tape.

McCallum, M., & Piper, W. E. (1990). The Psychological Mindedness Assessment procedure. *Journal of Consulting and Clinical Psychology, 4*, 412-418.

McCallum, M., & Piper, W. E. (2000). Psychological mindedness and emotional intelligence. In R. Bar-On & J. D. A. Parker (Eds.), *The handbook of emotional intelligence* (pp. 118-135). San Francisco: Jossey-Bass.

McCaul, K. D., Holmes, D. S., & Solomon, S. (1982). Facial expression and emotion. *Journal of Personality and Social Psychology, 42*, 145-152.

McCrae, R. R. (1994). Openness to experience: Expanding the boundaries of factor V. *European Journal of Personality, 8*, 251-272.

McCrae, R. R. (2000). Emotional intelligence from perspective of five-factor model of personality. In R. Bar-On & J. D. A. Parker (Eds.), *The handbook of emotional intelligence*. San Francisco: Jossey-Bass.

McCrae, R. R., & Costa, P. T., Jr. (1985). Updating Norman's "Adequate Taxonomy" intelligence and personality dimensions in natural language and in questionnaires. *Journal of Personality and Social Psychology, 49*, 710-721.

McCrae, R. R., & Costa, P. T., Jr. (1991). The NEO personality inventory: Using the five-factor model in counseling. *Journal of Counseling and Development, 69*, 367-372.

McCrae, R. R., & Costa, P. T., Jr. (1997). Conceptions and correlates of openness to experience. In R. Hogan, J. A. Johnson, & S. R. Briggs (Eds.), *Handbook of personality psychology* (pp. 825-847). San Diego: Academic Press.

McCrae, R. R., Costa, P. T., Jr., Lima, M. P., Simoes, A., Ostendorf, F., Angleitner, A., Marusic, I., Bratko, D., Caprara, G. V., Barbaranelli, C., Chae, J. H., & Piedmont, R. L. (1999). Age differences in personality across the adult lifespan: Parallels in five cultures. *Developmental Psychology, 35*, 466-477.

McDougall, J. (1989). *Theaters of the body: A psychoanalytic approach to psychosomatic illness*. New York: Norton.

McKenna, M. C., Zevon, M. A., Corn, B., Rounds, J. (1999). Psychosocial factors and the development of breast cancer: A meta-analysis. *Health Psychology, 18* (5), 520-31.

Mednick, S. A., & McNeil, T. (1968). Current methodology in research on the etiology of schizophrenia: Serious difficulties which suggest the use of the high-risk group method. *Psychological Bulletin, 70*, 681-693.

Meerum T., M., & Olthof, T. (1989). Awareness and self-regulation of emotion in young children. In J. Saarni & P. Harris (Eds.), *Children's understanding of emotion* (pp. 209-240). Cambridge, England: Cambridge University Press.

Mehrabian, A. (1991). Outline of a general emotion-based theory of temperament. In

J. Strelau and A. Angleitner (Eds.), *Explorations in temperament: International perspectives on theory and measurement* (pp. 75-86). New York: Plenum Press.

Mehrabian, A. (2000). Beyond IQ: Broad-based measurement of individual success potential or emotional intelligence. *Genetic, Social, and General Psychology Monographs, 126,* 133-239.

Mellers, B. A., Schwartz, A., Ho, K., & Ritov, I. (1997). Decision affect theory: Emotional reactions to the outcomes of risky options. *Psychological Science, 8*(6), 423-429.

Meltzoff, A. B. N. (1985). The roots of social and cognitive development: Models of man/ 9s original nature. In T. M. Field & N. A. Fox (Eds.), *Social perception in infants.* Norwood, NJ: Ablex Publishing Corporation.

Meneghan, E. (1982). Measuring coping effectiveness: A panel analysis of marital problems and coping efforts. *Journal of Health and Social Behavior, 23*, 220-234.

Mervis, C. B., & Rosch, E. (1981). Categorization of natural objects. In M. Rosenz & L. Potter (Eds.), *Annual Review of Psychology* (Vol. 21).

Mesquita, B. (2001). Culture and emotion: Different approachs to the question. In T. J. Mayne & G. A. Bonanno (Eds.), *Emotions.* New York: Guilford.

Mesquita, B., Frijda, N. H., & Scherer, K. (1997). Culture and emotion. In J. W. Berry, P. R. Dasen, & T. S. Saraswathi (Eds). *Handbook of cross-cultural psychology* (Vol. 2), *Basic processes and human development.* Boston: Allyn and Bacon.

Meyer, G. J., & Shack, J. R. (1989). The structural convergence of mood and personality: Evidence for old and new 'directions'. *Journal of Personality and Social Psychology, 57*, 691-706.

Mezzacappa, E. S., Katkin, E. S., & Palmer, S. N. (1999). Epinephrine, arousal, and emotion: A new look at two-factor theory. *Cognition and Emotion, 13*, 181-199.

Miller, K. (1990). *The fit between training and use in a vernacular literacy training program: An ethnographic study of four Papua New Guineans.* Unpublished doctoral dissertation, University of Pennsylvania.

Mischel, W. (1990). Personality dispositions revisited and revised: A view after three decades. In L. Pervin (Ed.), *Handbook of personality: Theory and research* (pp. 21-65). New York: Guilford.

Mischel, W., & Ebbesen, E. B. (1970). Attention in delay of gratification. *Journal of Personality and Social Psychology, 16,* 329-337.

Mishkin, M., & Aggleton, J. (1981). Multiple functional contributions of the amygdala in the monkey. In Y. Ben-Ari (Ed.), *The amygdaloid complex* (pp. 409-420). Amsterdam: Elsevier/North-Holland.

Moran, T. H., Schwartz, G. J., & Blass, E. M. (1983). Organized behavioral responses to lateral hypothalamic electrical stimulation in infant rats. *Journal of Neuroscience, 3*, 10-19.

Morgan, M. J., & Franklin, K. B. (1991). Dopamine receptor subtypes and formalin test analgesia. *Pharmacology, Biochemistry and Behavior, 40*, 317-322.

Morris, J. S., Frith, C. D., Perrett, D. I., Rowland, D., Young, A. W., Calder, A. J., & Dolan, R. J. (1996). A differential neural response in the human amygdala to fearful and happy facial expressions. *Nature, 383*, 812-815.

Morris, T., & Greer, S. (1980). A "Type C" for cancer? *Cancer Detection and Prevention, 3*, 102 (Abstract).

Morrow, J., & Nolen-Hoeksema, S. (1990). The effects of response styles for depression on the remediation of depressive affect. *Journal of Personality and Social Psychology, 58*, 519-527.

Moskowitz, J. T. (2001). Emotion and Coping. In T. J. Mayne & G. A. Bonanno (Eds.), *Emotions: Current issues and future directions* (pp. 311-336). New York: Guilford.

Moss, F. A., & Hunt, T. (1927). Are you socially intelligent? *Scientific American, 137*, 108-110.

Moss, F. A., Hunt, T., Omwake, K. T., & Woodward, L. G. (1955). *Manual for the George Washington University Series Social Intelligence Test*. Washington, DC: Center for Psychological Services.

Mumme, D. L., Fernald, A., & Herrera, C. (1996). Infants' responses to facial and vocal emotional signals in a social referencing paradigm. *Child Development, 67*, 3219-3237.

Murtaugh, M. (1985). The practice of arithmetic by American grocery shoppers. *Anthropology and Education Quarterly, 16*, 186-192.

Nasby, W., & Yando, R. (1982). Selective encoding and retrieval of affectively valenced information. *Journal of Personality and Social Psychology, 43*, 1244-1255.

Neisser, U. (1970). *Cognition and reality*. San Francisco: Freeman.

Neisser, U. (1976). General, academic, and artificial intelligence. In L. Resnick (Ed.), *Human intelligence: Perspectives on its theory and measurement* (pp. 179-189). Norwood, NJ: Ablex.

Nemiah, J. C., & Sifneos, P. E. (1970). Affect and fantasy in patients with psychosomatic disorders. In O. W. Hill (Ed.), *Modern trends in psychosomatic medicine* (Vol 2, pp. 26-34). London: Butterworths.

Nolen-Hoeksema, S., & Larson, J. (1999). *Coping with loss*. Mahwah, NJ: Erlbaum.

Nolen-Hoeksema, S., McBride, A., & Larson, J. (1997). Rumination and psychological distress among bereaved partners. *Journal of Personality and Social Psychology, 72*, 855-862.

Nolen-Hoeksema, S., & Morrow, J. (1991). A prospective study of depression and posttraumatic stress symptoms after a natural disaster: The 1989 Loma Prieta earthquake. *Journal of Personality and Social Psychology, 61*, 115-121.

Nolen-Hoeksema, S., & Morrow, J. (1993). Effects of rumination and distraction on naturally-occurring depressed mood. *Cognition and Emotion, 7*, 561-570.

Norman, W. T. (1963). Toward an adequate taxonomy of personality attributes: Replicated factor structure in peer nomination personality ratings. *Journal of Abnormal and Social Psychology, 66* (6), 574-583.

Nowlis, V. (1970). Mood: Behavior and experience. In M. B. Arnold (Ed.), *Feelings and emotions* (pp. 261-277). New York: Academic Press.

Nowlis, V., & Nowlis, H. H. (1956). The description and analysis of mood. *Annals of the New York Academy of Sciences, 65*, 345-355.

Nussenbaum, M. C. (1994). *The therapy of desire: Theory and practice in Hellenistic ethics*. Princeton, NJ: Princeton University Press.

Oatley, K. (1992). *Best laid schemes: The psychology of emotions*. New York: Cambridge University Press.

Oatley, K., & Jenkins, J. M. (1992). Human emotions: Function and dysfunction. *Annual Review of Psychology, 43*, 55-85.

Oatley, K., & Jenkins, J. M. (1996). *Understanding emotions*. Cambridge, MA: Balckwell.

Oatley, K., & Johnson-Laird, P. N. (1987). Toward a cognitive theory of emotions. *Cognition and Emotion, 1*, 29-50.

Ochsner, K. N., & Feldman-Barrett, L. F. (2001). A multiprocess perspective on the neuroscience of emotion. In T. J. Mayne & G. A. Bonanno (Eds.), *Emotions*. New York: Guilford.

Oltman, P. K., Raskin, F., & Witkin, H. A. (1971). *Group Embedded Figures Test*. Palo Alto, CA: Consulting Psychologists Press.

O'Mally, J. M. (1977). Research perspective on social competence. *Merrill Palmer Quarterly, 23*(11), 29-44.

Ortony, A., Clore, G. L., & Collins, A. (1988). *The cognitive structure of emotions*. Cambridge, England: Cambridge University Press.

Ortony, A., & Turner, M. J. (1990). What's basic about basic emotions? *Psychological Review, 97*(3), 315-331.

Oster, H. (1978). Facial expression and affect development. In M. Lewis & L. Rosenblum (Eds.), *The development of affect* (pp. 43-76). New York: Plenum.

Oster, H., Hegley, D., & Nagel, L. (1992). Adult judgments and fine-grained analysis of infant facial expressions: Testing the validity of a priori coding formulas. *Developmental Psychology, 28*, 1115-1131.

O'Sullivan, M., Guilford, J. P., & de Mille, R. (1965). *The measurement of social intelligence* (Psychological Laboratory Rep. No. 34). Los Angeles: University of Southern California.

Owren, M. J., & Bachorowski, J. (2001). The evolution of emotional expression: A "selfish-gene" account of smiling and laughter in early hominids and humans. In T. J. Mayne & G. A. Bonanno (Eds.), *Emotions*. New York: Guilford.

Palfai, T. P., & Salovey, P. (1993). The influence of depressed and elated mood on deductive and inductive reasoning. *Imagination, Cognition, and Personality, 13*, 57-71.

Panaccione, V. F., & Wahler, R. G. (1986). Child behavior, maternal depression, and social coercion as factors in the quality of child care. *Journal of Abnormal Child Psychology, 14*, 263-278.

Panksepp, J. (1982). Toward a general psychobiological theory of emotions. *Behavioral and Brain Sciences, 5*, 407-468.

Panksepp, J. (1988). Brain emotional circuits and psychopathology. In M. Clynes & J. Panksepp (Eds.), *Emotions and psychopathology* (pp. 37-76). New York: Plenum

Press.

Panksepp, J. (1994). Basic emotions ramify widely in the brain, yielding many concepts that cannot be distinguished unambiguously ··· yet. In P. Ekman & R. J. Davidson (Eds.), *The nature of emotion* (pp. 86-88). New York: Oxford University Press.

Panksepp, J. (2000). Emotions as natural kinds within the mammalian brain. In M. Lewis & J. M. Haviland-Jones (Eds.), *Handbook of emotions* (pp. 137-156). New York: Guilford.

Papez, J. W. (1937). A proposed mechanism of emotion. *Archives of Neurology and Psychiatry, 38*, 725-743.

Park, L. C., Imboden, J. B., Park, T. J., Hulse, S. H., & Unger, H. T. (1992). Giftedness and psychological abuse in borderline personality disorder: Their relevance to genesis and treatment. *Journal of Personality Disorders, 6*, 226-240.

Parker, J. D. A., Taylor, G. J., & Bagby, R. M. (1993). Alexithymia and the recognition of facial expressions of emotion. *Psychotherapy and Psychosomatics, 59*, 197-202.

Parker, J. D. A., Taylor, G. J., & Bagby, R. M. (1998). Alexithymia: Relationship with ego defense and coping styles. *Comprehensive Psychiatry, 39*, 91-98.

Parkinson, B., & Manstead, A. S. R. (1993). Making sense of emotion in stories and social life. *Cognition and Emotion, 7*, 295-323.

Parkinson, B., Totterdell, P., Briner, R. B., & Reynolds, S. (1996). *Changing moods: The psychology of mood and mood regulation*. London: Longman.

Parrott, W. G. (1993). Beyond hedonism: Motives for inhibiting good moods and for maintaining bad moods. In D. M. Wegner & J. W. Pennebaker (Eds.), *Handbook of mental control* (pp. 278-308). Englewood Cliffs, NJ: Prentice-Hall.

Parrott, W. G. (2001). *Emotions in social psychology*. San Francisco: Taylor & Francis.

Parrott, W. G., & Sabini, J. (1989). On the "emotional"qualities of certain types of cognition: A reply to arguments for the independence of cognition and affect. *Cognitive Therapy and Research, 13*, 49-65.

Parrott, W. G., & Spackman, M. P. (2000). Emotion and memory. In M. Lewis, & J. M. Haviland-Jones (Eds.), *Handbook of emotions* (2nd ed., pp. 476-490). New York: Guilford.

Patterson, G. R. (1982). *Coercive family processes*. Eugene, OR: Castalia.

Pavlov, I. (1927). *Conditioned reflexes* (G. V. Anrep, Trans.). London: Oxford

University Press.

Payne, W. L. (1986). A study of emotion: Developing emotional intelligence: Self-integration relating to fear, pain and desire. *Dissertation Abstracts International, 47*(01), 203A. University Microfilms No. AAC 8605928.

Pearlin, L. I., & Schooler, C. (1978). The structure of coping. *Journal of Health and Social Behavior, 22*, 337-356.

Pennebaker, J. W. (1982). *The psychology of physical symptoms*. New York: Springer-Verlag.

Pennebaker, J. W. (1997). Writing about emotional experiences as a therapeutic process. *Psychological Science, 9*, 162-166.

Pennebaker, J. W., & Francis, M. E. (1996). Cognitive, emotional and language processes in disclosure. *Cognition and Emotion, 10*, 621-626.

Pennebaker, J. W., Kiecolt-Glaser, J., & Glaser, R. (1988). Disclosure of traumas and immune function: Health implications for psychotherapy. *Journal of Consulting and Clinical Psychology, 56*, 239-245.

Pennebaker, J. W., Mayne, T., & Francis, M. E. (1997). Linguistic predictors of adaptive bereavement. *Journal of Personality and Social Psychology, 72*, 863-871.

Pettingale, K. W. (1985). Toward a psychobiological model of cancer: Biological considerations. *Social Science and Medicine, 20*, 779-787.

Phillippot, P., & Schaefer, A. (2001). Emotion and memory. In T. J. Mayne & G. A. Bonanno (Eds.), *Emotions: Current issues and future directions* (pp. 82-122). New York: Guilford.

Pickens, J., & Field, T. M. (1993). Facial expressivity in infants of depressed mothers. *Developmental Psychology, 29*, 986-988.

Piper, M. B., Bankier, A. T., & Dear, P. H. (1998). A happy map of cryptosporidium parvum, *Genome Research, 8* (12), 1299-1307.

Piper, W. E., Debbane, E. G., Bienvenu, J. P., & Garant, J. (1984). A comparative study of four forms of psychotherapy. *Journal of Consulting and Clinical Psychology*. New York: Guilford Press.

Piper, W. E., McCallum, M., & Azim, H. F. A. (1992). *Adaptation to loss through short-term group psychotherapy*. New York: Guilford.

Plomin, R., McClearn, G. E., Pedersen, N. L., Nesselroade, J. R., & Bergeman, C. S.

(1988). Genetic influence on childhood family environment perceived retrospectively from the last half of the life span. *Developmental Psychology, 24*, 738-745.

Plutchik, R. (1962). *The emotions: Facts, theories, and a new model.* New York: Random House.

Plutchik, R. (1970). Emotions, evolution and adaptive processes. In M. Arnold (Ed.), *Feeling and emotions.* New York: Academic Press.

Plutchik, R. (1980). *Emotion: A psychoevolutionary synthesis.* New York: Harper & Row.

Plutchik, R. (2000). *Emotions in the practice of psychotherapy: Clinical implications of affect theories.* Washington, DC: American Psychological Association.

Plutchik, R. (2003). *Emotions and life: Perspectives from psychology, biology, and evolution.* Washington, DC: American Psychological Association.

Plutchik, R., & Conte, H. R. (Eds.). (1997). *Circumplex models of personality and emotions.* Washington, DC: American Psychological Association.

Plutchik, R., & Kellerman, H. (1974). *Emotions Profile Index Manual.* Los Angeles: Western Psychological Services.

Plutchik, R., & Kellerman, H. (1986). *Emotion: Theory, research, and experience* (Vol. 3). *Biological foundations of emotion.* New York: Academic Press.

Posner, M. I. (1978). *Chronometric explorations of mind.* Hillsdale, NJ: Erlbaum.

Pusey, F. (2000). *Emotional intelligence and success in the workplace: Relationship to job performance.* Unpublished master's thesis. Guildhall University, London.

Putallaz, M. (1987). Maternal behavior and children's sociometric status. *Child Development, 58*, 324-340.

Raghunathan, R., & Pham, M. T. (1999). All negative moods are not equal: Motivational influences of anxiety and sadness on decision making. *Organizational Behavior and Human Decision Processes, 79*, 56-77.

Rapaport, D. (1950). *Emotions and memory.* New York: International Universities Press.

Reeve, J. (2001). *Understanding motivation and emotion* (2nd ed.). New York: Harcourt Brace College Publishers.

Reichenbach, L., & Masters, J. (1983). Children's use of expressive and contextual cues in judgments of emotion. *Child Development, 54*, 993-1004.

Reisenzein, R. (1983). The Schachter theory of emotion: Two decades later. *Psychological Bulletin, 94*, 239-264.

Repacholi, B. M. (1998). Infants' use of attentional cues to identify the referent of another person's emotional expression. *Developmental Psychology, 34*, 1017-1025.

Revelle, W., & Loftus, D. A. (1990). Individual differences and arousal: Implications for the study of mood and memory. *Cognition and Emotion, 4*, 209-237.

Rice, C. L. (1999). *A quantitative study of emotional intelligence and its impact on team performance*. Unpublished master's thesis. Pepperdine University, London.

Richard, T. A., Wrubel, J., & Folkman, S. (1998, August). *Reconstructing meaning: Changed world views in recovery from grief.* Paper presented at the 106th annual conference of the American Psychological Association, San Francisco.

Richards, J. M. (2002). Emotion, emotion regulation, and hopeful thinking. *Psychological Inquiry, 13*, 308-311.

Richards, J. M., & Gross, J. J. (1999). Composure at any cost? The cognitive consequenses of emotion supression. *Personality and Social Psychology Bulletin, 25*, 1033-1044.

Richards, J. M., & Gross, J. J. (2000). Emotion regulation and memory: The cognitive costs of keeping one's cool. *Journal of Personality and Social Psychology, 79*, 410-424.

Riemann, R., Angleitner, A., & Strelau, J. (1997). Genetic and environmental influences on personality: A study of twins reared together using the self- and peer report NEO-FFI scales. *Journal of Personality, 65*, 449-475.

Riggio, R. E., Fantuzzo, J. W., Connelly, S., & Dimeff, L. A. (1991). Reciprocal peer tutoring: A classroom strategy for promoting academic and social integration in undergraduate students. *Journal of Social Behavior and Personality, 6*, 387-396.

Rimé, B. (1997). President's column. *Affect Scientist, 11*, 1-6.

Roberts, R. D., Zeidner, M., & Matthews, G. (2001). Does emotional intelligence meet traditional standards for an intelligence? Some new data and conclusions. *Emotion, 1* (3), 196-231.

Roberts, W., & Strayer, J. (1987). Parent responses to the emotional distress of their children: Relations with children's competence. *Developmental Psychology, 23*, 415-425.

Robinson, R. G., Kubos, K. L., Starr, L. B., Rao, K., & Price, T. R. (1984). Mood disorders in stroke patients: Importance of location of lesion. *Brain, 107*, 81-93.

Roediger, H. L., Capaldi, E. D., Paris, S. G., Polivy, J., & Herman, C. P. (1995). *Psychology* (4th ed.). New York: West Publishing Company.

Rogawski, A. S. (1982). Current status of brief psychotherapy. *Bulletin of the Menninger Clinic, 46*(4), 331-351.

Rogers, C. R. (1951). *Client-centered therapy: Its current practice, implications, and theory*. Boston: Houghton Mifflin.

Rogers, C. R. (1961). *On becoming a person*. Boston: Houghton Mifflin.

Rolls, E. T. (1976). The neurophysiological basis of brain-stimulation reward. In A. Wauguier & E. T. Rolls (Eds.), *Brain-stimulation reward* (pp. 65-87). Amsterdam: North Holland Publishing.

Rolls, E. T. (1986). A theory of emotion, and its application to understanding the neural basis of emotion. In Y. Oomur (Ed.), *Emotions: Neural and chemical control* (pp. 325-344). Tokyo: Japan Scientific Societies Press.

Rolls, E. T. (1990). A theory of emotion, and its application to understanding the neural basis of emotion. *Cognition and Emotion, 4*, 161-190.

Rolls, E. T. (1992). Neurophysiology and functions of the primate amygdala. In J. P. Aggleton (Ed.), *The amygdala: Neurobiological aspects of emotion, memory, and mental dysfunction* (pp. 143-165). New York: Wiley-Liss.

Rosch, E. (1973). On the internal structure of perceptual and semantic categories. In T. E. Moore (Ed.), *Cognitive development and the acquisition of language* (pp. 111-144). New York: Academic Press.

Rosch, E. (1978). Principles of categorization. In E. Rosch & B. B. Lloyd (Eds.), *Cognition and categorization* (pp. 27-48). Hillsdale, NJ: Erlbaum.

Rosch, E., & Mervis, C. B. (1975). Family resemblances: Studies in the internal structure of categories. *Cognitive Psychology, 7*, 573-605.

Rosch, E., Simpson, C., & Miller, R. S. (1976). Structural bases of typicality effects. *Journal of Experimental Psychology: Human Perception and Performance, 2*, 491-502.

Rose, S. A., & Feldman, J. F. (1995). Prediction of IQ and specific cognitive abilities at 11 years from infancy measures. *Developmental Psychology, 31*, 685-696.

Rosen, W. D., Adamson, L. B., & Bakeman, R. (1992). An experimental investigation of infant social referencing: Mothers' messages and gender differences. *Developmental Psychology, 28,* 1172-1178.

Roseman, I. J. (1984). Cognitive determinants of emotion. In P. Shaver (Ed.), *Review of personality and social psychology: Emotions, relationships, and health* (Vol. 5, pp. 11-34). Beverly Hills, CA: Sage.

Roseman, I. J. (1991). Appraisal determinants of discrete emotions. *Cognition and Emotion, 5,* 161-200.

Rosenbaum, J. F., Biederman, J., Bolduc-Murphy, E. A., Faraone, S. V., Chaloff, J., Hirshfeld, D. R., & Kagan, J. (1993). Converging evidence for behavioral inhibition as a risk factor childhood-onset anxiety disorders: The MGH-Harvard collaborative project. *Harvard Review of Psychiatry, 1,* 2-16.

Rothbart, M. K. (1981). Measures of temperament in infancy. *Child Development, 52,* 569-578.

Rothbart, M. K. (1989). Temperament in childhood: A framework. In G. Kohnstamm, J. Bates, & M. Rothbart (Eds.), *Temperament in childhood* (pp. 59-73). New York: Wiley.

Rothbart, M. K., & Bates, J. E. (1998). Temperament. In W. Damon (Series Ed.) & N. Eisenberg (Vol. Ed.), *Handbook of child psychology* (Vol. 3): *Social, emotional and personality development* (5th ed., pp. 105-176). New York: Wiley.

Rothbart, M. K., & Mauro, J. A. (1990). Questionnaire approaches to the study of infant temperament. In J. W. Fagen & J. Colombo (Eds.), *Individual differences in infancy: Reliability, stability and prediction* (pp. 411-429). Hillsdale, NJ: Erlbaum.

Rotter, J. B. (1966). Generalized expectancies for internal versus external control of reinforcement. *Psychological Monographs, 80* (1), 609.

Rubin, D. C., & Berntsen, D. (2003). Life scripts help to maintain autobiographical memories of highly positive, but not highly negative, events. *Memory and Cognition, 31,* 1-14.

Rubin, K. D., & Clark, M. L. (1983). Preschool teachers' ratings of behavioral problems: Observational, sociometirc, and social-cognitive correlates. *Journal of Abnormal Child Psychology, 11,* 273-286.

Rubin, M. M. (1999). *Emotional intelligence and its role in mitigating aggression:*

*A correlational study of the relationship between emotional intelligence and aggression in urban adolescents*. Unpublished manuscript, Immaculata College, Immaculata, PA.

Russell, B. (1929). *Mysticism and logic*. New York: W. W. Norton.

Russell, J. A. (1980). A circumplex model of affect. *Journal of Personality and Social Psychology, 39*, 1161-1178.

Russell, J. A. (1994). Is there universal recognition of emotion from facial expression? A review of the cross-cultural studies. *Psychological Bulletin, 115*, 102-141.

Russell, J. A. (1995). Facial expressions of emotion: What lies beyond minimal universality?. *Psychological Bulletin, 118*, 379-391.

Russell, J. A., & Feldman-Barrett, L. F. (1999). Core affect, prototypical emotional episodes, and other things called emotion: Dissecting the elephant. *Journal of Personality and Social Psychology, 76*, 805-819.

Russell, J. A., & Yik, M. S. M. (1996). Emotion among the Chinese. In M. H. Bond (Ed.), *The handbook of Chinese psychology* (pp. 166-188). Hong Kong, China: Oxford University Press.

Rutledge, L. L., & Hupka, R. B. (1985). The facial feedback hypothesis: Methodological concerns and new supporting evidence. *Motivation and Emotion, 9*, 219-240.

Saarni, C. (1984). An observational study of children's attempts to monitor their expressive behavior. *Child Development, 55*, 1504-1513.

Saarni, C. (1988). Children's understanding of the interpersonal consequences of dissemblance of nonverbal emotional-expressive behavior. *Journal of Nonverbal Behavior, 12*, 275-294.

Saarni, C. (1990). Emotional competence: How emotions and relationships become integrated. In R.A. Thompson (Ed.), *Nebraska symposium on motivation* (Vol. 36). *Socioemotional development* (pp. 115-161). Lincoln: University of Nebraska Press.

Saarni, C. (1999). The development of emotional competence. New York: Guilford.

Saarni, C., Mumme, D. L., & Campos, J. J. (1998). Emotional development: Action, communication, and understanding. In W. Damon (Series Ed.) & N. Eisenberg (Vol. Ed.), *Handbook of child psychology* (Vol. 3). *Social, emotional, and personality development* (5th ed., pp. 237-309). New York: Wiley.

Sackeim, H. A., Weinnman, A. L., Gur, R. C., Greenberg, M., Hungerbuhler, J. P., & Geshwind, N. (1982). Pathological laughing and crying: Functional brain asymmetry in the experience of positive and negative emotions. *Archives of Neurology, 39, 210-218.*

Sala, F. (2002). *Emotional Competence Inventory (ECI): Technical Manual.* Boston: Hay/Mcber Group.

Salovey, P. (1992). Mood-induced self-focused attention. *Journal of Personality and Social Psychology, 62*, 699-707.

Salovey, P., Bedell, B. T., Detweiler, J. B., & Mayer, J. D. (1999). Coping intelligently: Emotional intelligence and the coping process. In C. R. Snyder (Ed.), *Coping: The psychology of what works* (pp. 141-164). New York: Oxford University Press.

Salovey, P., Bedell, B. T., Detweiler, J. B., & Mayer, J. D. (2000). Current directions in emotional intelligence research. In M. Lewis & J. M. Haviland (Eds.), *Handbook of emotions* (2nd ed., pp. 504-520). New York: Guilford.

Salovey, P., & Birnbaum, D. (1989). Influence of mood on health-relevant cognitions. *Journal of Personality and Social Psychology, 57*, 539-551.

Salovey, P., & Mayer, J. D. (1990). Emotional intelligence. *Imagination, Cognition, and Personality, 9*, 185-211.

Saltzman, C., Luetgert, M., Roth, C., Creaser, J., & Howard, L. (1976). Formation of a therapeutic relationship: Experiences during the initial phase as predictors of treatment duration and outcome. *Journal of Consulting and Clinical Psychology, 44*, 546-555.

Sanbonmatsu, D. M., & Kardes, F. R. (1988). The effects of physiological arousal on information processing and persuasion. *Journal of Consumer Research, 15*, 379-385.

Scarr, S. (1989). Protecting general intelligence: Constructs and consequences for interventions. In R. L. Linn (Ed.), *Intelligence: Measurement, theory, and public policy.* Urbana, IL: University of Illinois Press.

Schachter, S. (1971). *Emotion, obesity and crime.* New York: Academic Press.

Schachter, S., & Singer, J. E. (1962). Cognitive, social and physiological determinants of emotional state. *Psychological Review, 69*, 379-399.

Schaffer, C. E. (1993). *The role of adult attachment in the experience and regulation of affect*. Unpublished doctoral dissertation, Yale University, New Haven, CT.

Schaie, K. W. (1978). Toward a stage theory of adult cognitive development. *International Journal of Aging and Human Development, 8,* 129-138.

Schank, R., & Abelson, R. (1977). *Scripts, plans, goals, and understanding*. Hillsdale, NJ: Erlbaum.

Scharfe, E. (2000). Development of emotional expression, understanding, and regulation in infants and young children. In R. Bar-On & J. D. A. Parker (Eds.), *The handbook of emotional intelligence*. San Francisco: Jossey-Bass.

Scherer, K. R. (1982). The assessment of vocal expression in infants and children. In C. E. Izard (Ed.), *Measuring emotions in infants and children* (pp. 127-163). Cambridge, England: Cambridge University Press.

Scherer, K. R. (1984). On the nature and function of emotions: A component process approach. In K. R. Scherer & P. Ekman (Eds.), *Approaches to emotion* (pp. 293-317). Hillsdale, NJ: Erlbaum.

Scherer, K. R. (1986). Vocal affect expression: A review and model for future research. *Psychological Bulletin, 99*, 143-165.

Scherer, K. R. (1997). Profiles of emotion-antecedent appraisal: Testing theoretical predictions across cultures. *Cognition and Emotion, 11*, 113-150.

Scherer, K. R., & Wallbott, H. G. (1994). Evidence for universality and cultural variation of differential emotion response patterning. *Journal of Personality and Social Psychology, 66*, 310-328.

Schlosberg, H. (1954). Three dimensions of emotions. *Psychological Review, 61*(2), 81-88.

Schmidt, F. L., & Hunter, J. E. (1998). The validity and utility of selection methods in personnel psychology: Practical and theoretical implications of 85 years of research findings. *Psychological Bulletin, 124,* 262-274.

Schreiner, L. H., & Kling, A. (1953). Behavioral changes following injury in the cat. *Journal of Neurophysiology, 16*, 643-659.

Schultz, D., Izard, C. E., Ackerman, B. P., & Youngstrom, E. A. (2001). Emotion knowledge in economically disadvantaged children: Self-regulatory antecedents and relations to social difficulties and withdrawal. *Development and Psychopathology, 13*, 53-67.

Schutte, N. S., Malouff, J. M., Hall, L. E., Haggerty, D. J., Cooper, J. T., Golden, C. J., & Dorheim, L. (1998). Development and validation of a measure of emotional intelligence. *Personality and Individual Differences, 25,* 167-177.

Schwarz, N., & Clore, G. L. (1983). Mood, misattribution, and judgments of well-being: Informative and directive functions of affective states. *Journal of Personality and Social Psychology, 45,* 513-523.

Scribner, S. (1984). Studying working intelligence. In B. Rogoff & J. Lave (Eds.), *Everyday cognition: Its development in social context* (pp. 9-40). Cambridge, MA: Harvard University Press.

Scribner, S. (1986). Thinking in action: Some char-acteristics of practical thought. In R. J. Sternberg & R. K. Wagner (Eds.), *Practical intelligence: Nature and origins of competence in the everyday world* (pp. 13-30). New York: Cambridge University Press.

Seligman, M. (1991). *Learned optimism*. New York: Knopf.

Selye, H. (1956). *The stress of life*. New York: McGraw-Hill.

Sevinc, L. (2001). *The effect of emotional intelligence on career success: Research on the 1990 graduates of business administration faculty of Istanbul University.* Master's thesis, Istanbul University.

Shaffer, D. R. (2000). *Social and personality development* (4th ed.). Belmont, CA: Wadsworth.

Shaver, P. (Eds.). (1992). *Handbook of attachment: Theory, research, and clinical applications* (pp. 713-734). New York: Guilford. (original work published 1947)

Shaver, P., Schwartz, J., Kirson, D., & O'Connor, C. (1987). Emotion knowledge: Further exploration of a prototype approach, *Journal of Personality and Social Psychology, 52,* 1061-1086.

Shaver, P., Schwartz, J., Kirson, D., & O'Connor, C. (2001). Emotion knowledge: Further exploration of a prototype approach. In W. G. Parrott (Ed.), *Emotions in social psychology*. New York: Taylor & Francis.

Sheldon, W. H. (1940). *The varieties of human physique: An introduction to constitutional psychology*. New York: Harper & Brothers.

Shoda, Y., Mischel, W., & Peake, P. K. (1990). Predicting adolescent cognitive and self-regulatory competencies from preschool delay of gratification: Identifying diagnostic conditions. *Developmental Psychology, 26*, 978-986.

Shott, S. (1979). Emotion and social life: A symbolic interactionist analysis. *American Journal of Sociology, 84*, 1317-1334.

Sifneos, P. E. (1973). The prevalence of alexithymic characteristics in psychosomatic patients. *Psychotherapy and Psychosomatics, 22*, 255-262.

Silver, D. (1983). Psychotherapy of the characterologically difficult patient. *Canadian Journal of Psychiatry, 28*, 513-521.

Silvera, D. H., Martinussen, M., & Dahl, T. I.(2001). The Tromsø Social Intelligence Scale, a self-report measure of social intelligence. *The Scandinavian Journal of Psychology, 42*(4), 313-319.

Simon, H. A. (1967). Motivational and emotional controls of cognition. *Psychological Review, 74*, 29-39.

Sirois, B. C., & Burg, M. M. (2003). Negative emotion and coronary heart disease: A review. *Behavior Modification, 27*, 83-102.

Slater, A. (1995). Individual differences in infancy and later IQ. *Journal of Child Psychology and Psychiatry, 36*, 69-112.

Smith, C. A., & Lazarus, R. S. (1993). Appraisal components, core relational themes, and emotions. *Cognition and Emotion 7*, 233-269.

Smith, J., Staudinger, U. M., & Baltes, P. B. (1994). Occupational settings facilitating wisdom-related knowledge: The sample case of clinical psychologists. *Journal of Consulting and Clinical Psychology, 62*, 989-999.

Smith, T. W. (1992). Hostility and health: Current status of a psychosomatic hypothesis. *Health Psychology, 11*, 139-150.

Smith, W. K. (1950). Non-olfactory functions of the pyriformamygdalid-hippocampal complex. *Federation Proceedings, 9*, 118.

Soloman, R. L. (1980). The opponent-process theory of acquired motivation. *American Psychologist, 35*, 691-712.

Solomon, R. C. (2004). The philosophy of emotions. In M. Lewis & J. M. Haviland-Jones (Eds.), *Handbook of emotions* (2nd ed., pp. 3-15). New York: Guilford.

Sommers, S. (1984). Adults evaluating their emotions: A cross-cultural perspective. In C. Z. Malatesta & C. E. Izard (Eds.), *Emotion in adult development* (pp. 319-338). Beverly Hills, CA: Sage.

Sorce, J. F., Emde, R. N., Campos, J. J., & Klinnert, M. D. (1985). Maternal emotional signaling: Its effect on the visual cliff behavior of 1-year-olds. *Developmental Psychology, 21*, 195-200.

Spiegel, D. (1992). Effects of psychosocial support on patients with metastatic breast cancer. *Journal of Psychosocial Oncology, 10*, 113-120.

Spielberger, C. D., Gorsuch, R. C., & Lushene, R. E. (1970). *Manual for the State Trait Anxiety Inventory*. Palo Alto, CA: Consulting Psychologists Press.

Springer, S. P., & Deutsch, G. (1981). *Left brain, right brain* (rev. ed.). New York: W. H. Freeman.

Sroufe, L. A. (1979). Socioemotional development. In J. D. Osofsky (Ed.), *Handbook of infant development*. New York: Wiley.

Sroufe, L. A. (1983). Infant-caregiver attachment and patterns of adaptation in preschool: Roots of maladaptation and competence. In M. Perlmutter (Ed.), *Minnesota symposia on child psychology* (Vol. 16, pp. 41-81). Hillsdale, NJ: Erlbaum.

Sroufe, L. A. (1996). *Emotional development: The organization of emotional life in the early years*. Cambridge, England: Cambridge University Press.

Sroufe, L. A., & Fleeson, J. (1986). Attachment and the construction of relationships. In W. Hartup & Z. Rubin (Eds,), *Relationships and development* (pp. 35-54). Hillsdale, NJ: Erlbaum.

Sroufe, L. A., Schork, E., Motti, F., Lawroski, N., & LaFreniere, P. J. (1984). The role of affect in social competence. In C. E. Izard, J. Kagan & R. B. Zajonc (Eds.), *Emotions, cognition, and behavior* (pp. 289-319). Cambridge, England: Cambridge University Press.

Sroufe, L. A., & Wunsch, J. (1972). The development of laughter in the first year of life. *Child Development, 43*, 1326-1344.

Stein, N. L., & Trabasso, T. (1989). Children's understanding of changing emotional states. In C. Saarni & P. L. Harris (Eds.). *Children's understanding of emotion*. Cambridge, England: Cambridge University Press.

Steiner, C., & Perry, P. (1997). *Achieving emotional literacy: A personal program to increase your emotional intelligence*. Cambridge, England: Cambridge University Press.

Stepper, S., & Strack, F. (1993). Proprioceptive determinants of emotional process.

*Journal of Personality and Social Psychology, 16*, 319-328.

Steptoe, A. (1991). Psychological coping, individual differences and physiological stress responses. In C. L. Cooper & R. Payne (Eds.), *Personality and stress: Individual differences in the coping process* (pp. 205-233). Chichester: Wiley.

Sternberg, R. J. (1985). *Beyond IQ: A triarchic theory of human intelligence.* New York: Cambridge University Press.

Sternberg, R. J. (1986). *Intelligence applied: Under-standing and increasing our intellectual skills.* San Diego, CA: Harcourt.

Sternberg, R. J. (1993). *Sternberg Triarchic Abilities Test.* Unpublished manuscript.

Sternberg, R. J. (1999). Review of D. Goleman's book Working with Emotional Intelligence. *Personnel Psychology, 52*, 780-783.

Sternberg, R. J., Ferrari, M., & Clinkenbeard, P. R., & Grigorenko, E. L. (1996). Identification, instruction, and assessment of gifted children: A construct validition of a triarchic model. *Gifted Child Quarterly, 40*(3), 129-137.

Sternberg, R. J., Grigorenko, E. L., Ferrari, M., & Clinkenbeard, P. R. (1999). A triarchic analysis of an aptitude-treatment interaction. *European Journal of Psychological Assessment, 15*(1), 1-11.

Sternberg, R. J., & Smith, C. (1985). Social intelligence and decoding skills in nonverbal communication. *Social Cognition, 3*, 168-192.

Sternberg, R. J., Wagner, R. K., & Okagaki, L. (1993). Practical intelligence: The nature and role of tacit knowledge in work and at school. In H. Reese & J. Puckett (Eds.), *Advances in lifespan development* (pp. 205-227). Hillsdale, NJ: Erlbaum.

Sternberg, R. J., Wagner, R. K., Williams, W. M., & Horvath, J. A. (1995). Testing common sense. *American Psychologist, 50*, 912-927.

Sternberg, R. J., & Williams, W. M. (1995). Parenting toward cognitive competence. In M. H. Bornstein (Ed.), *Handbook of parenting* (Vol. 4, pp. 259-275). Mahwah, NJ: Erlbaum.

Sternberg, R. J., Forsyth, G. B., Hedlund, J., Horvath, J. A., Wagner, R. K., Williams, W. M., Snook, S., & Grigorenko, E. L. (2000). *Practical intelligence in everyday life.* New York: Cambridge University Press.

Stone, K., & Dilehunt, H. (1978). *Self science: The subject is me.* Santa Monica, CA: Goodyear Publishing Company.

Strack, F., Martin, L. L., & Stepper, S. (1988). Inhibiting and facilitating conditions of the human smile: Unobtrusive test of the facial feedback hypothesis. *Journal of Personality and Social Psychology, 54*, 768-777.

Strang, R. (1930). Measures of social intelligence. *American Journal of Sociology, 36*, 263-269.

Stricker, L. J., & Rock, D. A. (1990). Interpersonal competence, social intelligence, and general ability. *Personality and Individual Differences, 11*, 833-839.

Strongman, K. T. (1982). Emotional influences on memory. *Current Psychological Research, 2*, 69-74.

Strongman, K. T. (1987). *The psychology of emotion* (3rd ed.). Chichester: John Wiley & Sons.

Sullivan, M. W. (2003). Emotional expressions of young infants and children. *Infants and Young Children, 16*, 120-142.

Suomi, S. J., & Harlow, F. (1972). Social rehabilitation of isolate-reared monkeys. *Developmental Psychology, 6*, 487-496.

Swart, A. (1996). *The relationship between well-being and academic performance.* Unpublished master's thesis, University of Pretoria, South Africa.

Talarico, J. M., LaBar, K. S., & Rubin, D. C. (2004). Emotional intensity predicts autobiographical memory experience. *Memory and Cognition, 32* (7), 1118-1132.

Tangney, J. P., Wagner, P. E., Fletcher, C., & Gramzow, R. H. (1992). Shamed into anger? The relation of shame and guilt to anger and self-reported aggression. *Journal of Personality and Social Psychology, 62*, 669-675.

Taylor, G. J. (1977) Alexithymia and counter-transference. *Psychotherapy and Psychosomatics, 28*, 141-147.

Taylor, G. J. (1987). *Psychosomatic medicine and contemporary psychoanalysis.* Medison, CT: International Universities Press.

Taylor, G. J., Ryan, D., & Bagby, R. M. (1985). Toward the development of a new self-report alexithymia scale. *Psychotherapy and Psychosomatics, 44*, 191-199.

Taylor, S. E. (1986). *Health psychology.* New York: Random House.

Taylor, S. E. (1991). Asymmetrical effects of positive and negative events: The mobilization-minimization hypothesis. *Psychological Bulletin, 110*, 67-85.

Taylor, S. E., & Aspinwall, L. G. (1996). Mediating and moderating processes in psychosocial stress: Appraisal, coping, resistance and vulnerability. In H. B. Kaplan (Ed.), *Psychosocial stress: Perspectives on structure, theory, life-course, and methods* (pp. 71-110). San Diego, CA: Academic Press.

Taylor, S. E., Pham, L. B., Rivkin, I., & Armor, D. A. (1998). Harnessing the imagination: Mental simulation and self-regulation of behavior. *American Psychologist, 53*, 429-439.

Teasdale, J. D., & Fogarty, S. J. (1979). Differential effects of induced mood on retrieval of pleasant and unpleasant events from episodic memory. *Journal of Abnormal Psychology, 88*, 248-257.

Tedeschi, R. G., & Calhoun, L. G. (1995). *Trauma and transformation: Growing in the aftermath of suffering*. Thousand Oaks, CA: Sage.

Temoshok, L. (1987). Personality, coping style, emotion, and cancer: Towards an integrative model. *Cancer Surveys, 6*, 545-567.

Termine, N. T., & Izard, C. E. (1988). Infants' responses to their mothers' expressions of joy and sadness. *Developmental Psychology, 24*, 223-230.

Thomas, A., Chess, S., Birch, H. G., Hertzig, M. E., & Korn, S. (1963). *Behavioral individuality in early childhood*. New York: New York University Press.

Thorndike, E. L. (1920). Intelligence and its use. *Harper's Magazine, 140*, 227-235.

Tiller, D. K., & Harris, P. L. (1984). *Prototypicality of emotion concepts: A discussion of normative data*. Unpublished manuscript, Oxford University, Oxford, England.

Tinbergen, N. (1951). *The study of instinct*. London: Oxford University Press.

Tolor, A., Reznikoff, M. (1960). A new approach to insight: A preliminary report. *The Journal of Nervous and Mental Disease, 130*, 286-296.

Tomkins, S. S. (1962). *Affect, imagery, consciousness* (Vol. 1). *The positive affects*. New York: Springer.

Tomkins, S. S. (1963). *Affect, imagery, consciousness* (Vol. 2). *The negative affects*. New York: Springer.

Tomkins, S. S. (1970). Affect as primary motivational system. In M. B. Arnold (Ed.), *Feelings and emotions*. New York: Academic Press.

Tomkins, S. S. (1991). *Affect, imagery, consciousness* (Vol. 3). *The negative affects: Anger and fear*. New York: Springer.

Tomkins, S. S. (1993). *Affect, imagery, consciousness* (Vol. 4). *Cognition-duplication and transformation of information*. New York: Springer.

Tomkins, S. S., & McCarter, R. (1964). What and where are the primary affects? Some evidence for a theory. *Perceptual and Motor Skills, 18*, 119–158.

Tourangeau, R., & Ellsworth, P. C. (1979). The role of facial response in the experience of emotion. *Journal of Personality and Social Psychology, 37*, 1519–1531.

Trope, Y., & Neter, E. (1994). Reconciling competing motives in self-evaluation: The role of self-control in feedback seeking. *Journal of Personality and Social Psychology, 66*, 646–657.

Trope, Y., & Pomerantz, E. M. (1998). Resolving conflicts among self-evaluative motives: Positive experiences as a resource for overcoming defensiveness. *Motivation and Emotion, 22*, 53–72.

Tsai, J. L., Knutson, B., & Fung, H. H. (2006). Cultural variation in affect valuation. *Journal of Personality and Social Psychology, 90*, 288–307.

Tsai, J. L., & Levenson, R. W. (1997). Cultural influences on emotional responding: Chinese American and European American dating couples during interpersonal conflict. *Journal of Cross-Cultural Psychology, 28*, 600–625.

Underwood, M. K., Coie, J. D., & Herbsman, C. (1992). Display rules for anger and aggression in school-age children. *Child Development, 63*, 366–380.

van Hooff, J. A. (1962). Facial expressions in higher primates. *Symposium of the Zoological Society of London, 8*, 97–125.

van Hooff, J. A. (1972). A comparative approach to the phylogeny of laughter and smiling. In R. Hinde (Ed.), *Non-verbal communication* (pp. 29–179). London: Royal Society and Cambridge University Press.

Vernon, P. E. (1933). Some characteristics of the good judge of personality. *Journal of Social Psychology, 4*, 42–57.

Von Bertalanffy, L. (1968). *General systems theory*. New York: Braziller.

Wagner, R. K. (1987). Tacit knowledge in everyday intelligent behavior. *Journal of Personality and Social Psychology, 52*, 1236–1247.

Wagner, R. K. (2000). Practical intelligence. In R. J. Sternberg (Ed.), *Handbook of intelligence* (pp. 380–395). New York: Cambridge University Press.

Wagner, R. K., Rashotte, C. A., & Sternberg, R. J. (1994). *Tacit knowledge in sales: Rules of thumb for selling anything to anyone*. Paper presented at the annual meeting of the American Educational Research Association, Washington, DC.

Wagner, R. K., & Sternberg, R. J. (1985). Practical intelligence in real-world pursuits: The role of tacit knowledge. *Journal of Personality and Social Psychology, 49*, 436-458.

Wagner, R. K., & Sternberg, R. J. (1986). Tacit knowledge and intelligence in the everyday world. In R. J. Sternberg & R. K. Wagner (Eds.), *Practical intelligence: Nature and origins of competence in the everyday world* (pp. 51-83). New York: Cambridge University Press.

Wagner, R. K., & Sternberg, R. J. (1990). Street smarts. In K. E. Clark & M. B. Clark (Eds.), *Measures of leadership* (pp. 493-504). West Orange, NJ: Leadership Library of America.

Wahler, R. G., & Dumas, J. E. (1989). Attentional problems in dysfunctional mother-child interactions: An interbehavioral model. *Psychological Bulletin, 105*, 116-130.

Walden, T. A., & Ogan, T. A. (1988). The development of social referencing. *Child Development, 59*, 1230-1241.

Walker, A. E., Thompson, A. F., & McQueen, J. D. (1953). Behavior and the temporal rhinencephalon in the monkey. *Bulletin of the Johns Hopkins Hospital, 93*, 65-93.

Walters, J. M., & Gardner, H. (1986). The theory of multiple intelligences: Some issues and answers. In R. J. Sternberg & R. K. Wagner (Eds.), *Practical intelligence: Nature and origins of competence in the everyday world* (pp. 163-182). New York: Cambridge University Press.

Watson, D., & Tellegen, A. (1985). Toward a consensual structure of mood. *Psychological Bulletin, 98*, 219-235.

Webb, W. B. (1968). *Sleep: An experimental approach*. New York: Macmillan.

Wechsler, D. (1958). *The measurement and appraisal of adult intelligence* (4th ed.). Baltimore: Williams & Wilkins.

Wedeck, J. (1947). The relationship between personality and psychological ability. *British Journal of Psychology, 36*, 133-151.

Weiner, B. (1974). *Achievement motivation and attribution theory*. Morristown, NJ: General Learning Press.

Weiner, B. (1985). An attributional theory of achievement motivation and emotion. *Psychological Review, 89*, 548-573.

Weiner, B. (1986a). *An attributional theory of motivation and emotion.* New York: Springer-Verlag.

Weiner, B. (1986b). Attribution, emotion, and action. In R. M. Sorrentino & E. T. Higgins (Eds.), *Handbook of motivation and cognition* (pp. 281–312). New York: John Wiley & Sons.

Weiner, B., & Graham, S. (1989). Understanding the motivational role of affect: Life-span research from an attributional perspective. *Cognition and Emotion, 3*(4), 410–419.

Weinstein, N. D. (1984). Why it won't happen to me: Perceptions of risk factors and susceptibility. *Health Psychology, 3*, 431–457.

Weinstein, N. D. (1987). Unrealistic optimism about susceptibility to health problems: Conclusions from a community-wide sample. *Journal of Behavioral Medicine, 10*, 481–500.

Weinstein, N. D., & Klein, W. M. (1995). Resistance of personal risk perceptions to debiasing interventions. *Health Psychology, 14*, 132–140.

Weissberg, R. P., & Greenberg, M. T. (1998). Community and school prevention. In I. Siegel & A. Renninger (Eds.), *Handbook of child psychology* (5th ed., Vol. 4). *Child psychology in practice* (pp. 877–954). New York: John Wiley.

Wells, A., & Matthews, G. (1994). *Attention and emotion: A clinical perspective.* Mahwah, NJ: Erlbaum.

Wessel, I., & Merckelbach, H. (1998). Memory for threat-relevant and threat-irrelevant cues in spider phobics. *Cognition and Emotion, 12*, 93–104.

Westbrook, M. T., & Viney, L. L. (1982). Psychological reactions to the onset of chronic illness. *Social Science and Medicine, 16*, 899–905.

Wierzbicka, A. (1994). Emotion, language, and cultural scripts. In S. Kitayama & H. Markus (Eds.), *Emotion and culture: Empirical studies of mutual influence* (pp. 133–196). Washington, DC: American Psychological Association.

Wigdor, A. K., & Garner, W. R. (Eds.) (1982). *Ability testing: Uses, consequences, and controversies.* Committee on Ability Testing, Assembly of Behavioral and Social Sciences. Washington, DC: National Academy Press.

Wiggins, J. S., Trapnell, P., & Phillips, N. (1988). Psychometric and geometric characteristics of the Revised Interpersonal Adjective Scales(IAS-R). *Multivariate*

*Behavioral Research, 23*, 119-134.

Willis, S. L., & Schaie, K. W. (1986). Practical intelligence in later adulthood. In R. J. Sternberg & R. K. Wagner (Eds.), *Practical intelligence: Nature and origins of competence in the everyday world* (pp. 236-270). New York: Cambridge University Press.

Wilson, E. O. (1975). *Sociobiology: The new synthesis*. Cambridge, MA: Harvard University Press.

Wilson, T. D., Lisle, D. J., Schooler, J. W., Hodges, S. D., Klaaren, K. J., & LaFleur, S. J. (1993). Introspecting about reasons can reduce post-choice satisfaction. *Personality and Social Psychology Bulletin, 19*, 331-229.

Wintre, M. G., & Vallance, D. D. (1994). A developmental sequence in the comprehension of emotions: Intensity, multiple emotions, and valence. *Developmental Psychology, 30*, 509-514.

Wise, T. N., & Mann, L. S. (1994). The relationship between somatosensory amplification, alexithymia and neuroticism. *Journal of Psychosomatic Research, 38*, 515-521.

Wise, T. N., Mann, L. S., & Shay, L. (1992). Alexithymia and the five-factor model of personality. *Comprehensive Psychiatry, 33*, 147-51.

Wolf, D. (1990). Being of several minds: Voices and versions of the self in early childhood. In D. Cicchetti & M. Beeghly (Eds.), *The self in transition: Infancy to childhood* (pp. 183-212). Chicago: University of Chicago Press.

Wolff, P. H. (1969). The natural history of crying and other vocalizations in early infancy. In B. M. Foss (Ed.), *Determinants of infant behavior* (pp. 81-109). London: Methuen.

Wolitzky, D. L., & Reuben, R. (1974). Psychological-Mindedness. *Journal of Clinical Psychology, 30*(1), 26-30.

Wong, C. T., Day, J. D., Maxwell, S. E., & Meara, N. M. (1995). A multitrait-multimethod study of academic and social intelligence in college students. *Journal of Educational Psychology, 87*, 117-133.

Woodworth, R. S. (1938). *Experimental Psychology*. New York: Holt.

Worobey. J., & Lewis, M. (1989). Individual differences in the reactivity of young infants. *Developmental Psychology, 25*, 663-667.

Wortman, C. B. (1987). Coping with irrevocable loss. In G. R. VandenBos & B. K. Bryant (Eds.), *Cataclysms, crises, and catastrophes: Psychology in action* (pp. 189-235). Washington, DC: American Psychological Association.

Wright, W. F., & Bower, G. H. (1992). Mood effects on subjective probability assessment. *Organizational Behavior and Human Decision Processes, 52,* 276-291.

Wu, W. T. (2001). *Conception and appraisal of personal intelligence.* Paper presented at the 14th World Conference of the World Council for Gifted and Talented Children. Barcelona, Spain, July 31-August 4.

Youngblade, L. M., & Belsky, J. (1992). Parent-child antecedents of 5-year-olds'close friendships: A longitudinal analysis. *Developmental Psychology, 28*, 700-713.

Yuille, J. C., & Cutshall, J. L. (1986). A case study of eyewitness memory of a crime. *Journal of Applied Psychology, 71*, 291-301.

Yuille, J. C., & Tollestrup, P. A. (1992). A model of the diverse effects of emotion on eyewitness memory. In S. A. Christianson (Ed.), *The handbook of emotion and memory: Research and theory.* Hillsdale, NJ: Erlbaum.

Zahn-Waxler, C., Cole, P. M., Richardson, D. T., Friedman, R. J., Michel, M. K., & Belouad, F. (1994). Social problem-solving in disruptive preschool children: Reactions to hypothetical situations of conflict and distress. *Merrill-Palmer Quarterly, 40*, 98-119.

Zajonc, R. B. (1980). Feeling and thinking: Preferences need no inferences. *American Psychologist, 35*, 151-175.

Zajonc, R. B. (1984). On the primacy of affect. *American Psychologist, 39*, 117-123.

Zajonc, R. B. (1998). Emotions. In D. T. Gilbert, S. T. Fiske, & G. Lindzey (Eds.), *Handbook of social psychology* (Vol. 1, pp. 591-632). Boston, MA: McGraw-Hill.

Zajonc, R. B., Murphy, S. T., & Inglehart, M. (1989). Feeling facial efference: Implications of the vascular theory of emotion. *Psychological Review, 96*, 395-416.

Zeidner, M., & Matthews, G. (2000). Intelligence and personality. In R. J. Sternberg (Ed.), *Handbook of intelligence* (2nd ed.). New York: Cambridge University Press.

Zeidner, M., & Saklofske, D. (1996). Adaptive and maladaptive coping. In M. Zeidner & N. S. Eadler (Eds.), *Handbook of coping: Theory, research, and application* (pp. 505-531). New York: John Wiley & Sons.

Zeman, J., & Garber, J. (1996). Display rules for anger, sadness, and pain: It depends on who is watching. *Child Development, 67*, 957–973.

Zeman, J., & Shipman, K. (1998). Influence of social context on children's affect regulation: A functionalist perspective. *Journal of Nonverbal Behavior, 22* (3), 141–165.

Zuckerman, M., Bone, R. N., Neary, R., Mangelsdorff, D., & Brustman, B. (1972). What is the sensation seeker?: Personality trait and experience correlates of the Sensation-Seeking Scales. *Journal of Consulting and Clinical Psychology, 39*, 308–321.

Zuckerman, M., Hall, J. A., DeFrank, R. S., & Rosenthal, R. (1976). Encoding and decoding of spontaneous and posed facial expressions. *Journal of Personality and Social Psychology, 34*, 966–977.

Zuckerman, M., Lipets, M. S., Koivumaki, J. H., & Rosenthal, R. (1975). Encoding and decoding nonverbal cues of emotion. *Journal of Personality and Social Psychology, 32*, 1068–1076.

Zuckerman, M., & Lubin, B. (1965). *Manual for the MAACL.* San Diego, CA: Educational and Industrial Testing Service.

# 찾아보기

〈인명〉

〈내용〉

## 저자 소개

**정옥분** (Chung, Ock Boon)

서울대학교 사범대학 가정학과 졸업
서울대학교 대학원 석사과정 졸업(아동학 전공 석사)
미국 University of Maryland 박사과정 졸업(인간발달 전공 Ph.D.)
한국아동학회 회장, 한국인간발달학회 회장, 미국 University of Maryland 교환교수,
ISSBD 국제학술대회 조직위원회 위원장, 고려대학교 사범대학 교수,
고려대학교 사회정서발달연구소 소장 역임
현 고려대학교 사범대학 명예교수
고려대학교 의료원 안암병원, 구로병원, 안산병원 어린이집 고문

저서

『유아발달』, 『영유아발달의 이해』(제3판), 『전생애 인간발달의 이론』(제3판), 『청년발달의 이해』(제3판), 『청년심리학』(개정판), 『발달심리학』(제3판), 『성인 · 노인심리학』(제3판), 『아동발달의 이해』(제3판), 『아동심리검사』, 『영아발달』(개정판), 『아동연구와 통계방법』, 『아동학 연구방법론』, 『유아교육 연구방법』, 『사회정서발달』(개정판), 『아동발달의 이론』, 『성인발달과 노화』 외 다수

**정순화** (Chung, Soon Hwa)

서울대학교 가정대학 가정관리학과 졸업
서울대학교 대학원 석사과정 졸업(아동학 전공 석사)
고려대학교 대학원 박사과정 졸업(아동학 전공 박사)
현 고려대학교 사범대학 교수

저서

『보육교사론』, 『보육학개론』(3판), 『보육과정』(3판), 『아동복지론』, 『예비부모교육』(2판), 『결혼과 가족의 이해』, 『부모교육』(2판), 『애착과 발달』

**임정하** (Lim, Jeong Ha)

고려대학교 사범대학 가정교육과 졸업
고려대학교 대학원 석사과정 졸업(아동학 전공 석사)
고려대학교 대학원 박사과정 졸업(아동학 전공 박사)
미국 뉴욕주립대학교 의과대학 정신과 연구조교수
현 고려대학교 사범대학 가정교육과 교수
고려대학교 생활과학연구소 소장

역서 및 저서

『학위논문작성법: 시작에서 끝내기까지』(역), 『생활과학 연구방법론』

## 정서발달과 정서지능(개정판)

**Emotional Development & Emotional Intelligence(rev. ed.)**

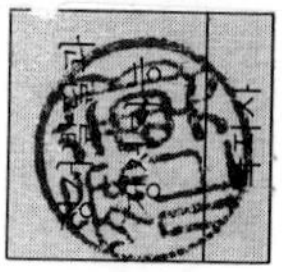

2007년 1월 25일 1판 1쇄 발행
2008년 9월 20일 1판 2쇄 발행
2018년 7월 10일 2판 1쇄 발행
2022년 4월 20일 2판 2쇄 발행

지은이 • 정옥분 · 정순화 · 임정하
펴낸이 • 김 진 환
펴낸곳 • (주) 학지사
04031 서울특별시 마포구 양화로 15길 20 마인드월드빌딩 5층
대표전화 • 02) 330-5114 팩스 • 02) 324-2345
등록번호 • 제313-2006-000265호
홈페이지 • http://www.hakjisa.co.kr
페이스북 • https://www.facebook.com/hakjisabook

ISBN 978-89-997-1579-2 93180

**정가 23,000원**

파본은 구입처에서 교환하여 드립니다.

**이 책을 무단으로 전재하거나 복제할 경우 저작권법에 따라 처벌을 받게 됩니다.**

이 도서의 국립중앙도서관 출판시도서목록(CIP)은 서지정보유통지원시스템 홈페이지(http://seoji.nl.go.kr)와 국가자료공동목록시스템(http://www.nl.go.kr/kolisnet)에서 이용하실 수 있습니다.
(CIP제어번호: CIP2018020063)

출판 · 교육 · 미디어기업 **학지사**

간호보건의학출판 **학지사메디컬** www.hakjisamd.co.kr
심리검사연구소 **인싸이트** www.inpsyt.co.kr
학술논문서비스 **뉴논문** www.newnonmun.com
원격교육연수원 **카운피아** www.counpia.com